현대의 미적 커뮤니케이션 2

현대의
미적 커뮤니케이션 2

게어하르트 플룸페 지음 | 홍 승 용 옮김

ÄSTHETISCHE
KOMMUNIKATION
DER MODERNE

경성대학교 출판부

차 례

서문

예술인가 미적 의사소통인가?

1979년 어느 도발적인 논문에서 클라우스 보르게스트는 동의할 수 있는 예술 이해의 가능성에 비추어 오늘날의 여러 미학적 입장들을 검토하고자 했다. 그는 다음의 냉정한 결론에 도달했다.

"우리는 최고의 영향력을 발휘한다고 간주되는 이른바 예술작품 중심의 예술활동이 존재하는데도, 모든 예술작품들을 관통하는 어떤 원리를 알 수는 없으며, 진정한 예술작품으로 간주되는 작품들 고유의 어떤 중요한 특징들을 지적할 수도 없다는 기이한 사실에 직면해 있다. (…) 물론 예술이 무엇이며 예술작품은 어떠해야 하는지에 대해 말해주는 예술이론들은 너무 적다기보다 오히려 너무 많다. 그러나 이러한 설명들 가운데 어느 것도 우리의 예술사 박물관에서 주목하도록 권장 받는 (…) 모든 작품들의 예술가치를 증명하거나 아니면 예술외적 조형물들을 배제하기에 적합하지는 않다. (…) 따라서 이 연구의 매력적 성과는, 예술의 개념이 예술작품들의 실존으로부터 추론될 수 없다는 것 (…), 오히려 반대로 조형물들은 단지 제도적으로 통용되기에 이른 특수한 가치척도 및 관련척도에 근거해서만 예술작품으로 간주될 수 있다는 것이다. (…) 어떤 작품이 예술작품이라서 박물관에 들어가는 것이 아니다. 오히려 어떤 작품은 박물관에 전시되기 때문에 예술작품이다."[1)]

---

1) Claus Borgeest: Das Kunsturteil. Wiederaufnahme eines Verfahrens. Frankfurt/M. 1979, S. 150 ff.

어쩌면 거슬리겠지만 논란의 여지가 없는 사실, 즉 예술이 무엇이냐 하는 질문에 아주 다양한 대답이 가능하지만 구속력 있는 대답은 하나도 가능하지 않다는 사실은 경우에 따라 생산적 통찰을 가능케 해 줄 수도 있다. 예술의 실존이 명백히 그 본질의 고유성에 대한 동의에 좌우되지는 않는다는 인식이 그것이다. 사실상 "작품들"에 대한 정의를 통해 예술을 식별하는 것은 전혀 가망 없어 보인다. 그럴 경우 고루한 반응을 보이면서, 가망 없다는 점이 명백하다는 데에 맞서 사적으로 애호하는 어떤 것을 예술의 본질로 격상시키고 모든 경쟁적 애호를 "비예술적인" 것이라고 거부할 수도 있다. 또 다른 극단에 빠져서 다시 가망 없다는 점이 명백하다는 데에 맞서 "예술"은 아예 실존하지 않으며 그것은 단지 일종의 전설 내지 신화라는 견해를 선전할 수도 있다. 이 두 가지 반응은 거의 논란의 여지가 없는 사실, 즉 예술의 실존이 예술의 본질에 대한 어떤 양해와 무관하다는 사실을 그르친다. 이에 대해 애석해하고 이를 모든 견해와 평가의 구속성을 파괴한 초라한 다원주의의 치명적 결과라고 평가할 수도 있다. 그래서 사정은 에두아르드 보캄프가 최근에 규정한 바와 같다.

"'포스트모던'의 발현으로 우리는 미학 영역에서 다원주의를 얻게 되었는데, 이를 존중하는 것은 최상의 일차적인 사회적 계율 가운데 하나다. 하지만 이 다원론은 수문을 열어 놓기도 했다. 그것을 통해 자유롭게 상대적 권한을 갖게 된 새로운 수많은 것들은 아직 극복되어야 할 것으로 남아 있다. 그것은 까다로운 선택의 문제와 평가의 문제를 제기한다. 소수와 엘리트적 선택에 대한 찬양, 질의 추구, 탁월하고 역사를 움직이는 예외적 인물들에 대한 기대 등은 시대착오적인 것으로 보인다. 우리는 전시회만 아니라 박물관도 더 이상 어떤 결정을 내리지 않으며, 늘 새로운 변형들의 다원주의를 극단적으로 부추기고, 다만 그때그때 달리 해석할 뿐이라는 사실에 익숙해져야 한다. 전시회나 박물관은 어떤 단호한 요약을 제공하지 않으며, 오히려 여과되지 않고 기껏해야 관심의 균형을 잡아주는 여러 가지를 묶어놓으며 (…) 그것을 우리의 호의에 내맡겨 놓는다. 우리는 예술이 삶과 마찬가지로 다양하며 인플레이션 상태에 있다는 점, 또 예술가 · 전시장 · 시장 · 미술관 · 박물관 등이 계절마다 증대하고 있다는 데에 만족해야 한다. 나아가 누구나 스스로 예술가가 될 수 있으며, 아울러 어느 예술가나 자신의 화랑과 자신의 수집가를 갖고 있고, 어느 화랑이나 나름의 시장과 대목장을 갖추고 있으며, 또한 모두가 함께 자신의 박물관을 찾으려 하고 또 찾아낸다는 보이이스의 예언이 실현되고 있다는 데에도 만족해야 한다."[2)]

흔한 예술 정의들의 심각한 모순성에 대한 보르게스트의 분석과, 박물관 예술 배치의 명백한 자의성에 대한 보캄프의 번뜩이는 통찰로부터 추론되는 것으로 보이는 결론은 예술의 사회적 현실성을 작품이 아니라 미적 의사소통에서 찾는 것이다. "예술"이라고 하는 유사존재론적 특성이 내재하는 어떤 사물들이 있다는 사실이 아니라, 온갖 괴리상태에도 불구하고 지속될 수 있고 세분화되었으며 제도적으로 뒷받침되는 의사소통의 관습이 존재한다는 사실, 또 이러한 관습이 해당 기고문들을 "미학적으로" 기호화한다는 사실이 현대예술의 사회적 현실성의 근거를 마련한다. 이른바 "작품들"은 사물로서의 그 객관적 성질들을 근거로 예술에 속하는 것이 아니다. 단지 미적 의사소통의 요소로 지각된다는 사정을 통해서만 그것들은 예술에 포함될 수 있다.

이러한 지각의 결과는 박물관 속의 전시, 극장이나 콘서트무대에서의 공연, 문예물 출판사를 통한 출판 등일 수도 있다. 따라서 "예술은 박물관에 전시되어 있는 것"이라고 간단히 말할 수 없다. 오히려 예술은 미적 의사소통의 요소로서 타당해졌기 때문에 박물관에 걸린다. 그런데 작품들의 구조가 이러한 미적 의사소통을 염두에 둔다는 데에는 의심의

---

2) Eduard Beaucamp: Versöhnt. In: Frankfurtter Allgemeine Zeitung v. 4. 4. 1989. Nr. 78, S. 27.

여지가 없다. 즉 작품들은—현대의 경우처럼— 적합한 해석을 모두 차단하는 경우에조차 지각되기를 의도한다. 수수께끼 같을수록 더욱 더 주목을 유발하는 것이다! 따라서 예술작품들은—이미 칸트가 간파했듯이—미적 의사소통을 위해 합목적적으로 구조화된 객체들임이 분명하다. 그러나 한편으로 작품들은 미적 의사소통에 전혀 참여하지 않고[3] 지하창고에서 썩을 수도 있고, 또 한편으로 나무뿌리나 병 건조기, 혹은 축구단의 팀배치 등과 같이 외견상 "합목적적이지 않은" 대상들도 주지하듯이 미적 의사소통의 테마들이 될 수 있었기 때문에, 모든 정황에 비춰볼 때 패러다임을 바꾸어 "예술"이라는 사회적 사실을 분석하고자 할 때에는 "작품"에서 "의사소통"으로 전환하는 것이 타당할 것이다. 이 주도적 관점의 전환이 지니는 장점은 예술의 "본질"을 규범적으로 확정하지 않고 작업하면서 선입견 없이 일상적인 미적 의사소통의 현실에 개입할 수 있다는 점이다. 미적 의사소통의 존립은 그 테마나 기저에 대한 어떤 합의에도 의존하지 않는다. 이 경우 오히려 일반적으로 견해차가 우세하다. 그것은 단지 기고문들을 고유하게 배치할 가능성에, 그러니까 사회적 세분화에만 좌우된다. 예술과 과학, 예술과 정치, 예술과 종교는 일차적으로 그것들에 대해 의미를 얻을 수 있는 사물들의 차원에서 구분되지 않는다. 제단을 그린 그림은 예술과 종교에 대해 다같이 중요할 수 있고, 풍자적 팜플렛은 문학과 정치에 대해 다같이 중요할 수 있다.

아직도 여전히 시의성 있는 우울한 사례가 이러한 사태를 분명히 드러내줄 것이다. 소설 『악마의 시』는 그 저자인 샐먼 루시디에 대한 살해위협 때문에 유례가 없을 정도로 대중의 주목을 끌었다. 그것은 몇 일간 우리 일간지의 문예란만 아니라 일면까지 차지했으며, 정치권을 지치게 했고, 한 편의 소설이 과거에는 야기한 적이 없는 외교적 간섭을 초래했

3) Vgl. Horst Krüger: Der Autor und sein Erfolg. In: Die Zeit v. 26. 4. 1968, S. 18.

다. 냉소적으로 들리지만 않는다면, 이 작품은 흔히 탄식하는 예술의 "영향력 부재"에 대한 대안을 제공하는 듯하다고 말하고 싶을 것이다. 그러나 그러한 지적은 야비할 뿐만 아니라 오해에 근거한 것이기도 하고 엄밀히 말해서 틀린 것이기까지 하다. 왜냐하면 샐먼 루시디의 텍스트는 이슬람 세계에서 예술작품으로서가 아니라 엄청난 신성모독 내지 신앙상의 기본확신들에 대한 기만으로서 그렇게 격분을 야기한 것이기 때문이다. 그것은 이란의 근본주의자들만 아니라 수많은 이슬람 법률가들이 보기에도 단지 죽음으로만 속죄할 수 있는 것이다. 1989년 1월 21일자 『쥐트도이췌 차이퉁』의 한 기사에 따르면 "루시디는 세계 회교도 법률가 연맹 의장 모하마드 이스마엘 쿠레시가 보기에 이슬람에 대해 용서할 수 없는 범죄를 저질렀다. 파키스탄의 관영 언론기관 PAP는, 이슬람 율법상 예언자에 대한 비방은 사형에 해당되며 세계의 어떤 권력도 이를 바꾸거나 달리 어떻게 경감해줄 수 없다는 쿠레시의 말을 인용했다."[4)]

그 "사형언도"가 유발한 토론과 논쟁을 "중세"니 "광신주의"니 혹은 심지어 "석기시대"니 하는 내용 없는 말로 성급히 다루지 않고 냉정하게 관찰한 사람은, 이 경우 두 가지의 사회적 의사소통체계가 대결하고 있다는 우울한 의심에서 벗어나지 못할 것이다. 이 두 체계의 심각한 괴리는 어떠한 해석학적 인간애로도 어떤 "제3의 입장"으로 중재될 수 없으며, 단지 주권국가들은 자신의 영토에서 다른 세력들의 "경찰행위"를 감수해야 할 필요가 없으며 거부해도 된다는 국제법상의 원칙만이 남아서 루시디의 목숨을 보호할 수 있을 것이다. 그러나 "담론 차원에서는" 어떠한 양해도 불가능해 보인다. 왜냐하면 이슬람 세계의 상당 부분은 종교, 예술, 법, 정치 사이의 체계분화를 이루지 않았고, 그들의 종교적 확신들을 어느 정도 직접적으로 법적이고 정치적인 규정이면서 또 분명히

4) Süddeutsche Zeitung v. 21. 1. 1989. Nr. 43, S. 8.

"미적" 규범이기도 한 것으로 파악하고 실천하기 때문이다. 그런 상황에서는 종교적 터부의 훼손이 될 수 있는 것을 그것의 "미적 성격"을 지적함으로써 중화시키려는 입장은 심각한 오해에 부딪치게 된다. 어떤 의사소통이라도—원한다면 스스로를 "문학적"이라고 이해할 수도 있겠지만—동시에 직접 종교적 · 정치적으로 관여하게 되면 위험해지고 그 활동공간은 극적으로 축소된다. 루시디의 소설은 그것을 읽지 않는 이슬람인에게는—그의 텍스트구조가 지니는 고도의 기교적인 허구성과 아무 상관없이—죽을죄이며 그의 자기이해를 노골적으로 훼손하는 것이다. 그렇게 생각하는 사람들에게는 "예술적 예외"나 "미적 자율성"에 대해 언급하는 어떠한 논증도 전혀 이해될 수 없다. 이슬람의 담론에서는 소설의 텍스트가 "예술"로 기능하지 않는다. 왜냐하면 다른 의사소통 형식들과 명확히 구분되고 그래서 그 규범들을 유보해 놓을 미적 의사소통이 없기 때문이다. 『악마의 시』는 이 다기능적 의사소통체계에서 오히려 "신에 대한 모독"으로 기능하며 그에 상응하는 인정을 받는다. 또한 종교가—서구 세계의 의사소통체계들에서처럼—"단체"로 조직되지 않고 전체체계의 규범적 기초를 형성하기 때문에 루시디는 우리들의 경우에 유일하게 생각할 수 있는, "단체에 해를 끼치는" 행위로 인한 축출 이상의 위협을 받는다. 신앙심 있는 회교도에게 서구 사회의 현대적 세분화와 그 결과 상이한 의사소통형식들을 독립적인 것으로서 나란히 묵인해야 하는 종교의 한정된 타당성은 자유를 향상하는 일이 아니라 애석하게도 종교가 힘을 상실하게 된 결과다. 세속화된 세계 속에서 종교가 의지거리가 되고 삶을 형성하는 힘을 상실한 것이다.

루시디의 요란한 사례를 여기에 끌어들인 것은, 사람들이 "작품들"이라고 칭하는 어떤 사물들의 본질적 특성이 아니라 단지 "미적 의사소통"으로서만 예술의 현실성이 서술될 수 있다는 점을 특히 인상적으로 증명해줄 수 있기 때문이다. "예술"이라는 명칭으로 사람들이 의사소통하는 것은 다른 곳에서는 다른 식으로 언급될 수 있으며, 아무리 달변인 문예학자도 "시적 기표의 자율성"에 대한 논의로 신앙심 있는 회교도의 분노를 가라앉힐 수는 없을 것이다. 여기서는 의사소통체계가 서로 엇갈리고 있는 것이다.

유럽의 역사와 그 문화적 진보를 염두에 두면, 18세기에 이르기까지 현대 이전의 사회들은 몇 가지 측면에서 오늘날의 이슬람과 비교할 수 있는 의사소통구조를 가졌다고 말할 수 있다. 그 사회들도 "예술"을 몰랐다. 즉 미적 테마들을 위해 보존된 특수한 의사소통 및 의미론을 구사할 수 없었던 것이다. 이 새로운 의미론은 18세기 후반기에야 형성되었고 그 다음에는 서서히 "예술"과 같은 것이 사회적 의사소통의 테마로 나타날 수 있게 하는 관점이 형성되었다. 우리의 새로운 의사소통유형이 18세기 말엽에도 아직 사회적 현상으로서는 얼마나 불안정하고 위태로웠는지는 다름 아니라 괴테의 베스트셀러 소설 『젊은 베르테르의 고뇌』가 1774년에 유발한 논쟁이 잘 말해준다. 이 소설은 그 속에 묘사된 집요한 사랑 때문이라기보다 무엇보다 주인공의 명백히 냉정한 자살 때문에 독자들의 마음을 뒤흔들어놓았다. 사람들은 그의 자살을 "무정부주의적" 행위이자 모든 사회질서에 대한 회의라고 이해했던 것이다. 특히 레싱의 적수로 유명해진 신학자 요한 멜히오르 괴체는 다음과 같은 테제로 이 소설에 대한 금지 요청의 근거를 제시했다. "『젊은 베르테르의 고뇌』와 같은 종류의 글들은 클레멘트, 라바야크, 다미엥 같은 자들의 모태가 될 수 있다."[5)]

이 테제는 죽음에 대한 갈망이 정확한 의미에서 "왕의 시해" 또는 사회의 부정이라는 점, 또 그런 한에서 물론 도덕적으로도, 종교적으로도, 또 정치적으로도 바람직하지 못한 태도라는 점을 밝히는 점에서 예리한 것이다. 그러나 괴테는 이 소설을 쓸 때 그러한 것을 전혀 의도하지도 않았다. 그에게는 틀림없이 자신의 체험에서 야기되었을 어떤 극단적인

---

5) Zit. Georg Jäger: Die Leiden des alten und neuen Werther. München 1984, S. 133.

삶을 반규범적으로 보여주는 것이 관건이었을 것이다. 그래서 그것은 단지 문학으로서만 가능했을 뿐이며, 결코 생활을 위한 처세방안을 암시하려는 것이 아니었다. 괴테는 꾸며낸 삶과 사건들의 실용적 결과들을 의식적으로 도외시하는 특유의 미적 의사소통에 기여하는 것으로서 『베르테르』를 이해했다. 물론 자살해서는 안 된다. 하지만 미적 의사소통이라는 부담 없는 조건들 속에서는, 극단적이고 다른 경우에 신빙성 없고 터부를 훼손하는 행동방식과 사고방식들을 보여주고 체험하는 것도 매력적일 수 있다. 그러나 1770년대의 수용자들은 아직 익숙하게 반응하지 않았다. 어떤 사람들은 자신의 도덕 감정이 훼손되었다고 보거나 모든 사회질서가 의문시되었다고 여겼다. 다른 사람들은—이들은 물론 가끔 읽을 수 있는 것보다는 훨씬 더 소수였다—허구적 주인공의 전기와 자신을 동일시하여 극단적인 경우에는 심지어 그의 운명을 흉내 낼 수도 있었다. 이 두 가지 반응방식은 이 시기에 고유의 미적 의사소통에 참여하는 것이 아직 습관적이지 않았다는 것을 증명해 준다. 흥분하는 도덕적 정치적 격분의 제스처도, 실제 삶에서의 모방 결과도 미적 의사소통이나 이른바 그 "자율성"의 의도에는 포함되어 있지 않았다. 괴테는 자신의 삶을 회고할 때 이 점을 분명히 간파하고, 독자들의 부적절한 반응에 대해 다음과 같이 말했다.

"엄밀히 말해 단지 내용, 혹은 소재만이 고려되었다. (…) 그런데 (인쇄된 책은) 하나의 교육적 목적을 가져야 한다는 낡은 편견이 다시 등장했다. 그러나 진정한 묘사는 그런 목적을 지니지 않는다."[6)]

문학사회학적으로 볼 때 과거 유럽의 전통적 의사소통양식과 현대의 세분화된 의사소통양식의 이 충돌이 지니는 의미는 더할 바 없이 중대하다. 괴테는 익숙하게 반응하지 못하는 독자들에게는 『베르테르』의 문학

6) Johann Wolfgang v. Goethe: Dichtung und Wahrheit. 13. Buch. Hamburger Ausgabe. Bd. 9, S. 590.

적 극단성을 (아직) 요구할 수 없다는 인식에 도달했으며, 이 소설의 다음 판본에는 아주 확실한, —오늘날에 보면— 실로 우스운 수용지침을 보완해 넣게 되었다. 그래서 그는 순진한 독자의 오해를 막게 될 다음의 사행시를 지었다.

“그를 애도하고, 사랑하는 그대, 사랑스런 영혼이여,
그의 기억을 치욕에서 구하라.
저기, 한 정신이 그대에게 지옥에서 충고한다.
사나이가 되고, 내 뒤를 따르지는 말라.”[7)]

그 후 다행히도 미적 의사소통에 참여하는 것이 점차 자명해져가자 괴테는 이 시구를 다시 빼버렸다. 이 시구가 오늘날의 『베르테르』 독자들에게 기이하거나 부적절해 보이는 만큼, 이미 오래 전에 익숙해지고 자명해진 미적 의사소통능력이 확인된다. 그러나 독일 문학에 대해서는 괴테가 “베르테르 파문”에서 이끌어낸 다른 결론이 더 중대한 결과를 초래한다. 빌헬름 마이스터의 “교양에 대한 열망” 및 주관과 사회의 생각할 수 있는 화해라는 시적 이념은 베르테르의 특이한 태도를 계승하는 것이었다. 그러한 이념은 교육적, 도덕적 혹은 정치적 관점에서 전적으로 우리의 공감을 얻을 수도 있다. 이 이념으로 인해 독일 소설은 상당 기간 동안 “교양”의 이름 아래 선량한 주인공들과 박애적 의도의 지루한 묘사에 빠지기도 했는데, 이는 서유럽 소설문학의 문학적 극단성과 확연히 대조되는 것이다. 『베르테르』가 18세기의 독자층을 너무 앞지른 것이었기에, 독일 소설은 뒤늦게야 『빌헬름 마이스터』의 그늘에서 벗어나게 되었다.

이상의 두 가지 예를 통해 우리는 예술의 이론을 위해서는 “예술작품”이 아니라 “미적 의사소통”이 출발점을 이루어야 한다는 점을 분명히 하

7) Hamburger Ausgabe. Bd. 6. S. 528.

고자 했다. 특히 20세기에는 밀로의 비너스를 자갈과 구분하듯이 "작품들"을 "비작품들"과 객체의 차원에서 구분하는 것이 단적으로 불가능하다. 반면에 물론 조약돌에도 관여할 수 있는 미적 의사소통의 세분화는 과학이나 종교 혹은 정치와 같은 다른 사회적 의사소통과 별 마찰 없이 기능을 발휘한다. 특히 20세기에는 당연히 의사소통의 세분화가 공격을 받기도 한다. 물론 모든 것은 이 공격들 대부분이 그 대변자들의 의도와 반대로 미적 의사소통에 포함되었으며, 오늘날에는 박물관과 극장에서 경탄의 대상이 되어 있다는 점을 보여준다.[8)]

미적 의사소통의 세분화와 계획들

물론 철학이 18세기의 "자율적인" 예술적 의사소통의 역사적 등장을 유발한 것은 아니다. 오히려 철학은 그러한 사건에 반응하고 "그 가능성의 조건"을 반성하려고 했다. 이러한 사건의 역사적 계보학은 봉건주의와 시민계급의 긴장영역에서 이루어진 사회의 전체적 변형으로부터, 교육제도와 지식조직의 변화를 거쳐 예컨대 종교나 법과 같은 격투장에서 벌어진 개별적 담론의 위치변화와 혁신에까지 이르는 엄청난 요인들을 고려해야 할 것이다.[9)] 아무튼 그러한 요인들의 복수성으로부터 우선은 오히려 산만한 논의, 즉 한편으로는 "작품들의 자율성"을, 다른 한편으로는 "예술가들의 천재성 혹은 신과의 유사성"을 강조하는 논의가 발생

---

8) 초현실주의의 운명에 대해 모리스 나도는 다음과 같이 말한다. "하지만 이 (…) 예술적대적 운동은 (…) 궁극적으로 단지 하나의 새로운 문필, 새로운 문학, 새로운 회화로 귀결될 뿐이다. (…) 이 운동이 목표로 삼았던 삶의 포괄적 변화로부터는 (…) 아무것도 이루어지지 않았다." M. Nadeau. : Geschichte des Surrealismus. Reinbek b. Hamburg 1965, S. 9.

9) Vgl. Bd. I, S. 39 ff.

했다. 이러한 논의는 서로 뒤섞여 함께 이루어지는 실천형식들 · 제도들 · 담론들의 혼합물로부터 예술의 사회적 현실을 분리해내는 것이었다. 기능에 대한 주도적 물음에 비춰보면, 1770년대의 산만한 의미론은—사람들은 그것을 "질풍노도"라고 칭했다—그 시대 담론의 가능성과 더불어, 예컨대 종종 종교적 공식을 통해 표현되어야 했던 세분화의 의미론이라고 적절히 특징지을 수 있다. 그러나 이 문제는 더 이상 종교적인 것이 아니었다. 오히려 그것은 예술체계를 자체적으로 서술하기 시작할 때의 난점이었다. 물론 의미론 차원에서 구비하고 있던 것, 즉 "자율적 작품들"과 "천재적 예술가"는 적절한 자체 서술의 가능성을 별로 제공하지 못했다. "자율성"은 너무 오해의 여지가 많았다. 작품들이 사회적으로 독립해 있다는 것이 그것의 의미라면, 당장 진퇴양난에 빠지게 되었다. 그러한 테제는 경험의 뒷받침을 받지 못했다. 또한 "천재성"의 개념은 다루기가 좀더 어려웠다. 의문의 여지없이 그것은 재능의 비교불가능성을 보여주고 따라서 배제의 기능을 지녀야 했다. 그러나 단 하나의 척도는 없었고, 없을 수밖에 없었기 때문에 괴테가 비판적으로 이의를 제기했듯이 세상 사람들은 누구나 얼마든지 스스로를 "천재"라고 느낄 수 있었다.

"천재라는 말은 일반적 구호다. 그리고 그 말을 아주 빈번히 들었기 때문에 사람들은 그것이 의미해야 하는 것이 평범하게 존재한다고 믿었다. 그러나 누구라도 다른 사람들에게 천재를 요구할 권한이 있었기 때문에 마침내 자신도 천재를 지님에 틀림없다고 믿게 되었다. (…) 어떤 사람이 이유도 목적도 제대로 알지 못하면서 세상 속을 맨발로 달리면 이를 천재의 여행이라고 칭했다. 그리고 누군가가 목적도 효용도 없이 어떤 미친 짓을 시도하면 이를 천재의 장난이라고 칭했다."[10]

---

10) Johann Wolfgang v. Goethe: Dichtung und Wahrheit. 19 Buch. Hamburger Ausgabe. Bd. 10. S. 160 f.

이상과 같은 배경에 비춰볼 때 칸트의 『판단력 비판』(1790)의 획기적 의미는 예술의 새로운 현실을 "작품들"의 현실로 규정하지도 않고 "예술가들"의 실존을 통해 규정하지도 않았으며 사회적 의사소통의 특수한 방식으로서 규정했다는 데에 있다. 물론 『판단력 비판』에서는 작품들과 예술가들에 대해 논의되고 있다. 하지만 미적 의사소통의 가능성에 대한 반성이 일차적이며, 그 영역 속에서 "작품"과 "예술가" 같은 개념들이 등장할 수 있는 것이다. 칸트에게는 도덕적 정치적 과학적 담론들과 엄격히 구분되는 예술에 대한 어떤 논의 유형을 분석하는 것이 관건이었다. 선험적 이론구성의 범위 내에서 그는 미적 의사소통의 "가능성을 위한 조건"에 대해 물었다. 즉 그는 경험적으로 이미 많은 성과를 거두고 있는 담론에—미학적 논의에—어떤 권리의 명의를 부여하려고 시도했던 셈이다.

칸트는 이 미적 의사소통의 "가능성을 위한 조건"을 합목적적으로 조직된 "아름다운" 기저에 대해 즐겁게 반응하고 이 반응을 미적 취미판단으로 적절히 "전달하는" 선험적 주관의 능력에서 찾았다. 칸트는 취미판단의 근거를 주관의 특유한 메커니즘, 즉 오성 내지 이성과 감성적 직관의 균형 잡힌 관계에서 추정하고 그것을 선험적 관점이라는 의미에서 일반화했다. 이 때문에 그는 미적 판단의 보편타당성을 비록 유사과학적으로 입증하거나 유사도덕적으로 요구해서는 안 되지만, 그것을 상정할 근거는 있다고 생각했다. 칸트의 이러한 반성은 그 논증의 특이성 때문에, 즉 주관에 호소하고, 이를 근거로 미적 판단과 관련해 독특하게 보편타당성을 상정하기 때문에 획기적인 것이 아니다. 이는 사실 직관과 매우 대립하는 듯해 보인다. 그것이 획기적인 것은 "작품" 혹은 "예술가"로부터 의사소통으로 패러다임을 전환했기 때문이다. 그런데 이 의사소통은—오늘날의 관점에서 칸트에게 비판적으로 말할 수 있듯이—그것에 외적인 "주관성"과 같은 장치가 있어야 근거를 지니는 것도 아니고—의사소통의 근거는 오히려 자체를 통해, "자율적으로", 궁극적으로는 동어반복적으로 마련된다—, 판단 상의 동의에 의존하는 것도 아니며, 바로 그 속에서 가능한 기고들의 불일치를 통해 생명을 유지한다. 이처럼 마치 스스로를 떠메고 가는 듯한, 외적 근거 마련으로부터 독립해 있는, 미적 의사소통으로서의 예술체계 구성은 청년기 프리드리히 슐레겔의 몇몇 고찰에서 처음으로 확연히 드러나게 되었다.

우리는 칸트의 미학을 일종의 "코드이론"[11]이라고 칭한다. 이 말은 어떤 하나의 주도적 차이를 확정하고 이것에 관련된 모든 기고문들을 이것이냐 아니면 저것이냐 하는 식으로 적용해 넣는 이론을 뜻한다. 칸트에게 이 주도적 차이는 "미" / "추"의 구분이었다. 이로써 그는 사물들의 실재적인 특성을 염두에 두지 않고, 사물들—작품들 혹은 경관들—이 "아름답거나" 혹은 "추한" 것으로 지각되고 언어화될 수 있게 하는 의사소통 행위의 코드화, 어떤 특유한 관점의 자질규정을 생각했다. 단지 이러한 코드화의 문제에만 칸트는 실제로 관심을 기울였다. 언젠가 아도르노가 지적했듯이 그는 예술에 대해 무엇을 알 필요 없이도 미학을 쓸 수 있었다.(Ⅶ, 495)

미적 의사소통의 진화과정 내부에서 낭만주의 세대가 이룩한 그 다음 단계의 본질은 이미 코드의 기능적 유능성과 세분화를 전제하는 미학적 프로그램들을 정식화한 데에 있었다. 낭만주의적 예술프로그램들은 모두 한 가지 열광적이고 마음을 사로잡는 특징을 지닌다. 그것들은 예술에 일반적으로 유토피아적 기능들을 부여하지만 당장 과잉요구로 인한 위기에 빠지고 그래서 제동조작이 필요해지는 구상들을 정리해놓는다. 대개 미적 의사소통을 위한 칸트식 논증의 의미론이, 따라서 취미판단에서의 감각성과 합리성의 관계에 대한 규정이 활용되며, 이것이 이제 인간학적으로나 존재론적으로 변형되어 과도한 기대의 토대가 되었다.

11) 니클라스 루만의 취지에서 그렇다. Vgl. N. L. : Soziale Systeme. Grundriß einer allegemeinen Theorie. Frankfurt/M. 1984, S. 197 f.

쉴러처럼 미적 의사소통을 보편적인 정치적 자유의 매체라고 보았든, 슐레겔처럼 시적 신화의 복귀에서 자연과 문화를 화해시키는 구원된 미래를 기대했든, 아니면 셸링처럼 감각성과 이성의 선험적 균형으로 자연과 정신을 동일하게 만드는 미적 세계원리를 만들었든, 낭만주의 이론가들은 칸트가 철학적으로 개척한 특유의 의사소통 속에서 미적으로 구원된 세계를 모방하고 실제 삶 속에서 처음으로 총체적인 미적 실존을 기대하게 만든 매력적 프로그램들을 정리했다. 그러나 그 효과는 파멸적 특징들을 드러냈고 일부는 "베르테르의 운명"에 접근하기도 했다. 낭만주의 미학은 실존의 진퇴양난 내지 결핍과 시대성으로부터 거의 불가피하게 야기되는 죽음의 미학이다.

물론 낭만주의 예술강령의 도취적 특징은 단지 일시적 현상에 그치고 냉정한 입장으로 귀결되었다. 예컨대 쉴러의 경우 자신의 "미적 교육"이 지닌 정치적 지평을 체념적으로 거세하게 되며, 그래서 그것은 마치 자체를 위한 목적처럼 되고 인류의 목가적 미래를 단지 시적으로만—그 이상은 결코 아니다—보여줄 수 있게 된다. 슐레겔과 셸링의 경우에는 자아비판으로 기울고, 예술유토피아와 신화적 희망 대신에 현실역사 및 현실정치와 종교를 지지하는 쪽으로 바뀌었다. E. T. A. 호프만이나 아이헨도르프의 소설문학에서도, 미적 삶과 시민적 삶이 되풀이하여 충돌하고 이러한 대결이 궁극적으로 더 이상 하나의 관점에 의해 매개될 수 없을 때, 낭만주의의 그러한 자아비판적 요소를 감지할 수 있다.

낭만주의의 교리 내부에서 이 미학적 자아비판과 자기제한의 경향들에 포괄적이고 체계적인 철학적 근거를 마련해 준 것은 바로 헤겔이다. 헤겔 자신은 원래 낭만주의의 "예술종교" 열광에 매료되었다. 그는 프리드리히 슐레겔과 그의 "반어"를 예리하고 신랄하게 비판하지만, 그의 원숙기 저서에서도 낭만주의 세대의 미적 태도에 대한 공감을 감지할 수 있다. 낭만주의적 사유가 헤겔에게 끼친 영향은 그가 『미학 강의』에서 "시적 세계상태"에 대해 언급한다는 점에서도 가늠할 수 있다. 그는 이러한 상태를 주로 고대 그리스와 동일시했다. 또 그것은 실제로 낭만주의자들이 미래를 위해 꿈꾸고 싶어했던, 미적으로 통합되고 "전체적 예술작품"이라고 해독할 수 있는 현실의 모든 특징들을 지니는 것이었다. 하지만 헤겔은 예술이라는 길잡이를 통해 이해될 수 있는 그 시적 생활상황을 어떻게든 가능한 것으로 간주하기에는 너무 냉정하고 역사적으로 "사회학적으로" 너무 많은 정보로 안목을 갖추고 있었다. 이로 인해 그는 낭만주의자들 및 자신의 초기 철학과 분리된다. 왜냐하면 그는 현대사회가 분업과, 인격과 역할의 구분과, 체계 및 담론의 세분화를 특징으로 한다는 점, 또 그것을 "미적으로" 종합할 수 있기 위한 전제조건이 사라졌다는 점을 아무 환상 없이 간파했기 때문이다. 헤겔은 그러한 종합을 단지 사변적 이론, 곧 "자기 시대를 사상으로 파악하는" 철학만이 해낼 수 있다고 보았다. 하지만 이러한 철학은 바로 그렇기 때문에, 오늘날 우리가 아는 바와 같이, 어떤 입장과 결합된 특유한 방식으로 그 시대를 묘사하며, 헤겔이 자신의 사유가 지닌 사변적 전제들을 근거로 믿게 만들었던 것처럼 그 시대와 결코 동일하지 않다.

헤겔 미학의 성과는 특유한 미적 의사소통에 대한 칸트의 규정에 역사적이고 사회학적인 지평을 제공했다는 데에 있다. 칸트의 "선험적" 반성은 예술적 의사소통의 모든 역사적 사회적 전제들을 도외시했다. 그는 그것을 영원한 상태로 수행한다고 믿었다. 다소 거리를 두고서야 이러한 반성의 역사적 의미가 파악되었다. 그러한 반성은 고대나 중세가 아니라 현대로 넘어가는 문턱에서야 비로소, 성공적인 체계분화의 맥락 속에서만 가능해졌던 것이다. 미적 의사소통과 다른 사회적 의사소통을 탈세분화하려고 한 낭만주의의 좌절된 기획은, 현대사회의 부분체계로서 그와 같은 여타의 부분체계들과 병존하면서 스스로를 반성해야 하고 ―그래서 총체화하는 어떤 전략도 처음부터 좌절될 수밖에 없다―특수한 의사소통으로서 미적 의사소통이 등장하게 되는 사회구조적 주변조건들을 보는 헤겔의 시선을 예리하게 만들었다. 이러한 상황을 헤겔은 현대적 생활상황의 "산문성"이라고 규정했다. 세계는 이제 시적인 고대 폴리스 시절처럼 "아름답지" 않다. 하지만 헤겔은 이 점을 그리워하며 애석해하지 않는다. 오히려 그는 세분화된 현대사회에 미적 감각이 상당히 결여되어 있지만 여기서 개인을 위해 야기되는 엄청난 자유의 증대에 강세를 둔다. 그래서 헤겔은 현대의 산문적 상황으로부터 "예술의 종말"을 추론해낸다. 오해의 여지가 많은 이 공식은 제대로 이해한다면 단지 구속력 있는 세계관 혹은 통합적 실제생활로서의 "예술의 종말"을 의미할 뿐이며, 결코 어떤 예술적 활동이나 미적 의사소통의 중단을 의미하지 않는다. 그 반대로 현대 속의 예술의 세분화, 디터 헨리히가 말했던 예술의 부분화는 도덕이나 정치 혹은 종교에 기인하는 전통적 강압들로부터 예술을 분리시켜 주며 예술의 잠재력을 해방시킨다. 이러한 잠재력은 미적 현실 개념이라면 모르되 다른 어떤 현실 개념에서도, 또 스스로 정립한 규칙이라면 모르되 어떠한 기술적 규칙 개념에서도 어떤 한계에 부딪쳐야 할 필요가 없다. "부분성"을 통해 비로소 예술은 그 체계적 지위의 해방된 조건들 아래서 "현실을 모방하고" 의사소통적으로 그러한 모방을 검토할 가능성을 얻게 된다. 그렇지 않을 경우—다른 사회구조적 주변조건들 속에서—그러한 모방은 베르테르 파문이나 루시디를 둘러싼 논쟁이 함축적으로 명확히 보여주듯이 부당한 타부 훼손으로 평가되고 검열 당할 위험에 처한다.

이러한 사태로부터, 즉 공존하는 사회적 체계들—정치 · 법 · 교육 등—의 규범적 입장들을 미학적으로 무효화하거나 냉대할 가능성, 체계 내재적으로 자명하거나 혹은 바로 체계 내재적으로 제공된 이 가능성으로부터, 현대예술은 오래 동안 그 진화의 힘을 이끌어냈다. 사회 자체가 아무런 타부도 더 이상 모를 때—이런 상황은 점차 달성되는 듯해 보인다—예술의 반규범적 모방은 모든 "전복적" 매력을 잃게 되며, 마침내 그러한 것을 허용하는 현실에는 질서 · 예배 · 신앙 등의 가상을 제시하는 편이 더 전망 있어 보일 수 있을 것이다.[12]

이상이 구속력 있는 세계관 내지 통합적 실제생활로서 "예술의 종말"이라는 헤겔의 테제로부터 구조적으로 나오는 한 가지 결론이다. 이 경우에는 마치 미적 의사소통의 "외적 시선", 즉 사회적 환경이 형식화를 위해 미적 의사소통에 내맡겨지는 방식이 관건인 듯하다. 다른 하나는 헤겔이 우선적으로 파악하고 진술했듯이 예술이 자체를 주제로 삼는 현상이다. 그 밖의 모든 기능에서 벗어남으로써, 미적 의사소통은 일차적으로 자체와 관여하고 그 매체적 잠재력을 최대한 이끌어내고 색채, 형식, 음향, 음성, 활자 등등을 모든 외적 이해에 대한 요구 너머에서 실험적으로 끝까지 활용할 가능성을 지니는 것이다. 고트프리트 벤은 "부분적" 혹은 세분화된 예술의 이런 특징을 다음과 같이 함축적으로 서술했다.

"예술의 법칙들은 단지 예술에만 적용된다. 예술은 다른 사유방식에 관여할 수 있거나 관여해도 된다고 조금도 기대하지 않는다. 예술은 보편적인 것이 아니다. (…) 예술의 법칙과 요구들, 그리고 결론들은 엄밀히 말해 예술을 만들거나 예술에 관여하는 사람들에게만 적용된다. 새로운 것, 현대적인 것은 (…) 예술이 자체와 관계한다는 점이다."[13]

첫째 특성—반규범적 현실모방—이 현대예술을 충격적인 것으로 만들어 수용자가 오늘날처럼 충격에 둔감해지게 되었다면, 둘째 특성—자체를 주제로 삼는 현상—은 현대예술을 난해하게 만든다. 현대예술은 더 이상 다른 사회체계들의—그 영역 속에서 우리는 일반적으로 의사소통하고 있다—의미론적 잠재력에 근거해 해독되지 않는다. 현대예술은 이른바 "생활세계"의 의미론으로 번역될 수 없다. 이 두 가지 특징들이—충격발휘와 난해성 및 그 결합—현대예술의 주요 특성들이라면,

---

12) 최근 특히 인상 깊게 이 점을 지적한 글로는 다음을 참조할 것. George Steiner: Von realer Gegenwart. München 1990.

13) Gottfried Benn: Texte aus dem Nachlaß. Hg. v. H. Steinhagen. In: Jahrbuch d. dt. Schilerges. 13 (1969), S. 105.

칸트의 세분화 논의에 대한 헤겔의 사회학적 반성은 현대의 미적 의사소통 현실에 대해 결정적인 통찰을 가능케 했다고 확실하게 말할 수 있다.

미적 의사소통의 제도들

그러나 이상의 주장이 현대사회 내의 미적 의사소통의 세분화는 우선적으로 철학적 사건이었다는 인상을 유발해서는 안 될 것이다. 철학은 단지 미적 의사소통이 세분화되었다는 사실로부터 야기된 반성적 문제들을 해결하거나 적어도 주제로 삼았으며, 19세기의 일상적 의사소통에 파고들게 된 특정한 의미론적 모델들을 활용할 수 있게 했다. 그러나 미적 의사소통이 사회적으로 관철된 것은 일차적으로 그것의 조직화와 제도화를 통해서 이루어졌다. 예술은 과거에 그런 식으로 존재한 적이 없었지만 이제 미적 의사소통의 재생산을 본질적으로 보증하게 된 제도들을 통해 "물질화되었다".

19세기 중엽 빈의 옛 성곽들이 철거되었을 때 공지가 된 땅에는 오늘날에도 경이로운 환상도로가 생겨났다. 이 도로의 건설은 사회적 세분화의 상징으로 이해될 수 있다. 현대사회의 모든 중심적 기능체계들을 위해서는 하나의 기념물이 설립되었다. 종교적 체계를 위해서는 봉헌교회가, 정치체계를 위해서는 국회의사당이 행정체계를 위해서는 시청이, 경제체계를 위해서는 증권거래소가, 과학적 체계를 위해서는 대학과 학술원이, 마침내 예술체계를 위해서는 극장과 박물관이 세워진 것이다. 미적 의사소통의 그러한 제도들이 과거에는 존재하지 않았다고 말하면 반론이 제기될 수도 있다. 즉 고대에는 이미 극장이나 미술관이나 음악회 혹은 문학사업이 없었단 말인가? 이는 진부한 의미에서 참이므로 좀더 나은 근거를 찾아야 할 것이다. 우선 박물관을 보자. 물론 실제로 미술관들은 이미 언제나 존재했지만, 그것의 제도적 지위는 19세기 문턱에 이르기까지 완전히 다른 것이었다.[14] 그러한 미술관들은 신전 · 교회 · 수도원에서 이루어지는 종교적 예배에 통합된 구성요소이거나, 아니면 궁정문화나 귀족문화 분위기 속의 봉건제를 대변하는 요소들이었다. 그것들에 접근하는 것은 제한되어 있었고, 그것의 지각은 맥락과 관련된 특징을 지니고 있었다. 프랑스 혁명 과정에서 비로소 대부분의 미술관들은 대중에게 개방되었다. 즉 접근에 대한 제한이 점차 사라졌다. 그리고 "공중 미술관"의 신설은 전시된 작품들을 전적으로 미적 우선권 아래 감상할 수 있게 해 주었다. 이처럼 감상이 제도적으로 코드화되는 과정이 환상이 아니라는 점은 예술사적으로 중요한 예배당을 살펴볼 때 방문자를 엄습할 수 있는 독특한 답답증을 통해서도 알 수 있을 것이다. 종교의 의미내용에 대해 아직 어떤 감수성을 지니고 있는 경우에는, 예술애호가의 익숙한 관점이 신성한 공간의 특수성을 통해 방해를 받는 듯해 보인다. 교회음악회의 경우에도 사정은 비슷할 것이다. 결정적인 것은 박물관이 예술작품들을 모든 실용적 맥락에서 떼어놓고 전적으로 미적인 척도들에 따라 배치한다는 점이다. 예컨대 잘 분류된 박물관 방문자가 당장 시대개념과 친숙해지도록 예술작품들을 어떤 예술사적 관점에 따라 배치하는 경우가 그렇다. 또 역사주의적 규칙에 따르는 19세기의 음악회는 하이든 · 베토벤 · 멘델스존의 순서를 따랐으며, 이런 식으로 세분화된 미적 의사소통을 아무 문제없이 재생산한다. 교회에서는 벽화와 제단에 그려진 그림들을 아무 제한 없이 주목하려면 그 장소가 암시하는 체계적 관련성, 즉 "종교"를 아직 괄호 안에 넣어두는 작업이 불가피하지만, 19세기에 처음 등장한 것과 같은 "박물관"이라는 제도는 감상 상의 모든 제한에서 벗어나게 해 준다. 박물관에 들어서는

14) Vgl. Walter Grasskamp: Museumsgründer und Museumsstürmer. Zur Sozialgeschichte des Kunstmuseums. München 1981.

사람은—특히 오늘날—모든 것을 고려해야 한다. 하지만 그는 설혹 무서워서 소름이 끼칠 경우에도 "예술"과 대면하고 있음을 확신해도 된다.

당시 사람들의 감상을 기록한 기사들을 읽을 경우, 다름 아니라 예배의 메타포들이 특수한 미술관 체험을 말로 표현하는 데에 도움을 주었다는 점이 흥미롭게 눈에 띈다. 물론 이러한 메타포들은 결코 박물관을 교회와 혼동한다는 것을 뜻하지 않을 것이다. 오히려 그것들은 예술과 그 환경의 차이를 당시에 활용할 수 있던 가장 강력한 모델을 통해, 즉 "성스러움/비속함"이라는 구분을 통해, 밝혀주는 기능을 지녔다. 그래서 예컨대 괴테는 드레스덴성 화랑이 개설된 직후 자신의 인상에 대해 다음과 같이 말했다.

"내가 이 성스러운 곳에 들어섰을 때 나의 경탄은 내가 구사한 모든 개념을 능가했다. 더없이 조용한 가운데 화려함과 정결함이 지배하고 있고 자체 내부에서 맴돌 수 있게 된 홀, 아직 금박을 입힌 지 얼마 되지 않은 눈부신 액자들, 밀랍으로 닦은 바닥, 일하는 사람들보다 관람자들이 더 많이 찾은 공간들 등은 나에게 장대함의 감정을 불러일으켰다. 다만 그것은 그 나름으로, 그토록 많은 사원 장식과 그토록 많은 예배 대상이 여기에 다시, 성스러운 예술적 목적만을 위해 전시된 듯해 보일수록 어떤 예배당에 들어설 때의 느낌과 더욱 유사한 감정이었다."[15]

박물관 및 미술전시회와 마찬가지로 극장과 오페라하우스들도 그 방문객들의 태도를 코드화했다. 그들은 이 시설들에 들어섬과 동시에 미적 의사소통 쪽으로 방향을 전환하며, 또한 화려한 의상을 통해 그러한 태도를 드러냈다. 그런 한에서 오늘날 우리의 극장에서 접할 수 있는 청바지와 티셔츠는 편안함과 태만함만 표현하는 것이 아니라 또한 일상과 예술의 구분에 대한 비판적 이의를 표현하는 것이기도 하다. 즉 일종의 후기 아방가르드의 제스처인 것이다! 물론 언제나 극장은 있었다. 하지

15) Zit. ebd., S. 39.

만 현대 이전의 극장이나 오페라 공연에 대한 기사를 읽은 사람은, 그것이 우리와 친숙한, 19세기에 설립된 연극 및 연주회 밤의 현실과 얼마나 다른지 알 것이다. 우선 관람석에는 좌석이 없었고, 개방형 목조 홀이 있었으며, 여기서 사람들은 돌아다니고 이야기하고 먹고 마시다가 가끔씩 "멋진 대목들에서만"—이런 대목은 반복되어야 했다—무대에서 벌어지는 일에 주목했다. 칸막이 좌석에서도 사정은 비슷했다. 여기서는 물론 때때로 특권층 인사들이 모습을 드러내기도 했지만, 대개 뒷방에 물러나 식사를 하거나 누구를 유혹하거나 그밖에 무슨 일이든 했다. 조이메는 예컨대 1802년 트리에스트의 극장 방문에 대해 다음과 같이 서술한다.

"여기서 나는 이탈리아식 극장들의 귀가 멍멍한 소음을 처음 들었다. 사람들은 연극을 밀회와 대담과 거래와 그밖에 또 알 수도 없는 무엇인가를 위해 이용한다. 단지 좋아하는 아리아들만 조용히 들어준다."[16]

조이메의 비판 태도에서는 이미 새로운 예술관이 드러날 수도 있다. 1819년에만 해도 그릴파르처는 로마의 관객들에 대해 이렇게 말한다. "관객들은 낭송 중 비명을 질러대는 대신 큰 소리로 말하는 데에 만족함으로써 제법 훌륭한 태도를 보였다."[17]

현대 이전 관객들의 수용태도는 "산만했다". 다름 아니라 벤야민이 1920년대와 1930년대의 영화관객들에게서 처음 발견했다고 생각한 그런 의미에서 산만했다. 배타적인 예술적 의사소통은 존재하지 않았다. 이러한 의사소통은 19세기에야 비로소 무엇보다 관람석에 좌석을 설치하고, 새로 설립된 시립극장들에서 칸막이좌석의 기능이 사라짐에 따라 구현되었다. 과거 극장 관객의 "산만한" 태도는 주의를 강제적으로 앞쪽

16) Johann Gottfried Seume: Spaziergang nach Syrakus. In: Prosaschriften. Köln 1962, S. 236 f.

17) Franz Grillparzer: Reise nach Italien (1819). In: Sämtliche Werke. Hg. v. A. Sauer. 2. Abtlg. Bd. 7, S. 178.

으로 쏠리게 하고 그 대안으로 기껏해야 꿈이나 꿀 수 있게 하는 좌석배치의 시선통제 기능을 통해 제거되었다. 오늘날 포스트모던적인 체험의 향유방식에서 미온적으로 새로이 효력을 얻기 시작하는 향유의 통일성은 휴식시간이 세분화됨으로써 제거되었다. 브레히트는 『연극소론』에서 부르주아 관객의 태도에 대해 다음과 같이 어느 정도 신랄하게 말했다.

"이러한 건물들 가운데 하나에 들어가 그것이 관객에게 작용하는 영향을 살펴보자. 주변을 둘러보면 독특한 상태로 제법 꼼짝도 하지 않고 있는 모습들을 보게 된다. 근육들이 심한 탈진으로 늘어져 있지 않을 경우, 그들은 몹시 애를 써가며 모든 근육을 긴장시키는 듯하다. 그들은 거의 의견을 나누지 않는다. 그들이 함께 있는 것은 순전히 잠자는 사람들이 함께 있는 것과 같다. 하지만 민중들이 악몽꾸는 사람들에 대해 말하듯이, 뒤로 자빠져 있어서 불안하게 꿈을 꾸는 사람들이 함께 있는 모습이다. 그들은 물론 눈을 뜨고 있다. 하지만 그들은 구경하지 않고 뚫어지게 보고 있으며, 듣지 않고 엿듣고 있다. 그들은 마치 마법에 걸린 듯이 무대 위를 바라본다. 이런 표현은 마녀와 성직자들의 시대인 중세에서 유래한다. 구경하고 듣는 것은 때때로 만족스럽기도 한 활동들이다. 하지만 이 사람들은 모든 활동에서 벗어나 있는 듯해 보이며, 오히려 그들로 무엇인가가 만들어지는 듯해 보인다. 그들을 불확실하지만 강력한 감정에 빠뜨리는 듯한 도취상태는 배우들이 역할을 훌륭히 해낼수록 더욱 심각하다. 그래서 이 상태를 좋아하지 않는 우리는 배우들이 가능한 한 형편없기를 바랬다."[18]

박물관과 극장을 염두에 두면서 지적했던 것과 유사한 경향들은 물론 연주회의 경우에도 볼 수 있다. 주지하듯이 모차르트는 자신이 저녁 연회의 연주를 해야 했던 여러 귀족사회의 무관심과 부주의에 대해 말했

18) Bertolt Brecht: Kleines Organon für das Theater (16, S. 673 f.).

다. 연주회는 "오락"의 일부였다. 사람들은 본래 연주에 집중하지 않았다. 연주회는 일종의 "배경음악" 역할을 했으며, 오늘날 노동 시간에 틀어놓은 라디오와 비교할 수 있다. 그에 반해 19세기에는—이 또한 현대의 연주회 방문자에게는 친숙한 일이다—참을 수 없는 기침조차 이미 연주순간의 신성함을 방해할 수 있었다. 따라서 기침은—누구나 이 점을 안다—악장들 사이에 했다. 예술제도 내 소비자들의 신체적 습성에 대한 역사적 현상학을 서술하는 것은 가치 있는 과제일 것이다. 그것은 미학 이론의 역사를 인상깊게 보완할 것이다.

불확실한 판매기회를 지닌 소규모 사업가로서의 "예술가" 제도, 즉 예술시장과 그 대리업들도 19세기에 자명해졌고 낡은 후원제도의 형식들을 대폭 대체했다는 점을 지적하지 않고 이 설명을 마칠 수는 없을 것이다. 이처럼 예술이 세분화된 부분체계로서 사회적으로 정착하는 데에서 중요한 의미를 지닌 것은, 이러한 사태가 다른 체계들 속에서도 관찰되며 독자적인 반성의 주제가 되었다는 사실이다. 왜냐하면 세분화된 예술은 체계로서만 존립하는 것이 아니라 다른 체계들의 환경으로도 존재하기 때문이다. 이런 관점에서는 무엇보다 법체계가 "저작권법"이라는 명칭으로 19세기에—18세기의 초기 단초들을 일단 논외로 하면—처음으로 예술에 법적 자격을 갖춘 지위를 부여했으며, 이 경우 본질적으로 예술체계의 자체서술이 받아들여졌다는 사실이 눈에 띈다. 이 법은 관념론 미학의 예술개념에서 중심적 측면들을 넘겨받았고 그것을 일상화하고 이로써 "예술"이라는 법적 사태를 서술한다. 저작권법은 오늘날까지도 이러한 관념론적 예술서술을 고수하고 있기 때문에, 시의성 있는 예술의 형식들을 법적으로 취급하는 두드러진 난점들을 떠맡게 되었다.[19]

---

19) Vgl. Verf.: Kunst und juristischer Diskurs. In: J. Fohrmann/ H. Müller (Hg.): Diskurstheorieen und Literaturwissenschaft, Frankfurt/M. 1988, S. 330 ff.

이상의 핵심어들을 통해, 입장들을 "내면화하고" 고정된 태도로 만듦으로써 미적 의사소통의 재생산을 보증하는 제도와 미적 의사소통이 결합되어 있다는 점은 최소한 경향적으로 명백해졌을 것이다. "자율적인" 것으로서 예술이 19세기에 구가한 승리는 물론 그 위기의 원인이기도 했다. 그리고 이러한 위기는 1900년 이후 아방가르드의 공격을 초래하기도 했다. 왜냐하면 그러한 예술은 그 박물관적 성격, 자체관련성, 효과부재 등으로 인해 공허해지는 듯했기 때문이다. 사람들이 그 기능에 대해 물었을 때 그것은 "예술을 위한 예술"이라고 했는데, 이는 사태에 대한 정확한 규정이었다. 그러나 이는 비판적 입장에서 관찰하는 사람들에게는 너무 빈약한 것이었다. 그리하여 "부르주아 예술"과 그 "사원들"에 대한 광적인 욕설이 등장했다. 사람들은 손에 잡히는 것을 예술에 요구했다. 이른바 "삶" · 실천 · 세계개선 · 정치 등에의 개입을 요구한 것이다. 철학적으로 이는 이미 쇼펜하우어에게서 나타났다. 그는 예술에서 삶의 곤궁 혹은 삶의 전반적 고난에 대한 치료법을 기대했다. 그러나 박물관은 세분화된 예술과 미적 의사소통의 상징으로서 되풀이하여 비평가들의 표적이 되었다. 그래서 이탈리아 미래파의 대변자인 마리네티의 유명한 「선언」에는 다음과 같은 주장이 들어 있다.

"이미 아주 오래 전부터 이탈리아는 일종의 고물시장이 되었다. 우리는 이탈리아를 수많은 무덤처럼 뒤덮고 또 뒤덮는 무수한 박물관들로부터 해방시키려고 한다. 박물관은 무덤이다! (…) 서로 알지 못하는 수많은 육체들의 불행한 혼합상태라는 점에서 실로 동일하다. 박물관은 대중의 공동침실이다. 그 속에서 사람들은 언제나 증오하거나 알지 못하는 존재와 나란히 잠잔다! 박물관은 화가와 조각가들의 도살장이다. 그들은 색채와 선으로 싸워 얻은 전시용 벽을 따라가며 서로를 거칠게 도살한다."[20]

---

20) Zit. Christa Baumgarth: Geschichte des Futurismus. Reinbeck b. Hamburg 1966, S. 27.

미적 의사소통의 비판과 연속성

현대예술에 대한 이 아방가르드적 "공격"은 니체의 저서에서 가장 함축적인 철학적 형태를 찾았다. 그의 저서에서 칸트에 의해 겨우 100년 전에 철학적 근거를 얻은 미적 의사소통과 19세기 부르주아 문화사업에서 이루어진 그 제도화를 파괴하려는 강력한 의지를 발견할 경우에만 그의 저서를 제대로 이해하게 된다. 니체는 모든 문화에서 삶을 정복하려는 전략을 간파했다. 본능의 지시에 따르지도 않고 종교적 형이상학적 힘에 인도되지도 않는 가운데 우선 끔직한 삶의 우연성을 생산적으로—문화를 구현하는 과정에서—정복하는 것은 인간에게 달려 있다는 것이다. "문화"를 생산적인 삶의 극복이라고 보는 이 정의에는 한 가지 중요한 "예술적" 요소가 포함되었다. 니체에 의하면 인간은 자신의 "천성"이나 어떤 초월성에 복종할 필요 없이 자기 스스로 만든 존재이기 때문에 모든 실존에는 어떤 "미적" 특징이 내재해 있다. "신", "이념" 혹은 "정신"처럼 지난날 삶의 지침이 되던 의미의 보증들을 삶에 복무하는 구성물 내지 가상이라고 폭로하는 허무주의는 유사예술적인 자기기획의 길을 열어주었으며, 나아가 과거의 모든 세계모델들의 잠재적 "예술성"을 인식할 수 있게 해 주었다. 인간학적 상황의 불확정성에 직면해 니체에게는 모든 문화들이 예술과 유사한 특징들을 지닌다. 그것들은 구성물들이며, 양식화이며, 어떤 "더 높은" 보증도 없는 의미정립들인 것이다.

니체는 이처럼 포괄적인 의미에서 모든 문화는 우연을 구성으로 변형하는 유사예술적 전략이라고 이해하고 이런 관점에서 일종의 예술보편주의적 태도를 취했다. 이때 그는 "작품"과 "예술가주체"에 관련한 특유의 미적 의사소통이라는 좁은 의미의 예술을 지극히 비판적으로 평가했다. 이런 관점에서 그는 헤겔보다 훨씬 더 극단적으로 "예술의 종말"을 옹호했다. 헤겔에 대한 관계에서 니체의 "아방가르드적" 경향의 핵심은 특히 훌륭히 해명된다. 앞에서는 "예술의 종말"이라는 헤겔의 명제가 단지 미적 의사소통의 세분화 결과만을 서술했다는 점을 지적했다. 그것은 보편적 의미매체이자 사회통합적 실천으로서의 미적 의사소통이 힘을 상실했다는 것이지만, 또한 탈실용주의화되고 자체지시적 잠재력이 해방되었다는 의미에서 그 힘이 증대했다는 것이기도 하다. 니체는 다른 부분체계들과 공존하는 사회의 부분체계인 예술의 바로 이 사회적 지위를 예리하게 정면으로 공격한다. 그는 그 속에서 일종의 퇴폐의 징후, 나약해진 삶의 지표를 간파한다. 그는 그것에 강자들의 문화에 대한 비전을 대립시킨다. 니체에게 현대적으로 세분화된 사회, "알렉산드리아적" 계몽의 문화는 "퇴폐적이다". 왜냐하면 그러한 사회는 자체의 모습을 견딜 수 없으며 예컨대 그 과학체계가 불가피하게 만드는 환멸적 통찰들을 예술체계로 보상하기 때문이다. 니체는 결함의 보상이라는 일반적 가설을 통해 현대예술을 해석한다. 즉 작품들의 아름다운 가상 속에서, 또 작품들을 통해 가능해진 의사소통 속에서 현대의 주체는 결핍과 좌절들을 위안하며 넘겨버리는데, 그렇지 않을 경우 이것들은 주체의 자아이해를 의심스럽게 만들 수밖에 없을 것이다. 니체에게 "예술", 특히 점점 더 세련되거나 잔인하게 작동하는 세기말의 예술은 마취제의 기능을 지닌다. 그것은 고난당하는 자들에게 아름다운 꿈과 위안의 환상들을 만들어줄 수 있다. 니체는 이를 특히 개성이라는 장치를 통해 명시한다. "개인적 자아"로서의 자기긍정은 본질적으로 예술가로서, 또 그보다 축소되어 소비자로서, 미적 의사소통을 수행할 때에만 아직 이루어진다. 반면에 그 밖의 모든 사회적 격전장은 규범 · 역할 · 상투적 담론 등을 통해 개인을 일반화한다. 인류의 보편적 행복을 현실화하려는 것이 이 사회모델의 문화적 기본충동이었다면, 니체는 그 궁극적 단계에서 행복과 올바른 삶의 가상을 최소한 순간적으로나마 상상할 수 있기 위해 특별한 장치들—예술—을 필요로 하는 지경에 이른 사회의 암담한 장면만을 인식할 뿐이다. 사실 쇼펜하우어도 그와 유사하게—

물론 어떤 사회학적 관심도 없이—예술의 기능을 규정했다. 즉 인간 삶의 참상으로부터 주의를 돌려놓고 삶의 활동들을 냉담하고 사심 없이 받아들이는 태도를 훈련시키는 진정제라고 규정한 것이다. 니체는 이처럼 역겹고 외견상 영향을 끼칠 수 없는 현실경험들을 보상한다는 주관적 효과를 세분화된 예술의 핵심이자 규정적 성과라고 보았다. 그러한 예술은 소비자들을 "반응적"으로 만들며, 실천 과정 전체 속의 인간 삶의 총체성에 대해 의무를 지니는 문화라는 의미에서의 모든 적극적 생산성과 거리를 두게 한다. 칸트와 헤겔에 맞서 니체는 세분화된 특수 의사소통으로서의 "예술의 종말"을 지지하며, 어떤 생산적 엘리트를 위해 모든 규범을 넘어서고 어떤 개인숭배에도 도달하지 않으면서 의무적 삶의 양식을 형성하는 통합적 문화를 지지한다. 또 이러한 엘리트들을 위해 일하는 것이 대중들의 행복과 품위를 이룬다고 보았다.

1권에서 칸트의 구상에 근거해 낭만주의의 입장들과 헤겔 미학을 통한 그 비판적 반성을 재구성하려고 했듯이, 이제 우리는 니체의 사유에서 미적 의사소통이 20세기에 계속되는 과정을 파악할 풍부한 가능성을 확인한다. 왜냐하면 철학적 미학의 담론을 끝내고 예술에 대한 과학적 이론과 "삶의 예술"이라는 새로운 실천으로 그것을 대체하려고 한 그의 기획을—이 기획이 비록 역사적으로 좌절할 수밖에 없었더라도—진지하게 받아들여야 할 것이기 때문이다.

따라서 우선은 맑스주의의 맥락 속에서 미적 의사소통의 지위를 다루어야 할 것이다. 이 경우 그 원래의 "아방가르드적" 의도와 나중에 국가를 정당화하기 위한 교리로 변형된 것을 엄격히 구분해야 할 것이다. 비록 사람들은 사후에 맑스와 엥겔스의 미학을 상정하고 예술과 문학에 대한 맑스와 엥겔스의 산재된 논평들로부터 하나의 "완결된 체계"를 편찬하고자 했지만, 맑스도 엥겔스도, 또 브레히트도 어떤 하나의 "미학"을 정리하지 않았다는 것은 중요한 의미를 지닌다. 맑스주의의 창시자들은 그 대신 자신의 사회 및 역사 이론 내에서 사회 전체 속의 예술의 위치와 기능에 대한 개별적이고 비체계적인 테제들을 정리해냈다. 이를 이해하는 것은 간단하지 않다. 왜냐하면 그것들과 결합된 이데올로기 개념에 대한 분석은 오늘날까지 합의를 이룰 수 없는 결과들을 야기했기 때문이다. 다른 한편으로 맑스주의 창시자들은 정치적 목표관념들의 범위 내에서—그리고 예술의 "이데올로기적" 성격을 끌어들여—예술에 특정한 기능들을 부여했으며, 그것을 사회적 계급들의 대결 속의 "도구"로서 이해했다. 이처럼 이론과 정치를 "반미학적으로", 의문의 여지없이 긴장 넘치게 결합하는 작업은 베르톨트 브레히트의 작업에서, 특히 망명 전 그의 연극실험들에서 첨예하게 표현되었다. 문화에 대한 이러한 이론적 분석으로부터 브레히트는 좌절한 아방가르드의 자기환멸을 피하고 바람직한 사회적 변혁의 본질적 계기가 될 수 있는 예술의 정치화에 도달하려고 했다. 이 경우 브레히트는—어느 누구보다도 통찰력 있게—1900년 이후 아방가르드의 경험으로부터, 예술과 미적 의사소통이 그 사회적 세분화를 "예술적으로" 지양할 수 있다고 생각할 경우 이는 과도한 기대라는 점을 배웠다. 그것들은 사회적 기능을 실제로 결정적으로 바꾸지 않을 경우에만 재생산된다. 그러니까 브레히트는 예술의 사회변혁적 잠재력을 회의적으로 평가했기 때문에 여러 가지 환상에 빠지지 않을 수 있었던 것이다.

우리는 예술에 대한 본래적 맑스주의의 태도에 대한 분석을 특히 아도르노가 제시한 것 같은 이른바 본격적 맑스주의 "미학"에 대한 고찰과 직접 관련지어 계속하지는 않을 것이다. 왜냐하면 맑스나 브레히트의 태도와 달리 이러한 미학은 완전히 다른 담론유형을 제시하기 때문이다. 이런 유형은 철학의 회귀라고 규정할 수 있을 것이다. 그 대신에 우리는 우선 두 가지 예를 통해, 니체가 요구한, 예술에 대한 모든 논의의 "과학화"의 성과를 보여주고자 한다. 첫째 예는 프로이트인데, 그는 맑스와 마찬가지로 "미학"을 별로 쓰지 않았지만, 명시적으로 예술을 주제로 삼은 몇 편의 글과, 또 그 이상으로 그의 체계적 논문들에서 생산의 계보학과 예술품의 구조화에 대한 통찰을 제공했다. 이는 현대의 미적 의사소통에서 더 이상 배제할 수 없게 되었다. 바로 그것이 여러 가지로 통속화되었기 때문이기도 하다.

아르놀트 겔렌은 여러 관점에서 니체를 직접 계승하는데, 예술적 반성의 과학화에 대한 둘째의 예로는 그를 고찰하기로 한다. 겔렌은—매우 논란이 분분한—인류학자이자 사회학자였다. 그는 인간의 실존을 "문화"에 의해 본능과 분리되고 환경에 대해 개방적이기 때문에 위태롭기도 한 자아정립으로서 규정하는 과정에서 예술적 반응에 대한 계보학의 단초들을 마련하기도 했다. 그러나 겔렌을 분석하는 것이 가치 있는 이유는 무엇보다 그가 현대 회화를 예리하게 논쟁적으로 다루었고, 이로써 바로 "의사소통" 현상 내지 "예술관련 잡담"을 신랄하게 분석했기 때문이다. 이러한 분석을 꾀하고 있는 책 『시간—그림들』은 조형예술 전체의 진화를 인간적 · 사회학적으로 관통한다고 포괄적인 요구를 제기한다. 그의 "역사이후"라는 테제의 취지에서 겔렌은 예술의 진화적 자원들은 원칙상 이미 고갈되었으며, 그래서 예술체계는 어떻게 장기적으로 "경직화"가 "생생함"과 "활동성"으로 훌륭히 연출될 수 있느냐 하는 질문에 직면해 있다고 본다.

아마 세분화된 미적 의사소통의 활력은, 과학들과 정치에 의해 그것이 의문시되고 끊임없이 관찰되는 데에 맞서 그것을 새로이 정당화해준 철학적 미학의 귀환에서 가장 폭발적인 것으로 입증될 것이다. 미적 의사소통의 무대로 이처럼 철학이 돌아온 일에 대해서는 철저히 검토해야 할 것이다. 이때 이 철학의 귀환은—겔렌의 테제와 같은 의미에서—이미 이루어진 반성들의 반복이나 변형으로 여겨진다는 점이 드러날 것이다. 예컨대 과거 동유럽 및 중부유럽 사회주의 국가들의 교육체제를 위한 맑스주의 미학의 창시자 루카치는, 예술의 인식론적 기반과 관련해서만 아니라 체계분화와 관련해서도 헤겔의 미학적 경향을 반복한다. 아방가르드에 대해 루카치는 바로 담론의 경계선을 흐려놓는다고 비난했다. 이와 마찬가지로 아도르노는 예술을 자연과 합리성의 매개자로 규정하는 점에서나, 담론을 통한 식별을 거부하는 미의 유토피아적 잠재력을 역사적 현실과 대조하는 점에서나 낭만주의의 미학적 경향을 반복한다. 끝으로 하이데거도 형이상학의 분위기 속에 있는 서구문화에 대한 니체의 전반적 비판을 반복하면서, 이러한 문화가 니체 자신도 아직 사로잡고 있으며 그의 아방가르드적 미래기획에 색채를 부여했다고 주장한다. 행동주의적 "삶의 문화"를 통해 유럽의 형이상학적 숙명을 집행하는 대신 하이데거는 전통적인 작품예술에서—물론 어느 경우에나 다 그런 것은 아니지만—존재가 드러나기도 하고 은폐되기도 하며, 그래서 하나의 과학적 진리개념이 상응할 수 있는 "객체"로 무력화될 수 없는 매체를 찾는다. 이 수준 높은 요구를 통해 하이데거는 청년기 셸링 시대 이래로 미적 의사소통이 더 이상 지니지 못했던 잠재력을 미적 의사소통에 돌려준다. 그리고 이에 대해 의문부호를 붙인 "헤겔들"이 얼마든지 존재한다는 것은 자명한 일이다.

우리는 미적 의사소통의 경기장에 철학이 돌아온 현상을 전체적으로 "반복"이라는 이름으로 다루더라도, 이로써 20세기의 변화한 조건들 속에서 이 철학적 입장들이 지니는 종종 중요한 특수성을 오해하는 것은 결코 아니다. 우리는 이 특수성들을 강조하려고 하겠지만, 동시에 포스트아방가르드 미학이 미적 의사소통에 대한 반성과 정당화에서 이 경우 가능한 의미론의 전통적 저장품을 변형하지만 더 이상 실제로 철저히 변화시키지는 못했다는 테제를 고수한다. 미적 의사소통은 헤겔과 겔렌이 추측했듯이 "역사이후단계"에 도달한 것이다.

미학 이후: 니체

헤겔은 1818년 처음으로 하이델베르크에서 미학을 강의했다. 같은 해에 쇼펜하우어는 자신의 주저를 완성했고, 『의지와 표상으로서의 세계』는 1819년 초에 인쇄되어 발간되었다. 1819년은 칸트의 『판단력 비판』이 나온지 아직 30년도 채 되지 않은 해다. 이 책은 잘 아는 바와 같이 1790년에 출판되었다. 따라서 칸트 · 실러 · 슐레겔 · 셸링 · 쇼펜하우어와 헤겔을 다룬 본서 1권의 각 장들은 주목할 만하게 짧은 시간, 겨우 30년과 관련된다. 이 기간에 철학은 예술에 최고의 존재적 지위를 부여하고 올바른 삶에 대한 어떤 유토피아적 예시의 힘을 인정해주었든, 아니면 좀더 냉정하게 예술을 여러 가지 사회적 의사소통 형식들 가운데 하나로 규정하고 그것에 현대사회에 대한 보상적 기능을 부여했든 상관없이, 다시 반복할 수 없는 방식으로 예술의 현실 및 예술사에서 반성의 매체를 발견했다.

이제 프리드리히 니체를 검토할 경우 우리는 50년 남짓한 세월을 뛰어넘는다. 『음악 정신으로부터의 비극의 탄생』은 1872년에 발간되었다. 이러한 비약이 정당한 것은 니체의 사유만이 "미학" 이론의 새로운 단계를 의미하기 때문이다. 이 경우 예술에 대한 니체의 반성들은 미학이라는 철학 과목명칭의 흔한 의미로 보면 더 이상 미학이 아니라는 점을 당장 지적해야 할 것이다.

헤겔과 쇼펜하우어 미학 체계를 처음 정리한 것들과 니체의 초기저술을 분리해 놓는 이 50년 남짓한 기간은 양적으로 극히 풍부하지만 질적으로는 별로 중요하지 않은, 기존 미학 계획들을 "물려받아 글을 썼던"

시기로서, "아류적"이라고 지칭해도 마땅할 것이다.[1] 오늘날 대개 잊혀진 19세기 후반기의 이 미학이론들을 살펴보는 사람은 그것들의 기능이 우선 관념론적 예술철학의 주도적 공식들을 독단화하고 대중화하는 것이라고 규정될 수 있다는 인상을 받는다.[2] 이로써 그것들은 독자들의 미적 "선입견"을 엄청나게 규정했을 뿐만 아니라 예술가들의 텍스트 전략과 기획들도 규정했다. 이 아류적 미학을 한번 선명하게 조명하기 위해 믿기 어려울 만큼 성공적이었던 크리스티안 외저의 『미학의 주요 대상들에 관하여 어느 처녀에게 보내는 편지들』을 다소 길게 인용하기로 하겠다. 1892년 이 『편지』의 25판에서—그 초판은 1838년에 발간되었다—다음과 같은 글을 읽을 수 있었다.

"환상과 취미의 육성에서 마음과 오성을 동시에 훈련하지 않고 그리하여 영혼의 조화를 방해할 경우, 인간의 행복에 유익하지 않고 특히 여성을 타락시키고 이들에게 해로울 수 있는 미적 교육도 있을 것입니다. 이 경우 내적인 내실 없이 단지 외적인 가상만을 추구하고 그 우스꽝스러운 허영으로 이성적인 사람이라면 누구도 참을 수 없게 되는, 아름다운 감정의 겉치레가 생겨납니다. 그렇지 않으면 환상적인 꿈속에서 길을 잃고 흔히 삶을 비탄에 빠뜨리는 과장된 사유방식과 감각방식이 생겨납니다. 하지만 미의 감정이 좀더 감성적인 것을 지향할 경우, 만족을 추구하는 끝없는 성향과, 삶의 모든 진지함, 의무와 권한, 신과 인간 등에 대해 무감각하게 만들고 영혼을 사로잡아 공동의 혼란 속에서 살게 되는, 줏대 없는 상태가 우리를 지배합니다. 그러나 명확하고 확실한 눈으로 감성 세계를 직관하는 데에 익숙하지만, 동시에 이상을 향한 방향을 삶에 제시하고, 이로써 유한한 것을 무한한 것과, 현세적인 것을 신

---

1) Vgl. Willi Oellmüller: F. Th. Vischer und das Problem der nachhegelschen Ästhetik. Stuttgart 1959.

2) Bibliographisch erfaßt in Verf.: Der tote Blick. Zum Diskurs der Photographie in der Zeit des Realismus. München 1990, S. 225 ff.

적인 것과 융합시킬 힘을 지닌 사람은 정신의 그러한 혼란을 두려워할 필요가 없을 것입니다. 이 경우 그러한 이상화는 몽상이 아니며, 그러한 삶의 시가는 환상이 아닙니다. 그것은 우리를 동물적 자연 및 이와 결합되어 있는 모든 악의 속박에서 해방시켜주는 진정한 인도주의입니다. (…) 미는 감성적인 것을 정신적인 것과 결합시키기 위해 인간을 감각적 측면에서 포착하며, 이 땅을 하늘과 묶어놓는 종교와 마찬가지로 두 세계를 서로 결합시켜줍니다. 그리하여 예술과 종교는 서로 다정하게 손을 내밀며, 또한 종교적인 것은 고상한 의미에서의 미적인 것 없이 존재할 수 없습니다. 그러니 친구여, 진리 및 미덕과 결합될 경우 언제나 막강한 영향을 발휘하는 미에 늘 충실하십시오. 당신들 여성의 손에도 자비로운 신들은 예술의 보살핌을 맡겼습니다. 혼란에 빠진 인류는 여러 차례 미의 안내를 받아 다시 올바른 길을 찾았으며, 위대한 가수가 자신의 노래로 세상을 매혹하는 곳에서는 대개 사랑스러운 여인, 충실한 어머니, 상냥한 아가씨가 그를 위해 하프를 울렸습니다."[3]

19세기 후반기 독일 시민계급의 아류적 취미문화라는 지평 속에서야 비로소 니체의 사고가 의미한 단절을 평가할 수 있을 것이다. 니체는 독자들의 "미적 교육"을 심히 경멸했다. 그는 자신이 배부른 "교양속물들"에게 최후의 일격을 가하고, 그리스 비극과 새로워진 신화와 — 일단은 — 바그너의 가극 등의 자극에 근거해 혁명이 이루어진 사회를 내세우려고 한 "문화혁명가"라고 이해했다. 바그너에게 등을 돌린 것은 무엇보다 환멸스러운 바이로이트 체험, 즉 "디오니소스적으로 흥분한 집단"이 아니라 슬퍼하는 소시민과 교양시민들의 집회를 대면하게 되었다는 충격적 경험과 관련 있었다.

3) Christian Oeser(d. i. Tobias Schroer): Briefe an eine Jungfrau über die Hauptgegenstände der Ästhetik. 25. Aufl. Neu bearbeitet von Julie Dohmke. Leipzig 1892, S. 620 ff.

니체의 철학적 전략

니체 철학의 원칙을 간략하게 요약하기는 쉽지 않다. 하나의 기본적인 직관을 평생 고수하면서 늘 새로운 변형을 발전시킨 쇼펜하우어와 달리 니체의 사유는 다양한 단절들과 늘 새로운 출발과 혼란을 야기하는 수많은 측면들을 보여준다. 니체에게는 하나의 "체계"는커녕 누이 엘리자베트가 선전하는 것과 같은 하나의 "대표작"도 없다. 이는 또한 그와 완전히 동떨어진 것이었을 것이다. 여기에 또한 담론상의 완전한 단절도 첨가된다. 쇼펜하우어의 텍스트들도 물론 때로는 비약을 드러내는 형태로 정리되어 있지만, 그의 담론은 단락구성이나 논증적 일관성을 꾀하려 노력하는 점에서 전적으로 학술적이다. 니체의 텍스트들을 잠시만 뒤적여도 그의 글 쓰기가 완전히 다른 성격을 띤다는 점을 간파할 수 있을 것이다. 이러한 글 쓰기를 특히 규정하는 두 가지 특징이 있다. 첫째는 비체계적 성향이다. 이는 잠언, 소묘, 때로는 단상과 같은 장르를, 전체로 보아 짧은 형식들을 선호하는 것이다. 니체의 이론은 책상 앞에서보다 오히려 들판을 걸을 때 생각해낸 것이다. 니체는 철학에 "소요학파적 성격"을 돌려주었다. 이러한 사유는 "비체계적"이지만, 일관되며, 자의적이거나 연관관계가 없는 것은 전혀 아니다. 둘째는 "문학적" 성향이다. 좀더 정확히 말하면 전통적으로 서로 분리된 문학적 담론과 철학적 과학적 담론의 탈세분화가 그것이다. 니체의 철학은 시를 통해서나 『차라투스트라』와 같은 텍스트를 통해서도 이루어진다. 그의 산문은 종종 리드미컬한 음악적 강세를 지닌다. 니체는 수사법을 어느 다른 사상가보다도 더 잘 활용할 줄 알았으며 그의 영향력은 상당 부분이 암시적 공식들의 영향력이다. 때로는 이것이 그에게 손해를 끼치기도 했다. 1870년에 이미 그는 친구인 에르빈 로데에게 "과학 · 예술 · 철학은 이제 나의 내면에서 서로 유착되어 있어서, 언제가 나는 아무튼 반인반마를 탄생시킬" 것이라고 말했다.(Ⅲ, 1021) 이 때는 아직 『비극의 탄생』을 쓰기 전이었다.

몇 마디로 이 "반인반마식 담론"의 기본경향을 정리해내려면 니체의 수사적 공식들을 따르는 것도 가능할 것이다. "신은 죽었다." 이는 그의 기본 경험이다. 그것은 종교의 신앙내용에 대한 회의적 이의 이상의 것을 의미한다. 그것은 오히려 존재를 형이상학적으로 정초하려는 모든 시도에 대립한다. "신"은 로고스 · 이념 · 이성 · 정신 · 의지 등 모든 표제들을 대변하는 것인데, 사람들은 이러한 표제들 아래 존재를 설정하고 그것에 근거해 존재를 이해하기 쉽게 해석해 왔던 것이다. 세계에 대한 과학적 태도는—니체는 한동안 자신을 "유쾌한 실증주의자"라고 여겼다—이 모든 형이상학적 존재론들의 발판을 제거하며 그 대신에 무엇인가를 정립하지 않은 채 이 존재론들을 무와 마주치게 한다. 그러한 태도는 단지 하나의 우연적인 세계, 우리가 살고 있는 세계, 어떤 배후세계를 다시 끌어들임으로써 옹호하거나 납득할 만하게 해석할 수는 없는 세계가 존재할 뿐이라고 가르칠 때, 의미상실을 영웅적으로 받아들일 것을 요구한다. 니체는 "존재"와 "가상", "깊이"와 "표면", "본질"과 "현상"의 형이상학적 대립을 파괴한다. 그러나 그와 동시에 과학을 통한 형이상학의 무력화를 통해 여기서 본래 무엇이 관건인지 알 수 있게 된다. 존재론적으로 어떤 보증도 없고 어떤 "신과 유사한" 의미장치를 대변하는 것도 아닌 형이상학적 체계들은 허구들이며, 존재구상들이며, 인간의 자체보존과 생활향상과 "권력에의 의지"를 위한 질서의 틀이다. 형이상학은 일종의 해석이지만, 그것이 근거로 삼고 스스로를 정당화할 수 있는 어떤 "텍스트"는 존재하지 않는다. 형이상학은 모든 지각 및 가치평가와 마찬가지로 일종의 원근법이다. 니체는 "진리"를 어떤 근원적 의미 내지 로고스의 "탈환"이라고 이해하는 논리중심주의와 단절을 꾀한다. "진리"는 유용한 허구이며, 그 밖에는 아무것도 아니다! 과학적으로 냉정한 실증주의는 그런 식으로 서구의 모든 전통적 의미구상들을 파괴한다. 이것들은 회의적 시선을 견뎌내지 못한다. 니체는 자신을 전래적 지식의 가치를 파괴하지만 자신 앞에서도 중단하지 않는 계몽의 전통 속에 위치한다고 본다. 계몽의 이상들도 허구들인 것이다. 전해오는 모든 의미 형태들의 이 일관된 파괴를 니체는 그 결과의 측면에서 "허무주의"라고 묘사한다. 의미 있는 모든 질서 설정이 아무런 토대도 없는 것으로 나타나는 것이다. 그런데 니체는 이러한 허무주의를 긍정한다. 그는 그러한 것의 허구성을 알고 그래서 현격히 미학적이고 예술적인 성향을 띠는 새로운 가치평가의 활동공간을 열어놓는 것이다. 기교적이기는 하지만 의미심장하고 세계문화와 관련하기에 다시 신화적이기도 한 이 세계기획들로 인해 우연과 형이상학 상실의 허무주의적 결산은 생산적인 것이 된다. 인간은 어떤 신과 유사한 "이성적" 혹은 어떤 형이상학적 계획을 따라야 할 필요가 없고 오히려 스스로를 예술작품으로서 기획할 수 있기 때문에, 바로 자신을 만들어 가는 존재다. 니체는 이미 아주 일찍이 라이프치히의 스물두 살짜리 학생 시절부터 그러한 기본사상을 만들어냈다. 그는 특히 존경받던 철학자 프리드리히 알베르트 랑에(1828~1875)를 통해 칸트 철학에 접근했다. 그의 칸트 철학 수용에서는, "물 자체"의 인식불가능성 내지 모든 형이상학의 불가능성이 진리를 위해서가 아니라 생활향상을 위해 관심을 일깨우는 허구적 유사예술적 세계구상들을 가능하게 해 주었다. 계보적 중요성 때문에 학창시절의 그가 친구 칼 폰 게르스도르프에게 보내는 편지(1866년 8월)에서 한 대목을 인용하기로 한다. 그는 랑에를 읽은 결과에 대해 말한다.

"그의 결론은 아래의 세 가지 명제로 요약됩니다. 1. 감성세계는 우리 신체의 산물이다. 2. 우리의 가시적(신체적) 기관들은 현상계의 다른 모든 부분들과 마찬가지로 어떤 미지의 대상의 이미지들일 뿐이다. 3. 따라서 우리의 실제적 신체는 외부 현실의 사물들과 마찬가지로 우리에게 미지의 상태로 남아 있다. 우리는 늘 그 양쪽의 산물만을 대면한다. — 따라서 사물들의 진정한 본질, 곧 물 자체를 우리는 알지 못할 뿐만 아니라, 그것의 개념도 우리의 경험 바깥에서 어떤 의미를 지니는지 우리가 알지 못하는, 우리의 육체를 조건으로 하는 대립의 궁극적 산물 이상도 이하도 아닙니다. 따라서, 철학자들이 우리를 교육한다는 전제 하에 그들을 자유롭게 방임하라는 것 등등이 랑에의 주장입니다. 예술은 **개념들의 영역**에서도 자유롭습니다. 누가 베토벤의 한 악장을 논박하고 누가 라파엘로의 「마돈나」를 오류라고 비난하겠습니까? 당신도 알다시피 이처럼 지극히 엄격한 비판적 관점으로 보아도 우리의 쇼펜하우어는 우리에게 남아 있으며, 실로 우리에게 좀더 중요해집니다. **철학이 예술이라면** 하임(Haym)도 쇼펜하우어 앞에서 주눅이 들 것입니다. 철학이 교화를 해야 한다면, 나는 적어도 철학자들 가운데 우리의 쇼펜하우어보다 더 많은 교화를 주는 사람을 알지 못합니다."(Ⅲ, 970)

허무주의는 그 전통비판의 성향상 파괴적이다. 하지만 허무주의는 개인적 사회적 자기기획의 공간을 열어준다. 니체는 이러한 자기기획을—다름아니라 이 자기기획에 존재론적으로 어떤 보증도 없기 때문에—삶의 생산적 향상의 행위라고 이해한다. 반응하지 않고 행동하는 인간인 "초인"은 "신의 죽음"에 그렇게 대응한다. 흔히 오해되는 이 공식은 그와 같이 이해해야 할 것이다. 신이 부재하는 하늘 아래서 인간은 체념할 것이 아니라 자신의 삶을 "예술작품"으로 향상시켜야 할 것이다. 이처럼 "신의 죽음"은 창조적 자아를 향한 해방을 나타내는 한 가지 공식이다. 따라서 니체는 통용되는 가치들의 "가치전환"을 요청하며 혁명적으로 변혁된 미래의 모습을 구상한다. 그것은 여러 가지 관점에서 다의적이거나 모호한 상태로 남아 있다. 하지만 고대에 대한 연구에서 고무된 엘리트 문화를 분명히 선전하고 있다. 이러한 문화는 어떤 "노예상태"를 전제하고 있지만, 이에 속하는 자들은 이 고급문화에 복무하며 그것을 가능하게 만드는 과정에서 자신의 윤리와 품위를 찾으며, 그들에게 과도한 요구를 부여하는 "동등권"에 대한 구호들을 통해 자신의 행복을 빼앗기지는 않는다. 니체는 모든 것을 평준화하고 결국에는 극히 초라한 수준에서 "평등"에 대한 약속을 완수하는 대중문화와, 위계질서를 알고 구분을 분명히 하는 엘리트 문화 사이에서 20세기의 의미투쟁을 간파했다. 이 간략한 개요를 1888년에 남긴 어느 메모를 통해 마무리하겠다.

"인간과 인간성을 점점 더 경제적으로 활용하는 일, 점점 더 확고하게 얽혀 있는 이해관계와 성과들의 기계장치에는 하나의 대립운동이 포함된다는 점을 증명할 필요성. 나는 그것을 인간성의 과잉사치를 제거하는 일이라고 칭한다. 그 속에서는 평균적 인간과는 다른 발생조건 및 유지조건들을 지니는 좀더 강한 부류와 좀더 높은 유형이 조명을 받게 될 것이다. 이런 유형을 나타내는 나의 개념 내지 나의 비유는 흔히 아는 바와 같이 '초인'이라는 말이다. 이제 완전히 개관할 수 있는 전자의 과정에서는 순응과 평준화와 다소 수준 높은 중국식 태도와 본능적 겸양과 인간을 왜소하게 만드는 데에서 얻는 만족 등이 생겨난다. 이는 인간이 정체되어 있는 수준의 일종이다. 이제 지구를 경제적 전체적으로 관리하는 일이 불가피하다면, 인류는 기계장치로서 점점 더 작아지고 점점 더 세심하게 순응해야 할 바퀴들의 거대한 톱니바퀴장치로서, 지배하고 명령하는 모든 요소들이 점점 더 불필요해지는 과정으로서, 개별 요인들이 최소의 힘과 최소의 가치를 표현하는 엄청난 힘 전체로서 그러한 관리에 복무하는 데에서 그 최선의 의미를 찾을 수 있을 것이다.—이처럼 전문화된 하나의 유용성에 사람들이 순응하고 왜소해지는 현상에 맞서 그 반대의 운동이 필요하다. 즉 종합적이고 통합을 꾀하며 정당화를 추구하는 인간의 육성이 필요한 것이다. 이런 인간에게는 인류를 그처럼 기계화하는 일이 일종의 생존조건이며, 일종의 하부구조다. 이 위에서 그는 자신의 좀더 고차원적인 존재 형식을 고안해낼 수 있다. 그에게는 평준화된 군중의 적대감, 그들과 비교할 때의 거리감이 필요하다. 그는 그들 위에 위치하며, 그들 덕분에 살아간다. 이 고급스러운 형식의 귀족주의가 미래의 형식이다.—도덕적으로 말하면 앞에서 지적한 전체적 기계장치 혹은 모든 톱니바퀴들의 연대는 인간 착취의 최대치를 나타낸다. 하지만 그것은 이러한 착취를 의미 있게 하는 자들을 전제한다. 그렇지 않다면 그것은 실제로 전체적인 축소, 인간 유형의 가치축소에 지나지 않으며, 이는 엄청난 형태의 퇴보현상일 것이다. 아시다시피 내가 맞서 싸우는 것은, 마치 만인의 지출이 증대함에 따라 필연적으로 만인의 유용성도 증대할 수밖에 없다는 식의 경제적 낙관주의다. 그 반대가 내게는 사실인 것처럼 보인다. 즉 만인의 지출은 전체적 손실이 되며, 인간은 더욱 빈약해진다. 그래서 도대체 이 엄청난 과정이 무엇에 기여했는지를 더 이상 알지 못한다. 어떤 목적? 어떤 새로운 목적? 그것이야말로 인류에게 필요한 것이다."(Ⅲ, 628f.)

사람들은 나중에 새로운 "지배자 계급"에 대한 그러한 전망들 속에서 파시즘의 선구적인 모습을 찾고자 했다. 물론 니체는 사회 질서로서의 민주주의를 거부했지만 파시즘과 아무 관계도 없다. 그는 민족주의와 반유대주의를 증오했다. 의문의 여지없이 그는 국가사회주의의 승리를 대중들의 승리 혹은 지배자 노릇을 하려 드는 어중이떠중이들의 승리라고 보았을 것이다. 그가 하이데거나 고트프리트 벤처럼 한 순간 착각을 하지는 않았을까? 그런 말을 할 수는 없다. 하지만 이미 광기를 드러내며 야콥 부르크하르트에게 보내는 그의 마지막 편지는 그 반대를 말해준다. 니체는 자신을 하나의 "세계"를 창조하게 될 "신"이라고 상상했다. 이는 일관된 상상이었다. 그는 1888년 1월 6일자로 다음과 같이 썼다.

"친애하는 교수 귀하. 결국 나는 신이 되기보다 오히려 바젤대학의 교수가 되는 것이 훨씬 더 좋았을 겁니다. 하지만 나는 감히 나의 사적인 이기주의를 고집하고 그 때문에 세계창조를 그만두는 짓은 할 수 없었습니다. 당신도 아시다시피 인간은 어디서 어떻게 살든 희생을 치러야 하는 겁니다."(Ⅲ, 1351)

하지만 이렇게 세계를 창조하는 신의 첫째 공무는 모든 반유대주의자들, 게다가 독일 제국의 대표자들인 비스마르크와 빌헬름 황제를 제거하는 것이었다. "빌헬름과 비스마르크와 모든 반유대주의자들을 제거한다."(Ⅲ, 1352) 이것이 그의 마지막 말, 일종의 "유언"이었다.

니체의 생산활동은 무리 없이 세 단계로 구분할 수 있으며, 그 각각은 모두 10여 년씩 지속되었다. 첫 단계는 작센 엘리트 김나지움인 슐-포르타에 들어간 해인 1858년부터 바젤의 고전 문헌학 교수로 초빙되던 1869년까지 지속되었다. 이 시기는 연구를 위한 10년이었다. 니체가 14세에 공부하기 시작한 슐-포르타의 수준, 특히 고대 언어와 문학에서의 수준은 대학의 수준과 동일시해야 하기 때문이다. 니체는 뛰어난 학생이었다. 그의 세미나 논문들은 출판되었으며, 그는 학술상들을 수상했다. 지도교수인 고문헌학자 리츨을 따라 니체는 본에서 라이프치히로 갔으며, 리츨은 그를 모든 방식으로 격려했고 그에게 바젤대학의 교수직을 마련해주었다. 24세의 니체가 아직 박사학위도 취득하기 전의 일이었다. 라이프치히대학 교수진은 신임 바젤대학 교수에게 박사학위를 선사했다. 둘째 단계는 ― 1869년에서 1879년까지 ― 교수로서 바그너 및 코지마와 절친하게 교제하던 시기다. 이 교분은 1868년에 시작해 1878년에 끝났다. 현존하는 증언들에 따르면, 니체는 학생들이 따르는 대학 선생이었다. 그의 강의에 평균 6내지 8명의 청강생이 있었다는 것을 오늘날 우리가 읽을 때 착각을 해서는 안 된다. 당시 바젤대학의 학생 수는 오늘날의 가장 작은 김나지움의 학생 수보다도 더 적었다. 물론 학구적인 독자들에게 그는 『비극의 탄생』이 출판된 1872년에 이미 끝난 인물이었다. 사람들은 그를 이제 더 이상 진지하게 받아들이지 않았으며, 그의 스승인 리츨도 그에게 등을 돌렸다. 니체는 교수직을 유지하는 동안 빈번한 발병으로 신체적 고통을 겪었고, 고전 문헌학에서 결코 자신의 인생 목표를 찾을 수 없었기에 지적 고통을 겪었다. 오히려 그는 이미 철학에서, 또 한동안 그 이상으로 문화혁명적으로 이해한 바그너 선전에서 삶의 목표를 찾았다. 니체는 이 시기에 좁은 의미의 전공논문을 겨우 몇 편 발표했으며, 주요목표는 철학과 문화비평 연구였다. 『비극의 탄생』과 더불어 그는 네 편의 『반시대적 고찰들』을 발표했다. 이 책에서 니체는 자신이 진단하기에 평준화된 속물들의 문화에 맞서 쇼펜하우어와 바그너를 내세웠다. 하지만 이 『반시대적 고찰들』의 마지막 단원은 — "바이로이트의 리햐르트 바그너"(1876) — 이미 찬사의 수사법 뒤에 감추어져 있는 회의의 첫 특징들을 드러낸다. 특별히 중요한 텍스트로는 「도덕 외적 의미의 진리와 허위에 대해」가 있는데, 이 글은 1873년에 나왔고 특히 니체의 철학에 접근하기 쉽게 해준다. 그는 다음의 유명한 문장으로 시작한다.

"무수한 태양계들로 빛나면서 만들어진 우주의 멀리 떨어진 어느 한 구석의 한 별 위에서는 언젠가 현명한 동물들이 인식이라는 것을 고안해냈다. 그것은 '세계사'에서 가장 용감하고 가장 거짓된 순간이었다. 하지만 그것은 단지 한 순간일 뿐이었다. 자연이 잠시 숨을 쉬자 그 별은 굳어버렸고 그 영리한 동물들은 죽어야 했다. — 누군가 그런 우화를 지어낼 수 있을 테지만, 자연 속에서 인간의 지성이 얼마나 보잘것없고, 얼마나 그림자처럼 덧없으며, 얼마나 목적도 없이 자의적인 것으로 드러나는지는 충분히 보여주지 못할 것이다. 인간의 지성이 존재하지 않은 영겁이 있었다. 다시 인간의 지성이 사라지게 되더라도 아무 일도 일어나지 않을 것이다."(Ⅲ, 309)

우주의 관점에서 보면 인간은 하나의 무의미한 삽화다. 이 에세이에서 니체는 진리를 "사람들이 환상임을 잊게 된 환상"이라고 규정한다. 그리고 그는 개념들을 굳어버린 은유라고 보아 그것에 시적 언어의 "용해하는" 힘을 대립시킨다. 1879년 니체는 교수직 해임을 간청하며, 이를 바젤시 당국은 극히 관대하게 받아들인다. 이제 불안정한 방랑의 10년, 혹은 지중해안과 스위스의 알프스산지를 옮겨다니는 "유랑"이 시작된다. 겨울에는 제네바와 니차, 여름에는 실스-마리아, 말년에는 투린에서 지냈으며, 언제나 두통과 불면증을 완화시켜주는 견딜만한 기후를 찾아다녔다.

그는 과대평가되던 작곡가 페터 가스트에게 쓰러지기 두 달 전인 1888년 10월에 다음과 같이 편지한다.

"친구여, 나는 마침 거울 속의 내 모습을 바라보았습니다. 내가 그렇게 보인 적은 없었습니다. 기분 좋고, 영양상태 좋고 실제보다 10년은 더 젊어 보였습니다. 그렇기는 해도 내가 투린을 고향으로 택한 이래로 나는 나 자신을 존중하는 가운데 매우 변했습니다. 예컨대 나는 어느 뛰어난 재단사 때문에 즐거워하며, 어디서나 눈에 띄는 이방인으로 받아들여지는 데에 가치를 부여합니다. 이는 내게 놀라운 일이 되기도 했습니다. 나는 단골 식당에서 의심의 여지없이 이 세상에 존재하는 최상의 식사를 할 수 있습니다. 식당사람들은 언제나 특별히 잘 된 것을 권해줍니다. 우리끼리 이야기이지만 나는 오늘날까지 맛있게 먹는다는 것이 무엇인지 알지 못했습니다. 마찬가지로 내가 원기를 내기 위해서는 무엇이 필요한지도 몰랐습니다. (…) 여기서는 한결같이 자유분방하고 완전하며 태양으로 가득 찬 하루 하루가 시작됩니다. 작열하는 황색 속에서 찬란하게 자라는 나무들, 부드러운 청색의 하늘과 큰 강, 지극히 청정한 공기—내가 보리라고는 꿈도 꾸지 못한 클로드 로렝의 풍경화와도 같은 것입니다. 진갈색의 달콤한 포도와 과일들, 더구나 베니스에서보다 더 싸다니! 모든 부분에서 나는 이곳이 살만하다고 여깁니다. 첫째 카페의 커피, 특등품, 심지어 내가 아직까지 본적이 없었던 일등품을 담은 작은 통이 20쌍띔입니다. 게다가 투린에서는 팁을 지불하지 않습니다. 내 방은 중앙의 가장 좋은 자리입니다. 아침 일찍부터 오후까지 해가 들고 가리냐노 궁전과 칼로 알베르토 광장과 그 위로는 푸른 산이 보이는데 시중들고 구두 닦는 일까지 포함해서 월 25프랑입니다. 식당에서는 식사 때마다 1프랑 15쌍띔을 지불하며, 결정적으로 예외라고 느껴지는 일이지만, 10쌍띔을 더 냅니다. 그 대신 나는 진한 것이든 묽은 것이든 충분한 양의 야채수프를 먹게 됩니다. 아주 탁월하게 선별한 것들로 늘 바뀌는 일등급의 이탈리아 밀가루제품들입니다. (나는 여기서 비로소 그 엄청난 차이를 배웁니다.) 그 다음에는 연한 살코기로 만든 훌륭한 요리, 특히 내가 어디서도 그렇게 먹어본 적이 없는 송아지구이가 나오며, 여기에 시금치 등의 야채가 첨가됩니다. 또 이 곳의 아주 맛있는 빵 세 개(좋아하는 사람을 위해서는 투린 취향의 아주 가는 롤빵 그리시니)도 있습니다.—드레스덴에서 난로를 하나 주문했습니다. 당신도 아시다시피 나트론-카르본-난방 것입니다. 연기도 없고 그래서 굴뚝도 없습니다. 아울러 니차에서 내 책들을 보내도록 했습니다. 그밖에 날씨는 정말로 온화합니다. 밤에도 그렇습니다."(Ⅲ, 1326f.)

이처럼 고양된 분위기에서 믿기 어려울 만큼 생산적인 마지막 활동을 통해 여섯 편의 저술이 나온다. 「디오니소스-찬가」와 더불어 「바그너의 경우」, 「안티크리스트」(부제는 "기독교에 대한 저주"), 『우상의 황혼』(부제는 "망치로 철학하는 방법"), 「니체 대 바그너」, 끝으로 『이 사람을 보라, 현재의 인간이 되는 방법』 등이 그것이다. 이 저술들 가운데 어느 것도 "정신착란"의 흔적을 보여주는 것은 없다. 물론 그것들은 예리함과 말살 의지의 성향을 지니며, 그 논쟁적이고 죽음에 직면한 듯한 성질은 독보적이다. 그것에 비춰볼 때 쇼펜하우어의 헤겔 공격은 애써 정중한 태도를 취하는 듯할 뿐이다.

1888년의 이 엄청난 생산으로 저술가로서의 니체의 경력은 끝나며, 그 다음 10여 년 동안 그는 1900년 사망할 때까지 정신착란 상태로 산다. 그에 앞서 "유랑의 10년 동안"에는 니체의 실증주의적-계몽주의적 사고를 드러내주는 일련의 텍스트들이 출판된다. 이에는 『즐거운 학문』(1882), 『서광』(1881), 혹은 『도덕의 계보』(1887)까지도 포함된다. 그 사이에—하나의 바위덩어리처럼—『차라투스트라』(1883/84)가 있다.

문화의 기능들

1872년 『비극의 탄생』을 발표했을 때 니체는 3년 전에 시작한 고전 문헌학 교수로서의 경력을 마치고 문화철학자로서의 경력을 시작했다. 이 경력은 그의 발병 이후에야 제대로 시작되었지만 그 후 오늘날까지도 유례가 없는 형태를 띠는 것이었다. 1902년에는 이미 니체에 관해 쓴 문헌이 개관 불가능할 정도라는 탄식을 듣게 되었다. 고트프리트 벤은 1950년 다음과 같이 말했다.

“엄밀히 말해 나의 세대가 논의하고, 내적으로 제각각 생각하고, 또 견뎌냈다고 말할 수 있는 것, 또한 선전했다고 할 수 있는 것, 이 모든 것들은 이미 니체가 말하고 충분히 설명하고 결정적으로 정식화한 것이었으며, 그 이후의 것은 모두 해석이었다. 그의 위태로울 만큼 격렬하고 번개 치는 듯한 방식, 그의 불안정한 어법, 모든 목가와 모든 보편적 근거에 대한 그의 단념, 모티프로서의 본질구성요인과 충동심리학, 그리고 변증법으로서의 심리학 구축— ‘욕정으로서의 인식’, 온전한 정신분석, 온전한 실존주의, 이 모두가 그의 업적이다. 그는, 점점 더 분명해지는 것처럼, 괴테 이후 시기의 위대한 거인이었다.”[4]

1872년에는 아직 그가 이처럼 빛을 발하리라고 예측할 수 없었다. 오히려 니체는 아티카 비극의 발생에 대한 자신의 이론이 동료들 사이에서 전혀 이해되지 못하고 있다는 사실을 깨달아야 했다. 그뿐이 아니었다. 그는 졸지에 “크나큰 희망”에서 끝장난 인물로 전락했다. 니체는 1872년 리햐르트 바그너에게 다음과 같이 편지한다.

“하지만 현재 나를 매우 불안하게 만드는 일이 한 가지 있습니다. 우리의 겨울학기는 시작했는데 내 수업에는 수강생이 한 명도 없습니다!

4) Gottfried Benn: Nietzsche — nach fünfzig Jahren. In: Ges. Werke. Hrsg. v. D. Wellershoff. Bd. 4, S. 1046.

우리의 문헌학자들은 참가하지 않았습니다. 이는 엄밀히 말해 **감추어야 할 일**이며, 조심해서 세상사람들에게는 침묵해야 할 일입니다. 친애하는 선생께 내가 이 이야기를 하는 것은 모든 것을 아셔야 하겠기 때문입니다. 사실 자체는 쉽게 설명이 됩니다. 나는 직장동료들 사이에서 갑자기 우리의 작은 대학에 손해를 끼친다고 비난을 받게 되었습니다. 이 때문에 나는 매우 괴롭습니다. 실제로 나는 우리 대학에 헌신하며 고마워 하고 있으며 조금도 해를 끼치고 싶지 않습니다. (…) 지난 반년 전까지만 해도 문헌학자들의 수효는 점점 증가하고 있었습니다. 그런데 이제 갑자기 바람에 날려가버린 듯합니다! 하지만 이는 내가 다른 대학 도시들에서 듣게 된 바와 일치합니다. (…) 내가 매우 존중하는 본대학의 어느 문헌학 교수가 자신의 학생들에게 내 책은 '순전히 넌센스' 이고 그것으로는 전혀 아무것도 시작할 수 없으며 그런 것을 쓰는 사람은 **학문적으로 사망**한 것이라고 간단히 말했습니다. 그래서 또한 내가 듣기로, 어느 학생은 원래 바젤로 오려 했지만 본에 남게 되었으며 바젤에 있는 친척에게 내가 선생으로 있는 대학에 오지 않게 되어 다행이라고 편지했다고 합니다."(Ⅲ, 1080)

『비극의 탄생』에 대해서는 또 한 차례 논쟁이 벌어지기도 했다. 이에는 문헌학 쪽에서 나중에 유명해지는 울리히 폰 빌라모비츠-묄렌도르프가 실질적으로 훌륭한 논거를 가지고 끼어들었다. 물론 그의 논거들은 니체의 본래적인 의도들을 제대로 파악한 것이 결코 아니었다. 니체를 위해서는 그의 친구 로데와 리햐르트 바그너가 논쟁을 벌였다. 이 논쟁 전체는 다소 기괴한 면을 띠고 있었다. 그들의 논의는 서로 빗나가는 것이었다. 『비극의 탄생』과 관련한 이 논쟁은 크로이처의 "상징"과 바흐오펜의 "모권"을 중심으로 한 갈등을 상기시킨다. 이것들 역시 전공분야의 논증과 문화철학적 담론 사이의 의사소통 장애를 드러냈던 것이다.

세기말과 20세기의 사유에 끼친 『비극의 탄생』의 영향은 엄청났다. 하지만 그것은 표현들의 영향이었다. 사람들은 극히 복잡하고 비약적으로 논증하며, 담론상 통일성은 없지만, 수사법상으로는 늘 매혹적인 텍스트를 본질적으로 "아폴로적/ 디오니소스적"이라는 그것의 공식을 통해 수용했다. 또한 사람들은 니체 텍스트의 이러한 기본 차이 내부에서—당연히!— "디오니소스적인" 것을 지지했지만, 이로써 동시에 핵심을 오해했다. "디오니소스적인" 것은 니체 본래의 중심사상으로 간주되었다. "고귀한 단순성과 고요한 위대성"이라는 의고주의적 그리스상에 맞서 니체는 열광과 망아제의 신인 디오니소스를 제시했다는 것이다. 이것이 영향력을 발휘했던 것이다. 프란치스카 추 레벤트로프는 이러한 수용의 훌륭한 본보기를 우리에게 제공해 준다. 그녀는 읽을 만한 실화소설『다메스 씨의 수기들』에서 세기말 니체의 영향을 반어적으로 묘사했다. 이하의 글을 이해하기 위해 "반모힝"은 슈바빙을 뜻하며, "젠트"라는 이름은 철학자 파울 슈테른의 익명이라는 점, 또 "호프만"은 시인 칼 볼프스켈을 나타낸다는 점을 지적하기로 한다.

"'우리는 어디에 머물고 있었습니까?' 하고 그 철학자는 물으며 내 노트를 들여다보았다. '아 맞습니다—지하, 대지의 어두운 품입니다—가장 오래 된 이교도들은 창조적 근원적 힘이 맹목적으로 탄생하는 것이라고 상상하는 경향이 있습니다—반모힝이 그들과 결합되었습니다. 매춘이 그들에게는 최고의 것으로 여겨졌습니다. 그들은 아직 어떤 엄청난 인명을 희생시키는 합리적 장애들에 의해 약해지지 않은 근원적 두려움들이었습니다.—후세는 이성의 빛을 신적인 것이라고 인정했으며 창조적 원칙을 남성적이고 생식적이라고 생각했습니다. 그래서 사람들은 이성을 가부장의 이성이라고 칭합니다. 그리고 반모힝은 이성을 상당히 사소한 것이라고 평가합니다. 그래서 당신은 말할 것도 없이 사람들이 디오니소스적인 것을 강력하게 강조한다는 것을 명확히 알게 될 것입니다. 그리고 바로 이제 사육제에서 당신도 그것을 구경할 기회가 종종 있을 것입니다.'—그렇다. 내게도 이미 그 산골의 여인이 호프만의 춤추는 방식을 디오니소스적인 것이라고 설명한 것이 눈에 띄었다.

— 젠트가 논평을 가했다. '아주 타당합니다. 아폴로는 잘 아시다시피 빛과 이성의 신입니다. 디오니소스는 도취와 혈기의 신이지요. 반모힝에서도 사람들이 나름으로 니체를 읽은 것은 공연한 일이 아니었습니다. 하지만 여기서는 디오니소스와 함께 친숙하다는 것이 명예로운 것이라는 점을 아는 것으로 충분합니다.'"[5)]

우리는 『비극의 탄생』의 사고과정을 그 기본성향의 차원에서 재구성하고자 한다. 니체는 "아폴로적/ 디오니소스적"이라는 중심 차이를— 그것은 결코 그 자신이 고안한 것이 아니라 그의 스승인 리췰에게서 물려받을 수 있었던 것이다— 어떻게 자신의 텍스트에 도입하는가? 이 물음에 대한 대답을 이해하는 데에 많은 것이 달려 있다. 하지만 그 답변은 쉽지 않다. 왜냐하면 니체가 이 개념쌍을 두 가지의 완전히 상이한 영역, 즉 형이상학적 영역과 인간학적 영역에 적용하기 때문이다. 형이상학적으로 니체는 『비극의 탄생』을 쓰던 시기에 아직 쇼펜하우어의 추종자였다. 그는 쇼펜하우어의 "의지"와 "표상"이라는 "두 세계 이론"을 "본질"과 "현상", "심층"과 "표면"과 관련하여 넘겨받는다. 존재는 그 심층구조 차원에서 "의지"다. 니체는 이를 무한한 형성과 소멸, 탄생과 죽음, 창조와 파괴의 연속이라고 해석한다. 세계의 이러한 기반을 니체는 "디오니소스적" 원칙이라고 본다. 이에 비해 개별자 내지 개인은 아무것도 아니며 형성과 소멸의 흐름 속에서 아무 의미도 지니지 못하는 하나의 삽화일 뿐이다. 그의 세계, 시공간적 질서를 지니는 개별성이라는 쇼펜하우어적 "표상"을— "가상"의 세계를— 니체는 "아폴로적" 원칙이라고 해석한다. 그것은 디오니소스적 "카오스"와 대립하는 "코스모스"다. 여기까지 니체는 쇼펜하우어를 따른다. 그는 의지를 단지 디오니소스라고 칭하고 표상을 아폴로라고 칭한다. 이런 명칭을 부여함으로써 무엇

5) Franziska zu Reventlow: Herrn Dames Aufzeichnungen oder Begebenheiten aus einem merkwürdigen Stadtteil. München 1969, S. 50 f.

을 얻었을까? 그 속에는 쇼펜하우어의 형이상학적 성향에 대한 니체의 수용의 본래적 핵심이 감추어져 있다. 그리스의 그 두 신은 예술—춤과 시가—의 신이다. 또한 그들은 형이상학적 성향의 "유미화"라는 니체의 기획을 말해준다. "가상" 곧 아폴로적 표상의 영역은 "존재" 곧 디오니소스의 차별적 원칙 자체를 구제하는 예술작품이다. 앞에서의 차이가—"찢겨진" 신이기도 한 "디오니소스"는 "디오니소스 자그레우스"이기도 하다—동일성을 추구하며, 이해할 수 있게 구조화되고 개별화된 시공간 속의 질서인 아폴로를 지향한다. 이렇게 니체가 말할 수 있는 것처럼 세계는 "스스로를 산출하는 하나의 예술작품"이다. 나중에 니체는 표면/심층(가상/존재)이라는 형이상학적 위상학을 포기하지만 모든 현존재의 "미적 성격"은 고수한다. 심층적 기본사상은 모든 의미 정립이 생산이자 구성이며, 그것 이전에 단순히 반복해야 할 어떤 의미가 현존하는 것은 아니라는 생각이다. 또 모든 의미는 어떤 인위적 행위의 결과이며, 그 이전에는 단순한 차이성이 존재한다는 생각이다. 그 후 현대의 언어철학은 이런 사상을 생산적인 것으로 만들었다. 그러니까 차이—즉 "디오니소스"—는 동일성 혹은 "아폴로"를 지향한다. 하지만 동일성으로서 이것은 필연적으로 "단일자"이자 개별화된 의미형식이며, 이는 언제라도 차이로 돌아갈 수 있다. 아폴로적 개별자는 디오니소스적 "카오스"로 돌아가는 것이다. 아직 추상적인 이 예비고찰에서 이미 니체가 "아폴로적"/"디오니소스적"이라는 개념의 엄격한 대립이 아니라 그것들의 용해를 염두에 둔다는 점을 알 수 있다. 차이는 동일성을 지향하고, 동일성은 차이를 지향하는 것이다. 디오니소스와 아폴로의 관계 속에서 세계는 자체를 지시하는 완결된 "예술작품"이다. 좀더 정확히 말하여 이러한 정식의 정태적인 면을 피하자면, 세계는 영구적인 "자체생산적" 예술과정이다. 『비극의 탄생』 5장의 유명한 구절을 인용하기로 하자.

"왜냐하면, 우리를 비하하는 것이면서 찬양하는 것이기도 한데, 무엇보다도 예술적 희극 전체가 우리를 위해, 예컨대 우리를 개선하고 교육하기 위해, 공연되는 것이 전혀 아니라는 점, 실로 우리도 그 예술세계의 본래적 창조자가 아니라는 점을 분명히 알아야 하기 때문이다. 하지만 우리가 이 예술세계의 진정한 창조자에게는 이미 이미지이자 예술적 투영물들이며, 우리의 가장 뛰어난 품위는 예술작품들의 의미 속에 있다는 것을 우리 자신과 관련해 상정해도 좋을 것이다. 왜냐하면 **미적 현상**으로서만 현존재와 세계는 영원히 **정당화되기** 때문이다. 반면에 물론 우리의 이 의미에 대한 우리의 의식은 캔버스에 그려놓은 전사가 그 위에 묘사된 전투에 대해 지니는 의식과 별로 다르지 않을 것이다. 이로써 예술에 대한 우리의 지식 전체는 근본적으로 환상적인 것이다. 왜냐하면 우리는 그것을 아는 사람으로서, 그 예술적 희극의 유일한 창조자 및 관객으로서 영원한 향유를 마련해주는 그러한 존재와 동일한 한 몸이 아니기 때문이다. 다만 예술적 생산의 행위 속에서 그 천재는 그 세계의 근원적 예술가와 융합되는 한에서만 예술의 영원한 본질에 관해 무엇인가를 알게 된다. 왜냐하면 그런 상태 속에서 그는 경이롭게도, 눈을 돌려 자신을 바라볼 수 있는 동화 속의 신비한 형상과 동일하기 때문이다. 이제 그는 동시에 주체이자 객체이며, 시인이자 배우이며 또한 관객이다."(I, 40)

여러 해가 지난 뒤, 니체는 쇼펜하우어 및 바그너, 특히 "두 개의 세계에 대한 학설"로서의 모든 형이상학과 오래 전에 관계를 끊은 후, 이 대목을 돌아보며 자아비판적으로 논평하면서, 예술적인 구상을 본질적인 통찰이라고 보아 고수한다.

"이 책 전체는 모든 사건의 배후에서 단지 하나의 예술가적 의미와 예술가적 배후 의미만을, '신'이라고 할 수 있는 존재만을 인정한다. 하지만 이 신은 전혀 사려 깊지도 않고 도덕적이지도 않은 **예술가신**으로서, 건설만 아니라 파괴에서도, 좋은 것만 아니라 나쁜 것에서도 자신의 똑같은 쾌감과 독재를 감지하려고 하며, 세계를 창조하면서 풍요 및 과잉

풍요의 난관이나 그의 내면에서 강요된 대립들의 고통으로부터 벗어난다. 이 세계는 단지 **가상** 속에서만 구제될 수 있는, 가장 수난당하고 가장 대립하며 가장 모순적인 것의 영원히 바뀌어 가는 영원히 새로운 비전으로서, 매 순간 **이미 구현된** 신의 구원이다."(I, 14)

예술작품으로서만 이 세계는 정당화될 수 있다. 그리고 우리가 디오니소스를 더 이상 의인화된 "세계의지" 내지 가상 속에서 스스로 구원되는 신으로 이해하지 않고, "단순한 차이의 무"로부터 구성하고 건설하지만 또한 파괴하고 허물어뜨리는 감성적 구성물들의 생산적 원칙이라고 이해할 경우, 우리는 추후의 "형이상학 이후" 니체의 문제틀을 염두에 두면서 그가 자신의 마지막 발언들, 이른바 "광기의 메모"에도 "디오니소스"라고 서명한 사실을 이해할 수 있을 것이다. 디오니소스적 원칙은 행위이지 어떤 초월적이고 근원적인 의미에 대한 반응이 아니다. 디오니소스는 "차이"를 생산적인 것으로 만든다!

그러나 이제 "아폴로적"/"디오니소스적"이라는 개념의 이 형이상학적 도입과 더불어 인간학적 도입도 이루어진다. 니체는 충동들에 대해 언급한다. 그는 도취와 꿈의 현상을 통해 충동들을 분명히 드러낸다. 아폴로적 충동은 꿈과 유사한 이미지의 연속을 목격하는 개별자의 명확한 조형적 비전을 통해 표출된다. 디오니소스적 충동은 망아적 자기해체 내지 개별화의 도취적 지양으로 드러나며, 망아제를 그 본보기로 한다.(I, 24) 이처럼 집단적 망아상태에서 개별화를 도취적으로 희생하는 현상을 니체는 인류의 유토피아가 지니는 모든 특징들과 더불어 총체적이고 포괄적인 화해로서 그려낸다.

"디오니소스적인 것의 마술 아래 인간과 인간 사이에 결속이 다시 맺어질 뿐 아니라 소외되고 적대적인 혹은 속박 받는 자연도 다시 그 잃어버린 아들인 인간과 화해의 축제를 벌인다. (…) 이제 노예는 자유인이 되며, 이제 만인은 궁핍과 자의가 (…) 인간들 사이에 확립해 놓은 경직되고 적대적인 경계선들을 파괴한다. 인간은 좀더 차원 높은 공동체의 구성원으로서 노래하고 춤춘다. 그는 걷고 말하는 것을 잊었지만 춤추며 허공으로 날아오르고 있다."(I, 24f.)

이처럼 망아제적으로 해방시키는 도취적 디오니소스의 힘에 비할 때, 꿈과 환상적 조형성과 명확성의 신인 아폴로는 뒤로 물러서야 하는 듯하다. 하지만 이는 사실이 아니다. 니체는 아폴로적 원칙을 찬양한다.

"그리스인들은 아폴로를 통해 꿈의 경험이 지니는 이 즐거운 필연성을 (…) 표현했다. 조형의 힘을 지닌 신으로서 아폴로는 동시에 예언의 신이기도 하다. 그 뿌리를 보자면 '빛나는 자', 빛의 신인 그는 내면적 환상세계의 아름다운 가상도 지배한다. 불완전하게 이해할 수 있는 일상현실과 반대로 이 상태들의 완전성과 좀 더 수준 높은 진리, 그리고 잠과 꿈 속에서 치유하고 도와주는 자연의 깊은 의식은 동시에 예언능력과, 일반적으로 삶을 가능하고 살 가치 있게 하는 예술들의 상징적 대응물이다. 그러나 병적으로 작용하지 않으려면 꿈의 이미지가 넘어서서는 안 되는—그렇지 않으면 이 가상은 천박한 현실로서 우리를 속이게 될 것이다—부드러운 선이, 조형 신의 그 절도 있는 제한, 그 거친 충동들로부터의 자유, 그 지혜로운 안정이 아폴로의 이미지에서 빠져서는 안 된다. 그의 눈은 그의 근원에 맞게 '태양과 같아야' 한다. 그가 분노와 고뇌에 찬 눈길을 보내더라도 그 위에는 아름다운 가상의 영감이 머문다."(I, 23)

인간학적으로 볼 때 디오니소스와 아폴로라는 두 가지 원칙들은 니체에게 삶의 극복을 위한 전략들이다. 죽을 수밖에 없다는 사실에서 가장 명확히 나타나는 이 세상 속의 모든 인간 존재의 덧없음과 결핍을 그 둘은 제거하려고 한다. 그 둘은 삶의 보완물들이다. 아폴로적 원칙은 미적 가상을 통해 실존의 결함을 넘어서며 행복하고 의미 있는 삶, 끝없이 계속하여 꾸고 싶어하는 꿈을 상상하기 때문이다. 니체는 호메로스가 그리는 신들의 세계를 지적하면서, 그곳에서 신들이 마치 인간의 삶을 몸소 사는 것 같다는 사실로 인해 인간의 삶이 유일하게 정당화될 수 있다고 본다.(I, 30) 다른 한편 디오니소스적 원칙은 영원한 "삶" 전체와 망아적으로 동일시한다는 의미에서 개별자의 경계선을 도취적으로 무너뜨림으로써 실존의 결함을 아무래도 좋은 것이 되게 하기 때문에 정당화된다. 삶을 극복하려는 이 두 가지의 실존적 전략은 아직 예술과 전혀 아무 관계도 없다. 니체가 보기에 그것들은 인간학적 기본사태다. 꿈과 도취만이 삶을 견딜 수 있는 것으로 만든다. 이 전략들이 없다면 니체가 신화를 끌어들이면서 설명하는 바와 같이 실존의 결함과 무의미성이 아주 확연히 드러날 것이다.

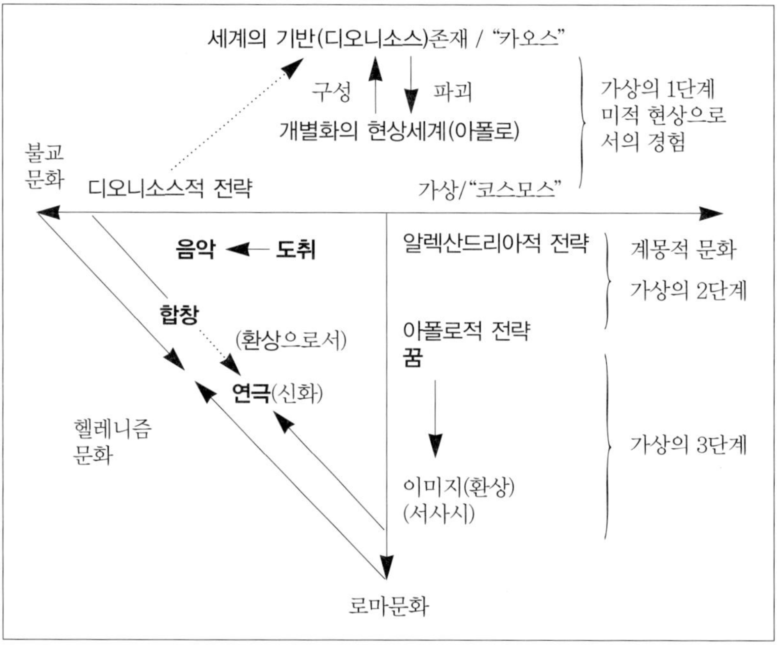

"고대의 신화에 의하면 미다스 왕은 오래 동안 디오니소스의 동반자인 실레노스를 숲에서 쫓아다녔지만 잡지는 못했다. 실레노스가 마침내 왕의 수중에 들어왔을 때, 왕은 무엇이 인간에게 가장 좋고 가장 훌륭한 것이냐고 그에게 묻는다. 이 마신은 뻣뻣하게 꼼짝도 하지 않으면서 아무 말도 하지 않는다. 그러다 마침내 왕의 강요로 인해 그는 웃음을 터뜨리면서 다음과 같은 말을 내뱉는다. '불쌍한 하루살이 종족이여, 우연과 노고의 자식이여, 그대는 왜 듣지 않는 편이 그대에게 가장 유익한 것을 내게 말하도록 강요하는가? 최선의 것을 그대는 이룰 수 없다네. 그것은 태어나지 않는 것이며, 존재하지 않는 것이며, 아무것도 아닌 것으로 있는 것일세. 하지만 그대를 위한 차선책은—곧 죽는 것이라네.'" (I, 29f.)

인간의 실존은 현명한 실레노스의 이 메시지에 대해 의미를 설정하는 대답으로서만 가능하다. 꿈속에서 상상적으로 거부하거나, 아니면 죽음을 "신비로운 합일체" 내지 "전체"와의 동화로 체험하여 죽음에서 가시를 뽑아버리는 황홀경을 통해 도취적으로 긍정하는 것으로서 가능한 것이다.

그러나 니체에게는 삶을 극복하려는 이 두 가지 전략이 특수한 문제들을 내포하며, 그래서 그는 그 두 가지를 회의적으로 대한다. 그의 심사숙고들은 하나의 문화유형학을 가능하게 한다. 간단히 말하면 다음과 같은 것이 관건이다. 즉 니체는 디오니소스적 전략의 딜레마를, 아주 느슨하게 표현하자면, 모든 망아제에 수반되는 "숙취상태"에서 찾는다. 황홀경은 지속적인 상태가 아니다. 하지만 그렇다면 무엇인가?

"삶의 일상적 제약과 한계들을 말살하는 디오니소스적 상태의 황홀함에는 그것이 지속되는 동안 어떤 무감각의 요소가 들어 있다. 과거에 개인적으로 경험한 모든 것이 그런 요소 속에 파묻힌다. 그리하여 이 망각의 간극을 통해 일상적 현실의 세계와 디오니소스적 현실의 세계는 서로 분리된다. 그러나 그 일상적 현실이 다시 의식에 들어서자마자, 그것은 역겹게 그러한 것으로 감각된다. 금욕적이고 의지를 부정하는 정조가 그런 상태의 결과다. (…) 이제는 어떠한 위안도 효험이 없으며, 동경은 이 세상을 지나 죽음으로 향하며, 신들까지도 넘어서게 된다. 삶은 신들이나 불멸의 피안을 통한 그 번쩍이는 반영까지도 포함해 부정된다. 한번 간파한 진리를 의식하는 가운데 이제 인간은 도처에서 단지 존재의 끔찍함과 부조리만을 보게 된다. 이제 그는 오필리아의 운명 속에 담긴 상징을 이해하며, 이제 숲의 신 실레누스의 지혜를 인식한다. 그는 역겨움에 빠지는 것이다."(I, 48)

니체에 따르면 언제나 한동안만 디오니소스적으로 도취되어 있는 자의 삶에 대한 이 같은 혐오는, 그가 쇼펜하우어에 근거해 지적하듯이, 필연적으로 일종의 불교적 허무주의로, 즉 삶의 부정과 가치부정으로 귀결된다. 그것은 인도로 향한다. "어떤 민족에게는 망아제로부터 단지 하나의 길, 즉 인도의 불교에 이르는 길만이 있다. 이 길에는 일반적으로 무에 대한 동경만으로 유지되기 위해 공간과 시간과 개인을 넘어 고양시키는 희귀한 황홀상태가 필요하다. 마찬가지로 이 황홀상태는 중간상태의 형언할 수 없는 불쾌를 어떤 표상으로 극복하는 것을 가르치는 철학을 요구한다."(I, 114)

다른 측면에서 아폴로적 전략은 그 극단에서 "형식화된" 존재로, 좀더 정확히 말하면 국가로서, 혹은 총체적 질서를 지니는 정치로서 나타난다. 니체에게는 로마 제국이 그런 것이었다. "디오니소스적 흥분들이 현격하게 확산될 때에는 개인적 속박들로부터의 디오니소스적 해방이 우선적으로 무관심이나 심지어 적대관계로까지 고양된 **정치적** 본능들의 침해 속에서 감지된다는 점을 언제나 느낄 수 있다. 다른 한편 **국가를 형성하는 아폴로**는 또한 '개별화 원칙'의 수호신이라는 점도 분명하다. (…) 정치적 충동의 무조건적 관철에 근거해 어떤 민족은 **극단적 세속화**의 길로 들어서는데, 이의 가장 훌륭하지만 또 가장 끔찍한 표현이 로마제국이다."(I, 114)

인도냐 로마 내지 그 이전의 스파르타냐 — 고트프리트 벤이 찬탄한 질서 있고 엄격한 "도리아 세계" —, 불교문화냐 아니면 로마문화냐, 명상("망아적 숙고")이냐 아니면 정치냐 하는 식으로 니체는 디오니소스적 노선과 아폴로적 노선의 극단적 양자택일을 첨예화한다. 그러면서 그는 두 노선을 권장하지 않는다.

그리스 문화의 독특한 위치는 인도 노선도 로마 노선도 택하지 않았다는 데에 있다. "인도와 로마 사이에 위치하여 오도될 수도 있는 선택을 강요받고도 그리스인들은 고전적 순수성 속에서 제3의 형식을 추가로 고안해낼 수 있었다. 물론 그들 자신이 이를 오래 활용하지는 못했지만 바로 그 때문에 영원한 것이기도 하다."(I, 114)

니체는 그리스문화라는 이 제3의 문화전략이 자기 시대에는 바그너의 악극을 통해 새로 구현된다고 본다. 바로 그러한 전략을 통해 우리는 이제 아티카 비극의 발생사를 보여주겠다고 약속하는 그의 논문 제목에 마침내 좀더 접근하게 된다. 이를 위해서는 그 다음의 사고과정을 진행해야 할 것이다. 디오니소스적 원칙과 아폴로적 원칙은 각각 하나의 미적 실천을 가능하게 한다. 그것은 예술생산의 인간학적 전제들이라고 이해할 수 있을 것이다. 그것들은—또한—예술충동이기도 하다. 아폴로적 미학은 개인이 바라보는 조형의 미학이다. 니체의 본보기는 호메로스의 서사시다. 그것은 행복한 신들 내지 꿈과 같은 이상적 인간들의 명랑하고 조형적이고 투명한 세계다. 디오니소스적 미학은 집단을 도취로 몰아가는 춤과 음악의 미학이다. 한편으로 아폴로는 "현상의 영원성을 찬란하게 찬양함으로써 개인의 삶을 (극복하려고 한다). 여기서 미는 삶에 내재하는 고난에 대해 승리하며, 고통은 어떤 의미에서 자연의 성향들로부터 기만적으로 배제된다."(I, 93)

다른 한편 디오니소스의 음악은 우리에게 "삶의 영원한 즐거움을 확신시키려 한다. 다만 우리는 이 즐거움을 현상들이 아니라 현상들 배후에서 찾아야 할 것이다. 우리는 생겨나는 모든 것이 고통스러운 몰락의 태세를 갖추어야 함을 인식해야 할 것이다. 우리는 개별적 실존의 두려움을 꿰뚫어볼 수밖에 없다. 하지만 그렇다고 얼어붙어서는 안 된다. 어떤 형이상학적 위안이 우리를 변천해 가는 형상들의 소용돌이로부터 한 순간에 끌어낸다. 우리는 실제로 짧은 순간 근원적 본질 자체가 되며,

삶에 대한 그것의 무제한적 갈망과 쾌감을 느낀다. 삶 속으로 밀치며 치고 들어오는 수많은 현존형식들의 과잉과 세계의지의 과도한 생산성 앞에서 우리에게는 현상들의 투쟁 · 고통 · 말살이 이제 필연적인 것처럼 여겨진다. 우리는 삶에 대한 헤아릴 수 없는 근원적 쾌락과 하나가 되고, 디오니소스적 황홀경 속에서 이 쾌락의 파괴불가능성과 영원성을 감지하는 것과 같은 순간에 격노하는 그 고통의 가시에 찔리게 된다. 공포와 연민에도 불구하고 우리는 개인으로서가 아니라 단 하나의 생명체로서—그 생식의 즐거움과 우리는 융합되어 있다—행복하게 살아 있는 존재인 것이다."(I, 93)

이 두 가지의 미학적 전략은(음악과 형상) 일반적으로 갈등적이다. 그것들은 서로를 배제한다. 니체는 도리아 문화를 다름 아니라 "동방의" 디오니소스에 맞서는 방파제라고 해석한다. 단지 고대 비극에서만 짧은 기간 동안, 니체가 노골적으로 말하듯이, 디오니소스와 아폴로의 "짝짓기"가 성공했으며, 이는 새롭고 완전히 다른 성격을 띠는 문화를 가능하게 했다. 그것은 헬레니즘적 혹은 예술적 문화다. 따라서 이 문화는 "불교적" 부정 내지 "심사숙고하는" 명상과 로마적 국가의 신격화 내지 정치숭배라는 극단적 결론들을 피하는 데에 적합하다.

니체가 아티카 비극 발생의 근거를 제시하는 논증은 사변적이다. 그것이 문헌학자들에게 일종의 모욕이었다는 것은 이해할 수 있다. 그러나 니체의 기획을 제대로 따라잡기 위해서는 그 문제를 검토해야 할 것이다. 집단을 열성적으로 매료하는 음악을 통해서는 자체로서 견딜 수 없는 생성과 소멸, 삶과 죽음 등 세계의 근원이 표현된다. 이처럼 음악을 통해 흥분한 집단 자체는 환멸을 초래하는 숙취의 위협을 받는데, 니체는 그러한 집단을 비극의 근원이라고 해석한다. 모든 사람을 사로잡는 것은 합창 내지 순수한 음악성이다. 관객과 배우들은 구분되지 않는다. 음악은 모두를 합창으로 결합시킨다. 이 합창은—아폴로적 태도 속에서—디오니소스적 존재의 드라마를 "보여준다". 그리고 합창의 이 비전, 이 형상이 비극적 행위로서 무대에 오른다. 하지만 비극적 행위는 그 계보에 비춰볼 때 음악적으로 자극을 받은 집단이 보여주는 것이다.

"우리는 합창이, 특히 오페라의 합창이 현대의 무대에서 차지하는 위치에 익숙해짐으로써 그리스 비극의 합창이 본래의 '행동' 보다 더 오래되고, 더 근원적이며, 심지어 더 중요했으리라는 점을 전혀 이해할 수 없었지만, (…) 이제는 그 장면이 행동과 더불어 근본적으로 또 원래 단지 **환상**으로서만 생각되었다는 점, 또 유일한 '실재' 는 바로 그 환상을 산출해내고 춤과 음과 말의 전체적 상징을 통해 환상에 대해 이야기하는 바로 그 합창이라는 인식에 도달했다. 이 합창은 그 환상을 통해 그 주인이자 스승인 디오니소스를 보여주며 그 때문에 영원히 **섬기는** 합창이다. 그것은 이 신이 수난 당하고 찬양 받는 모습을 보며, 그래서 스스로는 **행위하지** 않는다."(I, 53)

음악 혹은 디오니소스적 예술원칙은 자체로부터 아폴로적 환상 혹은 디오니소스의 비극적 신화를 풀어놓는데, 니체가 보기에 고대 비극의 모든 인물의 배후에는 이 신화가 있다. 따라서 음악적 기표들의 차이로부터 유래하는 의미화가 관건이다. 차이 혹은 디오니소스적 세계기반의 형언할 수 없는 공포가 신화적 의미로서 장면의 시공간 속에서 조형적으로 합창 앞에 등장한다. "아폴로적 현상들 속에서는 디오니소스가 객관화되는데, 그러한 현상들은 이제 더 이상 합창의 음악처럼 '영원한 바다, 교체되는 부침, 작열하는 삶' 이 아니다. 또 그것들은 열광하는 디오니소스 시종이 신의 근접상태를 느끼게 해 주는, 그저 느껴질 뿐 이미지로 응축되지는 않은 힘들이 더 이상 아니다. 이제 그러한 장면을 근거로 서사적 형상화의 명확성과 확고함이 그에게 말을 걸며, 이제 디오니소스는 힘들을 통해서가 아니라 거의 **호메로스의 언어로** 서사적 영웅으로서 말한다."(I, 54f.)

에쉴루스의 비극이나 소포클레스의 비극에서만 해도 적대적인 신 디오니소스와 아폴로가 서로 화해한다. 음악은 "의미"—신화—를 떨쳐

버린다. 하지만 의미는 자체로서 견딜 수 없는 세계의 기반을 직관할 수 있게 만들며, 또 마치 축소판인 것처럼, 견딜 수 있게 만든다. "의미"는 그 이전의 "무의미"를 보여주며, 그것을 고집한다! 그리하여 삶을 오해하지 않으면서 긍정하는 문화가—인도적 부정과 로마적 기만을 넘어서—가능할 것이다. 이처럼 비록 올바르게 이해된 의미에서 비극적이지만 긍정적인 문화가 예술의 성과이며, 좀더 정확히 말하자면 존재 내지 차이의 고통을 언어화하는 미적 태도의 성과다. 하지만 그것은 그러한 결함이 제거되지 않고 남아 있는 언어 혹은 음악성이 지배하는 언어다. 독특하게 세련된 표현으로 니체는 다음과 같이 말한다.

"이처럼 비극 속에서 아폴로적인 것과 디오니소스적인 것이 지니는 난해한 관계는 두 신의 형제관계를 통해 실제로 상징화될 수 있을 것이다. 디오니소스는 **아폴로의 언어**를 말한다. 그러나 아폴로는 결국 **디오니소스의 언어**를 말한다. 이로써 비극과 예술 일반의 최고 목표가 달성된 것이다."(I, 120)

말을 할 수 있기 위해 디오니소스는 아폴로의 언어를 "빌린다". 그러나 아폴로의 언어는 궁극적으로 디오니소스의 언어다. 그것은 의미매체에 담긴 차이의 흔적이다. 다른 대목에서 니체는 이를 설명하면서 다음과 같이 서술하는데, 여기서는 예술로서의 결함에 대한 긍정이라는 중심 사상이 좀더 거칠지만 좀더 명확하게 드러난다.

"우리는 **부조화**가 인간화되는 과정을 생각할 수 있을까? 또 그밖에 인간이란 무엇일까? 또한 이 부조화가 생존할 수 있으려면 그 자체의 본질을 미의 베일로 덮어주는 멋진 환상이 필요할 것이다. 이것이 아폴로의 진정한 예술의도다. 아폴로라는 이름으로 우리는 매 순간 삶 일반을 살만하게 만들고 바로 다음 순간을 체험하도록 촉진하는 미적 가상의 무수한 환상들 모두를 집약한다. 이 경우 모든 실존의 기초, 곧 세계의 디오니소스적 기반 가운데에는 바로 그 아폴로적 미화의 힘에 의해 다시 극복될 수 있는 만큼만을 개인은 의식하게 된다. 이로써 이 두 가지 예술적 충동은 자체의 힘을 엄격한 상호 배율 속에서 영원한 정의의 법칙에 따라 전개하게 되는 것이다."(I, 133)

예술의 문화인 헬레니즘 문화는 비극적 기반 위에서, 즉 디오니소스적 관점에서 모든 개인적 삶이 뜻하는 공포를 직면하면서 삶을 긍정하는 전략이다. 형상으로서—니체는 "빛의 형상"이라는 말을 한다—개별성 · 고통 · 죽음 등을 디오니소스적으로 지양하는 것은 상상적 이상을 형성함으로써 결함을 거부하거나 결함과 더불어 삶 전체를 무의미하게 만드는 대신 결함을 긍정하는 관점이다. 헬레니즘 문화에 대한 이 해석에는 아직 명시적이지는 않지만 쇼펜하우어에 대한 초기의 분명한 거부가 담겨 있다. 그리스인들은 결함을 생산적인 것으로 만들었다. 니체는 고대 아테네의 사상 속에 들어가 있듯이 상상하면서, 거의 찬가의 형태로 자신의 텍스트를 마무리한다.

"드높은 이오니아식 기둥들이 늘어선 복도를 거닐면서 순수하고 고결한 선을 그리고 있는 지평선을 쳐다보며, 빛나는 대리석으로 미화된 자신의 모습이 반영된 것들을 옆에 두고, 조화로운 소리와 함께 율동적 제스처를 취하며 당당하게 걷거나 온화하게 움직이는 사람들에 둘러싸여, 이처럼 미가 끊임없이 밀려오는 가운데, 그는 아폴로에게 손을 내밀며 이렇게 외쳐야 하지 않을까. '행복한 헬렌의 민족이여! 델로스 신이 그대들의 주신찬가적 망상을 치유하는 데에 그러한 마술이 필요하다고 여긴다면 그대들 사이에서는 디오니소스가 얼마나 위대할 것인가!' —그러나 이런 마음을 품고 있는 자에게는 어느 늙은 아테네인이 에쉴루스의 고상한 눈빛으로 쳐다보면서 이렇게 응수할 것이다. '하지만 이상하고 낯선 자여, 그처럼 아름다워질 수 있기 위해 이 민족이 얼마나 많은 고통을 겪어야 했겠는가! 그러나 이제 나를 따라 비극을 보세. 그리고 나와 함께 두 신의 신전에서 제물을 바치세!'"(I, 134)

그러나 비극적으로 삶을 긍정하는 헬레니즘 문화는 오래 지속되지 않았다. 니체의 논문은 "비극의 탄생"만 아니라 "비극의 죽음"이라고 칭할 수도 있을 것이다. 왜냐하면 여기서는 비극의 문화적 실험을 좌절케 한 원인들을 밝히는 것이 관건이기 때문이다. 간단히 말하면 니체가 "알렉산드리아 문화"라고 칭하고 소크라테스라는 인물을 통해 의인화하는 과학과 "계몽"의 문화 내지 어떤 이론적 전략을 통해 헬레니즘 문화가 축출되는 과정이 관건인 것이다. 니체가 보기에 소크라테스의 등장은 일종의 세계사적 단절을 의미한다.

"과학의 사제인 소크라테스 이후에 마치 파도가 다른 파도로 교체되듯이 하나의 철학파가 다른 철학파에 의해 교체된다는 점, 예측할 수 없었던 **지식욕의 보편성**이 교양 있는 세계의 극히 광범한 영역에서 뛰어난 능력이 있는 누구나의 본래적 과제로서 과학을 저 고상한 바다로 이끌어가며, 여기서 과학은 그 후로 다시는 완전히 추방될 수 없었다는 점, 이러한 보편성을 통해 비로소 실로 태양계 전체의 법칙들을 굽어보는 가운데 지구 전체를 뒤덮는 사상의 공통적 그물이 짜였다는 점을 일단 이해하는 자, 경이롭도록 드높은 오늘날의 지식 피라미드와 함께 그 모두를 분명히 파악하는 자는, 소크라테스가 이른바 세계사의 **한 가지 전환점**이자 선회라고 생각하지 않을 수 없을 것이다."(I, 85)

니체는 과학적 문화를 두 가지 중심적 측면에서 규정한다. 하나는 자연의 수수께끼를 과학적으로 풀고 기술적으로 자연을 이용할 수 있다는 주장이고, 다른 하나는 인간 삶의 문제를 과학의 확장을 통해 장차 제거할 수 있으리라는 기대다. 따라서 보상적이고 치유적으로 만인을 위해 세계 내적 행복을 약속할 수 있다고 믿는 과학기술 문명의 윤곽을 그리는 것이 관건이다. 이처럼 비판적 입장을 취하고 이론을 신봉하는 전략에는 문화의 모든 전통적 유산을 거부하는 일이 병행된다. 단지 비판적 합리성을 감당해내는 것만이 타당성을 지녀야 하는 것이다. 본능과 인습은 행동의 규제요인으로서 불가능해진다. 이와 아울러 최적화와 해방에 대한 규정 아래 있는 세계의 관계를 일반적으로 도덕화하는 과정도 진행된다. 이 낙관주의적 과학문화는 그것이 죽음에 부여할 수 있는 "의미"에서 그 승리를 찾는다. "**죽어 가는 소크라테스**는 다른 경우 아직 본적이 없는, 고결한 그리스 청년의 새로운 이상이 되었다. 누구보다 전형적인 헬렌족 젊은이 플라톤은 극히 열성적인 몽상적 영혼의 헌신을 통해 이 이미지 앞에 굴복했다."(I, 78)

그러나 소크라테스의 이름으로 이루어진 과학문화의 이 계몽적 낙관주의적 전략은 비극예술에 대해 치명적이었다. 니체는 소크라테스의 동료인 에우리피데스의 드라마를 통해 그 점을 보여준다. 이제야 비로소 합창과 관객이 분리된다. 관객은 비판적 합리적 관찰자의 역할 속에서 나타나, 극장에서 교화를 기대하고 "이념들"을 추구한다. 디오니소스와 그의 음악은 사라지며, 합창의 기능은 "합리화되고" 진부해진다. 그러나 디오니소스와 더불어 아폴로도 사라진다. 고대의 서사적 형상성 또한 에우리피데스의 극장에는 결여되어 있다. 간단히 말해서 우리는 사회적 심리학적 주제를 다루는 현대의 문제극을 대면하게 되는데, 그것은 기껏해야 "탈집단화되고" 개별화된 관객주체들의 비판적 논평들이나 유발할 수 있을 뿐이다.

"이에 따라 에우리피데스가 드라마의 기초를 아폴로적인 것에만 설정하는 일을 전혀 해내지 못했다는 점, 오히려 디오니소스적이지 않은 그의 경향이 자연주의적이고 비예술적인 경향에 빠졌다는 점을 인식했다면, 이제 우리는 **미적 소크라테스주의**의 본질에 좀더 가까이 접근해도 될 것이다. 그 최고 법칙은 아마 '아는 자만이 미덕을 지닌다'는 소크라테스의 법칙과 병립하여, '모든 것은 아름다우려면 이해될 수 있어야 한다'는 것이리라. 이러한 규범을 손에 들고 에우리피데스는 모든 개별적인 것을 평가했고 이러한 원칙에 따라 언어, 성격, 극적 구성, 합창음악 등을 수정했다. 우리가 소포클레스적 비극과 비교해 빈번히 에우리피데스의 문학적 결함이자 퇴보라고 간주해온 것은 대개 그렇게 파고드는 비판적 과정과 무모한 이해가능성의 산물이다."(I, 72f.)

니체의 뒤를 따라 고트프리트 벤은 매우 예리하게 "계몽적인" 문화의 연극을 "천박화과정"이라고 묘사했다. "에우리피데스의 경우에 위기가 시작된다. 당시는 침체기다. 신화는 고갈되었고, 생활과 역사가 주제로 등장한다. 도리아적 세계는 남성적이었지만, 이제 세계는 에로틱해진다. 사랑의 문제, 여성극, 여성적 제목 등이 등장하기 시작한다. 메디아 · 헬레나 · 알케스티스 · 이피게니에 · 엘렉트라 등이 그것인데, 이 시리즈는 노라와 헤다 가블러에서 끝난다. 심리학이 시작된다. 신들이 작아지고, 위인들이 나약해지며, 모든 것이 일상적이고 쇼(Shaw) 식으로 평범해지기 시작한다."[6)]

니체가 보기에도 그것은 그의 유형론에서 로마문화, 불교문화, 그리고 헬레니즘적 예술문화와 아울러 등장하는 낙관주의적 계몽문화의 결정적 측면이다. 이 문화는 평준화하고, "평등"을 약속하며, 모든 구분과 차이들을 온갖 종류의 학교교육과 문화 프로그램으로 보완하겠다고 약속한다. 또한 이 문화는 스스로를 사회 치유적이고 정신 위생적인 측면에서 이해하며, 극히 낮은 수준의 "정상화된" 대중문화에 정착한다. 그러한 문화는—악의적으로 말하자면—인류의 자기구원을 "영원한 민중대학"으로서 약속한다! 노골적으로 현재화하자면, 니체는 "헬레니즘적" 노선을 지지하는 가운데 복지국가적 대중문화와 사회 치유법과 인도 식의 행복한 이탈의 꿈만 아니라 정치와 국가의 전체주의적 유미화에도 반대한다.

하지만 니체의 글은 비극의 계보학이자 인간실존의 결함 앞에서 삶을 극복하는 형식으로서 가능한 문화들의 유형학일 뿐만 아니라, 시의성 있는 문화혁명 프로그램이기도 하다. 그것은 디오니소스와 아폴로의 부활을 천명한다. 그래도 된다고 믿는 까닭은 세계적 척도로 의문의 여지가 없이 성공적인 "계몽의 문화"가 스스로는 해결할 수 없는 두 가지의 자체모순들을 드러내며, 이로 인해 결국 몰락할 수밖에 없기 때문이다.

6) Gottfried Benn: Dorische Welt. In: Ges. Werke. Bd. 3, S. 840 f.

니체는 계몽의 과정을 과학적 세계해명의 불충분성을 점점 더 깨닫게 되는 과정이라고 요약한다. 스스로를 반성하는 과학 연구는 그것이 존재에 대한 인식의 능력을 전혀 지니지 못하고 있다는 점을 알아야 한다. 칸트와 같은 진정한 철학자는 과학적 지식의 이러한 자기제약을 냉정하게 결산했다는 것이다.

"칸트는 엄청난 용기와 지혜로 (…) 가장 어려운 승리, 즉 논리학의 본질 속에 감추어져 있고 또한 우리 문화의 밑바탕이기도 한 낙관주의에 대한 승리를 거둘 수 있었다. 이러한 낙관주의는, 자신에게나 당연한 '영원한 진리' 에 근거하여, 세상의 모든 비밀들을 인식할 수 있고 해명할 수 있다고 믿고, 공간과 시간과 인과성을 가장 보편 타당하고 완전히 무조건적인 법칙으로 취급했다. 반면에 칸트는 이런 것들이 마야의 작품인 단순한 현상을 유일한 최고의 실재로 끌어올리고 사물들의 가장 내적이고 진정한 본질 대신에 그것을 내세우며, 이로써 이 본질에 대한 실제의 인식을 불가능하게 만드는 데에, 다시 말해 쇼펜하우어의 말에 따르면 꿈꾸는 사람을 더욱 확고하게 잠들도록 하는 데에 기여했을 뿐임을 밝혀주었다. (…) 이러한 인식을 통해 내가 비극적 문화라고 감히 칭하는 하나의 문화가 시작되었다."(I, 101)

따라서 선험철학에서는 존재를 해명하고 이에 근거해 더 나은 세계를 건설할 수 있다고 하는 "계몽주의" 문화의 낙관주의적 요구가 자체교정을 받게 된다는 것이다. 우선 이론적 측면에서 자신에 대해 계몽된 과학은 주제로서의 "존재"를 포기해야 한다. 니체는—아테네에서 처형되기 직전—피리를 연주하는 소크라테스가 이미 이러한 자기교정의 초기 징후라고 보았다. "계몽주의"의 창시자가 결국은 음악으로 도피했다는 것이다.

그러나 모든 인간을 민주적인 사회에서 동일시하는 "실천적" 요구도 좌절했다고 한다. 알렉산드리아적 문화도, 비록 인정하려고 하지는 않지만, 어떤 "노예상태"를 필요로 한다는 것이다. 하지만 이 노예상태가 결국 해방의 선전에 지배되고, 자신에게 속임수로 비쳐진 "권한들"을 마침내 지각하고자 할 때 놀라서는 안 된다는 것이다. "계몽"문화는 이처럼 혁명적 계급을 육성하며, 이 계급은 결국 자신의 "약속"을 자신에 맞서 내세우게 된다고 한다. 구체적으로 니체는 물론 노동운동을 염두에 두고 있었다.

"이제 이러한 낙관주의의 열매들이 무르익지 않더라도 (…), 만인의 현세적 행복에 대한 믿음, 그와 같은 보편적 지식문화의 가능성에 대한 믿음이 그러한 알렉산드리아적 현세적 행복의 위협적 요구로 점차 (…) 전도될지라도 놀라서는 안 될 것이다! 지속적으로 존재할 수 있으려면 알렉산드리아적 문화에는 노예계급이 필요하다는 점을 알아차려야 할 것이다. 그러나 이 문화는 삶을 낙관주의적으로 고찰하는 가운데 그러한 신분의 필연성을 부인하며, 그래서 '인간의 품위'와 '노동의 품위'라는 그 멋진 유혹과 위안의 말이 효과를 다하게 되면 점차 끔찍한 말살을 향해 치닫게 된다. 자신의 실존을 불의라고 보도록 배우고 자신만 아니라 모든 세대들을 위해 복수를 꾀하기 시작하는 야만적 노예계급보다 더 두려운 것은 없다."(I, 100)

이처럼 지적으로나 사회적으로나 안정을 잃고 자체 모순들로 인해 동요하게 된 사회를 니체는 유령회사 난립기의 시민문화에서 확인할 수 있다고 믿었다. 그는 그 몰락을 예견했고 대중들의 "노예상태"와 새로워진 비극적 헬레니즘적 엘리트 문화 사이의 권력투쟁을 진단했다. 이러한 문화의 가능성을 그는 1872년 "바그너"라는 현상과 결합시켰다. 그의 희망에 의하면, 바그너의 악극에서는 고대의 비극이 부활하며, 디오니소스적 음악이 무대 위에 새로이 신화를 펼쳐놓는다. 그리고 이러한 신화는 어떤 관객을, 좀더 정확히 말하면 어떤 사회적 엘리트를 통합하며, 이 세상 삶의 두려움을 미로 전환하는 미래의 문화를 가능하게 하는 일종의 자기긍정을 유발한다.

"신화가 없으면 (…) 모든 문화는 그 건전한 창조적 자연력을 상실한다. 신화로 둘러싸인 지평선만이 하나의 문화운동 전체를 통일성으로 완결한다. 환상과 아폴로적 꿈의 모든 힘들은 신화를 통해 비로소 무분별한 방황으로부터 구제된다. 신화의 형상들은 알지 못하는 가운데 도처에 존재하는 마신적 파수꾼들이어야 할 것이다. 이들의 비호 아래 젊은 영혼이 자라나고 그들의 기호를 통해 성인은 자신의 삶과 자신의 투쟁을 해석하는 것이다. 그리고 국가조차 종교와의 관련 및 신화적 관념들로부터의 성장을 보증하는, 신화적 기초보다 더 강력한 불문율을 알지 못한다."(I, 125)

이처럼 새로이 신화를 통해 통합된 엘리트 문화를 니체는 바이로이트에서 기대했다. 그러한 문화는 자체로 인해 좌절한 부르주아적 "계몽"의 문화를 극복하고 "노동자계급"을 억누르며, 이들에게 봉사능력의 품위와 의무의 정신을 돌려주어야 했다. 『비극의 탄생』 출판 4년 후 니체는 부르주아들의 바그너 숭배에 환멸을 느꼈다. 바이로이트는 그에게 평범한 벼락출세자들의 "허영심을 위한 시장판"처럼 여겨졌다. 그는 나중에 매우 악의적으로 다음과 같이 서술한다.

"이미 당시에 내게 어떤 생각들이 떠올랐는지 파악하는 사람은 내가 어느 날 바이로이트에서 깨어났을 때 어떤 기분이었을지도 알아차릴 수 있을 것이다. 나는 완전히 꿈을 꾸는 것만 같았다. (…) 하지만 나는 어디에 있었던가? 나는 아무것도 알아볼 수 없었다. 바그너조차 알아보지 못했다. 내 기억을 더듬어보았지만 허사였다. 저 멀리 떨어진 행복한 자들의 섬 트립쉔과는 그림자조차 닮지 않았다. 기초를 마련하던 비교할 수 없는 날들, 이를 기리던 소규모의 소속 모임, 민감한 문제들 때문에 손가락질부터 당해야 할 필요는 없었던 모임, 이와도 그림자조차 닮지 않았다. 무슨 일이 일어났던가?—사람들은 바그너를 독일에 옮겨 놓았던 것이다! 바그너 추종자가 바그너의 주인이 되었던 것이다!—독일 예술! 독일 대가! 독일 맥주! (…) 그는 어디에 빠져들었던가!—최소한 돼지들 사이에라도 들어갔다면! 하지만 독일인들 사이에 들어갔던 것이다! (…)

끝으로 후세의 교훈을 위해 진정한 바이로이트 사람을 박제로 만들어야 하고, 아니 그보다는 영혼이 결여되어 있으니 영혼으로 만들어놓고, '제국' 건설의 목표가 된 '정신'은 그런 모습이었다고 서명해야 할 것이다."(Ⅱ, 1119)

니체의 『비극의 탄생』은 난해한 텍스트다. 니체의 스승인 리췰이 "그리스적 야단법석"이라고 칭한 아티카 비극의 기원에 대한 고도의 사변적 가설들을 제기하기 때문만이 아니다. 무엇보다 그것이 바그너에 대한 경의, 보편적인 문화이론, 엄중한 시대비판, 유토피아적 미래기대 등을 동시에 포함하고 있기 때문이기도 하다. 그 텍스트는 완전히 상이한 담론요소들을 결합시킨다. 또한 이것들이 상이한 독서방식을 가능하게 하며, "완전한 해석"의 이상을 완전히 불가능하게 만들지는 않더라도 어렵게 만들기도 한다. 이 텍스트의 담론 전략은 "원심적"이라고 말할 수 있다. 거기에는 "의미의 중심"이—이의 확인을 통해 비로소 어떤 완결된 해석이 정당화될 수 있을 텐데—결여되어 있는 듯해 보인다. 이 텍스트는 학술적 문헌학적 해석의 이상에 전혀 부합되지 않았다. 중요한 비평가인 울리히 폰 빌라모비츠-묄렌도르프는 자신의 논쟁문서 끝부분에서 "미래의 문헌학"이라는 반어적 표제로 니체에게 다음과 같이 권했다. "니체씨가 약속을 지켜서 (…) 인도에서 그리스로 이주하되, 과학을 가르치게 될 연단에서 내려오기를. 슬하에 사자와 표범을 모으되, 독일의 문헌학도는 모으지 않기를. 이들은 자신을 부정하는 노동의 금욕을 통해 공부해야 하기 때문이다."[7]

문헌학 동업조합이 대학에서 몰아낸 『비극의 탄생』이 "포스트구조주의적"이고 "해체론적"인 이론적 입장들의 흐름 속에서 문헌학과 대학으로 돌아가게 된 데에는 객관적으로 얄궂은 면이 있다. 오늘날 이 텍스트

7) Ulrich v. Wilamowitz-Moellendorff: Zukunftsphilologie I und II. Berlin 1872, S. 32(zit. C. P. Janz: F. Nietzsche-Biographie. Bd. 1. München 1981, S. 469).

는 곧 환멸에 빠지는 바그너 열성분자의 "문화혁명" 팜플렛으로서 더 이상 흥미를 끌지는 않는다. 이 텍스트의 이런 특징들은—일반적으로 "키취적인 니체"가 존재한다고 말할 수 있다면—그 격정과 함께 거의 키취처럼 작용한다. 오늘날에는 그 논문의 언어철학적 차원이 매력을 지닌다. 왜냐하면 니체가 신화를 합창의 음악성에서 사변적으로 추론하는 과정에서 의미의 사후적 성격을 주장하고 의미를 그에 앞선 기표들의 차별성의 효과로서 이해하는 언어관을 정리했기 때문이다. 의미의 어떤 "선차적 존재"가 있어서 이를 "되찾음"으로써 어떤 텍스트에 진리의 성질이 부여되는 일은 없다. 의미는 하나의 기표적 요소를 기의의 위치에 갖다놓는 일종의 정립이다. 그러한 기표적 요소는 이 기의의 위치로부터 언제라도 기표들의 사슬 속으로 다시 미끄러져 들어갈 수 있는 것이다. "의미효과"에는 기표적 입장들의 차이적 장이 선행하는데, 이 기표적 입장들은 그 자체가 의미는 아니지만 "의미유희"의 무한한 가능성을 열어준다. 사람들은 이제 『비극의 탄생』의 문화적 강령에서가 아니라, 기표의 차이가 의미의 동일성에 이처럼 앞선다는 점을 지각함으로써 『비극의 탄생』의 혁명적 의미를 인식했다.[8)]

이를 근거로 니체의 짧은 논문 「도덕 외적 의미의 진리와 허위에 대하여」가 주로 언어철학적 관심을 지닌 포스트구조주의의 수용에서 얻게 된 탁월한 지위도 설명된다. 이 논문은 『비극의 탄생』에 바로 인접하여 나온다. 니체는 1873년에 이 논문을 썼지만, 물론 유고로 비로소 발간되었다. 여기서 니체는 우선 진리의 기능이론을 구상한다. 그는 사람들이 한 사회의 유지에 불가결한 허구들을 "진리"라고 칭한다고 설명한다. 따라서 "진리"와 "허위"는 도덕적으로 사심 없는 관찰자의 관점에서는 단

---

8) Vgl. Jean-Michel Rey: Die Genealogie Nietzsches. In: F. Chatelet (Hrsg.): Geschichte der Philosophie. Bd. 6. Frankfurt/ Berlin/ Wien 1975, S. 139 ff., bes. S. 165 ff.; Werner Hamacher (Hrsg.): Nietzsche aus Frankreich. Frankfurt/ Berlin 1986, S. 13.

지 그것과 사회의 친화성을 통해서만 구분된다. 해로운 허구들은 "허위"라고 칭해지는 것이다! 모든 진리를 이처럼 그 사회적 기능에 환원하는 작업의 근거를 니체는 언어 이론적 가설들에서 찾는다. 진리는 "개념들"을 통해 실현되지만, 개념들은 "굳어버린 은유들"이라는 것이다. 기표적 요소가 기의의 위치에서 고정되며 기표의 사슬들을 통과해 "은유적으로" 미끄러지는 현상이 방해를 받게 되는 것이다. 그러한 "개념들"의 기능은 위계에 따라 배열되고 예측될 수 있는, 즉 별로 놀라움을 주지 않는, 곧 "진정한 세계"라는 명칭으로 설정되는 현실허구의 형성에 있다고 한다. "진정한 세계"는 탐구와 정치에서 이루어지는 도구적 행위의 세계다. 니체는 자신의 논문 자체를 강력한 은유로 장식한다. 그는 진리로 고정된 과학문화를, 영원히 위협하며 "쓰러뜨리려는" 적수에 맞서 개념의 방파제를 세운 "성채"라고 칭한다. 이 적수가 예술문화다. 예술문화는 모든 기의를 다시 어떤 기표의 위치로 옮길 수 있는 시적 언어의 "용해하는" 힘을 개념적 강압과 이의 동일성 욕구에 맞서 내세운다는 것이다. 그러나 니체가 보기에 이처럼 언어철학적 핵심을 지니고 그래서 시의성을 띠는, 의미중심화와 의미탈중심화, 논리중심주의와 기표유희의 대립 배후에는 『비극의 탄생』의 핵심이었던 소크라테스적 노선과 헬레니즘적 예술적 노선 혹은 계몽긍정적 문화와 비극긍정적 문화의 대립이 자리잡고 있다.

"가련한 인간은 개념들의 그 엄청난 골조와 판자들에 매달려 인생을 헤쳐나가는데, 자유로워진 지성에게는 그러한 개념장치가 단지 자신의 극히 무모한 예술품을 위한 하나의 틀이자 하나의 장난감일 뿐이다. 그리고 그가 그것을 부수고, 뒤죽박죽으로 내던지고, 반어적으로 다시 결합하고, 가장 이질적인 것을 짝짓고, 가장 가까운 것을 분리할 경우, 이로써 그는 자신에게 그 빈약한 응급수단이 필요하지 않다는 점과 이제 자신은 개념들이 아니라 직관의 안내를 받는다는 점을 드러낸다. 이 직관들로부터는 유령 같은 도식들이나 추상들의 나라에 이르는 어떤 평탄한 길도 나 있지 않다. 직관들을 위해서는 말이 만들어지지 않았으며, 그것들을 볼 때 인간은 침묵하거나 순전히 금지된 은유들과 들어보지 못한 개념결합을 통해 말하며, 적어도 낡은 개념의 제약들을 파괴하고 경멸함으로써 강력한 현재의 직관이 주는 인상에 창조적으로 부응하는 것이다."(Ⅲ, 321)

니체에게 중요한 것은 완전히 상이한 두 가지 생활방식의 대조, 혹은 문화적 대립이다. 모든 동일성에 대한 차이의, 의미효과에 대한 기표 사슬의 우선성이라는 철학문제의 포스트구조주의적 준비작업을 염두에 두면서 그와 같은 사실을 고려해야 할 것이다. 예컨대 디오니소스적 음악에서 경험된 "근원적 기반"의 의미 부재는—생성과 소멸, 창조와 파괴의 우연한 결과로 나중에는 "순수한 차이"라고 요약할 수 있는 것—세계 속의 인간 실존을 매우 끔찍해 보이게 하기 때문에 아무튼 살아 남을 수 있으려면 특정한 전략이 필요하다. 이 모든 전략들은 근원적 무의미 혹은 의미거부의 도발에 대한 현명한 대응이다. 문화적 양식들의 차이는 그러한 전략들의 차이에 근거를 둔다. 이러한 양식들로는 예컨대 명상(인도)이나 "총체적" 국가(로마)를 통한 사회의 철저한 형성 등이 있다. 하지만 과학을 신봉하는 복지국가와 그 전문가 문화의 사회 치료법도 있다. 니체에게는 삶의 극복을 위한 탁월한 형식들로서의 문화적 유형들이 관건이었다. 이 점은 그의 논문 「진리와 허위에 대하여」의 마지막에서 명백해진다. 이 부분은 그 언어적 아름다움 때문에도 길더라도 인용하고 싶다.

"이성적 인간과 직관적 인간이, 전자는 직관에 대해 불안해하고 후자는 추상을 경멸하면서 병존하는 시대가 있다. 전자가 비예술적이듯이 후자 역시 비이성적이다. 양자는 삶을 지배하기를 열망한다. 전자가 조심성과 영리함과 규칙성을 통해 가장 중요한 궁핍들에 대처할 수 있듯이, 후자는 '과도하게 즐거워하는 영웅'으로서 그러한 궁핍들을 보지 않고 단지 가상과 미로 왜곡된 삶만을 실재적인 것으로 받아들임으로써 그러기를 열망하는 것이다. 예컨대 고대 그리스에서처럼 직관적 인간이 자신의 적수보다 더 강력하고 더 성공적으로 자신의 무기를 휘두를 경우, 잘 되면 어떤 문화가 형성되고 삶에 대한 예술의 지배가 성립될 것이다. 앞에서 말한 궁핍의 왜곡 내지 부정, 은유적 직관들의 광채, 기만의 직접성 등이 그런 삶의 모든 표현들에 수반된다. 집도, 발걸음도, 의상도, 진흙으로 빚은 단지조차도 필요 때문에 고안된 것이라는 점을 드러내지 않는다. 마치 그 모든 것들 속에서는 어떤 숭고한 행복과, 올림푸스적 청명함과, 또 진지한 것과의 유희가 표현되어야 할 것처럼 보인다. 개념과 추상에 이끌리는 사람은 이것들을 통해 단지 불행을 방지할 뿐 추상들로부터 행복을 얻어내지는 못하며, 가능한 한 고통으로부터의 자유를 추구하는 데 반해, 직관적 인간은 문화의 한 가운데에 위치하여 불행을 막는 일 이외에도 이미 자신의 직관들로부터 끊임없이 밝아지고 유쾌해지며 구원을 얻게 된다는 수확을 거둔다. 물론 그는 괴로움을 겪을 때면 더 격렬히 겪는다. 사실 그는 경험으로부터 배울 줄을 모르며 언젠가 빠진 적 있는 것과 동일한 구덩이에 늘 빠지기 때문에 좀더 자주 괴로움을 겪기도 한다. 행복할 때와 마찬가지로 괴로울 때에도 그는 비이성적이다. 그는 큰 소리로 외치며 어떤 위안도 받지 못한다. 경험으로부터 배우고 개념을 통해 자제할 줄 아는 스토아적 인간은 똑같은 불행 아래서 얼마나 다른 모습을 보이는가! 다른 경우에는 정직과 진리와 기만으로부터의 자유와 매혹적 엄습으로부터의 비호만을 찾는 그는 이제 불행 속에서, 전자가 행복 속에서 그랬듯이, 위장의 걸작품을 만들어낸다. 그는 실룩이며 움직이는 인간의 얼굴이 아니라 각 부분들이 품위 있게 균형 잡힌 일종의 가면을 쓰고 있으며, 외치지도 않고 자신의 목소리조차 바꾸지 않는다. 엄청난 비구름이 그에게 비를 퍼부을 때면 그는 외투를 뒤집어쓰고는 느린 걸음으로 비를 맞으며 떠나가는 것이다."(Ⅲ, 321f.)

니체의 자아비판

하지만 이제 니체는 『비극의 탄생』을 출판하고 논문 「진리와 허위」를 집필한지 단 몇 년 후에 자신의 희망이 착각이었음을 인정해야 했다. 바이로이트에서의 바그너 숭배는 그에게 "교양속물들"의 소동일 뿐이며 그가 열망하던 디오니소스의 부활과는 정반대의 것이라고 여겨졌다. 바그너 자신의 발전을 니체는 사이비 기독교적 구원의 동경이라고 평가했는데, 이는 예컨대 『파르치팔』의 총보에서 아주 분명하게 드러났다는 것이다. 1888년의 회고록에서 니체는 바그너와의 결별에 대해 다음과 같이 서술했다.

"이미 1876년, 첫 축제공연의 시점 한가운데에서 나 자신은 바그너와 이별했다. 나는 애매한 것을 아무것도 참지 못한다. 바그너는 독일에 머문 이래로 내가 경멸한 모든 것에 한 걸음 한 걸음 몸을 굽혔다. 심지어는 반유태주의에까지 굴복했다. (…) 사실상 당시가 결별할 최적기였다. 곧 이어 나는 이에 대한 증거를 얻게 되었다. 리햐르트 바그너는 외견상 가장 성공적이었지만 사실은 썩어버린 절망적 **퇴폐주의자**였으며 갑자기 무기력하게 무너져 기독교의 십자가 앞에 무릎을 꿇었다. (…)"(Ⅱ, 1054)

니체 청년기의 다른 본보기인 아르투르 쇼펜하우어의 경우도 사정은 더 나을 것이 없었다. 이미 『비극의 탄생』에서도 니체가 "불교적" 노선을 따라갈 태세가 아니었다는 점을 매우 분명하게 알 수 있다. 그렇기는 해도 아직 형이상학적인 니체의 청년기 저술의 골격인 "존재"와 "가상", "심층"과 "표면"의 대립은 쇼펜하우어의 덕을 본 것이었다. 그것은 그로 하여금 "예술가형이상학"을 정식화하도록 해주었다. 즉 세계를 "스스로를 산출하는 예술작품"으로 보도록 해 주었다. 아폴로적인 꿈세계의 아름다운 가상 속에서 디오니소스적으로 분열된 존재의 근원이 구제되리라는 것이다.

1877년 니체는 냉정하게 말한다. "내 초기 저술들의 독자들에게 나는 분명히 설명하고 싶다. 나는 그 저술들을 본질적으로 지배하는 형이상학적 예술가적 견해들을 포기했다. 그것들은 편안하지만 고수할 수 없다."[9] 따라서 1876년 이후 니체는 『비극의 탄생』 구상에서 바그너 운동을 통한 문화비판의 구체화라는 그 저서의 사회적 경향만 아니라, 쇼펜하우어의 형이상학을 통한 그 이론적 기초정립까지 제거한다. 그렇더라도 니체는 "디오니소스적"이라는 범주를 고수하며 그것을 자신의 마지막 저술들에서 무조건적 주도공식으로 양식화한다. 이 경우 다음과 같은 점을 염두에 두어야 한다. (1) 그 범주를 더 이상 실제의 사회적 기획들과 결합된 구체적 문화운동의 경계표시라고 이해해서는 안 된다. (2) 그 범주는 더 이상 어떤 "가상"과 대립하는 "존재"를 나타내는 명칭 노릇을 하지 않는다. 오히려 그것은 더 이상 형이상학적으로 "존재"와 "가상"으로 분열되지 않은, 유동하는 경향들과 힘들의 일의적인 장으로서, 실재적인 것의 어떤 경향이자 생산성의 한 경향이다. 이 경향은 과거의 "형이상학적 적수"인 아폴로를 받아들여 자신을 위해 변형시킨 것이다. 니체 후기 철학에서의 이 "디오니소스의 귀환"은 대체로 『비극의 탄생』의 재해석이기도 한데, 이에 대해서는 다시 논해야 할 것이다. 우선은 니체가 자신의 희망들이 무너지게 된 데에 대해 어떻게 대응했고 이러한 대응에서 예술에는 어떤 의미를 부여하는지 밝혀야 할 것이다.

1876년 이후 니체의 "위기극복전략" 경향은 다음과 같이 규정될 수 있다. 『비극의 탄생』에서 니체가 보기에 쇼펜하우어와 바그너는 과학이후, 계몽이후 문화를 처음으로 강력하게 전파하는 자들로서, 자체로 인해 좌절한 "계몽"의 잔해들 위에서 "음악의 정신으로부터" 새로워진 신화의 통합력을 위해 길을 닦는 인물들이었다. 그런데 이제 니체는 계몽의 길을 아직 끝까지 걸어간 것이 아니며, 계몽의 파괴적 힘은 아직 고

---

9) Musarion-Ausgabe. Hrsg. v. R. Oehler u. a. Bd. VIII, S. 416.

갈된 것이 아니라고 본다. 이제 니체는 계몽 내지 비판의 길을 극단적으로 끝까지 걸어가야 하며, 이로써 새로운 가치평가 내지 새로운 문화의 기초정립에 착수할 수 있기 전에 전통적인 정신들을 모두 몰아내야 한다고 말한다. 따라서 『비극의 탄생』은 너무 일찍 나온 셈이다. 그것은 과거의 부담으로부터 아직 완전히 자유로워지지 않은 채 미래를 가리켜 보이려고 했던 것이다. 따라서 『인간적인, 너무도 인간적인』, 『서광』, 혹은 『즐거운 학문』 등의 저술들 배후에 존재하는 경향은 우선 파괴적인 경향이다. 모든 "신들"이 토대로부터 퇴출되어야 하며 그 실제의 모습으로 폭로되어야 한다. 우연극복의 "너무도 인간적인" 전략들, "우상의 황혼"인 것이다! 그러나 이 냉정하고 분석적인 파괴는 동시에 새로운 구성들의 "서광" 속에서 이루어지므로 "즐거운" 것이다. 이러한 구성들은 극단적으로 끝까지 밀고간 서구 전통에 맞서 제기되고 그 그리스적 출발점을 다시 계승하게 될 것이다.

계몽 노선을 끝까지 걸어간다는 니체의 입장이 주로 자아비판의 노선이라면, 물론 그가 『비극의 탄생』에서 무엇을 핵심적으로 비난해야 하는지, 또 "디오니소스"를 끊임없이 언급한 이 책이 사실상 어떤 문화적 경향을 부추겼는지 물을 수 있을 것이다. 왜냐하면 "계몽주의자" 니체는 징후적으로 해석을 하기 때문이다. 담론들은 문화양식의 징후들, 현존재의 의미부재를 극복하기 위한 전략의 징후들인 것이다. 그런데 이제 그는 『비극의 탄생』에서 "낭만주의에 감염되었음"을 깨닫는다. 그는 이 책에서 낭만주의 정신을 통한 착각의 효과를 인식한다. 『즐거운 학문』의 370장에는 다음과 같은 구절이 나온다.

"아마 사람들은 (…) 내가 처음에 몇 가지 심각한 오류와 과대평가를 범하면서, 아무튼 희망을 품은 자로서 이 현대세계에 달려들었다는 점을 기억할 것이다. 나는 (…) 19세기의 철학적 염세주의가 마치 사상의 좀 더 탁월한 능력과, 대범한 용기와, 승리를 구가하는 삶의 풍요 등을 말해주는 징후인 듯이 이해했으며 (…) 그래서 내게는 비극적 인식이 우리

문화의 본래적인 사치라고, 우리 문화의 극히 소중하고 고상하고 위험한 낭비 방식이지만 여전히 그 과도하게 풍부한 기반 위에서 허용되는 사치라고 여겨졌다. 그와 마찬가지로 나는 독일 음악을 당연히 독일 정신의 디오니소스적 힘의 표현이라고 해석했다. 독일 음악에서 나는 예로부터 축적된 근원적 힘을 마침내 분출시켜주는 지진소리를 들었다. 이 경우 다른 경우에 문화라고 불리는 것 모두가 두려움으로 떨게 된다는 데에는 무관심했다. 아시다시피 나는 당시 철학적 염세주의에서만 아니라 독일 음악에서도 그 본래의 성격을 구성하는 것, 곧 그것의 낭만주의를 오해했다."(Ⅱ, 244)

사실상 『비극의 탄생』은 선입견 없는 관찰자에게 그것을 "낭만주의적"이라고 보이게 하는 여러 특징들을 드러낸다. "새로운 신화"에 대한 희망, 음악에 대한 높은 평가, 합리주의적으로 축소된 계몽에 대한 거부, 심지어 그리스의 위인들을 지향하는 암묵적인 3단계의 역사모델 등이 그렇다. 이는 모두 "낭만주의적" 흔적들이다. 하지만 니체는 자신의 저서가 단지 낭만주의적 노선을 통한 하나의 착각만을 경험했고, 여러 이정표와 경계표지들을 수용했지만, 이는 단지 하나의 자극일 뿐이지 낭만주의의 환각에 실제로 빠져들었던 것을 의미하지는 않는다고 생각한다.

『비극의 탄생』에서 니체가 낭만주의를 모방한 것이 일종의 "착각"이라는 점은 위르겐 하버마스 같은 극단적 니체 비판자도 강조한다. 그는 니체의 "디오니소스 신화"를 초기낭만주의의 "새로운 신화론"이라는 이념과 엄격히 구분한다. "새로운 신화론은 잃어버린 연대감을 회복시켜야 할 것이다. 하지만 신화의 근원적 폭력들로부터 떨어져 나온 것이 유일신 앞에서 개별화된 개인에게도 초래했을 해방을 부인해서는 안 될 것이다. 낭만주의에서는 디오니소스를 다시 끌어들이는 일이 단지 기독교적 약속을 현세에서 충족시키게 될 공적 자유의 차원만을 열어놓게 되며, 이로써 종교개혁과 계몽주의를 통해 심화되면서 동시에 권위주의적으로 주도권을 갖게 된 주관성의 원칙은 그 편협성을 버릴 수 있다."[10]

그에 반해 니체는 "서구"를, 즉 계몽주의의 해방적 약속들을 "회춘시키지" 않고 처단하려고 한다는 것이다. 따라서 그의 철학은 "포스트모던"으로—하버마스는 포스트모던을 현대 문명 및 이의 행복에 대한 약속들을 의문시하는 것이라고 극히 심각하게 의심한다—들어선다고 한다. 니체의 미학적 철학이 현대를 실제로 "넘어섰는지", 또는 이른바 "포스트모던"이 현대적으로 세분화된 사회에 진정으로 내재하는 그 고유의 계기, 즉 성과 없이 스스로를 부정하는 낭만주의의 한 가지 계기는 아닌지는 나중에 다시 체계적으로 논의해야 할 것이다.

"낭만주의"는—그것의 박테리아를 니체는 자신의 내면에서 극복해야 했다—징후론자이자 즐거운 "계몽주의자"인 니체에게 나약함에서 유래하는 생존의 전략이자 행동보다는 반응이라고 여겨진다. "모든 예술, 모든 철학은 성장하고 투쟁하는 삶에 봉사하는 치유수단이자 보조수단이라고 보아야 할 것이다. 그것들은 언제나 고난과 고난받는 자들을 전제한다. 하지만 두 부류의 고난받는 자들이 있다. 우선 **삶의 과도한 풍요**로 인해 고난받는 자들이 있는데, 이들은 디오니소스적 예술을 원하며 그와 마찬가지로 삶에 대한 비극적 관점과 통찰을 원한다. 또한 **삶의 빈곤**으로 인해 고난받는 자들이 있는데, 이들은 안정, 고요, 잔잔한 바다, 예술과 인식을 통한 자기 구원을 추구하지만, 도취와 투쟁과 마취와 광기를 추구하기도 한다. **후자**의 이중적 욕구에는 **모든 낭만주의**가 상응한다."(Ⅱ, 244)

여기서 니체는 삶을 가능하게 하는 모든 의미구성을 "강함"이냐 "약함"이냐, "풍요"냐 "결핍"이냐, "행동"이냐 "반응"이냐에 환원시키는 새로운 문화유형론을 시도한다. "형성"과 변화와 변천의 "적극적" 문화가

10) Jürgen Habermas: Der philosophische Diskurs der Moderne. Frankfurt/M. 1985, S. 114 f.

있는데, 이것은 디오니소스적 문화다. 또 모든 변천을 중지시키는 "존재"의 "반동적" 문화가 있는데, 그것은 낭만주의적 문화다. 니체는 네 가지의 공식으로 작업을 하는데, 그 결합가능성은 그에게 네 가지의 문화유형을 제공해 준다.

	행동(풍요)	반응(결핍)
형성 (+ 시간)	디오니소스적 문화	해방적 문화 (불만에 근거한 변화)
존재 (− 시간)	아폴로적 문화	낭만주의적 문화

문화유형들에 대해, 즉 "형성"/"반응" 및 "존재"/"행동"에 대해 니체는 다음과 같이 말한다.

"모든 미적 가치들과 관련해 나는 이제 이 주요구분을 이용한다. 각각의 개별 사례에서 나는 '이 경우 기아가 창조적으로 되었는가 아니면 풍요가 그러했는가?' 하고 묻는다. 처음부터 어떤 다른 구분이 더 적절해 보일지 모르겠다. 이 구분이 훨씬 더 분명한 것이다. 즉 경직화 · 영구화 · 존재 등에 대한 요구가 창조의 원인인지, 아니면 파괴 · 교체 · 새로움 · 미래 · 형성에 대한 요구가 원인인지 주목하는 것이다. 그러나 이 두 부류의 요구는 좀더 깊이 들여다보면 여전히 애매하다는 것이 입증되며, 앞에서 제시한, 그리고 정당하게 (…) 더 선호한 바로 그 도식에 따라 해석될 수 있다. 파괴 · 교체 · 형성에 대한 요구는 미래를 잉태한 풍요로운 힘의 표현일 수 있다(이를 나타내는 나의 용어는 아시다시피 '디오니소스' 라는 말이다). 그러나 실패한 자, 결핍되어 있는 자, 잘못 된 자의 증오일 수도 있다. 이런 자는 기존의 것, 나아가 모든 존속, 모든 존재 자체가 분노를 자아내고 자극하기 때문에 파괴하고 또 파괴할 수밖에 없는 것이다. 이런 정서를 이해하기 위해서는 우리의 무정부주의자들을 가까이서 살펴보기 바란다. 영구화를 추구하는 의지에도 이중의 해석이 필요하다. 그것은 우선 감사하는 마음과 사랑에서 나올 수도 있다. 이런 기원을 가지는 예술은 언제나 신격화의 예술일 것이다. 아마 루벤스의 경우처럼 열광적이거나 하피스의 경우처럼 행복하면서 조소적이거나, 괴테의 경우처럼 밝고 호의적이거나, 모든 사물들에 호메로스처럼 빛과 후광을 퍼뜨릴 것이다. 그러나 그것은 극히 사적이고 개별적이며 편협한 것, 자신의 고통으로 인한 독특한 개인적 성벽을 구속력 있는 법칙 내지 강압으로 만들고자 하고, 모든 사물들에 **자신의** 형상을, **자신의** 고통의 형상을 새겨놓고 강요하고 낙인찍음으로써 만물에 다같이 복수를 하는, 어렵게 고난받는 자, 투쟁하는 자, 고문당한 자의 전제적 의지일 수도 있다. 후자는 쇼펜하우어적 의지의 철학이든, 바그너의 음악이든 지극히 표현력 풍부한 형식을 취하는 낭만주의적 염세주의다. **낭만주의적 염세주의**, 그것은 우리 문화의 운명 최후의 **중대**사건이다."(Ⅱ, 245f.)

따라서 니체는 낭만주의를 궁극적으로 퇴폐적 주관주의의 징후라고 해석한다. 이러한 주관주의는 온갖 상이해 보이는 태도에도 불구하고, 권력상실의 관점에서, 아직 홀로 반응할 수 있다는 징표가 새겨져 있는 어떤 존재를 상상하는 것이다. 다름 아니라 세계 부재의 주관성을 드러내는 데에서 확인되는 주체 빈곤화의 문화인 낭만주의와 그것이 선전하는 "예술"을 니체는 이제 18세기의 시민적 문화혁명에 포함시키고 그 가치를 평가절하한다. 이러한 평가절하는 모든 예술의 기능에 대한 니체의 "계몽"이라는 맥락에서 이루어진다. 니체는 『인간적인, 너무도 인간적인』, 『즐거운 학문』 등의 저술에서 그러한 계몽을 수행하며, 따라서 그것은 미를 ―『비극의 탄생』의 관점과 달리 ― 이제 한동안 과학과 이의 회의주의적이고 "우상파괴적인" 문제제기의 관점에서 고찰하게 된다.

이하에서는 우리의 서술을 두 가지 측면에 집중하고자 한다. 그 하나는 예술형이상학이라는 의미의 "미학"을 대신하는 "예술과학"이라는 니체의 기획이고, 다른 하나는 "작품의 예술"을 대신하는 "삶의 예술"이라는 그의 계획이다. 그러니까 니체는 예술의 기능에 대한 물음에 한 가지 실증적인 답을 제시하고자 한다. 그것은 형이상학을 지향하는 철학의 모든 환상을 넘어선 대답이다. 또한 그는 미학의 의미에서 "예술"이 더 이상 필요 없게 된, 미적 실존의 가능성을 밝히고자 한다.

"자율적 예술"과 "미학적 반성"이라는 구도, 그러니까 1800년경의 구도에 맞서 니체는 완전히 다른 성격을 띠는 구도를 제시한다. 이것은 궁극적으로 부르주아 문화혁명과 그로부터 생겨난 현대적으로 세분화된 사회의 수정을 목표로 하는 것이다. 이는 니체의 철학적 간섭이 요구하는 바였다. 그리고 니체의 역사적 위치를 올바르게 판정하기 위해서는 이러한 요구를 명확히 밝혀야 할 것이다. 그를 주로 "해체론"의 선구자로만 여길 경우 여전히 "혁명적" 사유였던 그의 사유가 지닌 고유의 중요성을 간과하게 된다. 바로 이런 성향이야말로 오늘날에는 아마 "낡아" 보일 것이며, 또 역사적 시간을 사회 변혁의 매체로서 더 이상 인정하지 않는 "포스트모던" 니체 추종자들과 니체를 구분해줄 것이다. 니체는 그에 맞서 단호히 미래의 편을 들었다. 그는 자신을 "미래의 입법자"(Ⅲ, 451)라고 보았고 1885년에는 다음과 같이 선전했다. "과거가 아니라 미래를 찬양하라! 미래의 신화를 창작하라! 희망 속에서 살아!"[11] 이러한 "미래의 파토스"로 인해 니체의 사유는 오늘날 주도적인 시대정신과 원칙적으로 구분된다.

예술의 과학

니체는 1878년 발간된 책 『인간적인, 너무도 인간적인』에 "자유로운 정신을 위한 책"이라는 부제를 붙였고 그것을 마침 1878년 사망 100주기를 맞은 볼테르에게 바쳤다. 이처럼 명백하게 유럽 계몽주의를 계승

11) Musarion-Ausgabe. Bd. XIV, S. 179.

하는 것은 "낭만화를 꾀하는" 초기 저술들의 격정 및 그 미적 유토피아들과 확연히 거리를 두는 신호처럼 보인다. 니체는 『인간적인, 너무도 인간적인』의 잠언들에서 자신은 이제 미학 담론이나 예술적 의사소통의 참가자가 아니라, 그에 대한 회의적 관찰자라고 이해한다. 그의 유일한 관심은 예술적인 것의 기능을 선입견 없이 분석하는 것이다. 예술은 최대한 거리를 두고 연구되는 단순한 객체의 위치에 놓인다. 예술을 통해 동요되지 않는 능력을 니체는 과학적 역량의 자질확인을 위한 지침으로 삼기까지 한다.

"형이상학적 **욕구**가 얼마나 강한지, 또 마지막으로 본성이 얼마나 힘겹게 이 **욕구**와 결별하는지는, 자유로운 정신이 모든 형이상학적 요소를 떨쳐 버렸을 경우에도, 이 **자유로운 정신** 속에서조차 예술의 최고 효과들은 오래 침묵해오고 심지어 끊어져 버리기까지 한 형이상학적 현의 **공명**을 쉽사리 만들어내게 된다는 데에서 알 수 있다. 예를 들자면 그 자유로운 정신의 소유자는 베토벤의 『제9교향곡』 가운데 어떤 대목에서 지상을 벗어나 어떤 우주 속에서 떠다닌다고 느끼고, 마음 속에서는 **불멸성**을 꿈꾸게 되는 것이다. 모든 별들이 그를 둘러싸고 빛나는 듯하며, 지구는 점점 더 가라앉는 듯하다. ─이런 상태를 의식한다면 그는 아마 마음 속에서 심각한 상처를 느끼고, 그에게 잃어버린 애인을, 그것이 종교든 형이상학이든, 돌려줄 사람을 찾아 한숨을 쉴 것이다. 그런 순간에 그의 **지적 성격**은 시험대에 오르는 것이다."(I, 548)

『비극의 탄생』이 디오니소스의 현대적 부활을 바로 『제9교향곡』의 마지막 악장을 통해 드러내 보였다는 점을 안다면, 이제 이루어진 전환을 확인할 수 있을 것이다. "자유로운 정신"의 회의주의적 냉정함의 수준은 바로 향수에 대한 그 정신의 저항력을 통해 알 수 있다. 예술의 격정은 그 자유로운 정신을 형이상학의 궤도로 다시 몰아가지 않는다. 자유로운 정신은 모든 존재자에 대한 모든 본질적 규정을─그것이 디오니소스적으로 해석된 세계의지라는 방식일지라도─불신한다. 그런데 예술은—좀 더 정확히 말하면 예술에 대한 미학적 반성은—형이상학적 존재규정의 "기관"으로 작용했다. 디오니소스가 돌아올 경우 이제 "존재자의 존재"의 이름으로서가 아니라, 어떤 종류의 형이상학도 더 이상 감당하지 못하는 세계의 우연성을 해방과 행동의 자극으로 체험하는 "생산적 인간"의 은유로서 돌아오는 것이다.

따라서 니체는 예술을 형이상학의 매체로서 오인하지 않고 과학적으로 인식하기 위해 미학 논의에서 벗어난다. "그것의 주술 안에 머물면 그것을 이해하지 못한다."(I, 623) 형이상학의 한 장르로서의 미학에서 이처럼 벗어나는 것이 니체에게 가능한 것은, 그가 사고발전의 이 단계에서 종교, 형이상학적 철학, 실증적 과학을 서로 교체시키는 세계관의 계보에서 출발하는 역사구성을 지향하기 때문이다. 이미 이루어진 과학문화의 수준에서 보면 형이상학적으로 해석된 예술은 역사화된 낡은 형상처럼 보인다. 간단히 말해 니체는 "예술의 종말"이라는 헤겔의 테제를 받아들인다. 이때 그는 물론 예술이 어떤 고차원적 "정신"의 형이상학이나 "절대지"가 아니라 과학적 질문과 검증의 회의로 대체되었다고 본다. 니체는 "예술의 종말"이라는 테제를 실행한다. 이 경우 예술은 언제나 철학적으로 해석된 예술 혹은 미학을 뜻하며, 따라서 헤겔의 수준이 아니라 실증주의 혹은 콩트의 수준에서 논의된다. 이 시기 니체의 동료였던 파울 레의 발언이 그 점을 증명해 준다. 그는 『인간적인, 너무도 인간적인』을 처음 읽은 후 니체에게 보내는 편지에서 다음과 같이 서술했다.

"형이상학이 현란한 오류이며, 과학이 미래의 건설이라는 점은 아주 분명합니다! (…) 그리고 또한 나는 최근 **콩트**를 많이 읽었기에 당신의 책을 소화할 태세가 잘 되어 있었습니다. 당신도 이 뛰어난 사상가를 읽게 되면 그가 당신과 얼마나 가까운지 놀라게 될 겁니다."[12]

12) Friedrich Nietzsche, Paul Rée, Lou v. Salomé. Die Dokummente ihrer Begegnung. Hrsg. v. E. Pfeiffer. Frankfurt/M. 1970, S. 48.

콩트와 아주 유사하지만 그의 영향을 직접 받지는 않은 채 니체는 정신상태의 "삼-단계-도식"을 구상한다. 이 때 그는 개체발생과 계통발생을 서로 대조한다. 『인간적인, 너무도 인간적인』의 272번 잠언에는 다음과 같은 대목이 나온다. "역사의 진행과정에서 이룩된 정신문화의 평범한 단계들을 사람들은 점점 더 빨리 따라잡고 있다. 그들은 오늘날 **종교적으로 감동 받은** 아이로서 문화 속에 발을 들여놓기 시작하며, 아마 열 살이면 이런 감정을 최고로 활성화할 것이다. 그 후에는 좀더 완화된 형식으로(범신론) 넘어가며, 한편 과학에 접근해 간다. 그리하여 신과 불멸성 따위는 완전히 넘어서지만, **형이상학적 철학**의 마술에 빠지고 만다. 이러한 철학 역시 그들에게는 마침내 신빙성 없게 된다. 그에 반해 **예술**은 한동안 형이상학이 아직 예술로 변해가는 과정 속에 혹은 예술적으로 미화하는 분위기로서 겨우 살아 남아가도록 점점 더 보증해 주는 듯하다. 하지만 **과학적 감각**은 점점 더 독재적인 것이 되며, **성인**을 자연과학과 역사학과 특히 인식의 가장 엄격한 방법들로 몰아간다. 반면에 예술은 점점 더 온건하고 싱거운 의미만을 지니게 된다. 이 모두가 이제는 한 사람이 서른 살이 되는 사이에 일어나곤 한다. 그것은 인류가 아마 3천년 동안 매달렸을 과업의 개괄이다."(I, 614)

그러나 이제 니체는 과학문화에 의한 예술문화의 교체를 단순한 배척이라고 생각하지 않는다. 물론 초미학적 분석은 예술을 "정신"의 형태나 어떤 "이념"의 감성화라고 보지 않는다. 하지만 이로써 예술이 아무것도 아닌 것이 된 바는 아니다. 그 반대다. 형이상학적 선입견 없이 본다면 예술은 긍정적인 현존재 극복의 매체 혹은 전략임이 드러난다. 그리고 이러한 태도를 니체는 과학문화 속에 받아들인다. 그는 형이상학 지향적 미학이 붕괴된 후 예술에서 아직 흥미로운 것은 무엇인지 물으며, 다음과 같이 답한다.

"무엇보다 예술은 수천 년 동안 모든 형태의 삶에 대해 관심과 즐거움을 갖고 주목하고, 마침내 우리가 '삶이란 어떤 것이든 좋은 것이다!' 라고 외치도록 우리의 감각을 발전시켜 왔다. 삶에서 즐거움을 얻으라는 예술의 이 가르침은 (…) 우리의 내면에서 성장했고 이제 인식의 막강한 욕구로서 다시 드러나게 되었다. 우리는 예술을 포기할 수도 있을 것이다. 그러나 그로부터 배운 능력을 버리지는 않을 것이다. 이는 종교를 포기하였지만 종교를 통해 얻은 마음의 고양과 향상을 버리지는 않는 것과 마찬가지다. 조형예술과 음악이 종교를 통해 실제로 이룩하고 덤으로 얻은 감정적 풍요의 척도이듯이, **예술의 소멸** 이후에도 예술을 통해 자라난 강렬하고 다양한 삶의 기쁨은 여전히 충족을 요구할 것이다. 과학적 인간은 예술적 인간이 **더욱 발전**한 것이다."(I, 581f.)

니체가 진단했듯이 미학 이후 문화 속에서 예술이 변형되는 모습, 그러니까 "삶의 예술"이라는 그의 기획을 다루기 전에, 우리는 그의 예술과학, 즉 예술을 순수한 분석대상으로 삼는 관점의 실제 수확을 밝히고 싶다.

(1) "예술을 향한 의지"의 계보학. 니체는 예술을 자아 상승 열망의 징후 내지 흔적이라고 해독한다. 작품이 제공하는 향유는 자아강화 또는 "초월"의 향유다. 계보학적으로 모든 예술은 비범하고 강렬한 자아향유의 매체로 나타난다. 이러한 모티프를 니체는 모든 작품들의 배후에서 그것들이 역사적으로 아무리 서로 동떨어져 있더라도 해독한다. 『인간적인, 너무도 인간적인』의 2권, 「혼합적 의견과 격언들」의 119번 잠언에서 그는 일종의 "예술사"를 점점 세련되어 가는 자아긍정의 역사로서 대략적으로 구상한다.

"**예술작품들에 대한 취미의 근원들**. 예술적 감성의 초기 맹아들을 생각하고 어떤 다양한 종류의 기쁨이 최초의 예술을 통해, 예컨대 야만 민족들 사이에서, 유발되었는지 묻는다면, 우선 어떤 다른 사람이 **생각하는 바를 이해하는** 기쁨을 발견한다. 이 경우 예술은 답을 맞춘 사람에게 자신의 빠르고 날카로운 감각에 대한 즐거움을 만들어주는 일종의 수수께끼를 내는 것이다. — 그 다음 극히 조야한 예술작품을 염두에 두고 그 경험에서 자신에게 쾌적했던 것, 그리고 그런 한에서 예컨대 예술가가 사냥 · 승리 · 혼례 등을 암시했을 때 기쁨을 준 것을 기억할 것이다.— 또한 우리는 묘사된 것을 통해, 예컨대 복수나 위험을 찬양할 때, 흥분과 감동과 감격을 느낄 수 있을 것이다. 이 경우 향유의 본질은 흥분 자체에, 지루함에 대한 승리에 있다.—(…) 좀더 세련된 부류는 선 · 점 · 리듬 등의 온갖 규칙과 평형을 볼 때 야기되는 기쁨이다. 왜냐하면 모종의 유사성을 통해, 모든 쾌적함의 필수조건인 삶 속의 질서 있고 규칙적인 것 모두에 대한 감각이 일깨워지기 때문이다. 따라서 사람들은 평형에 대한 숭배를 통해 무의식적으로 이제까지 자신이 누린 행복의 원천인 규칙과 균형을 존중하는 것이다. 이러한 기쁨은 일종의 감사기도다. 마지막으로 언급한 이 기쁨에 대해 어느 정도 싫증이 났을 때 비로소 좀더 세련된 감정, 즉 균형과 규칙의 파괴에도 향유가 존재할 수 있다는 감정이 생겨난다. 예컨대 그것이 외견상의 비이성 속에서 이성을 보도록 자극할 때 그렇다. 이로써 그것은 일종의 미적 수수께끼로서 처음에 언급한 예술적 기쁨의 좀더 고차원적인 부류처럼 된다.—이러한 고찰에 계속 몰두하는 사람은 여기서 미적 현상들을 설명하기 위해 원칙적으로 어떤 종류의 가설들을 포기하는지 알게 될 것이다."(I, 783f.)

⑵ 일종의 기능이론. 니체는 예술의 기능을 무엇보다 이미 경험한 세계의 우연성에 의미를 부여하고 이로써 그것에 맞서면서 삶을 가능하게 하는 데에서 찾는다. 전통적 예술은 니체가 "삶에 복무하는 허위"라고 칭하는 "의미론적 허구들"의 노선을 통해 그러한 것을 수행한다. 진리가 견딜 수 없는 것이기 때문에 예술은 "허위"일 수밖에 없다. 이러한 주장에서 우리는 매우 명확하게 니체를 예컨대 헤겔의 예술형이상학과 구분해 주는 차이를 밝힐 수 있다. 헤겔에게는 예술이 진리의 한 가지 형태였다. 그리고 예술이 아무 문제없이 그런 것일 수 있었던 것은, 예술을 통해 "진정으로" 대변되는 존재 자체를 헤겔은 이해가능하고 이성적인 것으로 규정했기 때문이다. 바로 이러한 구성에서 징후론자인

니체는 일종의 의미에 대한 열망을 간파한다. 이러한 열망은 완전히 환상적이며 회의주의자의 "정직한" 시선을 견디지 못하는 술어들을 "존재"에 인정해 주는 것이다. 하지만 존재가 이성에 의해 조율되는 의미심장한 것이 아니라면 예술의 메시지는, 그것이 "참"이고자 하는 한, 지나치게 절망적일 것이다. 니체는 『즐거운 학문』에서 이렇게 말한다. "세계의 전체 성격은 (…) 필연성이 결여되어 있다는 의미에서가 아니라 질서 · 조직 · 형식 · 미 · 지혜, 그리고 우리의 모든 미적 인간성이 뭐라고 불리든, 그것들이 모두 결여되어 있다는 의미에서 영원히 카오스다." (Ⅱ, 115) 예술이 세계의 이러한 우연성을 "진정으로" 반복하고 자체의 매체를 통해 "중복한다면", 그것은 실존에 대한 부정을 촉진할 것이다. 따라서 예술의 기능은 바로 아름다운 "가상"의 허구를 통해 절망적 "존재"를 능가하는 데에 있다.

"정직성은 역겨움과 자살을 수반할 것이다. 그런데 우리의 정직성은 우리를 그러한 결론들에서 벗어나도록 도와주는 일종의 대항력도 지닌다. 그것이 예술, 곧 가상에의 선한 의지다."(Ⅱ, 113)

따라서 니체에게는 "가상"이 존재의 요체인 "이념의 가상"이 아니다. 그것은 우울한 존재 경험에 맞서 삶에 봉사하도록 정립된 인위적 환상이다. 그런데 이것이 니체에게는 가상에의 의지인 아폴로적인 것의 본래 의미다.

"삶과 유희하기. 호메로스적 환상의 경쾌함과 경박성은 그리스인들의 엄청나게 격정적인 심성과 지나치게 예리한 오성을 누그러뜨리고 한동안 지양하기 위해 필요했다. 그들의 경우에 오성이 말을 한다면, 삶은 얼마나 가혹하고 잔인해 보일까! 그들은 착각하지 않는다. 하지만 그들은 거짓말을 통해 의도적으로 삶을 주무른다. 시모니데스는 자신의 동향인들에게 삶을 유희처럼 받아들이라고 충고했다. 그들에게 진지함은 고통으로서 너무 잘 알려져 있다. (…) 또한 그들은 예술 자체를 통해서만 참상이 향락으로 전환될 수 있다는 점을 알았다."(I, 549)

니체가 밝힌 모든 예술의 기능—삶을 가능하게 하는 허구들을 제시하는 일—에 대해 그 자신이 이 시기에 취한 입장을 규정하기가 쉽지 않다는 점도 지적해야 할 것이다. 즉 일단은 모순적인 듯해 보일 수도 있는 두 가지 경향이 첨예하게 드러난다. 우선 예술의 힘이 없다면 삶을 향한 의지에는 자극이 결여될 것이고 그 결과는 체념과 수동적 수용과 단순히 휩쓸려가기 등일 것이다. 그러나 또한 계몽된 "성실성" 내지 엄격하고 환상 없는 시선을 취하는 태도도 있을 것이다. 이러한 시선은 어떠한 예술적 허구를 통해서도 존재의 선입견 없는 지각이 왜곡되도록 방치하지 않으려 한다. 그런데 우리는 니체의 예술 개념이야말로 "이중의 의미"를 지니는 것임을 인식할 경우 그러한 이중적 의미가 해소된다고 생각한다. 우선 그것은 보상적으로 작용하고 실재의 경험적 압박을 벗게 해 주는 전통적 "작품들"의 예술을 의미한다. 니체는 이러한 예술, 특히 그것에 대한 철학적 해석을 거부한다. 그것은, 그가 나중에 말하듯이, "반응적" 인간을 위한 예술이다. 강자가 견뎌내는 실증적 과학의 허무주의적 결산은—니체는 "강함의 허무주의"라는 말을 한다—두 가지 태도를 시사한다. 방임으로서의 숙명론과 자신의 실존을 적극적 생산적으로 다루려는 결단으로서의 결정론이 그것이다. "존재"는 우리에게서 아무것도 "원하지" 않는다는 점, 어떠한 유사신적 계획도 우리를 짓누르지 않는다는 점을 인식할 때, 가상과 유희의 잠재력이 합류해 들어갈 수 있는 "실존의 미학"을 위한 공간이 생겨난다. 전통적 "작품예술"의 의미가 아니라 이런 의미에서 예술적인 것의 기능은 니체에게 여전히 중요하다.

(3) 당대 예술에 대한 진단. 과학들에 의해 규정된 현대문화는 전통적인 "작품예술"에 불리하다. 현대문화는 이러한 예술로부터 세계관적 전제들을 앗아간다. 니체는 『인간적인, 너무도 인간적인』의 220번 잠언에서 다음과 같이 서술한다.

"예술 속의 피안.—심한 고통이 없지 않지만 사람들은 모든 시대의 예술가들이 그 최고의 전성기에 바로 지금 우리가 허위임을 인식하는 천국 찬양의 관념들로 넘어갔다는 점을 인정한다. 그들은 인류의 종교적 철학적 오류들을 찬양하는 자들이다. 또 그들은 그것의 절대적 진리에 대한 믿음이 없었다면 그럴 수 없었을 것이다. 그런데 그와 같은 진리 전반에 대한 믿음이 위축되고, 인간 인식과 망상의 양극단에 걸친 무지개색이 퇴색할 경우, 『신곡』이나, 라파엘로의 그림들이나, 미켈란젤로의 벽화들, 고딕 성당 등과 같이 예술적 객체의 우주적 의미만 아니라 형이상학적 의미도 전제하는 그런 부류의 예술은 두 번 다시 번성할 수 없다. 그런 예술이, 그러한 예술가신앙이 존재했었다는 사실로부터 감동적 전설이 만들어질 것이다."(I, 577)

"작품" 생산자인 예술가는 현대에 이르러 국외자의 역할을 맡게 된다. 그는 자신의 충동을 회의와 의심으로 관찰하고 그 속에서 이미 오래 전에 극복된 "문화단계"로의 "퇴행"을 발견하는 진짜 "계몽된 자들"의 한가운데에 있는 "순진한 자"인 것이다. 그리하여 예술가와 수용자를 아직 하나의 성공적 의사소통관계 속에 묶어놓을 수도 있는 토대가 사라지는 것이다.

"그런데 자체로서 보면 예술가는 이미 뒤쳐진 존재다. 왜냐하면 그는 청년기와 유년기에 속하는 유희에 머물기 때문이다. 게다가 그는 점차 다른 시대로 밀려나게 된다. 그리하여 결국 그와 그 시대 동년배 사람들 사이에 격렬한 적대관계가 생겨난다."(I, 551)

니체의 진단에 따르면, 과학화된 문화 속에서 이처럼 주변화되는 데에 대해 예술은 두 가지 전략으로 반응하는데, 그것들은 궁극적 효과의 차원에서 치명적이다. 그 하나는 강력한 지성화의 전략인데, 이는 우선적으로 "의미를 추구하며" 등장하고 이로써 결국은 "이론의 형태로" 변해감으로써 감성적인 것을 배척하기에 이른다. 다른 하나는 효과들을 강화하는 전략인데, 이는 떠들썩하고 선정적이며 흥분시키는 방식으로 주목을 강요하려고 하지만 "쇼" 요소들을 과장하는 그 자체의 원칙으로 인해 급속히 위축된다. "의미 추구"와 "신경 건드리기", "세미나"와 "서커스" 사이에서 오락가락 하면서 전통적 작품예술은 그 종말에 도달하며 일종의 박물관적 존재 속에서만 현존할 뿐이다. 주로 음악을 예로 니체는 두 가지 경향 가운데 첫째 경향을 증명한다.

"**고급 예술의 탈감성화**. 우리의 귀는 새로운 음악의 예술적 발전과정에서 지성의 과도한 행사 덕분에 점점 더 **지적인** 것이 되었다. 우리는 선조들보다 훨씬 더 훌륭하게 **소음 속에서도 이성**에 귀를 기울이는 법을 배웠기 때문에 이제 훨씬 더 강한 음, 오히려 '소음'까지도 견디게 되었다. 실제로 이제 우리의 모든 감성은 당장 이성에 대해, 따라서 '존재하는' 것이 아니라 '**의미하는**' 것에 대해 묻기 때문에 다소 둔감해졌다. (…) 이 모든 것의 결과는 무엇인가? 눈과 귀는 사유의 능력을 지니게 될수록 점점 더 **비감성적인** 것이 되는 경계선에 도달한다. 기쁨은 이제 두뇌 속으로 옮겨지고, 감각기관들 자체는 둔하고 나약하게 되며, 존재하는 것의 자리에 점점 더 상징적인 것이 등장하게 된다. 그리고 이런 과정에서 우리는 다른 어떤 방식을 통해서보다 더 확실하게 **야만상태**에 도달한다."(I, 574f.)

다른 경향, 즉 좀더 강력하게 주목을 받으려는 경향을 니체는 바로크 양식이라고 칭한다. 물론 이 때 그는 어떤 시대 개념을 염두에 두고 있지 않다. "바로크 양식은 언제나 위대한 예술이 시들 때, 고전적 표현의 기술에서 요구사항들이 너무 많아졌을 때, 일종의 자연적 사건으로서 생겨난다. 사람들은 아마 우울하게 — 그 다음에는 밤이 오기 때문이다 — 하지만 동시에 그 독특한 표현 대용기술들에 대해 놀라면서 그것을 바라볼 것이다. (…) 그러한 것에는 극히 극적인 긴장을 수반하는 소재들 및 제재들을 선정하는 것도 포함된다. 이러한 것들에서는 천국과 지옥이 감각에 너무 가깝기 때문에 예술이 없더라도 심장이 떨리게 된다. 그 다음에는 강력한 흥분과 몸짓, 추하고 숭고한 것, 거대한 대중, 일반적으로 양 자체 등이 야기하는 웅변적인 것이 있다. (…) 그처럼 강렬히 조형된 형식들을 비추는 황혼의 빛, 찬미의 빛, 화재의 불빛. 나아가 문외한이 어떤 근원적 자연예술의 온갖 풍요로움이 뜻하지 않게 부단히 넘친다고 망상할 수밖에 없는 동안에, 예술가가 예술가들을 위해 강력하게 강조하는 수법과 의도 상의 끊임없는 새로운 모험들 등이 있다."(I, 791)

따라서 이 경우에는 예술적 힘의 본래적인 결함을 은폐하기 위해 "풍요"를 가장할 뿐이다. 간단히 말해서 현대예술에 대한 니체의 진단은 그것의 지성화된 변형에서나 "바로크적" 변형에서나 기능을 잃게 된다는 테제로 귀결된다. 현대예술은 더 이상 과학적 회의를 견뎌내지 못하며, 이미 경험한 세계의 우연성에 맞서 동기를 부여하고 삶을 향상시키는 허구들을 제시할 능력이 없어 보인다. 사실 니체는 그 반대로 현대예술에 일종의 부정적 기능을 인정해 주기에 이른다. 왜냐하면 현대예술은 행동을 향한 의지를 약화시킬 수 있기 때문이라는 것이다.

"물론 삶을 편하게 해 주는 예술의 수단에 대해서는 몇 가지 불리한 것을 말할 수 있을 것이다. 그것들은 단지 잠정적으로, 순간적으로만 위안과 구원을 가져다 준다. 그것들은 심지어 행동을 요구하며 불만스러워하는 자의 열정을 지양하고 미봉적으로 해소시킴으로써, 사람들이 자신의 상황을 실제로 개선하려 노력하는 것을 막기까지 한다."(I, 547)

(4) 18세기 부르주아 예술혁명 및 문화혁명의 거부. 근대적 예술관이 18세기 말엽 고대유럽 예술론의 전통에 맞서는 데에 활용한 공식은 "규칙의 강압"에 맞선 "자유", "취미의 규범화"에 맞선 "주관성", "모방"에 맞선 "천재적 영감", "인습"에 맞선 "자연" 등이었다. 이러한 공식들로는 물론 일관된 이론이 구축될 수 없었지만, 이른바 "자율적" 신생 예술은 이러한 공격적 공식을 통해 과거 유럽의 의미에서 "기술적인" 분과들의 맥락으로부터 세분화되어 나오는 과정을 반영했다. 여기서 암시되는 기본이념은 전래적 인습의 모든 강압으로부터 자신 혹은 자신의 천부적 소질을 찾도록 해방된 주체가 ― 천재가 ― 모든 진정한 예술의

근원이라는 것이다. 예견할 수 없는 "독창성"을 통해, 인습의 오점으로 낙인찍혀서 단지 그 "빈틈들" 속에서만 진정으로 천재적인 "의사소통"의 장소가 될 수 있는—따라서 말하지 않은 것이 언제나 말한 것보다 더 중요하다—일상의 사회적 의사소통 전체에 맞서 천재적 주체가 분화된다. 그런데 니체는 현대예술의 이 주관성 의미론을 비판적으로 공격한다. 그는 그러한 현대예술이 예술적 매체에서 사회적 통합과 문화적 엘리트 형성의 힘을 앗아갔기 때문에 퇴폐주의의 징후라고 본다. 비교 불가능한 개별자 혹은 개인을 독창적 존재로 유난히 강조함으로써, 집단적으로 공유되고 구속력 있고 의무를 부과하는 생활양식이 사라지게 되었다. 급속히 무너지는 "능가"나 "압도"의 규정에 의해 지배받는, 분자화된 개별 작품들과, 개인적 성벽을 드러내고 자아에 탐닉하는 그 작가들을 니체는 자의성에 저항 없이 내맡겨진 몰락기의 징후들이라고 평가했다. 주로 자체와만 관계하는 현대예술에서는 모든 규범적 힘이 사라졌다는 것이다. "시에서의 혁명"이라는 제목을 단 『인간적인, 너무도 인간적인』의 한 잠언(221번)에서 니체는 이른바 "질풍노도운동"을 통해 이루어진 프랑스 의고주의 규범시학과의 결별 및 셰익스피어 숭배를 양식형성 능력으로서의 예술이 끝나기 시작하는 것이라고 보았다. 그는 볼테르의 드라마들이 마지막으로 인습에의 의지에 의해 규정되어 있었다고 찬양하며 다음과 같이 말한다.

"그 이래로 불안정하고 척도와 한계를 증오하는 현대 정신이 모든 분야에서 주도권을 얻게 되었다. 처음에는 혁명의 열기에 의해 고삐가 풀렸고, 다음에는 불안과 공포가 엄습해오면 스스로 고삐를 다시 묶지만, 그것은 논리의 고삐일 뿐이지 더 이상 예술적 척도의 고삐가 아니다. 물론 우리는 그러한 해방을 통해 한동안 모든 민족들의 시가와 숨은 곳에서 자라난 것, 야생적인 것, 들판에서 꽃피는 것, 기이하게 아름다운 것, 거대하고 불규칙적인 것, 민요에서부터 '위대한 야만인' 셰익스피어에 이르기까지 모두를 향유한다. 우리는 이제까지 예술적인 민족들에게 낯선 것이었던 지역색과 시대적 의상의 기쁨을 맛본다. (…) 하지만 얼마나 더 그럴 수 있을까? (…) 묘사력의 제어와 모든 예술수법들의 조직적 극복에서 본래의 예술적 힘을 파악하기를 망각한 (…) 수용자들은 점점 더 힘을 위한 힘, 나아가 색을 위한 색, 사상을 위한 사상, 영감을 위한 영감을 소중히 할 수밖에 없으며, 이에 따라 분리된 채가 아니라면 예술작품의 요소들과 조건들을 전혀 향유하지 못하게 되고, 결국은 예술가가 그것들을 분리하여 자신에게 제공해야 한다고 자연스럽게 요구할 것이다. 사실 사람들은 프랑스적이고 그리스적인 예술의 '비이성적' 속박들을 내던졌다. 하지만 알지 못하는 사이에 모든 속박과 모든 제한을 비이성적인 것으로 보는 데에 익숙해졌다. 이로써 예술은 그 해체를 향해 움직인다."(I, 579f.)

속박 없는 주관성의 이름 아래 이루어지는 이 예술의 몰락에는 후기의 괴테가 다시 한 번 맞섰다고 한다. 하지만 그의 예술은 지난날의 문화를 형성하는 시가의 힘에 대한 향수 어린 추억에서 벗어나지 못했으며, 그저 추억의 예술일 뿐이었다는 것이다.(I, 580f.)

그리스인들과 프랑스인들의 고전문학에서 니체는 바로 그것의 무조건적 인습성, 온갖 부자연한 독창성 혹은 혁신 지향성에 대한 그것의 회의를 찬양한다. 인습은 수용자를 만들어내며, 조직력을 지니고 집단적으로 공유되는 생활양식을 형성한다. "개인"의 이름 아래 모든 인습에 등을 돌리는 것을 니체는 감각의 허약성, 혹은 한 집단이 받아들이고 일반화할 수 있는 세계구상 내지 "신화"라는 것을 상상할 능력의 부재를 말해주는 표시라고 해석한다. 그럴 경우 아직 남는 것은 "개인적 사념들"인데, 이를 "천재적"이라고 포장한다고 해도 그것은 별로 더 중요해질 수 없다. 이처럼 인습에 대한 증오를 니체는 단순히 주관성을 추구하는 태도의 진부함과 공허함을 뜻하지 않게 인정하는 것이라고 폭로한다.

"호메로스 문학의 3/4은 인습이다. 또한 현대의 광적인 독창성 추구에 대해 아무 근거도 제공하지 않는 그리스의 모든 예술가들의 경우에도 사정은 비슷하다. 그들은 인습을 전혀 불안해하지 않았다. 인습을 통해 그들은 자신의 수용자들과 결속을 이루었다. 즉 인습이란 청중의 이해를 위해 정복한 예술수법들이자, 힘들여 배운 공동의 언어로서, 이를 통해 예술가는 실제로 자신의 의사를 전달할 수 있는 것이다. (…) 예술가는 자신이 인습을 넘어서 고안해내는 것을 자발적으로 담보로 삼고 이 일에 모험을 걸며, 최상의 경우에는 새로운 인습을 만들어내는 성과를 거두기도 한다. 흔히 독창적인 것은 놀라움을 야기하고 때로는 칭송을 받기도 하지만, 이해되는 일은 드물다. 인습을 집요하게 피한다는 것은 이해되지 않겠다는 것이다. 따라서 현대의 독창성열광은 무엇을 암시해주는가?"(I, 925f.) 아마 이제는 말할 것이 없다는 점을 암시할 것이다!

니체에게 이 개별성에 대한 인습의 우위는 동시에 작가라는 심급의 후퇴를 의미하는 것이기도 하다. 우리도 알고 있듯이, 부르주아 문화혁명을 통해 "작가"는 현대적인 법적 미학적 형태를 얻게 되었다. 작품은 작가의 창조적 내면의 "외화"로서 이념적으로나 물질적으로나 작가의 것으로 인정받게 되었다. 하지만 이는 작품 속에 들어가는 인습적인 부분들—주제, 모티프, 장르적 선결조건들 등—이 그의 "특이성"을 통해 미리 구성된 기능을 잃고 결정적으로 변형되고 "전유된" 요소들로 나타나게 됨으로써만 가능했다. 작가의 특이성은 작품을 본질적으로 구성하는 심급이다. 따라서 현대 이전 예술의 인습적 특성에 대한 니체의 변호는 작가의 태도를 전혀 이해하지 못하는 것이다.

"표지 위의 이름.—책표지에 작가의 이름을 밝혀 놓는 것은 물론 이제 관습이며 거의 의무다. 하지만 그것은 책들이 별로 영향을 끼치지 못하는 주요 원인 가운데 하나다. 즉 책들이 훌륭하다면 인물들 혹은 책의 핵심요소들보다 더 가치 있을 것이다. 하지만 작가가 표제를 통해 알려진다면 그 핵심요소는 다시 독자에 의해 사적인 것, 심지어 가장 사적인 것과 희석되며 이로써 책의 목적은 공허해진다. 더 이상 개인적인 것처럼

보이지 않으려는 것은 지성의 명예욕이다."(I, 795)

따라서 니체가 "천재" 범주를 극히 회의적으로 본 것은 놀라운 일이 아니다. 그는 "천재"를 이중의 관점에서, 스스로를 천재로 보는 경우와 남들이 그렇게 보는 경우를 나누어 분석한다. 그가 보기에 스스로를 "천재"라고 여기는 것은 예술 활동의 전제조건들에 대한 치명적이고 결과적으로 반생산적이며 모든 자아비판 능력을 마비시키는 착각이다. 예술 활동은 전적으로 배울 수 있는 것이며 현대이전의 의미에서 "기술적인" 어떤 것을 지니며, "천재"가 스스로 어떻게 믿든 간에 "영감"과는 전혀 다른 것이다. "천재가 천재에 대한 미신에 (…) 뿌리를 둘 경우 그런 미신이 그 자신에게 유용한지"는 의심스럽다는 것이다.

"아무튼 저 유명한 시저의 전율이든 여기서 고려되는 천재의 전율이든 자신에 대한 전율이 사람을 엄습한다면 이는 위험한 징표다. (…) 서서히 나타나는 결과들은 무책임과 예외적 권한의 감정, 자신과 교제하는 것만으로도 은혜를 베푸는 것이라는 믿음, 타인과 자신을 비교하거나 심지어 그를 더 낮게 평가하거나 그의 작품의 결함을 드러내려는 시도에 대한 광적인 격노 등이다. 자신에 대해 비판하기를 그만둠으로써 결국 그의 깃털들 가운데 날기 위한 깃털이 하나씩 빠지게 된다. 그러한 미신은 그가 지닌 힘의 근원을 감추어버리고 그의 힘이 그를 떠나면 아마 그를 아예 위선자로 만들 것이다. 그러므로 위대한 정신을 지닌 자들이 자신의 힘과 그 유래를 깨닫고, 따라서 어떤 순수한 인간적 특성들이 그들의 내면에서 결합되어 있는지, 어떤 행운의 여건들이 첨가되었는지를 이해할 경우, 그러니까 우선 지속적 에너지와 단호한 개별적 목표 지향, 위대한 개인적 용기와 또한 최상의 스승 · 본보기 · 방법 등을 일찍부터 제공한 교육의 행운 등을 이해할 경우, 이는 그들에게 상당히 유익할 것이다."(I, 556)

타인이 부여하는 "천재"개념은 니체에게 일종의 보완적 지위를 지닌다. 이 경우 그것은 무엇보다 자신의 생산성을 마비시키는 데에 기여한다. “천재적” 재능을 지니는 자의 이른바 비교불가능성으로 인해 그와 같아지려는 모든 노력은 처음부터 가망 없어 보이기 때문이다. 이런 관점에서 천재공식은 경쟁을 결코 받아들이지 않으려 하면서 아무 일도 하지 않는 자들을 위한 사이비 정당화다.

“허영에서 나온 천재 숭배. ―우리는 우리 자신에 대해 좋게 생각하지만 라파엘로 그림의 스케치나 셰익스피어 드라마의 장면 따위를 우리가 만들 수 있다고는 생각하지 않기 때문에, 그와 같은 능력은 전적으로 비범하게 경이로운 것이며 드문 우연이라고, 혹은 우리가 아직 종교적 감각을 가지고 있을 경우에는 하늘의 은총이라고, 스스로에게 주입한다. 그리하여 우리의 허영심과 자기사랑은 천재숭배를 촉진한다. 왜냐하면 천재가 우리와 완전히 떨어져 있는 일종의 기적이라고 여겨질 때에만 그는 우리에게 상처를 주지 않기 때문이다 (…). 확실히 사람들은 자신에게 위대한 지성의 영향이 가장 쾌적하고 다시 시기심을 느끼지 않고자 할 때에만 천재에 대해 언급한다. 누군가를 ‘신적이다’ 고 칭한다는 것은 ‘여기서 우리는 경쟁하며 시기할 필요가 없다’ 는 것을 뜻한다.”(Ⅱ, 553f.)

간단히 말하면 천재에 대한 논의는 스스로를 그렇게 지칭하는 것이든 타인에 의해 지칭되는 것이든 나약함, 퇴폐, 몰락하는 문화 등의 한 가지 징후다.

그러나 “천재”로 격상된 저자의 심급과 더불어 니체는 “유기적으로 완결된 개별작품”이라는 의미의 작품 심급도 배척한다. 이 개별작품이라는 것도 그 생산자와 마찬가지로 비교될 수 없고 인습과 적대적이기를 요구한다. 작품의 유일성과 비교불가능성이라는 이 도그마는 예술적 질들의 평가 척도인 어떤 “양식”의 가능성을 거부하는 것인데, 니체는 그 도그마 또한 퇴폐의 징후에 포함시킨다.

“어떤 종류의 철학 때문에 예술은 타락하는가. ―형이상학적 신비주의적 철학의 안개가 모든 미적 현상들을 꿰뚫어볼 수 없게 만들 수 있게 되면,

이어서 그것들은 각자가 해명될 수 없기 때문에 또한 서로 **평가될 수도 없다**. 하지만 그것들이 평가를 위해 서로 **비교될** 수 없다면, 결국 완전한 **무비판**, 맹목적 용납이 야기될 것이고, 이로 인해 다시 예술 향유의 부단한 감퇴가 야기될 것이다(예술 향유는 극히 예리해진 취미와 구분을 통해서만 조야한 욕구충족과 구분될 뿐이다)." (I, 754)

이러한 본보기들은 예술이 현대사회의 부분체계로 세분화된 현상에 대해 미학에서 1770년과 1800년 사이에 이루어진 반성을 니체의 "예술과학"이 정면으로 공격하며 그것을 그 주도적 개념들의 차원에서 몰락하는 문화의 징후로서 분석한다는 테제를 보여주는 데에 충분할 것이다. 이에는 여러 가지를 더 첨부할 수도 있을 것이다. 예컨대 "자연성" 숭배에 대한 니체의 격렬한 공격, 훌륭히 지각하려면 오래 단련된 취미를 전제하는, 능력과 인위적인 것에 대한 그의 존중 등이 그것이다. 그의 주장에 따르면 그리스인들은 연극의 모든 주제를 이미 청년기부터 알고 있었다. 이처럼 신화로 전해오는 소재들에 매우 친숙하다는 점을 통해서만, 그들이 내용상 놀랄 것 없는 공연의 "예술성"과 언어적 표현적 양식에 세련된 관심을 보였던 점을 설명할 수 있다는 것이다. 하지만 연극의 수사학적 문화 속에는 그들 자신의 실존이 결합되어 있었다. 예술미는 삶을 영위할 때의 한 가지 의무였다. 이것이 부르주아 "문화혁명"에 대한 니체의 비판이 도달하는 결정적 귀결점인 것이다. 이로써 또한 우리는 둘째 측면에 직면하게 된다. 즉 형이상학적 미학이 "자율적인" 것으로서 성찰하면서 "저자"와 "작품"이라는 규정 속에 강제로 몰아넣고 현대사회에서 자체와 관여하는 하위체계의 역할로 축소한 예술에, 니체는 조직적 사회형성적 정신규정적 문화요소의 기능을 다시 부여하고자 한다. 그것은 무엇보다 독특한 생활양식의 형성을 통해 구현되는 것이다. 그 핵심은 "작품예술" 대신 "삶의 예술"이다!

삶의 예술

『인간적인, 너무도 인간적인』 2권의 한 잠언 표제는 "예술작품들의 예술에 맞서"인데, 이에는 다음 구절이 들어 있다.

"예술은 무엇보다 먼저 삶을 **미화해야** 하며, 따라서 우리 자신을 타인들도 참아줄 만하고 가능하면 호감 있게 만들어야 한다. 이런 과제를 염두에 두고 예술은 우리를 억제하고 통제하며, **교제의 형식들**을 만들어주고, 교육받지 못한 사람을 **예의범절**과, 순수성이나 정중함의 규범, 혹은 적시에 말하고 침묵하는 규범에 묶어놓는다. 그 다음 예술은 온갖 노력에도 불구하고 인간 천성의 유래에 맞게 늘 분출하게 되는 괴로운 것, 끔찍한 것, 역겨운 것 등 추한 것을 모두 **감추**거나 **재해석해야** 할 것이다. 예술은 특히 열정과 영혼의 고통 및 불안과 관련해 그렇게 대응해야 하며 불가피하거나 극복할 수 없는 추의 경우에는 **중요한 면**이 빛나도록 해야 한다. 예술의 이 중대한, 지나치게 중대한, 과제에 비하면 이른바 본래의 예술, 곧 **예술작품들**의 예술은 단지 하나의 **부속품**일 뿐이다. 그처럼 미화하고 감추고 재해석하는 힘들의 과잉을 자신의 내면에서 느끼는 인간은 결국 예술작품들에서도 이러한 과잉을 방출하려고 할 것이다. 그와 마찬가지로 특수한 조건들 속에서는 한 민족 전체가 그럴 것이다. ─하지만 흔히 사람들은 예술을 맨 마지막에 시작하며, 예술의 끝자락에 매달리며, 예술작품들의 예술이 본래의 예술이라고 여기고, 그것을 기반으로 삶이 개선되고 변형되어야 한다고 생각한다. ─우리는 바보인 것이다! 우리가 식사를 후식으로 시작하고 달콤한 것에 덧보태 또 달콤한 것을 맛본다면, 또 예술이 안내하는 훌륭하고 건강하고 영양가 있는 식사에 대한 식욕과 우리의 위장을 망친다면, 얼마나 이상한 일이겠는가!"(I, 804f.)

니체는 여기서 "예술"을 우선 "자기 다듬기"의 기술이자 교양 있는 관습적 의사소통의 기관이라고, 그러니까 이른바 "진정한 자기표현"의 정반대라고 규정한다. 이 경우 그가 한편으로 "테크네" 혹은 "아르스(ars)"로서 이른바 "미적 예술들"이라는 근대의 축소된 개념보다 훨씬 더 광범했던 근대이전의 예술 개념을 부활시킨다는 점이 명백하다. 과거의 "예술"은 "규칙에 따르는 지식과 행위"로서 삶의 영위와 관련되는 명백한 실천적 차원을 지니고 있었으며, 그런 한에서 "올바른 삶"의 기초를 마련하는 이론으로서의 윤리적 문제설정에 접근해 있었다. 니체가 윤리의 전통적 과제영역을 "삶의 예술"이라는 자신의 구상으로 대체하고 "도덕적" 물음들을 양식의 물음으로 재평가한다는 점을 인식하는 것은 매우 중요한 일이다.

1800년경의 부르주아 "문화혁명"을 통해 청산된 근대이전 예술활동에는 실제로 공예품 생산만 아니라 어떤 태도 혹은 삶의 양식까지도 포함되어 있었다는 점은 프랑스 문학사가 로베르 에스카르피의 개념사적 고찰을 통해 증명된다고 할 수 있다. 그것은 니체의 구상을 설득력 있게 뒷받침해줄 수 있다. 에스카르피는 18세기에 "문학"의 의미가 변해 가는 과정에 대해 다음과 같이 서술한다.

"20세기적인 '문학'의 의미는 18세기 중엽에 형성되었으며 그 이래로 계속 발전했다. 1770년과 1800년 사이에 이 개념은 독일과 프랑스에서, 그리고 얼마 후에는 영국에서도 확고해졌으며, 그래서 그것은 특수한 표현을 요구했다. 사람들은 프랑스어 형태로 'littérature(문학)'라고 하는 단어를 붙잡고 여기에 또한 새로운 의미도 채워 넣었다. (…) 동시에 '문학'은 과거의 의미내용을 잃었다. 그때까지 그것은 교육의 한 가지 형식을 나타냈다. 이는 오늘날에도 'lettré(학식 있는)'라는 단어를 통해 잔존하고 있다. (…) 볼테르가 이해했던 것과 마찬가지로 '문학'이라는 말은 원칙적으로 어떤 엘리트 혹은 지적 귀족에 속하는 것을 전제한다. 그것의 반대말은 '공중'인데, 이는 경멸의 개념으로서 '문학'의 내용이 변함으로써 비로소 높이 평가되었다. '문학'이라는 단어에 1770년 이래로 접붙여진 의미내용은 비록 상당히 모호하기는 해도 여전히 글 쓰기의 이념을 고수하고 있다. 하지만 객체와 관련된 그것의 성격은 새로운 것이다. 이제 '문학'은 어떤 특성이나 상태가 아니라 어떤 활동의 결과가 된다. (…) 사람들은 더 이상 '문학'을 가지지 않고 만든다."[13]

따라서 니체는 한편으로 협소하게 제한되어 주로 작품 생산을 지향하는 현대의 예술 개념에 맞서, 삶의 영위에도 관여할 수 있는 "테크네"라는 과거의 예술 의미를 제시한다. "사람들이 어떤 존재라면, 엄밀히 말해 아무것도 만들 필요가 없을 것이다. 하지만 사람들은 매우 많은 것을 한다. '생산적인' 인간들 위에는 좀더 높은 부류의 인간이 존재한다."(I, 570) "예술작품"을 통해 자신을 객관화하려는 영속적 충동, 전형적인 근세의 창조신화는 니체에게 심지어 일종의 위험이기까지 하다. 왜냐하면 그것은 예술가가 자기 자신을 "예술작품"으로 다듬는 것을 방해하기 때문이다. 중요한 것은 "작품"이며 이를 위해서는 실존의 모든 희생을 바쳐도 좋다는 생각을 니체는 일종의 야만이라고 간주했다.

"예술가가 부단히 창작하려 하고 바깥을 염탐하게 되면, 충분한 경외심 덕분에 다른 사람들과의 생활에서도 늘 자기 작품의 증대하는 아름다움과 위대성을 적절히 감당하게 되는 경우가 아니라면, 그는 인격체로서 좀더 아름답고 더 훌륭해지기가, 그러니까 스스로를 창조하기가 어려워진다. 모든 경우에 그는 단지 특정한 정도의 힘만을 지닐 뿐이다. 즉 그가 그 가운데 자신에게 적용하는 것과—이것이 어떻게 그의 작품에도 유익할 수 있겠는가?—그 반대의 경우가 그것이다."(I, 777)

따라서 니체의 예술관은 과도하게 "현대이전적"이지만, 다른 한편 그의 미 이념—아름답게 이루어지고 다듬어지는 실존—은 모든 세계지향의 원근법에 대한 그의 극단적 현대적 통찰을 따르는 것이다. "미", 특히 "실존의 미"는 예컨대 존재론적으로 혹은 종교적으로 미리 주어진

---

13) Robert Escarpit: Definition des Wortes "littérature". In: H. Rüdiger (Hrsg.): Literatrur und Dichtung. Stuttgart 1973, S. 52 f.

어떤 “계획”을 모방적으로 반복하는 것이 결코 아니며, 우연한 지평 속에서 원근법적으로 투사하는 것이다. 이른바 “존재”가 순수한 차이로서 미리 정해진 어떠한 의미도 만들지 않으므로, 모든 실존은 어떤 “가상”의 입장으로 인한 상대적 형식화에 묶여 있다. 그리고 그러한 가상이 제공하는 의미구상들은 한편으로 형이상학적으로 존재의 본질로 “날조”되지만, 다른 한편으로는 바로 가상으로서, 즉 “인위적인” 것으로서 지각되고 향유될 수 있다. 그러한 의미상상들 혹은 삶의 원근법은 “흔적”만으로도 완벽하고 완결되고 영원한 “의미”에 대한 모든 요구를 파괴하는 “비의미”의 심연 위에 구상되어 있다는 것을 알고 있는 듯하다. 니체는 그러한 것이 그리스적 삶의 예술을 통해 모범적으로 성취되어 있다고 보았다. 그는 『즐거운 학문』의 “서문”에서 역사적으로는 분명히 비판의 여지가 있는 다음의 말로 그것을 찬양했다.

“우리는 진리에서 베일을 벗길 경우에도 진리가 진리로 남으리라고는 더 이상 믿지 않는다. 이를 믿기에는 우리가 충분히 살았다. 오늘날에는 모든 것을 적나라하게 보지 않고 모든 일에 관여하지는 않으며 모든 것을 이해하거나 ‘알려고’ 하지는 않는 것이 우리에게 적절한 일이라고 여겨진다. ‘하나님 아버지가 도처에 존재한다는 것이 참인가요?’ 하고 어느 어린 소녀가 어머니에게 물었다. ‘나는 그것이 무례한 것 같아요.’ 철학자에게는 일종의 경고다! 우리는 자연이 수수께끼와 다채로운 불확실성의 뒤에 감추어 둔 **부끄러움**을 좀더 존중해야 할 것이다. 아마 진리는 그 근거들을 보이지 않을 근거들을 지닌 여인과도 같을 것이다! 아마 그 이름은 그리스 식으로 말하자면 바우보(Baubo) 아닐까? (…) 오 이 그리스인들! 그들은 **사는** 데에 정통해 있었다. 그러기 위해서는 용감하게 표면에, 주름에, 피부에 머물고, 가상을 경배하고, 형식과 음과 말과 **가상의 올림푸스** 전체를 믿는 것이 필요하다. 이 그리스인들은 표피적이었다. ―그러나 **깊이에 근거를 두고 있었다!**”(Ⅱ, 14f.)

따라서 "삶의 예술"은 일종의 의미의 원근법이다. 그 지평 속에서는 삶에 근거를 제공하며 전수가능한 인습들에 주체들의 생산적 능력들을 넘겨주는 어떤 양식화가 가능해진다. 또 그러한 양식화가 문화의 기초를 마련하고 지속시킬 수 있는 것이다. 이 점이 결정적이다. 즉 부르주아 현대예술은 주체들을 파편화하여 마침내 행위와 사념의 자의에 내맡기는 데에 반해, "삶의 예술"은 원근법적 자기억제의 기술로서 사회적 통합을 꾀하며 "신화"에 기초를 두는 집단적 동일성들을 형성할 수 있다는 것이다. "삶의 예술"의 주인공은 마침내 "초인"이 되는데, 그는 "천재"와 엄격히 반대되는 존재다. "천재"는 개인을 강화시킨 것이며, 이러한 강화로서 니체에게는 결국 중요하지 않은 것이다. "초인"은 바로 일반화하는 능력, 즉 양식을 형성하는 능력을 고양시키는 것이다. "천재"는 비교될 수 없다. "초인"은 다름 아니라 비교 가능하다. 그는 문화를 건설하며 반복되기를 원한다. 그렇다. 그는 "영구 회귀"를 원할 수 있다. 1881년 혹은 1882년에 쓴 유고 메모는 현대적 "예술"과 현대이후 니체적 "예술"의 이상들인 "천재"와 "초인"의 이러한 대조를 확인해 준다. "천재 대신에 나는 자신을 넘어서 인간을 향해 창조해 가는 인간을 정립한다(예술작품의 예술에 대립하는 새로운 예술 개념)."[14)]

니체가 그러한 "삶의 예술가들"의 양식 형성적이고 문화 규정적인 힘을 얼마나 이해했는지 적어도 하나의 예를 들기 위해, "제네바"라는 표제로 지난날 제네바의 항해문화를 찬양하는 『즐거운 학문』의 한 단원을 인용하기로 하자.

"나는 이 도시를, 그 별장들과 공원들, 그리고 사람들이 살고 있는 언덕과 경사의 넓은 영역을 꽤 오랫동안 바라보았다. 마침내 나는 이렇게 말할 수밖에 없다. 즉 나는 지나가 버린 종족들의 얼굴들을 보고 있는 것이다. ―이 지역은 대담하고 자신만만한 사람들의 모습들로 넘쳐난다.

14) Musarion-Ausgabe. Bd. XX, S. 96.

그들은 살았고, 계속 살고자 했다. 그들은 자신의 집들을 통해 그 점을 말한다. 그것들은 잠시가 아니라 수세기를 위해 건축되고 장식되었다. 그들은 자신에 대해서는 종종 사악했을지 모르지만 삶에 대해서는 훌륭했다. 나는 언제나 건축가가 자기 주위의 먼 곳과 가까운 곳의 모든 건물들, 그 도시와 바다와 산들의 윤곽을 지긋이 바라보는 모습만 아니라 그가 이런 시선으로 힘을 발휘하고 정복을 꾀하는 모습을 떠올린다. 이 모두를 그는 자신의 계획 속에 끌어들이고, 마침내 그것을 그 계획의 일부가 되게 함으로써 자신의 소유물로 만든다. 이 지역 전체가 소유욕과 탈취욕이라는 저 만족할 줄 모르는 화려한 이기심으로 뒤덮였다. 그리고 이 사람들이 먼 곳의 어떤 경계선도 인정하지 않고 새로움에 대한 갈증으로 낡은 세계와 아울러 새로운 세계를 건설했듯이, 고향에서는 언제나 각자가 만인을 향해 분노하고 자신의 우월성을 표현하고, 자신과 이웃 사이에 자신의 개인적 무한성을 설정할 방법을 찾았다. 각자는 자신의 고향을 건축술적 사고를 통해 압도하고 자기 집의 눈요기를 위해 개조함으로써, 자신의 고향을 다시 한 번 자신을 위해 정복했다."(Ⅱ, 170f.)

이 경우 니체에게는 결코 현대적 개성들을 찬양하는 것이 중요하지 않다. 오히려 죽음 직전의 성질을 내포하는 어떤 과거의 문화가 관건이다. 그러한 문화는 "혼돈상태를 만드는" 것이 아니라, 제네바의 모습이 반영하는 것처럼 어떤 구속력 있는 양식을 만들어냈다. 그것은 다름 아니라 공유되는 인습들 속에 자리잡고 있기 때문에, 뉘앙스들의 표현, 특수성들과 구분들, 등급들과 서열들, 투쟁적 거리설정 등을 가능하게 한 문화였다. 그것은 비교가능성의 문화였고, 바로 그 때문에 다양성의 문화였다.

"내게는 이제 아무 미학도 없다"고 니체는 1886년 메모했다. 그리고 이 말은 진지하게 받아들여야 한다. 왜냐하면 예술과 미에 대한 철학적 논의로서의 미학은 늘 존재한 것도 아니고 또 늘 존재해야 하는 것도 아닌 하나의 역사적 사건이었기 때문이다. 우리는 18세기에 예술의 분화와 더불어 미학 담론도 과학의 질서에 들어섰으며, 또한 이 세분화에 맞선 공격과 더불어 다시 의문시되었다는 것을 살펴보았다. 니체가 미학 담론에서 이탈한 것은 18세기에 생겨난 현대사회를 특징짓는 체계들과 담론들의 분화를 지양하고 "탈분화된" "다기능적" 실천형식들과 생활방식들로 그것들 대체하려는—아방가르드라고 칭할 수 있는—전략의 계보에 포함된다.

니체는 예술을 과학의 위치에서 분석하고, 양식과 인습의 형성을 통해 문화형성의 효과를 발휘하게 될 삶의 예술의 새로운 실천을 선전하기 위해 미학에서 이탈한다. 이런 의도는 단적으로 니체가 엄격히 비판한 현대문화를 겨냥한다. 현대문화는—미학에서 결정적으로 표현된—"개인적"/ "일반적"이라는 주도적 차이에 의해 지배되고 이러한 구분 내부에서 "개인적인 것"을 부각시킨다. 현대예술은—그리고 그것이 "작가" 및 "작품"이라는 심급을 중심화한 현상은—의무를 부여하는 모든 양식과 척도가 되는 모든 인습을 파괴하고, 이로써 단자론적으로 개별화되고 흩어지고 결국 아무 말도 못하고, 문자 그대로 아무 할 말도 없는 개인들의 야만상태에 길을 마련해준 개인 숭배를 준비했다는 것이다! 니체의 이러한 진단을, 실체적이고 구속력 있는 질서들을 열망하고 부르주아 문화혁명이 "개인"의 이름으로 얻은 개인적 자유의 신장에 대해 아무 의미도 없는 보수적 문화비평의 일종이라고 처리할 수도 있을 것이다. 하지만 니체가 어떠한 보수적 향수 때문에 움직이지는 않았으며 아무것도 반복하려 하지는 않았다는 점, 오히려 현대의 경험이 "개인의 미학"에 맞서 양식 형성적, 집단 형성적 "삶의 예술"이라는 기획을 제시할 동기를 그에게 제공했다는 점을 주목할 필요가 있다. 니체는 분화되어 나온 예술이—이 "개인적 미학"의 특권적 논의주제로서—단지 다른 활동들에서는 완전히 익명화된 사회, 고도로 일반화된 생산 · 소비 · 의사소통의 규범들과 기준들을 지향하는 사회의 이면일 뿐이라는 점을 간파했다. 예술은 주체에게 현대사회의 괴로운 요구들을 둔화하고 보상해 줄 어떤 특별권을 만들어준다. 따라서 "규범화"와 "개인화"는 현대문화의 보완적 훈장들이다. 이 경우 다름 아니라 미학이라는 특수한 의사소통 속에서는 "개인"이 규범으로 된다는 데에 아이러니가 들어 있다. 즉 "특수하고" "다르게" 보여주기, "일탈"과 또한 "파괴"의 태세 등이 강제사항이 되며, 기대할 수 있고 전혀 놀랍지 않으며 심지어 진부하기까지 한 규범이 되는 것이다. 따라서 지식의 질서에 들어선 이래로 이러한 주도적 차이—"일반"/"개인"의 구분—에 대해 의무를 지니게 된 미학 담론은 "보편적 개인"의 담론이라고 규정될 수도 있을 것이다. 개성의 의사소통이 정확히 개성과 구분된다고 여겨지는 바로 그 상투적인 것을 생산하는 것이다. 하지만 이로써 구분 자체가 무너진다. 개인적인 것은 하나의 규범 혹은 일반화, 곧 "규범 부정의 규범"일 뿐이며, 그것의 의미론적 잠재력은 급속히 탕진되었다. 미학과 점차 무너지는 그 주도적 차이를—이를 통해 미학은 나름으로 관찰하고 평가한다—관찰하는 진단자 니체의 결론은 대체로 그와 같이 요약된다. 그러나 모든 관찰은 핵심적으로 구분하는 것이기 때문에 니체는—그는 미학을 관찰한다—나름으로 하나의 차이를 적용할 수밖에 없다. 하지만 이 차이는 더 이상 미학적인 것이 아니다. 왜냐하면 그럴 경우 니체는 단지 "개인적" 의사소통과 "일반적" 의사소통을 구분할 수 있을 뿐이기 때문이다. 그 차이는 "적극적"인 것과 "수동적인" 것(혹은 "과잉"과 "결핍", "힘"과 "나약함")의 구분이다.[15)]

15) 이를 전면에 부각시킨 점이 질 들뢰즈의 니체 연구(Nietzsche und die Philosophie. München 1976)의 장점을 이룬다.

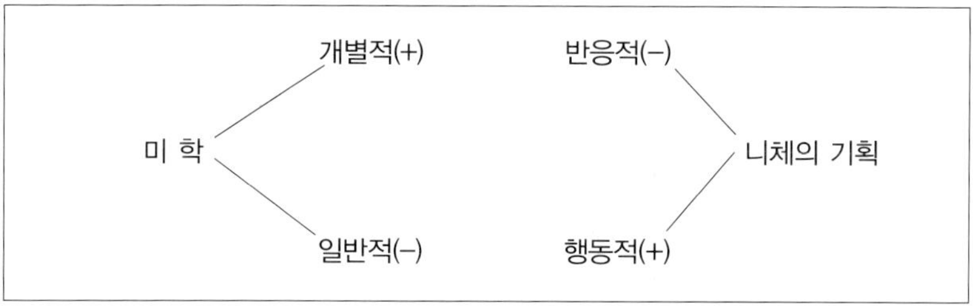

니체의 관점에서는 "개별적"/"일반적"이라는 구분과 더불어 미학 전체가 일종의 반응적 입장이며, 이에는 어떤 형성적 잠재력도 내재하지 않는다. 그것은 퇴폐의 징후이자 나약함의 표시로, "가축떼의 정신상태"와 세계 없는 주관성의 자세를 결합시키는 것이다. 미학은 미학에 대한 관찰자를 또한 나름으로 관찰할 수 있는데, 그러한 미학의 관점에서 보면 니체의 기획은 예컨대 일종의 "독창적" 입장이며, 그 자신은 "천재"이며, 그의 텍스트들은 "비교불가능한 작품"일 것이다! 그리고 또 아무것도 다른 관찰의 위치를 설정하고, 다른 주도적 차이들, 예컨대 "진보적"/"보수적", "좌파"/"우파", "남성적"/"여성적", "바람직한"/"배척해야 할", "참된"/"거짓된", "의식적"/"무의식적" 등의 구분을 통해 관찰하는 것을 방해하지 않을 것이다. 니체에게 이러한 관점의 복수성은 "존재"가 이 주도적 차이들 가운데 어느 것도 어떤 형이상학적 의미에서 권유하고 부각시키지는 않는다는 사실의 결과다. 그것들은 "존재" 자체와 마찬가지로 우연하다. 그리고 그것이 실행됨으로써만 상호 갈등적 관계 속에 들어서고 그 관철을 위해 투쟁하는 "실재들"이 생겨나는 것이다. 따라서 니체는 어떤 구분을 위한 결정에서 인간이 행동하는가 아니면 단지 반응하는가를 말해주는 하나의 징후를 간파한다. 이는 곧 그의 구분의 선택은 일종의 행동이라는 것이다. 즉 니체는 자신의 주도적 차이를 관찰자로서의 자신에 적용하며, 한 가지 행동을 관찰한다. 단지 강자만이 세계를 그가 보는 방식으로 볼 수 있다는 것이다! 관점의 선택이 수준을 결정한다. 누군가 예컨대 이러한 선택은 인간에게 위계를 부여하기 때문에 도덕적으로 비난받을 수 있다고 이의를 제기할 경우, 니체는—만일 그가 대답을 했다면—이렇게 답했을 것이다. 즉 그의 구분인 "정의"/"불의"의 차이는 단지 그가 자신을 믿고 행동하지 못하고 그저 상황에 대해 반응할 수 있을 뿐이라는 점을 의미할 뿐이라고 했을 것이다. 그에게는 힘이 결여 되어 있기 때문에 도덕적 구호들로 강자들에게서 이들의 힘을 앗아가고 사회적인 것을 "정의"의 이름 아래 평준화하려 드는 것이라고 할 것이다. 사실 니체는 사회적 해방운동이 점점 더 그 주도적 차이인 도덕적 구분을 일반화할 수 있었고 결국 지배와 엘리트는 "불의"라고 강자들에게조차 주입할 수 있었다는 점을 냉정하게 간파했다.

관점들의 이런 갈등을 어떻게든 해소할 가능성은 니체가 보기에 없었다. 왜냐하면 이는 사실 특권적 관찰자의 위치를 전제로 할 터인데 그것은 "신의 죽음" 이후 사라진 것이다. 그렇다면 기껏해야 실용적으로 성공 혹은 실패에 따라서만 구분할 수 있을 뿐이다. 이런 점에서 니체가 행동을 "성공"과, 반응을 "실패"와 동일시하지 않았다는 점을 단연코 확인할 필요가 있다. 그와 반대로 그는 퇴폐의 시대인 19세기에 약자들 혹은 반응하는 자들의 승리를 목격했으며, "강자들의 행동하는 문화"의 가능한 부활을 다가오는 시대에 기대했다.

따라서 "적극적 삶의 예술"이라는 니체의 계획은 "개인"/"일반"이라는 미학적 구분의 활동공간과 대립한다. "인습"과 "양식"을 통합력이라고 옹호할 때 니체는 이로써 미학적 구분의 부정적 가치를, 곧 규범적 의미의 "일반"을 생각하지는 않는다. 따라서 그가 미학적인 주도적 차이의 부정적 가치를 그저 긍정하기만 하는 것은 아니다. 왜냐하면 그것을 긍정할 경우 그는 미학의 규정 내부에 머물고 단지 미학적 구분의 부호들을 바꿔서 "일반"을 긍정으로, "개인"을 부정으로 만들뿐이기 때문이다. 니체 전략의 미학적 독서는 물론 이런 결과에 도달할 것이다. 그러한 독서에서는 다름 아니라 니체가 예컨대 친숙한 구분을 "가치전도"

하고, 온 세상이 정반대를 주장하는데, 갑자기 규칙들, 규범들, 고전주의, "프랑스 공원" 등을 옹호하기 때문에 독창적일 것이다. 물론 미학 담론을 계승하려면 그렇게 볼 수도 있을 것이다. 그러나 니체의 관점을 받아들일 경우 그가 미학적 구분의 가치부호를 "가치전도하여" 플러스를 마이너스로, 마이너스를 플러스로 만드는 것이 아니라, 그가 그 구분 자체를 배척한다는 점을 깨닫게 된다. "작품"과 "작가"를 포기하려는 그의 "삶의 예술"은 개인화되지도 일반화되지도 않는 문화를 구상한다. 여기서는 규범을 열망하거나 충족하지도 않고 또 단지 자신에 대해서만 알고 그 "비교불가능성"을 찬양하지도 않는 어떤 주체형식의 선전이 관건이다. 하지만 쉴러 식 유토피아의 방식으로 "규범"과 "자아"의 긴장이 화해될 어떤 상상적인 "개인적 보편"을 통해, 그러한 대립을 "변증법적으로" 지양하는 것은 중요하지 않을 것이다. 니체는 완전히 비변증법적으로 사고했다. 그는 단말마적으로 사고했다. 승리 아니면 패배일 뿐 "중재"는 없었다. 뿐만 아니라 그는 "일반"과 "개인"의 대립에서 진정한 갈등을 본 것이 아니라 단지 보완적 현상을 보았을 뿐이다. 즉 "개인"은 "일반화"의 규범화된 보완이며, 주체들이 철저히 평준화된 사회 속에서 자신을 긍정하고 그 밖의 모든 것을 "일어나게" 내버려두게 되는 나약한 반응과도 같은 것이었다. "양식"과 "삶의 양식화"에 대해 말할 때 니체는 우리가 순응하는 어떤 "계획"의 수용을 생각하지도 않고, 주관성을 그러한 계획들로부터 영원히 "일탈하는 것"으로 보여주는 것을 생각하지도 않는다. "순응"과 "일탈"은 단지 미학의 주도적 차이와 반응적 징후들을 달리 표현한 것일 뿐이다. 오히려 니체에게 "양식"은 안정적이지만 탄력적인 자기억제이며, 갈등적 힘들의 작용에서 나오는 것이다. 이 힘들은 유지만 아니라 상승을 위해서도 구속력들에 따른다. 그런데 이 구속력들은 갈등 속에서 쟁취되는 것이므로 규범으로 굳어지지도 않으며, "사적인 것"과 반대되는 것이기 때문에 단순히 "자아"에만 공간을 부여하지는 않으며 "공적" 삶을 구조화하기도 한다. 니체는 즐겨 건축을 예로 "양식"을 설명했다. 제네바의 도시경관은 (물론 19세기의 경관) 그에게 "일률적"이지도 "자의적"이지도 않고, 갈등적 에너지들의 결과로서 양식화된 것으로 보였다. 이 에너지들은 서로를 마비시키지 않고 상승시키며, 그리하여 다양성을 허용하고 처음으로 강조하는 인습을 발견한다. "양식"을 규범으로도 태도로도 생각하지 않는 것, "순응"으로도 "일탈"로도 생각하지 않는 것이 중요하다.

니체는 미학을 "예술의 과학"으로, 예술을 "실존의 양식화"로 대체했다. 이 경우 예술의 과학 및 이를 선택하는 결정 자체가 이미 그러한 양식화에 속한다. 하지만 니체의 실존은 글 쓰는 자의 실존이었다. "삶의 예술"이 요구한 바와 같이 그가 "자기 삶의 시인"이었다면, 이러한 요구는 주로 텍스트라는 매체를 통해 충족되었을 것이다. 전수될 수 있고 문화를 세우기도 하는 삶의 형식으로서 그 시대의 퇴폐주의에 맞서 그가 도입하고자 한 "양식"은 사회적으로 본질적인 반향을 불러일으키지 못했다. 바그너 운동에 대한 실망 이후 니체는 자신의 양식의지가 설 땅이 없다는 점을 명확히 깨달았다. 고독의 어조가 그에 상응한다. 하지만 양식에 대한 제안들이 아무 반향도 얻지 못하고 따라서 "삶"을 그냥 스쳐간다면, 그것들은 단지 "문학"으로서 저장되고 다가오는 세대들에게 보류될 수 있을 뿐이다. 그리하여 후기의 니체는 망각을 막기 위해 자신의 삶을 더욱더 문학적으로만 연출했다. "삶의 예술"은 텍스트로서 살아남는다. 그 끝에는 양식화된 자서전 『이 인간을 보라』가 있다.

예술의 생리학

1888년 여름 니체는 "권력을 향한 의지"라고 부르게 될 한 권의 저서를 계획하는 일에 매달렸다. 그 책에는 "모든 가치들의 가치전도"라는 부제를 달 생각이었다. 잘 알려진 바와 같이 이 책은 완성되지 못했다.

유고에는 단지 무수한 단편적 소묘들과 메모들만 있었으며, 이것들은 그 후 이 책을 정리할 때 대략적으로 배치될 수 있었다. 니체의 모든 구상들에는 계획상 "예술의 생리학"이라는 단원이 등장한다. 1887년에 발간된 『도덕의 계보』에서도 이미 니체는 "미학의 생리학"이라는 말을 했으며, 이에 대해 철저히 논하겠다고 예고했다. 여기서 그는 다음과 같이 서술했다.

"모든 예술가는 중대한 정신적 긴장과 준비의 상황에서 성교가 얼마나 해로운지 안다. 그들 가운데 가장 강력하고 본능적으로 가장 안정적인 사람들에게는 이 경우 경험, 그 불쾌한 경험이 필요하지 않다. 오히려 이때 비축되고 첨가되는 다른 모든 힘을 제작중인 작품을 위해 가차없이 활용하는 것은 (…) 그들의 '모성' 본능이다. 이 때 더 큰 힘이 더 작은 힘을 **소비하는** 것이다. (…) 그리하여 미적 상태 고유의 특유한 감미로움과 풍요로움이 바로 그 '감성'의 요소로부터 그 유래를 제거하게 되고, (…) 이로써 감성이 미적 상태에 들어갈 때면 쇼펜하우어의 생각처럼 지양되는 것이 아니라 단지 **변형될** 뿐이며 더 이상 성적 자극으로서 의식되지 않게 될 가능성은 전혀 배제될 수 없을 것이다. (이런 관점에 대해서는 이제까지 다루지 않았고 그래서 해명되지도 않은 **미학의 생리학**이라는 좀더 미묘한 문제들과 관련하여 다시 한 번 다루게 될 것이다.)"(Ⅱ, 853)

여기서 니체는 프로이트가 20여 년 후에 승화라고 칭하게 되고 성적 충동이 그 일차적 대상으로부터 성적으로 더 이상 직접 확인될 수 없는 이차적 목표로 돌려지거나 옮겨지는 현상이라고 서술한 과정을 거의 문자 그대로 서술한다. 흔히 아는 바와 같이 프로이트는 예술과 문학을 "승화" 혹은 니체가 말하는 "변형"의 진정한 매체라고 보았다.

정신적 정서적 과정들의 육체적 차원을 경험적으로 분석하려는 생리학은 19세기 말에 엄청난 반향을 얻었다. 사람들은 무엇보다 생리학적으로 증명될 수 있는 의사소통의 현대화 · 도시화 · 가속화 · 효율화, 그리고 인간의 지각 및 체험개조를 위한 점증적 세분화과정 등의 결과들에 관심을 기울였다. 별로 복잡하지 않고 주로 "자연적" 질서를 지니며 인습적 구조를 지닌 채 시간과 공간을 "보호하는" 환경에 대응해온 인간은 다소 준비되지 않은 상태로 완전히 변하여 기술화되고 가속화된 대도시 세계 속에 내던져진 듯했으며, 이 세계는 인간의 적응능력에 절망적일 정도로 과도한 것을 요구하려 들었다. "자극의 홍수"라는 겔렌의 말은 여기에 기원한다. 그 예로서 1912년에 발간된 발터 라테나우의 논문「시대비판을 위해」의 한 구절을 인용하기로 하자.

"직장인의 향락은 그의 일만큼이나 광범하다. 낮 동안의 흥분으로 여전히 떨고 있는 정신은 계속 운동하기를 요구하며 인상들의 새로운 경주를 체험하고자 한다. 다만 이 인상들은 이미 겪은 것들보다 좀더 화끈하고 확실해야 한다. 말과 음향 속에 빠져드는 것은 그에게 불가능하다. 왜냐하면 잠 못 드는 자의 멋대로 달아나는 사고가 그에게 열기를 불어넣기 때문이다. 동시에 고통받고 억압받던 감성들이 문을 두드리며 도취를 요구한다. 그리하여 자연과 예술의 기쁨은 조소받으며 내쳐진다. 그리고 선정적인 종류의 만족들이, 성급하고 진부하고 화사하고 거짓되고 중독된 것들이 생겨난다. (…) 타락한 자연감상의 한 가지 상징은 자동차 몰기이며, 정반대로 전도된 예술감각의 한 가지 상징은 범죄영화다."[16]

너무 복잡한 정보 자극들의 만성소모증을 더 이상 감당할 수 없는 주체들은 점증적 "신경증"이나 "둔감증"으로 반응하게 될 것이다. 인간의 지각능력 및 처리능력과 현대 생활세계의 자극들 사이에 점점 더 넓게 벌어진 간극은 인간의 실체를 위협하는 "과도한 요구의 위기"로 귀결될 것이다. 사람들은 퇴화 혹은 퇴폐에 대해 언급했고, 이로써 정보처리 능력의 지속적 혹사를 염두에 두었다. 극적으로 복잡해진 환경에 대한 부

16) Walter Rathenau: Zur Kritik der Zeit. Berlin 1912, S. 94.

적응은 "히스테리", "탐닉", 온갖 종류의 "반사회적" 반응, "과민성" 등을 수반한다는 것이다. 사람들은 심지어 일탈을 퇴폐의 징후로 혹은 과잉요구로부터의 "탈출"로 보는 범죄이론의 근거를 그러한 "과잉요구론"에서 찾기도 했다! 니체는 1888년 "퇴화와 범죄"라는 제목을 달고 있는 프랑스 정신과 의사 샤를르 페레의 책을 읽었다. 그는 "자극에 휩싸인" 주체가 빠져들었다가 강제적으로 해소되는 흥분상태를 정확히 측량할 수 있다고 여겼다.

현대의 생활세계가 생리학적으로 "측량될 수 있는" 방식으로 인간에게 과도한 요구를 제기한다는 테제는 100년 간의 경험이 축적된 이후에는 물론 어느 정도 익살맞은 효과를 낸다. "순응"은 성공적으로 이루어졌으며, 주체들이 프로그램들을 우월한 입장에서 얼마든지 선택할 수 있는 매체들의 세계에서 아무도 "자극의 홍수"를 위험이라고 단언하려 들지는 않을 것이다. 그러나 현대적 경험의 맥락에서 이 퇴폐라는 주제에서 흥미로운 것은 그것의 "미학적" 측면이다. 왜냐하면 이미 당시 사람들도 "신경질적" 지각에서 특수한 미적 감수성이 생겨난다는 점, 또 한편 자기보호를 위해 "둔감해지고" "자극역"이 낮아지는 경향에는 점점 더 세련된 "자극"과 "충격"의 미학이 대응했다는 점을 간파했기 때문이다. 그러니까 그들은 "퇴폐" 예술을 한편으로 고도로 분화된 환경에 대한 과민한 지각과 뉘앙스를 중요시하는 "신경질적" 예술이라고 보았고, 다른 한편 점점 저항력 있어지는 감성들을 점점 더 새롭게 자극하고 도발하는 극단적 자극수단을 가진 예술로 보기도 했다. "영향을 발휘하기 위해서는 전제권력을 발휘해야 한다"고 말하고 다음의 예를 제시할 때, 니체는 "퇴폐예술"의 이 두 종류를 염두에 두었다.

"신경과 지친 영혼의 문제인 열정. 고산지대, 사막, 폭우, 망아제, 혐오스러운 것들 등에서 느끼는 즐거움.(…) 실제로 감정적 방탕에 대한 숭배,(…) 흥분시키는 소재들에 대한 선호(성애물, 사회주의물 혹은 병리물)도 있다. 이 모두는 오늘날 누구를 위해 일하는지를 보여주는 표시다. 즉 과로한 자, 산만한 자, 혹은 나약해진 자들을 위해 일한다는 표시인 것이다."[17]

세기전환기의 본래적 "퇴폐문학"은 반향을 얻기 위해 병적인 것과 소란스러운 것을 철저히 이용해 먹는, 뒤쳐진 주제를 다루는 문학이었다. 세기말의 독일 소설문학에서 무작위로 몇 개의 제목을 제시해보자. "퇴폐적인 자들", "물에 빠진 수영선수", "쫓기는 영혼들", "절망적인 종족들", "파국", "지친 영혼들", "막다른 곳에서" 등이 그것이다. 빌헬름 폰 폴렌츠의 소설 『뿌리부터 유혹하는 자』에서 한 주인공은 이렇게 말한다. "우리는 혁명의 출발점에 서 있다. 정치적 혹은 사회적 혁명의 시대는 지나갔고, 그것은 아니다. 감정의 가치를 전도하는 혁명이 그것이다. 미적인 시대의 서광이 떠오른다. 그리고 이 시대는 신경 위에 세워진다. 미래는 신경병에 귀속된다."[18]

"퇴폐"의 개념을 19세기의 보편적 성격규정에 끌어들이고, 예술과 관련해 "퇴폐"가 낭만주의, 바그너, 프랑스 유미주의문학, 특히 보들레르와 플로베르를 통해 구현되었다고 본 것은 바로 니체였다.

그 시대 "퇴폐문화"에 대한 니체의 태도는 양가적이다. 한편으로—이 점이 중심적 측면이다—그는 그것이 나약함 내지 단순한 반응의 징후라고 보았다. 하지만 다른 한편으로 그는 현대에 의해 유발된 특유의 고양된 지각상의 감수성에서 어떤 생산적 계기를 인식했고, 이를 "예술의 생리학" 속에 받아들이게 된다.

(1) 니체는 19세기의 문화를 어떤 무조건적 필연성을 내포하는 "몰락의 문화"라고 본다. 그는 이런 점에서 이미 고대에 문화의 주기를 규정하기 위해 이용되었고, 예컨대 로마 역사학자들이 제국의 몰락을 묘사하는 데에 이용한 "번영"과 "몰락"의 친숙한 모델을 넘겨받는다. 대체

17) Musarion-Ausgabe. Bd. XIX, S. 231 f.
18) Wilhelm v. Polenz: Ges. Werke. Bd. 6, S. 297.

로 "퇴폐"의 화두는 그러한 데에서 유래한다. 즉 로마의 운명이 언제나 "퇴폐"의 본보기로 간주되었다.[19] 문화의 몰락을 유사자연적 과정이라고 보았다. 이는 유고로 남은 1888년의 단편에서 명확히 드러난다.

"퇴폐의 현상은 삶의 어떤 상승이나 진전과 마찬가지로 필연적이다. 그것을 마음대로 제거할 수는 없다. (…) 사회주의 체계론자들은 악덕 · 질병 · 범죄 · 매춘 · 궁핍 등이 더 이상 생겨나지 않게 될 사회적 연합 혹은 환경이 존재할 수 있다고 생각하는데 이는 그들 모두의 치욕이다. (…) 그러나 그것은 삶을 심판하는 것이다. (…) 한 사회가 젊은 상태로 머물 자유를 지니지는 못한다. 그리고 사회는 그 최상의 힘을 지닐 때에도 오물과 쓰레기들을 만들어낸다. 사회가 열정적이고 대범하게 움직일수록 불행한 자, 잘못 기른 자들은 더욱 많을 것이며, 그럴수록 더욱 몰락에 가까울 것이다. (…) 제도들을 통해 노화를 제거할 수는 없다. 질병도 그렇다. 악덕도 그렇다."(Ⅲ, 779)

어떤 새로운 것을 시작할 수 있기 위해 관통해야 하는 퇴폐문화의 전형적 특징은 니체에게 현실에서 겪는 고통 혹은 불쾌감과 나약함의 확대다. 그것은 마침내 실재적인 것을 완전히 배척하고, "퇴폐적" 주체들에게 피안의 "평화"와 "구원"을 속여 보이는 어떤 대용품으로 실재를 대체하는 결과를 초래한다. 니체는 다음과 같은 수사적 의문을 제기한다.

"하지만 누가 속임수로 현실에서 벗어날 동기를 지니겠는가? 현실에서 괴로움을 겪는 자다. 그러나 현실에서 괴로움을 겪는다는 것은 불행해진 현실이 존재한다는 것을 뜻한다. (…) 쾌감에 대한 불쾌감의 지배가 허구적 도덕과 종교의 원인이다. 하지만 그러한 지배는 퇴폐를 위해 공식을 제공해준다. (…)"(Ⅱ, 1175)

이어서 니체는 "퇴폐"의 주요 측면을 다음과 같이 규정한다. "현실에

19) 다음의 고전적인 연구를 참조할 것. Walter Rehm: Der Untergang Roms im abendländischen Denken. Ein Beitrag zur Geschichte des Dekadenzproblems (1930). Darmstadt 1966.

대한 본능적 증오. 모든 접촉을 너무 심각하게 느끼기 때문에 더 이상 '접촉하지' 않으려는, 극단적 감수능력 및 자극능력의 결과. 감정 속의 모든 적대상태, 모든 경계선과 거리의 (…) 본능적 배제. 모든 저항행위와 저항의 의무를 이미 견딜 수 없는 불쾌감이라고 (…) 느끼고 행복(쾌감)을 재앙이든 악이든 더 이상 어느 것에도 저항하지 않는 데에서만 찾는, 극단적 감수능력과 자극능력. 최후의 유일한 삶의 가능성으로서의 사랑. (…) 이상은 구원설이 그 근거를 두고 자라 나온 두 가지의 생리학적 실제상황이다. (…) 고통에 대한, 심지어 무한히 작은 고통에 대한 공포—그것은 사랑의 종교로 말고 달리는 끝날 수 없다. (…)"(Ⅱ, 1191f.)

니체는 이 현실도피적이고 현실 앞에 굴복하는 퇴폐의 문화가 기독교의 평등주의적 약속에서 승리를 구가한다고 보았다. "영혼의 불멸성"을 그는 "천국의 민주주의"라고 해석한다. 또 그 속에서는 대중의 가축떼 본능이 승리하여 삶의 양식들에 존재하는 모든 서열과 위계가 사라졌다고 보았다. 이처럼 초월로 미뤄졌다는 점에서 "나약한" "평등"의 약속이 "권력을 향한 의지"라는 모티프와 목표로 전도되는 현상을 니체는 자기 시대의 독특한 도전이라고 보았다. 20세기의 투쟁은 사회주의 혁명이냐 아니면 엘리트 문화냐, 대중의 지배냐 아니면 위계에 따라 조직된 신분체제냐를 놓고 벌어지리라는 것이다. 『안티크리스트』에서 그는 우선 "퇴폐적인" "천국의 평등주의"에 대한 희망과 관련해 다음과 같이 말한다.

"각자가 '불멸의 영혼'으로서 누구나 동등한 지위를 지닌다는 것,(…) 불평하는 소인배나 대체로 미친 자들이 자신들을 위해 자연법칙들은 부단히 파괴된다고 상상해도 된다는 것—이처럼 모든 종류의 이기심이 무한대로, 뻔뻔한 수준으로 증대하는 현상은 아무리 경멸하고 낙인을 찍어도 충분하지 못하다. 하지만 기독교가 승리한 것은 개인적 허영에 이처럼 가련하게 아부한 덕분이다. 이로써 기독교는 온갖 실패자, 반항적인 마음을 품은 자, 단순한 자, 인류의 온갖 폐물과 찌꺼기 같은 자들을 설득하여 끌어들였다. (…) '만인의 동등한 권한'이라는 학설의 독소—

기독교는 그것을 가장 원칙적으로 퍼뜨렸다. 기독교는 인간과 인간 사이의 모든 경외감과 거리감, 즉 문화의 모든 성장과 고양을 위한 전제조건을 상대로, 악한 본능들의 가장 은밀한 구석에 근거해 치명적인 전쟁을 벌였다. 또한 기독교는 우리처럼 고상하고 지상에서 즐거워하고 고귀한 마음을 지닌 자들과 지상에서 느끼는 우리의 행복에 맞서기 위해, 대중들의 원한으로 자신의 주요 무기들을 만들어냈다. (…) 아무에게나 '불멸성' 을 인정해주는 것은 고귀한 인류를 상대로 하는 이제까지 가장 중대하고 악의적인 암살계획이었다. —또한 우리는 기독교에서 나와 정치에까지 파고든 재앙을 과소평가하지 않는다! 오늘날 특권, 지배권, 자신이나 자신과 같은 자들에 대한 경외의 감정, 거리를 두려는 열정 등을 위한 용기를 지닌 자는 아무도 없다. (…) 우리의 정치는 이 용기의 결여로 질병을 앓고 있다!—심성의 귀족주의는 영혼의 평등이라는 거짓을 통해 가장 깊숙한 곳에 매장되었다. 그리고 '다수의 특권' 에 대한 믿음이 혁명을 일으키고 있거나 일으키게 될 경우, 의심의 여지없이 기독교야말로, 기독교적 가치판단이야말로 모든 혁명을 유혈과 범죄로 몰아넣는 것이다! 기독교는 품위를 지닌 것들에 맞선 바닥에서 기는 자들 모두의 반란이다."(Ⅱ, 1205f.)

"퇴폐"는 일반적으로 지배적인 것이 될 수 있는 사회적 나약함이나 반응의 징후이지만, 그것은 동시에 하나의 예술적 양식을 형성하기도 한다. 니체는 이를 무엇보다 바그너의 음악을 통해 보여준다. 그는 바그너 음악을 그에게 둔감해진 청중을 늘 새로운 효과들로 그 무감각 상태로부터 끌어내려고 하는 "병적인" 음악이라고 여겼다. 반면에 "건강한 자들"에게 그것은 일종의 부당한 요구라고 한다. 이를 니체는 이미 『즐거운 학문』에서 무장 해제하듯이 밝혔다.

"바그너 음악에 대한 나의 이의들은 생리학적인 것이다. 무엇을 위해 그것을 아직도 미학적 공식들로 위장하겠는가? 내가 지적하는 '사실' 은 이 음악이 나에게 작용할 경우 더 이상 쉽사리 숨을 쉬지 못한다는 점,

그러면 당장 나의 발이 그것에 대해 화를 내고 저항한다는 점이다. 나의 발은 박자와 춤과 행진을 욕구하며, 음악에서 무엇보다 훌륭하게 걷고 뛰고 춤출 때의 환희를 요구한다. 하지만 나의 위장, 나의 심장, 나의 혈액순환, 나의 내장도 반항하지 않는가? 이때 부지불식간에 나의 목소리는 쉬지 않는가?"(Ⅱ, 241f.)

니체는 라틴적 성격과 지중해적 경쾌함과 춤출 수 있는 매력을 지니는 비제의 『카르멘』을—건강한 자를 위한 오페라로서—바그너의 음악과 대립시켰다. 바그너 음악을 그는 "땀을 빼게 하는 열풍"에 비유했다. 그리고 그것에 대해 1888년 다음과 같이 말했다.

"바그너의 음악은 병적이다. 그가 무대에 올리는 문제들—그것은 순전히 신경증 환자 문제들이다—, 그가 만드는 흥분의 전신경련적 성격, 지나치게 흥분된 그의 감수성, 점점 더 강렬한 양념을 요구하는 그의 입맛, 그가 원칙처럼 위장해 놓는 그의 불안정, 특히 그의 남녀 주인공 선정, 이것들을 생리학적 유형들로 보자면(일종의 병자들의 진열실이다!), 그 모두가 함께 의문의 여지없는 질병의 이미지를 나타낸다. (…) 아마 오늘날 그보다 더 잘 알려진 것은 없을 것이다. 아무튼 여기서 예술과 예술가로 변신하는 변종의 프로테우스적 성격보다 더 훌륭히 연구된 것은 없다. 우리의 의사들과 생리학자들은 바그너를 자신의 가장 흥미로운 사례, 적어도 매우 완벽한 사례로 삼는다. 다름 아니라 이 전체적 질병, 신경질적 기계장치의 이 뒤쳐진 성격과 과도한 흥분상태보다 더 현대적인 것은 없기 때문에, 바그너는 뛰어난 현대적 예술가이며, 현대의 카글리오스트로[20]다. 그의 예술에서는 오늘날 온 세상이 가장 필요로 하는 것, 즉 지친 자들의 세 가지 주요 자극제인 잔인성 · 인공성 · 순진성(백치성)이 극히 유혹적인 방식으로 뒤섞여 있다."(Ⅱ, 913)

다른 퇴폐의 징후는 현대예술을 구별시켜주는 이질성 · 불협화음 · 총

---

20) (역주) Cagliostro(1743~1795): 특히 파리에서 명성을 올린 시실리 출신의 사기꾼, 마술사, 모험가.

체성을 추구할 능력의 결여 등이라고 한다. 사람들이 나중에 예컨대 보들레르와 대도시에 대한 그의 시적 경험에서 매우 경탄한 것, 즉 "갑작스러운 것", 동시성, 시선의 분산 등을 니체는 평가절하한다.

"모든 **퇴폐문학**은 어떤 특징을 지니는가? 삶이 더 이상 전체적으로 이루어지지 않는다는 점이 그 특징이다. 말이 주도권을 갖고 문장 밖으로 뛰쳐나오며, 문장이 한 쪽의 의미를 넘어서고 그 의미를 모호하게 만들며, 한 쪽이 전체를 희생시키며 생명을 얻는다. 전체는 더 이상 전체가 아니다. 그러나 이는 **퇴폐**의 모든 양식에 대한 비유다. 언제나 원자들의 무정부상태, 의지의 분산, '개인의 자유', 도덕적으로 말해서—일종의 정치이론으로까지 확대하자면— '만인을 위한 **동등한** 권한' 등이 그와 같은 것이다. 삶, **동등한** 생기, 삶의 진동과 풍요는 가장 작은 조형물로 밀려들어갔고, 나머지의 생명은 빈약하다. 도처에 마비와 노고와 경직이나 **아니면** 적대감과 카오스가 존재한다. 사람들이 점점 더 높은 형태의 유기체로 상승할수록, 그 두 가지는 점점 더 눈에 띈다. 전체는 더 이상 생명을 지니지 않는다. 그것은 합성된 것이고 계산된 것이며 인위적이며 일종의 인공물이다."(Ⅱ, 917)

니체가 공격하는 것은 예술적 시선의 "탈위계화"라고 할 수 있다. 즉 더 이상 "전체"로 결합될 수 없는 세부와 뉘앙스에 대한 감수성을 니체는 퇴폐적 사회평준화의 "미학적" 결과라고 평가한다. 그것의 이상은 궁극적으로 모든 세부를 똑같이 타당하게 보는 사진적 순간포착일 것이다. 이처럼—니체가 보기에 양식이 없는— "똑같이 타당한 상태"를 충격과 암시의 기술 혹은 무감각한 주체들의 주의력을 도발하는 기술과 결합하는 것이 프랑스 현대문학의 특징이다. 니체는 특히 보들레르, 공쿠르 형제, 플로베르, 모파상을 읽었다. 그는 프랑스 문학이 "퇴폐" 예술의 절정이라고 보았으며 그에 대해 전적으로 양가적인 입장을 취했다. 프랑스 문학은 세련미를 통해 그를 매료했다. "유혹하고 꾀어내고 강요하고 전복하는 모든 것으로 가는 섬뜩한 통로들을 알고 있는 완전한 거장들, 논리학과 직선의 태생적 적수, 낯선 것과 이국적인 것, 끔찍한 것, 감성과 오성의 온갖 마취제를 열망하는 자. 전체적으로 그들은 무모하고 과감하며, 화려하고 강력하며, 높이 날아가며 높이 솟아오르는 부류의 예술가들로, **자신의** 세기에 — 그것은 **대중**의 세기다 — '예술가'라는 개념을 이제 가르쳐야 했다. 그러나 **병적이다**. (…)"(Ⅱ, 1050)

(2) 그러나 "퇴폐적" 지각의 개별 계기들을 구제하여 자신의 생산적 "생리학"에 포함시키려는 니체의 시도들은, 그처럼 19세기의 퇴폐문화를 일괄해서 엄격히 거부하는 태도와 대립한다. 니체는 적극적 "삶의 예술"을 위한 생리학적 조건들에 대해 묻고 이런 맥락에서 『비극의 탄생』과 그 범주들로 돌아간다. 여기서 그는 "디오니소스적" 도취를 "아폴로적"이고 명확한 조형적 꿈과 대립시켰지만, 이제 그는 도취가 생산성의 유일하게 본질적인 기준이라고 여긴다. 그래서 그는 이제 "아폴로적" 도취에 대해 말한다. 니체는 해소를 향해 나아가는 정서체계의 고도로 흥분된 상태를 "도취"라고 서술한다. 도취의 순간에는 주체의 해방된 잠재력 혹은 힘의 최대치가 밖으로 나오며 실재를 "변화시킨다"는 것이다.

"내가 미학에 도입한 **아폴로적인** 것과 **디오니소스적인** 것이라는 대립개념은 그 모두를 도취의 종류들로 파악할 때 무엇을 의미하는가? 아폴로적 도취는 무엇보다 눈을 흥분시키며, 그리하여 눈은 직감력을 얻는다. 화가 · 조각가 · 서사문학가 등은 특별히 직감력을 지닌 자들이다. 그에 반해 디오니소스적 상태에서는 전체적 정서체계가 흥분하고 고양된다. 그리하여 그것은 자신의 모든 표현수단을 한꺼번에 분출시키고, 묘사 · 모사 · 변형 · 변신 등의 힘과 온갖 종류의 모방과 연기를 동시에 드러낸다."(Ⅱ, 996)

이처럼 생산적 에너지가 도취의 순간에 "밖으로 등장하는 현상"은 물론 성을 그 본보기로 한다. 이 점을 니체는 되풀이하여 강조한다. 성애적 열망은 인간의 잠재력을 해방시키며 그 실존을 신체적, 정신적, 혹은 모든 관점에서 고양시킨다는 것이다.

"사랑하는 자는 더욱 가치 있고 더욱 강하다. 동물들의 경우 이런 상태는 새로운 물질 · 색소 · 색채 · 형체 등을 드러내 준다. 무엇보다 새로운 운동, 새로운 리듬, 새로운 교성과 유혹 등을 야기한다. 인간의 경우도 사정은 다르지 않다. 그의 전체적 가계는 전보다 더 풍부하고, 사랑하지 않는 사람의 경우보다 더 강력하고 **더 완전하다**. 사랑하는 자는 방탕자가 된다. 그는 그러기에 충분할 만큼 부유하다. (…) 음향과 말로 된 **서정시**에서 창자의 그러한 열기가 암시하는 바를 빼고 나면 서정시와 음악에서 무엇이 남겠는가? … 아마 예술을 위한 예술이 남을 것이다. 힘을 잃고 자신의 늪에서 절망하고 있는 개구리의 능숙한 울음소리 말이다. … 그 나머지 전체는 사랑이 창조한 것이다.…"(Ⅲ, 752f.)

하지만 사랑 내지 성애적 열망만 아니라 잔인성의 도취 역시 니체에게는 자기 강화의 본보기로 간주된다. 니체는 잔인성 혹은 타인의 고통에서 느끼는 즐거움을 문화요소 및 향상의 자극으로서 지극히 높이 평가한다. 그는 "잔인성의 축제"에 대해 언급하기도 한다. "내가 보기에 어느 정도까지 **잔인성**이 과거 인류의 커다란 축제의 기쁨을 형성했고 심지어 그 모든 기쁨에 요소로서 섞여 있었는지, 또 한편으로 과거 인류의 잔인성에 대한 욕구가 얼마나 순진하게 등장했는지를 능력껏 생생히 인식하는 것은 온순한 가축들(말하자면 현대인간, 또는 우리)의 섬세함이나 혹은 그 이상으로 위선과 모순된다. (…) 아무튼 인간이 제후의 결혼식이나 대규모의 민중축제를 처형과 고문 혹은 예컨대 종교재판에 의한 처형 없이 생각할 수 없었던 것, 또 그와 마찬가지로 주저하지 않고 자신의 악의와 잔인한 심심풀이의 대상으로 삼을 만한 존재 없이는 어떤 귀족 가문을 생각할 수 없었던 것은 그리 오래 전 일이 아니다. (…) 고난 당하는 것을 보면 즐겁고, 고난 당하도록 만들면 더 즐겁다. 이는 괴로운 원칙이다. 하지만 예로부터의 강력하고 인간적이고 너무도 인간적인 주요원칙이다. (…) 잔인성 없이는 축제도 없다고 인류의 가장 오래된 역사는 가르친다. —또 처벌에도 그만큼의 **축제 요소**가 있는 것이다!"(Ⅱ, 807f.)

잔인한 성적 망아제와 관련해 니체에게는 생리학적 관점에서 그것을 주체(혹은 한 집단)의 향상된 힘이 그 환경을 점령하는 "방출"의 순간들로서 규정하는 것이 관건이다. 사랑하는 자들은 세계를 다르게 본다. 그들의 강화된 자아는 그들의 관점에 색깔을 입힌다. 그럴 경우 "예술"은 —이미 설명했듯이 적극적이고 생산적이고 양식 형성적 삶의 예술이라는 의미에서—도취된 강력한 주체가 자신의 육체적 한계 내에 담아놓을 수 없기 때문에 밖으로 밀려나와 환경을 조형하는, 넘쳐나는 에너지의 "변형된" 혹은 승화된 방출일 뿐이다. 적극적 인간들은 발산을 하며, 마치 통풍구와 같은 것을 열어 에너지를 "증발시킨다". 그러면 이 에너지는 "삶의 예술"의 아름다운 형태들로 응결된다.

"예술이 존재하고, 어떤 미적 행위와 직관이 존재하기 위해서는 하나의 생리학적 전제조건, 즉 **도취**가 불가피하다. **도취**를 통해 비로소 전체 기계장치의 흥분가능성이 향상되었음은 틀림없다. 그 이전에는 어떤 예술에도 도달하지 않는다. 그처럼 다양한 조건을 지니는 모든 종류의 도취는 그럴 힘을 지닌다. 특히 가장 오래되고 가장 근원적인 형태의 도취인 성적 흥분의 도취가 그렇다. 마찬가지로 거대한 욕구와 강력한 정서의 결과로 나타나는 도취도 그렇다. 축제, 경주, 용감한 행위, 승리, 모든 극단적 운동 등의 도취, 잔인성의 도취, 파괴를 통한 도취, 어떤 특정한 대기현상의 영향들, 예컨대 봄의 도취, 혹은 최면제의 영향으로 인한 도취, 끝으로 의지의 도취, 축적되고 부풀어오른 의지의 도취 등을 생각할 수 있을 것이다. —도취에서 본질적인 것은 힘의 증대와 충만의 감정이다. 이런 감정에 근거해 사람들은 사물들을 향해 다가가며, 그것들로 하여금 우리를 받아들이도록 **강요하며**, 그것들을 정복한다. 이러한 과정을 **이상화**라고 칭한다. 이 경우 우리가 선입견 없이 접근한다면, 이상화의 본질은 흔히 믿는 것처럼 사소한 것 부차적인 것의 제거 혹은 삭제가 아니다. 오히려 주요특징들의 강력한 추출을 통해 다른 특징들이 사라지게 되는 것이 결정적인 것이다. (…) 이런 상태에서 사람들은 모든 것을 그 자체의 풍요에 근거해 풍부하게 만든다. 사람들은 자신이 보는 것, 자신이 원하는 것을 부풀고 압축되고 강력하며 힘이 실린 상태로 본다. 이런 상태의 인간은 사물들이 그의 힘을 반영할 때까지, 그것들이 그의 완전성을 반영할 때까지, 사물들을 변화시킨다. 이처럼 완전한 것으로까지 변화시킬 필연성이 예술이다."(Ⅱ, 995)

다소 "증기기관"이라는 모델을 따라가는 듯해 보이는 이 "생리학"을 통해 니체는 자신의 원근법 철학에 유사자연과학적 기반을 부여한다. 어떤 삶의 양식을 통해 표현될 수 있는 "긍정"과 미화와 "이상화"의 원근법은 더 이상 어떤 존재론적 지평 속에서도 정식화될 수 없다. 이는 예컨대 헤겔의 "이상화" 개념과 비교할 경우 아주 명확해질 것이다. 그것은 오히려 우연적 세계 속에서, 주체의 생산적 에너지가 우연성 혹은 의미부재상태에 그 직감력을 강요하기 때문에 세계를 그렇게 보고자 하거나 혹은 그렇게 보아야 하는 주체의 권력 양만을 표현할 뿐이다. 그럴 경우 '양식' 은 그러한 원근법을 공유하되 자신의 권력 양에 비추어 또한 수정하고 뉘앙스를 부여하라는, 이미 받아들여지고 전통 속에서 지속되는 제안이라고 할 수 있을 것이다. 여기서 결정적인 것은 양식과 예술이 일종의 선물, 즉 적극적 문화가 과도한 풍요를 통해 선사하는 것이라는 점이다. 이와 대조하여 니체는 그 반대 유형, 곧 반응적 인간을 결핍을 통해 규정한다. 이런 인간의 내면에서는 어느 정도 영속적으로 "압박"이 지배한다. 이에 상응하여 그런 인간이 제시하는 원근법은 보상적인 것이다. 그는 주지 않고 받으려고 한다.

"한 가지 대립 상태를 생각해내도 될 것이다. 그것은 본능의 특유한 반예술적 성격이다. 즉 모든 사물들을 빈곤하게 하고 희석시키고 소모적으로 만드는 존재방식이다. 사실상 역사는 그런 반예술가들, 그처럼 삶에 굶주린 자들로 넘쳐난다. 이들은 필연적으로 사물들을 탈취하고, 소모하고, 더욱 빈약하게 만들 수밖에 없다."(Ⅱ, 995f.)

이 보완적이고 "탈취적인" 대립입장, 곧 반응적인 것은 니체가 보기에 흡혈귀와 같은 방식으로 고대 이교문화의 풍요를 정복한 기독교를 통해 모범적으로 구현되어 있다.

"그리스인들! 로마인들! 본능의 고상함, 취미, 방법에 입각한 탐구, 조직과 관리의 천재, 믿음, 인간의 미래를 향한 의지, 모든 사물들에 대한 '로마 제국' 으로서의 대범한 긍정 등이 모든 감각에 대해 드러났으며, 위대한 양식은 단순한 예술이 아니라 현실 · 진리 · 삶이 되었다. —그런데 그것이 자연적 사건을 통해 하룻밤 사이에 파묻힌 것은 아니다! 게르만인이나 무지막지한 자들에게 짓밟힌 것이 아니다! 오히려 교활하고 음흉하며 눈에 띄지 않으면서 빈혈증을 앓고 있는 흡혈귀들을 통해 손상된 것이다! 패배한 것이 아니라 단지 빨아먹힌 것이다!"(Ⅱ, 1231)

이런 결함, 이런 활력의 취약성이 그래도 "창조적으로" 되는 경우에는 니체가 보기에 "낭만주의적" 예술, 곧 퇴폐의 절정인 "무한을 향한 동경"이 생겨난다. "낭만주의자는 거대한 불만 자체를 통해 창조적으로 되는, 자신과 자신의 세계를 보지 않는 예술가다."(Ⅲ, 496)

생산성의 생리학은 도취의 현상들에 대해 두 가지 규정을 제시한다. 이 규정들은 "퇴폐 연구"에서 나온 것이지만 니체는 그 가치를 전도시킨다. "세기말"의 걱정 많은 사람들에게 현대적 도시적 생활세계 속의 변화된 지각의 요구들이 초래하는 듯한 과도한 예민성 혹은 민감성인 "신경과민" 상태를 니체는 "강자의 민감성"이라고 재해석한다. 이러한 민감성은 예견하지 못한 방식으로 시간과 공간에 대한 지각을 강화하고, 가장 미세한 뉘앙스에도 일종의 "세부포착"을 통해 윤곽을 부여하며, 포괄적 지평과 연관관계들도 "총체적 입장"의 형태로 공존하게 만들 수 있다는 것이다. 고도로 상승된 힘의 감정인 "도취"는 주체에게 "망원경"과 "현미경"을 통해 보는 것과 같은 감수성을 부여한다. 도취는 "시선"과 그 조직력을 강화한다. 현대의 의사소통 매체들인 철도 · 전보 · 사진,

그리고 나중의 영화 등으로 구현된 "시간과 공간의 산업화"는—정신의 학적 퇴화의 이론과 결합하여—하나의 "세계"를 형성할 수 있는 강력하고 "도취된" 시선이라는 니체의 비전을 규정하기도 한다.

"도취라고 칭하기도 하는 쾌락상태는 정확히 말해서 드높은 **권력**의 감정이다. … 공간과 시간의 감각들은 변했다. 엄청나게 먼 곳을 굽어볼 수 있으며 이제 처음으로 **지각할 수 있게** 된 셈이기도 하다. 더욱 큰 양과 넓이를 보는 시선의 **확장**, 수많은 사소한 것과 덧없는 것을 지각하는 기관의 **세련화**가 이루어진 것이다."[21]

이처럼 거의 매체적 성격을 띠는 "지각"의 역동화 및 강화는 한 가지 모티프다. 니체가 퇴폐문학에서 끌어내어 "가치전도하는" 다른 모티프는 극도로 민감한 주체의 극단적 의사소통 가능성이다. 이러한 주체는 문자 그대로 "육체의 언어"로서, 모방과 몸짓으로 표현되는 "전달욕구"에 사로잡혀 있다. 그래서 마치 육체가 감추고 있는 힘을 육체 표면의 각 지점이 표현하고 전달하려고 하는 듯하다. 육체 및 육체의 조형성은 권력의 유일한 기표가 되며, 그렇게 교란된 "공동주체들"의 양립 가능한 "상태들"을 유발할 수 있는 자극의 암시로서 전파된다. "예술"은 니체에게 극단적으로 민감해진 육체와 그 "기호언어"의 의사소통으로서의 전달이다. 그것은 나중에야 비로소—니체의 생각에 역사적으로, "논리적으로"—감성적 효과들로 번역된다.

"모든 예술은 원래 소박한 예술적 인간에게서 작동하는 근육과 감성들에 대한 암시로 작용한다. 그것은 언제나 예술가에게만 말하며, 이처럼 섬세한 육체의 움직임에 대해서만 말한다. (…) 미적 상태는 풍부한 전달수단을 가지고 있으며, 동시에 자극과 기호들에 대한 극단적 수용성을 포함한다. 그것은 생명체들 사이의 전달가능성과 전파가능성의 정점이다. 그런 상태가 언어의 원천이다. 언어들은 여기서 만들어져 나왔

21) Musarion-Ausgabe. Bd. XIX. S. 210.

다. 몸짓과 시선의 언어들과 마찬가지로 소리의 언어도 그렇다. 충만한 현상들이 언제나 출발점이다. 우리의 능력들은 충만한 능력들로부터 세련된다. 그러나 오늘날에도 여전히 사람들은 근육으로 들으며, 심지어 아직도 근육으로 읽는다. (…) 사람들은 결코 사상을 서로 전달하지 않는다. 사람들은 운동들, 모방적 신호들을 전달한다. 이것들을 우리는 사상에 도달할 때까지 거슬러올라가며 읽는다."(Ⅱ, 753f.)

니체는 "예술의 생리학"을 통해 모든 미학과 가장 극단적으로 등을 돌렸다. 이 예술의 생리학은 "생산성"을 순수한 권력의 의사소통이라고, (남근적) "폭발적" 힘의—이 힘은 "주고", 형식화하고, 미화하지만, 또한 압도하고 매료하기도 하며, 그리하여 양식과 문화를 형성하는 것이 될 수도 있다—거의 강압적인 전달의 필연성이라고 파악한다. 니체는 이러한 힘의 양을 다름 아닌 실험에 의해—검력계를 통해—측정할 수 있다고 생각했다. 모든 형이상학에 대한 비판을 통해 세계는 권력을 위해 투쟁하는 단순한 힘의 양들의 우연한 장으로 나타나게 된다. 이 냉정한 "사태 규정"은 아무런 의미의 잔재도 인정하지 않는다. 여기서 세계의 상태는 힘들의 짜임관계에서 나오는 결과다. 이 경우 니체는 물론 자신을 이러한 권력 작용 속에서 평가하고 가치전도하고 행동하고 투쟁하며 "미적지근한 죽음"의 문화 대신 "에너지"의 문화를 강제하려는 한 요소로 본다. 이 죽음의 문화에서는 반응적 인간들이 강자들에게서 강인함을 빼앗고 그들을 평범한 존재로 평준화할 수 있게 되었다. 따라서 니체의 사유는 미학만 아니라 철학 일반을 떠났으며, 한편으로 생리학을 지향하는 인간학으로, 또 한편으로 결정론적 권력의 정치학으로 그것을 대체했다고 충분히 말할 수 있다. 모든 것이 정립 · 구성 · 양식화 · 형식화를 추구하기 때문에만 "예술"은 여전히 중요한 것이다.

미학적 주도 개념들인 "미"/"추"에 대한 니체의 재해석을 예로 이러한 대조는 특히 잘 해명될 수 있다. 니체에게는 "존재"의 어떤 특성도, "이념의 현상"이나 "진리"나 "선"의 현상도 "아름다운" 것이 아니다. 단지

"세계"에 자신의 "형상"을 강요하는 인간의 자기긍정 효과만이 "아름다운" 것이다.

"미에 대한 우리의 감정보다 (…) 더 제한된 것은 없다. 그것을 인간이 인간에게서 느끼는 쾌감과 분리하여 생각하려는 자는 당장 발 밑에서 근거를 잃게 될 것이다. '미 자체'는 단지 하나의 말일뿐이며 개념조차 못된다. 미를 통해 인간은 완전성의 척도로서 스스로를 정립한다. 정선된 사례들을 통해 그는 스스로를 숭배한다. 하나의 종족은 그런 형태로 말고 달리는 자신만을 긍정할 수 없다. 그들의 **가장 낮은** 본능, 즉 자기보존과 자기확장의 본능은 그처럼 고상한 것들 속에서도 여전히 발현된다. 인간은 세계 자체를 미로 뒤덮었다고 믿는다. 그는 자신이 그 미의 원인임을 **잊는다**."(Ⅱ, 1001)

따라서 미는 완전히 상대적인 것이다. 그것을 규범화하고, 예컨대—칸트가 생각하듯이—합의에 의해 서로 받아들일 수 있도록 확정하는 것은 니체에게 인간들 사이의 모든 등급차이를 지워버리는 결과로 귀결될 것이다. 미에 대한 경험, 미에 대한 판단은 호의적인 인도주의적 이상주의적 미학이 원한 것처럼 인간을 통합하지 않는다. 오히려 그 반대를 행한다. 즉 그것은 인간들을 구분하며 서열을 표시한다. "미 **자체**라는 것은 선 **자체**, 진 **자체**와 마찬가지로 존재하지 않는다. 개인 차원에서는 다시 어떤 특정 종류 인간의 **존속조건들**이 관건이다. 그래서 **가축떼** 인간은 **예외적** 인간 내지 **초인**과는 다른 사물들에서 미의 가치감정을 지니게 된다."[22)]

보편적 포괄과 아울러, 즉 누구나 참여할 기회가 있는, 세분화된 사회체계라는 의미의 "미적 의사소통"은 니체에게 퇴폐의 징후로 나타날 수밖에 없었다. 왜냐하면 그것은 행동하는 주체들에게 무엇이 "아름다운"지에 대해 "반응하는 인간들"과 논의하도록 부당하게 요구하기 때

22) Musarion-Ausgabe. Bd. XIX, S. 213.

문이다.

따라서 현대 문화에 대한 니체의 공격은 우선 아마 가장 눈에 띄는 담론의 탈세분화라는 모티프, “아방가르드적으로” “예술을 삶 속으로” 인도한다는 모티프 이외에도 계층 혹은 신분의 재분화라는 모티프에 근거를 둔다. “담론적 반혁명”과 “사회적 반혁명”이 “신분제국가 속의 삶의 예술”이라는 니체의 전략을 규정한다.

“아름다운” 것이 삶의 긍정적 요소 이외의 아무것도 아니라면, “추한” 것은 나약해짐 혹은 삶의 축소가 야기하는 효과다. “타락하는 인간만큼 추한 것은 없다. (…) 생리학적으로 추후에 검토해보면 모든 추한 것은 인간을 나약하게 하고 우울하게 한다. 그것은 그에게 몰락 · 위험 · 무기력 등을 상기시킨다. 이 경우 그는 실제로 힘을 잃어버린다. 추의 효과를 검력계로 측량할 수도 있다. 인간은 일반적으로 억압받는 곳에서 어떤 ‘추한’ 것이 가깝다는 것을 감지한다. 그의 권력감정, 그의 권력의지, 그의 자부심, 이것은 추와 더불어 가라앉고, 미와 더불어 상승한다. … 앞의 경우나 뒤의 경우나 마찬가지로 우리는 하나의 결론을 얻는다. 그 전제조건들은 엄청나게 풍부하게 본능 속에 축적되어 있다. 추는 퇴화의 신호이자 징후라고 이해된다. 극히 멀리 떨어져서도 퇴화를 상기시키는 것은 우리 내면에서 ‘추하다’는 판단을 유발한다. 탈진 · 둔함 · 노화 · 피로의 모든 신호, 경련이나 마비로 나타나는 모든 종류의 부자유, 특히 해체나 부패의 냄새와 색깔과 형태는 설혹 최종적으로 희미해져서 상징의 수준으로 될지라도 모두 동일한 반응을 유발한다. ‘추하다’는 가치판단이 그것이다.”(Ⅱ, 1001f.)

이러한 인용도 “추한 것들”에 나약해지고 “타락한” 삶의 징후들로서 무자비하게 대립하고, 주저 없이 “모든 타락하는 것의 무자비한 말살”(Ⅱ, 1111)을 예고하는 “악한” 니체를 보여준다. “미”/“추”라는 미학적 코드화를 니체는 자신에게 좀더 근본적인 관점의 코드화, 즉 “행동”/“반응”의 구분에 종속시킨다. 또 그는 관점들의 일치는 전혀 불가능하다고 암시한다.

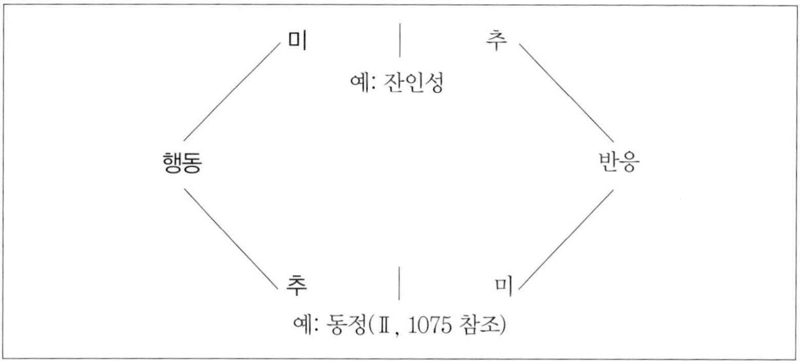

따라서 니체는 전통적인 "미"의 장을 한편으로 "과학화하며" 다른 한편으로는 "정치화한다". 취미의 차이들은 수준의 차이들이다. 니체는 정치를 "유미화하지" 않는다. 그는 사회적 구분들을 미학적 구분들에 앞세움으로써 예술을 "정치화한다". 니체에게는 "파쇼적인" 국가미학이나 "정치적 총체예술작품"이나 대중적 연출 등이 결코 중요하지 않았다. 그에게는 오히려 어떤 정치계급이 근로대중을 제어하고 아울러 어떤 문화엘리트들에게 정치와 경제 너머에서 삶을 아름답게 양식화하는 것을 가능하게 해줄 어떤 효과적 체계를 건설하는 것이 관건이었다. 니체는 자신의 마지막 저술에서 이러한 구상을 아주 명확히 밝혔다.

"모든 건강한 사회에서는 상호 제약하면서 생리적으로 상이한 무게를 지니는 세 유형이 분리된다. 그 각각은 고유의 건강법과 고유의 노동영역과 고유한 방식의 완전성 감정과 숙련성을 지닌다. (…) 최상의 계급은—나는 그들을 **소수자들**이라고 칭한다—완전한 계급으로서 소수가 누리는 특권도 지닌다. 이에는 행복 · 미 · 선을 세상에 보여주는 것도 포함된다. 가장 정신적인 인간들만이 미와 아름다운 것을 허락받는다. 단지 그들의 경우에만 선이 곧 나약함은 아니다. 즉 **미는 하나의 특권인 것이다.** 반면에 추한 기교나 염세주의적 시선, **추하게** 만드는 눈, 혹은 사물들의 전체적 측면에 대한 격분 등을 그들에게 인정해주는 것은 무엇보다 부적절하다. (…) 둘째 계급은 권리의 감시자, 질서와 안정의 수호자다. 이들은 고귀한 전사들이며, 특히 전사의 최고 형식인 왕, 재판관, 법의 수호자 등이다. 이 둘째 계급은 정신적인 자들의 집행관들이며, 그들에게 속하는 가장 가까운 존재이며, 그들에게서 지배의 노동에 포함된 온갖 조야한 일을 면제해 주는 존재다. (…) 고급 문화는 일종의 피라미드다. 그것은 넓은 토대 위에만 서 있을 수 있으며, 무엇보다 강력하고 건강하게 고정된 중간을 전제한다. 수공업 · 상업 · 농업 · 과학, 예술의 가장 큰 부분, 한마디로 직업활동의 전체적 총괄개념은 능력과 욕구의 중간층하고만 전적으로 조화를 이룬다. 그러한 것들은 예외들 사이에서는 어울리지 않을 것이며, 그에 속하는 본능은 귀족주의만 아니라 무정부주의에도 모순될 것이다. 인간이 공적으로 유용한 존재, 하나의 톱니바퀴, 하나의 기능이 되려면 어떤 천부적 소명이 존재한다. 사회 혹은 대부분의 사람들이 그저 누릴 수 있는 부류의 행운이 그들을 지적인 기계로 만드는 것은 아니다. 중간층에게는 중간적인 것이 일종의 행운이다. (…) 나는 천민들 가운데 누구를 오늘날 가장 증오하는가? 본능, 쾌감, 노동자의 만족감을 그의 보잘것없는 존재와 함께 매장해버리고, 그를 질투하게 만들고, 그에게 복수를 가르치는 사회주의자들의 무리다. … 불의는 결코 불평등한 권한에 있는 것이 아니라 '평등한' 권한에 대한 요구에 있다."(Ⅱ, 1226ff.)

이는 완전히 명확한 말이어서 주석이 필요 없다. 어떤 엘리트의 삶의 예술, 효과적 지배와 관리, 그 엘리트 문화를 물질적 · 구조적으로 가능하게 만드는 재화와 지식의 기능적 생산 등이 그것이다. 이 경우 니체는 "최고 계급"을 물론 어떤 "인종적" 혹은 "사회적" 특권의 의미가 아니라 가장 훌륭한 자들을 선별한 것으로서 혹은 생산적 인간들의 귀족제로서만 이해했으며, 이들의 성공적 실존을 위해서는 다른 인간들의 모든 희생이 가치 있다고 보았다. 왜냐하면 이들만이 현존재의 절망적이고 무의미한 우연성을 예술적 생활양식의 "미적 가상" 속에서, 매력적인 문화적 성과를 통해서 "압도할" 수 있기 때문이다. 삶은 단지 "미적"으로만 정당화된다는 것을 니체는 끝까지 자신의 기본원칙으로 고수했다. 현대 이후의 신분제 국가에 대한 계획은—이 국가의 문화적 엘리트는 그 형식화된 의지의 생산적 형태를 통해 현존재를 "거룩하게 만든다"—니체의 조직선언문과도 같았다. 그것은 그와 같은 기본적 직관을 "정치적으로" 관리할 수 있도록 구체화하려고 했다. 그것을 빗나간 이념 혹은 도덕적으로 의심스러운 이념이라고 여기고 이로써 니체의 관점을 거부할지라도 그 점은 고려해야 한다. 물론 이렇게 평가하는 사람은 그의 관점에서 보면 단지 반응하는 자일 뿐이다!

아방가르드, 포스트모던

니체 전략의 본질은 모든 전통적 철학과 미학을 "끝까지 밀고 가고" "넘어서는" 데에 있었다. 이 점에서 그는 맑스와 프로이트, 심지어 하이데거의 사유와도 접한다. 이들은—비록 그들의 출발점과 관심은 명백히 상이했지만—사유의 한 전통과 문화의 한 양태를 끝장내고 새로운 것을 열고자 했다. 그들은 다시 한번 계몽의 이론적 제스처를 반복한다. 이는 과거에 대해서는 파괴적-비판적이지만 미래에 대해서는 구성적 태도를 취하는 것이었다.즉 그들은 "시간"이라는 매체를 "과거"/"미래"라는 구분에 따라, 따라서 역사적으로 도식화하며, 과거를 "파괴적"이라고 평가절하하고, 미래를 "구성적"이라고 평가절상한다. 이처럼 "끝까지 밀고 가고" "넘어서는" 담론을—그리고 그것의 함축적 시간구상을—우리는 "아방가르드적"이라고 칭하며, 포스트모던적 이론틀과 그것을 엄격히 대조한다. 아방가르드는 아직 강력한 역사 개념으로 작업했고 "뒤쪽으로" 향하는 파괴를 "앞쪽으로" 바라보는 구성과 구분했다.

"포스트모던"의 의미론은 역사적으로 평가하는 "과거"/"미래"의 구분을 버렸으며 그에 따라 탈구성적으로, 텍스트라는 초시대적 매체를 통해 영속적으로 대항하는 운동을 야기한다. 왜냐하면 "포스트모던"은 의미론적 계획으로서 단지 그것이 스스로를 낡은 모습으로 현대 이후의 "시대"로서, 고대 혹은 중세 등의 반복으로서 이해하지 않고, 역사적 시간을 자기서술의 매체로서 배척할 때, 그러니까 더 이상 시대와 시기들의 "연속" 속에서 사유하지 않을 때에만 중요성을 지니기 때문이다. 포스트모던 문화는 그처럼 과거의 역사적 시간개념들이 비본질적으로 되거나 무너져 버린 "비역사적" 문화일 것이다. 단지 그러한 문화 속에서만 건설하기 위해 파괴하지도 않고, 파괴하기 위해 건설하지도 않으며 두 계기를 동시에 영구화하는 "탈구성적" 제스처의 영속성이 의미를 지닌다. 포스트모던적 의미론은 "역사의 유희"와 "지난 일"과 "미래의 일"이라는 평가적 세분화에 더 이상 동참하기를 거부하고, 따라서 역사적 시간을 "세분화하지 않음"으로써 계획으로서 혹은 의미론적 사건으로서 유럽 계몽주의의 토대에 대한 확신들만 아니라 역사적 아방가르드를 통한 그 극단적 반복과도 구분된다.

"아방가르드"와 "포스트모던" 구조에 대한 논의에 끼워 넣어야 할 하나의 도식을 제안하고 싶다. 의미론적 자료를 구조화할 때에는 언제나 어떤 변수들이 결정적이어야 하는지를 결정해야 한다. 그런데 우리는 의심스러운 경우에 시간적 사회적 측면이 전면에 부각되어야 한다고 생각하며, 따라서 우리는 "아방가르드"와 "포스트모던"의 의미론을 아래와 같은 방식으로 도식화한다.

시간적 / 사회적	+ (역사적 시간)	– (역사적 시간)
차 이	1) 현 대	2) 포스트역사
탈-차이	3) 아방가르드	4) 포스트모던

이 경우 영역 1)은 "현대"라는 인습적 의미론을 뜻한다. 이는 시간적

관점에서 역사적, 예컨대 "진보적" 구성물로 묘사되며, 사회적 관점에서 기능체계들의 분화와 "분업" 및 담론의 전문화를 특징으로 삼는다. 계몽주의 자체는 그렇게 규정되었으며, 오늘날 "현대의 기획"을 옹호하고 대변하는 사람들은 모두가 그러한 사고의 전통 속에 자리잡고 있다. 물론 영역 1)을 좀더 분류하여 고찰할 수도 있으며, 그 속에서 하위 입장들을 세분화할 수도 있다. 하지만 이 자리에서 그것은 중요하지 않다.

영역 2)는 물론 영역 1)과 사회적 관점, 즉 세분화의 의미론을 공유한다. 하지만 자체서술의 매체로서 역사적 시간을 포기한다. 그것은 예컨대 과정으로서의 "역사"를 중단시키며, 그래서 현재 속의 진보는 중단되거나 영구화된다. 이러한 의미론은 이미 헤겔의 경우에도 드러난다. 사람들은 그것을 "포스트역사"라고 칭하는 데에 익숙해졌다. 오늘날에는 아르놀트 겔렌이나 에른스트 윙어 같은 작가들이 그 윤곽을 제시했다. 즉 자체의 시간적 잠재력을 탕진한 현대의 중단으로서의 "포스트역사"라는 것이 그것이다. 겔렌은 이런 맥락에서 "결정체의 형성"이라는 말을 하기도 했다.

영역 3)은 사회적 관점에서 기능적 체계들과 특수한 담론들의 탈세분화를 옹호하지만, 이를 "미래" 지향적이며 명확히 역사적인 관점과 결합한다. 즉 그것은 강력한 시간개념을 통해 작업한다. 이 영역은 예컨대 예술과 정치를 어떤 변화된 사회 속에서 탈세분화하고자 한 문화혁명적 아방가르드를 표시한다. 이 영역에는 니체의 구상만 아니라 초기 맑스주의와 20세기 초 이래의 다른 예술적 아방가르드 모두가 포함된다.

끝으로 영역 4)는 담론적 탈세분화를 "포스트역사"와 결합시킨다. 따라서 그것은 시간 축에서의 역사적 자기서술을 포기하며 "희망"의 매체인 미래의 가치를 부정한다. 하지만 예컨대 문학 · 철학 혹은 과학 담론들의 인습적 세분화를 해체 과정에서 무너뜨리고 전복한다고 믿지만, 그것과 어떤 "기획"을 결합시키지는 않는다. 이러한 경향을 우리는 좁은 의미에서의 "포스트모던"이라고 칭한다. 니체의 저술들이 지니는 전형적으로 아방가르드적인 윤곽을 간과하고 예컨대 단지 그의 언어비판적 혹은 수사학적, "상호담론적" 전략만을 중요하다고 여기면서 그의 미래기획을 "낡은 것"으로 혹은 무의미한 것으로 깎아내릴 경우에만 이 포스트모던에 니체를 포함시킬 수 있다.

니체를 "아방가르드주의자"로 평가하면, 즉 그를 맑스주의적인 혹은 무정부주의적인 부류의 문화혁명적 경향들을 위한 우리의 재구성에 접근시키면 반론을 유발할 수도 있다. 이는 이해할 만한 일이며, 그래서 영역 3)은 다시 한 번 면밀히 검토해야 할 것이다. 이 영역은 파괴되고 극복되어야 할 현대에 대한 반대를 하나로 묶어 놓는다. 그러나 니체와 맑스는 "적수"를 다르게 받아들인다. 맑스는 경제적 생산관계에서 야기되는 계급과 계층을 통한 사회적 세분화를—그리고 그 효과로 담론적 전문화들을—관찰한다고 생각한다. 이에 반해 니체는 사회의 점증적 탈세분화, "평등"의 구호 아래 이루어지는 사회의 평준화를 보며, 또 한편으로는 만인에게 "격투장"을 열어주는 문화의 분할과정을 본다. 물론 누구의 관찰이 더 사실에 적합한지 논쟁할 수는 있다. 니체는 오늘날 니클라스 루만이 보는 바와 같이 현대를 보았다. 즉 세분화와 통합이 그것이다. 그리고 바로 이것을 그는 "몰락"이라고 여겼다. 따라서 현대에 대한 그의 문화혁명적 공격은 일종의 균형 잡힌 부정이다. 잠재적으로 만인이 모든 의사소통 체계들 속에 통합되고 평준화되는 데에 맞서 그는 계층형성 · 성층 · 위계질서를 내세우며, 분할과정에 맞서 탈세분화된 삶의 예술을 내세운다. 하지만 단지 우두머리 내지 엘리트들을 위해서만 그럴 뿐이다. 그에 반해 맑스주의적 문화혁명은 담론적 사회적 탈세분화를 요구했다. "계급 없는 사회의 삶의 예술"이 그것이다. 무엇보다 이러한 기획이 완전히 좌절함으로써 "포스트모던"이 부각되었다. 포스트모던은 실망을 보상하는 한 가지 형식이다. "전복"의 격정은 고수된다. 하지만—일종의 학술 사건인—"해체적" 독서의 빈약한 배율로 축소된다.

니체의 기획은 역사적 검증을 받은 적이 없다는 "장점"을 지녔다. 오히려 그의 사유는 "현대적으로" 개조되었다. 즉 그의 텍스트들 속에 포함된 계획을 고려하지 않은 채 그것들을 인습적 철학 혹은 흔해빠진 문학으로 지각하는 세분화된 담론의 관점에서 관찰되었다. 현대문화는 니체를 "중요한 철학자"나 가치 있는 논문주제 내지 "천재적 시인"이자 인간학 제공자로 통합할 수 있었던 순간 그에게 승리를 거두었다. 니체는 주도적 차이를 위한 투쟁에서 패배했다. 왜냐하면 사람들은 그의 주도적 차이를 미학적으로 "독창적"이라고 여기거나, 아니면 정치적-도덕적으로 "부당한" 혹은 "배척해야 할" 것으로 여기기 때문이다. 이 점은 니체의 기획을 계승하려는 오늘날의 아마 가장 본질적인 입장들, 즉 현대의 친밀한 모임에 대한 리햐르트 제네트의 비판에서나 고대의 저술가들에게서 영향을 받은 푸코의 "삶의 미학"에서도 드러난다.[23)]

1977년에 발간된 연구서 『공적 삶의 몰락과 종말』에서 제네트는, 늘 "진실될" 것, 가능한 한 "자기 자신"이 관여할 것, 모든 전달에 직접 "당면한" 흔적을 표현할 것, 그러나 인습적으로 속박되어 있는 의사소통은 지속적으로 의심할 것 등등과 같은 부르주아적 현대의 유사도덕적 요청이 얼마나 심각한 의사소통 가능성의 빈곤화를 의미했는지 인상 깊게 보여준다. 제네트는 이 "내면성"과 "진정한" 주관성의 숭배를 "미개한" 것이라고 거부하기에 이른다.

"자신의 자아로 타인들을 부담스럽게 하는 것은 미개한 것이다. 미개상태란 이러한 부담으로 인해 사교성을 제한하는 것을 의미한다. 누구나 이런 의미에서 미개한 사람들을 안다. 늘 자신의 일상적 내면세계의 상처 입은 영역을 들여다보도록 하려고 하며, 다른 사람에게는 단지 자신의 고백들에 귀를 기울여 주는 데에만 관심을 갖는 '친구들'이 그들

23) Richard Sennett: Verfall und Ende des öffentlichen Lebens. Die Tyrannei der Intimität. Frankfurt/M. 1983; Michel Foucault: Der Gebrauch der Lüste. Frankfurt/M. 1985; Die Sorge um sich. Frankfurt/M. 1986; Von der Freundschaft. Michel Foucault im Gespräch. Berlin 1986.

이다. 지적이고 문학적인 영역에서도 우리는 종종 이런 미개상태에 접한다. 예컨대 우리에게 실로 강제적으로 성적 선호나 금전관계상의 습관들이나 혹은 주인공들의 성격적 약점들을—마치 이 모든 비밀들이 들춰지면 우리가 세계 속에서 그들의 삶과 그들의 글과 그들의 행위를 더 잘 이해하기라도 하는 듯이—시시콜콜하게 들춰 보이는 자서전이나 전기들에서 그렇다."[24]

제네트는 이러한 미개상태가 정치의 격투장에서 초래할 치명적 결과들을 지적한다. 즉 정치가들이 자신의 정책을 냉정하게 설명하지 않고 자신의 동기들을 "극화한다"는 것이다. 또 그는 사람들 사이의 "사적인" 교류에서 야기되는 결과들도 지적한다. 그러한 교류가 같은 성향을 지닌 사람들 사이에서 일종의 "따뜻한 가정"을 추구하는 반도시적 경향이나 개인적 성벽에 의한 분위기의 육성을 통해 규정된다는 것이다. 매우 니체적으로 제네트는 그에 맞서 어떤 "연극적" 문화의 이념을 내세운다. 이것은 규범의 피안이자 "진정성"의 차안에서 세분화되고 강한 표현력을 지니는 의사소통 양식들의 풍부한 가능성을 제공해주는 것이다. 이러한 양식들은 "자아"에 어떤 "언어"를 제공함으로써 비로소 "자아"를 문명화한다. 이는 엄격한 반루소주의다!

"세계 극장이라는 고전적 관념은 사회와 극장, 일상행위와 무대 위의 행위를 동일시하는 데에서 나온다. 그것은 사회생활을 미학적 범주들로 파악하며 모든 인간을 예술가라고 이해한다. 왜냐하면 누구에게나 역할을 수행할 능력이 있기 때문이다. 사회적 관계들 속에 개성이 파고듦으로써 비로소 시간이 지남에 따라 연기력을 발휘하기가 점점 더 어려워졌다. 그것은 표현의 제스처에 심각한 자기의식의 부담을 안겨 주었다. 내가 연기하는 것이 바로 나인가, 정말로? 자아는 비인격적 상황들 속에도 편재해 있는 듯했고 모든 자제를 벗어나 있으며 자아에 대한 거리감이

24) Richard Sennett: a. a. O., S. 299.

점점 사라졌다."[25]

이와 비교할 만한 관심이 미셸 푸코의 마지막 연구물들 속에 자리잡고 있다. 올바른 생활—집안의 지배로부터 성과 영양에 이르기까지—과 관계하고 타인에 대한 지배의 조건으로서 자제를 목표로 한, 고대 그리스인들의 이른바 "삶의 기술들" 가운데 푸코를 매료한 것은, 이 "기술들"이 성문화되고 일반화되고 규범으로서 의무를 부여하는 윤리 내지 "율법"으로 등장한 것이 아니지만 또한 개인의 자의에 빠지지도 않았다는 점이다. 현대적 차이의 도식인 "일반"/"개인"을 넘어서 고대적 "삶의 예술"은 경이로운 균형을 유지했으며 무정부상태만 아니라 법전에 따른 강압도 피했다. 이러한 균형은 이미 로마 제국에서, 그리고 기독교적 서구에서 좀더, 가장 심하게는 현대의 규격화사회에서 규정된 법전의 도덕을 위해 지양되었고, 이는 주체들에게서 스스로를 양식화하는 힘을 앗아갔다고 한다. 이러한 진단은 현대의 "자아 숭배"에 대한 제네트의 테제와 전혀 모순되지 않는다. 왜냐하면 "무조건적 주관성"에 대한 요구는 니체가 이미 간파했듯이 규격화의 반응적 보완물일 뿐이기 때문이다. 따라서 규범의 문화는 동시에 "내면성"의 문화이기도 하다. 푸코는 제네트와 마찬가지로 포스트모던 속의 "삶의 예술"을 혁신하는 데에 희망을 걸었다. 그는 이러한 희망의 근거를 다음과 같은 데에서 찾았다. 즉 서구문화는 고전적 의미의 본래적 "혁명"이 필요하지 않은 가운데, 삶의 형상화를 위해 새로운 활동공간을 열어줄, 성문적 체계통합의 의미가 점점 사라진다는 점을 특징으로 한다. 그보다는 오히려 이완과 내파의 과정이 훨씬 더 관건이라는 것이다. 그리고 이러한 규범 부재가 사회적 관계들의 다른 성격을 띤 조형의 전제조건을 마련해 준다는 것이다. 그것을 푸코는 니체의 "삶의 예술"을 계승하여 "실존의 미학"이라고 칭했다.

25) Ebd., S. 301 f.

"고대로부터 기독교에 이르기까지 사람들은 본질적으로 어떤 개인적 윤리를 추구하는 도덕으로부터 어떤 규범체계에 대한 복종으로서의 도덕으로 넘어간다. 나는 일련의 이유들 때문에 고대에 흥미를 갖게 되었다. 법적 규범에 대한 복종으로서의 도덕이라는 이념은 오늘날 사라져가고 있다. (…) 그리고 이러한 도덕의 부재에는 실존 미학의 추구가 응답해야 한다."[26]

니체와 유사하게 푸코는 다음과 같이 비판한다. "우리 사회의 예술은 개인들이나 삶이 아니라 대상들과만 관계하는 어떤 것이 되었다. 예술은 전문가들에 의해 만들어지는 어떤 특수한 것이 되었다. 하지만 왜 각자가 자신의 삶으로부터 하나의 예술작품을 만들 수는 없어야 한단 말인가? 왜 이 램프나 이 집은 예술대상이어야 하는데 나의 삶은 그렇지 않단 말인가?"[27]

따라서 푸코에게는 "아름다운 주거생활"이라는 의미에서 "사적 영역의 유미화"가 아니라 전통적으로 도덕지향적 정치 내지 일반화와 개별화의 전략이 점령했던 영역을 점령하는 것이 관건이었다. 물론 제네트만 아니라 푸코도 자신을 위해 타인들에게 노동을 시키는 니체 식 엘리트 문화인 "삶의 문화"라는 결론 앞에서는 뒤로 물러난다. 하지만 여기서 한 가지 문제가 생겨난다. 즉 "정치적" 전략으로서는 "삶의 예술"이라는 기획도 갈등들을 어떻게 다룰 것이냐 하는 물음에 대한 하나의 답변으로 제시된 것이다. 이 점에서 그리스인들과 니체는 분명했다. 그들은 필요하다면 폭력을 통해 보장되고, 모든 생명체들에게—동물들 · 노예들 · 여인들 · 아이들 · 남성들, 그리고 법적 보호를 받지 못하는 자들과 폴리스 시민들 등에게 — 그 위치를 지정해주는 종속관계를 옹호했다. 이러한 질서의 틀 속에만 "자아의 양식화 기술들"을 위한 공간이 존

26) Von der Freundschaft, a. a. O., S. 136.
27) Ebd., S. 80.

재했다. 리햐르트 제네트는 이 문제에 대해 그런 태도를 취하지 않는다. 그는 도시적인 세계 속의 새로워진 "극장 문화"의 통합가능성이 민주주의적 제도들의 여건들과 결합될 수 있다고 간주하는 듯하다. 하지만 푸코는 "삶의 예술"의 위치, 혹은 상이한 양식들과 "유희들"의 갈등적 장을—계급체계인 고대 내지 니체의 위계를 넘어서면서도, "규범"의 이상을 통해 실현되었다는 현대적 민주주의의 의미론 이내에서—정치적으로 확인할 수 있을 어떤 개념의 정리를 포기했다. 이러한 침묵이 "평화의 능력을 지닌 차이의 유희"를 주도적 이미지로 부각시키고 "전쟁"도 "동의"도 원하지 않는 "포스트모던" 정치 이론의 딜레마를 말해주는 징후라면, 푸코의 침묵에는 충분한 이유가 있는 것이다. 이러한 침묵이 니체의 "아방가르드주의"와 그를 분리해 놓는다.

예술의 이론과 정치: 맑스

1929년 1월 10일 쾰른 라디오방송은 독일 연극의 당면 상황에 대한 방송토론을 중계했다. 여기에는 베르톨트 브레히트도 참가했다. 이 시기 브레히트에게는 극장이라는 전통적 제도를 정면으로 공격하고, 그것을 생산자와 소비자, 예술세계와 일상현실의 엄격한 구분이 지양될 수 있는 실험적 공연으로 대체하는 것이 관건이었다. 브레히트는 극장의 결정적 변화가 일차적으로 "혁명적" 작품이나 주제들에 달려 있는 것이 아니라, 공연을 통해 제시된 내용과 완전히 무관하게 관객의 태도와 관람습관을 규정하는 제도로서의 극장을 변형하는 데에 있다는 점을 알았다. 맑스주의 이론으로의 전환을 통해 브레히트는 "예술"의 사회적 현실성은 그것이 주로 "의미론적" 현상으로 규정될 경우 파악되지 않는다는 점, 문화사업의 장치들과 대리자들을 통해 이루어지는 예술의 물질적 조직을 파악하는 데에 모든 것이 달려 있다는 점을 배우게 되었다. 브레히트는 관습적 예술을 처음으로 제도화된 의사소통 관습이라는 그 사회적 실존 속에서 드러내 보여준[1] 아방가르드의 충동을 받아들였고, 그것을 맑스주의 지향적 문화이론의 분석적 맥락 속에 설정했다. 쾰른 라디오방송에서 브레히트가 취한 입장을 올바르게 정리하기 위해서는 이상의 맥락을 지적하는 것으로 충분할 것이다.

"당신이 오늘 어느 극장에 앉아 있고 극장이 8시에 시작했다면, 당신은— 『오이디푸스』나 『오델로』 혹은 『마부 헨쉘』이나 『밤의 북소리』 중

1) Vgl. Peter Bürger: Theorie der Avangarde. Frankfurt/M. 1974.

어느 것이 공연되든 간에—대략 8시 반경에 어떤 정신적 압박감을 느끼고, 늦어도 9시에는 무조건 당장 밖으로 나가야 한다고 느낄 것입니다. 당신이 이런 감정을 느끼는 것은 거기서 공연되는 것이 전혀 아름답지 못하기 때문은 결코 아니며 설혹 그것이 완전히 아름답더라도 마찬가지일 것입니다. 다만 그것은 올바른 것이 아닙니다. 그렇기는 하지만 당신은 실제로 밖으로 나가지 않습니다. 당신도 그렇고 나도 그렇고 누구도 나가지 않습니다. 그리고 극장에 대해 반론을 제기하기는 이론적으로도 매우 어렵습니다. 왜냐하면 **미학 전체**가, 그러니까 미에 대한 우리의 학설이 이 경우 우리에게 전혀 도움이 되지 않기 때문입니다. 우리는 미학의 도움만으로는 기존 극장에 맞서 아무것도 이룩할 수 없습니다. 이러한 극장을 **청산하기** 위해서는 (…) 이미 **과학**을 끌어들여야 합니다. 도처에서 다른 미신들을 청산하기 위해 과학을 끌어들였듯이 말입니다. 특히 우리의 경우에는 **사회학**, 즉 인간에 대한 인간의 관계들에 대한 이론, 따라서 아름답지 않은 것에 대한 이론을 끌어들여야 합니다. 사회학은 (…) 극문학 및 극장과 관련해 오늘날 우리가 가지고 있는 가능한 한 모든 것을 가능한 한 완전히 파묻어 버리도록 (…) 우리를 (…) 도와야 합니다."[2]

브레히트는 자신의 발언에서 세분화된 예술과—예컨대 극장 제도—미학의 담론을 접근시켜 놓는다. 미학은 세분화된 현대예술의 특권적 반성매체인 것이다. 또한 브레히트는 그에 맞서 자신이 "사회학"이라고 칭하는 과학, 탈세분화된 다른 예술실천의 공간을 동시에 열어주어야 할 과학을 논의에 끌어들인다. 이로써 브레히트는 아주 분명하게 니체가 모범적으로 정리한 전략에 따른다. 비록 두 사람은 이 새로운 전략으로 구현해야 할 정치적 선택에서 서로 동떨어져 있었지만 말이다. 그러나 니체와 마찬가지로 브레히트도 "나에게는 이제 어떠한 미학도 없다!"

2) Werner Hecht (Hrsg.): Brecht im Gespräch. Frankfurt/M. 1975, S. 29.

고 말할 수 있었을 것이다. 이 모두가 쓸모 없는 말싸움이라고 이의를 제기할 수도 있다. 브레히트는 실제로 예술 문제들에 대해 의문의 여지 없이 많은 이야기를 했는데, 왜 이러한 발언들을 "미학"이라고, 좀더 정확히 말하면 "맑스주의 미학"이라고 칭하고 이로써 경계설정과 구분에 대한 모든 소망을 충족시켜서는 안 된단 말인가? 흔히 자명한 듯이 쓰이는 "맑스주의 미학"이라는 표현은 브레히트가 방송대담에서 "사회학"이라고 칭하는 칼 맑스가 정초한 사회이론 내부에 "미학"과 같은 무엇인가가 예견되고 심지어 이미 정리되어 있다는 것을 암시하려 한다. 지난날 동유럽과 중부유럽 사회주의 국가들의 학교 및 교육체계를 들여다보면 이러한 추측이 근거 있다는 점을 알 수 있다. 그곳에는 "맑스-레닌주의 미학" 강좌들이 있었으며, 같은 제목의 교과서들이 출판되었다. 이 책들은 바뀌기는 하지만 대개 위협적인 의도로 미학적 교리들을 권위주의적으로 확정하고 선전했다. 1973년 모스크바에서, 또 1976년에는 동베를린에서 발간된 이 관제 "미학"은 다음과 같이 대상을 정의하며 시작된다. "미학은 미적인 것의 본질과 기능들, 미적 활동과 지각의 법칙들에 대한 과학이다. (…)"[3)]

이러한 정의로부터 미학의 대상을 이루는 것이 "미적인 것"이라는 점을 알게 되었을 뿐이라고 하더라도, 이는 물론 그러한 저서들의 기능이 무해한 동어반복으로 끝나리라는 점을 뜻하지 않는다. "미학"은 맑스주의 철학의 다른 분과들과 마찬가지로 예술의 실재와 그 실천을 규제하고 예컨대 "리얼리즘"/"비리얼리즘"의 차이와 같은 코드를 직접적 선정도구로 사용하여 출판/비출판 혹은 공연/비공연을 결정함으로써 아무 탈 없는 효과들만을 유도하는 지식권력을 의미했다. 사회주의 국가체제 속에서 미학은 얼마 전까지만 해도 실제활동을 규제하는 현실적 기능을

3) Marxistisch-leninistische Ästhetik. Autorenkollektiv unter Leitung v. Michail Owsjannikow. Berlin 1976, S. 5.

발휘했다. 그것은 무엇이 "미적이고" 무엇이 아닌지를 공식적으로 판결함으로써 미적 의사소통의 활동공간에 엄청난 영향을 끼쳤다. 다음 글은 사정이 그랬다는 점을 솔직히 인정하고 있다.

"미와 추에 대한 사람들의 견해는 분명히 상이하다. 그것은 역사적으로 변한다. 서독 부르주아지의 이데올로기적 대변자들이 우리의 삶을 암울하고 추하며 지루한 것이라고 비방하고 싶어한다는 점은 누구나 알고 있다. 다른 한편 그들은 자본주의 사회의 도덕적 정신적 생활의 역겨운 타락현상들, 조야함과 변태성, 성적 탐닉과 병리현상들 등을 유미화하려고 노력한다. 그에 반해 착취로부터 해방된 노동 혹은 우리 삶의 객관적 아름다움, 그리고 노동하는 인간의 인간적 풍요는 어디에 근거를 두는가? 우리 사회주의 리얼리즘 예술의 새로운 미학적 척도는 무엇에 근거하는가? 예술적인 문화유산으로서 사회주의적으로 형성된 민족의 정신적 소유물로 만들고자 하는 작품들의 선정에서 우리는 어떤 척도들을 적용하는가? 맑스-레닌주의 미학은 (…) **특수한 사회적 과정들을 지도하는 과학**으로 변신하고자 한다면, 그와 유사한 물음들에 대해 다른 예술과학들과의 사회주의적 공동작업을 통해 답해야 한다."[4]

이처럼 "맑스-레닌주의 미학"이라고 칭해지는 지식권력의 형성이 역사적으로 30년대 초 스탈린주의를 통해 소련 아방가르드 예술이 청산되는 과정과 역사적으로 일치한다는 사실은 시사적이다. 스탈린주의 국가체제는 분리된 부분체계로서의 예술의 관습적 제도화를—물론 직접 정치적인 지시 아래—다시 복원시켰다. 이 스탈린주의 국가체제 속에서 비로소 미학 담론도 공식적 지식의 형식으로서 복귀했다. 체제의 대변예술로서 예술의 기능을 정당화하고 모든 "일탈"에 낙인을 찍기 위해서는, "완결된 세계관"으로 정비된 맑스주의 이론으로부터, 통용되고 있는 예술정책에 고상한 존엄성을 부여하고 그것을 신성불가침한 것으로

4) Erhard John: Einführung in die Ästhetik. Halle/S. 1969, S. 8.

만드는 미학적 교리가 자명하고 적합하게 추론되는 듯한 확신이 만들어져야 할 것이다. 바로 이런 맥락에서 맑스와 엥겔스의 글에서 이른바 "미학적인" 대목들을 찾으려고 생각하게 되었다. 이러한 조사의 성과는 "예술과 문학"에 대한 맑스와 엥겔스의 전체 진술들을 수집한 것이었고, 이는 1930년대 초 미하일 리프쉬츠에 의해 소련에서 출판되었다. 그 후 이를 토대로 특히 게오르크 루카치는 "사회주의 리얼리즘"이라는 명칭 아래 하나의 완결된 미학 교리를 정리해냈다. 그는 이 미학의 윤곽이 이미 맑스와 엥겔스에 의해 만들어졌다고 보았다. 리프쉬츠가 수집한 "미학에 중요한" 진술들은 루카치가 보기에 — 그가 이 편집서의 헝가리어판 서론에서 서술했듯이 — "유기적이고 체계적인 사상적 통일성"[5]을 이루었다. 사실상 루카치는 물론 자기 자신의 구상을 단순하게 맑스주의 창시자들의 것으로 위조했다. 그 후 "맑스-레닌주의 미학"이라는 부류의 텍스트들에서는 맑스와 엥겔스가 이미 발전시켰다고 하는 "완결된" 미학이라는 공식이 되풀이하여 등장했다. 예컨대 이미 인용한 1973년의 『미학』에는 성인전의 논조를 띠는 다음 같은 주장이 들어있다.

"칼 맑스와 프리드리히 엥겔스의 미학관은 자본주의적 노예제로부터 근로자들을 해방하기 위한 그들의 철학이론과 정치투쟁의 일부다. 맑스와 엥겔스는 세계 예술과 세계 미학사상의 역사에 대한 백과사전적 지식을 활용할 수 있었다. 그들은 자신의 이론을 완성하는 정도에 비례해 또한 일관성 있는 과학적 변증법적 유물론의 미학구상을 이룩해냈다."[6]

실제의 상황에 비춰볼 때 이해하기 난해한 이런 주장은 단지 그 기능을 통해서만 이해된다. 즉 "고전적인 이론가들"의 신성불가침한 통찰들을 끌어들임으로써, 공식적인 미학 및 그것이 과거 사회주의 국가의 문

---

5) Georg Lukács: Einführung in die ästhetischen Schriften von Marx und Engels. In: G. L. : Schriften zur Literatursoziologie. Hrsg. v. P. Ludz. Neuwied / Berlin 1961, S. 213.

6) Marxistisch-leninistische Ästhetik, a. a. O., S. 21.

화현실 속에서 발휘한 명백한 효과들은 생각할 수 있는 최고의 정당성과 권위를 얻게 되었다. 루카치나 그의 뒤를 따라 수많은 다른 이론가들이 상정했듯이 맑스가 이미 일관성 있는 "리얼리즘 이론가"였다면, "비리얼리즘적" 예술경향은 가능한 최대의 미학적 위반을 의미하며, 출판금지부터 추방이나 그보다 더 심한 것에 이르기까지 그에 상응하는 처벌규정을 초래할 수밖에 없는 것이다. 그처럼 맑스에 의해 체계적 근거가 마련되었다고 하는 미학이 어떤 식으로 스탈린주의 정치체제 속의 예술생산을 지시하는 데에 이용되었는지 그 인상을 전하기 위해, 영향력 있던 문화관료 즈다노프가 1948년에 행한 연설의 한 구절을 인용하기로 한다. 그것은 프로코피에프나 쇼스타코비치처럼 이른바 "서방의" 영향을 받은 작곡가들의 음악을 겨냥한 것이었다.

"무조음이나 자립적 불협화음에 근거하여 구성된 음악을 찬양하라고 청중들에게 요구하고, 반면에 화음은 아주 고립된 상태로만 등장하고 틀린 악보나 그 조합이 규칙화될 경우, 이는 기본적인 음악적 규범들에 직접 등을 돌리는 것이다. 이 모든 것은 전체적으로 음악을 청산할 위험을 안고 있다. 그것은 회화에서 입체파와 미래파가 회화를 파괴하려는 경향 이외에 아무것도 표현하지 않은 것과 마찬가지다. 의도적으로 정상적 인간의 정서를 무시하고 인간의 심리와 신경체계를 뒤흔들어놓는 음악은 대중적일 수 없으며 사회에 봉사할 수 없다. (…) 고전적 유산의 의미를 전체적인 규모로 부활시키고, 정상적인 인간적 음악을 부활시키는 것이 필요하다. 우리는 형식주의 조류에 의한 음악 말살의 위험을 강조해야 할 것이다. 그리고 이 조류를 음악 문화의 극히 위대한 대가들이 이룩한 예술의 신전을 공명심 때문에 파괴하려는 시도라고 심판해야 할 것이다. 우리의 모든 작곡가들은 방향을 전환하여 민중들을 바라보아야 한다. 우리 국가와 우리 민중의 이해관계를 표현하는 우리 당이 음악에서 단지 건강하고 진보적인 방향만을, 소련 사회주의 리얼리즘 방향만을 뒷받침할 것이라는 점을 모두 명확히 알아야 할 것이다."[7]

이러한 연설은 결코 아무 악의 없는 기념식사가 아니라 확실한 협박이었고, 그것에 복종하지 않을 때에는 대가가 따랐다. 스탈린 이후 시기의 문화정책은 다소 "더 자유주의적인" 방법을 구사했지만, 이른바 "맑스-레닌주의 미학"은 마지막까지 사회적 통제와 담론 규제의 장치로 남아 있었다.

맑스와 엥겔스의 저술에서 어떤 식으로 예술에 대해 논의되었는지를 파악하기 위해서는 위와 같은 교리와 거리를 두어야 한다. 그것들에는 "미학" 비슷한 것조차 아무것도 없다. 그저 예술에 대한 산발적이고 비체계적인 테제들이 있을 뿐이다. 이것들은—성담들에 대한 관심 없이 냉정하게 읽을 경우—해답을 제공해 주기보다 오히려 더 많은 문제를 제기한다. 이런 테제들에서 "맑스주의 미학"을 정당화해 줄 수 있는 것을 아무것도 찾지 않을 때에야 비로소 생산적일 수도 있을 것이다. 1972년 한스 크리스토프 부흐가 타당하게 주장했듯이, "맑스주의 미학에 대한 논의들은 맑스주의 신학이나 형이상학에 대한 사변들과 마찬가지로 의심스럽다"[8]

사회의 구조

주지하듯이 맑스는 헤겔을 "바로" 세웠다. 맑스의 원칙을 밝혀내기 위해서는 이 인상적인 메타포에서 출발할 수 있다. 헤겔은 정신을 존재자의 요체 혹은 기본원리로 만들고, 정신의 변증법적 자체운동의 결과로 자연과 역사와 사회의 실재가 나온다고 봄으로서 "물구나무서 있다". 그

7) Andrej A. Shdanow: Ausgewählte Reden zur Kunst, Wissenschaft und Politik. Berlin o. J., S. 75 ff.
8) Hans Christoph Buch(Hrsg.): Parteilichkeit der Literatur oder Parteiliteratur? Materilalien zu einer undogmatischen Ästhetik. Reinbeck b. Hamburg 1972, S. 8.

런데 헤겔을 전도하여 "바로" 세울 경우 정신 내지 이념들의 세계는 이제 존재자의 기본원리로 제시된 정신 이전의 물질적 과정들에서 파생된 결과로 나타난다. 헤겔도 맑스도 "물질"과 "정신"을 서로 무관하고 기껏해야 위계적 등급을 지니는 실체들이나 원리들로 파악하는 어떤 이원론적 견해를 대변하지 않는다는 점, 오히려 그들이 물질을 스스로 운동하는 정신의 결과로 혹은 이념("정신")을 물질변증법의 결과로 파악한다는 점을 이해하는 것이 중요하다. 실재하는 것은 이념적으로 혹은 물질적으로 결정된 통일적 자기전개과정으로 파악된다. 이 과정은 헤겔에게 물론 절대지로—사유활동과 사유된 것의 동일성으로— 끝나는 반면에, 유물론적 입장에서는 존재자의 실재성이 그 기능들 가운데 하나인 사유로 결코 "지양될" 수 없다. 그리하여 이미 "전도"라는 메타포는 헤겔과 맑스의 사유 속의 한 가지 상이성을 보여준다. 스스로를 아는 존재인 헤겔 체계는 그것 자체보다 더 복잡한 엄밀한 의미의 외부 내지 환경을 인정하지 않는다. 절대지 속에서는 사유와 존재가 일치한다. "사유"를 좀 더 복잡한 물질적 과정의 한 가지 결정된 결과 내지 하나의 기능으로 만드는 단순한 전도는 반성적 존재의 이미지를 파괴한다. 사유를 통해 가능해진 어떤 선별적 원근법 속에서는 실재가 결코 있는 그대로 현상으로 등장하지 않는다. 존재와 사유, 물질과 정신, 결정하는 장치와 결정되는 장치의 복합성 격차는 결코 사라지지 않는다. 헤겔에 대한 결정적 차이를 맑스는 1857년 『정치경제학 비판』 서론에서 생생하게 밝혔다.

"헤겔은 (…) 실재를 자체로 집약되고 자체로 심화되며 자체에 근거해 움직이는 사유의 결과라고 파악하는 환상에 빠졌다. 반면에 추상에서 구체로 상승하는 방법은 단지 구체적인 것을 전유하고 그것을 정신적으로 구체적인 것으로서 재생산하는 사유의 방식일 뿐이다. (…) 그러므로 개념으로 파악하는 사유가 현실적 인간이고 따라서 파악된 세계 자체가 비로소 현실적인 것이라고 보는 철학적 의식에 (…) 대해서는 (…) 범주들의 운동이 현실적 생산행위로 나타나며 (…), 그 결과가 세계다. 그런데 이는 (…) 구체적 총체성이 사상의 총체성으로, 사상의 구체적 산물로, 사실상 사유 내지 개념파악의 산물로, 그러나 결코 직관과 표상의 바깥이나 위에서 사유하고 스스로를 산출하는 개념의 산물이 아니라 직관과 표상을 개념들로 개조한 산물로 존재하는 한에서 타당하다. 머리 속에서 사상의 전체로서 나타나는 전체는, 자신에게 유일하게 가능한 방식, 즉 이 세계의 예술적 종교적 실천적 정신적 전유와 상이한 방식으로 세계를 전유하는, 사유하는 머리의 산물이다."(MEW 13, 632f.)

"전도"의 이미지를 통해 헤겔과 맑스의 본질적인 인식론적 차이를 설명할 수 있다 하더라도, 이 이미지는 애매한 것으로 남아 있다. 왜냐하면 그것은 맑스의 구상을 헤겔 철학의 "텅 빈 형식"에서 끌어내고 다음에 "관념론"의 대립상으로서 "유물론"을 내세우는 이해방식을 시사하기 때문이다. 관념론이 존재 전체를 정신의 운동으로 이해하듯이, 유물론은 존재 전체를 자연 · 역사 · 사회 속의 물질적 과정으로서 해석한다는 것이다. 이런 관점에서 보면 유물론은 의식에 대한 존재의 존재론적 우선성을 염두에 두더라도, 통용되고는 있지만 문제적인 "반영" 개념으로 그것을 당장 무기력하게 만들면서 모든 존재자를 관할하는 유사형이상학적 철학으로 나타날 수밖에 없다. 전도의 메타포를 말 그대로 받아들일 경우 "유물론" 철학은 결국 헤겔 사유의 입장 속에서 나타난다. 즉 "존재"가 눈을 뜨고 존재의 구조들과 법칙들이 이른바 "변증법적 유물론"의 철학 속에서 반성적으로 된다. 물질이 "스스로"를 인식하는 것이다. 지난날 동독에서 많이 쓰이던 사전은 "변증법적 유물론"을 다음과 같이 정의했다.

"'변증법적 유물론'은 세계의 본질을 철학적으로 해석해주며, 객관적 실재에 대한 의식의 관계, (…) 자연과 사회와 사유의 보편적 법칙들, (…) 세계 속의 인간의 위치 등을 탐구한다. 개별 과학들은 (…) 물질의 어떤 특정한 운동형식이나 객관적 실재의 어떤 특정 영역의 본질적 특성들, 구조적 법칙들, 발전 법칙들 등을 탐구한다. 한편 변증법적 유물론 특유의 과제는 개별과학들의 성과들에서 출발하여 모든 운동형식들과 객관적 실재의 영역들 속에서 작용하는 보편적 법칙들 및 모든 과학들에 공통적인 세계관적 인식론적 방법론적 문제들을 탐구하는 것이다. 변증법적 유물론은 인간에게 과학적 근거를 지니는 지식만 아니라 세계에 대한 적극적이고 낙관주의적인 태도도 전해주며, 이로써 삶의 모든 영역 속의 인간의 태도를 광범하게 규정한다."[9]

이러한 정의에서는 "전도된" 헤겔주의의 정치적 기능을 간파할 수 있을 것이다. 헤겔이 존재에 대한 자신의 총체적 해석으로부터 예컨대 낭만주의적 회의론자에 맞서 현실의 "이성적 성격"을 제시했듯이, "변증법적 유물론"의 보편적 관할의 자세는 세계관의 제공자로 기능한다. 그것은 자신에게 맡겨진 사람들을 사실과 맞서서 예컨대 사회주의 사회와 그 계획경제의 "이성적 성격"에 대해 확신시키고, 나아가 심지어는 "낙관주의적" 태도마저 갖도록 만들려고 했다.

맑스 · 엥겔스는 그처럼 유물론을 보편적 관할권을 요구하는 완결되고 종교와 유사한 세계관으로 독단화하는 것과 거리가 멀었다. 오히려 그들의 연구는 가설적 추측들을 존재의 일반적 "법칙들"로 성급히 확대하는 일로부터 자유롭고자 하는, 단호한 "과학적" 태도를 특징으로 했다. 맑스가 헤겔을 "바로" 세웠을 때, 그는 "정신"과 "물질"이라는 장치들을 단순히 교체한 것이 아니었다. 그러지 않았다면 형이상학의 철학적 성향을 유지했을 것이다. 오히려 맑스는 철학의 담론을 버렸다. 그는 헤겔의 물음들에 그저 새로운 답을 제시하는 것과는 다른 어떤 일을 했다. 즉 사회의 구조들을 경험적으로 탐구하기 시작했고, 기껏해야 과학적 탐구의 가능성을 위한 조건에 대해 반성할 때 등장하는 철학의 최소치만을 타당한 것으로 받아들였다. 이런 관점에서 맑스는 인식이 되느

9) Georg Klaus/ Manfred Buhr (Hrsg.): Philosophisches Wörterbuch. Bd. 2. 7. Aufl. Berlin 1970, S. 684 f.

냐 아니냐와 무관하게 실재는 실존하며, 실재에 대한 인식은 가능하되 이 인식은 물론 실재와 동일한 것이 결코 아니라고 생각했다. 이 두 가지 입장은 다음과 같은 테제로 요약될 수 있다. 즉 과학적 탐구는 그것이 인식할 수 있는 객체를 갖지만, 이 인식의 결과를 동일 "주체/객체"로 이해할 필요는 없는 것이다. 맑스는 이 철학의 최소치를 결코 유사형이상학적 보편철학이나 그것의 핵심으로 내세우지 않았다.

"유물론"을 과학과 이질적인 보편원리나 보편적 열쇠로 독단화하는 것은 맑스-레닌주의의 영향권 속에서 모든 인식을 방해했다. 노 엥겔스조차 노동운동의 "세계관에 대한 요구"를 거부했을 때 그러한 독단화에 단호히 반대했다.

"일반적으로 '유물론적' 이라는 말은 독일에서 여러 젊은 필자들이 온갖 연구에 무조건 딱지를 붙이기 위한 간단한 구호로 쓰입니다. 즉 이 명칭을 붙이고는 문제를 해치웠다고 믿는 것입니다. 그러나 우리의 역사관은 무엇보다 연구의 한 가지 안내자일 뿐이지 헤겔주의 식의 구성을 위한 지렛대가 아닙니다. 전체 역사를 새로 연구해야 하며, 다양한 사회구성체들의 현존조건들을 개별적으로 연구해야 합니다. 그것들로부터 그것들에 상응하는 정치적 사법적 미학적 철학적 종교적 직관방식들을 추론하려고 시도하기 전에 말입니다. (…) 사회주의자 진압법이 우리에게 베푼 최대의 공헌은 우리를 사회주의 입김을 쐰 독일 학생들의 주제넘은 태도로부터 해방시켜준 것이었습니다."(MEW 37, 436f.)

따라서 맑스는 어떤 새로운 존재의 유물론적 철학이 아니라 사회와 그 진화의 이론을 위한 단초들을 발전시켰던 것이다. 이 이론은 주지하는 바와 같이 일종의 정치적 관심을 품고 있었다. 맑스는 자신을 "혁명가"로 이해했다. 그저 소수만이 진지하게 연구한 그의 이론은 실제로 "자본주의" 사회의 위기와 붕괴의 필연성과 불가피성을 예언할 수 있다고 생각했다. 하지만 순전한 선동이나 단순한 선전의 의미에서가 아니라, 맑스와 엥겔스가 19세기에 가장 현대적이었던 영국사회의 예를 통해 연구한 이른바 "자본주의적 생산방식"의 발전법칙들에 대한 꼼꼼하고 열성적인 탐구의 결과로서 그렇게 생각했다.

이 연구들에서 새로 드러난 사회 개념을 하나의 모델이라는 의미에서 다소 일반적으로 파악하려고 할 경우, 맑스가 그처럼 일반화되고 모델과 유사한 개념들을 정식화할 때면 매우 삼가는 태도를 취했다는 점을 확인하게 될 것이다. 아마 가장 명확한 표현은 1859년에 나온 『정치경제학 비판』 서문에서 찾아볼 수 있을 것이다. 여기서 맑스는 자신의 이제까지의 연구를 요약하여 다음과 같이 서술한다.

"인간은 자신의 삶을 사회적으로 생산하는 과정에서 자신의 의지와 무관하며 필연적인, 그들의 물질적 생산력들의 특정한 발전단계에 상응하는 특정 관계들 · 생산관계들 속에 들어선다."(MEW 13, 8)

따라서 맑스는 아주 기본적으로 재생산에서 시작한다. 삶 내지 자체 보존은 재생산 · 영양 · 번식 등을 통해서만 가능하다. 그리고 이 재생산은 가족 · 씨족 · 계층 · 계급 등의 사회적 구조들 속에서 이루어진다. 이것들은 의도적으로 토론과 동의를 통해 형성되는 것이 아니다. 개인은 언제나 이미 그 속에 처해 있다. 맑스가 출발점으로 택하는 삶의 물질적 재생산은 그 이외의 모든 것의 조건이기 때문에 인간들 상호간의 위치를 구조화하며, 사회적 장의 세분화로서 이루어진다. 맑스는 이 사회적 세분화를 "생산관계"라는 범주로 서술한다. 역사적으로 상이한 삶의 사회적 재생산 형식들은 남편과 아내, 노예와 시민, 농노와 영주, 공장노동자와 공장소유자 등 인간 상호간의 관계 내지 위치를 확정한다. 더욱이 우선은 자신이나 타인의 지각을 넘어서, 또 그렇게 세분화된 장의 별로 덜 중요하지 않은 다른 모든 사회적 규정도 넘어서, 순수하게 "경제적인" 의미에서 확정한다.

이 "생산관계들"은 역사의 진행과정에서 변한다. 맑스는 그 변천의 근거를 "생산력들"의 발전에서 찾는다. 사회의 경제적 구조는 이 "생산력들"의 어떤 발전단계에 "상응한다". "생산력들"이라는 말을 맑스는 한 사회가 그 실존의 물질적 재생산에서 근거로 삼을 수 있는 능력이라고 이해했다. 기술적 역량, 즉 노동도구 · 쟁기 · 증기기관, 혹은 컴퓨터 등만 아니라, 과학적 능력들, 재생산의 행정적 혹은 간접자원적 전제조건들, 예컨대 재생산 활동가들의 특수한 자질을 양성하고 전문노동자나 사업고문으로 배치하는 교육체제 등등이 그것이다. 따라서 맑스가 이 대목에서 생산력과 생산관계의 관계를 규정할 때, 생산력에 어느 정도의 우선권이 있는 듯해 보인다. 명백히 생산력의 진화에 생산관계가 뒤따르는 것이다. 물론 맑스는 생산력의 진화가 유사자동적 과정이라고 생각하지는 않았다. 그는 그것을 다시 경제적 생산관계와 결합시켰다. 이어서 맑스는 이 생산관계를 유명하고 영향력도 큰 "토대"라는 메타포로 규정하고, 그 위에 "상부구조"가 자리잡고 있다고 설명했다.

"이 생산관계 전체는 사회의 경제적 구조 내지 **실재적 토대**를 형성하며, 그 위에 법적이고 정치적인 **상부구조**가 세워진다. 또한 그 토대에는 특정한 사회적 의식 형식들이 상응한다. 물질적 삶의 생산방식은 사회적 정치적 정신적 생산과정 일반의 조건을 이룬다. 인간의 의식이 인간의 존재를 규정하는 것이 아니라, 거꾸로 인간의 사회적 존재가 인간의 의식을 규정한다."(MEW 13, 8f.)

물론 이 "토대"와 "상부구조"라는 메타포와, 특히 맑스가 "상응한다", "조건짓는다", "규정한다", "세워진다" 등의 동사로 면밀히 설명하지 않고 있는, 토대와 상부구조의 관계가 이루는 양태를 어떻게 이해할 수 있느냐에 모든 것이 달려 있다. 그러니까 도식적으로 보면 맑스는 대체로 다음과 같은 사회모델을 구상한다.

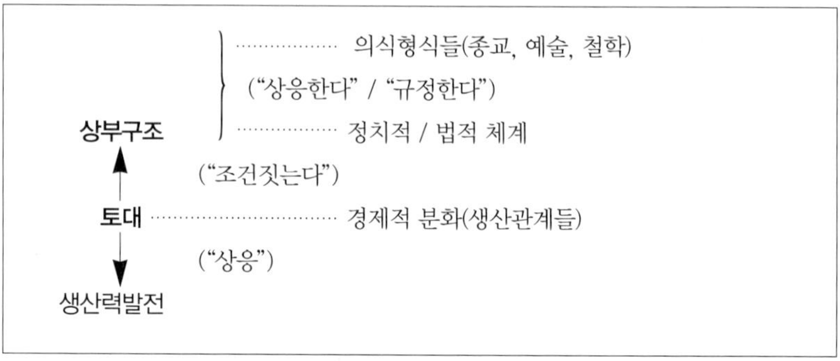

맑스는 사회가 재상산되지만 않고 변형되기도 하기 위한 조건인 역사의 역동성을 이 연구 요약에서 일차적으로 이른바 "계급투쟁"의 혁명적 파괴력에서 찾지 않고 생산력발전 및 그 경향과 경제적 사회분화의 여건들이 빠질 수 있는 모순의 결과에서 찾는다. 맑스는 "혁명" 혹은 실패자들의 반항을 이 모순의 효과라고 해석한다. 그것은 생산력의 역동성을 다시 자유로이 작동시키기 위해 이 모순의 제거를 촉구하는 것이다.

"기존의 생산관계들 속에서 작동해온 사회의 물질적 생산력은 그 발전의 특정 단계에서 이 생산관계들, 혹은 이의 법적 표현일 뿐이지만, 소유관계들과 모순에 빠진다. 이러한 관계들은 생산력들의 발전형식들로부터 생산력에 대한 속박으로 전환된다. 그러면 사회적 혁명의 시기가 등장한다. (…) 하나의 사회구성체는 그것이 충분히 포괄할 수 있는 모든 생산력들이 다 발전하기 전에는 몰락하지 않으며, 좀더 수준 높은 새로운 생산관계는 그 물질적 존립조건들이 낡은 사회 자체의 태내에서 무르익기 전에는 등장하지 않는다. 따라서 인류는 언제나 자신이 해결할 수 있는 과제들만을 스스로에게 제기한다. 왜냐하면 좀더 면밀히 고찰하면 언제나 과제 자체가 그 해결의 물질적 조건들이 이미 존재하거나 적어도 그 형성과정 속에 있을 때에만 생겨나기 때문이다."(MEW 13, 9)

사회진화를 이처럼 그 참여자와 당사자의 지식이나 의견과 무관하고 모든 인도주의적 구제와 해방의 구호들과 무관하게 다름 아닌 "법칙적으로" 진행되는 "논리"를 지니는 메커니즘이라고 냉정하게 거의 구조적으로 규정함으로써, 맑스는 역사의 진행 전체에 대해 과감한 가설을 세우게 되었다. 여기서 그는 다섯 단계를 구분할 수 있다고 생각했다.

"대략적으로 보면 아시아적, 고대적, 봉건적, 그리고 현대 부르주아적 생산 방식들을 경제적 사회구성체가 진보해 가는 시기들이라고 지칭할 수 있다. 부르주아적 생산관계들은 사회적 생산과정 최후의 적대적 형식이다. 그것이 적대적이라는 것은 개인적 적대관계라는 의미에서가 아니라 개인들의 사회적 생산조건들로부터 야기된 적대관계라는 의미에서다. 하지만 부르주아 사회의 태내에서 발전하는 생산력은 동시에 이 적대관계의 해소를 위한 물질적 조건들도 만들고 있다. 따라서 이러한 사회구성체와 더불어 인류사회의 전사(원문대로!)도 끝난다." (MEW 13, 9)

그러므로 인류의 "전사"를 특징짓는 것은, 생산력의 발전이 인간을— 특히 광범한 "분업"을 불가피하게 함으로써— 계층과 계급으로 분화시키는 어떤 재생산의 조직을 강제한다는 점, 그리고 이 계층과 계급의 갈등들이 경우에 따라서는 적대적 성격을 띠며 그럴 경우 사회의 결정적 변형을 강제한다는 점이다. 이미 부르주아 사회 속에서 발전했지만 여기서는 결국 방해를 받고 있는, 예컨대 산업생산의 완전한 자동화와 같은 새로운 종류의 생산력 수준은 공산주의를 통해서야 비로소 해방될 것이며, 이로써 분업과 계급분화도 지양되고 생산력발전의 영원한 촉진에는 이제 어떤 방해도 없으리라는 것이다.

"사회주의 이후" 시대에, 지난날 사회주의 국가들이 질서정연하게 혹은 무질서하게— 시장경제, 정치적 다원주의, 자유주의 문화를 포함한 —서구식의 현대적이고 세분화된 사회를 향해 움직여가고 있는 시대에, 19세기 한 이론가의 그러한 미래관에서 낭만주의 이상의 것을 찾기는 어렵다. 비록 그것이 그 착상의 차원에서는 과학적 예측에서 초래된 것이라도 그렇다. 맑스가 『자본론』(MEW 23, 512)에서도 "대공업"의 필연성으로부터 추론하여 공산주의의 사회적 현실로서 기대하고 있는 것은 "총체적 개인"이라는 관념론적 형상이다. 그것은 "변화하는 노동의 필요를 인간이 절대적으로 자유로이 처분할 수 있는 상태"인데, 이는 그가 이미 『독일 이데올로기』에서 표명한 기대이기도 하다. 물론 『독일 이데올로기』에서는 그것이 "아침에는 사냥하고, 오후에는 낚시하고, 저녁에는 가축을 몰며, 식사 후에는 비판을 할" 수 있으면서도 "사냥꾼 · 어부 · 목동 · 비평가가 될 필요 없는"(MEW 3, 33) 목가적인 모습으로 묘사되었다. 하지만 현대의 세분화된 사회와, 또 실제로 상당한 수준의 "자유로운 처분가능성"을 요구하는 그 다양한 기능체계들에 참여할 가능성은, 바로 그 세분화의 결과로 인해 낭만주의적 총체성의 이상에 일종의 산문적이지만 언제나 손에 잡히는 현실성을 부여한 것으로 여겨진다. 그리고 이러한 현실성은 일견 능가하기 어려울 수도 있다.

마지막 부분에서 맑스는 모든 사회학 연구를 위해 자신의 사회모델의 방법론적 결론을 이끌어낸다.

"경제적 기반의 변화와 더불어 거대한 상부구조 전체가 다소 느리게 혹은 빠르게 변혁된다. 이 변혁을 고찰할 때에는 언제나 자연과학적으로 충실하게 확인해야 할 물질적 변혁과, 인간이 그 갈등을 의식하게 되고 그 싸움의 끝장을 보게 되는 법적, 정치적, 종교적, 예술적, 혹은 철학적 형식들, 한마디로 **이데올로기적** 형식들을 언제나 구분해야 한다. 한 개인이 어떤 존재인지를 그 자신이 생각하는 바에 따라 평가하기 어렵듯이, 그러한 변혁기를 그 자체의 의식에 근거해 평가할 수는 없다. 오히려 이러한 의식을 물질적 삶의 모순들에 근거해, 사회적 생산력과 생산관계들 사이에 현존하는 갈등에 근거해 평가해야 한다."(MEW 13, 9)

여기서 맑스는 상부구조의 분야들을—법에서 철학에 이르기까지—"이데올로기적 형식들"이라고 칭한다. 이데올로기들 속에서는 사회가, 사회의 계급 및 부분들 자체가 서술된다. 이데올로기는 사회의 자기반성의 일종이다. 그러나 이 자기반성 속에는 비이데올로기적 과학적 이론에 의해서만 인식될 수 있는 사회의 진정한 구조가 감추어져 있다.

맑스의 사회모델에 대한 이 약술의 결과를 개관하게 되면, 세 가지 성분을 지니는 구조가 문제라는 점을 깨달을 수 있다. 사회는 경제적 토대 내지 생산관계와, 한편으로 정치와 법, 다른 한편으로는 "의식형식들"의 이중으로 된 상부구조로 구성되어 있다. 이러한 구성에는 특히 사회주의 혁명의 이론가이자 실천가인 레닌이 정리한 맑스주의적 간섭의 도식이 상응한다. 즉 프롤레타리아트의 "계급투쟁"은 예컨대 임금투쟁과 이윤축소가 관건인 경제적 측면을 지닌다. 또 그것은 국가권력이 관건인 정치적 측면을 지닌다. 그리고 그것은 "의식의 변화"와 "문화혁명"이 관건인 이데올로기적 측면을 지닌다. 이러한 범주들을 통해 — 예컨대 맑스주의자로서 — 서구 민주주의의 현실을 서술하려는 자는 그렇게 할 수 있을 것이다. 물론 그는 경제적, 정치적, 이데올로기적 측면에서 "계급적 적"의 거의 완전한 "승리"를 확인할 수밖에 없을 것이다. 이러한 승리에서는 혁명의 기저인 "착취당하는 프롤레타리아트"가 사라진 것이나 다름없을 것이다. 그런 한에서 현대사회를 위한 새로운 관찰도구들을 찾아보는 것이 맑스주의자들에게도 유용할 것이다.

이데올로기의 위치와 기능

우리는 이제 아주 간략히 "이데올로기"의 맑스주의적 개념을 다루기로 한다. 왜냐하면 사회의 위상론에서 맑스는 예술을 명백히 "최고 층" — "이데올로기적 형식들" — 에 포함시켰기 때문이다. 이로써 예술은 경제적 "토대"에 종속된다. 하지만 예술의 이론적 지위는 불명확하며, 전적으로 "이데올로기" 개념을 어떻게 이해하느냐에 의해 규정된다. 그런데 맑스와 엥겔스가 "이데올로기"라는 말을 어떻게 이해했는지는 쉽사리 개관할 수 없다. 그들은 "이데올로기이론"을 정리해내지 않았다. 유물론적 원칙으로 인해 그들은 우선 감각과 사유의 모든 형식들이 물질적으로 결정된 과정들이며 생리학적이기도 하지만 사회사적이기도 하다는 테제에 도달했다. 이러한 테제로부터 그들은 헤겔에게 논쟁적으로 반대하는 철학적 "이데올로기" 개념을 얻어냈다. 헤겔에게는 실재가 스스로 운동하는 정신의 결과인데, 현실적 관계들을 "뒤집어" 놓는 이 사상은 결정적 상황을 상상적으로 해소하고 싶어하는 이데올로기적 효과의 본보기다. 맑스가 보기에 관념론적 입장은 궁극적으로 경제적 분업에 의해 결정된 것이지만, 모든 사유 내지 이념의 결정을 환각적으로 지양하며, 하나의 결과를—종속적 사상을—근원이자 자체원인이라고 혹은 운동하는 이념이라고 상상한다. 맑스의 철학적 이데올로기 개념은 "이데올로기"를 현실적 관계들이 뒤집혀 있는 필연적으로 오류인 의식이라고 규정한다. 예컨대 『독일 이데올로기』(1845)에는 다음과 같은 주장이 들어 있다.

"의식은 의식된 존재 이외의 다른 것일 수 없으며, 인간의 존재는 인간의 생활과정이다. 전체 이데올로기에서 인간과 그들의 관계가 **어둠상자**에서처럼 뒤집혀서 나타난다면, 이러한 현상은 대상들이 망막에 뒤집혀서 나타나는 것이 그 직접적 신체적 과정에서 야기되듯이 인간의 역사적 생활과정에서 야기된다."(MEW 3, 26)

엥겔스가 보기에 1886년에도 "이데올로기"는 그와 아주 유사하게 "독립적으로 발전하며 단지 자체의 법칙들에만 따르는 독자적 본성들로서 사상을 다루는 것이다. 이러한 사고의 과정은 인간의 머리 속에서 진행되지만, 인간의 물질적 생활조건들이 이 과정을 궁극적으로 규정한다는 것을 이 인간들은 필연적으로 **의식하지 못한다**. 왜냐하면 그렇지 않을 경우 이데올로기 전체가 끝날 것이기 때문이다."(MEW 21, 303)

따라서 철학에서의 관념론이라는 본보기나 종교의 현상을 통해 해명되는 이데올로기는 일종의 착각이지만, 자의적인 것이 아니라 사회적 재생산의 경제적 관계들에 의해 강요된 착각이다. 이런 입장으로부터 몇 가지 결론들이 나온다. 첫째로 "이데올로기"는 이른바 "토대"의 "반영"으로서 독자적 역사를 갖지 않는다. 단지 "이데올로기"가 불가피하게 "모호한 것으로 만드는" 사회의 물질적 생활과정만이 현실성을 지닌다.

"하늘에서 땅으로 내려오는 독일 철학과 완전히 반대로 여기서는 땅으로부터 하늘로 올라간다. 즉 인간이 말하고 상상하고 표상하는 것이나, 이야기되고 사고되고 상상되고 표상된 인간에서 출발하여 그로부터 살아 있는 인간에 도달하는 것이 아니다. 오히려 실제로 활동하는 인간들에서 출발하고 그들의 현실적 생활과정에 근거해 이 생활과정의 이데올로기적 반사와 메아리의 발전도 서술한다. 인간의 머리 속에서 이루어지는 은폐작용들도 경험적으로 확인할 수 있고 물질적 전제조건들과 관련되어 있는 그 물질적 생활과정의 필연적 승화물이다. 도덕 · 종교 · 형이상학 및 기타의 이데올로기와 그것들에 상응하는 의식형식들은 이로써 더 이상 자립성의 가상을 지니지 못한다. 그것들은 어떤 역사도 지니지 않으며, 발전을 이루지도 않는다. 자신의 물질적 생산과 물질적 교류를 발전시키는 인간이 이러한 자신의 현실과 더불어 자신의 사유와 이 사유의 산물도 바꿔간다."(MEW 3, 26f.)

포이에르바흐를 읽은 다음의 메모에서 맑스는 다시 한 번 명시적으로 "정치 · 법 · 과학 · 예술 · 종교 등의 역사는 없다"(MEW 3, 539)고 말한다. 그 이유는 유일하게 실재적인 역사는 사회의 물질적 재생산의 역사이고 생산력과 생산관계의 긴장에 찬 연관이기 때문이다. 이데올로기는 필연적으로 착각을 야기하는 가상으로서 물질적 존재의 "표현"이며, 그 집합상태는 엥겔스가 언젠가 말하듯이 "허공으로 높이" 솟아오르는(MEW 37, 492) "안개"상태다. 이러한 철학적 이데올로기 개념의 둘째 결과는 필연적으로 허위이고 모호해진 의식에는 올바른 의식의 가능성이 대립한다는 것이다. 이 올바른 의식은 "이데올로기의 안개"를 꿰뚫거나 무산시켜 역사의 "진리"가 드러나게 한다. 하지만 이 "올바른" 의식은 하늘에서 떨어지는 것이 아니다. 그것은—이데올로기와 마찬가지로—사회적으로 결정되어 있다. 사회의 과학적 인식 가능성은, 구체적으로 맑스와 엥겔스의 이론 자체도 이러한 사회의 물질적 구조의 한 가지 결과다. 예컨대 자연과학들의 생산력을 위한 중요성의 결과이며, 또 분업을 지양가능한 것으로 보는 프롤레타리아트 계급의식의 결과다.

이데올로기와 과학의 이러한 구분과 그것들을 사회적 담당자들에게 할당해 주는 것은 물론 지극히 위험하다. 그것은 당장 받아들여질 수 있지만 다른 관점에서 파악될 수 있다. 그럴 경우 예컨대 맑스주의는 "뛰어난 이데올로기"로 나타난다. 맑스주의 전체는 과학적 의사소통을 정치화하고, "참"과 "거짓"의 차이를 정치적 분파들인 "동지"와 "적"의 구분을 통해 중복 코드화하기에 이른다. 이는 지난날의 "동구권" 국가들에서 과학적 의사소통을 의미심장하게 계속하는 데에 방해가 되었다. 셋째로 맑스와 엥겔스는 "허위" 의식으로서의 이데올로기에 "올바른" 의식의 가능성을 대립시키기 때문에, 그들은 "이데올로기의 종말"을 예상했다. 모든 분업과 계급분열이 제거될 공산주의 사회에서는 "이데올로기적 안개"의 모든 물질적 전제들도 제거되며, 그 결과 이데올로기적 의식내용의 "상부구조"는 진리의 밝은 가상 속에서 "증발하게" 된다는 것이다. 법과 정치, 철학과 종교, 그리고 또한 예술도—실재를 왜곡하여 재현하는 이데올로기로서—모든 현존의 의미를 잃는다. 그 대신에 자신의 모든 잠재력을 발현하게 된 인류 혹은 "총체적" 개인이 등장한다. 공산주의 사회는 "상부구조"를 쳐내고 "토대"로 돌아간다.

그러나 이처럼 매우 사변적인 철학적 "이데올로기" 개념은 맑스와 엥겔스의 저술에서 유일한 것이 아니었다. 왜냐하면 이데올로기들은 철학적 관점에서—"유물론적" 관찰자에게—"왜곡된 의식", 어둠상자 속의 이미지, 엥겔스가 때때로 말했듯이(MEW 37, 492) "정신박약"으로 보일 수도 있기 때문이다. 이와 무관하게 이데올로기들은 의문의 여지없이 한 가지 중요한 사회적 기능을 지닌다. "의식의 형식들"로서 그것들은 사회적 재생산 과정에서 나름의 역할을 수행한다. 그것들은 주체들을 처분하고, 정신상태들을 규정하며, 이런 방식으로 고유의 물질적 실존을 얻는데, 이에는 "가상"이라는 철학적 개념이 제대로 상응하지 않거나 아예 상응하지 않는다. 기능적 고찰은 이데올로기들을 의식의 범주가 아니라 사회적 범주들로 해석한다. 즉 자체의 방식으로 사회의 재생산과정에 연루된 장치로서 해석한다. 이런 관점에서 이데올로기들은 원래 그것들 없이 진행되고 여기에 그것들이 본질적으로 아무 기여도 하지 못하는 물질적 사건의 "표현"일 뿐이라는 단순한 지위도 잃는다. 오히려 이데올로기들은 상대적으로 독자적인 사회적 구조들로 나타나며, 물론 "토대"에 의해 결정되기는 하지만, 그것들 속에 존재하는 가능성들의 척도에 따라 결정될 뿐이다. 나아가 이데올로기들은 자체로서 "토대"의 재생산조건들에 적극적으로 영향을 끼친다. 특히 노년기의 엥겔스는 개별적인 사회적 영역들과 심급들 사이의 본질적으로 상당히 복잡한 상호의존성을 되풀이하여 지적하고 "하나만 원인이 되는" 경제적 일면성을 모두 경계했다.

"정치적, 법적, 철학적, 종교적, 문학적, 예술적 발전 등은 경제적 발전에 근거합니다. 하지만 이것들도 모두 서로에 대해 반응하며 경제적 토대에도 반응합니다. 경제적 상황이 원인이고 유일하게 적극적이며 다른 것은 모두 수동적 결과일 뿐인 것은 아닙니다. 오히려 그것은 최종심급에서 언제나 관철되는 경제적 필연성의 기반 위에서 이루어지는 상호작용입니다. (…) 따라서 여기저기서 사람들이 속 편하게 상상하고 싶어하듯이 경제적 상황의 자동적인 결과가 아닙니다. (…) 내게는 이 분야들에 대해서도 경제적 발전이 **궁극적으로** 우월성을 지닌다는 점은 확실합니다. 하지만 경제발전은 언제나 개별 영역 자체를 통해 규정된 조건들 내부에서 일어납니다. (…)"(MEW 39, 206; 37, 493)

여기서 암시되는 사회모델은 하나의 복합적으로 결정된 구조 전체로 귀결되는데, 이 속에서는 물론 경제적 사회관계가 "최종심급에서" 결정적인 작용을 하지만, 다른 심급들—정치 · 법 · 예술 등—전체는 상대적으로 자율적으로 진행되고 경제의 결정적 역할을 구조 내적으로 개조한다. 즉 동일하지 않게 재생산하며, 그 나름으로 요소로서 사회의 다른 모든 심급들의 생산조건 및 변형조건들에 영향을 끼친다.[10] 이처럼 사회가 다양한 하위체계들로 세분화되는 현상을 어느 정도 광범하게 고려하고 물론 그 배열을 "위계화하는", 다소 복잡한 이 모델은 이데올로기적 "상부구조"를 "토대"의 "반영"으로 보는 단순한 철학적 해석과 멀리 떨어져 있다. 이러한 구조적 모델에서는 더 이상 "토대"가 궁극적으로 공허한 "가상" 속에서 뒤집혀 중복되는 "존재"가 아니라, 각자 고유한 "물질성"을 지니는 다양한 구조들의 복합적 앙상블 속의—물론 결정되어 있는—구조다.

사회체계 전체의 재생산을 위해 이데올로기들이 수행하는 바에 대해 묻는 이데올로기이론의 기능적 입장은 맑스와 엥겔스에 의해 결코 체계적으로 규명되지 않았다. 따라서 맑스주의 전통 속에서는 철학적 이데올로기 개념과 "허위의식"이라는 그 인상적 고발의 공식이 주도적이었다. 이의 비판적 충격은 예컨대 루카치나 아도르노의 경우에도 지속되고 있다. 이들이 보기에 사회적 존재는, 즉 물신화를 야기하는 상품교환의 보편주의는, 의식을, 즉 테크노크라시적 정신상태의 보편적 "사물화"를 지배한다.

이처럼 철학에 근거를 두는 비판적 고발적 이데올로기 개념은 몰락한 사회주의 국가체제 내에서의 이데올로기 개념 사용과 근본적으로 구분해야 할 것이다. 여기서 사람들은 "이데올로기"를 암암리에 "세계관"과 동일시했으며, 그것을 체계정당화의 목적을 위해 긍정적으로 정립했고, 이로써 맑스와 엥겔스의 경우에 그토록 결정적이었던 과학과의 차이는

10) Vgl. Louis Althusser: Für Marx. Frankfurt/M. 1968.

제거되었다.

철학적 이데올로기 비판과 사회주의적 대용종교의 양자택일을 넘어서 복잡한 사회 속에서 이데올로기들의 위치와 성과들에 대해 묻는 기능적 입장은 프랑스 맑스주의자 루이 알튀세르에 의해 비로소 한 걸음 진전하게 되었다.[11] 이 경우 알튀세르는 한편으로 안토니오 그람시의 문화이론과 다른 한편으로 자크 라캉의 정신분석 구상의 몇 가지 요소들에 근거를 두었다. 알튀세르는 사회적 체계들이 재생산되기 위해, 즉 시간 속에서 유지되기 위해 존재해야 하는 조건들에 대해 물었다. 이 물음의 위상은 물론 이 상황에 대한 맑스주의적 서술을 소화해야 비로소 파악된다. 왜냐하면 착취와 억압을 통해 그 속에 살고 있는 개인들 대다수가 원래 전혀 받아들일 수 없음에 틀림없을 체계들이 놀랍게도 아무 마찰 없이 재생산될 수 있다는 것은 지극히 납득하기 어려워 보이기 때문이다. 맑스주의적 공포의 시나리오에서 유래하는, 아무 문제없는 재생산의 "납득하기 어려운 상태" 때문에만 — "즉자적으로" 민중 다수는 "혁명의 태세를 갖추어야" 할 것이다 — 성공적인 체제재생산의 "경제외적" 가정들에 대한 물음은 흥미롭게 된다. 알튀세르는 잠재적 범죄자인 대중을 체제에 통합하여 처리하게 되는 대략 두 가지의 영역을 구분한다. 예컨대 경찰이나 사법부와 같이 강력한 폭력을 투입하는 억압의 대리자들과, 재생산의 태세를 갖춘 주체의 형식을 만들어내는 이데올로기적 대리자들이 그것이다. 이 주체형식은 알튀세르가 "이데올로기적 국가장치"라고 칭한, 또 예컨대 학교 · 가족 · 교회 · 문화 등의 예에서 명백히 드러나게 될, 제도들을 통해 생산된다. 이러한 제도들에서는 그것들에 내맡겨져 있는 자들을 — 우리 모두가 그런 자들이다 — 체제에 통합되는 주체들로 만드는 담론들이 유통된다. 그들은 자신의 담론적 모

11) Louis Althusser: Ideologie und ideologische Staatsapparate. Aufsätze zur marxistischen Theorie. Hamburg/ Berlin 1977.

방들과 스스로를 동일시함으로써 그러한 체제에 통합되는 것이다. 따라서 이데올로기들은 한편으로 제도사회학적으로, 즉 민중들이 유치원부터 장례식에 이르기까지 내맡겨져 있는 조직들 · 인습들 · 제식들 등으로 서술된다. 다른 한편 이데올로기들은 담론분석적으로, 사회적인 것 혹은 심지어 존재 전체에 대한 특유의 분석들을 기도하는 의미메커니즘들로 분석된다. 그러나 알튀세르의 요점은 정신분석적으로 영감을 받은 셋째 관점에 있다. 이를 통해 비로소 왜 인간들은 도대체 이데올로기적 대리자들과 제도들을 유사자동적으로 아무 강요 없이 받아들이는 성향을 지니는지 드러나게 된다. 알튀세르는 이러한 성향이 상상이라는 인간학적 메커니즘을 통해 주어져 있다고 본다. 이러한 메커니즘은 주체 내지 자아의 동일성을 "비자아" 혹은 타자와의 동일시로부터 생겨나게 한다. 예컨대 학교나 교회 혹은 문화가 제도적으로 기도하는 현실서술과의 동일시를 통해, 타자 혹은 거대한 "세계의 의미"를 인정할 경우, 또 인정함으로 인해, 스스로를 주체로 재인식하는 개인의 상상적 동일성이 형성된다.

주지하듯이 라캉이 인간형성의 "거울단계"라고 서술한 상상적 동일시는 인간 실존의 경제 속에서, 주체를 "탈중심화하고" 자아동일성과 관련해 주체를 의문시하는 "상징적" 질서들을 인정하는 데에 평형추로서 기여한다. 알튀세르는 그처럼 상상적 동일시로부터 주체의 동일성을 인간학적으로 추론하는 것이 이데올로기적 효과를—담론적 현실모방을 외견상 강제 없이 인정하는 현상을—해명하는 데에 예컨대 조작이나 길들임 따위의 개념보다 훨씬 더 생산적인 것이라고 여겼다. 주체형성의 대리자라는 이 사변적 이데올로기 개념으로부터 알튀세르는 이데올로기적 담론의 "의미론"이 지니는 몇 가지 특수성들을 추론했다. 동일시를 야기하는 "재인식"은 신 · 이념 · 법 · 계급 등의 어느 한 가지 심급 속에 담론을 집중하도록 요구한다. 그리고 그것은 다른 모든 요소들을 어떤 특정한 위치에 가져다 놓으며, 그 자체는 "욕망의 객체" 혹은 라캉의 말로 "대타자"다. 그에 따르면 이데올로기적 텍스트들은 언제나 집중화된 총체적 텍스트들로서, "결함"이나 파손된 것, 일관성 없는 것, 단편적인 것 등을 배척한다. 이러한 관찰에서 알튀세르에게는 예술을 이데올로기에 포함시키는 맑스주의 전통의 수상쩍은 면을 지적하는 것이 일차로 중요했다.

따라서 이데올로기들은 상상적 동일시의 구조적 메커니즘을, 담론적 현실모방들 속에서 자신을 재인식하고 이로써 그것들을 인정하는 주체 형식의 생산에 이용한다. 그러나 다시 출발점으로 돌아가자면, 이데올로기적 대리자들의 그러한 현실모방들은 체제재생산에 현격히 기여한다. 그것들을 "인정하는" 자는, 예컨대 사회적 갈등들에 대한 인도주의적이고 고도로 도덕적인 서술은 물론 실재인 "계급투쟁"의 엄중함을 "오해한다". 하지만 그는 주체로서 평화롭고 박애적인 해결책들을 찾고 싶어하며, 이로써 기존사회의 재생산이라는 취지에서 효과적으로 기능한다. 이 점을 알튀세르는 매우 명확하게 언급한다.

"그러니까 이 (상상적) 재인식의 메커니즘에서는 무엇이 관건인가(…)? 이러한 메커니즘에서 관건이며 재인식 형식들 속에서 필연적으로 오해되는 현실은 (…) 사실상 궁극적으로 생산관계들의 재생산이다. (…)"[12)]

물론 맑스주의자인 알튀세르는 자신의 이데올로기이론이 기능적이고 효과적인 체제통합의 이론으로 이해되기를 원하지 않았다. 이데올로기적 메커니즘을 인간학적으로 추론했기 때문에 그에게는 "이데올로기의 종말"이 없었다. 상상적인 것은 "계몽"의 완전한 실현에 대한 희망을 방해한다. "실재적인 것"만으로 살 수는 없는 것이다. 그래서 알튀세르는 과학화된 "세계관"이라는 이념을 배척했다. 특히 그것이 동구 식으로 극히 수상쩍은 상황을 진부하게 정당화하는 것으로 타락하고 누구의 관심

12) Ebd., S. 149.

도 끌지 못하게 되었을 때 그러했다. 따라서 알튀세르에게 헤게모니적 주체형식들에 대한 "반항"과 "저항"은 결코 가능하지 않은 상상적인 것으로부터의 해방을 전제하지 않았다. 오히려 그것의 가능성은 계급적 적대관계에서 유래하는, 상이한 현실모방들의 때로는 거의 보이지 않더라도 영속적인 충돌에, 그러니까 "의미투쟁"에 근거하는 것이었다. 이러한 의미투쟁은—휴머니즘 · 법치국가 · 다원주의 · 권력분립 등의—헤게모니적 의미담론들로부터의 전환 내지 탈동일시 가능성을 초래할 수 있을 테고, 새로운 "혁명적" 동일시들과 주체형식들을 작동시키게 된다는 것이다. 여기에 알튀세르가 브레히트의 극장과 같은 예술을 접할 때 지녔던 공감의 한 가지 동기가 담겨 있다. 브레히트의 극장은 그에게 "이데올로기적 탈동일시"의 한 가지 가능성을 실천하는 것으로 여겨졌다.

여기서 맑스주의 이데올로기 개념을 발전시킨 알튀세르의 논의는 이 정도로 거론하기로 한다. 이데올로기 범주의 중요성은 확실히 모든 의미가 사회와 관련되어 있다는 점에 대한 안목을 비범하게 예리하게 만들어준 데에, 혹은 스스로를 직접적이거나 절대적인 것으로 여기는 지식의 요구에 대한 부단한 회의에 있다. 철학자로서 혹은 문필가로서 "절대적인 것"에게 자신의 목소리를 부여한다고 생각하는 사람은 당장 그에게 그의 말이 어떤 입장과 결부되어 있음을 보여주는 비판자들을 만날 것이다. 비록 맑스의 개념이 지니는 혁명적 예리함이 칼 만하임에 의해 발전한 다소 일반적인 "지식사회학"에서는 철회되고 상대화되었기는 하지만, 맑스주의 이데올로기개념이 고무한 바와 같이, 이처럼 모든 과장을 냉정하게 "폭로하는" 제스처는 현대의 정신상태로부터 더 이상 떼어놓고 생각할 수 없다.

이데올로기로서의 예술?

이제 우리는 맑스와 엥겔스가 사회이론에서 예술에 인정해준 지위에 대해 묻기로 한다. 도식적으로 제반 관계는 단순하다. 예술은 이른바 "상부구조" 내지 "이데올로기적 형식들"에 속한다. 실제로 맑스는 이 점을 『정치 경제학 비판』 서문에서 오해의 여지없이 밝혔다. 이로부터는 예술을 생산관계들의 "표현"으로서, "허위의식"의 일종으로서, 그리고 체제재생산의 대리자로서, 체제통합적, 예컨대 휴머니즘적 의미론의 조달자로서 분석할 필요가 나올 것이다. 루카치가 이른바 현대의 "퇴폐문학"을 규정하는 방식에서는 이 "이데올로기로서의 예술"이라는 개념을 훌륭히 인식할 수 있다. 그가 보기에 이러한 예술은 의미론적으로 부르주아 계급의 몰락을 반영했으며, 동시에 실제의 규정적 경향들이 현란한 표면효과들의 연출을 통해 은폐되는 사회상을 선전했다.

(1) 물론 예술과 실제로 관련된 맑스와 엥겔스의 몇 안 되는 명시적 발언들은 그처럼 단순한 분류를 입증해 주지 않는다. 오히려 반대로 그것들은 "이데올로기로서의 예술"이라는 공식을 의심스럽게 만드는 데에 적합하다. 왜냐하면 맑스는 예술과 경제적 진화의 원칙적 "비동시성"에 대한 고려를 회피하지 않기 때문이다. 예술이 생산관계의 단순한 "표현" 혹은 재현이라면, 우리는 동시적 진보로부터 출발해야 할 것이다. 그러나 이는 1857년 맑스가 냉정하게 지적했듯이 모든 경험과 모순된다.

"예술에서는 예술의 특정한 전성기가 결코 사회의 일반적 발전과 결코 비례하지 않으며, 따라서 또한 물질적 기반의 발전과도 (…) 비례하지 않는다는 사실이 잘 알려져 있다. 예컨대 현대인들과 비교할 때 그리스인들이 그렇다. (…) 예술의 어떤 형식들, 예컨대 서사시에 대해서는, 예술생산 자체가 등장하자마자 그것의 획기적이고 고전적인 형태로는 다시 생산될 수 없다는 점, 그러니까 예술 자체의 영역 내에서 그것의 중요한 형태들은 단지 예술발전의 미발전 단계에서만 가능하다는 점이 인정된다. 이것이 예술 자체의 영역 내에서 다양한 예술종류들의 관계에서 사실이라면, 사회의 보편적 발전에 대한 예술 전체 영역의 관계에서도 사실이라는 점은 이미 덜 두드러져 보인다."(MEW 13, 640f.)

따라서 맑스는 호메로스의 서사시처럼 능가할 수 없는 예술작품들은 경제적 생산관계의 발전한 단계와 결합되어 있지 않다는 점, 그러므로 사회의 "미적" 수준과 경제적 수준이 서로 관계를 지녀야 할 필요는 없다는 점을 인정한다. 나아가 맑스는 그리스의 서사시가 세분화된 예술, 곧 예술생산을 하나의 분리된 활동으로 만드는 "분업"의 성과물이 아니라는 점도 지적한다. 예술생산 "자체"는 고전적 서사시의 시기에는 아직 전혀 존재하지 않는다는 것이다. 그러나 다른 한편 맑스는 그리스의 서사시를 "이데올로기적으로" 분류해 넣을 수 있다고 확신했다. 그것은 아직 실재적이고 포괄적인 자연지배를 허용하지 않고 이 결함을 상상적으로 보상한, 별로 발전하지 못한 생산력 수준에 상응하는 세계의 "신화적" 관계를 재현한다는 것이다. 현대사회는 과학적 기술적 자연전유의 높은 수준으로 인해 어떤 "신화"가 없어도 무방하기 때문에, 여기서는 또한 고대 서사시의 이데올로기적 토대도 사라진다고 한다.

"예컨대 현대에 대한 (…) 그리스 예술의 관계를 살펴보자. 그리스 신화가 그리스 예술의 병기고일 뿐만 아니라 그 토양이었다는 점은 잘 알려져 있다. 그리스인들의 환상과, 따라서 그리스 신화의 기초가 되고 있는 자연과 사회상황에 대한 관념이 자동방적기와 철도와 증기기관과 전신 등과 함께 가능하겠는가? 로버츠사 앞에서 불칸은, 피뢰침 앞에서 주피터는, 동산은행 앞에서 헤르메스는 어디에 있을 것인가? 모든 신화는 자연력들을 상상 속에서, 상상을 통해 극복하고 지배하고 형상화하며, 따라서 자연력에 대한 실제의 지배와 더불어 사라진다. 프린팅하우스 광장 옆에서 소문의 여신 파마는 무엇이 될까? 그리스 예술은 그리스 신화를 전제한다. 즉 민족적 환상을 통해 이미 무의식적으로 예술적인 방식으로 개조된 자연과 사회적 형식들 자체를 전제한다. 그것이 그리스 예술의 재료다. 임의의 아무 신화, 즉 임의의 무의식적 예술적 자연 개조가 그리스 예술의 재료인 것은 아니다. (…) 이집트 신화는 그리스 예술의 토양이나 모체가 될 수 없었다. 그러나 아무튼 그것은 하나의 신화였다. 따라서 자연에 대한 모든 신화적 관계 혹은 신화화하는 모든 관계를 배제하는, 그래서 예술가에게 신화와 독립해 있는 환상을 요구하는 어떤 사회발전은 결코 아니었다."(MEW 13, 641)

현대에는 서사예술의 물질적 이데올로기적 전제조건들이 사라졌다. 19세기 중엽 여러 독일 작가들이 바라던 것처럼 고대의 서사시가 돌아오는 것은 사실상 불가능해졌다. 이 점에서 맑스는 헤겔과 동의했다. 헤겔이 보기에 모든 서사문학의 토대인 "시적 세계상태" 역시 반복될 수 없는 상태로 사라졌다. 생산력 수준은 서사적 상상력을 시대착오적인 것으로 만들었다. 맑스는 수사적 의문문을 제기한다.

"탄약과 함께 아킬레스가 가능할까? 인쇄술이나 심지어 인쇄기와 함께 『일리아드』 자체가 가능할까? 노래와 이야기와 뮤즈는 인쇄기와 함께 필연적으로 중단되지 않을까? 그러니까 서사시의 필연적 조건들이 사라지지 않을까?"(MEW 13, 641)

따라서 그리스 서사시를 발전되지 않은 특정한 생산관계를 재현하는 "이데올로기적 형식"으로 분석하는 것은 전적으로 가능하다. 호메로스를 "지식사회학적으로" 그 시대의 제반 관계들에 근거해 이해할 수는 있다. 그러나 본래의 문제는 여기에 있는 것이 아니다. 오히려 "표현적" 이데올로기 개념에 대한 도전은 호메로스가 마치 초시대적 중요성을 지니는 듯하며, 따라서 아주 상이한 사회적 이데올로기적 환경 속에서도 "고전적" 작가로서의 지위를 유지할 수 있다는 데에 있다. 맑스는 이렇게 말한다.

"어려운 점은 그리스의 미술과 서사시가 어떤 특정한 사회적 발전형식들과 결합되어 있다는 점을 이해하는 데에 있지 않다. 어려움은 그것들이 우리에게 아직도 예술 향유를 보증해 주고 어떤 관계 속에서는

규범이자 도달할 수 없는 본보기로 여겨진다는 점이다."(MEW 13, 641)

비록 경제적, 기술적, 사회적, 이데올로기적 상황은 이미 오래 전에 달라졌지만,—호메로스는 태고적 노예제사회에서 살았고, 맑스는 자본주의와 산업화 시대의 인물이었다—『일리아드』 같은 서사시는 여전히 중요하고 심지어 결코 능가할 수 없는 일종의 "문학적 규범"을 이루는 듯해 보인다. 이데올로기적 제한 및 경제적 종속상태와, 이데올로기적 · 경제적으로 명백히 무차별적으로 어디서나 발휘하는 영향력 사이의 이 괴리는 이데올로기 개념의 경계선에 도달하며, 나아가 이데올로기 개념을 넘어서게 된다. 발생과정에서는 매우 훌륭하게 이데올로기적으로—예컨대 그 나름으로 기술적 · 경제적으로 결정되어 있는 신화적 세계관계에 의해—결정되어 있지만, 예술의 사회적 의미 내지 수용능력은 분명히 결정되어 있지 않다. 예술은 그 이데올로기적 기원의 조건들을 넘어서며, 상이한 사회구성체들, 어쩌면 모든 사회구성체들을 매료할 수 있는 어떤 의미의 잠재력을 해방시킨다. 맑스는 그리스 서사시의 이러한 초이데올로기적 편재에 대해 매우 "비맑스주의적인" 것처럼 들리는 "해명"을 제시한다. 오히려 그것은 어떤 "낭만주의적인 면"을 지닌다.

"성인이 다시 아이가 될 수는 없다. 그렇지 않을 경우 그는 유치해진다. 그러나 아이의 순진성이 그를 기쁘게 하지는 않을까? 또 그 자신도 다시 더 높은 단계에서 아이의 진실을 재생산하려고 애써야 하지 않을까? 아이의 본성 속에서는 어느 시대에나 그 시대 자체의 성격이 그 자연적 진실의 상태로 성장하고 있지 않을까? 왜 인류의 역사적 유년기가, 가장 아름답게 펼쳐진 곳에서, 다시는 돌아올 수 없는 단계로서 영원한 매력을 발휘해서는 안 되겠는가? 미숙한 아이들도 있고 겉늙은 아이들도 있다. (…) 그리스인들은 정상적인 아이들이었다. 그들의 예술이 우리에게 지니는 매력은 그것이 성장해 나온 미발전 사회단계와 모순되지 않는다. 오히려 그 매력은 이러한 단계의 결과이며, 그것들이 발생한, 그리고 유일하게 발생할 수 있었던 미성숙한 사회적 조건들이 다시는 돌아올 수 없다는 점과 불가분의 관계를 지닌다."(MEW 13, 641f.)

그리스 시가의 "영원한" 매력에 대한 이 해명은 "낭만주의적인" 것처럼 들린다. 왜냐하면 그것이 "유년기"라는 화두를 통해, 우리에게 예컨대 쉴러의 미학에서 친숙해진, "소외되지 않고" 아름다우며 조화롭게 통합된 생활상황이라는 유토피아를 끌어들이기 때문이다. 물론 맑스의 냉정한 태도는 인류 유년기 생활상황의 "회귀"에 대한 어떠한 희망에도 반대한다. 그러나 이미 이루어진 분업과 체계분화를 아직 알지 못했던 과거의 서사시가 재현하는 것, 공산주의와는 이제 무관해질 것, 맑스의 관점에서 그리스 예술의 미적 잠재력을 형성했던 것, 그것은 통합된 사회의 이념인 듯해 보인다. 그런 한에서 서사시는 해방된 공산주의 사회에서나 비로소 보상되고 해방된 생산의 조건들 아래 실현될 어떤 "인류의 꿈"을 보존한다.

물론 이러한 반성을 할 때 맑스가 매우 시대에 의존하고 있었으며 헤겔, 특히 그의 의고주의적 취미에 영향을 받고 있었다는 점을 지적하기로 한다. 오늘날에는 어떤 점에서 맑스보다 "더 맑스주의적으로" 호메로스의 영향에 대해 다른 식으로 논의하고, "작품"에서 "의사소통"으로의 패러다임 전환이라는 취지로 "호메로스"에 대해 논의하는 다양한 역사적 의사소통 관습들과 그 교체되는 코드들에 대해 물을 수도 있을 것이다. 이 경우 "작품"의 통일성과 그것에 내재하는 어떤 "객관적" 성질들 없이도 헤쳐나갈 수 있고, 예컨대 "지식사회학적으로" 상이한 호메로스 관련 의사소통을 그것의 사회적 "환경들"이나 맥락들과 관련지으려고 할 수 있을 것이다. 물론 그럴 경우에도 왜 하필이면 "호메로스"가 변해가는 의사소통들의 지속적 테마로 남아 있었느냐 하는 문제는 여전히 불확정적일 것이다.

맑스에게로 돌아가자면, 그가 예술에 대한 극히 상세한 반성들에서 이데올로기적 분류의 가능성에 의문부호를 붙였다는 점을 확인할 수 있을 것이다. 예술의 의미론은 예술의 이데올로기적 규정상태와 아울러 그 경제적 혹은 사회적 규정상태를 무한히 능가하는 어떤 잠재력을 해방시킬 수 있어 보인다. 순수한 이데올로기 비판적 혹은 지식사회학적 분석은 호메로스의(혹은 다른 "고전적" 작가들의) 이러한 차원을 정당하게 대하지 못할 것이다. 예술은 "이데올로기"와 동일시할 수 없는 유토피아적 잠재력을 지닐 수 있다.

(2) 이데올로기 개념을 예술에 단순히 적용할 경우 당면하게 되는 다른 난점은 예술가의 이데올로기적 입장과 그의 작품의 의미론 사이의 결코 간단하지 않은 관계를 고려할 때 생겨났다. 맑스와 엥겔스는 예술작품들이 이른바 그 작가들의 "계급적 상황"을 단순히 재현하는 것들은 결코 아니었다는 사실을 간과할 수 없었다. 나아가 발자크나 톨스토이처럼 정치적으로 이데올로기적으로 "반동적" 입장을 대변했지만 그러한 입장들이 "굴절"되거나 심지어 부정되는 상태로 나타나는 예술작품들을 생산한 작가들도 존재하는 듯했다. 예컨대 1888년 엥겔스는 다음과 같이 서술했다.

"나는 졸라 부류의 모든 작가들보다 발자크가 훨씬 더 위대한 리얼리즘의 대가라고 여깁니다. (…) 그는 『인간희극』에서 프랑스 사회의 탁월한 리얼리즘적 역사를 보여 줍니다. 일종의 연대기로 1816년부터 1848년까지 거의 매년, 1815년 이후 부활한 귀족사회에 맞서 상승하는 부르주아지의 점증적인 진출을 묘사한 것입니다. (…) 그는 자신에게 본보기가 되었던 이 사회의 마지막 잔재들이 점차 통속적이고 부유한 벼락부자의 쇄도에 굴복하거나 그들에 의해 부패하는 모습을 묘사합니다. (…) 그는 이 중심 이미지 주위에 프랑스 사회의 완전한 역사를 모아놓습니다. 이로부터 저는 심지어 경제적인 개별문제들에서조차 (…) 이 시기의 모든 직업적 역사가 · 경제학자 · 통계학자들을 합해 놓은 것에서보다 더 많은 것을 배웠습니다. 확실히 발자크는 정치적으로 정통왕당파였습니다. 그의 위대한 작품은 좋았던 사회의 불가피한 몰락에 대한 끊임없는 비가입니다. 그는 몰락할 수밖에 없는 계급에 전적으로 공감하고 있습니다. 그렇기는 해도 그가 가장 깊이 공감하는 남녀 인물들, 즉 귀족들을 생생히 보여줄 때보다 그의 풍자가 더 예리하고 그의 반어가 더 신랄한 경우는 없습니다. (…) 발자크가 자기 자신의 계급적 공감과 정치적 선입견에 맞서 그렇게 행동할 수밖에 없었다는 점, 그가 자신이 사랑하는 귀족이 몰락할 필연성을 **간파하고** 그들을 더 나은 운명을 누릴 자격이 없는 인간들로 묘사했다는 점 (…), 이를 나는 가장 위대한 **리얼리즘의 승리** 가운데 하나이자 노 발자크의 가장 훌륭한 특징들 가운데 하나라고 봅니다."(MEW 37, 43f.)

여기서 엥겔스는 발자크의 반동적인 이데올로기적 입장과 이를 파괴하고 프랑스 사회구조에 대한 과학적 통찰을 제공해준 그의 문학작품을 구분한다. 맑스와 엥겔스가 이데올로기를 과학에 대한 대립에 근거해 규정했다면, 모든 역사가 · 경제학자 · 통계학자 등을 능가했다는 발자크의 문학처럼 인식을 생산하는 문학을 "이데올로기"라고 칭하기는 어렵다는 점은 자명하다. 작가와 그의 정치적 확신이 이처럼 문학을 통해 스스로를 부정하게 되는 실로 믿기 어려운 현상에 대한 엥겔스의 설명은 물론 다소 억지인 듯해 보인다. 엥겔스는 "리얼리즘"이라는 미학적 입장이 예술가로 하여금—그의 의지에 반해서도—눈을 뜨게 만들고 다른 경우에는 그를 혼란스럽게 하는 "이데올로기"의 안개를 증발시키는 마력을 발휘한다는 식의 인상을 유발하려고 하는 듯하다. 그러나 나중에 게오르크 루카치가 계급적 입장과 문학적 의미론의 명백한 모순에 대해 밝혀야겠다고 여긴 해명은 좀더 수상쩍다. 그는 예술가의 관점을 도덕화했으며 "진정한" 예술가에게 자신의 정치적 자기이해를 희생시키면서도 진리를 고수하도록 해주는 "성실성"의 미덕을 인정해 주었다. 루카치는 자신의 논문들에서 "리얼리즘의 승리"라는 엥겔스의 말을 인용하여 다음과 같이 설명한다.

"이 경우 어떤 기적이 일어났다는 말인가? 여기서 어떤 개념으로 파악할 수 없는 '비합리적이고' 신비로운 예술가의 천재성이 나타나서 왜곡을 일삼는 정치적 개념들의 감옥을 부숴버렸다는 말인가? 아니다. 엥겔스의 분석이 여기서 증명하는 것은 그 본질상 단순하고 명백한 사실이지만, 그것의 현실적 의미를 맑스와 엥겔스가 처음으로 발견하고 분석했던 것이다. 특히 여기서는 실제로 위대한 작가와 예술가의 단호하고 모든 허영에서 벗어난 미적 **성실성**(말 그대로다!)이 논의되고 있다. 작가들이 힘들고 깊이 있는 연구들에 근거해 그 본질에 접근한 **현실**은 그들에게 **있는 그대로**(말 그대로다!) 존재하며, 그들이 가장 아끼고 추구하고 그들에게 가장 친숙한 개인적 소망들보다도 더 높은 위치에 존재한다."[13]

루카치에게 중요한 예술가들은 고도로 도덕적이며 진리를 사랑하는 주체들이며, 예술은—물론 이른바 "리얼리즘적" 예술만이—실재가 있는 그대로 드러나게 해주는 매체다. 이러한 설명들과 그 규범적 전제들은 오늘날 오히려 기묘하고 미적 의사소통의 현실과는 멀리 떨어져 있어 보인다.

엥겔스가 발자크의 예에서 관찰했다고 믿었던 문제들을 루이 알튀세르와 그의 제자 피에르 마셔레이도 다시 한 번 받아들여 자신의 변화된 이데올로기이론의 틀 내에서 상론했다.[14] 그들은 루카치 식의 모든 도덕주의를 포기하고 일종의 "예술담론 분석"을 통해, 작가들이 사로잡혀 있는 이데올로기들에 대한 예술 내적 거리 두기에 도달할 수 있는 메커니즘들을 발견하려고 시도했다. 위에서 지적했듯이, 알튀세르는 집중적이고 총체화된 현실모방과의 상상적 동일시에서 "이데올로기적인 것"의 특수한 고유성을 파악했다. 그가 보기에 이 "이데올로기적인 것"은 인간들이 자명한 것처럼 움직이고 있는 생활세계를 구조화해 놓았다. 그것

13) Georg Lukács: Einführung, a. a. O., S. 236.

14) Louis Althusser: Frühe Schriften zur Kunst und Literatur. Berlin 1981(alternative 137); Pierre Macherey: Zur Theorie literarischer Produktion. Darmstadt/ Neuwied 1974.

은 각자에게 그의 행위와 방임의 품위와 지위를 할당해 주는, 이해 가능하게 미리 해석되어 있는 "세계"인 것이다. 알튀세르에 따르면, 이 이해 가능하도록 정비되고 주체들에게 자명하며 따라서 유사자연적인 생활세계는, 그것이 그 속에 사로잡혀 있는 인간에게 매일매일 허용하는 "재인식"이 동시에 현실적인 경제적, 정치적, 또 물론 이데올로기적 지배관계들에 대한 끝없는 "오해"이기도 하기 때문에, 고전적인 맑스의 의미에서 "이데올로기적이다".

그런데 알튀세르와 마셔레이의 주장에 의하면, 예술은 그 작가주체들의 미덕과 진실성 때문이 아니라 그 특유의 생산조건들을—이에는 적어도 현대에는 친숙한 것, 진부한 것, 일상적인 것의 지각을 "어렵게 하기" 혹은 "낯설게 하기" 혹은 "탈자동화하기" 등이 속한다—근거로 이데올로기적 총체적 현실모방의 상상이 "상상적인" 것임을 밝힐 수 있고 동일시의 이데올로기적 효과를 차단하거나 적어도 방해할 수 있다. 예술의 "상징적" 질서는 다른 경우 그 작가가 우리 모두와 마찬가지로 사로잡혀 있을 수 있는 이데올로기들의 "상상적" 총체성과 거리를 둔다. 알튀세르가 보기에 예술은 물론 과학적 인식을 생산하지 않지만—이 점에서 그는 엥겔스와 구분된다—이데올로기적인 것을 이데올로기적인 것으로 드러내며, 의미가 보장되어 있고 언제나 미리 해석되어 있는 세계 속에서 산다고 여기는 주체의 세계에 대한 친숙한 일상적 태도를 그렇게 뒤흔들어 놓는다. 알튀세르는 1966년 다음과 같이 서술했다.

"나는 실제의 예술이 이데올로기에 대해 아주 고유하고 특유한 관계를 지닌다고 해도 그것을 이데올로기에 포함시키지 않는다. (…) 우리가 '보고', '지각하고' '느낄' 수 있는 어떤 것, 실재를 암시하는 어떤 것을 우리에게 제시해 준다는 점이 (…) 예술의 특성이다. (…) 이 말은 (…) 엄밀한 의미로 받아들여야 할 것이다. 그래야만 예술이 과학과 동일한 것을 우리에게 제공한다는 그릇된 추론을 피할 것이다. '보기' · '지각하기' · '느끼기'의 형식으로 (이는 인식의 형식이 아니다) 예술이 우리에게 보도록 해 주는 것은 이데올로기다. 예술은 그러한 이데올로기에서 생겨났고 그 속에 흡수되어 있으며, 예술로서 그로부터 분리되며, 그것을 암시한다. (…) 발자크와 솔제니친은 이데올로기를 '통찰하도록' 허락한다. 그들의 작품은 이데올로기를 부단히 암시하고, 부단히 그것을 소모한다. 그러한 통찰은 바로 그들의 소설들이 산출되어 나온 그 이데올로기에 대해 **내적 거리를 두고** 뒤로 물러날 것을 전제한다. 이 소설들은 마치 내부로부터 내적 거리를 통해 바로 그것들이 사로잡혀 있는 이데올로기를 '지각하도록'(인식은 아니다) 해 주는 듯하다."[15)]

그처럼 이데올로기의 상상적 총체성에 예술의 "단편성"을 대립시키고 이로써 "유기적" 작품의 미학을 "예술이데올로기"의 변종으로 조명하는 입장, 이처럼 정신분석 가설들에 고무되고 명백히 사변적이기도 한 입장은 동시에 엄격히 "반리얼리즘적"이다. 왜냐하면 바로 "사회주의적 리얼리즘"의 교리가 현실의 총체성을 전제했고, 그것의 "반영"이 "조화로운 전체적" 작품일 것이기 때문이다. 따라서 실재가 어떤 상상적 "전체성" 속에서 재현될 수 없는 한에서, 알튀세르가 이해하는 맑스주의 예술이론은 "리얼리즘적인" 것이 아니라 기껏해야 "유물론적인" 것이라고 칭할 수 있었다. 알튀세르와 마셔레이에게는 "단절들"이 종합보다 더 중요하다.

물론 알튀세르의 이데올로기 서술은 파편화된 현대세계에 상응하지 않는다고 반론을 제기할 수 있을 것이다. 현대세계는 어떤 보편적이고 통합적인 자체서술의 능력도 의지도 없는 것이다. 이러한 것이 사실이라면 현대 내지 "포스트모던" 주체에게는 또한 자신의 생활세계의 단편성 · 괴리상태 · 원심력, 즉 다중맥락을 파악하기 위해 예술이 필요하지도 않을 것이다.

(3) 이제까지 언급한 두 가지 측면은 이데올로기에 대한 관계 속에서

---

15) Louis Althusser: Frühe Schriften, a. a. O., S. 91 f.

예술의 인식론적 혹은 인식과 관련된 측면에 해당되는 것이었다. 그 결과는 맑스와 엥겔스가 예술을 엄밀히 말해 이데올로기에 포함시키지 않는다는 것이다. 이제 이데올로기를 "제도"로 규정하는 데에서 나오는 또 다른 관점을 지적해야 할 것이다. 맑스는 세분화된 예술("예술생산 자체")이 예술을 노동의 수공업적 형식규정상태 수준에서 정착시키는 "분업" 과정의 결과라고 보았다. 모든 "낭만주의적" 양념을 도외시할 경우 예술가는 단순한 노동수단—펜이나 타자기 혹은 컴퓨터, 붓이나 끌—으로 특정한 객체를 생산하는 수공업자다. 공업적인 조직은 말할 것도 없고 매뉴팩처 식 노동조직만 해도 이미 예술생산의 형식규정상태를 넘어서 있다. 노동의 보편적 사회적 형식규정상태와 특유의 예술적 형식규정상태의 이러한 "비동시성"을 통해 비로소 세분화된 예술활동의 수공업적 지위는 배타성의 후광을 얻게 되었으며, "수공업적 전체적" 활동으로서의 예술은 그 밖의 사회적 분업과 인간능력의 파편화에 맞서 유토피아적 요인으로서 제시되었다. 예술생산의 형식유형에 대한 이 통찰을 통해 맑스는 다음과 같이 심사숙고하게 되었다. 즉 그는 우선 예술활동의 수공업적 형식규정상태의 시대착오를 극복하게 될 "산업적 예술"의 가능성들에 대해 자문했다. "노래와 이야기와 뮤즈는 인쇄기와 함께 필연적으로 중단되지 않을까? 그러니까 서사시의 필연적 조건들이 사라지지 않을까?"(MEW 13, 641)

여기서 생산적으로 사고를 진행시킨 것은 벤야민과 브레히트다. 그 밖의 경우 맑스주의 전통에서는 낡은 예술형식이 대개 아무 반성 없이 계속 유지되었다. 책과 판화, 인습적 작곡 등이 미적 매체들로 고정된 것이다. 그러나 맑스는 분업의 지양과 아울러 세분화된 예술의 종말까지 상정했다. 그는 형식적으로 니체나 아방가르드와 유사하게 과거에 분리된 창조적 에너지들이 통합되는 "삶의 예술"을 지지했다. 예컨대 『독일 이데올로기』(1844/46)에는 다음과 같은 대목이 들어 있다.

"예술적 재능이 개인에게 배타적으로 집중되고 이와 관련하여 다수

대중들의 예술적 재능이 억압되는 현상은 분업의 결과다. (…) 사회가 공산주의적으로 조직될 경우 (…) 순전히 분업에서 야기된, 예술가가 지역적 민족적 고루함에 흡수되는 현상은 사라진다. 또 개인이 이 특정한 예술에 흡수되어 그가 전적으로 화가나 조각가 등이 되고 이미 그 칭호가 그의 업무상 발전의 고루함과 분업에 대한 그의 종속관계를 말해주는 현상도 사라진다. 공산주의사회에는 화가들이 없고 기껏해야 다른 여러 가지 일 가운데 그림도 그리는 인간들이 있을 뿐이다."(MEW 3. 378f.)

공산주의사회의 "총체적 개인"은 자기 능력의 모든 분업적 세분화를 넘어서 자기발전을 이루며, 이 상태에는 "예술적" 활동분야도 다른 모든 활동분야들과 조화롭게 결합되어 있다. 여기서도 맑스의 명제를 변형하자면, 아침이면 회사로 가고 오후에는 도예강습을 받고 저녁에는 오페라하우스에 앉아 있게 되는 현대사회는 물론 덜 강렬하지만 그 대신 실제로 택할 수 있는 대안 같아 보인다.

게다가 공산주의에 도달하는 길은 늘 멀었다. 그 사이에 예술은 무엇을 할 것인가? 맑스와 엥겔스는 예술강령을 작성한 적이 없지만, 레닌은 1905년「당조직과 당문학」이라는 논문에서 문학의 기능에 대해 매우 영향력 있게 규정하려고 했다. 그는 문학의 "부르주아적" 제도화, 시장에 대한 그 종속관계, 그 이데올로기적 반영—문학의 "자율성"과 그 저자의 "개성"에 대한 논의들—등에 대해 딱딱한 말로 비판을 가했다.

"친애하는 부르주아 개인주의자들이여, 우리는 절대적 자유에 대한 당신들의 이야기가 단지 위선일 뿐이라고 말할 수밖에 없다. 돈의 힘에 근거를 두는 사회, 근로대중이 거지생활을 하고 한줌밖에 안 되는 부자들이 기생충 같은 생활을 하는 사회에는 어떠한 실제적 현실적 자유도 있을 수 없다. 작가 양반, 당신은 당신의 부르주아 출판업자로부터 자유로운가? 당신에게서 '성스러운' 무대예술에 대한 '보완물'로서 액자에 든 그림 속의 포르노그라피와 매춘을 요구하는 부르주아 독자들로부터 자유로운가? 하지만 이 절대적 자유는 부르주아적 혹은 무정부주의적 구호다. (…) 한 사회에 살면서 동시에 그로부터 자유로울 수는 없다. 부르주아 작가 · 예술가 · 여배우의 자유는 단지 돈주머니에 대한 (…) 위장된 예속관계일 뿐이다."[16]

따라서 레닌의 눈에 "자율성"과 개성의 미학은 예술까지도 장악하고 생산자들을 경쟁에 종속된 그들의 관심 속에서 파편화하고 "개별화하는" 자본주의적 시장 메커니즘의 한 가지 이데올로기적 표현이다. 그에 맞서 레닌은 예술을 그 영역상 특유하지만 노동운동과 노동자당에 통합된 요소로 만들어줄 예술의 "혁명적" 실천을 선전했다. 새로운 혁명적 예술은 "시장"의 법칙에 따르는 것이 아니라, 집합적 계획과 실천의 결과라야 하며, 당 기관들의 부단한 통제에 따라야 한다.

"그러면 이 당문학의 원리는 무엇을 본질로 하는가? 단지 사회주의 프롤레타리아트에게는 문학활동이 개인이나 집단의 이익을 위한 원천이어서는 안 된다는 점만이 아니다. 그것은 어떤 보편적 프롤레타리아트의 업무와 무관한 개인적 관심사가 되어서는 안 된다. 문학적 초인을 타도하라! 문학활동은 보편적 프롤레타리아트의 업무 가운데 한 부분이 되어야 한다. 전체 노동자계급의 정치적 의식을 지닌 전위대 전체에 의해 작동하는 통일되고 위대한 사회민주주의 메커니즘의 '작은 톱니바퀴와 나사'가 되어야 한다. 문학활동은 조직적이고 계획적이며 통일된 사회민주주의 당업무의 한 가지 구성요소가 되어야 한다."[17]

사회주의 문화정책은 몰락할 때까지 "주관적" 예술을 청산하는 것이 관건일 때면 레닌의 이 미친 듯한 명제들에 호소했다. 이 때 물론 레닌이 이 "당문학" 강령을 정리했던 1905년에는 당과 국가가 아직 전혀 동일하지 않았다는 점을 간과했다.

---

16) Wladimir I. Lenin: Parteiorganisation und Parteiliteratur. Zit. H. C. Buch, a. a. O., S. 47 f.
17) Ebd., S. 45 f.

소련과 다른 사회주의 국가들에서 국가와 당이 동일시됨에 따라 비로소 레닌의 "당문학" 강령은 국가의 공식적이고 규범적으로 구속력을 지니는 예술 교의론의 자리를 차지하게 되었다. 이제 그것을 도외시하는 것은 단순한 "당에서의 축출"과 완전히 다른 결과를 초래하게 되었다. 예술의 기능이 사회주의 국가가 스스로를 이데올로기적으로 대변하기 위한 매체 내지 대중들에게 교의를 주입하기 위한 도구로 규정됨으로써, "맑스주의 미학"의 담론도 지속적으로 불신을 받게 되었으며, 사실 모든 지적 신뢰를 잃게 되었다. 맑스주의 미학의 담론은 결과적으로 사회적 탈세분화의 끔찍한 본보기로 나타나는데, 여기서는 정치적 구분들이 미적 의사소통을 지배한다. "비공식적" 예술강령들은 그러한 외부조건들 속에서 아무 탈 없고 미학적으로 경우에 따라 흥미로운 "일탈들"에 그칠 수 없고 국가와 당에 대한 위태로운 범행이 되는 것이다. 브레히트는 1939년 자신의 『작업일지』에 다음과 같이 메모했다.

"칼리초프도 모스크바에서 체포됨. 러시아와 나의 마지막 연관도 아울러 사라짐. 그 누구도 '일본의 스파이'라는 트레챠코프에 대해 아무것도 모른다. 프라하에서 남편의 부탁으로 트로츠키주의 사업에 연루되었다고 하는 네어에 대해 아는 사람도 아무도 없다. 라이히와 아시야 라시스도 나에게 더 이상 편지하지 않는다. 그레테는 코카서스와 레닌그라드에 있는 친지들로부터 더 이상 답장을 받지 못한다. 정치가들 가운데 내가 만난 유일한 인물 벨라 쿤도 체포되었다. 마이어홀트는 극장을 잃어버렸지만, 오페라 연출은 맡아도 된다고 한다. 문학과 예술은 더러워지고, 정치이론은 끝장난 듯하다."[18]

---

18) Bertolt Brecht: Arbeitsjournal. Hrsg. v. W. Hecht. Band 1. Frankfurt/ M. 1973, S. 36.

맑스주의 매체이론

맑스와 엥겔스의 저술들 속에 있는 예술관과 19세기에 미학적 관념들에서 발전한 것의 차이를 밝히는 것은 쉬운 일이 아니다. 왜냐하면 맑스와 엥겔스는 "맑스주의 미학"을 정립한 것이 아니라, 산재해 있는 개별 논평들로 예술의 모든 이데올로기적 착각가능성을 넘어선 유토피아적 인식생산적 잠재력을 암시했기 때문이다. 예술을 어떠한 사회적 결정상태와도 동화시키지 않는 이 예술관만 아니라, 모든 세분화와 분업과 모든 "소외"를 극복하고, 과거의 "자율적" 예술을 자신의 일상에 통합하는 "총체적 개인"을 가능하게 만든다는, 현대 이후 미래사회 속의 "자율적" 예술의 종말에 대한 본질적으로 낭만주의적인 희망도 맑스와 엥겔스를 19세기의 일반적인 미학적 자기이해와 별로 구분해 주지 않는다. 20세기에는 원래의 맑스주의적 예술반성의 두 측면이 계승된다. "진보적" 예술과 "반동적" 예술을 특징짓기 위해 "인식"과 "오해"의 구분을 끌어들이는 게오르크 루카치 미학에서처럼 예술의 인식적 중요성을 강조하는 점과, 쉴러의 구상에 매우 접근하는 헤르베르트 마르쿠제 미학에서처럼 "자율적 예술의 지양"을 기대하는 점이 그 두 측면이다. 맑스주의 예술이론의 두 경향은 전적으로 19세기의 미학적 규정 내에 머문다. 이는 특히 마르쿠제에게서 확인할 수 있을 것이다. 그는 말년에 지난날 그토록 맞서 싸워왔던 "자율적" 예술을 체념적으로 복권시켰고 — 아도르노와 유사하게 — 해방된 일상 속에서 과거의 속박되어 있던 미적 에너지들을 "문화혁명적으로" 발현시키기를 희망하는 대신, 바로 자율적 예술을 사회에 맞서 유일하게 가능한 비판적 심급으로 제시했다.[1] 이 모든 입장들과 그에 대한 수정들은 19세기 미학의 토양 위에 머문다. 맑스주의 창시자들이 예술에 대해 그 이상의 것을 말하지 않았다면, 그들은—그 후계자들, 아류들, 독단적 해석자들과 함께—관념론적 미학의 담론적 변형들에 지나지 않았을 테고, 그들의 의미는 개념적 측면보다는 오히려 그들이 나중에 사회주의 문화정책 담당자들의 "지식권력"을 정당화할 수밖에 없었다는 사실에 있을 것이다.

그러나 실제로 맑스의 경우에는 이론적 혁신이 존재한다. 관념론적 전통 전체는 미적 의사소통을 "의미론적" 현상으로 규정했고 예술을 "정신적" 구성물로서 성찰했다. 이에 반해 맑스는—적어도 한동안—의사소통의 매체적 성격과 그것의 기술적 측면에 대해서도 주목했다. 의사소통은 정보들만을, 예컨대 하나의 "이념" 혹은 정신이나 사회의 어떤 상상만을 전달하는 것이 아니라, 모든 "전달"을 목소리 · 문자 등의 매체들의 도움을 받아 실현한다. 그리고 이 매체들의 고유성은 의사소통에 전체적으로 영향을 끼친다. 모든 미적 의사소통의 이러한 매체적 기원을 맑스는 1857년 다음 의문을 제기했을 때 염두에 두었던 것이다. "인쇄술이나 심지어 인쇄기와 함께 『일리아드』 자체가 가능할까? 노래와 이야기와 뮤즈는 인쇄기와 함께 필연적으로 중단되지 않을까? 그러니까 서사시의 필연적 조건들이 사라지지 않을까?"(MEW 13, 641)

헤겔이 보기에 서사시라는 장르는 궁극적으로 정신이 아직 별로 발전하지 못한 단계를 반영했고, 정신이 좀더 발전하게 되면 서사시의 가능성도 파괴되는 것이었다. 이에 반해 맑스의 질문은 완전히 다른 방향을 겨냥하는 듯하다. 현대의 정보기술은 구비적 매체로부터 그 기능의 대부분을 넘겨받았다. 서사시의 매체적 토대인 이야기 기억술은 문자 · 서적인쇄 · 대량인쇄 등의 결과로 그 중요성을 잃는다. 의사소통 매체들의

1) Vgl. Herbert Marcuse: Die Permanenz der Kunst. Wider eine bestimmte marxistische Ästhetik. München 1977.

산업화에 관심을 지닌 예술에 대한 물음이 제기되는 것이다.

다른 점에서는 오히려 인습적이라고 할 수 있는 맑스의 예술의식에서 실제로 새로운 요소는 아마 순수한 "정신적 의사소통"이라는 가상을 거부하고, 미적 의사소통의 기술적 매체들을 이렇게 주제로 삼는 데에 들어 있을 것이다. 물론 맑스의 이 짤막한 암시가—사실 그것은 엄밀히 보면 하나의 질문에 지나지 않는다—그의 저술 어디에서도 상론되지 않았고, 따라서 그것이 훗날의 이론발전에 비추어서 예견의 지위를 얻지 못했다면 확실히 주목받지 못한 채로 남아 있었을 것이라는 점을 당장 말해야 할 것이다. 이른바 "맑스주의 미학", 혹은 루카치나 마르쿠제나 아도르노가 아니라, 브레히트와 벤야민이 30년대 초의 저술들에서 미적 의사소통 매체이론의 가능성에 대한 그 암시에 주목했다. 이제 우리는 이 저술들을 검토하기로 한다. 이 경우 브레히트와 벤야민의 예술관을 일반적이고 포괄적으로 서술하는 것이 문제는 아니다. 단지 맑스의 가장 흥미로운 사상을 포착하여 계승하고 있는 그들의 미적 의사소통 매체이론 단초들의 재구성이 관건일 뿐이다.

영화의 유물론

1931년에 나온 브레히트의 에세이 「서푼짜리 소송」은 브레히트가 쓴 글들 가운데 가장 방대한 텍스트에 들어가지만 별로 알려지지는 않은 것이기도 하다. 이는 그것이 평범하지 못해서 그것을 어떤 특정한 "텍스트부류"에 배치해 넣기 어렵기 때문일 것이다. 부제에서 브레히트는 자신의 에세이를 "사회학적 실험"이라고 칭한다. 그에게는 재판의 예를 통해 사회 속의 미적 의사소통이 실제로 발휘하는 기능을 "실험적으로" 조명하는 것이 관건이었다. 더욱이 브레히트에게는 무엇보다 새로운 매체들 앞에서 전통적 미학이 기능을 상실하고 있는 현상을 지적하는 것이 중요했다. 하지만 브레히트는 이 기능상실을 "이데올로기 비판적으로" ―예컨대 영화와 전통적 미학의 긴장에 대한 이론적 성찰이라는 의미에서―논증하려 하지 않고 현실 자체에 의해 집행되도록 했다. 사회의 대리자들인 법정 · 대중매체들 · 전문가들 자신이 참여한 "실험"을 통해 미적 "가치들"의 사회적 무기력화 과정이 폭로되어야 하는 것이다. 「서푼짜리 소송」의 텍스트는 이 실험에 주석을 가한 기록문이다. 여기서 사회는 "예술에 대한 진실"을 털어놓게끔 유도된다. 브레히트가 "실험"으로 기능전환한 이 소송의 외적 계기에 대해 몇 마디 하는 것도 유용할 것이다.[2]

브레히트와 그의 작곡가 쿠르트 바일은 영화사인 "네로 영화 주식회사"와 센세이셔널한 성공을 거둔 『서푼짜리 오페라』의 영화화에 대해 1930년 계약을 맺었다. 이 계약은 이 분야에서 전형적이지 않은 특수한 면을 보여주었다. 즉 그것은 브레히트에게 시나리오 작업에 동참할 권한을 보장해 주었고, 나아가 영화회사가 고용한 시나리오작가와의 긴밀한 협조를 배려했다. 브레히트는 "네로 주식회사"가 영화대본 작업에 검열을 위해 개입할 가능성이 없도록 계약을 정리했고, 영화대본을 위해 오페라의 소재를 정치적으로 과격하게 만들 계획을 했다. "네로 주식회사"는 브레히트의 의도를 알자 계약상의 합의들을 무시하고 브레히트의 참여 없이 시나리오 작업을 끝냈다. 이에 대해 브레히트는 소송을 제기했지만, 제1심에서 기각되었다. 재판부는 특별합의를 부적절한 것으로 간주하고, 브레히트가 필요한 만큼의 "객관성" 없이 자신의 동참권을 행사했다고 비난한 것이다. 반면에 재판부는 시나리오 제작에 참여할 권한을 영화사에 명백히 인정했다. 이는 "문제의 본성"에 기인한다는 것이다. 즉 영화제작에서는 문학 원작에 대한 변화가 불가피하며 저자는 이 점을 존중해야 한다는 것이다. 따라서 영화사는 저자 브레히트에게

2) Vgl. Wolfgang Gersch: Film bei Brecht. München 1975, S. 58 ff.

승리했다. 물론 브레히트는 결코 "권리를 얻기" 위해 이 소송을 벌인 것이 아니었다. 브레히트는 처음부터 "지적 재산권"을 보호하려는 "저자의 권한"은 재정적으로 막강한 영화사의 이해관계 앞에서 무의미할 수밖에 없으리라는 점을 명확히 알고 있었다. 이처럼 아무 환상 없는 태도 덕분에 그는 『서푼짜리 영화』와 관련한 소송의 결말에 대해 다음과 같은 반어로 논평할 수 있었다.

"그러나 그처럼 완벽한 승리에 스스로 놀란 영화사는 화해과정에서 저자에게 영화에 대한 권한을 돌려주고 소송비용을 지불했다. 이는 재판에 대한 놀랄 만한 불신 행위로서, 이는 사실 일심판결로는 근거를 얻지 못한 것으로 보인다."(18, 144)

이 소송은 격렬하고 논란이 분분한 언론의 반응을 유발했고, 브레히트는 이를 비판적 의도로 기록했다. 이 소송에 대한 기록에서는 세 가지 상이한 관점이 구분된다. 첫째는 "창작자의 업적은 건드릴 수 없으며" "문학의 우선권은 지켜야 한다"는 입장을 강력히 옹호했다.

"예술의 문제나 예술사업 관련 문제에는 품위도 위엄도 별로 없다. (…) 작품을 위한 신뢰나 배려는 존재하지 않는다. 특히 감독의 불손하고 주제넘은 짓이나 아니면 양쪽의 악의적 추측이 있을 뿐이다. (…) 이런 의미에서 『서푼짜리 오페라』 사건에서 브레히트의 행동은 인정할 가치가 있는 신호였다.(『쾰른 신문』)"(18, 145)

물론 사람들은 브레히트에게 영화제작에 동의했다는 것 자체를 비난하기도 했다. "브레히트가 『서푼짜리 오페라』를 분명히 사랑하듯이 (…) 아마 자기 아이를 사랑하는 자는 우선 아이를 영화제작에 내놓지 말아야 할 것이다.(『포스 신문』)"(18, 148)

둘째 관점은 어느 편도 들지 않는 태도를 취하는 것이었다. "미학적 허무주의가 국제적 거대자본에 맞서 풍차와의 싸움을 벌이고 있다. 이기주의가 이기주의에 맞서고 있다. 그것이 우리에게 왜 중요한가?(『매일 평론』)"(18, 148)

끝으로 언론 주석자들 가운데 셋째 그룹은 영화산업을 옹호했다. "영화와 작업이나 사업상 결합되는 사람은 누구나 자기가 하나의 산업에 관여한다는 점, 자신의 돈을 걸고 나중에 수천 개의 극장에서 찬사를 얻어야 하거나 단순히 돈을 잃어버리는 사람들과 관여한다는 점을 분명히 알아야 한다. 영화는 대규모 관객을 지향하는데, 이들은 심오한 철학적 사고과정을 원하지 않고 이해하지도 못한다. 우리는 (…) 재판부가 명백하게 영화산업의 편을 들어주기를 절실히 바래야 할 것이다.(『영사기』)" (18, 147)

재판부의 판결근거와 대중매체들의 입장들에서 브레히트의 관심을 끈 것은 무엇보다 "저자"나 "작품"과 같은 전통적인 미학적 관념들의 운명이었다. 브레히트는 한편으로 이 범주들이 실제로 의미를 잃었다는 점을 확인했다. "저자"와 "작품"은 산업적으로 조직된 영화생산과 그것의 기술적 "강압들" 앞에서 바로 시대착오적 화석들처럼 여겨졌다. 다른 한편으로 브레히트는 이 범주들을 재판부가 부분적으로 무효화시켰지만, 그것들이 여전히 통용되고 있다는 점을 결코 간과하지 않았다. 브레히트는 새로운 기술적 매체들이 과거의 미학적 개념들을 공허해지게 만든다는 점을 확인했다. 그리고 이러한 결과를 그는 명백히 환영했다. 그는 법정에서 단지 자신의 "작품"을 구하려고 하는 화난 "작가"의 포즈를 취했는데, 이는 이러한 포즈가 낡았다는 것을 실험적으로 확인하기 위해서일 뿐이었다. 하지만 그는 다른 한편 "저자"와 "작품"이라는 심급들도 간단히 화면에서 사라지지 않는다는 점 또한 확인했다. 그것들은 영화의 생산과정에서 별로 중요하지 않고 심지어 방해가 되지만 이 생산과정의 결과인 완성된 영화에 소유권이 있는 지위를 부여하는 데에 기여한다. 영화는 법적인 의미에서 "소유물"이다. 그것은 생산과정으로서는 "소유물"이 아니지만, "한 저작자의 작품"이기 때문에 "소유물"이다. 이제 브레히트는 이러한 모순성을 추적한다. 왜냐하면 맑스주의자로서 그는 이 경우 미적 이데올로기 요소들을 경향상 지양하는 새로운 오락

매체들이라는 생산력과, 그러한 이데올로기 요소들을 보존하는 법적 소유권규정들이라는 사회적 생산관계 사이의 적대관계를 간파하기 때문이다. 브레히트는 이른바 "영화미학"을 검토하면서 이 본질구성적 모순의 담론적 효과를 분석한다. 여기서 그는 이 모순을 상상적으로 해소하려는 시도를 간파한다. 영화가 그 기술적 고유성과 상품적 성격 때문에 "비예술적"이라는 흔한 비난에 맞서 "영화미학"은 "예술적으로 가치 있는" 영화에 대한 사고 가능성을 옹호하며, 이런 영화의 미적 성질이 기술과 상품적 성격의 낙인을 제거할 수 있다고 주장한다. 브레히트는 이러한 태도를 다음과 같이 바꿔 말한다.

"영화가, 예술영화까지도, 하나의 상품이라는 점에 모두가 동의한다. 그러나 몇몇 사람은 이것이 영화에 아무 해도 끼치지 않으며 영화는 단지 부수적으로 상품일 뿐이고, 상품형식은 단지 영화를 유통시키는 형식일 뿐이며, 그것이 결코 영화를 완전히 낙인찍어야 하는 것은 아니라고 생각한다. 또 영화를 그로부터, 이러한 타락상태로부터 자유롭게 하는 것이 바로 예술의 업무라는 것이다."(18, 167)

이 "영화미학적" 입장은 영화를 전통적인 미학적 규정에 종속시킴으로써, 그 비판자들로부터 예술로서 구제할 수 있다고 생각한다. 영화를 어떤 "저작자 주체"의 "작품"으로서 해석하고, 그것에는 인정받은 다른 예술 모두가 지니는 미적 고무의 효과가 있다고 인정해주지만, 그것의 기술적 고유성은 도외시한다. 브레히트는 영화의 이러한 "유미화"를 비판한다. 그에게는 그러한 유미화를 통해 영화의 매체적 잠재력이 위축되는 듯해 보인다.

"권력장치들에 맞서 (…) '예술'이 확고한 지위를 얻게 되었다. 오늘날 우리가 스크린에서 보는 것은 거의 모두가 '예술'이다. 실로 그것은 '예술'이어야 하는 것이다. 그러니까 그런 것은 소설 · 드라마 · 기행문 · 비평 등과 다소 다른 형식으로, 이제 쉽사리 낡아 버리는 형식으로 시장에서 이미 '예술'로서 지위를 얻었고 자리잡을 수 있었다. 영화 형식은 좀

더 큰 전파가능성들을(막대한 자본의 유통과 더불어) 열어놓았으며, 낡은 매력들에 새로운 기술의 매력을 첨가했다. 그로써만 각각의 감독은 판매부의 지원 압력 아래 새로운 장치들에 맞서 자신의 예술을 관철할 수 있는 것이다. (…) 그는 자신의 '예술'로 이 새로운 장치들을 능욕한다."(18, 160f.)

"영화미학", 즉 영화를 "다른 것들과 마찬가지의 예술"로 만드는 담론을 이데올로기 비판적으로 문제시할 수도 있을 것이다. 하지만 이는 브레히트의 관심을 끌지 못했다. 그의 관심을 끈 것은 단지 이 영화의 "유미화"가 실제로 어떤 기능을 수행했느냐 하는 문제뿐이었다. 언뜻 보기에는 전혀 아무런 기능도 수행하지 않는 듯하다. 왜냐하면 재판부의 판결은 영화의 경우에 저자와 작품의 미학적 연관을 고려하지 않았기 때문이다. 판결문에는 다음과 같은 대목이 있다.

"영화 저자와 영화 제작자 사이의 이해할 만한 이해관계의 중재는—이로부터 건전한 경제생활이 출발한다—(…) 저자와 출판사 혹은 시인과 무대감독 사이에서와 같은 방식으로 이루어질 수 없다. 한 쪽에 자신의 정신적 산물을 대중과 영화관객에게 제시하려는 (…) 영화 저자의 정당한 소망이 있다면, 다른 쪽에는 자신의 감독을 통해 작품을 일단 함께 만들어내고 제작과 활용의 엄청난 경제적 위험을 부담하는 제작자의 이해관계가 있다."(18, 191)

브레히트는 문제들의 이러한 조망을 "가장 단호한 유물론의 기록문"이라고 칭한다.(18, 192) 재판부는 "영화"라는 매체의 현실을 영화에 대한 모든 미학적 옹호자들보다 더 냉정하게 규정한다. 매체의 현실은 "영화작가"를 "제작장치의 일부"로 봄으로써, 사실상 "창조자" 혹은 저작권자라는 작가의 과거 지위를 제거한다.

"작가는 기술적 과정 속에 끌려 들어가며, 이 과정은 상품생산으로 간주된다. 제작자에게 '너무 큰 경제적 비중이 부여되기' 때문에 작가의 비물질적 이익에 대한 보호는 사라진다. 정신적 이익은 그 보호에 너무

비싼 비용이 들지 않는 한에만 보호될 수 있다. 그 이상으로 그것을 온당하게 대우해줄 수는 없다."(18, 192)

따라서 법관들은 기술적 매체들이 미학 담론의 예술관을, 즉 19세기에 예술가와 작품에 대해 만들어진 모든 관념들을 완전히 폐기했다는 브레히트의 테제를 입증해 준다. 예술이 "한 주체의 표현"이라면, 영화는 예술이 아니다. 이 점을 법관들은 말하고 있고 브레히트도 그들에게 명확히 동의한다.

"예술작품의 개념을 한 예술작품이 상품으로 변하게 될 때 생겨나는 물건과 관련해 유지할 수 없다면, 우리는 조심스럽고 주의 깊게, 하지만 대담하게 이 개념을 내버려야 할 것이다. 우리가 이 물건 자체의 기능까지도 함께 제거하려고 하지 않는다면 말이다."(18, 201)

그러나 그 법관들은 일관성을 지니지 못한다. 효과적 생산에 대한 영화산업의 관심을 위해 미학을 부정하는 그들의 입장은 모순적인 상태에 빠져 있다. 왜냐하면 "영화"라는 상품을 사적 소유물로 선언할 수 있기 위해 그들에게는 다시 미학적 범주들이 필요하기 때문이다. 한편의 영화 제작은 집단적이고 분업적인 과정이며, 이에는 "저자"나 "작품"이라는 개념들이 합당할 수 없다. 그러나 제작자를 그 "작품"의 소유자로서 법적으로 정당화할 수 있기 위해 다시 그러한 개념들이 등장한다. 브레히트는 다음과 같이 서술한다.

"생산에서 개인이 차지하는 몫을 식별할 수 없게 만드는 생산방식에서는 개인의 권한을 보호하기 어렵다. 하지만 그것은 생산의 수익에 대한 논의에서 다시 등장한다."(18, 186)[3]

따라서 브레히트에게 "저자"나 "작품"과 같은 미학적 개념들은 기술적인 생산물에서 법적 소유관계를 정당화하는 객관적 의미를 지닌다.

---

3) 영화와 법의 이 관계에 대해서는 다음 글을 참조할 것. Bernard Edelman: Le droit saisi par la photographie. Paris 1973.

그런데 이 기술적 생산물은 그 구조나 생산방식에 비춰보면 그런 개념들로 전혀 합당하게 사유될 수 없는 것이다. 브레히트가 보기에 영화미학 · 사진미학 혹은 매체미학은 자체로서 불합리한 것이지만, "지적 소유권"을 그에 따르는 모든 이용권과 더불어 법적으로 취급하는 것이 가능하고 설득력 있도록 새로운 매체들에 대해 논하는 기능을 지닌다. 브레히트는 자신의 "사회학적 실험"의 결과를 아래와 같이 예리하게 요약한다.

"우리는 아주 특정한 사례를 놓고 '권한'을 찾으려는 시도에서 특정한 부르주아 이데올로기(미학)를 말 그대로 받아들였으며, 이것이 사법부의 부르주아적 실천을 통해 잘못된 것임이 드러나도록 했다. 우리는 우리 자신의 관념들은 아니지만 법관들이 활용하고 있다고 추정해야 했던 관념들을 내세우면서 소송을 벌였다. 그러나 소송에서 지면서 우리는 일반적인 부르주아적 실천과 전혀 모순되지 않는 새로운 종류의 관념들을 그들에게서 간파했다. 그들은 단지 (전체적으로 바로 위대한 고전적 부르주아 이데올로기를 구성하는) 낡은 관념들과만 대립했다. 따라서 그들은 낡은 종류의 모든 관념들을 완전히 포기했는가? 실제로 그들은 그것들을 포기했다. 하지만 이데올로기적으로는 포기하지 않았다. 그들은 자신의 이데올로기를 실질적으로 무효화하면서 '그 밖의 다른 점에서는' 보존한다. 말하자면 그들은(다름 아닌 그들은) 자신의 이데올로기를 포기할 경우에나 이를 구현할 경우에나 자신의 실제업무를 실행할 수 없다는 데에 요점이 있는 것이다."(18, 193f.)

따라서 영화를 자본주의적으로 이용하는 데에는 그 소유권에 대한 요구를 법적으로 일관된 형태로 표현하기 위해 미학적 담론이 필요하다. 영화는 하나의 "작품"인 것이다! 그러나 미학적 담론은 생산계획으로서 필요한 것이 아니며, 이때에는 완전히 반생산적으로 작용할 것이다. 즉 영화는 "작품"이 아닌 것이다! 이처럼 전통적 미학을 생산과 관련해 제거하는 데에서 브레히트는 자신의 눈에 "진보적인" 측면들을 부각시킨다. 즉 새로운 매체는 그 구조로 인해 낡은 예술적 개인주의를 극복하는 집단적 작업방식을 강요하는 것이다. 이 점은 자본주의적으로 조직된 영화산업을 통해 이미 드러난다는 것이다. 물론 영화산업은 그것을 실제로 작업능력이 있는 집단에 대한 일종의 캐리커처로 만들뿐이지만 말이다.(18, 172f.)

매체작업의 집단화는 그것에 가담한 인물들을 더 이상 스스로를 "예술가"라고 오해할 수 없는 생산자의 위치에 옮겨놓는다. 그들은 세분화된 생산과정 속의 기능수행자 내지 이 과정의 요소들로 나타날 뿐 그 저작자로 나타나지는 않는다. 한 개인이 하나의 객체를 전체적으로 산출해낸 전통적 예술작업의 수공업적 형식규정상태는 산업적 형식규정상태로 대체된다. 여기서 생산자는 기계의 부속품으로 활동하며, 기계의 기능이 그의 노동과정을 지휘한다. "매체생산자"는 장치의 일부가 된다.(18, 192). 브레히트는 이러한 변화를 환영했다.

영화의 상품형식에 대해서도 브레히트는 결코 문화보수주의적 입장에서 "몰락"이라고 한탄하지 않고 그것을 "유통으로 들어가는 유리한 방식"으로 이해했다.(18, 167) 왜냐하면 유통분야 내지 "의사소통 과정 자체"(18, 168)는 "자율적" 예술에 대한 모든 열성적 관념을 단호히 끝내버리기 때문이다. 예술은 시장에 팔려나올 뿐만 아니라 마침내 "상품"으로서 시장의 조건 아래서 판매가능성을 겨냥하여 생산된다. 이러한 시장종속상태는 예술에 외적인 것이 아니다. 브레히트는 상품적 성격이 "작품들"의 구조 속에 파고들며 "유기적 완결성"에 대한 모든 미학적 요구들을 조롱한다는 점을 관찰할 수 있다고 여겼다. 이른바 "작품들"은 오히려 개별 요소들로 해체되며 시장 사정에 따라 임의로 종합될 것이다. 영화의 소재로 된 자신의 『서푼짜리 오페라』의 운명을 염두에 두면서 브레히트는 다음과 같이 서술한다.

"예술작품들의 이러한 해체는 우선 더 이상 타고 다닐 수 없고 그래서 작은 단위들로 (…) 분해하여 팔아버리는, 쓸모 없어진 자동차의 해체와 동일한 시장의 법칙들에 따라 이루어지는 듯하다. 우리는 저지할 수 없고 그래서 인정해야 하는 개인주의적 예술작품의 몰락을 목격한다."(18, 180f.)

끝으로 브레히트는 영화에서 심리 묘사를 일삼는 전통적 문학의 개인주의가 몰락하는 현상을 칭송했다. 영화는 그 인물들을 "외부에서" 바라보며, 모든 내성적 요소를 잘라버리거나 적어도 그것을 어렵게 만들며, 인물들의 행위 동기를 "외적" 인과관계들을 통해 부여한다. 이는 동일시나 감정이입이 아닌 수용을 촉구하며, 객관적이고 검증하는 방관자의 태도를 만들어낸다는 것이다. 따라서 브레히트는 영화를 자신의 "비아리스토텔레스적" 연극의 본보기라고 여겼다. 일반적으로 그는 문학과 이의 지각에 대한 새로운 매체들의 의미가 지극히 중대하다고 보았다.

"말하자면 과거의 전달 형식들은 새로 등장하는 형식들을 통해 아무 영향도 받지 않고 이것들과 병존하는 것이 아니다. 영화관람객은 소설들을 다른 식으로 읽는다. 그러나 소설을 쓰는 사람도 나름으로 영화를 보는 사람이다. 문학 생산의 기술화를 더 이상 뒤로 돌려놓을 수는 없다."(18, 156)

소설과 드라마는 영화의 표현역량들을 통해 완전히 새로운 기술에 도달하게 될 것이다. "영화적 시선"은 두 장르를 서사화하고 그 속의 이른바 "개성"의 몫을 축소시킬 것이다. "서사화된" 장르들은 "개인들"을 주인공으로 삼지도 않고, "예술가 개인"의 자기표현도 아닐 것이며, "개인적" 수용자들을 지향하지도 않을 것이다. 그것들의 대상은 오히려 "개인"에 대한 논의를 공허하게 만드는, 모든 행위들이 사회적 구조들 속에서 객관적으로 결정된 상태이며, 그 생산자는 "창조자"가 아니라 분석자이자 실험자이고 대개는 집단이며, 끝으로 그 수용자는 스스로를 서로 상이하고 서로에게서 자신을 재인식하는 "개인적 주체들"의 집단이라고 오해하는 대중이 아니라 실제의 대립과 갈등에 의해 규정되는 대중이라는 것이다. 그리고 "서사화된" 예술형식들은 그러한 대립과 갈등을 상상적 "휴머니즘"의 이름으로 조화롭게 만들지 않고 날카롭게 표출되도록 한다는 것이다.

"지배적 미학은 직접적 효과를 요구함으로써 예술작품에 개인들의 모든 사회적 구분이나 그 밖의 구분들을 중재하는 효과를 요구한다. 비록 개인들이 계급적 구분을 점점 더 의식하게 되고 있지만, 그처럼 계급적 대립을 중재하는 효과는 오늘날에도 아리스토텔레스적 극작법에 의한 드라마들을 통해 여전히 만들어진다. 계급적 대립이 이러한 드라마들의 대상인 경우에도, 또 심지어 그 속에서 이런저런 계급을 지지하는 입장을 취하는 경우에조차 그런 효과가 만들어진다. 어느 경우에나 객석에서는 모든 관객에게 공통된 '인간의 보편성'에 기초하여 예술감상이 진행되는 동안 일종의 집합명사가 생겨난다. 비아리스토텔레스적 극작법은 이러한 집합명사의 산출에 (…) 관심이 없다. 그것은 관객을 분열시킨다."(17, 1062f.)

브레히트는『서푼짜리 소송』에서 새로운 기술매체들이 예술 이해를 위해 수행하는 혁명적 역할을 강조하고, "수공업적" 예술개념과 그것의 미학적 신비화를 고수함으로써가 아니라, 새로운 매체를 통한 생산형식들, 보는 방식들, 수용양식들을 받아들임으로써만, 진보적이고 혁명적인 예술활동을 이끌어갈 수 있다는 확신을 표명했다. 이때 그는 물론 부르주아적 자본주의적 생산관계 및 소유관계를 넘어섬으로써만 새로운 매체들의 "혁명적" 잠재력을 실제로 해방시킬 수 있다는 점을 모르지 않았다. 결코 매체에 열광하는 입장이 아니라 고전적 맑스주의의 입장에서 브레히트는 예컨대 뒷날의 맥루한처럼 기술의 고유논리나 "자율성"을 믿지 않고, 사회적 담론적 구조들에 대한 기술의 종속성을 믿었다. 부르주아 사회질서의 조건들 속에서 브레히트는 매체들의 대안적 활용을 위한 어떤 가능성도 찾지 못했다. 따라서 미적 의사소통을 사회변혁적 실천이라고 과대평가한 예술적 아방가르드와 달리 브레히트는 예술에 대한 정치의 우월성을 강조했다. "어떤 특정한 '문화'를 고안해내고,

현실을 그러한 문화로 나아가도록 설득하는" 일의 "성공 가망은 없기" 때문에(18, 209), 또 "더 나은 영화"가 아니라 "관객이 처한 상황의 변화"를 통해서만 관객을 바꿀 수 있기 때문에(18, 166), "정치적 예술을 예술적 근거들이 아니라 정치적 근거들에 기초하여" 요구해야 한다는 것이다.(18, 178) 브레히트는 이 "정치적" 예술을 이른바 "교육극들"을 통해 가장 단호하게, 물론 가장 수상쩍게, 정리하고 실천했다. 그는 그것들을 일부 방송의 "기능전환"을 위한 실험이라고 이해하기도 했다.

라디오 이론

브레히트의 『라디오 이론』(이 표제는 그의 저술 발행자가 붙인 것이다)은 1927년과 1932년 사이에 쓴 다섯 편의 짧은 텍스트들을 포괄한다. 이 시기에 독일에는 약 열 개의 방송국과 약 3백만 대의 라디오가 있었다. 브레히트는 라디오의 기술적 가능성들에 매료되어 있었다. 하지만 그는 라디오의 주도적인 이용방식이 이러한 가능성들을 전혀 이용하지 않은 채 방치한다는 점을 관찰할 수 있다고 여겼다. "이제 빈 왈츠와 요리법을 마침내 전 세계가 접하도록 만들 수 있게 된 것은 기술의 거대한 승리였다. 말하자면 그것은 은거지를 근거로 한 승리인 것이다."(18, 119)

오락과 기분전환이라는 목적에 라디오를 주로 활용하는 현상에 대해 브레히트는 아주 신랄하게 논평을 가했다. "나는 이제 실업자들을 위한 쉼터와 감옥에 수신기를 설치하는 데에 반대하지 않는다. (…) 그러나 다리의 아치 아래에도 수신기를 설치하는 것은—설혹 여기서 밤을 보내고 싶어하는 자들에게 적어도 최소한의 것, 즉 어떤 '명가수'의 공연을 들려주는 것은 멋진 제스처일지라도—방송의 주요 과제가 될 수 없다." (18, 129)

오페라와 같은 전통적 예술형식들을 이제 고립된 개인들로 구성되는 수용자대중이 접근할 수 있게 하는 일반적 습관도 마찬가지다. "도취상태를 만들고자 하는 과거의 오페라보다 더 부적절한 것은 없다. 왜냐하면 오페라는 수용자의 개인적 속성과 관여하기 때문이며, 또한 모든 알콜 탐닉 중에 조용한 탐닉보다 더 위험한 것은 없기 때문이다."(18, 132)

"방송"이라는 매체를 대안적으로 활용하려는 브레히트의 제안들은 다시 "실험"으로 간주되었다. 그것은 극단적 제안들을 통해 "부르주아" 사회질서 내에서 매체의 사회적 담론적 한계들이 경험적으로 드러나도록 하되, 동시에 변화된 사회 속의 다른 매체활동 가능성도 암시하려는 것이었다. 그러한 희망을 한스 마그누스 엔첸스베르거는 70년대 초에 다시 한 번 명확히 표명했다. 물론 그는 나중에 포스트모던의 이른바 "제로 매체들(Nullmedien)"을 좀더 집중적으로 혹은 현실적으로 경험한 후 다시 그러한 희망들을 포기했다.

브레히트는 우선 구조적으로 청취자를 수동적 소비자의 역할로 몰아가는 방송매체의 "일방통행식 의사소통"을 비판했다. 어떤 상호 의사소통을 허용하고 청취자를 미리 주어진 "메시지"나 프로그램에 대한 수동적 수신자로부터, 방송의 뒷받침을 받아 의사소통의 형태를 적극적으로 규정하는 인물이 되게 하는, 라디오의 기술적 구조변경이 필요하다고 보았다.

"방송은 분배장치에서 의사소통장치로 바뀌어야 한다. 방송은 공공생활의 생각할 수 있는 가장 훌륭한 의사소통장치이자 엄청난 운하망일 것이다. 즉 방송이 송신만 아니라 수신도 할 수 있다면, 따라서 청취자가 단지 듣기만 하지 않고 말도 하도록 만들고, 청취자를 고립시키지 않고 관계를 맺도록 할 수 있다면 그런 것이 될 것이다. 그에 따르면 방송은 공급자의 위치에서 벗어나 청취자를 공급자로 조직해야 할 것이다."(18, 129)

브레히트는 방송매체가 모든 전래의 예술을 생산/소비의 구분에 고정시키는 말하기/듣기, 쓰기/읽기 등의 전통적 차이를 탈세분화하고 수신자를 발신자로, 발신자를 수신자로 만드는 데에 특히 적합한 도구라고 보았다. 그의 "라디오 교육극" 『린드버그의 비행』과 『동의에 대한 바덴의 교육극』은 이미 그처럼 변화된 매체의 활용을 보여준다. 물론 "실험적으로"만 혹은 모델로서만 보여줄 뿐이다. 왜냐하면 그것들의 방송이 물론 다시 친숙한 의사소통 구조에 종속되어 있었고 수신기 앞의 "침묵하는" 청취자들과 마주쳤기 때문이다.

브레히트가 제시한 또 다른 제안들은 오늘날의 관례에 비춰보면 상당히 인습적인 것으로 보이며, 20년대를 배경으로 할 때에만 이해할 수 있다. 예컨대 브레히트는 정치적 결정들의 동기들을 대중들도 알 수 있도록 하기 위해 인터뷰를 강력히 활용하자고 요구했고, 복잡한 사태들을 투명하게 만들기 위해 "전문가 토론"을 요구하기도 했다. 정치가들과 전문가들의 그러한 매체출연이 지닌 계몽의 역량을 경험한 후에는 브레히트의 그와 같은 제안들을 순진한 것이라고 칭해야 할 것이다. 그것들은 시작과 경험부족의 매력을 지닌다. 상호 지도와 지속적 계몽 및 교육을 위해 매체들의 오락기능을 엄격히 거부한 것은 물론 어떤 끔찍한 면도 동시에 내포한다. 브레히트가 매우 강조한 "배움의 만족"이 영원히 유지될 수는 없을 테고 그래서 "조용한 탐닉"이 복권될 수밖에 없을 것이다.

어쨌든 브레히트의 고찰들은 문화의 혁명적 변화를 위해 라디오와 영화의 의사소통 잠재력을 활용하려고 한 초기 매체이론과 매체실천의 두드러진 사례다. 그는 문화로부터 책과 무대, 그림과 오케스트라와 같은 "낡은" 매체들에 묶여 있는 인습적 예술과 "미학"을 통한 그 반성이 사라지거나, 새로운 매체관련 체계들 속에서 알아보기 힘들 정도로 변하기를 기대했다. 특히 브레히트는 이 새로운 매체 체계들에서 의사소통 기회들의 평등화, 생산자와 소비자, 무대와 관객, 행동하는 자와 반응하는 자들 사이의 "분업"이 지양되고, 또 이로써 일종의 미래에 대한 훈련이 이루어지기를 희망했다.

대중들의 지각

발터 벤야민이 1936년 유명한 에세이 「기술복제 시대의 예술작품」에서 전개한 유물론적 매체이론 관련 테제들은 좀더 체계적이고 좀더 깊이 파고드는 것이면서 동시에 브레히트에게서 여러 모로 자극을 받은 것이기도 하다. 1968년 학생운동 이후로 일종의 계시와도 같은 지위를 얻게 된 이 텍스트를 통해 벤야민은 1930년대에 모든 전선들 사이에 끼여들게 되었다. 루카치 부류의 독단적 맑스주의자들이 그것을 "극좌적" 오류이자 예술에 대한 공격이라고 보아 배척하리라는 것은 자명했다. 그것은 모스크바에서 발행되던 망명자 잡지 『말』에 실리지 못했다. 아도르노도 벤야민이 브레히트 앞에 무릎을 꿇었고 그 결과 벤야민이 자율적 예술의 "비판적" 내실을 너무 일괄해서 배척했다는 것을 알아볼 수 있다고 여겨 이 에세이를 비판했다. 1936년 3월 아도르노는 이 논문에 대해 벤야민에게 장황한 편지를 썼으며, 그 끝 부분에서 다음과 같이 주장했다. "나는 우리의 이론적 차이와 관련해 그것이 전혀 우리 사이에서 작동하는 것이 아니라는 느낌, 오히려 **브레히트라는** 태양이 언젠가 다시 이국적인 바다에 빠질 때까지 당신이 버티도록 하는 것이 나의 과제라는 느낌을 받습니다."(3, 1006)

또 1966년 『차이트』지에 발표한 어느 에세이에서도 아도르노는 벤야민이 브레히트의 영향에서 벗어나기 위해 "으뜸 패를 내놓는 브레히트"보다 "한 수 더 뜨려" 한다고 말했다.(X, 357f.) 유대교 철학자이자 벤야민의 친구인 게르숌 숄렘도 유보적 반응을 보였다. 이 점을 그는 읽을 만한 책 『발터 벤야민 어느 우정의 역사』(1975)에서 인상적으로 설명했다.[4] 이러한 반응은 자명한 것이었고, 벤야민은 놀랄 필요가 없었다. 왜

4) Gershom Scholem: Walter Benjamin — die Geschichte einer Freundschaft. Frankfurt/M. 1975, S. 257 f.

냐하면 숄렘은 그가 맑스주의로 기우는 것을 늘 거부했고, 다른 벤야민, 즉 유대 신비주의적 사유전통에 따르는 벤야민을 중요시했기 때문이다. 그러나 벤야민이—우리는 아도르노의 말을 믿는다—그저 경탄케 하려고 했던 브레히트도 이 논문을 거부했다. 그는 1938년 자신의 『작업일지』에 다음과 같이 메모했다.

“벤야민은 자신이 아우라라고 부르는 것, 꿈(백일몽)과 관련된 어떤 것에서 출발한다. 그의 말에 의하면, 우리는 어떤 시선이 자신을 향하고 있다는 것을 느낄 경우, 그것이 등에 와 닿는 것이라도, 그것에 응답한다(!). 우리가 바라보는 대상도 우리 자신을 바라보리라는 기대, 그것이 아우라를 만든다. 이것이 근래에 예배적인 것과 더불어 붕괴되었다는 것이다. 벤야민은 이를 영화에 대한 분석에서 발견했다. 여기서 아우라는 예술작품들의 복제가능성을 통해 붕괴된다. 신비주의에 맞서는 태도를 취하지만 모두가 신비주의다. 그런 형식으로 유물사관을 받아들이다니! 그것은 상당히 혐오스럽다.”[5)]

흔히 아는 바와 같이 “아우라” 개념은 벤야민 논문의 중심부에 자리잡고 있으며, 실제로 해석하기 어려운 것이기도 하다. 벤야민에게는 우선적으로 예술의 지각과 기술매체들로 인한 그 변화의 역사가 관건이므로, 그는 예술지각의 역사를 핵심적으로 두 가지 주요시대, 즉 아우라적인 시대와 아우라 이후의 시대로 나누기 위해 그 개념을 이용한다. 벤야민은 그 단절지점, 곧 “아우라 종말”의 시점을 사진술과 더불어 처음으로 기술적 복제매체가 활용될 수 있게 된 19세기 중엽이라고 본다. 이 기술적 복제매체는 이제까지 알려진 모든 방법들—특히 동판화와 석판화 등—을 그 효과 면에서 몇 배나 능가했고, 게다가 영화의 기술적 기반을 제공했다. 벤야민은 새로운 매체들을 통해 가능해진, 모든 전래 예술의 신속하고 값싼 대량복제가 전래 예술의 지위를 결정적으로 바꿔놓

5) Bertolt Brecht: Arbeitsjournal. Hrsg. v. W. Hecht. Bd. 1. Frankfurt/M. 1973, S. 16.

았다고 확신했다. 즉 전래적 예술은 "아우라를 상실하게" 되는 것이다. 아우라적 예술작품은 언제나 어떤 독창적이고 개별적인 작품이며 그 장소와 결합되어 있고 자체의 역사와 동일하다. 그것은 하나의 공간적 시간적 전통 속에 자리잡고 있고, 이것이 그것의 진품성을 형성한다. "한 사물의 진품성은 근원으로부터 그것에 전수될 수 있는 모든 것, 그것의 물질적 지속으로부터 역사적 증언자격에 이르기까지의 모든 것의 요체다."(2, 477)

벤야민은 진정한 예술작품 내지 진품의 아우라적 존재방식을 계보학적으로 종교적 혹은 마술적 제의에서 그것이 수행한 기능에 기인하는 것이라고 본다. 여기서 그것은 신에 복무하는 의미를 지녔으며 존중과 경탄과 경배 혹은 두려움의 대상이기도 했다. 여기에 "아우라" 개념의 근거가 있다. 아우라는 작품의 개별성을 에워싸고 감상자를 그 매력 속에 끌어들여 사로잡지만 또한 거리를 두게 하는 일종의 호소력 있는 유동체다. 아우라적 예술작품은 세속화된 환경 속에서 범속한 경탄의 대상이 된다고 해도, 그러한 제의적 종교적 기원을 잃어버리게 되는 것은 아니다. 과거의 예배적인 포장은 르네상스 이후 "진품성에 대한 숭배"로 대체되었다. 이를 통해 작품의 아우라적 호소가 전수된다는 것이다.

"가장 오래된 예술작품들은 (…) 처음에는 마술적이고 다음에는 종교적인 어떤 제의에 복무하는 가운데 생겨났다. 그런데 예술작품의 이 아우라적인 존재방식이 그것의 제의적 기능과 완전히 분리된 적이 없다는 점은 결정적 의미를 지닌다. 달리 말하면 '진정한' 예술작품의 유일무이한 가치는 제의 속에 그 근거를 지니며, 여기서 그것은 그 본래적인 최초의 사용가치를 지녔다."(2, 480)

따라서 하나의 예술작품은—이 경우 우리는 벤야민이 문학이나 음악보다 우선적으로 조형예술 작품들을 생각한다는 점을 염두에 두어야 할 것이다—감상자의 시선을 사로잡는 유사마술적 힘을 내포하고 있기 때문에 "아우라적"이다. 감상자는 마치 그 작품의 "아우라"에 빠지는 듯하지만 작품을 떼어놓는 거리감이 이로써 제거되지는 않는다. 아우라적 작품은 수용태도로서 명상적 몰입을 요구한다. 여기서 벤야민은 예배적 계보학을 해독할 수 있다고 여겼다.

그런데 이러한 아우라는 진보해 가는 기술 복제에 의해 파괴된다. 기술 복제는 작품을 어디서나 이용할 수 있게 함으로써, 그것을 장소적 역사적 여건으로부터 분리한다. 「모나 리자」는 루브르에 있지만, 우리는 그것을 임의로 손에 넣고 바라볼 수 있다. 기술 복제는 "원본의 모상을 원본 자체가 달성할 수 없는 상황들로 옮겨놓는다. 무엇보다 기술 복제는 사진의 형태든 음반의 형태든 수용자에게 다가가는 것을 가능하게 만든다. 성당은 그 자리를 떠나 어떤 예술애호가의 작업실에서 사진으로 등장한다. 어떤 홀이나 야외에서 공연된 합창은 어느 방안에서 들을 수 있게 된다."(2, 476f.)

한편 기술적 재생산은 그 원본의 전체성을 파괴하고 단면들을 보여주고, 세부를 확대하여 강조하고, 관점을 부각시킬 수도 있다. 작품이 기술적 개입과 조작의 대상이 되며, 이때 작품의 예전 권위는 사라진다. 카메라는 명상적 거리를 지양하고, "분석적으로" 작품들 속에 파고들며, 그것들을 새로이 정리한다. 이에 또 한 가지가 첨가된다. 즉 모든 아우라적 예술은 단지 일회적인 것, 진정한 것으로서만 생각할 수 있을 뿐이다. 작품들은 기껏해야 비슷해질 수 있을 뿐이지, 결코 동일할 수 없다. 기술 복제 매체들은 수용자들이 원하는 만큼의 복사본을 생산하며, 비슷한 것이 아니라 동일한 것을 복제하지만, 원본과 진품성의 아우라를 규정하는 범주들을 마모한다. 즉 아우라는 함께 복제되지 않는 것이다.

임의의 동일한 복제, 도처에 존재하기, 이미지 조작의 가능성 등은 아우라적 수용의 토대를 무너뜨리며 예술을 예배와 숭배라는 그 기원으로부터 해방시킨다. 이런 해방의 징후를 벤야민은 "기술 복제 시대의" 예술에 고유한 총체적 전시가능성에서도 발견한다. 예배에 묶여 있는 예술은 자유롭게 접근할 수 있는 것이 아니었으며, 또 지각되는 것을 목표로 구상되지도 않았다. "어떤 신상들은 단지 성상 안치소에 있는 사제만이 접근할 수 있는 것이다. 어떤 성모상들은 거의 일년 내내 휘장으로 덮여 있다. 중세의 성당들에 있는 어떤 조각들은 지상의 관찰자에게는 보이지 않는다."(2, 483)

그런 작품들이 "전시 가능하게" 된다면, 그것들은 그 성스러운 기원으로부터 분리되어 인식될 수 있게 되는 것이다. 그렇기는 해도 그것들은 박물관을 통해 어떤 "복고적 특성"을 유지할 수 있었다. 작품의 권위가 사라진 재생산이 비로소 그러한 특성을 작품에서 빼앗아버리는 것이다. 더 이상 작품의 아우라는 감상자로 하여금 겸손하게 자신의 자아를 작품을 향해 변화시키도록 하는 거리감과 유사성을 느끼는 명상에 도달하도록 호소하지 않는다. 언제라도 가능한 작품 감상은 대중적이고 일시적이고 존경심 없고 산만하다. 벤야민에게는 무엇보다 이것이 중요했다. 즉 복제매체들에 의해 야기되는 지각의 변형이 중요했던 것이다. 벤야민은 자신의 에세이를 생산의 관점이 아니라 수용과 지각의 관점에서 서술했다. 그는 최초로 기술의 역사 및 "이념"의 역사와 비교되어야 할 감성적 지각의 역사가 필요하다고 보았다. "미학"이 원래 감성적 지각의 이론이었다면, 벤야민은 "역사적 미학"을 발전시키고자 했다.

그에게는 유사성과 지속성, 즉 공간적 시간적 연속성이 현대 이전 시대의 지각유형을 규정했다. 동일성과 분산, 즉 공간적 시간적 불연속성이 현대의 매체들에 의해 유발되는 현대의 지각유형을 규정한다.

"대상의 껍질을 벗겨내는 것 혹은 아우라의 파괴는 어떤 지각의 징표다. 그것은 '세계 속의 동질성에 대한 감각'이 늘어나 재생산을 통해 일회적인 것에서도 그러한 감각을 얻어내는 지각의 징표다. 그래서 이론의 영역에서 통계의 의미가 증대하는 현상으로서 눈에 띄는 것이 직관의 영역에서도 표출된다. 현실이 대중을 지향하고 대중이 현실을 지향하는 것은 사유에 대해서나 직관에 대해서나 무제한의 효력을 지니는 과정이다."(2, 479f.)

마지막 문장에서는 이러한 지각이론의 정치적 지평이 드러난다. 새로운 매체들은 집단적 반응방식들을 추진하는 어떤 통각을 활용하게 된다. 이러한 반응방식들에서는 개인들이 그 차이가 아니라 "평등" 속에서, 나아가 동일성 속에서 자신을 체험하고 그에 상응하여 행동한다. 매체를 통해 뒷받침된 통각은 그처럼 평등을 연습시키는데, 이는 부르주아 문인에게는 오히려, 벤야민의 시대에 이른바 익명의 탈개인화된 재생산기술에 대비되며 매우 조심스럽게 표현된, 음울한 관념이었다.

따라서 핵심적으로 벤야민은 예술수용 분야를 훨씬 넘어서는 기본적 세계지각의 근본 변화를 상정한다. 그래서 벤야민은 "세계사적 전복"에 대해 언급한다. 모든 지각이 임의의 현상들을 비교가능성의 관점에서 정리하거나 혹은 그 시공간적 접촉의 관점에서 정리하는 두 축 위에서 작동한다면—따라서 야콥슨의 의미에서 자료들을 유사성에 따라 처리하거나 인접성에 따라 처리할 경우—벤야민은 19세기에 매체를 통해 뒷받침된 통각의 산업화로 야기된, 완전한 "단절"이 등장했다는 것을 주장할 뿐이다. 수직축에서는 "유사성"이 (매체를 통해 가능해진) 동일성으로, 수평축에서는 "지속성"/"연속성"이 "단절"/"불연속성"을 통해 대체된다.

	유사성	인접성
현대이전 (아우라적 지각)	유사성	연속성
현대 (탈아우라화된 지각)	동일성	불연속성

현대 이전의 수공업적으로 규정된 지각은 정확히 동일한 것을 엄격히 직관하지는 못하더라도 사물들에서 유사성을 관찰할 수 있었고, 한편으로 그러한 직관에 대해 경험세계는 연관관계를 지니고 시공간적으로 연속성 있게 정리된 것으로 나타났기 때문에, "빈틈들"이 확인되면 이는

추문거리로 여겨져 막아버려야 했다. 반면에 벤야민에게 현대의 지각은 동일성을 지향하며 불연속성을 이루는 것으로 서술될 수 있다. 현대의 지각에 대해 지속성 · 전통 · 거대한 연관관계 등의 모델은 사라졌다. 현대에 대한 이 성격규정을 "대중"과 "혁명"으로서 해독해도 벤야민의 의도를 그르치지는 않을 것이다. 「역사철학 테제」(1940)에서 모든 "진보"를 시간의 연속적 운동이라고 비판하는 그는 "혁명"의 윤곽을 시간의 균열로서 그려낸다.

"역사 속 인류의 진보에 대한 관념은 역사가 어떤 **동질적** (…) 시간을 통과하는 과정이라는 관념과 분리할 수 없다. 이러한 진행과정의 관념에 대한 비판이 진보의 관념 일반에 대한 비판의 기반을 형성해야 한다. (…) 역사의 연속체를 폭파한다는 의식은 행동하는 순간의 혁명적 계급들에게 고유한 것이다."(2, 701)

따라서 벤야민에게는 맑스 역사이론의 지각이론적 보완이 문제였을 뿐이다. "역사의 진행"을 정지시키거나 중단시키는 대중의 이미지는 생산력들, 곧 세계를 좌우하는 "창조자들"의 산업화가 야기한 통각변화의 상징물이다. 물론 그런 변화는 자체진행과정 속에서 이루어지는 것이 아니다. 브레히트와 마찬가지로 벤야민도 이른바 "영화미학"에서 새로운 매체를 낡은 예술관의 의미수준에서 재통합하려는 수상한 시도를 인식했다.(2, 487) 영화배우와 감독을 중심으로 하는 스타숭배의 발생에서도 벤야민은 이른바 "창조적 개성들"을 의심쩍게 "재아우라화하려는" 시도를 간파했다. 그것은 물론 영화제작의 구체적인 기술적 조건들에 의해 영원히 부정된다. 왜냐하면 배우는 연극무대에서처럼 자신의 인격적 아우라와 함께 수용자에게 나타나는 것이 아니라 카메라를 통해 매개되어 나타나는데, 카메라는 연기의 총체성을 무수히 끊어지는 조절과 촬영반복에 의해 인위적으로 합성해내는 것이기 때문이다.

"맥베스를 중심으로 무대 위에 존재하는 아우라는 살아 있는 관객에 대해 맥베스를 연기하는 배우를 중심으로 존재하는 아우라와 분리될 수 없다. 그러나 영화제작소에서 이루어지는 촬영의 특징은 관객 대신에 촬영장치들을 설치한다는 점이다. 그래서 연기자를 에워싸는 아우라는 떨어져 나갈 수밖에 없으며, 이로써 동시에 연기된 것을 에워싸는 아우라도 사라질 수밖에 없다."(2, 489)

그러나 벤야민이 보기에 영화의 결정적 업적은 "아우라적" 수용의 청산이 아니라 영화에 실제로 내재한다는 새로운 지각의 구조화다. 이를 우리는 방금 도식적으로 "불연속성을 이루는" 것이라고 규정했다. 벤야민에게 영화는 익숙하고 친밀하며 시각적으로 자명하게 미리 구조화된 생활세계를 "파괴할" 수 있는 잠재력, 더욱이 지각을 위해 해방되는 시각적 청각적 디테일들의 비범한 풍요를 통해 파괴할 수 있는 어떤 잠재력을 의미한다. 이미 사진만 해도 1840년경의 초기 감상자를 무엇보다 모사의 유사성이 아니라 아주 사소한 세부사항들까지도 예컨대 돋보기를 통해 볼 수 있게 해준 그 놀라운 세부의 정확성으로 당혹스럽게 했다. 벤야민은 이처럼 매체에 의해—접사촬영, 클로즈업, 고속촬영 혹은 이미지 진행의 가속화 등을 통해—가능해진 친숙한 경험세계의 확장을 정신분석과 비교했다. 정신분석도 그와 유사한 방식으로 의사소통이나 실언 등의 "무의식적" 디테일들을 드러내주었지만, 또한 이로써 자신과 친숙해 있는 자아의 의식을 자극했다는 것이다. 사진과 영화는 일종의 "시각적 무의식"을 정립한다. 이 속에서는 수세기 동안 지각에 대해 모습을 보였던 감성세계의 연속성이 해체된다.

"우리에게는 (…) 라이터나 숟가락을 잡는 것이 대체로 익숙하지만, 이때 손과 금속 사이에 도대체 어떤 일이 일어나고 있는지는 거의 아무것도 모른다. 더욱이 우리가 처해 있는 다양한 상태에 따라 그것이 어떻게 동요하는지를 알 수는 없는 것이다. 이 경우 카메라가 그 상하운동, 중단과 분리, 진행과정의 연장과 단축, 확대와 축소 등과 같은 보조수단과 더불어 개입한다. 정신분석을 통해 충동의 무의식을 알게 되듯이, 카메라를 통해 비로소 우리는 시각적 무의식에 대해 알게 된다."(2, 500)

그런데 사진은 그 디테일들을 아직 그것에 몰입하는 시선에 맡겨놓고 있지만—사진은 편안히 관조할 수 있다—영화는 영화관에 온 대중을 이미지들의 빠른 연속으로 폭격한다. 이는 대상에 몰입하는 명상적 통각을 불가능하게 만든다. 오늘날 우리에게 이미 오래 전부터 "제2의 자연"이 된 이 시각적 폭격을 벤야민은 영화의 "충격적 특질"이라고 규정한다.

"영화가 진행되는 화면을 그림이 자리잡고 있는 화폭과 비교해 보라. 후자는 감상자를 명상으로 초대한다. 그 앞에서 감상자는 자신의 연상이 진행되는 과정에 몰입할 수 있다. 영화의 장면 앞에서는 그럴 수 없다. 한 장면을 눈으로 파악하자마자 이미 그것은 바뀌어 있다. 영화의 장면은 고정될 수 없다."(2, 502)

그러나 영화가 친숙한 지각관습을 파괴하는 데에 쓰이는 조용한 충격의 연속은 대도시의 경험을 그 본보기로 삼는다. 벤야민은 보들레르와 파리를 다룬 그의 시에서 대로와 아케이드의 인파 속에서 끊임없는 변화에 맞춰 조정되고 놀라움을 처리할 능력을 형성해야 하는 도시적 지각활동을 읽어낸다. 도시는 배회자에게 "영화"처럼 다가오며, 그의 통각력이 지닌 해결능력을 시험한다. 1840년에 나온 「군중 속의 사나이」라는 단편소설에서 에드가 앨런 포우는 런던의 어느 다방 창문으로 저녁 거리의 이미지를 바라보는 한 남자의 관찰들을 묘사한다. 이러한 지각도 영화적 통각에 대한 벤야민 현상학의 의미에서 "영화적" 특징들을 지닌다.

"시가를 입에 물고 신문을 무릎 위에 얹은 채, 그렇게 나는 오후의 대부분을 느긋하게 보내다 광고문들을 좀 뒤적이다가, 다시 다방 안의 알록달록하게 뒤얽혀 있는 사람들을 살펴보다 마침내 연기로 흐려진 창문을 통해 거리를 내다보았다. 이 거리는 이 도시의 중앙로이며 하루 종일 이미 엄청나게 번잡했었다. 하지만 어둠이 찾아오자 인파는 매순간 더 늘어났다. 그리고 가로등이 완전히 빛을 발할 시간에는 사람들이 쉬지 않고 빽빽이 겹쳐지며 문 앞을 지나갔다. 이전에 나는 이 특별한 시간에 이와 비슷한 상황에 처해 있었던 적이 없었으며, 따라서 사람머리들의 요동하는 바다는 내 마음을 아직까지 몰랐던 유쾌한 감동과 흥분으로 채워주었다. (…) 빛의 격렬한 효과들로 인해 나는 개개인의 얼굴들을 살펴보기에 이르렀다. 비록 창문 앞의 빛의 세계가 너무 빨리 흘러가 각각의 관상을 잠깐씩 바라보는 것 이상은 어려웠지만, 그래도 내게는 그 특수한 정신상태 속에서 종종 나 자신이 이렇게 잠시 보는 순간에 오랜 세월의 역사를 읽을 수 있는 듯해 보였다."[6]

어떠한 몰입도 허용하지 않는 "불연속적" 이미지들의 연속과 조용한 충격들에 대한, 영화를 통해 엄청나게 강화된 도시적 지각능력은 전통적 예술을 통해 익숙해졌지만 사회적으로는 소도시와 작은 마을의 견실한 생활세계의 자명함 속에서 경험된 세계와의 친숙한 관계를 모두 지양한다.[7] 이제 예견할 수는 없더라도 모든 것을 염두에 두어야 한다. 벤야민이 보기에 이 친숙함의 소멸은 어떤 보상을 요구하는데, 이는 "더욱 향상된 대응태세"에서 찾을 수 있다. 즉 사람들은 많은 것을 염두에 두어야 하지만 어떤 구체적인 것도 고려해야 할 필요는 없다. 예컨대 자동차운전자가 대도시의 번잡한 도로에서 "대응태세를 갖추고" 있어야 하는 것과 같다. 이처럼 산만하면서도 신속히 반응하는 태도를 벤야민은 "몰입"의 반대개념인 "산만" 상태라고 규정한다. 도로 위에서 자동차를 운전하면서 베토벤의 『제9교향곡』에 "몰입하는" 사람은 멀리 가지 못할 것이다! 벤야민에 의하면 동시에 음악을 듣고, 교통신호를 어떻게든 파악하고, 하늘을 관찰하며, 시계를 보고, 행인에게 곁눈질을 하고, 자기 여자친구를 생각하며, 초콜렛을 먹으면서도 그럭저럭 헤쳐나가는 자는

6) Edgar Allan Poe: Der Massenmensch. In: Gesamtausgabe der Werke. Bd. 2. Olten/Freiburgi. Br. 1967, S. 707 u. S. 712 f.

7) Claude Lévi-Strauss: Die Ebenem der Authentizität. In: "Primitive" und "Zivilisierte". Nach Gesprächen aufgezeichnet von G. Charbonnier. Zürich 1972, S. 45 ff.

"산만하다". 영화는 지각을 편안하게 내버려두지 않음으로써 이 "산만한" 통각을 훈련시킨다. 벤야민보다 훨씬 전에 바이마르 공화국의 유명한 영화비평가 지크프리트 크라카우어는 "산만함 예찬"이라는 제목의 에세이에서 1926년에 이미 그 "산만한" 통각을 부각시켰다. 이 에세이는 「기술 복제 시대의 예술작품」의 중심 사상을 앞질러 밝히고 있다. 그것은 만족을 추구하는 대도시의 대중들에게 전통적 예술의 의미가 붕괴되는 현상을 역시 아우라의 상실로서 묘사하고, 그와 대비해 불연속적이고 산만한 영화 수용을 진보적인 것으로서 부각시키며, 이러한 수용은 부단히 다시 유미화되는 경향에 의해 방해를 받는다고 본다.

"베를린의 관객들은 그럴 만한 이유 때문에 단순한 요구에 붙박혀 있는 예술을 점점 더 회피하고 스타, 영화, 레뷔, 화려한 무대 등을 선호할 때 심오한 의미에서 진실에 부합되게 행동한다. 이 순수한 외면에서 관객은 자기 자신을 만난다. 토막 나 있는 찬란한 감성적 인상들의 연속은 관객 자신의 현실을 드러내 주는 것이다."[8)]

그러나 영화관에서는 "산만한" 지각이 훈련될 뿐이다. 비록 벤야민은 교체되는 카메라 설치를 다소 호전적으로 구경꾼에게 다가가 거리감을 파괴하는 "탄환들"과 비교했지만, 산만한 지각은 어떤 거리감을 허용하는 시각적 통각의 사건일 뿐이다. 그러나 벤야민은 "산만한" 태도가 대중들의 태도 전반을 규정하고, 그리하여 대중들이 정치적으로도—정치가 그 에세이의 귀착점이다—"산만하게", 즉 위협적 위험에 직면해 급행열차를 타고 달리는 여행자처럼, 대응태세를 갖추고, 신속히 반응하고, 놀라움에 대비하는 태도로 움직이는 성향을 갖도록 하는 데에 목표를 두었다. "맑스는 혁명이 세계사의 증기기관이라고 말했다. 그러나 아마 사정은 전혀 다를 것이다. 아마 혁명은 이 열차로 여행하는 인류가

8) Siegfried Kracauer: Kult der Zerstreuung. In: Das Ornament der Masse. Frankfurt/M. 1977, S. 314 f.

비상브레이크를 잡는 것과 같을 것이다."(3, 1232)

벤야민은 이처럼 "산만한", 불연속적 시선이 대중들 속에서 습관화되는 현상을 리글과 비크호프의 예술이론에서 받아들인 범주들로 포착하려고 시도했다. 그것은 "시각성"과 구분되는 "촉감성" 혹은 "전술성"이라는 범주다. 그는 이 개념들을 건축에 대한 경험을 통해 설명한다.

"건물들은 이중의 방식으로 수용된다. 즉 사용과 지각을 통해, 좀더 정확히 말해서 전술적으로 혹은 시각적으로 수용된다. 예컨대 여행자들이 유명한 건물들 앞에서 흔히 느끼는 것과 같이 집단적 수용방식에 따라 건물들에 대해 생각할 경우, 이런 수용을 나타내는 개념은 없다. 즉 시각적 측면에서 명상에 해당되는 것을 전술적 측면에서 나타내는 반대개념은 없다. 전술적 수용은 주목의 방식보다 습관의 방식에 의해 이루어진다. 건축물을 대할 때 습관적 방식은 상당정도 시각적 수용까지도 규정한다. 또한 처음부터 전술적 수용은 긴장하여 주목할 때보다 일시적 감지를 통해 훨씬 더 많이 이루어진다. 그러나 건축물에서 형성된 수용은 어떤 상황에서는 규범적 가치를 지닌다. 왜냐하면 역사적 전환기에 인간의 지각장치에 제기되는 과제들은 단순한 시각의 방법으로, 즉 명상으로 전혀 해결되지 않기 때문이다. 그것들은 전술적 수용의 안내에 따라 습관을 통해 서서히 극복된다."(2, 504f.)

따라서 벤야민이 보기에 새로운 매체들은 감각장치의 모든 반응들을 규정하는 "산만하고" 동시적이며 불연속적인 통각의 촉감적 "유사신체적" 습관화가 어느 정도 이루어질 수 있는지를 말해주는 일종의 실험적 테스트였다. 또 그러한 습관화는 대중들에게 자신의 기술적 도시적 정치적 환경을 적합하게 지각하고 효과적으로 형상화하도록 해주는 것이었다. 국가사회주의의 경험으로 인해—그 논문은 1936년 파리 망명 중에 나왔다—벤야민은 모든 기술적 매체적 가능성들을 동원하는 가운데 국가와 사회를 "예배적으로" 연출하고 마치 "총체적 예술작품"처럼 아우라를 부여하게 되는 "정치의 파시즘적 유미화"에 맞서 "예술의 정치화"를 내세웠다. 이는 매체들을 통해 익숙해진 반아우라적 통각을 변화한 정치의 지렛대로 만들 수 있으리라는 것이다. 오늘날 우리가 알고 있듯이 이는 순진한 희망이었다.

「기술복제 시대의 예술작품」의 중심적인 범주들을 조망하기 쉽도록 다음과 같은 개요를 제시하기로 한다.

	예술 아우라적 예술	 아우라 이후의 예술
생산 상태	수공업	산업
제도화	제식. 예배, 비밀스러움. 장소에 얽매임	전시. 공개적. 어디에나 존재함
작품유형	유일무이성. 진정함	복제
묘사된 것에 대한 관계	거리감(화가, 마술사)	관통(사진사, 외과의사)
지각형식	몰입. 개인들이 여러 명일 경우에도 개인의 명상.	충격. 대중들의 산만함
지각구조	"유사함" / "연속적임"	"동일함" / "불연속적임"

"포스트모던의 제로 매체"

벤야민과 브레히트의 매체이론적 고찰들은 시대적 상황으로 인해 오랫동안 고려되지 않고 있었다. 1960년대의 학생운동이 비로소 그 의미를 인식했고 그것을 풍부한 해석의 대상으로 삼았다. 벤야민의 경우 이는 부분적으로 "아우라적" 존경의 특징들마저 띠게 되었다. 정치적이고 "문화혁명적인" 관심을 지닌 이 해석들 가운데 의문의 여지없이 뛰어난 글은 1970년 『쿠르스부흐』지에 발표된 한스 마그누스 엔첸스베르거의 「매체이론의 구성요소」다. 엔첸스베르거는 판화나 서적 혹은 오케스트라와 같은 전통적 매체들에 고착되어 있고 오락산업의 전자 매체들에서는 단지 보편적 몰락과 "거짓" 욕구들의 총체적 조작 등의 암울한 시나리오만을 인식할 수 있었던 맑스주의 지식인들의 은밀한 혹은 공개적인 문화보수주의에 맞서 논쟁을 벌였다. 엔첸스베르거는 특히 "프랑크푸르트 학파"의 대표자들인 호르크하이머와 아도르노만 아니라 루카치도 "좌파"가 일종의 매체들에 대한 공포증 내지 접촉불안증을 키워낸 데에 책임이 있다고 주장했다. 또 그들의 이론적 노력은 "조작"을 확인하는 데에 그치고, 맥루한 부류의 보수적 매체이론가들에게 싸움판을 넘겨주었으며, 이들이 정보기술의 그물로 통합된 혹성 "지구촌"에서 매체를 통한 인류구원의 사도가 된다고 비판했다. 엔첸스베르거는 1968년 파리 메이데이행사의 매체 활용을 예로 좌파의 교양 부르주아적 보수주의를 다음과 같이 해독했다.

"1968년 파리 메이데이에서는 고풍스러운 생산형식들을 다시 사용한 점이 특히 두드러졌다. 옵세트 인쇄 노동자들을 선동하는 대신 대학생들은 예술대학의 수동식 인쇄기로 플래카드를 찍어냈다. 시적인 구호들은 손으로 그렸다. 사실 판형을 활용했으면 대량으로 살포할 수도 있었을 테지만 이는 그 저자들의 창조적 환상에 대한 모독이었을 것이다. 가장 진보적인 매체들을 전략상 올바르게 장악하지는 못했다. 시위자들은 방송국 대신 유서 깊은 오데온 극장을 점거했다."[9]

엔첸스베르거는 좌파 지식인들이 문화적 정신분열증의 징후를 보인다는 점을 확인했다. 오락매체들을 "도피적"이거나 "조작적"이라고 공식적으로 배척한다고 해서 하위문화의 환경 속으로 축출된 매체들이 다름 아닌 좌파 지식인들에게도 뛰어난 매력적 가치를 지닌다는 점을 감출 수는 없는데, 이러한 매력적 가치가 다루어지지 않고 있다는 것이다. 그래서 오전에는 횔덜린을 읽고 저녁에는 록음악이나 영화를 감상하는 것이다.

"서유럽에서는 사회주의 운동이 주로 언어적 · 내용적 · 형식적으로 배타적인 잡지들을 통해 동의하는 자들 앞에 등장한다. 이 통신문과 보

---

9) Hans Magnus Enzensberger: Baukasten zu einer Theorie der Medien. In: Kursbuch 20 (1970), S. 165.

고문들은 회원구조 및 동조자구조와 예컨대 1900년경의 역사적 수준에 상응하는 매체상황을 전제한다. (…) 아마 그것을 만드는 자들은 롤링 스톤즈를 듣고, 스크린에서 침략과 파업을 추적하며, 서부영화나 고다르 영화를 보러 영화관에 들어갈 것이다. 단지 생산자로서의 특성 때문에만 그들은 그 점을 도외시하며, 그들의 분석에서는 매체분야 전체가 조작이라는 구호로 축소된다."[10]

엔첸스베르거는 이 조작 테제를 거부한다. 그것은 매체 이용자들을 순전히 "희생자"로 격하하기 때문에 수동적일 뿐이라는 것이다. 또한 그것은 조작적이지 않은 사용이라는 것이 전혀 없는 매체들의 기술적 특수성과 결합될 수 없다고 한다. 모든 재료는 조립되고 선별되고 정리되는 것이다. 끝으로 그것은 대중들의 열망을 교만하게 오해하는 면을 지닌다고 한다. 즉 찬란함과 우아함으로 아름답게 꾸며놓은 매체의 세계 속에는 모든 결핍이 사라진 일상세계의 유미화에 대한 유토피아적 희망의 일부가 감추어져 있다는 것이다. 그런 한에서 매체들을 이용하는 대중들의 소망상들은 쇤베르크나 베케트를 통해 금욕적인 훈련을 쌓음으로써 치유되어야 하는 "거짓된" 욕구들이 아니라, 생산력의 해방을 통해 언젠가 현실화될 수 있는 아름답고 풍요로운 세계에 대한 정당한 소망이라고 한다. 유사한 방식으로 예컨대 대중적 록음악은 대중동원의 잠재력을 해방시키며, 이 속에서는 이 잠재력을 문화보수주의적으로 경멸하는 자들에 맞서 진보적 계기들을 해독할 수 있다는 것이다.

"비트음악이 개인들이 아니라 그룹들을 동일시모델로서 제시하는 것은 사소한 일이 아니라고 할 수 있다. 롤링 스톤즈의 생산(과 생산방식)에서는 유토피아적 내실이 공공연히 드러난다. 우드스톡 축제 같은 행사들, 하이드 파크나 와이트 섬, 알타몬트, 캘리포니아 등에서의 공연들은 정치적 좌파들이 그저 부러워할 수 있을 뿐인 동원력을 발휘한다."[11]

10) Ebd.
11) Ebd., S. 173.

엔첸스베르거는 매체들을 반헤게모니적으로 활용한다면 매체들 전체가 그러한 동원력을 지닐 수 있다고 인정한다. 이러한 테제를 논증하기 위해 그는 1970년경에 거의 알려지지 않았던 브레히트와 벤야민의 주장들을 반복한다. 즉 우편사업 독점을 깨뜨리기만 하면, 매체들은 "수신"/"송신"의 차이가 사라지게 되는 보편적—상호적—의사소통을 지향한다. 매체이용 · 생산 · 분배 · 소비는 경향상 집단적이며, 정보의 장악은 평등주의적이다. "두 체계들의 구조적 차이를 인식하기 위해서는 사설 도서관 모델을 사회화된 저장시설과 비교하기만 해도 충분하다."[12)]

엔첸스베르거는 매체활용의 사회적 조직이 "부르주아" 사회 내부에서는 "퇴행적"이며, 그 잠재력도 제한된다는 점을 부인하지 않는다. 물론 지난날의 동구 사회주의 국가들에서는 그보다 더 심각했다. 여기서는 심지어 대중들이 접근할 수 있는 복사기의 설치조차 방해를 받았고 "비공식적" 정보들의 유통은 태고시대처럼 손으로 쓴 원고 매체에 국한되어 있었다. 그러나 엔첸스베르거가 보기에 서방에서도 사적인 매체활용은 가족비디오나 휴가비디오 따위의 무해한 것들로 끝나고 있다. 매체사용자는 생산자가 아니라 그 선구자인 사진사처럼 아마추어다. 이에 맞서 엔첸스베르거는 매체들을 정치화하고 예컨대 갈등상황들 속에서 대중들의 내부소통을 위해 이용하는, 어떤 다른 식의 해방적 매체 조직을 옹호했다.

"녹음기 · 카메라 · 소형영사기는 오늘날 이미 임금에 의지하는 사람들도 제법 흔히 소유하고 있다. 이러한 생산수단들이 왜 대중적으로 작업장, 학교, 관료의 직무실, 일반적으로 모든 사회적 갈등상황에서 등장하지 않는지 물어야 할 것이다. 그것들이 자체의 공공성을 공격적인 형태로 형성함으로써, 대중들은 자신의 일상적 경험들을 확인하고 이로부

---

12) Ebd., S. 167.
13) Ebd., S. 170.

터 효과적인 교훈을 이끌어낼 수 있을 것이다."[13]

물론 이 대안적 매체활용을 위한 엔첸스베르거의 제안들은 모호한 상태로 남아 있다. 그는 "비디오 망"과, 독자들이 동시에 글을 쓰도록 자체적으로 조직된 "대중신문"을 언급한다. 또 그밖에도 국가에 의해 통제되는 매체들을 대중들의 손에 넘겨줄 혁명을 희망한다. 이 모든 것은 전적으로 브레히트/벤야민이 수립한 기획의 범위에 머문다.

좀더 흥미로운 것은 엔첸스베르거가 광고하는 "일반매체미학"의 이념이다. 여기서는 그림이나 서적 등의 관습적 매체들과 관련된 예술이론들이 특별한 사례들로서 지양되고 극복되리라는 것이다. 1923년 "서적시대"의 종말을 예언하고 이른바 "전자 도서관"을 천명한 소련 아방가르드 지식인 엘 리시츠키를 다시 끌어들이면서, 엔첸스베르거는 매체의 역사를 구상한다. 여기서 그는 입과 기억을 통해 이루어지는 구비적 성격의 전달방식, 다음에는 글로 쓰이거나 나중에 인쇄된 서적(신문이나 잡지 같은 그 부수현상들을 포함), 그리고 끝으로 전자매체들을 구분한다. 이런 구분에서 흥미로운 점은 무엇보다 서적매체에 묶여 있는 문자적 성격의 담론에 대한 그의 비판이다. 이것은 구어적인 것의 자발성과 규칙위반을 규제하는 규범화의 담론이라는 것이다.

"글 쓰기는 극히 강력하게 형식화된 기술로서, 이미 순수 생리학적으로도 독특하게 경직된 신체적 자세를 요구한다. 이에는 그것을 강요하는 높은 수준의 사회적 전문화가 상응한다. 직업적 문필가는 예로부터 계급적 사고의 성향을 띤다. 그들의 작업이 계급적 성격을 띤다는 점에는 보편적 의무교육의 시대에도 의문의 여지가 없다. 전체 과정은 특히 터부시되고 있다. 의사소통에서 전혀 중요하지 않은 철자법적 오류를 범하는 문필가는 사회적으로 파멸하리라고 비난받는다. 기술이라고 간주되는 이 규칙들에는 규범적 힘이 부여되지만, 이에는 어떤 합리적 논거도 없다. 문자를 통한 위압은 발전한 산업사회에서도 널리 퍼져 있는 계급 특유의 현상으로 남아 있다. 이 소외의 계기들은 글로 쓴 문학에서 제거할 수 없다. 그것들은 사회가 글 쓰기 기술을 전수하는 방법들을 통해 더욱 강화된다. 즉 말은 매우 일찍부터 대개 심리적으로 호의적인 환경에서 배우는 데에 반해 글 쓰기는 학교를 통해 권위주의적인 사회화의 중요한 일부를 형성한다(길들이기 행위로서의 '습자'). 이러한 것이 글로 쓰여진 전달의 언어, 그 억양, 구문, 제스처 등을 영원히 규정한다."[14]

따라서 글을 통해 말을 규격화할 때에는 저항과 무의식적 경향들이 표현되는 "구어"의 모든 단편성과 이질성이 제거되는 경향이 있다는 것이다. "글 쓰는 사람은 이미 어릴 때부터 자신의 해결되지 않은 문제들을 정확성의 방벽 뒤에 감추도록 격려받는다."[15]

이러한 지적들은 흥미롭다. 나아가 서적 매체와 문자에 얽혀 있는 민족언어의 규범, 예컨대 표준독일어는 사회적 통합의 효과도 야기한다는 점도 첨가할 수 있을 텐데, 이를 비판하는 자들은 그러한 것에서 어떤 "상상적인 것"을 간파하려고 했다. 즉 말하는 방식들이 실제로 계층에 따라 고유하고 지역에 따라 상이한 면 대신에 언어적 상황에서 규범화되고 동일시된 "민족"이라는 것을 만들어낸다는 것이다.

이에 맞서 엔첸스베르거는 멋진 결함들, 자발성, "실수들" 등을 포함하는 구어가 새로운 매체문화 속에서 회복되기를 원했다. "전자 매체들에는 글로 쓰고 인쇄된 문학을 두드러지게 하는 특징들이 통용되지 않는다. 마이크와 카메라는 생산방식의 계급적 성격을 (…) 지양한다. 규범적 규칙들은 후퇴한다. 말로 하는 인터뷰 · 논쟁 · 시위 등은 정서법이나 습자를 요구하지도 허용하지도 않는다. 화면은 해결되지 않은 모순들을 미적으로 매끄럽게 다듬는 것이 위장임을 폭로한다."[16]

1970년에 엔첸스베르거는 아직 "아방가르드주의자"였다. 그는 자율

---

14) Ebd., S. 181.
15) Ebd., S. 182.
16) Ebd

적 예술의 종말을 의미하기도 할 해방적 매체실천의 문화혁명적 계획이라는 하나의 기획을 옹호했다. 1988년에 엔첸스베르거는 다시 전자 매체들에 대해 자신의 입장을 밝혔는데, 이제는 미래에서 어떤 기획들의 실현을 더 이상 기대하지 않고 한때의 구성적 비판의 제스처를 부드러운 반어로 철회하는 "포스트모던"의 관점을 취했다. 「제로 매체」라는 에세이에서 그는 TV비판에 대한 메타비판을 정리한다. 그는 이제—이 분야 전체의 대표로서—TV가 야기한다는 정치적 교육적 성격의 모든 논의들과, "더 나은" 혹은 계몽적인, 혹은 기타의 계획들이 매체의 특성을 오해하기 때문에 아무 성과도 거두지 못한다고 믿는다.

"서독에서는 이러한 환상이 심지어 법적인 힘마저 지닌다. 그것은 조약 · 협정 · 방송법 · 정관 · 지침 등에 뿌리내리고 눈을 의심할 수밖에 없을 정도로 책임자들의 비호를 받는다. 그러한 것들에서 읽을 수 있는 바에 의하면, 방송은 '민주주의적 신조와 헌법에 대한 충실성 (…) 문화적 책임의식과 객관성을 향한 의지에 의해 이루어져야 한다. 방송은 자유와 정의와 진리를 위해 활동해야 하며', '평화와 사회정의를 독려하고', '평화롭고 자유로운 독일의 통일과 민족들 간의 의사소통에 기여해야 한다'. 사람들은 어찌할 바를 모른다. 쇼 · 엽기 · 비디오클립 · 특별코너 등의 제작자는 '교양 · 강의 · 오락'만 아니라 '인간성과 객관성', '정보의 다양성', '포괄적이고 공평한 보고'도 제공해야 하며, 물론 되풀이해서 '광범한 문화물'도 제공해야 한다."[17]

그처럼 낡은 기획들은 사정을 잘 알고 있는 소비자들과 반대로 TV매체의 특수성이 프로그램의 부재상태라는 점을 이해하지 못한다. 엔첸스베르거는 이제 매체의 진화를 의미의 축소라고 해석한다. 책에서 잡지와 라디오를 거쳐 TV에 이르기까지 무의미론적인 것을 향한 경향이 증대하고 있음을 알 수 있다는 것이다. 예컨대 라디오의 경우 말이 차지하

17) Hans Magnus Enzensberger: Mittelmaß und Wahn. Frankfurt/M. 1988, S. 98 f.

는 역할이 일관되게 축소되고 있다는 점에서 그렇다는 것이다.

"잘 아는 바와 같이 어떤 성격의 해석도 가할 수 없는 절대적 넌센스 문장들을 꽤 길게 만들어내는 것은 상당히 어렵고 연습과 집중이 필요하다. 여기서 일종의 최소 프로그램과 같은 것을 만들어내는 것은 언어 자체다. 이 방해요인에서 벗어나기 위해 오래 전부터 방송국에서 일하는 개혁가들은 말 방송을 일관성 있게 축소했다. 하지만 어떤 말들의 잔재는 여전히 남아 있다."[18]

이 잔재를 TV는 적어도 경향상으로 제거한다. TV는 프로그램 없이도 진행되며, 그 구성요소들은 의미론적으로 제로상태를 지향한다. 어떠한 해석도 필요 없으며, 또 어떤 해석도 불가능해지며, 맥락에서 벗어나 수용된다.

"이로써 다른 모든 전제들 아래서는 수수께끼 같을 TV의 한 가지 특성, 즉 문화를 초월하는 영향력도 설명이 된다. 동일한 시리즈, 동일한 비디오클립, 동일한 쇼가 모든 사회적 전제조건들과 무관하게, 뤼덴샤이트 · 홍콩 · 모가디슈에서 동일한 매력을 발휘한다. 그처럼 모든 맥락과 무관하고, 그처럼 저항할 수 없고, 그처럼 보편적일 수 있는 내용은 아무것도 없다."[19]

따라서 TV의 귀결점은 이해할 수 있게 코드화된 모든 프로그램의 부정에 있다. 물론 이런 결론에는 아직 TV를 "설교", "실내악 콘서트", "토론" 등 — 익숙한 소비자라면 "채널을 돌려" 넘어간다 — "태고적" 의미구도들의 담당자로 만드는 시대착오적 태도들이 대립한다.

매체들의 긍정적 기능을 엔첸스베르거는 총체적이고 무엇으로도 — 특히 어떠한 "의미"에 대한 요구를 통해서도 — 방해받지 않는 의식의 차단을 보장하는 능력에서 찾는다. 이러한 효과는 다른 경우에 단지 약물이나 명상을 통해서만 달성할 수 있는 것이다. 모든 프로그램의 무화

18) Ebd., S. 96.
19) Ebd., S. 101.

를 통해 이루어지게 되는 총체적 차단은 TV를 "불교적인 기계"로 만든다.[20]

"우리의 집중은 그 최대치에 도달할 때—이 점은 모든 비의적 소책자에서 이의 없이 드러난다—정신의 부재상태와 구분되지 않는다. 그리고 그 반대로 극단적인 산만함은 최면상태의 몰입으로 전도된다. 그런 한에서 눈앞의 면구는 선험적 명상에 매우 접근한다. 그래서 또한 제로매체가 누리는 유사종교적 존중도 무리 없이 설명된다. 그것은 열반에 기술적으로 접근하는 것이다."[21]

따라서 TV의 이상은 카시미르 말레비치의 「검은 사각형」을 끝없이 내보내는 것이다. 여기서 회화는 매체적 진보의 의미론적 의미소멸을 적절히 예언한 것이다.

20) Ebd., S. 102.

21) Ebd

정신분석의 예술: 프로이트

"예술"을 미적 의사소통의 현실로서 고찰하게 되면, 이 의사소통에 맑스주의가 효과적으로 기여한 바는, 모든 미적 의사소통을 코드화하는 "미"/"비미"라는 주도적 차이 내지 "독창적"/"인습적", "흥미로움"/"지루함" 등 "미"가 지속적으로 위기에 빠진 이래 급속히 교체되는 그 대용품을 정치적으로 중복코드화한 것이라고 규정할 수 있다. 예컨대 "진보"/"보수" 혹은 "진보"/"반동"이라는 구분이 미적 의사소통의 가치 강세를 확정하여 "진보"는 "아름답지만" "반동"은 "추하다"고 밝힐 경우, 미적 의사소통의 주도적 차이가 정치적으로 중복코드화된 것으로 나타난다. 정치적 구분을 통한 미적 의사소통의 이 중복코드화는 맑스주의 이론발전의 맥락에서 이데올로기 개념이 전개되는 과정에 널리 통용되기에 이르렀고—맑스주의 담론의 좁은 영역을 훨씬 넘어—일반적인 미적 의사소통 목록에 포함되었다. 예술작품들을 그 "진보적" 혹은 "퇴보적" 경향과 관련해 묻고 그러한 조사의 결과를 미적 질에 대한 판단에서 서술하는 것이 20세기에는 관습처럼 되었다. 물론 이러한 의사소통 양식의 어떤 경기변동을 간과할 수는 없으며 근래에는 일정한 하락세를 확인할 수 있다. 따라서 "미학적 격투장" 속에 맑스주의가 끼어든 효과를 평가하고 "의사소통"이라는 패러다임을 지향할 경우, 이데올로기 개념을 통해 제기된 이 미적 주도적 차이들의 정치적 중복코드화가 전면에 부각된다. 이에 대해 수많은 이의를 제기했더라도 그것이 미적 의사소통의 가능성으로서 어떤 제도적 결과들을 초래하지 않은 경우에도 성과를 거두었다는 점에 대해서는 전혀 논란의 여지가 없다. 예컨대 독문학에서 그것은 특정 작가들—레싱 · 뷔히너 · 하이네 · 브레히트 등—을 "진보적"이라고 규범화했고, 낭만주의처럼 이른바 "반동적인" 문학운동의 "진보적" 경향들을 인정해줌으로써 그것을 복권시키는 데에 기여했다. 에른스트 윙어의 수용도 오늘날까지 이러한 정치적 코드화에 의해 규정되어 있다. 사회주의 문화정책에서는 문학 전통에 대한 검토가 "유산"이라는 구호 아래 이루어졌으며, 해당 논의를 추적한 사람은 이 "유산"의 범위가 이른바 "보수적인" 예술작품들과 예술가들에게서도 "증명될" 수 있었던 것에 비례해서 확대되었다는 것을 알고 있다.

맑스주의를 통해 유발된 미적 의사소통의 정치적 중복코드화는 그것이 20세기에 획기적으로 끼친 영향에 비춰볼 때 단지 정신분석의 영향과만 비교될 수 있을 것이다. 정신분석의 주도적 차이, 즉 "의식"/"무의식"의 구분은 미적 코드도 효과적으로 중복코드화했으며, 작품들에 들어 있는 무의식의 흔적들 혹은 단절들과 균열들을 "의식적" 구성과 형식화의 결과들보다 더 높이 평가하는 태도를 유발했다. 정신분석은 맑스주의와 마찬가지로 논란의 대상이 되어왔고 아직도 그러하며, 사실상 프로이트 학설의 "올바른" 이해를 둘러싼 끝없는 갈등의 상태 속에서만 존재한다. 하지만 "의식"/"무의식"이라는 주도적 차이에 따른 관찰들이 미적 의사소통의 일반적 레퍼토리에 포함되었고 교양 있는 문화소비자들의 일상에 포함된다는 점에는 논란의 여지가 없다. 따라서 헬가 갈라스 같은 작가가 『텍스트의 욕망』(1981)이라는 글에서 무의식에 대해 아무것도 알려고 하지 않는 독문학자 패거리들에 대해 흥분된 어조로 논박을 가할 때, 이는 억지로 극적 효과를 올리는 데에 그칠 뿐이다.

"카오스적인 것, 무의미한 것, 성적인 것을 문예학 연구에서, 또 문예학 연구를 통해, 배제하는 것은 훌륭한 부르주아 전통이며 계몽주의의 한 측면이다. (…) 문예학, 특히 독일 문예학은 이 계몽주의적 유산을 그 문학모델과 함께 상속하고 텍스트의 욕망을 무시하거나 사회적으로 '유용한 열정들'이라는 불모의 척도로 끌어내림으로써 자신이 진정으로 부르주아 학문임을 입증한다. 마음씨 좋은 척 점잔빼기, 공평한 환경, 윤리, 카오스에 대한 불안 등등 수많은 것들이 그것에 포함된다. (…) 이러한 문예학을 그 대상에 매달려 있도록 내버려둘 수도 있다. 물론 그럴 경우 그것은 특정한 현대의 텍스트들에 대해, 예컨대 언어의 표현영역에서 유희를 벌이고 무의미를 생산하는 텍스트들에 대해 더 이상 아무것도 할 말이 없다는 점을 감수해야 한다. 이런 텍스트들은 그것의 분석 방법을 결정적으로 벗어난다. 그럴 경우 그러한 문예학은 그 자체의 과학활동이 점점 더 독서과정으로부터 멀어지며 학생들에게 (…) 더 이상 도달할 수 없다는 점도 감수해야 할 것이다."[1)]

문예학의 문제설정이 배타적이라고 걱정하는 문예학자 갈라스가 주장하는 것과 사정은 완전히 다르다. 정신분석적으로 방향이 잡힌 시선이 익숙해지고 있는 현상을 확인하기 위한 놀라운 가능성이 한 가지 있다. 즉 오늘날 예술작품들에 대한 프로이트의 분석들을 읽는 사람은, 명백히 자명한 것들을 프로이트가 종종 우리에게는 뻔뻔하다고 느껴질 정도로 끈질기거나 충분하게 상론하고 토론하는 방식을 볼 때 어떤 조급증에 빠지기 쉽다. 하지만 프로이트는 정신분석적 관찰 스타일에 전혀 익숙하지 않았던 독자들을 상대로 했다. 현대의 독자가 조급해지는 정도를 보면 프로이트가 친숙해졌다는 점이 드러난다.

프로이트는 맑스와 마찬가지로 "미학"을 별로 쓰지 않았다. 맑스처럼 그도 방대한 저술 속에서 때때로 그것도 오히려 부차적으로 예술 문제들에 대해 의견을 밝혔을 뿐이다. 미켈란젤로나 괴테, 도스토예프스키나 레오나르도의 개별 작품들에 대한 이 명시적 입장표명보다는 "무의식"에 대한 그의 일반적 이론의 중심적이고 암시적인 테제들이 예술 분야에서 정신분석이 성공을 거두는 데에 훨씬 더 결정적이었다. 맑스가 호메로스 · 셰익스피어, 혹은 쉴러에 대한 끊임없는 논평들보다 "이데올

---

1) Helga Gallas: Das Textbegehren des "Michael Kohlhass". Die Sprache des Unbewußten und der Sinn der Literatur. Reinbeck b. Hamburg 1981, S. 116 u. S. 115.

로기"라는 다의적 개념을 통해 반향을 불러일으켰듯이, 프로이트도 미학적 개별분석들을 통해서보다는 심적 메커니즘의 발견과 상상의 이론에 대해 생각할 수 있는 그것의 중요성을 통해 미적 의사소통으로 들어가는 입구를 찾았다. 물론 예술을 주제로 하는 프로이트의 논문들은 그의 취미와 편애를 증명해 준다. 이는—다시 맑스의 경우와 유사하게—인습적 교양부르주아적 성향을 띠는 것이었다. 두드러진 미적 "혁명들"의 시대에 살았던 프로이트는 이 새로운 경향들에 거의 주목하지 않았다. 파리나 빈 혹은 런던에서 그러한 경향들에 주목하기는 어렵지 않았을 텐데 말이다. 프로이트는 여전히 19세기 학자의 체질을 유지했다. 그는 타자기를 쓴 적이 없으며, 예컨대 라디오나 전화 같은 현대의 기술을 불신했다.[2] 또 그의 예술취미는 의고주의적으로 고대예술 · 르네상스예술 · 리얼리즘 시대까지의 규범으로 취급되는 유럽문학 등을 선호했다. 그 이상의 문학발전을 그는 거의 추적하지 않았다. 그가 빌헬름 옌젠 같은 아류 작가를 상대로 자신의 가장 방대한 문학분석을 펼쳤다는 것은 특이한 일이다. 그가 현대의 모든 비대상 회화에 대해 거부감을 지녔다는 점은 예컨대 그의 제자 칼 아브라함에게 보낸 편지에서 명백히 드러난다. 아브라함은 그에게 확연히 "추상화된" 비사실주의적 초상화를 보냈다. 1922년 12월 26일 빈에서 프로이트는 아브라함이 정신분석가로 일하고 있는 베를린으로 신랄하면서도 의문의 여지없이 고루한 말투로 다음과 같은 편지를 보냈다.

"자네의 머리를 묘사한다는 그림을 받았네. 그것은 끔찍한 것이더군. 나는 자네가 얼마나 뛰어난 인물인지 알고 있다네. 그럴수록 현대 '예술' 에 대한 자네의 관용 혹은 공감처럼 자네의 성격을 덮고 있는 사소한 그림자가 그토록 끔찍하게 보복을 당해야 한다는 것은 충격적인 일일세. 내가 듣기로 람플은 자네를 그렇게 본다고 선언했다더군! 그와 같은

2) Vgl. Jack Spector: Freud und die Ästhetik. München 1973, S. 24.

사람들은 가능한 한 분석자들의 모임에 발을 들여놓아서는 안되지. 그들은 바로 천부적으로 시각적 결함을 지닌 자들이 채색화가나 소묘가가 된다는 아들러의 명제를 너무 바람직하지 않게도 선명히 보여주고 있기 때문일세."[3]

또한 정신분석적 모티프들을 미학적 반항에 이용할 수 있다고 믿은 프랑스 초현실주의의 대변인 앙드레 브레통에게 프로이트는 1932년 짤막하고 간결하게 다음과 같이 편지했다.

"당신이 너그러이 받아들여야 할 한 가지 사실을 고백하겠습니다! 나는 당신과 당신의 친구들이 나의 연구들을 높이 평가한다는 여러 가지 증언을 들었습니다. 그러나 나 자신은 당신의 초현실주의가 무엇이고 무엇을 원하는지 이해할 수 없습니다. 아마 예술과 이처럼 동떨어져 있는 나는 그러한 것을 전혀 이해할 필요도 없을 것입니다."[4]

의사소통의 무의식

따라서 미적 의사소통에 대한 프로이트의 의미는 예술을 다루는 그의 특수한 능력에 있다고 보기 어렵다. 그것은 오히려 "의식"/"무의식"이라는 구분을 통한 그의 혁신적 관찰기술이 열어준 명백히 암시적인 의미론적 가능성들에 있다. 이 관찰기술에 대해서는 이제 몇 가지 측면에서 다루어야 할 것이다. 아주 기본적으로 시작해서 프로이트가 도대체 무엇을 관찰했느냐고 묻는다면 그 대답은 "무의식"이라고 할 수 없다. 왜냐하면 무의식은 정신 내부의 사건으로서 어떤 외부의 관찰로도 엄격히

3) Sigmund Freud / Karl Abraham: Briefe 1907~1926. Hg. v. H. C. Abraham und E. L. Freud. Frankfurt/M. 1965, S. 309.
4) Zit. André Breton: Die kommunizierenden Röhren. München 1973, S. 131 (Brief v. 26. 12. 1932).

접근불가능하기 때문이다. 오히려 프로이트는 단지 의사소통, 혹은 전통적으로 말해서 이야기 내지 말하는 주체들을 관찰했을 뿐이다. 이 점을 중요한 프랑스 언어학자 에밀 방브니스트는 1956년 극히 명확하게 지적했다. 정신분석은 정신치료 분야와 무엇보다 다음과 같은 점에서 구분된다.

"분석가는 환자가 자신에게 말하는 바를 근거로 작업한다. 그는 환자가 말하는 모습을 관찰하며, 그의 반응을 말하는 사람, '어떤 사건들을 이야기하는 사람' 으로서 연구하며, 이러한 보고를 통해 그에게는 자신이 설명해야 하는 다른 보고가 점차 구성되는데, 이는 무의식 속에 파묻혀 있는 콤플렉스의 담론이다. 이 콤플렉스를 드러내놓는 데에 그러한 처리방식의 성공이 달려 있으며, 이는 또한 그러한 귀납법이 타당했는지를 증명해 주는 것이기도 하다. 따라서 전체 과정은 언어를 매개로 환자에게서 분석가로, 분석가에게서 환자로 진행된다."[5)]

그러나 의사소통 가운데 프로이트의 관심을 끈 것은 다른 주도적 차이를 활용하는 다른 관찰자들이 주의하지 않고 방치한 것, 혹은 정보와 무관한 방해, "잡음" 내지 중단이라고 등급을 매긴 자료들이다. 정신분석적 관찰은 의사소통의 그런 "방해들", 예컨대 유명한 실수들, 실언들, 뜻하지 않은 위트 등등을 선별하고 그것들이 상당히 주목할 만한 가치를 지닌다고 인정한다. 왜냐하면 프로이트의 가정에 따르면 그것들에서는, 그 원인인 무의식은 관찰되지 않지만, 무의식의 효과는 관찰할 수 있기 때문이다. 방브니스트는 다음과 같이 주장한다.

"프로이트는 검열의 힘이 지양되었을 때 드러나는 언어활동을 그 실수들, 유희적 측면들, 일탈들과 더불어 결정적으로 조명했다. 규범화된 언어에 의해 제어되거나 승화되는 모든 무정부주의적 힘은 무의식에 근

---

5) Emil Benveniste: Bemerkungen zur Funktion der Sprache in der Freudschen Entdeckung. In: Probleme der allgemeinen Sprachwissenschaft. Frankfurt/M. 1977, S. 91.

원을 둔다. 프로이트는 언어의 이런 형식들과, 무의식적 동기화의 또 다른 표현인 꿈속에서 이어지는 연상들의 본성 사이의 깊은 유사성을 확인했다. 이처럼 그는 정신생활의 무의식적 구조들과 언어의 결합들 속에서 언어의 기능에 대해 고찰하고, 이 정신생활을 규정하는 갈등들이 그 흔적을 언어의 형식들 자체에 새겨놓지 않았는지 자문하게 되었다."[6]

따라서 "무의식"은 단지 그 효과들 내지 일상적 의사소통 속의 그 흔적들 속에서만 관찰되는데, 여기서 그것들은 대개 무시되거나 아니면 기껏해야 온화한 미소의 대상이 된다. 또 그것들은 분석상황의 특별한 의사소통 속에서 관찰되는데, 분석가의 관찰은 여기서 전문적으로 이루어진다.

이 최초의 기본적 고찰이 어떤 성과를 얻었다면, 그것은 늘 어떤 가설의 형식으로 언급해야 하는 "무의식"의 기능을 의사소통의 부가적 코드화로서 서술할 수 있다는 점이다. 다른 경우에 대개 간과되는 특수한 이야기요소들의 의미를 관찰하고 밝혀내는 것은 그것들이 코드화되어 있다고, 즉 어떤 "규칙 장치"에 의해 규정되어 있다고 보기 때문이다. 이러한 장치가 그것들에 비로소 의미를 부여하며 이러한 의미가 없다면 그것들은 그저 우연한 것으로 나타날 것이다. 예컨대 "의사소통"은 언어적으로 코드화되어 있다. 그 때문에 문법적 오류는 비난받을 수 있다. 또한 의사소통은 다양한 담론적 코드화에 따르기도 하는데, 이에 대한 지식은 논리적 혹은 사실적 성격을 띠는 양식적 결합들이나 논증적 결합을 지각할 수 있게 해 준다. 의사소통에 대한 정신분석적 관찰은 다른 경우에 중요하지 않은 이야기의 요소들을 드러내고 "무의식"의 효과 혹은 흔적으로서 해석하는 것을 허용하는 또 다른 코드화의 테제와 더불어 이루어진다.

분석가는 "담론을 독자적 규칙들, 독자적 상징과 독자적 '구문'을 사

6) Ebd., S. 95.

용하고 정신생활의 심층구조들을 가리키는 어떤 다른 '언어'의 전달자로 간주할 것이다".[7]

따라서 정신분석적 관찰은 일반적으로 다른 관찰들의 그물을 통과해 나가는 자료들을 처리한다. 이러한 자료들은 일단 우연한 것으로 나타난다. 꿈들은 혼란스러우며 종종 인식할 수 있는 논리나 응집성을 지니지 않는 듯하다. 실언은 단지 어리석은 우연이나 정상적인 이야기의 방해물들처럼 나타난다. 그러나 정신분석적 관찰자는 이러한 인상을 논박하지 않고, 이러한 자료들이 규칙적으로 구조화되어 있다는, 즉 코드화되어 있다고 생각한다. 그것들 속에서는 "무의식"이 "말한다"는 것이다! 비밀언어처럼 우선은 무의미한 음들의 연속이 발음되지만 그 코드가 "깨어지면" 이 음들은 해독될 수 있게 된다. 따라서 분석적 관찰 작업의 본질은 관찰된 자료들을 어떤 "언어"의 요소들로 해독하는 데에 있다고 한다. "무의식"의 이론은 어떤 의사소통적 코드화의 구조와 기능에 대한 가설이다. 형식적으로 그것은 예컨대 "랑그"에 대한 언어학 이론과 이른바 다양한 "파롤"의 "역사적 아프리오리들"의 담론이론과 같은 위상을 차지한다.

우리가 언제나 의사소통의 "무의식적" 코드화에서 출발해야 하느냐 하는 물음에 대해 추상적으로 논의해서는 당연히 아무 성과도 거두지 못한다. 우리는 앞에서 엔첸스베르거의 문자언어 비판에 대해 논의했다. 문자언어에서는 살아 있는 말의 "자발성"이 사라졌다는 것이 그의 주장이었는데, 이로써 또한 "무의식"의 효과들을 풍부하게 관찰할 기회도 소진되었을 것이다. 물론 그럴 경우 분석에 숙달된 관찰자는 문자매체 자체를 검열기구라고 칭하거나, 꿈의 경우에 이른바 "이차적 개조"에 상응하는 현상이라고 칭할 수 있을 것이다. 서적매체에 매여 있는 문학을 고려하면서 정신분석적 관심을 갖는 논의는 그러한 문자의 기능들에

---

7) Ebd., S. 94.

특별한 주의를 기울여야 할 것이다.

"무의식적" 코드화의 구조들에 대한 물음에 프로이트는 성립과정에서 계속 바뀌고 일련의 상이한 용어들로 정리된 복잡한 이론을 통해 답했다. 예컨대 프로이트는 잘 아는 바와 같이 심적 "장치"의 구조를 1913년 "무의식/전의식/의식"이라는 심급들로 규정했지만, 1923년의 이른바 이차 위상론에서는 "이드/자아/초자아"라는 심급들로 규정했다. 이러한 규정들은 서로 확연히 대립하는 것이 아니라 오히려 상이한 관점들에 강세를 두고 있다. 그에 반해 프로이트는 이른바 충동이론을 시간이 지남에 따라 수정만 한 것이 아니라 결정적으로 바꾸기도 했다. 여기서는 "미학" 문제들을 이해하는 데에 포기할 수 없는 몇 가지 중심적 관점만을 강조하기로 한다.

프로이트는 이른바 "충동"의 기능에 대한 생리학적 가설에서 출발한다. 충동들은 동물적 "본능들"과 유사하다. 영미 정신분석 문헌들에서는 독일어 "Triebe(충동들)"가 일반적으로 "instinct(본능)"로 번역되었다. 하지만 이러한 번역은 문제적이다. 왜냐하면 프로이트가 보기에 "충동 수행"이 인간의 경우에는 반사적으로 이루어져야만 하는 것이 아니라 "자아"라는 심급을 통해 수정되고 지연되거나 굴절될 수도 있기 때문이다. 이 "충동들"의 유기적 토대는 성적 충동 혹은 "에로스"의 경우 의문의 여지가 없지만, 프로이트가 1920년경에 도입한 그 반대의 파괴충동 혹은 "타나토스"의 경우에는 불확실하다. "긴장" 혹은 "욕구"로서 알아차릴 수 있고 운동성 활동들을 통해 즐겁게 해소되거나 "충족될" 수 있는 이 "충동들"은 심적으로 "이드"에 의해 대변된다. 이 표현에 프로이트는 심히 매료되었는데, 그것은 정신과의사 게오르크 그로데크에게서 유래한다. 그는 프로이트가 추측했듯이 니체의 자극을 받았다. 1923년에 발표된 『이드론』에서 그로데크는 다음과 같이 서술한다.

"나는 인간이 미지의 것을 통해 생명을 유지한다고 본다. 그 속에는 어떤 이드, 어떤 경이로운 것이 있는데, 그것은 인간이 행하거나 인간에게 일어나는 모든 것을 규제한다. '나는 산다' 는 명제는 제한적으로만 타당하다. 그것은 '인간은 이드를 통해 생명을 유지한다' 는 기본적 진리의 작은 부분현상을 표현한다."[8]

프로이트에게 "이드"는 "충동들"의 심적 실재를 나타낸다. 이것들은 아주 느슨한 표현을 쓰자면 마음을 "출동 대기 상태"로 만들어 놓는다. 즉 그것들은 모든 심적 에너지의 원천이다. 프로이트는 그것들을 경제적으로 유한하고 고갈될 수 있으며, 임의로 증가될 수 없는 양이라고 생각했다. 이로써 그는 예컨대 어떤 리비도적 욕구를 "억압하기" 위해 어떤 막대한 에너지량을 필요로 하는 사람들은 다른 생산적인 일에 무능하며 "노이로제적" 성취장애의 인상을 유발하리라는 점을 설명하려고 했다. 마지막 충동 구상에서 프로이트는 성적 충동과 공격적 충동, 구성과 파괴를 구분했다. 이를 그는—세계대전의 경험에 자극 받아—보편적인 인간학적 사실들이라고 이해했다. 그는 그것들이 그 환원불가능성 때문에 "사랑"과 박애만이 지배하는 평화롭고 조화로운 세계질서에 대한 모든 희망을 공허하게 만든다고 보았다.

두 "충동"은 심적으로 표현될 때 결코 고립된 채 구현되지 않는다. 그것들은 늘 "혼합상태로" 각각의 상이한 배율로 존재한다. 모든 성적 욕구에는 공격적 요소가 감춰져 있고, 모든 파괴적 경향에는 리비도적 요소들이 감춰져 있다. 프로이트가 전혀 의심하지 않았던 정신분석 이론의 유사생리학적 토대에 대해서는 이 정도 언급하기로 한다. 그는 치료법 상으로 심적 과정들의 생리학적 기저에 관여하는 데에—이것이 가능하고 성공적이기만 하면—분명히 반대하지 않았을 것이다.

그런데 이 "이드"는 "무의식"이라는 심급과 결코 동일하지 않다. 이는 심적 장치의 기원을 고찰하면 명확히 이해할 수 있다. 신생아는 자신의 "충동들"에 의해 지배된다. 아이는 "자아"로서의 자신에 대해 아무 것도

---

8) Georg Groddeck: Das Buch vom Es. Zit. J. Laplanche / J. -B. Pontalis: Das Vokabular der Psychoanalyse. Bd. 1. Frankfurt/M. 1972, S. 150.

알지 못하기 때문에 전적으로 "이드"로서 산다. 음식 · 온기 · 잠 등에 대한 욕구가 그의 실존을 채우며, 이는 쾌감과 불쾌감의 부단한 교체로 체험된다. 신생아는 "충동들"의 압박 사이에서 자기 자신과 환경을 구분하지 못한다. 이 단계에서 "이드"는 "충동적으로" 규정되고 특히 무차별상태로 존재하는 신생아 세계의 통일성을 가리켜 준다. 이 단계에서는 프로이트의 의미로 어떤 "무의식"에 대해 전혀 의미 있게 논할 수 없다. 오히려 무의식의 생성은 우선 단순한 생리적 토대를 지닌다. 즉 활동 통제, 선택적 지각, 사유와 기억력 등의 전제조건인 신경중추체계가 성숙해야 한다. 이 생리적 성숙은 "자아"라는 심급이 등장하는 "환경"과 "이드"의 기본적 분화를 위한 조건이다. "자아"는 "이드"와 세계의 단절지점에서 생겨난다. 그것은 우선 "자극들"을 자신 혹은 환경에 귀속시키는 기본적 능력이라고 서술할 수 있다. 복통은 떨쳐버릴 수 있는 것이 아니다. 그것은 자신에게 귀속되어야 할 것이다. 어머니의 가슴은 마음대로 할 수 있는 것이 아니다. 그것은 주위 세계의 일부다. 이러한 구분능력을 프로이트는 "현실성 검증"이라고 칭했다. 나이가 들어도 그러한 능력이 없을 때에는 병리적 현상들, 예컨대 환각들이 유발된다. "자아"는 "이드"와 환경의 단절지점에서 생겨나기 때문에 그것은 사람들이 그 "동일성"이라고 칭할 수 있는 것을 이 두 가지—이제 구분된—심급들로부터 얻게 된다. 어린아이의 "자아"는—약 생후 6개월 이후—아직 "충동의 작용들"에 복무하고 있다. 그것은 이 충동들을 점점 늘어나는 환경의 주목과 통제와 조작 아래에서 충족시키려고 애쓴다. 물론 늘 경제적으로 사고하는 프로이트가 보기에 "자아"의 이 환경과 관련된 행동들에는 이미 "이드"로부터 이끌어내는 어떤 에너지량이 포함된다. "자아"는 스스로를 종종 심한 좌절을 야기하는 환경과 엄격히 구분되는 욕구의 실재성으로서 경험한다. 또한 "자아"는 이 환경에 "충동수행"을 목적으로 작용을 가할 수 있되 그 성과는 때에 따라 다르다! 이런 관점에서 "자아"가 그 욕구들의 수행자라면, 다른 한편으로 그것은 동일성형성의 측면에서 환경에 의해 규정된다. 어린아이는 모방을 통해 배운다. 환경은—물론 특히 충동적으로 점령된 환경은—다양한 동일시의 대상이 되며, 이러한 동일시를 통해 어린아이의 "자아"는 자기 자신에 대한 이미지를 구상한다. 이렇게 성공적으로 이루어지는 동일시, 예컨대 "미소짓기"나 그 다음의 말하기는 우선 의문의 여지없이 리비도적 대상점령의 맥락 속에 아직 위치한다. 하지만 충동에너지들은 알아볼 수 있을 정도로 변형되어 "탈색스화"되고 경우에 따라 "탈공격화"되기도 한다. "이드"로부터 이끌어내 그처럼 중성화된 에너지량은 이제 "자아"의 기능들에 복무하게 될 수 있으며, 욕구의 압력에 맞서서도 동원될 수 있다. 충동에너지가 "중화"될 수 없다면, "자아"는 "이드"의 대책 없는 충족장치로 남을 것이며, "이드"에 맞서 어떤 "전선"도 설정하지 못할 것이다.

따라서 "이드" 및 환경의 차이가 성립되는 장소인 "자아"는 해소를 요구하는 충동자극들과 그러한 해소에 대립할 수 있고 해소를 중화된 에너지로 방해하는 환경과의 동일시, 이 양자 사이의 까다롭고 위태로운 평형의 무대다. "자아"로 하여금 "이드"의 요구들에 맞서도록 만드는 동일시가 확고해지면, 그것이 "자아"와 세계의 관계로부터 특유하게 분화되어 고유의 심급을 형성하기도 하는데, 프로이트는 이를 "초자아"라고 칭했다. 이 "초자아"는 한편으로 "이상화"로서 나타난다. 그것은 모범이라는 의미에서 어떤 "자아 이상"을 정립한다. 그러나 좀더 결정적인 것은 이 이상화와 결합되어 있는 욕망 검열의 규범적 힘이다. "초자아", 즉 동일시 과정에서 내면화된 금지는 "자아"의 충동들을 여러 경우에 배척하도록 "자아"를 동원한다. "초자아"의 형성은 프로이트 이론에서 이른바 "오이디푸스 콤플렉스"와 긴밀한 관계를 지닌다. 우리는 프로이트가 제기한 테제의 특징을 밝히고자 하지만, 이 경우 부르주아 소가족의 본보기에 따라 너무 직접적으로 드러내 보이는 것을 어렵게 만들기 위해 가능한 한 그것을 "형식적으로" 규정하려고 한다. 왜냐하면 오이디푸스 콤플렉스 개념은 부르주아 가족 속에서 사회화된 개인들의 충동의 운명보다, "자아" 속에 모든 사회성의 조건인 "금지들"이 각인되는 과정을 겨냥하기 때문이다.

출발점은 어린아이의 마음속에서 한 인물을 리비도적으로 점령하는 것이다. 그 인물은 어머니인데, 일차적으로 아이의 "자아"는 자신의 욕구를 실현하는 과정에서 방해받지 않은 충족을 어머니에게 기대한다. 우리는 우선 어떤 양자 구조와 잠재적으로 마찰 없는 충동수행으로부터 출발할 수 있을 것이다. 그러나 자아와 타자 사이의 이 양자 관계에는 제3의 심급이, 예컨대 부친이 끼여든다. 그것은 자아와 타자를 적어도 한동안 갈등하게 만들고 떼어놓는다. 자아는 타자의 욕구가 또한 제삼자에게도 해당될 수 있다는 것을 알아야 한다. 타자를 놓고 벌이는 자아와 제삼자 사이의 이러한 "경쟁관계"는 자아를 양가적 상황으로 몰아간다. 한편으로 자아는 방해꾼인 제삼자를 제거하여 방해받지 않는 충동수행의 이상을 살려내고 싶어한다. 그러나 경쟁자들의 무기는 대등하지 않다. 제3자는 막강하며 자아의 리비도적 완전성, 혹은 타자에 대한 자아 욕구의 토대를 의심스럽게 만들 수 있다. 프로이트는 거세의 불안에 대해 언급한다. "이드"충동의 결과에 대한 이 불안은 공격적 에너지의 중성화를 위한 기반이며, 이 에너지의 잠재력은 제삼자라는 심급과의 동일시에 이용될 수 있다. "충동의 혼합"이라는 의미에서 제삼자의 점령 속에서 리비도적 특징들이 강화된다. 제삼자, 혹은 부친이라는 심급은 경외하는 동일시의 대상이 된다. 이때 금지의 규범 내지 충동방해가 "자아"에 각인되는 효과가 수반된다. "자아"가 제삼자라는 심급의 금지를 받아들이고 리비도적 점령의 일차 대상인 타자로부터 떠난다는 가정 아래 "자아"는 검열하는 심급과 동일시될 수 있다. 그리고 이 심급은 "자아"에게 언젠가 자신이 이 자리를 차지할 수 있으리라고 약속한다. 따라서 "자아"를 놓고 벌이는 환경과의 투쟁에서 "이드"는 마치 한 판 패배한 듯하다. "자아"는 동일시의 과정에서 세계의 요구들에 굴복하고 "사회적으로" 되며 충동을 포기한다. 이제까지 타자에게 적용되던 점령에너지는 일부 방향을 바꿔 "초자아"를 향한다. 프로이트의 경제학적 출발점에 따르면, "초자아"는 궁극적으로 "이드"에서 분리된 에너지량을 활용할 수 없을 경우 무기력할 것이다. "초자아"의 잠재력이 변형된 충동에너지 덕분인 한에서 "자아" 다음으로 "초자아"도 환경과의 접촉에서 "이드"가 분화된 결과다.

심리 내적이고 변형된 충동에너지를 갖춘 환경과 그 금지의 대표자로서 "초자아"는 "이드"의 행동반경을 잘라버리는 데에 "자아"를 활용한다. "이드"와 환경의 차이로부터 "자아"가 나왔는데, 그 차이는 "이드"와 "초자아"의 갈등에서도 "자아"를 무대로 반복된다. 프로이트의 경우 정신분석 치료는 무엇보다 "자아"에 대한 두 심급의 요구들을 균형 잡는 데에 있다. 물론 이를 위해 어떤 일반적 규범은 존재하지 않는다. 그의 치료법은 여러 낭만주의적 혹은 무정부주의적 관찰자들이 좋아할지 모르는 것처럼, "초자아"를 희생해 "이드"를 보편적으로 해방시키는 효과를 초래해서는 안 될 것이다. 물론 욕구에 부담이 되게 "초자아"를 무조건 강화하는 것도 아니다. 그에게는 두 영역의 평형이 중요했다. 이 경우 "초자아"로 응축된 규범들이 인습적인 사회적 타당성을 지니는 규범들이라는 점, 또 정신분석이 그러한 균형을 추구하기 전에 사회를 바꾸지는 못한다는 점에 위험성이 있었다. 따라서 그 속에는 일종의 순응적 계기가 의문의 여지없이 들어 있다. 즉 인습적으로 통용되고 "초자아"로서 자아를 지휘하는 규범들과 양해해야 하는 것이다. 프로이트는 언젠가 자신의 환자들이 보편적 불행에 가담할 수 있도록 그들을 그들의 사적 불행에서 해방시켜 준다고 의미 있게 말했다.

심적 장치에 대해 이제까지 우리가 서술한 바는 "무의식"의 개념 없이도 진행될 수 있었다. 왜냐하면 이 서술은 검열당한 리비도적 혹은 공격적 대상점령이 허공에서 해체되고 그 속에 묶여 있던 에너지가 아무 싸움도 없이 "자아"라는 심급으로 넘어간 것처럼 암시했기 때문이다. 물론 프로이트는 문제를 그렇게 밋밋하게 생각하지 않았다. 오히려 원래의 대상점령은 일반적으로 에너지는 약해졌어도 여전히 남아 있다. 하지만 그것은 "자아"에 의해 거부되고 그 의식에서 떨어져 나온다. 이차적 대상점령을 의식에서 몰아내는 이 거부의 과정은 자기반성으로 접근할 수 있는 주관의 영역 등뒤에 존재하는 듯한 무의식적 과정이다. 무의식은 의식의 "공간" 앞에 위치하는 어떤 "공간", 예컨대 집안의 밝은 층들 아래의 어두운 지하실 같은 곳이라고 할 수 없다. 그것은 오히려 "초자아"에 복무하는 "자아"의 거부메커니즘의 역동적 과정이다. 그러나 또한 이 거부가 결코 완전히 성공하지는 못하므로, 거부된 것이 특유하게 개조된 형식으로 돌아오는 것이기도 하다. 이 거부된 일차적 점령의 회귀가 고려되어야 하기 때문에 명시적 의사소통에서는 그 흔적과 효과들만을 관찰할 수 있다. 즉 "의식적으로" 통제되는 의사소통 속의 "무의식"만을 관찰할 수 있는 것이다. 그런데 꿈에서는 "초자아"의 검열메커니즘이 느슨해지기 때문에 거부된 충동자극이 "더 자유롭게" 표현될 수 있다. 물론 완전히 자유롭게 표현되는 것은 결코 아니다. 모든 꿈은 일종의 "이드"와 "초자아" 사이의 타협이며, 두 적수가 일정하게 양보해야 하는 "투쟁"의 결과인 것이다. 그래서 명시적인 꿈, 예컨대 이야기한 꿈은 욕구 내지 억제된 소망의 암호원본만 아니라 규범화의 암호원본도 말해주지 않는다. 꿈은 어떤 타협으로서 아무 것도 모르는 시선에 대해 언제나 이미 나타났던 것처럼 "혼란스러운" 것이다. 우리는 심적 장치의 생성에 대한 우리의 서술을 도식으로 요약하고자 하며, 이 경우 에너지량을 잃게 되는 "이드"의 분화과정이 관건이라는 점을 다시 한번 지적하기로 한다.

"초자아"의 기원은 아마 오이디푸스 이전 단계에서 찾아야 할 테지만, 이 "초자아"의 정립을 통해 비로소 "자아"라는 무대 위에서 "이드"와 "초자아"의 고통스러운 역동을 형성하는 "무의식적" 과정들과, 반성을 통해 자아가 접근할 수 있는 "의식적" 과정의 분화가능성이 생겨난다.

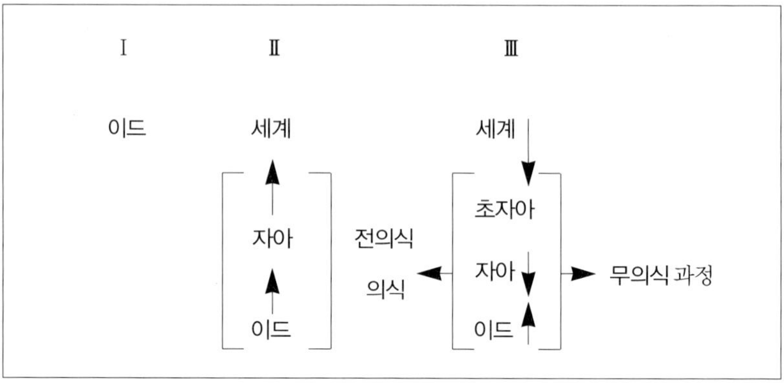

"전의식"이라는 용어는 의식의 잠재력을 의미한다. 즉 의식에 현존하는 것은 아니지만 현존하게 만들 수는 있는 것, 예컨대 전화번호들이나 어휘와 같은 것이다.

이제 우리는 "이드"의 결과들에 대한 불안을 토대로 하는 무의식적 방어의 가장 중요한 메커니즘들을 간략히 서술하기로 한다. 가장 중요한 메커니즘은 "억압"이다. 이를 통해 욕구는 "이드" 속으로 다시 쫓겨간다. 억압과정만 아니라 억압된 내용 혹은 충동의 대상도 "무의식적"이다. 억압의 수행은 심적 에너지를 요구할 수밖에 없다. 프로이트는 "이드"자극이 무의식/의식의 경계선을 넘는 것을 억제하는 과정을 지칭하기 위해 "반대점령"이라는 말을 한다. "억압"은 "이드"자극들이 의식으로 들어가는 통로를 차단한다. 이미 일차적 소망들을 단순히 버리거나 잊은 듯해 보이게 되는 것이다. 그러나 실제로는 그것들이 단지 차단될 뿐이며, 예컨대 주체가 부끄러워해야 할 곳에서 주체로 하여금 웃도록 하는 파렴치한 위트의 경우처럼, "이드"자극들이 "반대점령"을 기습하게 되는 상황도 생겨날 수 있다. 둘째 메커니즘은 "반응형성"이다. 이로써 프로이트는 자신의 "충동혼합"이론에 근거하여 검열된 반응들이나 소망들이 수정되거나 그 반대의 것으로, 예컨대 증오가 사랑으로, 사디즘이 온화한 기질로 전도되도록 하는 등의 전략들을 지칭했다. "초자아"규범들의 긍정적 "가치"는 그 무의식적 경쟁자인 일차 점령 대상이 중화된 것으로 보일 정도의 에너지로 점령된다. 하지만 라플랑쉬와 폰탈리스처럼 "반응형성"에서는 일차적 충동목표가 아직 간접적으로 관철되며 현존한다고 추측해도 좋을 것이다.

"청결에 열중하는 가정주부는 자신의 모든 삶을 먼지와 때에 집중하지 않는가? 정의를 위해 면밀한 방식으로 극단적으로 노력하는 법률가는 그에게 도움을 청하는 자들의 변호를 위해 그에게 제기되는 실제의 문제들에 대해 심지어 체계적으로 무관심할 수도 있다. 그래서 그는 미덕의 가면 아래 자신의 사디즘 성향들을 충족시킨다."[9]

또 다른 메커니즘은 투사다. 이를 통해 "자아"는 검열된 소망들을 다른 주체들에게 양도한다. 자신에게서 부인하는 것을 환경에 귀속시키는 것이다. 물론 이는 위험스러운 조작이다. 왜냐하면 그것은 최악의 경우에 "자아"와 세계의 분화를 위태롭게 하고 "자아"에 속하는 것을 환경에 부여하기 때문이다. 불안노이로제와 관련해 프로이트는 다음과 같이 단언했다.

"자아는 마치 어떤 충동이 아니라 지각으로 인해 불안발전의 위험이 그를 위협하는 듯이 거동하며, 그 때문에 공포를 피하기 위한 도피의 시도를 통해 이 외적 위험에 반응할 수 있게 된다."(Ⅲ, 143)

물론 불안을 유발하는 "환경적 사실들"에 대한 지각에서는 공포에 빠진 주체가 고도로 예리한 감각을 발전시킬 수 있고 그래서 그의 시나리오는 관찰자에게 인상적일 수 있는 "진짜" 특징들을 수없이 지닐 수도 있다. 하지만 그의 모티프는 검열된 소망의 "양도"에 있다. "자신에 대한 반대"라고 칭할 수 있는 메커니즘, 즉 타자에 대한 근원적 공격이 자기 파괴적 태도로 변형될 때의 메커니즘은 투사와 유사하다. 물론 타자와의 무의식적 동일시가 종종 그 기초가 되며, 그래서 자기공격 행위에

9) Laplanche / Pontalis: a. a. O., Bd. 2, S. 424.

서는 출발모티프가 간접적으로 확인된다. 끝으로 이른바 "퇴행"을 지적하지 않고는 방어메커니즘의 열거를 마무리할 수 없을 것이다. 이 퇴행에서는 달성할 수 없는 성기적 충동목표들에 구강적 점령으로의 회귀가 복무한다. 그렇지 않아도 불완전하고 요약적인 이 암시보다는, 무의식적 소망들에 대한 무의식적 방어의 모든 형식들이 결코 관찰가능한 의사소통의 영역에서는 보이지 않는 상태로 남아 있다는 의미로 기능하지는 않는다는 점을 다시 한 번 강조하는 것이 더 본질적이다. 무의식은 의식과의 경계선을 통과한다. 물론 위장되거나 왜곡됨으로써, 즉 코드화됨으로써 방어를 피한다. 좀더 정확히 말하면, 방어 자체의 다양한 형식들이 "초자아"의 독재 아래 의식적으로 의사소통 가능한 것의 분야를 확정하는 어떤 코드를 따를 경우, 무의식-코드화는 이러한 코드를 복사하거나 모방하지만, 동시에 그것을 새로이 코드화한다. 이는 비밀문자처럼 보이지 않는 상태로 있거나 아니면 의식적으로 코드화된 의사소통 매체의 잡음 혹은 소음으로 평가될 수 있는 것이다. 그러면 분석가는 이 "소음"의 의미를 해독한다. 이제 우리가 프로이트 이론에서 예술이 차지하는 위상으로 넘어가기 전에 물론 "승화"도 방어메커니즘에 속한다는 점을 지적하기로 한다. 승화에 대해서는 다시 검토하기로 한다.

프로이트의 예술이론

우리가 확인하는 한 예술에 대한 프로이트의 진술들은 세 가지 테마권으로 분류된다. (1) 예술적 환상이나 상상의 기능에 대한 물음, (2) 모든 문화에 대해 방금 언급한 "승화"가 지니는 의미에 대한 물음, (3) 끝으로 예술작품들의 분석을 위해 꿈의 해석 방법이 차지하는 중요성에 대한 물음 등이 그것이다.

이 문제들에 대해 논하기 전에 두 가지 구체적 예를 통해 우선 프로이트가 예술작품들을 해석한 방식을 고려하기로 한다. 프로이트가 미학적인 테마를 다룬 가장 상세한 연구는 빌헬름 옌젠의 단편소설 「라 그라디바」에 관한 1907년의 논문이다. 옌젠은 1837년에서 1911년까지 살았고, 독자들에게 높이 평가받았으며, 주로 역사적 주제를 담은 장편소설 및 단편소설들을 아주 많이 쓴 작가였다. 프로이트가 옌젠의 이름에 지속적으로 주목하지 않았다면 그는 오늘날 독문학자들에게도 빌헬름 라베의 일시적인 친구이자 편지상대자로만 통했을 것이다. 그의 단편소설 「라 그라디바」는 1903년에 발표되었다. 그것은 당시의 유행장르인 "고고학 소설"에 속한다.

이제 우리는 가능한 한 소박하게 이 단편소설의 내용을 요약하고 그 다음 프로이트 해석의 요점을 살펴보기로 한다. 특히 우리는 "이야기"가 아니라 "사건"을 추적하고자 한다. 즉 여러 사건들의 연대기적 연속을 따라갈 뿐, 소설 텍스트를 통한 그것의 원근법적 처리, 그러니까 연대기를 전체적으로 따르지 않고 분석적 화법으로 독자에게 앞선 사건들에 대한 정보를 우선 유보해두는 이야기를 따라가지는 않는다. 사건은 독일의 어느 대학도시에서 시작되며 우리에게는 두 아이, 즉 노르베르트 하놀트라는 소년과 어느 동물학자의 딸인 초에 베르트강이라는 소녀가 소개된다. 이들은 친밀한 유년기와 청소년기의 우정으로 결합되어 있다. 그 후 노르베르트 하놀트는 고고학에 관심을 갖게 된다. 이는 예컨대 슐리만의 트로이와 미케네 발굴이 야기한 매력을 생각할 때 그 시대의 전형적인 관심사다. 그는 이 전공을 공부하고 학위를 따고 대학강사가 된다. 그리고 고대와 그 연구에 대한 이 열성으로 인해 청소년기의 여자친구를 멀리한다. 하놀트는 세상과 담을 쌓고 자신의 일에만 몰두하며 사는 학자가 되며 역시 그에게 무관심한 주변 사람들의 눈에는 이미 젊은 시절에 일종의 "기인"이 되었다. 연구여행 중 그는 로마의 바티칸 박물관에서 어느 젊은 여인의 모습을 나타내는 로마의 부조 한 토막을 보게 되며, 그 여인의 우아한 발 자세에 매료된다. 그는 이 부조의 석고

복제품을 얻어서 그 모습을 "그라디바", 즉 걷는 여인이라고 부른다. 이 로마의 그라디바와 그 독특한 발 자세는 곧 그의 온갖 학문적 관심을 사로잡는다. 그는 고고학적 통찰력으로 그 여인상의 기원을 추적하지만, 또한 그 독특한 발 자세가 실제 모습을 따라서 만든 것인지 자문한다. 그리고 자기가 만나는 모든 여성들을 면밀하게 검사하는데, 이것이 오해를 야기해 명성을 해치기도 한다. 심지어 그 대리석상은 그의 꿈속에까지 따라온다. 언젠가 그는 자신이 기원 후 79년의 고대 폼페이로 돌아갔다고 몽상한다. 그는 로마인(혹은 그리스인)이며, 갑자기 아주 놀랍게도 광장에서 그라디바를 만난다.

"그가 그렇게 광장 가장자리의 주피터신전 옆에 서 있을 때 갑자기 별로 멀리 떨어지지 않은 곳에 있는 그라디바를 발견했다. 그 때까지 그는 그녀가 여기 있으리라고 생각도 하지 않았다. 하지만 이제 불현듯 그에게는 자연스럽게 그녀가 폼페이인이므로 미처 생각하지 못했지만 그와 같은 시대에 그녀의 고향도시에 산다는 생각이 떠올랐다."(X, 17) 그 꿈은 베스비우스 화산 폭발의 지옥으로 끝난다. 화산은 그라디바와 깜짝 놀라 깨어나는 하놀트를 매장해 버릴 기세다. 이 꿈의 암시적 체험으로 인해 이 고고학자는 그 부조가 실제로 기원 후 79년에 폼페이에서 매장된 어느 젊은 여인을 나타낼 수도 있으리라고 생각하게 된다. 그는 그라디바가 폼페이에서 유래했다는 자신의 추측을 입증할 수도 있을 어떤 궤적을 발견하기 위해 그 폐허를 찾아가기로 결심한다. 폼페이에 도착한 그는 남국 태양의 열기와 또한 캄파니엔의 포도주에 조금 취한 채, 모든 과학적 회의를 넘어서 이 지역의 아우라를 감지하고 그라디바의 비밀을 풀기 위해, 한낮에 발굴지대로 간다.

"(과학이) 가르쳐준 것은 생명 없는 고고학적 견해였다. 그리고 그 입에서 나온 것은 죽은 문헌학적 언어였다. 그것은 영혼 · 정서 · 마음 혹은 또 뭐라고 부르든, 그런 것을 이해하는 데에 도움이 되지 않았다. 오히려 그에 대한 열망을 마음속에 지닌 자는, 육체적인 눈으로 보거나 육

그라디바(고대부조의 일부), 바티칸 박물관, 로마

체적인 귀로 듣지 않기 위해, 뜨거운 한낮의 고요 속에서 유일하게 살아 있는 자로서 여기 과거의 잔재들 사이에 서 있어야 했다. 그러자 (…) 죽은 자들이 깨어났고 폼페이는 다시 활기를 띠기 시작했다."(X, 20f.)

그리고 실제로 그라디바가 나타나 부조의 그 경탄스러운 발 자세로 광장을 가로질러 걷는다. 하놀트는 한 순간 꿈을 꾼다고 생각한다. 그러나 그는 이미 오래 전에 죽은 여자가 어느 정오시간에 다시 살아났다고 확신한다. 그는 그녀에게 처음에는 그리스어로, 다음에는 라틴어로 말을 건다. 하지만 그녀는 독일어로 답하고 사라진다. 비록 하놀트는 독일어를 말하는 폼페이 여인을 이상하다고 볼 수밖에 없지만 자신의 직관을 고집한다. 소설가 옌젠이 논평을 가한다. "믿음이 행복하게 해 줄 때에는 어디서나 이해할 수 없는 수많은 것도 감수한다."(X, 22) 다음 몇 일 동안 하놀트는 늘 정오면 광장으로 돌아가며, 그때마다 그라디바가 나타나는데, 그녀는 이제 실제로 이미 오래 전에 죽은 폼페이사람임을 물론 독일어로 밝힌다. 소렌토 구릉지를 배회하던 중 언젠가 하놀트는 왠지 낯익어 보이는 열성적 나비수집가를 만나지만 그를 곧 잊는다. 하놀트가 일단 몽상에 빠지면 물론 그에게는 더 이상 그라디바가 햇볕 속에 앉아서 올가미로 도마뱀을 잡는다는 이야기, 하지만 그녀는 그가 접근해오면 조용히 하라고 요구하며, 게다가 방금 결혼한 어느 여자 친구가 그렇게 해서 아주 좋은 성과를 거두었다고 지적하면서 그녀의 채집 방법을 칭송하기도 한다는 이야기를 솔직하게 말해도 소용 없다. 그라디바는 정오에 만날 때면 베수비우스의 희생자 역할을 점점 더 완벽하게 해낸다. 한편 하놀트의 의심이 늘어나기 시작한다. 그는 주변의 모든 호텔들에 어느 젊은 여인이 머무는지 문의한다. 하지만 아무것도 알아내지 못한다. 마침내 그는 그녀의 비밀을 무조건 밝히려고 하며, 그녀의 손을 세게 때린다. 물론 그녀는 육신을 지닌 여인이지 부활한 존재가 아니다. 그리고 그녀는 외친다. "당신 정말 미쳤군요, 노르베르트 하놀트!"(X, 29) 이 외침이 우리 학자의 혼란을 풀어주며 계속되는 대화에서 그라디바는 자신의 비밀을 밝힌다. 물론 그것은 우리도 이미 오래 전부터 알고 있는 것이다. 즉 죽은 여자인 척하던 그녀는 초에다. 살아 있는 여자 베르트강인 것이다. 베르트강이라는 말은 고대독일어이며 "아름답게 걷는 여인", 즉 그라디바를 의미한다. 그녀는 동물학자이자 나비수집가인 부친과 함께 "우연히" 같은 시기에 이탈리아로 여행했던 것이다. 하놀트는 당황한다. 그는 일명 그라디바인 아름다운 초에를 이미 잊혀진 어릴 적 여자친구와 관련짓지 못한다. 하지만 초에는 그를 도와준다.

"매일 우리가 다정하게 함께 술래잡기도 하고 때로는 서로 다투기도 하던 예전에는 내가 달라 보였는지 이제 모르겠어요. 하지만 당신이 근래에 나를 한번 유심히 보았다면 내가 이미 꽤 오래 전부터 이런 모습인 것을 알아차렸을 거예요."(X, 32)

그녀 자신은 늘 애착을 품고 있었으며 폼페이에서 그를 만나 깜짝 놀라고 처음에는 화났지만, 하놀트의 망상을 재빨리 꿰뚫어보고, 하놀트가 점차 자신의 "망상체계"에서 벗어나도록 하겠다는 희망으로, 외견상 그 망상의 일부인 것처럼 이미 오래 전에 죽은 여자의 역할을 연기했다. 그녀는 자신의 동기에 대해 다음과 같이 이야기하기도 한다.

"그 당시 (…) 나는 원래 당신에게 각별히 애착을 품고 있었고, 그래서 내게 더 편안한 친구를 이 세상에서는 찾을 수 없으리라 믿었어요. 내게는 어머니도, 누이나 오빠도 없었고, 아버지는 나보다 알콜에 담겨 있는 발 없는 도마뱀에 확실히 더 흥미를 느끼셨지요. 그래서 나 자신의 사고나 그밖에 이와 관련된 것들을 작동시킬 수 있으려면 무엇인가가 있어야 한다고 소녀시절에 생각하게 되지요. 그러니까 그 당시에는 그것이 바로 당신이었답니다. 하지만 고고학이 당신을 사로잡았을 때 나는 당신이 (…) 참을 수 없는 사람이 된 것을 알게 되었어요. 적어도 내게 당신은 머리에 눈도 없고, 입에는 혀도 없으며, 내 기억은 어린 시절 우리의 우정에 머물러 있는데 당신에게는 아무 기억도 남아 있지 않은 것처럼 보였어요. (…) 나는 당신에게 공기와도 같았고, 예전에 그토록 자주 잡아뜯던 금발머리를 하고 있는 당신은 너무도 지루하고 너무도 무미건조했으며 박제된 앵무새처럼 말이 없었고 그러면서도 시조새처럼 훌륭했답니다. 아마 선사시대의 괴물새를 그렇게 부르지요. 다만 당신 머리는 여전히 멋진 환상을 품고 있었고, 여기 폼페이에서 나마저 발굴되어 다시 살아난 존재라고 보기까지 했지요. 나는 당신이 그러리라고는 추측하지 못했어요. 그리고 당신이 갑자기 전혀 뜻밖에 내 앞에 나타났을 때, 어떤 믿기 어려운 망상이 당신의 상상력을 그렇게 만들어놓았는지 알아내는 데에는 우선 상당한 노력이 필요했답니다. 그 다음에는 일이 즐거웠고 미친 짓 같았지만 그렇게 나쁘지는 않았어요. 왜냐하면 이미 말했지만, 당신에게서 그런 것은 예상하지 못했기 때문이랍니다."(X, 33f.)

하지만 그녀는 무엇보다 신체적으로 매력적인 모습을 통해 하놀트를 그의 "이념들"과 떼어놓을 수 있게 된다. 그는 청소년기의 애인에게 다시 "사로잡힌다". 이제 카프리에서의 해피엔드를 방해하는 것은 아무 것도 없다.

이 소설의 예술적 수준에 대해 프로이트는 전혀 환상을 품지 않았지만, 그가 이 소설에 관심을 둔 것은 그것이 그에게 병리적 현상들로 기우는 경향을 띤 "억압"과 "보상형성"만 아니라 "분석적" 토대 위에서의 성공적 치료 가능성의 모범 사례를 묘사하고 있는 듯해 보였기 때문이었다. 프로이트가 보기에 초에 베르트강은 전문 정신분석가처럼 행동한다. 즉 그녀는 명시적 대상점령 뒤의 무의식적 대상점령을 발견하고 그것을 자신이 떠맡는다. 그런데 그녀는 보통의 분석 상황에서와 달리 이 단계에 머물러도 된다. 왜냐하면 그는 단지 그 무의식적 대상점령의 근원으로 돌아갔을 뿐이고, 이를 이제 애인이 "의식적으로"도 받아들이기 때문이다.

"모든 정신분석 치료는 하나의 징후 속에서 어떤 초라한 타협책을 찾았던 억압된 사랑을 해방시키려는 시도다. 사실 분석적 심리치료에서도 다시 일깨워진 열정이, 사랑이든 증오든, 언제나 의사라는 인물을 그 대상으로 선택한다는 사실을 덧붙인다면, 「그라디바」에서 작가가 묘사한 치유과정과의 일치는 절정에 달한다. 물론 이 경우 그라디바의 사례를 의료 기술로는 도달할 수 없는 이상적 사례로 만드는 차이들이 등장한다. 그라디바는 무의식에서 의식으로 진출하는 사랑에 호응할 수 있지만 의사는 그럴 수 없다. 그라디바 자신도 과거의 억압된 사랑의 대상이었고 그녀의 인격은 해방된 사랑의 노력에 즉각 갈구할 만한 목표를 제공해 준다. 의사는 낯선 인물이고 치료 후에는 다시 낯선 자가 되려고 노력해야 한다. 그는 치료된 자들에게 다시 얻은 사랑의 능력을 삶에서 어떻게 사용할 수 있는지 종종 충고할 수 없다."(X, 80f.)

이러한 분석적 관점에서 대리석 부조와 그것의 의미를 겨냥하며 이야기된 소설은 하나의 단순한 심층의미론적 구조를 지닌다. 이는 이야기의 연속에 대한 분석의 결과로 다음과 같이 도식화해도 좋을 것이다.

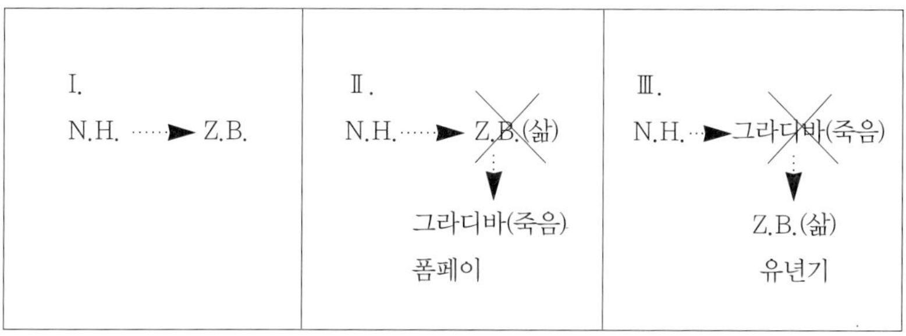

하놀트가 꾸는 두 가지 꿈을 프로이트는 자신의 이론에 비추어 변형된 소망충족이라고 해석한다. 하놀트가 첫째 꿈에서 고대 폼페이 속의 그라디바 옆에 있다고 꿈꿀 때, 그 속에서는 검열된 방식으로 둘이 한 도시에서 함께 살았으면 하는 소망이 표현된다. 과거로 돌아가는 상상은 그가 한때, 즉 매장된 폼페이처럼 파묻혀 있는 어린 시절에, 초에와 실제로 함께 살았다는 하놀트의 무의식적 지식을 가리켜준다. 끝으로

화산폭발의 지옥은 양가적 방식으로 초에에 대한 갈망과 "초자아"에 의해 유발된, 방어 · "은폐" · "억압"을 야기하는 그녀에 대한 불안만 아니라, 또한 "과학적으로" 승인되고 우선은 별로 눈에 띄지 않게, 어느 여자의 모습을 나타내는 부조를 차지하는 방식으로, 억압된 것의 회귀도 가리켜준다.

둘째 꿈은 현대의 독자에게는 오히려 뻔한 방식으로, 하놀트의 치유를 촉진하는 소망을 보여준다. 초에를 사랑하는 그를 그녀가 사로잡고 소유해 주기를 바라는 소망이 그것이다. 프로이트는 여기서 하놀트의 정신생활에 담긴 어떤 수동적이고 마조히즘적인 특징을 간파했다. 프로이트는 옌젠의 소설을, 특히 텍스트의 사소한 요인들이나 미세한 모티프 요인들이지만 반복적인 상징의 모티프를 형성하는 것들을, 의문의 여지없이 빼어나게 분석했다. 그가 이 소설 전체를 선택한 것은 틀림없이 그것이 중심적인 정신분석 이론의 생각할 수 있는 "이상적" 해명 대상이라고 보였기 때문이다. 하지만 오늘날에는 그것이 너무 이상적이라고 말해야 할 것이다. 프로이트의 분석은 매우 통찰력 있는 것일지라도 그저 명백할 뿐이다. 그 소설의 익숙한 독자는 프로이트의 해석을 모르더라도 아마 다소 자발적으로 그것의 가장 중요한 핵심들을 지적할 수 있을 것이다. 오스카 마노니는 그것에 대해 다음과 같이 말했다.

"이 작품의 가치를 떨어뜨리는 순진성은 (…) 왜 그것이 그처럼 쉽게 해석될 수 있는지를 설명해 준다. 옌젠에게 결여되어 있는 것은 **방어의 기술**, 즉 스스로를 은폐하는 기술이다. 좋게 이해한다면 방어가 엉뚱한 곳에서 이루어졌다. 그가 자신의 환상들을 감추지 않고 표현했다면, 이는 그가 그것들에 대해 아무 것도 이해하지 못했기 때문이다. 그 '영웅적인' 시기에는 더 많이 알겠다는 희망으로 똑같이 순진하게 옌젠에게 나중에 캐묻는 것이 당연했다. 옌젠이 그런 것을 생각하지 않았다는 것은 자명하다. 그는 심지어 자신의 이념들과 프로이트의 이념들이 일치하는 것은 자기가 50년 전에 의학을 한 두 학기 공부했기 때문이라고 가정하기까지 했다."[10]

프로이트는 논문의 끝 부분에서 옌젠이 자신의 의학공부를 지적함으로써 답했다고 믿었던 질문을 자신에게도 제기했다. 정신분석이 어떤 문화적 "억압"의 엄청난 저항에 맞서 서서히 비로소 서술할 수 있었던 인식들을 한 예술가가 표현하도록 부추기는 것은 무엇인가 하는 질문이 그것이다. 왜냐하면 프로이트는 옌젠의 소설이, 명시적 용어가 없다는 점을 일단 도외시하면, 일종의 정신분석 안내서라고 보았기 때문이다. 그것은 적어도 하나의 사례연구는 되는 것이었다. 그리고 그는 이 연구의 내적 "논리"를 밝혀냈던 것이다. 그는 아무 저의도 없는 텍스트에 무엇인가를 "해석해 집어넣었다"는 어쩌면 당연한 반론을 단호히 배격했다. 그렇지 않았다. 옌젠은 시대에 뒤지지 않은 정신분석 지식을 표현하고 있다.

"작가가 자신의 초에로 하여금 자신의 옛친구가 품고 있는 망상의 치유를 위해 써먹게 하는 방법은 (…) J. 브로이어 박사와 저자가 1895년 의학에 도입했고 그 이래로 저자가 완성을 위해 헌신한 치료방법과 (…) 완전히 일치한다는 것을 알 수 있다."(X, 79)

그러나 작가는 이러한 지식을 정신분석의 자료인 의사소통에 대한 관찰을 통해서 얻은 것이 아니다. 오히려 그는 내성을 통해 그것을 얻었는데, 이 내성은 예상할 수 있는 검열의 한계를 무효화하기에 더욱 기이하다. 여기서 프로이트는 자신이 되풀이하여 받아들이게 되는 테제를 하나 제시한다. 그에 따르면 예술은 다른 경우에 거부되어 있던 "이드"자극, 즉 리비도적이고 또한 공격적인 객체점령들로 하여금 무의식/의식의 경계선을 넘어서도록 하는 매체다. 프로이트는 자신의 그라디바 논문 끝에서 다음과 같이 서술한다.

"우리의 방법은 타인의 비정상적 영적 과정들을—그 법칙들을 알아

10) Oscar Mannoni: Freud. Reinbeck b. Hamburg 1971, S. 98.

내고 말로 표현할 수 있기 위해—의식적으로 관찰하는 것이다. 작가는 아마 다른 식의 수단을 취할 것이다. 그는 자기 영혼 속의 무의식에 주목하고, 그것의 발전가능성들에 귀를 기울이며, 그것을 의식적 비판으로 억압하는 대신 그것들에 예술적 표현을 부여한다. 이로써 그는 우리가 타인에게서 배우는 바를, 즉 이 무의식의 활동이 어떤 법칙들을 따라야 하는지를 자신으로부터 알게 되지만, 그는 이 법칙들을 말로 표현할 필요 없으며, 그것들을 명확히 인식할 필요도 없다. 그것들은 그의 지성의 관용 덕분에 그의 창작과정들 속에 구현된 채 들어 있다. 우리는 이 법칙들을 실제 질병 사례들에서 발견하는 것과 마찬가지로 분석을 통해 그의 문학들로부터 전개시킨다. 하지만 작가와 의사가 모두 무의식을 같은 방식으로 오해했거나 아니면 우리 둘 다 올바르게 이해했다는 결론은 거부할 수 없어 보인다."(X, 82)

왜 "예술적 표현"이 무의식의 과정들을 관찰하는 데에 특히 가능성이 풍부한 현상이냐 하는 물음은 이하에서 다시 다루기로 한다. 이 물음은 두 가지 측면을 지닌다. 하나는 예술가의 인격 내지 예술생산을 위한 심적 성향과 관련된다. 다른 것은 그러한 성향으로부터 나오는 작품의 구조와 관련된다. 그러나 우선 아주 간략하게 프로이트의 구체적 예술해석을 위한 다른 예를 한 가지 언급해야 할 것이다. 그것은 1914년에 나온 미켈란젤로의 「모세상」에 대한 그의 연구다. 서론 부분의 한 논평에서 프로이트는 예술 일반에 대한 자신의 태도를 냉정하게, 심지어는 무장해제라도 하는 듯이 밝히고 있다.

"미리 말해 두지만, 나는 예술에 능통하지 못하고 오히려 문외한이다. 나는 종종 예술가가 우선적으로 가치를 부여하는 예술작품의 형식적 기술적 특성들보다 그것의 내용에서 더 강한 매력을 느낀다. 예술의 수많은 기법과 효과들을 나는 실로 올바르게 이해하지 못한다. (…) 그러나 예술작품들은 나에게 강한 영향을 끼친다. 특히 문학과 조각작품들이 그렇고 그보다는 드물게 회화들도 그렇다. 나는 적합한 계기들이 있으면 그것들 앞에 오래 머물면서 그것들을 내 방식으로 파악하려고 했다. 즉 그것들이 무엇을 통해 영향을 끼치는지 이해하려고 했다. 그와 같은 것을 할 수 없을 경우, 예컨대 음악의 경우 나는 거의 감상할 능력이 없다. 어떤 합리주의적 혹은 어쩌면 분석적 성향이 나의 마음 속에서 감동을 받으면서 왜 나는 그렇게 감동을 받으며 무엇이 나를 그렇게 사로잡는지 알지 못한다는 데에 저항한다."(X, 197)

미켈란젤로의 조각은 분명히 모세가 시나이에서 돌아온 후 그의 불충한 동포들이 황금송아지를 둘러싸고 춤추는 장면을 보게 된 순간을 보여준다. 이 작품은 틀림없이 프로이트를 매우 감동시켰을 것이다. 그는 빈콜리의 성 베드로 성당을 찾아가 보고 이에 대해 아주 사적인 말로 다음과 같이 서술한다.

"나는 종종 아름답지 않은 코르소 카부르에서 가파른 층계를 올라가 버려진 교회가 서 있는 한적한 곳에 도달했으며, 언제나 경멸과 노기를 띤 듯한 그 영웅의 시선을 견뎌내려고 했다. 그리고 때로는 그 어둑한 실내공간에서 마치 나 자신도 그가 바라보고 있는 그 천민들, 어떤 확신도 지키지 못하고 기다리지도 믿으려 하지도 않고 우상의 환상을 다시 얻게 되면 환호하는 그 천민들에 속하는 듯한 느낌이 은근히 내 마음속에 스며들었다."(X, 199)

프로이트가 보기에 이 조각은 어떤 수수께끼를 내포하고 있는 듯했다. 그것은 도대체 정확히 무엇을 표현하는가? 프로이트는 그 시대의 예술사 문헌을 검토하고 견해들이 심하게 상이하다는 점을 확인한다. 어떤 사람들은 모세가 화가 나서 계율이 적힌 석판을 부수려고 일어나려는 순간을 묘사한 것이라고 본다. 다른 사람들은 이 형상이—그들은 이 조각 생산의 실용적 계기를 근거로 한다. 즉 한 교황의 묘비를 위한 군상에 속하는 것이었다—문맥과 무관한 "적극적 삶"의 상징이라고 보았다. 또 다른 사람들은 또 달리 해석하며, 그래서 이에 대한 합의는 가망없어 보인다. 프로이트는 이렇게 묻는다. "이 대가가 그처럼 다양하게

읽는 것이 가능해지도록 실제로 그처럼 불명확하거나 애매한 문자를 돌에 써넣었단 말인가?"(X, 201)

이러한 표현은 의미심장하다. 즉 조각이 독해해야 할 어떤 문자와 동일시되는 것이다. 프로이트는 이제 "돌에 새겨진 문자"를 해독하려고 시도하며, 정신분석에서 차용하는 것이지만 원본 검증 내지 유명한 예술작품들의 위조품들을 확인할 때에도 적용되었던 방법을 활용한다. 그것은 주로 외견상 부차적인 세부사항들에 머물고 어떤 전체에 대한 암시 때문에 사소한 것들이나 부분들을 개별적으로도 검토하는 것을 피하지 않는, "자유로이 유동하는 주의력"이다. 그것은 어떤 응집된 것을 그 개별 표면들로 해체시켜 보는 "산만한" 듯한 시선이다. 이 경우 이 개별 표면들은 새롭고 다른 종합을 가능하게 해 준다. 프로이트는 정신분석적 시선의 이 "탐정 같은" 작동방식에 대해 다음과 같이 말한다.

"내가 정신분석에 대해 무엇인가를 들을 수 있기 훨씬 전에 나는 러시아의 한 예술전문가 이반 레르몰리에프가—그의 초기 논문들은 1874년에서 1876년 사이에 독일어로 발표되었다—여러 그림들을 어느 화가의 것으로 확정하는 작업에 수정을 가하고 복사본을 원본과 확실히 구분하도록 가르쳐 주고, 그 이전의 규정들로부터 자유로워진 작품들에 근거해 새로운 예술가 개성을 구성함으로써, 유럽의 화랑들에 변혁을 유발했다는 것을 알게 되었다. 그는 한 그림의 전체적 인상과 중요한 특징들을 도외시하고, 부차적인 세부들, 즉 손톱이나 귓불 혹은 후광이나 그 밖의 주목받지 않던 사소한 것들의 특수한 의미를 강조함으로써 그러한 성과를 거두었다. 모작하는 자는 이런 특성들의 모방을 소홀히 하지만, 어느 예술가나 자신을 특징짓는 방식으로 그와 같은 것을 조형한다. 그 후 나는 이 러시아인의 익명 뒤에 모렐리라는 이름의 어느 이탈리아 의사가 숨어 있었다는 것을 알았다. 그는 1891년 이탈리아 왕국의 원로원 의원으로 사망했다. 나는 그의 방법이 의료적 정신분석과 아주 가깝다고 믿는다. 정신분석도 사소하다고 평가되거나 아니면 주목받지

미켈란젤로의 모세, 율리우스 Ⅱ세의 묘비, 빈콜리의 성 베드로 성당, 로마

못하는 특징들로부터, 혹은 관찰의 (…) 쓰레기로부터 비밀과 감추어진 것을 알아낸다."(X, 207)

미켈란젤로의 모세상에서 프로이트는 이제까지 주목받지 않고 있던 두 가지 세부에 집중한다. 즉 오른 손의 자세와 오른 손으로 잡고 있는 계율이 새겨진 석판의 위치다. 이 자리에서 세부적으로 거론하지는 않겠지만, 신빙성 있는 운동과정의 꼼꼼한 재구성을 통해 그는 모세상이 분노의 폭풍 직전 마지막의 고요한 순간이 아니라 방금 억제한 격정적 운동 이후의 첫 순간을 보여주고 있다는 확신에 도달한다. 그는 불충한 동포들에게 분노하여 달려가고자 벌떡 일어서려고 했지만, 이런 동작으로는 계율이 적힌 석판이 미끄러질 것을 알아차리고 자제했다는 것이다. 모세상은 이 대립적 의미를 지니는 동작들을 표현한다. 그것들만이 손과 석판의 위치를 설명해 준다는 것이다. 프로이트는 미켈란젤로가 선택한 사건의 순간을, 계율을 욕망 위에 놓는 열정 억제의 상징이라고 해석한다. 미켈란젤로가 성서로 전해오는 바와 달리 모세로 하여금 석판을 깨뜨리지 않게 하는 것은 억제된 격정의 인간적 비전을 암시한다는 것이다.

"모세라는 사나이는 전통적 증언들에 따르면 성급하고 곧잘 격정적으로 흥분했다. (…) 그러나 미켈란젤로는 교황의 묘비에 역사적 (…) 모세보다 우월한 어떤 다른 모세를 새겨놓았다. 그는 부서진 계율 석판의 모티프를 개조하여 그것을 모세의 분노로 인해 깨지게 하는 것이 아니라 그것이 깨질 수도 있다는 위험을 통해 이 분노를 억제하거나 적어도 행동으로 옮기는 과정에서 저지하도록 만든다. 이로써 그는 모세의 모습에 어떤 새롭고 초인적인 면을 부여했으며, 인물의 막강한 체구와 힘으로 넘쳐나는 근육조직이 이제 자신에게 부여된 소명에 따라 또 이 소명을 위해 자신의 격정을 억누르기 위해 한 인간에게 가능한 최고의 심적 성취를 육체적으로 표현하기 위한 수단이 된다."(X, 217)

이러한 해석에 대해서는 논란을 벌일 수 있다. 그것의 예술사적 타당성은 이 자리에서 미정 상태로 두어도 좋을 것이다. 또한 프로이트의 "자아 이상"을 명확히 조명해 주는 상징적 의미도 의심을 야기할 것이다. 우리는 프로이트가 예술작품들을 어떻게 다루는지 인식하게 해 주는 완전히 상이한 두 측면을 드러내기 위해 "그라디바" 해석과 미켈란젤로 논문을 끌어들였다. 그 소설에 대한 해석은 정신분석적 구상의 중심테마들을 문학적 표현 속에서 재발견하는 것을 목표로 했다. 그 관점은 내용분석적이었다. 모세상에 대한 해석은 일차로 하나의 예술작품을 근거 삼아 "유동하는 주의력"의 관찰기술을 검증하고 외견상 중요하지 않은 개별사항들을 검토함으로써 혁신적 가설을 얻어낸 처리방식의 생산력을 드러내주는 것이었다. 따라서 그 관점은 오히려 방법적인 것이었다. 그것은 "중요하지 않은 것"의 중요성을 옹호했다.

예술적 환상의 기능

정신분석적 예술해석은 종종 작품들을 그 저자의 심적 성향에 부적절하게 환원하는 것이라고, 즉 특유의 "예술적 측면"을 고려하지 않는 환원이라고 거부되기도 한다. 예컨대 아도르노는 다음과 같이 반론을 제기했다.

"정신분석에서는 예술작품들이 본질적으로 그것을 만들어낸 사람들의 무의식이 투사되는 것이라고 간주된다. 정신분석은 소재들에 대한 해석학을 통해 형식범주들을 망각하며, 섬세한 감각을 지닌 의사들의 속물근성을 가장 쓸모 없는 대상, 예컨대 레오나르도나 보들레르에게 전용하는 것이다."(Ⅶ, 19)

『정신분석 입문』(1917)에서 프로이트가 말하는 소리를 들으면, 위의 유보적 입장도 신빙성을 얻게 될 것이다. "예술가는 그 성향상 (…) 내성적 인간이며 신경병과 거리가 멀지 않다. 그는 매우 강한 충동적 욕구들의 압박을 받는다. 명예와 권력과 부와 명성, 그리고 여인들의 사랑을 얻고 싶어한다. 그러나 그에게는 이러한 것들을 충족시키기 위한 수단이 없다. 그래서 그는 만족하지 못하는 다른 사람과 마찬가지로 현실로부터 등을 돌리고 자신의 모든 관심을, 심지어 자신의 리비도까지도 자신의 환상생활의 소망형성에 전이한다."(I, 336)

그러므로 프로이트는 예술을—다양한 이유로—달성할 수 없는 충동목표를 대신하는 "보상형성"이라고 체계적으로 이해하는 셈이다. 환상 혹은 백일몽처럼 예술은 좌절된 욕망을 보상하며 이에 상상적 충족을 만들어준다.

"행복한 사람은 환상에 빠지지 않으며 단지 만족하지 못하는 자만 환상에 빠진다고 말해도 된다. 충족되지 않은 소망들은 환상의 추진력이며, 각각의 환상은 소망충족이고 만족스럽지 못한 현실의 수정이다."(X, 173f.)

환상세계에서는 어떤 실질적 계기로 야기되었지만 충족되지 않은 어떤 유아적 실현의 본보기에 대한 소망이 미래의 시나리오 속에서 실현된 것으로 상상됨으로써 "자아 폐하"가 그 비용을 치른다. 이로써 환상에서는 세 가지 시간관계가 모두 뒤섞여 나타난다. 원리상으로 이러한 프로이트의 입장은 예술이 "실용성을 잃고 사실과 대립하는 현실위장"이라는 일반적 관념을 단지 약간 변형하여 표현하는 것일 뿐이다. 프로이트가 "작품" 속에서 형상화되는 예술적 환상을 계보학적으로 "유년기의 유희"에 근거한다고 보더라도, 사람들은 관념론적 전통의 친숙한 미학 개념들을 기억하게 될 것이다. 역사적 관점에서 (핵심적으로 보면) 좌절시키고 검열하며 소망을 거부하는 현실과 마음대로 움직이지만 결코 자유롭지 않은 상상—실제로 환상은 무의식적 욕망의 암호원본이 아니다—사이의 이 엄격한 대조는 한편으로 미적 의사소통을 "자율적" 의사소통이라고 여기는 자체서술을 받아들이는 것이다. 즉 예술과 현실을 엄격히 대립시키는 것이다. 하지만 다른 한편으로 그것은 "자율성"이 배후에 "무의식"의 법칙들을 감추고 있는 가상이라고 상정하므로 그러한 것을 무너뜨리는 것이기도 하다. 예술이라는 매체로 표현된 낭만주의 세대의 유토피아적 희망들은 프로이트의 눈에 실제의 좌절들을 보상해야 하는 환상적 소망충족들로 나타난다. 예술의 "자율성"이라는 사유모티프 자체가 그런 식으로 "보상행위의" 진부한 원천에서 유래한다는 암울한 상태에 빠진다. 프로이트가 상정하듯이, 행복한 사람은 "불행한 사람"이 자신의 백일몽에서 얻는 것, 즉 쾌락을 실제로 풍부하게 보장받기 때문에 환상이 필요 없다면, 그들에게는 또한 예술의 모든 기능도 떨어져 나갈 것이다. "행복한 사람들"은 예술이라는 대용품에 의지하지 않는다. 물론 프로이트는 인간의 실존 조건들 속에서 그러한 행복의 가능성이 완전히 배제되어 있다고 보았다. 주체 속에 실재가 새겨짐으로써 어떤 결함이 부과되는데, 이는 꿈과 환상과 예술의 지속적 모티프로 남는다. 행복한 일상 속에서 예술을 지양한다는 아방가르드의 관념은 프로이트의 비웃음을 유발했을 것이다.

물론 프로이트는 예술이 심적 역동의 관점에서 이차적 쾌락획득을 가능하게 하므로 꿈 및 환상과 유사하지만, 다른 한편으로 환상 및 꿈과의 동일시를 배제하는 한 가지 특유한 지위를 지닌다는 점도 분명히 인식했다. 그런데 이 특유성은 아도르노의 경우 "형식범주"의 문제를 담당하는 것이지만, 예술적 소망충족의 의사소통 가능성에 있는 것이다. 그 의미는, 첫째로 일상적 환상의 소망 시나리오는 일반적으로 "초자아"에 의해 의사소통에 들어서는 것을 방해받는 데에 반해, 예술적 상상은 전달이 된다는 점에서, 성인의 일반적 환상과 구분된다.

"어른들의 환상은 아이들의 유희보다 관찰하기 쉽지 않다. 아이는 물론 혼자서도 놀거나 다른 아이들과 함께 놀이를 위해 폐쇄적인 심적 체계를 형성하기도 한다. 하지만 아이는 어른들에게 아무것도 내보이지 않더라도 자신의 유희를 어른들에게 감추지는 않는다. 그런데 어른은 자신의 환상에 대해 부끄러워하고 그것을 다른 사람들 앞에서 감춘다.

그는 그것을 자신의 가장 고유하고 내밀한 행위로서 감추며, 일반적으로 자신의 환상을 말하기보다는 차라리 자신의 범행을 털어놓을 것이다."(X, 173)

물론 예술적 상상이 전달된다는 것은 아직 그것이 또한 의사소통된다는 것을 뜻하는 것이 아니다. 그것은 중요하지 않은 사적 관심거리로서 무의미한 상태에 머물 수도 있다. 어떤 다른 사람들의 진부하거나 해괴한 백일몽들이 우연히 우리의 사적 관심이나 직업적 관심을 끌지 않는다면 우리가 왜 그런 것에 신경을 쓰겠는가. 따라서 둘째로 예술적 상상의 전달능력이라고 칭할 수 있는 무엇인가가 첨가되어야 한다. 즉 그 소망충족 시나리오는 흥미를 느끼거나 매료된 어떤 수용자의 수용을 가능하게 하는 어떤 "대표성"을 지녀야 하는 것이다. 프로이트에 따르면 이는 예술가가 "자신의 백일몽을 개조하여 남들에게 역겨운 너무 사적인 것을 버리고 남들도 함께 즐기게 되도록 하는" 법을 이해함으로써 이루어진다.(I, 366) 이 경우 특유한 예술적 요인은 자신과의 거리설정 능력에 있는데, 이 능력은 상상을 사적 나르시시즘적 개인적 성벽과 분리하고 의사소통될 수 있게 만들 수 있는 것이다. 예술적 시나리오의 경우에는 집단적 동일시가 이루어질 수 있다. 프로이트가 보기에 그것은 그 저자의 "무의식"의 단순한 투사가 아니다. 오히려 저자는 그의 작품 뒤로 물러나며, 작품은 그의 신경증 이상의 것이고 그와는 다른 것이다. 그러나 제삼의 요인이 첨가된다. 프로이트는 엄밀히 말해 오히려 믿기 어려운 미적 의사소통이 성공하게 되는 이유들에 대해 묻는다. 그것이 믿기 어려운 까닭은 예술의 상상적 시나리오들이 허용하는 리비도적 혹은 공격적 에너지의 실행이 원래 "초자아"의 위탁에 따른 "자아"의 방어메커니즘 및 억압메커니즘에 대립할 수밖에 없을 터이기 때문이다. 그러나 예술은 적어도 한 동안 "이드"가 "자아" 가운데 "초자아"에게 잃어버린 영역을 되찾게 해주는 매체다. "이드"에 대한 "자아"의 경계선은 미적 의사소통 속에서 통과하기 더 쉬운 것이 되지만, "초자아"의 규제력은 파손되지 않고 단지 "약화될" 뿐이다. 프로이트는 다음과 같이 말한다.

예술가는 "특정한 재료를 형식화하여 그것이 자신의 환상적 표상의 충실한 복제품이 되도록 하는 수수께끼 같은 능력을" 지니고 있다. "그 다음에 그는 자신의 무의식적 환상에 대한 이 묘사에 상당한 쾌락획득을 결부시키며, 이를 통해 억압들이 적어도 한동안은 극복되고 지양된다. 이 모든 것을 수행할 수 있을 경우 그는 접근할 수 없게 된 자신의 무의식의 쾌락원천으로부터 남들도 다시 위로와 위안을 얻을 수 있도록 해 주며, 이들의 감사와 경탄을 얻게 되며, 이제 자신의 환상을 통해 전에는 단지 환상 속에서만 달성했던 것, 즉 명예와 권력과 여인들의 사랑을 얻게 된 것이다."(I, 366)

다른 대목에서 프로이트는 미적 의사소통 매체 속의 이 "경계선 이동" 과정을 좀더 상세하지만 다소 사변적인 방식으로 논하려고 시도했다. 이 설명은 예술적 형식 혹은 스타일 · 언어 · 구조의 미가 지니는 특수한 의미를 다룬다. 프로이트는 여기서 다음과 같은 결정적 테제를 제기한다. 즉 예술의 형식적 아름다움에 대한 향유에서 얻는 쾌감은 다른 경우에 거부된 일차적 대상점령으로부터 얻는 쾌감과 결합되는 듯하며 이러한 에너지 연합은 방어를 한 동안 극복한다는 것이다. 시인은 우리를 즐겁게 한다. "그가 자신의 환상들에 대한 묘사를 통해 제공하는 순수한 형식적, 즉 미적 쾌감획득을 통해 그런 일을 한다. 우리는 그러한 쾌감이 우리에게 제공되고, 그와 더불어 좀더 깊은 곳에 있는 심적 원천으로부터 좀더 큰 쾌감을 분출시킬 수 있게 될 때, 그러한 미적 쾌감을 유혹의 미끼 혹은 예비쾌감이라고 칭한다. 나는 시인이 우리에게 만들어주는 모든 미적 쾌감이 그런 **예비쾌감**의 성격을 지니며, 문학작품 본래의 향유는 우리 영혼 속의 긴장들로부터의 해방에서 산출된다고 생각한다. 아마 시인이 우리로 하여금 우리 자신의 환상들을 이제 어떤 비난이나 어떤 수치심 없이도 즐길 수 있는 상태에 옮겨놓는 것은 그러한 성과에 적지 않게 기여할 것이다."(X, 179)

프로이트는 이 "예비쾌감" 테제를 원래 위트효과를 설명하기 위해 도입했다. 위트의 수사법적 특성도 물론 좀더 작지만 일정 양의 쾌감을 해방시킨다. 그리고 이 쾌감은 억압된 객체점령에 도움을 주며 "초자아"의 검열기구를 파괴한다. 이러한 구상은 경제학적이며, 심지어 거의 군사적인 생각이라고도 할 수 있다.

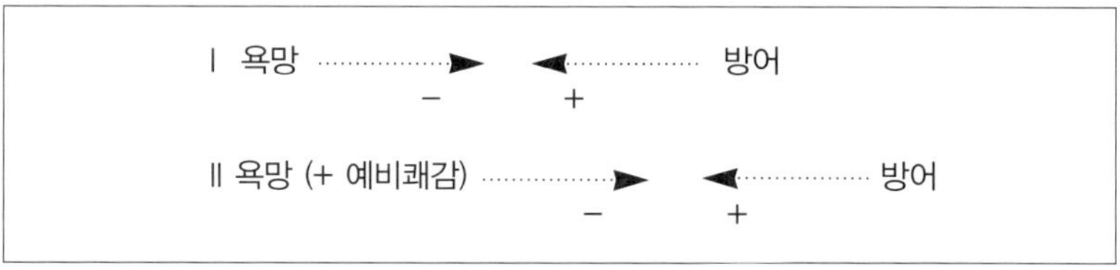

예술작품과 관련해 프로이트의 예비쾌감 테제는, 보통 방어메커니즘의 희생물이 되는 대상점령이 이미 미적 성질 때문에 우리에게 쾌감을 마련해 주는 환상적 시나리오 속에서 상상될 경우 우리가 그것을 즐겁게 용납한다는 것을 의미한다. 이 때 이러한 미적 쾌감은 우리로 하여금 다른 경우에 "초자아"에 의해 차단되어 있는 원천으로부터 충족 혹은 충동실현을 허용할 마음이 나도록 만든다. 프로이트가 위트의 경우에 상정하듯이, 이 미적 "예비쾌감"이 언제나 좀더 기본적인 쾌감획득과 결합되어 있어야 하는지는 현대예술의 여러 종류들을 고려하면 의심스럽다. 그러나 형식적 성질들의 기능에 대한 프로이트의 테제가 어떤 타당한 면을 지적한다는 점은, 비록 에너지량과 관련한 그것의 "군사적" 표현이 다소 기이하고 19세기적이기는 하지만, 예컨대 포르노에 대한 소송들이 증명해 준다. 성적 욕망의 암호원본은 검열되지만, 그 미적 연출은 허용된다. 우리는 헨리 밀러의 『오푸스 피스토룸』에 대한 외설시비를 계기로 열렸으나 무죄로 결론이 난 슈투트가르트 지방법원의 심리와 관련해 아래와 같은 기사를 언론에서 볼 수 있다. 검사는 다음과 같은 논고를 제기했다.

"『오푸스 피스토룸』과 같은 것을 그는 아직 접해본 적이 없다고 한다. (…) 이 책은 명백히 '성적 욕구들의 흥분'을 목표로 하고 있으며 성적 과정들의 노골적 표현으로 주제와의 정신적 대결을 놓치고 있다는 것이다. (…) 이 책은 단지 하나의 도발일 뿐이라고 한다. 즉 매 쪽마다 성과 관련된 사건이 적어도 하나는 있으며, 매번 통속적인 표현이 들어 있고, 문장마다 음란한 요소를 담고 있다는 것이다. '존경하는 재판장님, 그 책을 읽을 때 느낀 것을 상기해야 할 것입니다.'"

이에 맞서 재판장은 판결 근거에서 다음 사실을 확인했다. "물론 헨리 밀러의 작품에는 몰취미하고 부분적으로는 역겨운 문장들이 끼어 있다. '그러나 그것은 예술작품으로 받아들여야 한다.' 이때 재판장은 감정사 네 사람의 의견을 따랐다. 예컨대 빈의 예술사학자 고르젠 교수는 이 소설의 '뛰어난 대사진행'을 인정했다. 『오푸스 피스토룸』은 내용상 외설적이지만 형식에서는 예술적이라는 것이다. (…) 재판장 네를리히는 그것을 좀더 간단히 표현했다. '저급하지만 예술은 예술이다.'"[11)]

관념론적 전통에서 유래하는 테제, 즉 예술은 그 내용을 "정신화하며", 조야한 것을 "미화한다"는 테제에 비춰보면 프로이트의 "예비쾌감" 구상은 그래도 더 현실주의적이다.

승화의 의미

프로이트에게 승화는 우선 "자아"의 방어메커니즘 가운데 하나다. 그것의 특수성은 상당량의 심적 에너지를 사용하고 극단적인 경우에는 한 인물의 모든 인식 가능한 활동들을 방해하게 될 "대립점령"을 꾀하지 않고, 대상점령을 변형한다는 데에 있다. 원래 리비도적인 어떤 충동목표가 탈섹스화된 목표로 대치되며, 원래 리비도와 결합되어 있던 에너지가 그러한 목표에 집중된다. 이 변형 메커니즘은 성적 충동을 문화에 복

11) Die Zeit. Nr. 19 v. 5. 5. 1989.

무하도록 만든다.

"그것은 문화적 작업이 엄청나게 큰 양의 힘을 활용할 수 있도록 해주며, 그것도 그러한 메커니즘에서 특수하게 드러나는, 강도는 본질적으로 약화시키지 않으면서 그 목표를 바꿀 수 있는 특성 덕분에 그렇게 해준다. 사람들은 원래 성적인 목표를 더 이상 성적이지 않지만 심적으로 그것과 유사한 목표와 교환하는 이 능력을 승화의 능력이라고 칭한다." (IX, 18)

따라서 중요한 예술적 성과들은 예술가 주체들이 자신의 리비도를 단순히 성적으로 고착시키지도 않고, "초자아"의 요구에 따라 자기 자신에 맞서는 데에 자신의 에너지를 발휘하지도 않으며, 오히려 니체가 말했듯이 그것을 변형하여 작품들 속에서 분출함으로써만 가능하다. 생산적이고 리비도적이며 넓은 의미에서 "성적인" 에너지는 유한하다. 사람들은 그것을 단순히 탕진할 수도 있고 자신과 차단하거나 승화시킬 수도 있다. 승화라는 표현은 "변신"이나 "고양"을 연상시키며, 따라서 가치적 강세도 함의하는 것이다. 프로이트도 후기의 글 『문화 속의 불만』에서 다음과 같이 서술할 때 그러한 강세를 간접적으로 표현했다.

"충동의 승화는 문화발전의 특히 두드러진 특징이다. 그것은 **고급스러운** 심적 활동들, 즉 과학적 예술적 이데올로기적 활동들이 문화생활에서 그처럼 중요한 역할을 수행하는 것을 가능하게 해준다." (IX, 227)

물론 프로이트는 "승화" 메커니즘을 단순히 지적하는 것은 예술적 생산의 과정을 단지 하나의 명칭 아래 정리하는 것일 뿐이며 엄밀히 말해 설명한 것은 아니라는 점을 명백히 했다. 그는 그러한 설명이 정신분석의 범위 내에서 가능하지 않다고 여겼다.

"예술적 재능과 수행능력이 승화와 긴밀히 연관되어 있으므로 예술적 성과의 본질은 또한 정신분석을 통해 우리가 파악할 수 없음을 인정해야 할 것이다." (X, 157)

승화의 이 문화이론적 규정은 나중에 비평가들에 의해 계승되는데,

그 가운데에는 아마 허버트 마르쿠제가 가장 중요한 인물이었을 것이다. 그에게 "승화"는 인간의 감성적 에로스적 잠재력들이 결핍과 강압의 법칙에 의해 삶에 부과되는 "현실원리"의 독재 아래 마치 "자율적인" 듯한, 즉 사회를 넘어서고 어떤 영향도 발휘하지 않는 예술의 영역으로 밀려난 것을 뜻했다. 그러나 예술에서는, 또 단지 예술에서만, 자연과 이성, "이드"와 "초자아"의 억압 없는 조화의 모델이 전개되었다. 이는 미적 판단력에 대한 칸트의 규정이나 유희충동에 대한 쉴러의 성격규정에서 파악할 수 있다고 한다. 또한 그것은—풍요로운 경제적 조건들 속에서—"탈승화된" 이성과 "자체승화된" 감성을 단지 에로스에 의해서만 지배되는 새로운 감수성의 문화를 위한 보증인으로 만드는 사회의 본보기가 될 수 있다는 것이다. 이러한 문화 속에서는 "이드"의 독재도 "초자아"의 독재도 무너지며, 그러한 문화는 자신의 약속을 실제 삶이 되게 함으로써 예술도 더 이상 필요 없게 된다고 한다.[12]

이러한 구상은 물론 프로이트보다 오히려 에로티즘화된 쉴러에 상응한다. 프로이트는 충동에 대한 억압이라는 엄중한 사실들이 "인간의 조건" 속에 근거를 둔다고 보았고 "자아"의 무대 위에서 "이드"와 "초자아" 사이에 생사가 걸리지 않은 관계가 이루어질 수 있다고 여기는 것은 선의의 순진한 태도라고 여겼다.

해석의 본보기인 꿈의 해석

"무의식"은 의사소통의 현실 속에서 단지 "흔적"으로서만 관찰될 수 있으며, 프로이트가 말 특유의 "무의식적" 코드화에 대한 가설을 설정했다는 처음의 논평을 상기하기로 하자. 의사소통의 이 "무의식적" 코

12) Herbert Marcuse: Triebstruktur und Gesellschaft. Frankfurt/M. 1969, bes. S. 171 ff.

드화를 프로이트는 꿈의 예를 통해 그 법칙적 상태로 모범적으로 연구할 수 있다고 믿었다. 프로이트는 "명시적인" 꿈을 그 "잠재적" 내용과 구분했다. 이 내용은 감성적 자극들, 현실적 사고들, 특히 대체로 유아적인 거부된 소망들 등의 복합적 결합작용이다. 프로이트는 이 잠재적 내용을 느슨해지기는 했어도 여전히 작동하고 있는 "초자아"의 검열 조건 아래 명시적인, 예컨대 이야기로 재생산될 수 있는 꿈의 텍스트로 옮기는 무의식적 변형을 꿈작업이라고 칭했다. 이 꿈작업의 메커니즘들, 좀더 정확히 말하면 그 코드들이 그의 분석적 관심의 본래 대상이었다. 프로이트는 다음과 같이 정의했다. "'꿈'은 꿈작업의 결과, 즉 잠재적 사고들이 꿈작업을 통해 변형된 형식을 지칭할 수 있을 뿐이다." (Ⅰ, 189)

꿈작업이 잠재적 내용을 "수수께끼로 만들고", 이해하기 어렵게 하고, 심지어 "무의미해" 보이도록 "달리 서술한다면"—프로이트는 "바꿔 쓰기"이라는 말을 한다—분석은 꿈작업의 과정을 역방향으로 진행시키고 명시적 텍스트의 "수수께끼"를 해독하는 일, 곧 역방향으로 바꿔 쓰는 일을 떠맡는다.

프로이트는 네 가지 상이한 비중을 지니는 상이한 규칙들을 통해 "무의식적" 바꿔 쓰기의 코드를 규정했다. (1) 형상성. 즉 어떤 잠재적 사고, 예컨대 리비도적 혹은 공격적 소망이 "형상적 문자"를 통해 나타난다. (2) 압축. 즉 어떤 명시적 텍스트의 의미 있는 요소가—예컨대 유사성의 규칙에 따라—가설적인 "잠재적 텍스트"의 다양한 기의들을 묶어놓는다. 따라서 프로이트가 보기에 명시적 텍스트는 늘 잠재적 텍스트보다 더 간결하다. 방브니스트와 야콥슨만 아니라 자크 라캉 같은 언어학자도 이 "압축"의 규칙을 "은유"의 수사법적 원리와 결합시켰다. (3) 전이. 즉 명시적 텍스트는 잠재적 텍스트에서 주변적인 기표들을 중심화하며, 역으로 잠재적 텍스트에서 중심적인 것을 주변으로 옮겨 놓는다. 이러한 코드화 규칙은 "기표들이 의미를 미끄러져 지나가는 것"을 이용한다.

그것은 근접성에 따르며, 그러므로 언어학적 측면에서는 "환유"와 비교되었다. 예컨대 물신화 경향들은 이런 "전이"의 효과를 이용한다. 즉 여인 대신에 그녀의 구두를 차지하는 것이다! (4) 이차적 개조. 이는 처음의 세 가지 메커니즘들을 통해 야기된 "바꿔 쓴 것"을, 응집성에 대한 요구들을 고려하여 "형식화"한다. 따라서 그것은 꿈의 텍스트에 예컨대 그 일차적 역동과 이질적이고 단지 연속성과 동기화에 대한 요구들에만 따르는 삽화들을 첨가한다. 프로이트는 어떤 꿈을 구체적으로 나중에 이야기할 때에도 작용하는 이 "이차적 개조"가—이 경우에는 물론 이미 "의식적" 기억으로서 작용한다—잠재적 꿈의 사상과 그 기반이 되면서 꿈작업의 결과를 통해 충족되는 소망의 "왜곡"에 특별히 책임 있다고 보았다.

은유나 환유와 같은 유사시적 방법이 명백히 큰 의미를 지닌다는 점 때문에도 이미 꿈의 분석을 문학해석의 본보기로 파악하고 시적 텍스트들의 "욕망"에 따르려는 사상은 매력적인 것으로 보이게 된다. 물론 프로이트가 "꿈의 해석"에서 어떤 텍스트모델을 활용했는지 자문해야 할 것이다. 왜냐하면 프로이트가 이런 관점에서 유사헤겔적, "논리중심적" 견해를 품고 있었다는 것을 말해 주는 증거들이 몇 가지 있기 때문이다. 그는 "해석한다는 것은 **감추어진** 어떤 의미를 찾는 것이다"라고 말하고 꿈의 텍스트들의 절대적 "논리성"을 상정한다.(I, 104) 이 경우 모든 것은 마치 "잠재적"/"명시적"이라는 차이가 "심층"과 "표면"의 구분에 상응한다고 주장하는 것처럼 보인다. 프로이트가 그토록 높이 평가하는 "고고학"의 은유도 이런 방향을 암시한다. 이러한 꿈의 텍스트 모델로는 프로이트도 그 시대에 통용되던 해석학적 해석의 이상과 별로 구분되지 않을 것이다. 이 "표면"/"심층"이라는 위상학에 맞서 장 스타로빈스키는 다음과 같이 비판적인 발언을 했다.

"내가 보기에, '꿈의 해석'이 명시적인 꿈의 내용과 잠재적인 꿈의 내용 사이에 설정하는 유명한 구분은, 그것을 분명한 의미와 감추어진 의미의 구분이라고 해석하는 한 문학에 대해 생산적이지 못한 듯하다."[13]

또 그는 "잠재적인 것"은 명시적 텍스트의 뒤나 위 혹은 아래에 있는 아무것도 아니며, 어떤 "내적인 것"도 "심층적인 것"도 아니며, 명시적인 것일 뿐임을 상기시킨다. "그런데 감추어진 것은 좀더 면밀한 정의에 의하면, 분명한 것, 즉 말한 것 자체에 들어 있는 것이지 그 뒤에 있는 것이 아니다. 하지만 이를 우리는 첫눈에 알아차릴 수 없을 뿐이다."[14]

꿈의 텍스트의 기표들은 그 4중의 코드화 논리에 따르는 지시의 유희를 유발한다. 그러나 이 은유적 혹은 환유적 유착의 지시관계들은 결코 끝나지 않는다. 프로이트의 해답, 즉 어떤 심층해석학적으로 확인할 수 있는 "궁극적" 의미의 암시는 아마 일차적으로 실용적 동기를 지닌 것이었을 것이다. 치료자에게는 어떤 근거가 필요하다. 그러나 이 의미의 근거가 하나의 기의, 혹은 상징적 지시들의 한 가지 논거라면, 그것은 동시에 하나의 동떨어진 근거이기도 하다. 그것을 다시 어느 한 기표의 위치로 미끄러져 들어가게 내버려두지 못하도록 막는 것은 아무것도 없다. 어떤 실용적 계율로도 하나의 의미 근거와 결합되지 않는 문학은 그처럼 "기표들의 유희"에 내맡겨질 수 있다. 의미는 하나의 은유인 것이다. 프로이트의 "텍스트 모델"은 명시적인 심층해석학적 차원과 암시적인 기호이론적 차원을 지닌다. 전자는 19세기의 주도적인 미학적 문학관에 상응했다. 프로이트는 옌젠의 「라 그라디바」를 — 형식적으로 볼 때 — 헤겔이 『안티고네』를 해석했듯이 의미 중심적으로 해석했다. "꿈의 텍스트"와 그 메커니즘들이 지니는 언어이론적 둘째 개념은 현대의 언어이론을 통해, 방브니스트와 야콥슨, 라캉과 그후 철학적 일반화를 꾀하는 데리다 등을 통해 비로소 드러났다.[15]

---

13) Jean Starobinski: Psychoanlayse und Literatur. Frankfurt/M. 1973, S. 106.
14) Ebd.
15) Jacques Derrida: Freud und der Schauplatz der Schrift. In: Die Schrift und die Differenz. Frankfurt/M. 1972, S. 302 ff.

프로이트의 이 모든 "변형문자들"은 미적 의사소통에 대한 정신분석적 관찰기술의 문화적 반향을 현저히 강화시켰다. 그것들은 "작품들"을 그 저자와 수용자들의—물론 프로이트는 이들의 범위 속에서 그것들에 대해 논하려고 했다—심적 성향으로부터 분리시켰으며, 글로 쓰여진 것 전체와 관련지었다. 그러나 프로이트의 "무의식"은 이 "바꿔 쓰기" 속에서 "동떨어진 근거"가 되었다. 즉 어떤 의식으로도 그 의미를 확정적으로 파악할 수 없는 은유가 된다. 왜냐하면 그러한 의미도 하나의 은유이기 때문이다.

인간학의 예술: 겔렌

본래 철학에 속하지 않으면서 현대의 미적 의사소통에 기여한 주요 이론들에 대한 우리의 지적을 아르놀트 겔렌의 인간학적 사회학적 입장에 대한 논의로 마무리하고자 한다. 19세기의 관념론적 미학에 대한 비판으로부터 과학적 예술분석에 대한 요구를 추론하고 동시에 이 분석에 사회 전체 속에서 변화하는 기능을 할당하는 것은 진정으로 "아방가르드적인" 충동 가운데 하나였다는 점을 다시 한 번 상기하기로 한다. 이러한 기획의 역사적 좌절로 인해 비로소 철학은 논란이 많은, 혹은 전적으로 의문시되는 그 담론적 지위를 돌려받게 되었다. 미적 의사소통에 기여하는 이 비철학적 이론들 가운데에는 확실히 맑스주의적인 "이데올로기" 개념과 "무의식"에 대한 정신분석 이론이 장기적으로 특히 성공적이고 결정적이었다. 여기서 가능해진 예술에 대한 관찰기술은 오늘날 관습적이고 거의 자명한 것이다. 그것은 양식과 용어와 관심유발 등의 차원에서 미적 의사소통을 규정한다. 그것들의 "폭로적" 제스처에 환원주의적 경향들이 있다고 입증하려 드는, 그러니까 그것들이 작품의 실제상태를 "계급적 관심들", 정치적 입장, 혹은 심적 메커니즘에 일면적으로 환원시켰다고 주장하는 비난들은 여러 경우에 타당할지는 몰라도 지속적 영향력을 발휘하지 못했다. 왜냐하면 맑스주의와 정신분석 공식들의 "편리함"은 비판이나 동의를 통해 그와 관련을 맺는 글들을 위해 엄청난 가능성을 제공하며, 이로써 미학적 담론의 재생산에 기여하기 때문이다. 이 미학적 담론은 그 익숙한 공식들이 없을 경우 현대의 여러 작품들을 설명하지도 못했을 것이다.

이 점은 오늘날 성적 구분을 근거로 삼고 "남성적"/ "여성적"이라는 기준에 따라 분류하는 주도적 차이의 경우에도 어디서나 명백히 타당하다. 물론 우리는 세계를 이러한 구분으로도 관찰하고 평가할 수 있다. 그럴 경우 "남성"/ "여성"은 정치적인 "좌파"/ "우파"라는 의미론, 혹은 "진보"와 "보수"의 차이와 유사하게 작동한다. 이 경우 "여성" 수용자들이 특별히 주목하는 잊혀진 여성 예술가들의 목록을 확인할 뿐 아니라, "여성적 글 쓰기 방식"에 대한 결정적인 이론적 결과들, 즉 "남성적" 담론이라는 흔한 상투어를 확인하는 일 이상의 의미를 지니는 결과들에 도달하게 될 것인지는 기대해볼 일이다.

예술 이론에 아르놀트 겔렌이 기여한 바는 맑스주의와 정신분석 개념들의 암시력에는 도달하지 못했다. 그렇기는 해도 그는 하나의 관점을 열어주었으며, 비록 당장 눈에 띄지는 않지만 사회 속의 예술의 지위와 기능에 대한 현대의 해석 속에 결정적으로 파고든 공식들을 만들어냈다. 현대예술이 주관에 제공해준다는 겔렌의 "부담면제"라는 테제는 "보상" 개념으로 작업하는, 오늘날 특히 오도 마르크바르트가 대변하는 문화이론의 배경 개념으로 존재한다.[1] 우리가 체계적으로 분류하고 겔렌의 현대회화 이론, 그의 책 『시대의 그림들』(1960)을 통해 설명하게 될 "부담면제 테제"는 일반적으로 "보수적"이라고 규정된다. 왜냐하면 그것이 핵심적으로 예술을 다루는 과정으로부터는 어떤 자극을 가하거나 사회를 변혁하는 잠재력을 이끌어내지 않는 쪽의 결론이 나오며, 또 작품들 속에서 어떤 유토피아적 해방적 실천을 향해 나아가는 힘도 인식하지 않고, 오히려 작품들에서 그러한 실천을 당분간은 적어도 도외시하고 "면제시켜주며", 사회적 필요사항들로 인해 주관에 부과되는 요구들을 "보상하는" 특수한 의미를 부여하기 때문이다. 이러한 테제는 겔

1) Vgl. Odo Marquardt: Ästhetica und Anästhetica. Zur Philosophie der schönen und nicht mehr schönen Kunst. Padeborn 1987.

렌의 경우 "역사 이후"라는 명칭 아래 다음 결과에 도달하는 현대 진단의 맥락 속에 위치한다. 즉 역사철학적 기원을 지니는 극적이고 "혁명적인" 자체서술들을 통해 표현된, 사회의 결정적 체제변혁이라는 의미의 "역사" 시대는 지나갔다는 것이다. 미래에다 아직도 강력한 대안적 기대들로 부담을 지우는 것이 일종의 환상이 되었다면, 낡은 형태의 "혁명적 미학"은 공허해진다. 사람들이 미래에서 기껏해야 체제의 제반 상태들이 변해가며 끝까지 작동하는 것을 기대할 경우, 강력한 "기대"의 기능은 모두 예술에서 떨어져 나간다. 겔렌이 유일하게 그와 같이 진단하고 있는 것은 아니다. 예컨대 1959년에 나온 에른스트 윙어의 에세이집 『시대의 장벽 앞에서』에서는 다음과 같은 대목을 읽을 수 있다.

"나타나고 있는 사건들은 더 이상 우리가 역사라고 칭하는 데에 익숙해 있는 방식이 아니라 우리가 아직 이름 붙이지 않은 다른 방식과 결합되어 있지 않은가? 이 점이야말로 점점 닥쳐오는 난관들, 특히 넘쳐나기 시작하는 이미지들 앞에서 역사서술이 명백히 좌절하고 있는 현실을 설명해주는 것이라고 할 수 있다. 재능 있는 관찰자들이 없다는 것이 문제가 아니라 점점 더 인물들과 사건들이 역사적 틀과 그 개념들에 맞아 들어가지 않는다는 것이 문제다. 역사적 결속 및 풍경들과 아울러 역사적 본보기들에 따라 판단되고 예견되는 행위도 세상에서 사라지고 있다. (…) 헤로도투스의 상황이 뒤집혀진 분위기 속에서 반복된다. 헤로도투스는 자신이 방금 들어선 역사적 공간에서 신화적 공간을 돌아보았다. 그는 두려워하면서 그러한 일을 했다. 오늘날에는 시간의 장벽 너머 미래가 부각되는 곳에서 동일한 두려움이 나타난다."[2)]

윙어와 겔렌의 이러한 추측들은 실로 미래를 지향하고 역사에 몰두한 "시대정신"의 한 구석에 방치되어 있었고, 정치적으로 "보수적인" 것이라고 정리되어 낡은 "과거"에 떠넘겨져 있었다. 미래에 대한 신빙성 있

2) Ernst Jünger: An der Zeitmauer. Stuttgart 1959, S. 94 u. 96.

는—강력한 체제적 대안의 의미에서—기대의 근거가 점점 더 희박해지는 듯해 보일수록, 그 "시대정신"은 역사로 인한 즐거움과 긍정적 기획의 에너지를 잃는다. 이러한 경향은 주지하듯이 "포스트모던"이라는 자체서술 공식으로 표현된다. 그러나 겔렌의 입장은 이 구호로 인해 야기된 논쟁들의 맥락 속에서 새로운 비중을 얻게 된다. 뛰어난 작가 에른스트 윙어가 동일한 정도로 다시 논의되지 않은 것은 다소 기이한 일이다. "포스트모던"의 의미론은, 사람들이 현대이후의 시대를 생각하는지 아니면 시대개념들로 규정할 수 있는 "역사"로부터 벗어나는 것을 뜻하는지 불명확하다는 애매성으로 인해 난관을 겪지만—혹은 겪지 않지만—둘째 입장을 선전하는 "역사이후"라는 겔렌의 테제가 오늘날 단순히 "진보"/ "보수"라는 시간적 도식에 근거한 논쟁으로 처리될 수 없는 새로운 시의성을 얻었다는 점은 간과할 수 없다.[3]

인간의 조건과 예술의 기원

주지하듯이 겔렌은 인간을 "결핍의 존재"라고 정의했다. 그는 자신의 인간학 대표저서에서 이 개념을 다음과 같이 특징짓는다.

"형태론적으로 (…) 인간은 모든 고등 포유동물들과 반대로, 그때그때 정확한 생물학적 의미로 부적응상태 · 비전문화 · 원시상태, 즉 발전하지 못한 상태 등이라고 지칭할 수 있는 결핍들을 통해 주로 규정된다. 모피도 없으므로 날씨로부터 보호해줄 천부적 조건이 결여되어 있다. 천부적 공격기관들도 없으며, 또한 도주하기에 적합한 신체도 형성되어 있지 않다. 대부분의 동물들은 감각의 민감성이라는 측면에서 인간보다

3) Vgl. z. B. Wolfgang Welsch(Hg.): Wege aus der Moderne. Schlüsseltexte der Postmoderne-Diskussion. Weinheim 1988, S. 26.

우월하다. 인간은 진정한 본능 차원에서 생명이 위태로울 정도의 결함을 지닌다. 또 인간은 유아기와 소년기 내내 비교할 수 없을 만큼 오랫동안 보호를 받아야 한다. 달리 말하면 **자연적**이고 야생적인 조건들 속에서 인간은 극히 능숙하게 달아나는 동물들과 극히 위험한 맹수들 한가운데에서 이미 오래 전에 멸종했을 것이다."[4]

"인간의 조건"에 대한 이러한 규정을 통해 겔렌은 헤르더의 고찰을 다시 끄집어냈다. 헤르더는 1772년에 나온 논문 「언어 기원론」에서 인간의 본능이 사라진 현상을 인간의 문화적 능력이 형성되기 위한 토대라고 규정했다.

"인간이 동물들보다 본능의 강도나 확실성에서 훨씬 뒤쳐진다는 점, 사실 인간이 수많은 종류의 동물들과 관련해 천부적인 예술능력과 예술충동이라고 칭하는 것을 전혀 가지지 못하고 있다는 점은 확실하다.(…) 본능 대신 다른 감추어진 힘들이 인간의 내부에서 잠자고 있음이 틀림없다!"[5]

"인간"과 "동물"의 이러한 비교는 물론 사고실험의 지위만을 지닐 뿐이다. 천부적인 능력만으로 보자면 "인류"는 종종 삶에 대해 적대적이고 위협적인 환경 속에서 생존할 능력이 없을 것이다. 따라서 이러한 가설적 비교에서는 인간의 자체보존이 인간의 위태롭고 위험한 출발 지위를 생산적으로 안정시키고 향상시킬 수 있는 생존기술들과 결합되어 있다는 점을 알 수 있다. "인류"의 이 자체보존 전략들이 명백히 "성공"을 거두었다는 점에 근거해서 보자면, 물론 쥐 · 토끼 · 비둘기 등의 예외들을 일단 논외로 하고 인류의 자체보존능력을 견디지 못하고 여러 모로 위협을 받는 동물이야말로 "결핍의 존재"라고 지칭하는 것도 똑같이 혹은 좀더 타당할 것이다. 인간학은 "결핍의 존재"라는 개념을 이른바 "문화

4) Arnold Gehlen: Der Mensch. Seine Natur und seine Stellung in der Welt. 11. Aufl. Wiesbaden 1976, S. 33.

5) Johann Gottfried Herder: Sämtliche Werke. Bd. V, S. 22 u. 26.

적" 능력들의 기능에 대한 기준을 얻기 위해서만 끌어들이는 것이다. 즉 이러한 능력들은 특유한 환경에 본능적으로 적응하는 능력의 손실을 보상해 주는 것이다. 철학이 "정신"이라고 칭하는 것은 이런 관점에서 보면 위험스러운 환경 속에서 인류 특유의 자체보존을 이루어온 진화의 결과다.

동물은 그 본능을 통해 특유의 환경에 안정적으로 적응했다. 동물의 선택능력은 빈약하지만 성공적이며, 바뀌는 환경에 대비한 학습능력은 인정해야 하지만 전체적으로 보아—그리고 당혹스러운 예외들을 일단 논외로 하면—제한되어 있다. 간단히 말해서 사태를 "체계"와 "환경"의 관계로서 본다면, 본능들은 복잡한 상태를 극단적으로 환원하여, 환경을 안정적이고 별로 놀라지 않고 대안 없이 기대할 수 있는 상태로 만든다. 이 점도 헤르더는 언어의 기원에 대한 논문에서 이미 간파했다.

"모든 동물은 태어날 때부터 자신이 속해서 곧장 들어서는 영역을 가지고 있으며, 이 속에서 평생 머물고 죽는다. 그러나 동물들의 감성이 예리할수록, 그들이 만드는 작품이 기이할수록, 그들의 영역은 더 좁고 그들의 작품은 더욱 균일하다. 나는 이런 관계를 추적했고 어디서나 기이하게 관찰할 수 있는, 그들의 운동 · 활동영역들 · 영양 · 보존 · 짝짓기 · 교육 · 사회의 빈약한 범위와 충동 및 재능들 사이의 반비례관계를 발견한다. 꿀벌은 생의 요정 에게리아가 로마의 왕 누마에게 가르쳐줄 수 없었던 지혜를 가지고 벌집을 짓는다. 하지만 이 벌집 이외에, 이 벌집 속에서 자신에게 정해진 업무 이외에 꿀벌은 아무것도 아니다. 거미는 미네르바의 재주로 집을 짓는다. 그러나 거미의 모든 재주는 이 거미집의 좁은 공간에 얽혀 있다. 그것이 거미의 세계다! 곤충은 얼마나 경이로우며, 곤충의 활동 범위는 얼마나 협소한가!"[6]

"철학적 인간학"이라는 표제로 어느 사전 항목에서 위르겐 하버마스

6) Ebd., S. 22 f.

는 이러한 사태를 다음과 같이 설명했다. "야콥 윅스퀼(1864~1944)의 연구들은 동물들이 그 종 특유의 파괴되지 않는 환경 범위 속에서 산다는 헤르더의 천재적 추측을 실험으로 확인했다. 동물들의 천부적이고 본능적인 운동도식들은 소수의 신호들을 통해 야기된다. 그들의 지각은 그 때문에 고도로 선별적이다. 감각기관들은 직접 삶에 중요한 것만을 통과시키는 필터와도 같이 작용한다. 단지 세 가지의 감각만을 지니는 진드기의 모범적인 본보기는 이제 세계적으로 유명해졌다. 빛 감각을 통해 이 동물은 어떤 나무둥지로 가는 길을 찾으며, 나무둥지 아래 어떤 온혈동물이 다가오면 후각과 온도 감각이 신호를 보낸다. 그러면 이 동물 위에 떨어져 피를 빤다. 윅스퀼은 이렇게 결론을 내린다. '이에 따라 진드기를 둘러싸고 있는 풍부한 세계는 축소되어 중심사안에 비춰보면 세 가지 특징과 세 가지 작용으로 이루어지는 빈약한 조형물, 즉 진드기의 환경으로 변한다."[7]

본능의 광범한 탈락은 "인간이라는 체계"를 그 종족에 특유한, 별로 복잡하지 않은 "환경"으로부터 분리시킨다. 인간은 어떤 특정한 환경에 적응하는 것이 아니라 오히려 행동을 통해 또 문화적 생존기술들이 진화함에 따라 거의 전체적인 환경 속에서 존속할 수 있다. 겔렌은 이렇게 말한다.

"우리는 이 인류가 '어디서나', 황무지와 극지방, 고산지대와 초원, 늪지대와 물 위에서도 살고 어떤 기후에서도 사는 것을 본다. 따라서 어떤 특유하고 인간에게만 한정된 환경 혹은 주위를 (…) 제시할 수는 없다."[8]

거의 어디서나—수중과 달에서도—생존할 수 있다는 이 능력은 물론 어느 정도 믿기 어렵고 설명이 필요하다. 왜냐하면 인간과 환경의 분리는 우선 위태로운 상황을 초래하기 때문이다. 체계("인간")로부터 보

---

7) Jürgen Habermas: Kultur und Kritik. Frankfurt/M. 1973, S. 95.

8) Arnold Gehlen: Studien zur Anthropologie und Soziologie. Neuwied/ Berlin 1963, S. 29.

면 환경은 산만하고 카오스적이며 전체적으로 전혀 좌표를 정할 수 없고, 적절한 개조나 반응으로 전환할 수 없는 "신호들" 혹은 "자극들"로 나타난다. 겔렌은 인간의 "세계개방성"에 대한 대응물이라는 "자극의 홍수"에 대해 언급한다.

"인간은 자신이 어떻게 해서든 극복해야 하는 전혀 동물적이지 않은 **자극의 홍수**, 밀려오는 인상들의 '합목적적이지 않은' 풍요에 직면하고 있다. 그는 본능적으로 배워서 중요성을 배분해야 할 환경이 아니라 (…) 예견할 수 없는 구조를 지닌 **놀라움의 장**을 대면하고 있다. (…) 이미 여기에 신체적으로나 생존의 중요성에 비추어보거나 매우 절박한 과제가 한 가지 있다. 즉 인간은 자신의 수단과 자신의 활동을 통해 자신의 **부담을 덜어야** 한다. **다시 말하면 자신의 활동을 통해 자신의 실존에 따르는 결핍의 조건들을 생명 연장의 기회로 개조해야 하는 것이다.**"[9)]

따라서 의미 있는 방향설정과 성공적인 행동이 보장되려면, 부담이 되는 환경의 복합상태가 환원되고 인간의 "지각"은 부담을 줄여야 한다. 경탄할 만한 분석을 통해 겔렌은 어떻게 지각과 행동의 좌표로부터 "환경"의 구조화가 형성되고, 이것이 진화능력을 지닌 "도식"으로서 직접적 환경접촉으로부터 분리되며, 대안과 변형을 받아들여 성공적으로 지속될 수 있는지를 밝혀냈다. 복합적 환경 속의 지각과 행동의 도식화는 인간의 경우 — 그리고 겔렌에게는 이 경우가 중요하다 — "본능과 유사하게" 이루어진다. 산만하고 자극이 강하지만 방향을 흐트러뜨리는 환경은 인습화와 특히 제도화 과정을 통해 예측할 수 있고 지배할 수 있게 된다. 왜냐하면 체계 내적으로 풍부한 대안과 더불어 환경을 흉내낼 수 있기 때문이다. 겔렌에 의하면 이처럼 언어와 지성을 통해 고도로 복잡한 환경을 환원하는 것은, 환경 쪽에서 볼 때(이제 관점이 바뀐다!) "결핍의 존재"인 인간이 본능에 의해 조종되는 충동과 충동목표의 결합 대

9) Arnold Gehlen: Der Mensch, a. a. O., S. 36.

신—상응하는 유발자극들의 경우에는 본능의 메커니즘들이 작동한다—오히려 산만하고 결정되지 않은 추진에너지를 사용하기 때문에 가능하다. 이러한 에너지는 강제적으로 환경신호에 반응하는 것이 아니라 "가변적"이고, 그 배역들을 바꿔가며, 특히 그 방향을 바꿀 수 있다. 여기서 겔렌은 프로이트의 충동이론을 차용한다. 충동방향의 전도, 충동과 실현 행위의 분리라는—겔렌은 "부정합"이라는 말을 한다—가설을 통해 환경에 대한 체계 내적 흉내의 가능성이 설명된다. 이러한 흉내는 처음에 미메시스적인 방법을 취하며, 세계의 자극적이고 매력적이지만 삶에 중요한 구조들을 상징적으로 즉 모방적 형상기호를 통해 반복한다. 그리고 기원상 이러한 모방으로부터 언어 · 사유 · 예술이 나온다. 반사적으로 세계와 그 유발신호를 향하지 않고 방해받은 충동은 내면으로 향하며, 고도로 진화적이지만 처음에는 구체적으로 미메시스적인 환경묘사가 체계에 가능해지도록 해 준다. 이러한 환경묘사는 물론 한편으로 그 밖의 지적 혹은 실천적 세계장악을 간접적으로 통제하지만, 다른 한편으로 내적 사건으로서 실현되며 유쾌하게 경험된다. 이처럼 가변적이기 때문에 방향을 전환한 충동에너지로부터 나오는 미메시스는 일단 실현되면 거의 임의로 고양될 수 있다. 겔렌은 이 미메시스를 그 후에 예술이 발생하기 위한 전제조건이자 그 기원 가운데 하나라고 보았다. 인간은 자신의 "환경"을 단순히 소모하거나 반사적으로 그 속에 적응하기만 하지 않고 "결핍의 존재"로서 그것에 맞서고 거리를 둘 수 있기 때문에 모든 구체적 상황과의 연관에서 유리되는 어떤 환경의 "이미지"를 얻게 된다.[10] 이러한 기본사상을 해명하기 위해 위에서 언급한 위르겐 하버마스의 사전 항목을 다시 한 번 인용하기로 하자.

"발전사적으로 (…) (묘사의 행위는) 본능적 행위와 하나의 계보라고 볼 수 있다. 동물들의 본능적 반응을 일으키는 이른바 '유발요인들'은

10) Vgl. Arnold Gehlen: Studien, a. a. O., S. 49 f.

일반적으로 눈에 띄는 점과 믿기 어려운 점 때문에 부각된다. 그것은 주로 기하학적 견본, 도발적 색채, 대칭적 형태들, 율동적 운동들 등이다. 본능이 축소되는 과정에서 인간은 이런 신호들에 대해 새로운 관계를 갖게 된다. 한편으로 이제 그것들은 더 이상 소수 종족 특유의 특징들에 국한되지 않고, 세계에 대해 개방적인 지각영역 전 범위에 확산된다. (…) 다른 한편으로 그것들은 이제 인간에게 천부적인 운동도식을 유발하는 것이 아니라 단지 흥분 내지 방향 없는 감정의 충동만을 유발할 뿐이다. (…) 이제 이러한 충동은 모방으로 전환된다. 무엇인가를 해야 한다는 불확정적 의무는 '표현' 혹은 호소의 자료를 나타내는 가운데 구현된다. 이는 묘사적 제의 속에서 이루어지고, 형상적 묘사에서 이루어지며, 또한 이름을 붙이는 데에서도 일어난다. 언어의 관상학적 요소들, 일반적으로 원시종족들이나 아이들의 경우에 볼 수 있는 관상학적 특징을 지니는 세계상은 그러한 것과 관련되어 있을 것이다."[11]

이 경우 한편으로 이러한 고찰들을 미메시스적 충동들로부터 문자가 생성되는 과정과 관련지을 수도 있고, 다른 한편으로 레비-스트로스에 의하면 "구체적인 것의 논리"에 따르고 "직관적" 상징들을 통해 작업하는 태고적 사유의 구조들과 관련지을 수도 있을 것이다.[12] 그럴 경우 이 구체적이고 미메시스적인 사유는 이론가들이 예컨대 상품교환 영역에서의 사회적 실재에 대한 추상들에 기인하는 것이라고 본 개념형성을 통해 추상들에 종속될 수 있다. 이 영역에서는 곡물 · 포도주 · 황금 등의 감성적 현상들이 가격을 규정하는 그 "가치"라는 "초감성적" 개념으로 추상되는 것이다. 아도르노의 철학에 따르면 의식의 미메시스적 형성이 축출되는 과정에서 서구적 합리성의 운명이 구현되었는데, 이러한 합리성은 보편적 "상품교환"의 동일성 원리에 숙명적으로 내맡겨져 있

11) Jürgen Habermas: Kultur und Kritik, a. a. O., S. 102.
12) Vgl. Claude Lévi-Strauss: Das wilde Denken. Frankfurt/M. 1968.

어서 예술만이 아직 미메시스적 계기들을 구제했다고 한다. 나중에 설명할 것을 이 자리에서 미리 지적하자면 겔렌은 그러한 미메시스를 완전히 배격한다는 점이 현대예술의 특징이라고 보았다.

동물의 경우 유발신호와 그것을 받아들이는 본능적 운동의 과정적 통일성을 통해 엄격히 결합되어 있는 체계와 환경의 분리 혹은 "부정합" 개념에 대해서는 겔렌의 다음 설명을 소개하기로 한다.

"이러한 사태는 (…) 우리의 충동들이 필연적으로 자명하게 행위로 넘어가는 것이 아니라는 점, (…) 오히려 충동들이 (…) 행위로부터 분리될 수 있게 됨으로써 행위에 대해 문제적인 관계를 지닌다는 점이다. (…) (이런) 경우를 나는 '부정합' 이라고 칭한다. 그리고 이 말은 인간이 자신의 충동 · 소망 · 관심 등을 그대로 유지하고 행위로부터 분리할 수 있다는 사실을 나타내는 것이다. (…) 사람들이 영혼이라고 칭하는 것을 아주 독특하게 구성하는 것은 이 부정합이다. 부정합에서 우리는 충동들이 그 실현상황의 형상과 환상들로, 따라서 또한 외부세계의 형상들로 싸여 있는 것을 체험한다. 굶는 사람에게는 음식들이 떠오르고 명예욕이 있는 사람에게는 훈장이 떠오른다. 따라서 노발리스는 영혼을 '내적 외부세계' 라는 표현으로 묘사했을 때, 우리가 바로 외감의 표상들로 우리의 심성을 점령한다고 말한 칸트와 마찬가지로 깊은 통찰을 보여준 것이다."[13]

동물들의 경우에 본능이 해내는 바를 인간이 해낼 경우 제도들이 결정적 기능을 수행한다. 종족유지를 위한 체계와 환경의 조정이 그것이다. 제도들에 의해 수행되어야 할 이 "조정"은, 경향상 환경의 "자극으로 넘치는" 다양한 현상과 아울러 별로 목표를 지향하지 않는 충동의 힘들을 통합하여, 구조화되고 예상할 수 있는 반응방식들이 가능해지도록 한다. 그것은 인간에게 부단히 자생적으로 이루어지는 결정 의무의 요

13) Arnold Gehlen: Studien, a. a. O., S. 52 f.

구를 “면제시켜주며”, 의견과 행동을 특정 목표에 맞춰 조절한다. 제도들은 “그 본성상 위태롭고 불안정하며 정서의 과도한 부담을 안고 있는 존재가 서로, 또 스스로 자신에게서나 남에게서 기대할 수 있고 믿을 수 있는 어떤 것을 참아내기 위해 찾아내는 형식들이다. 인간은 한편으로 이 제도들을 통해 삶의 목표를 공통으로 설정하고 추구하며, 다른 한편으로 그것들을 통해 행위와 방임의 결정적 규정상태들을 지향한다. 이로써 내면생활에서도 안정화를 꾀하는 데에 엄청난 이익을 얻게 되며, 어떤 계기에서나 정서적으로 대응할 필요가 없거나 혹은 원칙적인 결정을 스스로 강요할 필요가 없게 된다.”[14)]

겔렌에게는 이처럼 초개인적으로 미리 주어진 사유와 행위의 관습화만이 중요했다. 그는 다양한 문화와 사회 속의 제도 변화과정을 고려하는, 본래 사회학적으로 정확한 제도의 정의를 제시하지는 않았다. 그의 인간학적 관점에서는 제도가 본능의 대용품이며, 그것의 부담면제 능력은 인간의 자체보존을 보장해 주는 것이다. 제도는 인간에게 이차적 환경과 같은 것을 만들어주며, 인간은 동물이 자신의 환경에 적응하듯이 그러한 이차적 환경에 적응한다. 이를 훌륭히 예시해주는 사례는 헤겔의 『법철학』에서 찾을 수 있다. “누군가 밤중에 안전하게 거리를 걸을 경우, 그에게는 사정이 달라질 수 있으리라는 생각이 떠오르지 않는다. 왜냐하면 이처럼 안전한 관습이 또 다른 자연처럼 되어서, 그는 이것이 특수한 제도들의 효과일 뿐이라는 점을 생각하지 않기 때문이다.”(Ⅶ, 414)

겔렌은 가족이나 법 혹은 국가와 같은 장치들만 아니라, 또 헤겔에 따르면 “객관 정신”의 현실, 맑스에 따르면 이데올로기적 “상부구조”, 프로이트에 따르면 “초자아” 심급들만 아니라, 관습과 전통을 통해 미리 규정된 모든 행동방식들을 제도라고 파악했다. 그 강세는 결정의 부담

14) Arnold Gehlen: Anthropologische Forschung. Zur Selbstbegegnung und Selbstentdeckung des Menschen. Reinbeck b. Hamburg 1961, S. 71.

을 없애주는, 반성의 소비를 절약해주는, 신뢰와 기대가능성을 보장해주는, 개인의 행동이 보여주는 특징형성에 놓인다.

"사람들이 함께 살고 있는 형식들 (…), 그것들 모두는 독자적 비중을 지니는 형태들로, 즉 제도들로 정착된다. 그것들은 결국 개인들에 대해 독자적 권력과 같은 것을 얻게 된다. 그리하여 우리는 사회 체제 속의 개인의 위치를 알 때, 그가 어떤 제도들에 포함되어 있는지 알 때, 일반적으로 그의 행위를 상당히 확실하게 예언할 수 있다. 직업과 가족, 국가 혹은 우리가 속해 있는 어떤 단체들의 요구들은 우리의 행동에서 우리를 규제할 뿐 아니라 우리의 가치감정들과 의지를 통해 결정들 속에도 파고든다. 그럴 경우 이러한 결정은 제동이나 의심 없이 자동적인 듯이, 즉 자명한 듯이 진행되고, 다른 가능성은 상상할 수 없게 되며, 따라서 자연적인 것이 지니는 설득력을 수반한다."[15]

겔렌은 인간학적으로 필연적인 것이라고 여겨진 모든 행동의 관습화를—사회적 행위 일반이 가능하려면 자동으로 개입할 수밖에 없는 제거 불가능한 선택들로서—동시에 전적으로 니체의 취지에 따라 어떤 중요한 "미적" 반응과 삶의 문명화를 위한 전제조건이라고 보았다. 이러한 문명화는 제도적으로 주어진 예비결정들을 위임하는 에너지를 자신의 양식화를 위해 이용한다. 겔렌의 말에 따르면, 개별성은 단지 자명한 관습의 절정일 뿐이며, 어느 정도는 매끄럽게 작동하는 제도가 가능하게 해주는 사치 혹은 낭비일 뿐이다.

"비록 제도들은 우리를 특정한 방식으로 도식화하고, 우리의 행동과 아울러 우리의 느낌과 사고까지도 규정하며 유형화하지만, 우리는 바로 그로부터 자신의 환경 내부에서 일회성을 표현하기 위한, 즉 풍부하고 독창적이며 생산적으로 활동하기 위한 에너지의 비축물을 끄집어낸다. 자신의 환경 속이 아니라 모든 환경 속에서 개성을 고집하려는 자는 단

15) Ebd., S. 71 f.

지 좌절할 수 있을 뿐이다."[16] 이처럼 제도를 본능의 대용품이자 효과적으로 자신을 양식화하는 원천으로서 높이 찬양하는 데에는 모순이 없지 않았다고 생각할 수 있다. 즉 인간을 "객체"로서, "외부로부터" 분석하는 겔렌의 인간학적 관점은 이른바 "개인의 도덕적 자율성" 혹은 "비판적 주관"의 심급에 대한 의식을 갖지 못한 듯하다. 이러한 주관은 관습들과 제도적 행동규정을 천부적인 강압으로서 받아들여야만 하는 것이 아니라 그것들을 상대로 행동하고 가능하다면 그것들을 변화시키거나 아예 청산할 수도 있다. 무엇보다 도덕철학적인 겔렌 비판은 예컨대 하버마스가 정리한 바 있는데, 그것은 제도들을 그 도덕적 정당성에 맞춰 검증하고 단지 이성적 비판을 견디는 관습들만을 타당한 것으로 인정하는 비판적 논증의 반성적 힘을 목표로 한다. 물론 이 비판자들은 겔렌에게—아울러 헤겔에게도—인간이 끊임없는, 그래서 모든 행동을 마비시키는 결정과 반성에 대한 요구의 부담에서 벗어나야 한다는 점을 인정해주었다. 그러나 그들은 결정의 압력이 흡수되고 기대가능성이 만들어진다는 이유만으로 제도들 자체가 이미 정당화되는 것은 아니며, 의심을 통해 이성적으로 타당성을 얻게 될 수 있을 때에 비로소 정당화된다는 점을 고집했다. 이처럼 "부담면제"의 필요성보다 더 높은 기준을 작동시키는 이 "제도비판"의 입장을 겔렌은 간단히 거부하지는 않았을 것이다. 하지만 그는 그것을 철학이 아니라 인간학의 토양 위에서 다시 정식화했을 것이다. 이런 관점에서는 예컨대 "비판" 혹은 "반성" 같은 "이념들"은 일단 전적으로 하위의 역할을 수행할 뿐이다. 겔렌은 어느 강의에서 이렇게 주장했다.

"내 테제는 모든 종류의 이념체계들이 그 안정성, 시대를 넘어서 지속되는 그 타당성의 지위, 간단히 말해 그 잔존의 가능성을 그것이 구현되는 제도들 덕분에 얻게 된다는 것이다. (…) 하나의 사상적 연관관계 자

16) Ebd., S. 72.

체, 하나의 이념복합체는 (…) 그 자체의 수단들을 근거로 유지될 수 있는 것이 아니라는 것이다. (…) 종교 영역에서는 그 창시자들의 명증성과 개인적 설득력에만 의존하고 교회와 유사한 조직에 도달하지 못한 분파들의 역사가 열광적 운동들의 덧없음에 대한 교훈을 풍부하게 제공해 준다."[17]

"이념들" 자체는 다른 경우에 아무리 매력적일지라도 인간학적으로—부담면제의 필요성이라는 관점에서—우선은 중요하지 않다. 그러나 다른 한편 겔렌은 역사적으로 유럽 계몽주의와 더불어 제도들의 엄청난 위기를, 때로는 결정적인 위기도 간과할 수 없게 되었다는 점을 오해할 수 없었다. 그는 이러한 위기를 사회학적으로 모든 생활 관계들의 산업화 및 현대화에 기인하는 것이라고 보았다. 이 과정에서 과거 유럽의 관습들이 해체되고 의심스러운 대용형식들이 초래되었다는 것이다. 이 경우 법 · 경제 · 정치 등의 주요 사회 구조들이 계속해서 엄격하게 초개인적 응집의 기능을 수행하지는 못하리라는, 의심의 여지가 없는 사실이 문제는 아닐 것이다. 개인의 의견과 행동에 그것들이 직접 관여하는 일은 어려워지고 "간접적으로" 되었거나 아니면 완전히 사라졌다는 것이다. 그것들은 이제 사실 익명으로 초개인적으로 작동하며, 더 이상 체험을 규정하고 행동을 직접 통제하는 힘을 지니지는 못할 것이다. 따라서 겔렌은 이러한 사회적 구조들을 제도들이라고 칭하기를 거부했다. 그 대신 그는 조직들 혹은 "슈퍼구조들"이라는 말을 더 좋아했다.[18] 겔렌이 보기에 한편으로 이 "슈퍼구조들" 혹은 사회적 체계들(루만)과, 다른 한편으로 개인이 행동을 해야 할 필요성 사이의 공간에서 현대에는 민감한 빈틈들이 생겨나는데, 이와 관련해 그것들이 아직 "소규모 영향권을 지닌" 제도들을 통해 채워질 수 있는지는 의심스럽다. 이 점에서 겔렌

17) Ebd., S. 76.
18) Arnold Gehlen: Die Seele im technischen Zeitalter. Sozialpsychologische Probleme in der industriellen Gesellschaft. Reinbeck b. Hamburg 1957, S. 116.

은 결정을 내리지 못했다. 우선 그는 제도들의 파편들로부터 불안정한 주관성이 형성되며, 이 주관성은 규범을 정립하는 규정적 행동을 방해하고 모든 것을 의문시한다고 믿었다. 여기서 겔렌은 "지식인 문화"의 기원을 찾았다. 그는 이에 대해 단지 "파괴적" 잠재력만을 인정해 주었다.

"간단히 말해 계몽은 정신이 제도들로부터 해방되는 것이다. (…) 계몽은 충성의 의무를 합리 외적 가치들로 해소하며, 비판을 통해 제반 속박들을 의식화한다. 그러면 그것들은 의식 속에서 분해되고 증발된다. 또한 계몽은 '새로운 인간'이나 지배의 비인간성에 대한 논의에서처럼 공격력을 지니지만 구성력은 지니지 못하는 공식들을 마련한다. 이념들 자체가 사회적 평형상태에 영향을 주는 일은 드물며 전반적으로 대규모 구조변화들이나 이를 공고히 하는 데에 별로 영향을 끼치지도 못하기 때문에, 적어도 방해요인으로나마 작용하기 위해 마치 자동적으로 비판적인 형식을 추구하는 듯하다. 결국 일상의 살아갈 만한 타협들과 절충들과 익숙한 공식들을 일소하는 극단적 양극화에 도달한다. 그리고 최종적으로는 알지 못하는 가운데 이미 이상 속에 숨어 있던 공격이 표출된다. 비둘기는 사랑과 평화의 상징이다. 그러나 생물학자들은 비둘기가 동료비둘기의 살해를 조금도 막을 수 없다는 것을 안다."[19]

겔렌의 저서에서는 종종 신랄한 지식인 비난을 볼 수 있다. 지식인들은 옛 질서의 "살해자"라는 것이다. 그러나 다른 한편 겔렌은 그 자신의 논지에 비춰볼 때 제도의 어떤 "종말"은 "인간"이라는 종족에게 한 가지 중요한 담보를 의미했으리라는 점을 간과할 수 없었다. 본능과 유사한 행동의 규제가 없다면 인간은 실제로 "결핍의 존재"로 퇴행할 수밖에 없고 인간의 생존은 의문시될 것이다.[20] 헬무트 셸스키는 주관성과 반성도

19) Arnold Gehlen: Moral und Hypermoral. Eine pluralistische Ethik. Frankfurt/M. 1969, S. 102.
20) Vgl. Arnold Gehlen: Anthropologische Forschung, a. a. O., S. 72 f.

제도화될 수 있다는[21] 테제를 논쟁에 끌어들였다. 그의 자극을 받아 겔렌은 자신의 저서 『원시인과 후기문화』(1956)에서 제도와 주관성 사이의 갈등을 다소 무마시켰다. 그러한 갈등은 그 전체 성향으로부터 제도의 근본적 의미를 배격하거나 아니면 인류의 종말을 염두에 두는 결과에 도달할 수밖에 없었을 것이다. 1960년경 이래로 겔렌은 주관성과 반성들의 제도들로부터 출발했다. 그는 이에 대해 다시 그 부담면제 기능이라는 관점에서 논의했다. 이런 관점에서 그는 주로 "예술"이라는 제도를 택했고 다음과 같이 서술했다.

"이처럼 예컨대 우리 시대의 조형예술에서는 의문의 여지없이 전체 예술분야의 과거 외곽조건들이 사라져버렸다. 예술가들이 자신이나 수용자들에게서 자명하게 타당성을 지니는 것으로 전제할 수 있을 만한, 그리고 예술이 눈앞에 제시하고 생생히 그려내야 할 이념들은 없다. 예술을 교시나 과시로서 보호했던 지배적 모임은 없다. 오랫동안 유지되고 수많은 세대들에 의해 풍부해진 능력의 규칙들도 없다. 이제는 '기예' 도 없고 봉사의 의지도 없다. 그 모든 것은 사라졌다. 하지만 그 대신에 착상과 고안들의 불꽃들이 해방되어 수십 년 전부터 번뜩이고 있다. 각각의 착상은 주관적이며, 따라서 (…) 순전히 우연적이며 종종 폭발적인 자극의 가치를 지닌다. 그리고 이 공허한 세계 전체는 50년 전에는 아직 없었던 신생 제도들의 틀에 의해, 즉 뉴욕과 파리와 런던 사이에 세워진 일종의 대륙 간 관람실과 같은 것에 의해 유지되고 공고해진다. 그 속에서 예술상인들, (…) 박물관장, 투기적인 수집가, 전시사업가, 예술평론가, 출판업자 등은 서로 협조하고 있다. 이는 흥분되는 환경인데, 그 속에서는 문자 그대로 인간의 열정이 제각각 그 기회를 발견한다."[22]

물론 현대회화에 대한 겔렌의 분석을 예로 살펴보겠지만, 그는 이처

21) Vgl. Helmut Schelsky (Hg.): Zur Theorie der Institution. 1970, S. 24.
22) Arnold Gehlen: Anthropologische Forschung, a. a. O., S. 75 f.

럼 주관성이 현대적으로 제도화되는 현상들의 부담면제 능력을 과거 유럽의 안정적 관습들에 비해 사소한 것이라고 여겼다.

하지만 우선 미메시스로부터 예술이 유래한다는 겔렌의 가설에 대해 논하기로 한다. 자연에 대한 미메시스적 행동의 근거나 가능성은 어디에 존재하는가? 겔렌은 생물학적 행동연구의 몇 가지 결과들, 특히 콘라트 로렌츠의 연구들을 근거로 삼았다. 이 연구들에 따르면 도주·성교·사냥 등과 같은 동물들의 특정한 본능적 행동방식들을 거의 자동으로 수반하는 시각적—그러나 또한 청각적인 것도 마찬가지다—자극유발 신호들은 종종 믿기 어려울 정도로 두드러지게 눈에 띈다는 점을 특색으로 한다. 이에 대해 로렌츠는 다음과 같이 말했다.

"모든 자극유발 요인들에 공통적인 일반적으로 믿기 어려워 보이는 특징 때문에 (…) 그것들은 자연을 관찰하는 사람에게 특별히 도드라져 보인다. 흰빛이라는 파동의 카오스 가운데에는 바로 유기적 자연 속에서 매우 드문 순수 스펙트럼 색채들이, 무한히 풍부한 불규칙적 형식들 가운데에는 규칙적이고 대칭적인 형식들이, 무수히 가능한 운동들 가운데에는 리듬 있게 형식화된 운동들이 자극유발 요인 가운데 활용되는 것들이다."[23]

루만의 구분에 근거해 이러한 사태를 정리할 수도 있다. 즉 이 자극유발 환경신호들의 시각적 성질에서는 보통 시각적으로 지각할 수 있는 것의 매체로부터 확연히 도드라져 나오는 형식들이 관건인 것이다. 이 "믿기 어려운" 환경신호들은 동물들의 경우 작용한 자극들 및 이의 운동적 표출과 관련되는 그 신호들의 자극유발 성질로 모두 해명된다. 그러나 인간의 경우에는 그처럼 행동을 규정하는 자극유발 요인들이 미발달 상태로 남아 있을 뿐이라고 가정할 수 있으므로(유명한 "유아 도식"을 생각할 것) 사정이 다르다. 환경의 "믿기 어려운" 형태들, 특히 다채롭거

23) Zit. ebd., S. 109.

나 기하학적으로 정리된 현상들은 이제 고착된 행위들로 구현되는 어떤 특유한 자극들을 유발하지 않고, 오히려 행동의 부담을 면제해 주고 직접적인 기능들로부터 해방되었지만 즐거운 지각을 마치 특유한 충동자극의 "대용품"처럼 허용한다.

"시각적 지각 내부에는 (…) 인간의 경우 본능의 축소로 인해 이제 (…) 둔해지고 생물학적으로 무관심한 것으로 귀결되는 윤곽들(성적 자극유발 요인, 유아 도식)만 (…) 존재하며, 기껏해야 방향 없이 흥분시키는 진홍빛의 효과만 존재할 뿐이다. 그러나 그 대신 '믿기 어려운' 자극유발 성질들 일반이 지니는, 외부세계 전체에 확산되어 있는, 모든 사물들의 **불확정적 자극성**이 존재한다. 그 모든 것들은 우선 어떤 식으로든 아름답거나 눈에 띄는 것으로서, 본의 아니게 즉 남아있는 본능의 조종에 따라, 생물학적으로 완전히 중립적인 관심과 주의력을 쏟도록 자극한다."[24]

따라서 겔렌은 지각매체들로부터 풍부하게 대조되며 부각되는 환경의 형식들에 의해 다소 산만하게 "매료되는 현상" 속에서는 전형적으로 인간적인 본능의 잔재가 효력을 발휘한다고 생각한다. 이 본능의 잔재는 탈세분화되어 있어서 충동들의 어떤 구체적 방출과 동화되지 않지만, 관습적 예술이론이 설명할 수 없고 오히려 "예술의 생리학"이 필요한 일종의 정서적 사건이다.

"놀랍게 민감하고 생산적인 예술과학의 방법에 대해 최소한의 반론도 제기할 생각은 없지만, 예술작품에 따라다닐 수 있는 본래의 매력, 박동 수를 높이고 숨을 멎게 하는 고무작용과 고취가 설명될 수 없다는 점은 말할 수 있다. 신체기관들이 모두 가담하지 않는다면 그와 같은 것은 생각할 수 없으며, 기존의 개념들이나 철학적 예술감상의 관심은 여기에 미치지 못한다. (…) '예술의 생리학'은 인간학의 짧지만 중요한 단원이 될 것이며, 미적 현상영역 속에서 본능에 가까운 계층들과 관여

24) Ebd., S. 22.

할 것이다."[25)]

아름다운, 즉 겔렌의 관점에서는 우선적으로 "믿기 어려운", 환경 현상들에서 느끼는 "쾌감"은 자극과 행동의 분리 혹은 "부정합"의 결과다. 신호의 정서적 호소는 "실천적" 결과들을 초래하지 않고 지각되는 과정에서 구현된다.

"천부적이고 합목적적인 운동의 형상들과 이러한 자극의 결합은 이미 오래 전부터 분리되었고, 운동의 측면은 감각의 측면과 완전히 떨어졌으며, 바로 그 때문에 사실 인간의 경우 외부와 내부 사이에 '부정합'이 존재한다. 미적 향유 혹은 색채와 형태들에서 얻는 기쁨은 이 명상의 독특한 특징을 지닌다. 그것은 행동하지 않는 것이다. 칸트의 말을 바꿔서 '아름다운 것은 결과 없이 만족스러운 것'이라고 말할 수 있을 것이다. 본래의 사유작업은 아직도 여전히 '시험적 행동' 혹은 어떤 외적 반응에 도달하는 내적 통과과정이라고 파악할 수 있지만 미적 고찰은 결코 그렇게 파악할 수 없다."[26)]

이처럼 믿기 어려울 만큼 다채롭거나 장식적인 환경 사실들 앞에서 남아 있는 본능에 의해 느끼는 "쾌감"에 대한 인간의 관심은 반복과 고양을 추구하게 된다. 겔렌은 선사시대에 대한 연구와 인종학적 연구에 의해 여러 모로 증명된, 그렇게 눈에 띄는 대상들의 수집현상을 이와 같이 설명한다.

"태고시대부터 인간은 '믿기 어려운' 사물들을 지각했고 존중하고 수집하여 보관했으며 그것들에서 즐거움을 느꼈다. 구석기시대의 무덤들에서는 조개들, 다채로운 돌들, 황갈색으로 칠한 뼈들 따위를 발견할 수 있다. 꽃과 다채로운 깃털들을 사용한 것도 동일한 기원을 지니는 것이었음이 틀림없다."[27)]

---

25) Ebd., S. 120 f.
26) Ebd., S. 122.
27) Ebd., S. 124.

따라서 "아름다운" 환경 현상들의 수집과 나중에 이루어지는 모방은 그런 물건들의 존재가 우연적이라는 사실로부터 독립하려는 기능적 연관관계 속에 위치한다. 특히 미메시스를 통해서는 언제나 활용할 수 있고 의식적으로 증대시킬 수 있는 형태로 쾌감을 스스로 유발할 수 있으며 그런 "내적 상태"를 촉발할 수 있게 된다. 형식들의 믿기 어려운 상태, 그것들의 색채나 구조적 자질들은 의도적으로 강화될 수 있고 자기암시에까지 도달할 수 있다. 이는 태고시대의 사회들에서 체험을 고양시키는 마술적 혹은 샤먼적 도취의 행위들에 접근하는 것이었으며, 이런 행위들은 다시 한 번 강조하자면 "충동방향의 전도"에 기초하여 작동하면서 세계가 아니라 자아와 자아 "체험"에 영향을 끼친다.

"이로써 (모방은) (…) 여타 인간만의 행동형식들과 아울러 등장한다. 이것들 모두는 체험 가능한 내면상태에, 이제는 물론 생물학적 기능들에 훨씬 깊이 개입함으로써, 의도적으로 영향을 끼치는 경향을 띤다. 고유의 내적 상태, 의식상태와 충동상태의 변화는 기술의 엄청난 다양성 속에서 문화의 모든 단계에서 추구된다. 생각할 수 있는 모든 독극물과 도취수단들, 최면적 율동의 끝없는 춤과 현기증 나는 탐닉과 망아제 등은 '믿기 어려운' 일상 외적 내면상태들, 흥분들, 체험수준들, 총체적 상태들을 자아내서 최면에 걸린 사람들의 황홀상태나 샤먼들의 비상체험에까지 도달하려는 목적을 지닌다."[28)]

인간의 충동에너지는 분명한 목표를 지니거나 본능에 조종되어 환경에 고정된 것이 아니기 때문에 내면세계의 "예술적 낙원"을 건설하는 데에도 활용될 수 있다. 그러한 낙원을 통해 "인간이라는 체계"는 쾌락의 원천들과 관련해 자신의 환경과 상당정도 분리된다. 그러나 그럴 경우 자율적으로 가능한 모든 "미적" 쾌감 — 미적 대용품의 자체생산 — 의 기원은 미메시스라는 점, 즉 정서적으로 포착된 환경신호들을 인간 내

28) Ebd., S. 125.

면에서, 그의 내면세계 속에서 강화하여 반복하는 것이라는 점을 확인할 수 있다. 따라서 미메시스를 통해 인간은 제2의—인공적—환경을 만든다. 이 환경은 믿기 어려운 형식들의 개연성이라는 관점에서 자연적 환경보다 훨씬 우월하다. 물론 이 경우 "포화"의 문제, 혹은 믿기 어려운 것이 증대할 가능성의 한계 문제가 생겨나는데, 이는 미메시스가 효력을 발휘하는 공간을 고갈시킬 수도 있을 것이다.

부담면제: 회화의 사회학을 위해

현대회화에 대한 겔렌의 이론과 관련해서는 단지 개별적이지만 그래도 중심적인 측면들을 부각시키기로 한다. 그것은 "시대상들"을 특징짓는 것이다.[29] 이 경우 중요한 것은 겔렌의 예술사 시기구분, "개념적 회화"를 현대회화의 본보기로 보는 그의 특징규정, "역사이후의 부담면제"라는 현대예술의 기능에 대한 그의 규정 등이다.

(1) 겔렌은 "그림의 합리성"에서 출발한다. 이 개념을 그는 감상자가 감상되는 그림을 실제에 합당하게 지각하기 위해 알아야 하는 "코드"라고 이해한다. 파노프스키의 구분을 차용하면서 겔렌은 "형식"과 "대상"을 서로 구분한다. 두 차원은 함께 "일차적 동기"를 만들어낸다. 이 "일차적 동기"는 그 나름으로 그 다음의 "이차적 동기"를 담당할 수 있으며, 이 이차적 동기는 예컨대 함축적 의미들을 통해, 즉 특정한 대상이나 인물 등의 의미에 대한 관습적 지식을 통해, 생겨난다. 겔렌은 다음과 같이 설명한다.

"바로크 교회들 속의 천정화처럼 거대한 종교적 구성들, 만하임에 있는 마네의 「막시밀리안의 총살」 같은 역사적 작품들은 함축적 의미 없이

29) Arnold Gehlen: Zeit-Bilder. Zur Soziologie und Ästhetik der modernen Malerei. Frankfurt/ Bonn 1960(이하에서는 ZB).

는 완성된 효과를 발휘하지 못한다. (…) 함축적 의미를 노리고 구성된 작품들을 이러한 지식 없이도 '순수하게 미학적으로' 완전히 해명할 수 있다는 주장은 현대적이지만, 설득력을 지니지 못한다. 어떤 이해되지 않은 그림 앞에서 생각하는 인간은 외국어로 누가 열성적으로 절실하게 말을 걸어왔을 때처럼 불편함을 느낀다. 왜냐하면 훌륭한 예술가는 어떤 함축적 의미들을 전제할 때 그림단위의 가시적인 부분들을 조직화하여 그것들이 자발적으로 전체적 의미를 추구하도록 만들기 때문이다. 감상자는 '본 것에 대해 말하려는' 욕구를 느낀다. (…) 하지만 함축적 의미들은 때때로 사라지기도 하며, 이차적 동기의 해독은 도상학이나 그림 모티프 이론의 문제이며, 여러 그림들은 전적으로 혹은 부분적으로 해석 불가능한 상태로 남는다. 함축적 의미들은 몰래 파고들고 상투화됨으로써 때때로 너무 익숙해져 직접 알아볼 수 있게 된다. 그럴 경우 사람들은 한 어린아이를 데리고 있는 어느 여인을 보는 것이 아니라 성모마리아를 보며, 또한 나폴레옹처럼 세계적으로 유명한 사람들의 초상화도 간단히 시각적으로 식별될 수 있게 된다. 대개 함축적 의미는 그림에 대한 서명의 안내를 받게 되는데, 이는 예컨대 정물화처럼 그림이 단지 일차적 동기만을 지니는 경우에는 불필요하다."(ZB, 8)

이 기본적인 구분들은 아래와 같이 간단한 도식으로 표현되는데, 이 경우 우리는 기호학적 약칭들을 활용하기로 한다.

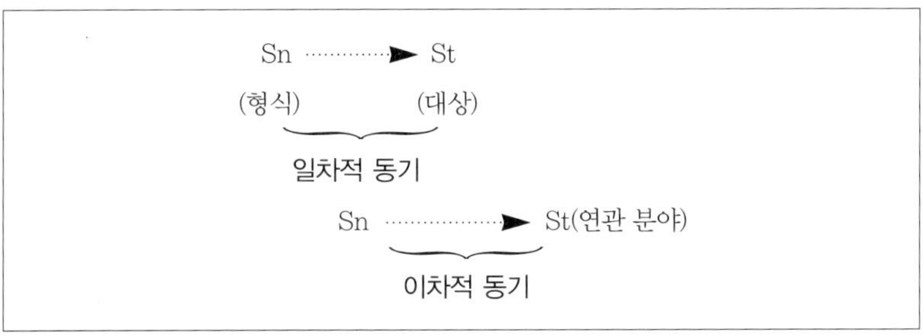

이러한 도식은 상당히 정확하게 롤랑 바르트가 신화 분석에서 발견한

"이차적 기호학적 체계"와 일치한다. 바르트가 보여준 바에 따르면 신화들은 기표와 기의의 통일체인 하나의 기호를 하나의 기표 위치에 옮겨 놓으며, 이 기표는 이제 이차적—신화적—의미를 구현한다. 바르트는 이런 단초를 그의 논문 「일상의 신화들」에서 풍부한 자료를 통해 예시했다. 정치적 저널리즘 분야에서 나온 유명한 예는 신화적 의미형성 메커니즘을 해명해줄 것이다.

"내가 이발소에 앉아 있을 때 누군가 내게 주간지 『파리-마치』 한 권을 건네 준다. 표지사진에는 프랑스 군복을 입은 어느 젊은 흑인이 시선을 위로 향한 채 삼색기를 바라보면서 거수경례를 하고 있다. 이것이 사진의 의미다. 그러나 순진하든 그렇지 않든 나는 그것이 내게 무엇을 의미해야 할지 아주 잘 인식한다. 즉 프랑스는 하나의 위대한 제국이며, 그 국민들은 피부색 구별 없이 모두가 그 국기 아래서 충실히 복무해야 하며, 이른바 억압자들에게 복무하겠다는 이 젊은 흑인의 열성보다 식민주의의 적수들에 맞서는 더 나은 논박은 없다는 것이다. 따라서 나는 여기서도 확장된 기호학적 체계를 대면하고 있다. 그것은 그에 앞선 체계에 의해 만들어지는 무엇인가를 의미하는 것을 담고 있다. (…) 그것은 어떤 의미되는 것을(여기서 프랑스정신과 군인정신의 의도적 혼합이다) 담고 있다. 또한 끝으로 그것은 의미하는 것을 관통하며 의미되는 것의 현존을 담고 있다."[30)]

겔렌은 이미 규정한 형식, 의미(대상), 이차적(함축적) 의미의 분화를 회화의 시대구분을 위한 전제로서 이용한다. 태고시대 회화기술들이 마술의 영향관계 속에 결합되어 들어가 있었던 점을 논외로 한다면—겔렌은 이 점에서 "초예술"이라는 말을 한다—세 가지의 중요한 시기가 나오는데, 이를 겔렌은 "현재화하는 이념적 예술", "리얼리즘 예술", "현대 추상예술"이라고 칭한다. 그는 아주 대략적으로 이 세 시기를 과거

30) Roland Barthes: Mythen des Alltags. Frankfurt/M. 1964, S. 95.

유럽의 봉건주의, 1500년 이래의 근대 부르주아사회, 그리고 현대 산업사회에 할당한다. 물론 이렇게 관계를 맺는 데에는 논란의 여지가 있다. 그것은 다른 모든 시대구분들과 마찬가지로 장점과 단점을 지닌다. 결정적인 것은 겔렌이 이 분류를 미학적 강령이 아니라 "그림의 합리성"으로부터 직접 추론할 수 있다고 여기는 점이다. 그는 강령들이 아니라 그림들을 읽고자 시도한다. 위에서 제시한 도식과 관련해 겔렌의 제안은 아래와 같이 설명할 수 있다. 즉 (신화적 의미를) "현재화하는 이념적 예술"은 확장된 기호를 통해 작업한다.

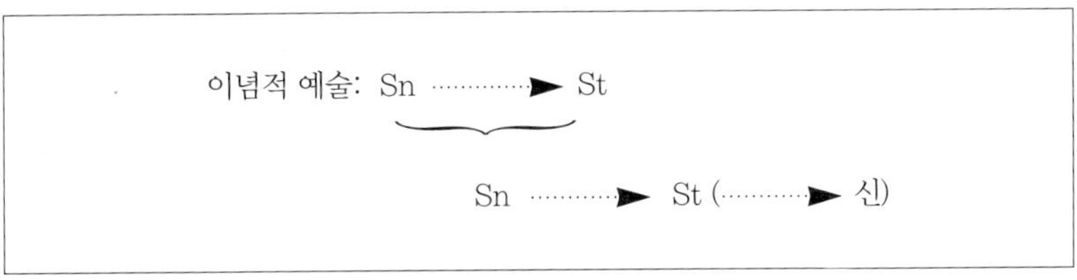

그러한 예술은 종교적 예배나 궁정 신분표시의 맥락 속에 위치하며, 그 내실들을 외적으로, 가시적으로 뒷받침한다. 따라서 그것이 언급하는 것은 궁극적으로 "신" 또는 "제후의 권력"이다. 이를 그러한 예술은 관습적으로 매개되고 유사제도화된 "함축적 의미들"로 시각화한다. 그로써 이 예술은 직관적으로 현재화된 "의미의 중심"을 가운데 놓고 사회적 통합기능을 수행한다. 겔렌은 아래와 같은 예를 제시한다.

"그래서 알베르티는 역사화를 예술의 최고 성과라고 선언했다. 문맥상 그가 또한 고대화하는 신화적 표현들을 그것에 포함시켰다는 점도 드러난다. 르네상스의 세속 예술은 지배관계와 지배자들의 삶에 대한 기쁨의 찬양에 복무하는 데에 중점을 두었다. 조토는 유실된 프레스코화 「민중에 의한 공동체의 강탈」을 포데스타 궁전에 그렸다. 아르테 델라 라나의 법정에서는 부르투스가 주요 덕목에 둘러싸인 정의의 상징으로 묘사되어 있다. 벨리니는 (…) 신들의 축제를 묘사했고, 폴라이우올로는 (…) 안테우스와 싸우는 헤라클레스를 묘사했다. 헤라클레스와 관련된 테마들은 국가를 나타내는 데에 애용된 상징이었다. 또 다른 유형으로는 한때 높이 평가되었던 알레고리 예술이 있는데, 어느 경우에나 의미의 영역들이 전제되어 있다. 베키오 궁전(1500년경)의 500호 홀에는 거대한 프레스코들이 있다. 천장에는 플로렌스시와 메디치가의 역사를 그린 것들이, 벽에는 전투장면과 승전을 그린 것들이 있다. 방안에는 상징적 조각들이 있는데, 헤라클레스의 노역과 승리의 수호신을 나타내는 미켈란젤로의 조각이 그것들이다. 이 궁정예술은 현재화를 꾀하며, 어떤 영역을 테마로 하는 이념과 신조들의 세계를 다루며, 그 범위 안에서 인간을 고수하려고 한다."(ZB, 25)

겔렌은 이처럼 이차적 의미를 현재화하는 유사신화적 예술이 19세기에는—귀족 세력이 사라짐에 따라—점차 역사화 장르로 끝난다고 생각한다. 이 "이념적 회화"의 시기에 뒤따르는 시기들은 그림 코드의 체계적 환원 방식들이라고 해석된다. 왜냐하면 겔렌이 "리얼리즘적"이라고 칭한 그림형식은—하나의 양식이 아니라 그림의 합리성이라는 의미에서 "리얼리즘적"이다—"이차적 동기" 내지 신화적 차원을 폐기하고 "일차적 동기"에, 혹은 초월적 의미 없는 세계의 묘사에 국한되기 때문이다.

리얼리즘적 예술 : Sn ➤ St (세계)
일차적 동기

물론 이 경우 겔렌은 "세계"라고—혹은 현실이라고—불리는 것, 혹은 그림의 지시대상은 언제나 이미 해석된 현상이라는 점을 명확히 인식하고 있다. 그 때문에 자연은 그 개념에 상응하는 한에서 "이상화되고" "아름답게" 묘사될 수 있다. 그러나 결정적인 것은 "일차적 동기"가 어떠한 신화적 의미의 지평도 자체로부터 산출해내지 않는다는 점이다. 그것은 감상자가 단지 자신이 보는 것만을 보기를 원한다. 겔렌은 그 이전의 그림 형식에 대한 차이를 다음과 같이 명시한다.

"이념적 그림형식을 대표하는 것은 「빌라도 앞의 그리스도」나 「비너스의 탄생」 혹은 「뇌르틀링엔 전투」(루벤스) 같은 그림들이다. 이 경우 이념적 유형의 그림에는 확실히 이 내용의 두 계층이 담겨 있다. 하나는 대상적 과정의 재인식을 통해 드러난다. 좀더 명확히 규정되는 둘째 계층은 추가적 지식의 실행을 통해 드러난다. 이 둘째 계층을 제거할 경우 대상적이고 재인식 가능한 계층만이 남는다. 순수한 본보기로는 드 헴이나 칼프의 네덜란드 정물화 가운데 어느 것이라도 활용될 수 있다. 즉 은식기, 술잔, 쌓아놓은 과일들과 꽃들 등이 그것이다. 여기서는 이해를 위해 미리 제시되어야 하는 것이 아무것도 없다. 의미의 식별을 위해서는 지각만으로도 충분하다. 그와 아울러 해골, 촛불, 대형 탁상시계 등이 있는 정물을 걸어놓을 수도 있다. 이는 허무의 이념을 구현하는 것으로서 일종의 이념적 회화다. 우리는 앞의 그림 형식을 리얼리즘 형식이라고 칭하고자 한다. 아마 '직접적 묘사의 그림 형식' 이라는 표현이 더 훌륭하고 상세할 것이다. 왜냐하면 예술가와 그의 주제 사이에 예술적 관심 바깥에 있지만 고려되어야 할 어떤 사상적 내용도 등장하지 않기 때문이다."(ZB, 27)

역사적으로 이 현세적이고 부르주아적인 예술에는 한편으로 종교 중심의 세계관들과 봉건적으로 집중된 지배권의 붕괴와, 다른 한편 자연과학 지향이 상응한다. 자연과학들은 회화와 마찬가지로 현실적인 것을 그 풍부한 현상형식들 속에서 탐구하고 아직 직관적으로 재현할 수 있는 세계의 현상들을 간과하지 않는다. 사실 회화는 겔렌이 회화에 대한 레오나르도의 논문을 예로 명시하는 바와 같이 그 자체가 유사과학적인 작업을 수행한다.

예술사적 성격을 띤 다른 개별 사항들에 대해서는 이 자리에서 거론하지 않기로 한다. 구조적으로 결정적인 문제는 겔렌이 "이념적" 회화와 "리얼리즘적" 회화를 미메시스적인 것이라고 칭한다는 점이다. 그것은 종교적으로 추켜세워진 것이든 과학적으로 세속화된 것이든, 미리 주어진 어떤 현실에 대해 의무를 지닌다고 여기는 것이다. 즉 인류의 근원적 미메시스 충동이 잔존하는 재현이라고 여기는 것이다. 겔렌은 주저하지 않고 이 미메시스적 예술을 전반적으로 인류의 농업 시기에 할당하는데, 그것은 19세기가 진행되고 특히 20세기에 이르면 현대 산업문화로의 세계사적 전환기를 보여주고 그 때문에 획기적이기도 한 심각한 위기에 빠진다. 겔렌은 이 거대한 역사적 단절을 구체적으로 파악하고자 한다. 즉 세계에 대한 미메시스적 지향의 이 종말을 초래한 어떤 요소들 제시할 수 있는가? 겔렌은 일련의 관점들을 지적한다. 예컨대 그는 테마들과 주제들의 "고갈"을 확인한다. 모든 것이 그 사이에 표현되었으며 소재는 "동이 났다".

"늦어도 1900년경에는 아무튼 접근할 수 있는 주제들이 끝까지 다 활용되었다. 일부는 수세기 전부터 그러했다. 풍속화는 일상을 그 임의의 상태로 묘사했으며, 정물화는 이 임의의 상태로부터 임의의 개별성들을 묘사했다. 동물화들이 생겨났다. 운동 장면을 그린 그림, 마을과 집과 문들을 그린 그림도 생겨났다. 모든 예술이 그 자체로 채색되었다. 건축물들의 외부와 내부에 채색이 되었다. 룽에는 시집에도 채색을 했다. 예술가들은 관광객들을 따라 산으로 갔고, 노동자들을 찾아 공장에 들어갔으며, 사냥꾼들을 따라 들판으로, 아이들을 따라 학교로, 여행자들을 따라 오리엔트로 갔다. 테마상의 모든 가능성들은 단적으로 고갈되었다. 바다를 다룬 작품은 풍경에서 해방되었고, (…) 바다는 배들로부터 분리되었으며, 개별 파도는 바다로부터 분리되었고, 라이블의 경우에는 코르셋이 처녀로부터 분리되었다. 고대는 수 차례 다시 등장했다. 르네상스와 중세, 중국과 일본은 샅샅이 검토되었으며, 수천의 모사를 통해 이 모두는 모든 예술가와 모든 문외한이 접할 수 있었다. 주제상 새로운 것을 찾는 일은 이미 힘든 일이 되었다. 토마는 「계곡의 수호자」를 그렸는데, 이것이 무엇을 뜻할 수 있었겠는가. 문칵시는 「사로잡힌 방랑자」

를, 슈투크는 반인반마를 타고 있는 「즐거운 기사」를 그렸다. 또한 「활 시위를 당기는 자」가 나타났고, 「병든 불독」, 「소년 오르페우스」 등이 등장했다. 그것들은 진부한 것들이었으며, 진부하지 않은 주제들은 언제나 보이는 것보다도 더 지루하다는 점이 입증되었다. 단지 허용되는 그림의 특성들에 대한 완전히 새로운 견해들만이 아직 도움이 될 뿐이었다."(ZB, 41f.)

다른 한편 사진과 영화 같은 기술적 매체들도 사용되었다. 이것들은 수용자들의 그림에 대한 욕구에 더 빨리, 또 더 다양한 관점에서, 더 완전하게 봉사했다. 그것들은 회화로부터 그 전통적 주요 기능들 가운데 하나를 넘겨받았다. 뿐만 아니라 과학은 "추상적으로" 되었고, 과학의 모델들은 직관적 모방을 지향하는 예술에 아무 도움이나 영감도 주지 못했다. 자연과학과 미메시스적 회화의 연대는 해체되었다. 이에는 또한 자연이 산업화 과정에서 위축되고 직관의 원천으로서 더욱 빈약해졌다는 사실이 상응했다. 1959년에 나왔고 여러 특징들을 겔렌의 진단과 공유하고 있는 클로드 레비-스트로스의 회화에 대한 성찰들은 이러한 상황을 지적한다.

"우리는 회화에서 세계가 막 변화하려고 하고 있음을 인식한다. 그리고 우리가 표현주의에서 확인하는 이 변화는 내가 보기에 입체파로 계승된다. 입체파는 인간이 자그마한 교외의 풍경에 만족하지 않도록(왜냐하면 몽마르트르는 이미 건물들로 뒤덮였고 그 모습은 상당히 우울한 것이었기 때문이다) 가르친다. 그것은 우리를 인간의 공업 산물들에 친숙해지도록 만든다."[31]

겔렌도 이와 유사하게 말한다. "대도시의 시대가 시작되었다. 인구과잉의 석조와 콘크리트로 뒤덮인 고향들의 정상적인 환경은 인류가 예로

---

31) Claude Lévi-Strauss: "Primitive" und "Zivilisierte". Nach Gesprächen aufgezeichnet von G. Charbonnier. Zürich 1972, S. 136 f.

부터 자신에 대해 알아온 것과 더 이상 아무 상관도 없다. 창문에서 바라보는 시선은 어떤 나무나 동물 혹은 밭이나 산맥도 보여주지 않았고, 어머니 대지는 인류 농경시대의 진리 내지 문학들에 속했으며, 이러한 시대는 수천 년 간의 지배 이후 이제 끝났다는 점이 드러났다."(ZB, 43)

(2) 그러나 "대상"이 이런 식으로 의심스럽게 되었다면 회화에는 아직 어떤 가능성들이 남아 있는지 겔렌은 묻는다. 일관성 있게 코드는 계속 환원된다. 즉 현대회화는 의미화를 중단시키고 "형식"을 전면에 부각시킨다. 이는 "추상적" 예술에서 명백히 드러나는 경향이다.

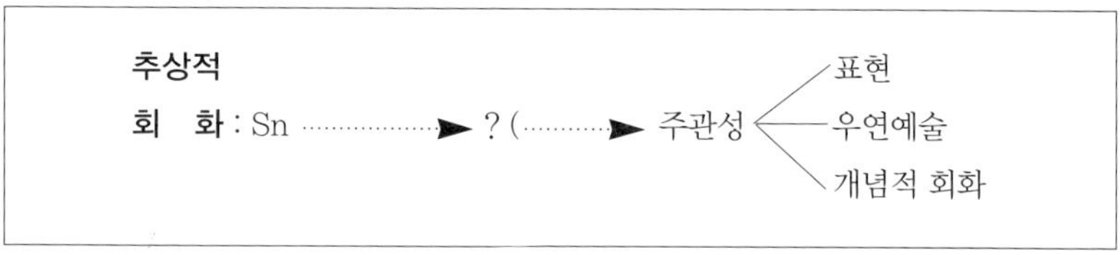

이처럼 코드를 엄중하게 "순수" 기표에 환원함으로써 단지 기표까지 제거하는, "공허함"을 전시하는, "캔버스"라는 단순 매체의 역설만이 그것을 능가할 것이다. 현대회화의 작품들은 감상자를 불쾌하게 만들고 감상자의 말을 막아버리는 수수께끼로 변한다. 사람들은 어떤 것, 예컨대 형식 혹은 색채의 조합들을 보지만, 어떠한 해독의 규칙도 활용하지 못한다. 구속력 있게 미리 제시된 지식, 예컨대 종교적 지식이나 실재에 대한 활용 가능한 직관도 그런 작품들의 이해를 위해 열쇠를 제공해 주지 않는다. 이러한 경험은 현대예술의 전시회에서 사람들이 자신의 지각들을 냉정하고 허영심 없이 결산할 경우 종종 맛보는 것이다. 그래서 겔렌은 현대회화의 본질적인 논평 필요성에 대해 언급한다. 작품들의 "의미"는 그것들이 유발하는 논평들에 들어 있다고 말할 수도 있을 것이다.

"그림에서 더 이상 명확하게 간파할 수 없는 의미는 그림 옆에서 논평으로, 예술문학으로, 또 누구나 알고 있듯이 예술에 대한 잡담으로 정립된다. 간과할 수 없게 된 선언문들, 비평들, 저서들, 안내책자들, 전시회의 텍스트들, 강연들 등으로 표현되는 논평들은 현대예술 자체의 본질적 성분이라고 파악되어야 한다. 그것들은 말하자면 두 가지 흐름으로 계속 움직인다. 즉 하나는 시각적 흐름 속에서, 다른 하나는 수사법적 흐름 속에서 계속 움직인다. 이는 독특한 현상이다."(ZB, 54)

이러한 논평들에 대해 겔렌은 부분적으로 매우 신랄한 견해를 밝힌다. 그는 그림들에 대한 "찬가"라는 말을 쓴다. 논평들은 종종 "서정적"이며, 부정확하고, 수다스럽고, 자의적이라는 것이다. 다른 한편 논평들 없이는 안 된다. 그림들은 더 이상 스스로 아무것도 말하지 않는다. 예컨대 몬드리안의 작품들은 "부화하는 침묵" 속에서 방황할 것이다.

겔렌의 요점을 향해 나아가자면, 이제 결정적인 것은 "이념적" 회화가 신에서(그 세속적 대변자들인 지배자들과 함께), "리얼리즘적" 회화가 자연에서 그랬듯이, 이 현대적 회화가 주관에서 그 지시대상을 찾는다는 것이다. 이러한 생각은 위에서 설명한 옛 제도들의 침식으로부터 주관성이 해방되었다는 생각과 연관관계를 지닌다. 이제 도시적으로나 산업적으로 조형된 현대의 현실이 아니라 주관성이 회화의 마지막 관련점이 된다. 그리고 겔렌이 보기에 바로 그로부터 결정적인 문제들이 생겨난다. 왜냐하면 현대예술의 주체 관련성은 세 가지로 구분할 수 있는 가능성들을 형성할 수 있기 때문이다. (a) 자아 상태들(예컨대 감정들)을 표현하는 예술, (b) 우연성을 활용하는 우연예술, (c) 이론에 근거를 두는 예술인 개념적 회화 등이 그것이다. 겔렌은 이 셋째 예술에만 현실적 의미를 인정한다. 그는 "표현주의"를 극히 엄격한 말로 거부한다. 그는 "밑바닥의 출발"(ZB, 127), 혹은 "야만"이라는 말을 한다. 이 조류 전체는 일종의 "정리되지 않은 색조"(ZB, 146)를 지닌다는 것이다. 그러나 표현주의는 무엇보다도 "느낌"과 "보기", "감정"과 "시각"을 조화시키지 못했다는 딜레마로 인해 난관에 처한다고 한다.

"외부세계는 이미 시각적으로 세분화되어 있지만 감정은 그렇지 못하다. 그리하여 발견된 편협한 해결책들의 심한 압박과 강요가 야기되었다. 프란츠 마르크는 선의 우아함을 버리지 않고 감정에 어울리게 접근할 수 있는 상태를 유지했기에 민중의 사랑을 얻었다. 마케만 해도 유사한 이유로 그러했다. 케테 콜비츠는 고난에 대한 그녀의 진술이 아주 진지했기 때문에 그러했다. 놀데는 장식적인 경우, 그러니까 수채화로 꽃을 그릴 경우 사랑을 받았다. 한편 페히슈타인은 그러한 조류를 온건한 형태로 보여줌으로써 일찍부터 인정을 받았는데, 오늘날 사람들은 그러한 것을 좋지 않다고 여긴다. 왜냐하면 그러한 강령에 따르면 지난날의 인기는 더 이상 오늘날의 인기가 될 수 없기 때문이다."(ZB, 149)

겔렌은 "우연미술"도 회의적으로 본다. 이 경우에는 작품이 놀라운 충격의 요점으로 끝나며, 이러한 효과 속에서 작품의 의미는 사라진다. 그처럼 우연들을 통해 작업하는 예술품들의 의미에 대한 물음은 더 이상 제기되지 않는다. 겔렌은 그것들이 지배적인 기술적 정신상태의 반영이라고 본다. 이러한 정신상태는 "왜"에 대한 물음을 효과와 작용들의 엄청난 사실성에 대한 지적을 통해 잘라내 버렸다고 한다.

따라서 "개념적 회화"가 제3의 가장 전망이 풍부한 가능성으로 남는다. 겔렌은 그것에 대해 그 출발점인 인상주의와 점묘화법에서부터 그 절정인 입체파에까지, 또 클레 · 몬드리안 · 칸딘스키의 경우에도 상론한다. 이론적으로 철저히 표현된 이 "개념적" 회화에서는 그림을 규정하는 주관성이라는 심급이 불명확한 자아상태들의 천재미학적으로 팔아먹을 수 있는 표현성을 통해 나타나지는 않으며, 또한 충격효과로 끝나는 순수한 우연성으로 나타나지도 않는다. 오히려 그것은 그림 형상화의 요소들로 번역되는 지각의 자체반성으로 나타난다. 그림 표면과 묘사된 대상의 증대하는 긴장 속에서—주제들이 천박해지는 가운데—, 그리고 예컨대 몬드리안 같은 화가의 추상적 구성들을 통해, 통각의 구성적 힘에 대한 전적으로 "이론 능력이 있는" 정확한 파악이 명료하게 표현된다는 것이다. 겔렌은 "개념적 회화"를 "그림의 현존재를 미학적으로도 사상적으로도 충분히 전개된 정확한 개념을 통해 정당화하고 동일한 개념을 근거로 자신이 사용하는 그림의 요소들과 예술수단을 정의하는"(ZB, 96) 회화라고 규정한다.

그림과 그 요소들의 의미를 논증하는 개념은 단지 세계를 해명하는 주관의 힘과, 형태심리학에서 해명된 시각적 지각의 법칙들과, 시각의 생리학에만 근거를 두며, 좀더 일반적으로 모든 "객관성"을 주관의 정립으로서 입증하는 구성주의적 특징을 보여준다. 망막의 생리학은 점묘주의적 방법을, 형태이론은 클레의 기호언어를, 끝으로 신칸트주의적 구성주의는 입체파 회화의 형식실험들을 해명해 준다는 것이다. 입체파의 동시대인이자 동반자인 다니엘 H. 칸바일러의 주장을 몇 가지 넘겨받아서 겔렌은 다음과 같이 서술한다.

"주관성을 향한 방향전환은 이미 회화에서 시작되었으며, 그것에서 우리는 '관련체계'의 결정적 교체를 간파한다. 따라서 그것은 궁극적으로 여기에(즉 입체파에: 저자) **철학적** 기초를 지니고 있으며, 이에 근거해 예술의 과제는 원칙적으로, 또 포괄적으로 새롭게 규정될 수 있다. 이제 간단히 말하자면, 이러한 과제는 무의식적으로 작업하는 의식의 구성적 세계생산 작업을 **반성**으로 끌어올리고, 그것을 순수하게 체계적으로 반복하며, 그것을 이른바 자유로운 실행 속에 넘겨받는 데에 있다. 이러한 계획은 후안 그리스의 다음 문장에서 다시 발견할 수 있다. '나는 순수한 정신적 요소들을 가지고 어떤 상상적 현실을 매우 정밀하게 구성할 수 있기를 희망한다.' (1919. 8. 25.) 여기서 우리는 결정적인 지점에 접근한다. 신칸트주의 학설이 외부세계를 인간 정신의 산물이라고 해석하고 이 생산의 법칙들이 예술가에 의해 제어되고 계속 작동된다면, 예술작품은 새로운 현실이 될 수밖에 없을 것이다. 즉 낡은 현실의 개선된 등가물이 되어야 할 것이다! 단지 그럴 때에만 후안 그리스는 외부세계의 지각방식을 변화시켰고 따라서 외부세계 자체도 변화시켰다고 칸바일러가 말할 때 이를 이해할 수 있고 또한 그것이 강제성도 지니게 된다. (…) 왜냐하면 '즉자적으로' 지속되는 현실이란 없기 때문이다."(ZB, 86f.)

입체파 회화의 기표적 기호언어는 이처럼 하나의 현실을 구성하며, 이 현실은 흔히 지각되는 현실과 나란히 혹은 그것을 대신해서 등장하며, 선험적 주관성에 그 관련점을 지닌다. 겔렌은 입체파 화가들, 특히 후안 그리스가 유사신칸트학파적 반성을 수행한다고 상정해도 된다고 여긴다. 그리고 이러한 반성은 최고 수준의 예술적 구성주의를 가능하게 만들었다고, 즉 천재에 대한 모든 논의를 넘어서서 그림의 모든 세부에 이르기까지 입증가능하고 합리적으로 제어될 수 있게 만들었다고 여긴다. 이 구성주의적 개념에 비해 겔렌은 예컨대 칸딘스키나 몬드리안이 그들의 회화를 정당화하기 위해 끌어들인 이론요소들은 그래도 아직 따라갈 수 있는 것이지만 이미 너무 사적이라고 보았다. 예컨대 몬드리안의 경우 "남성"과 "여성"의 긴장 속에서, 자신의 회화작품을 통해 달리는 가능하지 않은 이 차이의 조화 혹은 "긴장해소"에 도달하겠다는 이념과 더불어, 수직과 수평을 반영한다는 것이 그렇다.(ZB, 124) 그러나 그림을 통한 이 개인적 신화들의 구현이 설득력을 지니는 정도에 따라 그것의 우연한 기원은 제거된다.

"몬드리안의 그림 앞에 혼자 있을 경우 그 속의 심적 요인이 소리 없이 나타난다. 조용하고 정화된 변덕이 그것이다. 그러나 그것은 완전히, 남김 없이 시각적인 것으로 전환되었으며 그의 자기해명의 단순성과 논리는 설득력을 얻는다."(ZB, 124)

(3) 끝으로 현대의 주체관련 예술의 기능에 대한 물음에 대해서도 언급하기로 한다. 겔렌은 이 현대를 "역사이후", 즉 "결정체", 미래의 고갈, 모든 기획의 반복되는 변형 수준으로의 위축(예술과 관련해서는 모든 시대가 이런 상태로 흡수될 수 있다) 등의 징후 속에서 본다. 그것은 일종의 "상상적 박물관"이며, 그 방문객은 마술이나 신앙 혹은 현실의 품위라는 맥락 속에서 한때 의무를 부여하던 과거 예술의 호소력 있는

자질에 대해 이제 더 이상 알지 못하며, 과거 예술의 요구로부터 면제되어 그것을 주관적-미적으로 지각한다. 과거의 모든 예술은 이러한 예술 속으로 들어갈 수 있는데, 이 예술은 현대에 독자적 메커니즘, 특히 예술장사와 전시제도를 포함한 제도로서 조직된다. 즉 해방된 주관에 근거를 제공하며, 예컨대 모든 아방가르드적 예술강령과 달리, 현실과 행동에 대한 모든 의무만 아니라, 세분화된 사회들의 기능방식을 특징짓고 주체들을 호출하고 그들에게 부담을 안겨주는 사회적 현실의 "슈퍼-구조들"의 압력으로부터도 주관의 부담을 면제해 준다. 그에 반해 제도적으로 보호받는 예술의 기대가능한 기대불가능성은 주관에 지나친 요구를 하지 않으며, 오히려 다행스러운 경우에는 성공적이고 체험이 풍부한 자신과의 만남을 주관에 허용하며, 이는 보상적인 작용을 할 수 있을 것이다. 『시대의 그림들』의 마지막 문장들은 다음과 같다.

"그림은 벽에 (남아 있다). 그러나 그 요구를 바꾼다. 그리고 우리 시대의 회화는 예술을 우리 마음의 재능이 가 닿는 곳에 옮겨놓을 운 좋은 가능성으로 나타난다. 우리는 이 그림들 앞에 머물 수 있다. 그리고 그 때문에 우리는 그것들을 사랑한다."(ZB, 225)

철학의 귀환: 아도르노

맑스주의 예술개념, 프로이트의 이론, 그리고 겔렌의 인간학 등에 대한 고찰은 비철학적 예술이론이 현대의 미적 의사소통에 대해 지니는 중요성을 어느 정도 암시해 주었을 것이다. 역사적으로 이러한 고찰은 "자율적" 예술과 "철학적 미학"의 연합이 그 종말에 도달하는 것을 본 "아방가르드"의 자각에 따랐다. 아방가르드에 앞서 약 100년 동안 세분화된 미적 의사소통에 대해 아방가르드가 제기한 이 비판적 반론의 결산은 분열적이다. 한편으로 아방가르드는 수많은 새 테마들을 논의에 끌어들였으며, 이는 아직도 시의성을 띤다. 이 점은 프로이트와 맑스, 벤야민과 겔렌의 서술에서 분명해졌을 것이다. "이데올로기" · "승화" · "아우라" · "부담면제" 등의 개념은 미적 의사소통의 목록과 구분가능성들을 현격히 확장시켰다. 게다가 아방가르드는 예술의 제도화를 사회의 세분화된 부분체계로 보는 명확한 의식을 일깨웠다. 더욱이 무엇보다 —이는 결산의 다른 측면으로 귀결된다—아방가르드 충동의 탈세분화적 의미론이 본래의 의도와는 반대로 예술체계의 특수한 의미론임이 입증됨으로써 그랬다. 변형된 일상으로 예술을 지양하는 것은 예술의 한 가지 사건에 지나지 않았다. 이로부터 기능적으로 세분화된 사회의 변형이 어떤 부분체계 하나에만 근거해 억지로 이루어질 수는 없다는 것을 배울 수 있었을 것이다. 특히 브레히트가 이러한 교훈을 어느 누구보다도 일관되게 자신의 것으로 만들었다. 예술체계는 아방가르드의 강령을 통해 사회에 대한 "비리얼리즘적" 서술을 기도했다. 그러나 바로 이것이야말로 사회가 예술에서 기대하는 바였다. 사회에 대한 부담 없는 대안의 흉내가 그것이다.

매우 도식적이라는 점은 틀림없지만, 아방가르드의 운명을 관찰할 수 있었던 미적 의사소통의 모든 계획들을 아방가르드-이후라고 칭한다면, 이 아방가르드-이후 계획들에서는 "자율적 예술"과 "철학적 미학적 반성"의 "아방가르드-이전" 결합이 새로이 활력을 띠며 다시 등장하고 상당한 반향을 얻었다는 점이 눈에 띈다. 낭만주의 시대 관념론적 미학 담론의 본질이 핵심적으로 "자율적" 예술을 역사철학적 혹은 존재론적 규정 속에서 "화해"와 "진리"의 매체로 선언하는 데에 있었다면, 아방가르드-이후 예술철학이 이러한 성향을 다시 띠고 있다는 점은 결코 간과할 수 없다. 아방가르드 계획들의 잔재로부터 다시 등장한 20세기의 예술철학이 낭만주의의 요구를 완화된 어조로 반복한다는 추측은 이하에서 철저히 논증해야 할 것이다. "반복"의 테제를 여기서처럼 확연히 정식화할 경우 물론 조심스러운 세분화의 계기를 제공하는 반론들도 분명히 제기될 것이다. 이 점은 고려되어야 한다. 논의의 중심에는 아도르노와 하이데거의 예술철학적 입장들을 설정하기로 한다. 이들은 최대의 반향을 얻었고, 그들의 테마와 공식들은 현대 미적 의사소통의 논쟁양식과 고찰양식에서 더 이상 도외시할 수 없을 것이다.

사람들은 하이데거와 아도르노의 철학적 구상들을 종종 대립적인 것이라고 느꼈고 정치적 구분에 따라 "진보적"(아도르노) 혹은 "보수적"(하이데거)이라고 칭했다. 이 구분은 우선 어느 정도 납득할 만한 것이기도 하다. 유대인인 아도르노는 국가사회주의 폭력체제의 희생자였으며, 하이데거는 국가사회주의 독일 노동자당(NSDAP)의 당원이자 1933/34년에는 정치 참여적 프라이부르크 대학 총장으로서 적어도 한동안 적극적으로 그 폭력체제에 복무했다는 우울한 사실을 간과할 수 없을 것이다. 그 밖의 차이점도 눈에 띈다. 아도르노는 세상 물정을 잘 아는 도시적 지식인 유형이었지만 하이데거는 그러한 유형을 불신했고 이에 맞서 고향과 결합되어 있는 사상가 유형을 내세웠다. 맑스의 이론은 비록 모호하더라도 부단히 아도르노 이론과 관련을 맺고 있었지만,

하이데거는 소크라테스 이전 철학자들에게서 영감을 받는다고 믿었다.

이런 차이나 그 밖의 차이들이 매우 중요하기는 하지만, 유사한 점이나 서로 접하는 점도 명확히 드러난다.[1] 언어에 주목할 경우 첫째 유사점이 드러난다. 아도르노와 하이데거 두 사람은 전혀 혼동할 수 없는 수사법을 이루어냈는데, 이는 너무 두드러져서 패러디를 초래하기도 한다. 이러한 관찰은 두 철학자가 언어에 상당한, 어쩌면 최고의 주의를 기울이고 그래서 특수한 스타일을 위한 노력에서 진정한 철학적 충동을 느낄 수 있게 된다는 사실을 말하는 것이 아니라면 특별한 의미를 지니지 못할 것이다. 말이 사유에 외적이지 않다는 점을 두 사람은 확신했다. 그리고 그들은 과학적으로 제도화된 담론, "잡담" 혹은 동일시하는 사유의 강압에서 벗어날 수 있는 언어를 추구했다. 이런 이유에서—그 결과는 아주 상이해 보일지라도—두 사람의 담론 속에는 뛰어난 시적 충동들이 섞여 들어갔다. 과학적 합리성의 명백한 진퇴양난을 두 사람은 다 같이 극단적으로 밝혀내고 현대의 숙명으로서 악마처럼 다루었다. 그러한 합리성은 그들로 하여금 철학적 담론을 시적으로 보완하도록 하는 동기가 되었다. 고트프리트 벤은 1951년 어느 강연에서 다음과 같은 인상을 피할 수 없다고 주장했을 때 어떤 타당한 면을 간파했던 셈이다.

"마치 오늘날의 철학자들도 근본적으로는 시를 쓰고 싶어하는 것처럼 보인다. 그들은 담론적 체계적 사유가 (…) 끝났으며, 의식은 (…) 단편적으로 사유하는 어떤 것만을 견디며, 진리에 대한 수백 쪽의 고찰들은, 그 중 몇몇 명제들은 매우 적합할지 모르지만, 한 편의 3절 시와 같은 무게를 지닌다는 점, 이 조용한 지진을 철학자들은 느낀다. 하지만 그들의

1) Vgl. Hermann Mörchen: Adorno und Heidegger, Untersuchungen zu einer philosophischen Kommunikationsverweigerung. Stuttgart 1981; Hauke Brunkhorst: Adorno, Heidegger und die Postpoderne, in: Martin Heidegger: Innen- und Außenansichten. Frankfurt/M. 1989, S. 313 ff.

경우 말에 대한 관계는 방해를 받고 있거나, 혹은 결코 생생했던 적이 없다. 그 때문에 그들은 철학자가 되었던 것이다. 그러나 근본적으로 그들은 시를 쓰고 싶어한다. 모두가 시를 쓰고 싶어한다."[2]

실제로 하이데거는 말년에 시를 쓰기도 했다. 반면에 예술적 관심을 작곡가로서 표현했던 아도르노는 철학적 반성과 시적 상상의 긴장관계를 고수했지만, 미학적 담론을 거의 "미메시스적으로" 작품들에 접근시켰다.

두 사람의 글쓰는 방식상의 중대한 차이로도 지워지지 않고(사실 아도르노는 주지하듯이 하이데거의 이야기방식을 "고유성이라는 알 수 없는 전문어"라고 예리하게 비판했다) 오히려 강조되어야 할 담론상의 이 유사성과 더불어, 그와 마찬가지로 중요한 또 다른 유사점들도 등장한다. 우선 매우 큰 비중을 차지하며 작동하는 역사관 속에 마찬가지로 엄격한 현대비판의 문맥을 설정하는 점이 그것이다. 두 사상가는 역사를 "존재망각"이든, 보편적 등가성 사유의 속박 속에서 모든 "비동일자"를 희생시킨 왜곡된 "계몽"이든 대체로 "숙명"이라고 파악했다. 이 "숙명적 역사"는 서구문화의 초기부터 현대에 이르기까지 불길하게 강화되었는데, 이러한 숙명적 역사 앞에서 지배관계나 개념적 강압 혹은 상품교환 없는 미메시스적 자연관계 혹은 형이상학 이전의 "존재-방임"이라는 "역사이전" 단계들은 태초의 어둠 속에서, 또 인류가 "원죄를 범하고" 자연으로부터 벗어날 때와 가까운 지점에서 방향을 잃고 있다. 무엇보다 예술 및 미적 경험의 기능과 관련한 유사성이 놀랍다. 서구 역사가 인류에게 야기한 보편적 속박의 영역 속에서는, 사유를 통한 예술과의 만남 속에서 예술의 잠재력이 해방될 경우, 무엇보다 "진정한" 예술이야말로 반론과 화해와 진리의 기관이 되는 것이다. 이처럼 예술은 비록 수수께끼 같은 방식으로이기는 하지만, 자연과 문화가 화해하게 된, 또 존

2) Gottfried Benn: Probleme der Lyrik. Ges. Werke. Bd. 4, S. 1092.

재역사의 다른 장이 열리게 된 어떤 다른 존재의 가능성을 가리켜 보인다. 물론 이 경우 어떤 철학적 차이들이 드러났다. 하이데거는 그러한 "전환"을 그것을 수행하거나 수행하지 않는, 그리고 이로써 모든 주관성의 부담을 면제해 주는, 존재에 맡겼다. 반면에 아도르노는 현세적 구원의 가능성을 통합적 사회의 "속박"에 저항하는 주체의 반성적 성격과 결합시켰다. 그러나 아도르노의 사유에서도 주관 너머의 것을 가리키는 강력한 유사 종교적 구원의 동기들을 찾을 수 있다. 그는 "사고과정"의 최종 단계에서 모든 것을 이러한 희망에 내맡겼다. 위험 속에서는 구원의 요소도 증대한다는 것을 아마 아도르노는 더 이상 믿지 않았을 것이다. 1968년 그가 16차 독일 사회학회에서 「후기자본주의인가 산업사회인가」라는 발표문을 마무리할 때 제기한 주장들은 중대한 관심사를 아직 형식적으로만 끌어들이는 체념적 어조를 띠고 있다. 그것은 그가 느낀 상황의 절망적 성격을 그저 힘없이 은폐할 뿐이다.

"만인에 대한 체제의 자립은 (…) 어떤 한계치에 도달했다. 그것은 프로이트의 말을 빌자면 도처에서 멋대로 범람하는 불안으로 표현되는 숙명적 상태가 되었다. 멋대로 범람한다는 것은 그것이 어떤 생명체와도, 개인과도, 계급과도 더 이상 결합될 수 없기 때문이다. 하지만 결국 자립한 것은 생산관계들 아래 매장된 인간들 사이의 관계들뿐이다. 그 때문에 사물들의 막강한 질서는 동시에 그것들 자체의 이데올로기이기도 하며 실질적으로 무기력하다. 속박은 그처럼 꿰뚫어볼 수 없는 것인 한에서 단지 속박일 뿐이다. 사회학이 단지 대리자들에게 환영받고 이해관계에 부응하는 정보들만 제공하는 대신, 그것을 구상케 한 목적 가운데 무엇인가를 구현하려 한다면, 자체로서 보편적 물신의 성격에 굴복하지 않는 수단들을 통해, 설혹 대단하지 않은 것일지라도 그 속박이 풀리도록 자신의 몫을 다해야 할 것이다."(VIII, 369f.)

그러나 주관 자체가 보편적 지배의 속박 아래 있어서 예술과 만나는 부담면제의 순간에만 거리감을 경험할 수 있다면, 주체-객체의 관계를 형이상학적 규정으로서 거부하고 주관과 그 의도에 의해 좌우되지 않는 존재-숙명을 태연히 받아들이는 하이데거의 태도가 더 일관성 있는 입장처럼 보인다.

계몽을 향한 강압

아도르노가 호르크하이머와 함께 1944년에 발표한 『계몽의 변증법』 이전에 무엇을 경험했는지는 여러 사람들이 강조한 바 있다. 그들은 독일 및 이탈리아 파시즘의 승리를, 단지 국가개입주의적 간섭과 사회의 전체주의적 구성을 통해서만 자체의 경제적 위기를 극복할 수 있다고 믿은 부르주아 자본주의 사회의 결과라고 이해했다. 이렇게 구성된 사회에는 자신을 공격적 "초자아" 심급과 유사나르시시즘적으로 동일시하는 성향을 띤 "권위주의적 성격"이 상응한다고 한다. 그 후 미국 망명 경험에서 그들은 권위주의 국가에 대한 "자유주의적" 대안이 결코 진정한 대안은 아니라는 것을 배웠다. 미국의 대중문화는 "좀더 강제성 없이", 그러나 마찬가지로 효과적으로, 철저히 자본화된 의식산업의 대리자들을 통해 조작된 욕망구조를 이용함으로써 사회를 통합한다. 그리고 브레히트와 벤야민이 꿈꾸었던 이 의식산업의 "해방적" 내실들은 알아볼 수 없게 되었다. 끝으로 스탈린주의의 공포는 소련에서 사회주의적 대안에 대한 모든 희망들을 제거했다. 간단히 말하면 시대사에 대한 불행한 결산이 『계몽의 변증법』의 암울하고 실로 절망적인 특징의 밑바탕이 되었던 것이다.

이 책의 역사철학적 인간학적 성격을 염두에 두면 그 기본사상이 드러난다. 계몽의 변증법이라는 제목 자체를 강령으로 읽을 수 있다. 맑스주의적 이해에 따르면 역사는 "변증법적으로" 진행된다. 즉 사회구성체들이나 시대의 본질구성적 모순들과 적대관계들로부터 그것들을 넘어서도록 강요하고 그것들을 새롭고 더 높은 수준의 통일로 "지양하는" 어떤 역동이 생겨나며, 이의 내적 적대관계들은 다시 "지양"을 강요한다. 등등. 역사적 진보를 가능하게 한다는 생산력과 생산관계, 예컨대 기술과 사회구조의 모순에 대한 맑스의 사상은 그러한 "변증법"의 본보기로 간주될 수 있다. 이러한 "변증법" 개념을 고려하면 호르크하이머와 아도르노의 변증법 형태는 매우 위축된 것으로 보인다. 이들의 "변증법"은 부정성에 머물며, 어떤 최적화된 상황 속에서 모순들을 "지양"할 수 있다고 자신하지 못하는 가운데 모순들을 그려낸다. 변증법적 모델의 "긍정적" 측면, "더 높은 차원의" 통일로 대립들이 전도되는 현상은 『계몽의 변증법』에서 거의 파악할 수 없는 상태로 사라진다. 변증법적 충동의 이 "초월적" 힘을 제거하는 가운데, 스스로 부과한 "우상금지" 속에서, 즉 계몽을 완성하게 될 "화해된" 모순들의 긍정적 구성의 포기 속에서는 1944년의 역사적 순간에 대한 경험이 확실히 반영되고 있다. 따라서 계몽의 약속, 인간다운 삶, 18세기 고조된 분위기의 저술들로부터 우리를 향해 울려오는 "행복"과 같은 어떤 것에 대한 희망이 실현되지 않았다고 간단히 말한다면, 우리는 "계몽의 변증법"이라는 제목을 제대로 이해하는 셈이다. "테러"의 해인 1794년 콩도르세는 다음과 같이 물었다.

"개인적 복지와 일반적 복리를 동시에 필연적으로 증대시켜준 과학과 기술의 새로운 발견 때문이든, 아니면 지적이고 도덕적이며 신체적인 소양의 현실적 완성을 통해서든—이 또한 그러한 소양을 증대하고 그것의 활용을 통제하는 도구들의 완성 결과이거나 인간 자신의 천부적 유기체의 완성 결과일 수 있다—마침내 인류는 좀더 나아질 수밖에 없지 않겠는가?"[3] 이에 대해 『계몽의 변증법』은 "아니다!"라고 답한다.

또한 콩도르세는 『인간 정신의 진보에 대한 약술』을 미래에 대한 비전

3) Marie J. A. N. Caritat, Marquis de Condorcet: Entwurf einer Darstellung der Fortschritt des menschlichen Geistes. Frankfurt/M. 1976, S. 194.

으로 마무리한다. "모든 사슬에서 해방되고 우연과 진보의 적들의 지배로부터 벗어나 확실하고 유능하게 진리와 행복의 길로 전진하는 인류의 모습을 철학자에게 보여주는 연극은 어떤 것인가 …"[4)]

이에 대해 『계몽의 변증법』은 그 열정적 문장들이 감옥에서 작성된 것이고, 그 저자는 여기서 얼마 후 비참하게 죽었다는 사실을 지적한다. 그러나 계몽은 외적 사정이나 인간의 악의나 어리석음 혹은 물질적 자원의 결핍 등으로 인해 좌절한 것이 아니라 계몽 자체로 인해 좌절했다. 즉 계몽은 인간이 잘못 구현한 "선한" 원리가 아니다. 그 원리 자체가— 즉 계몽하려는 의지가— 변증법에 지배된다. 그 속에는 아도르노가 보기에 점차 화해할 수 없게 되는 적대관계가 감추어져 있다. 『계몽의 변증법』의 처음 두 문장은 예리하게 다음과 같은 점을 지적한다.

"예로부터 진보적 사유라는 가장 넓은 의미의 계몽은 인간에게서 공포를 없애주고 인간을 주인으로 앉힌다는 목표를 추구했다. 그러나 완전히 계몽된 지구는 승리하는 재앙의 징후로 빛난다."(Ⅲ, 19)

이는 바로 오해의 여지가 별로 없는 중심 테제이기도 하다. 계몽의 완성은 그것이 원래 원했던 것의 반대를 초래했다. 계몽이 인간에게 자유와 행복을 주고, 인간을 막강한 폭력과 파악하지 못한 강압들의 모든 두려움으로부터 "내적으로"도 "외적으로도" 벗어나고 자기 삶의 주인이 되도록 하고자 시작되었다면, 그 결과, 곧 완성된 계몽은 그것이 한때 항의했던 상태보다도 더 포괄적이고 더 대안 없는 상태로 인간을 복종시킨 새로운 강압체제를 구축한다. 그러나 이러한 상태는 자연의 막대한 힘이었다. 그것은 인류역사의 출발점을 가리켜 보인다. 왜냐하면 아도르노와 호르크하이머에게는(이하에서는 따로 호르크하이머의 이름을 거론하지 않지만 늘 함께 생각하기로 한다) 계몽이 근세의 "정신적 태도"에 국한될 수 없기 때문이다. 여기서 드러나고 그 어두운 그림자를

4) Ebd., S. 221.

현대에 드리우게 되는 것은 먼 곳에서 유래하는 것이다. 사실 그것은 문제들을 원칙적으로 받아들일 경우 인류의 역사와 다소 동일하며 물론 점점 더 강화되어 가는 과정인 것이다. 인류는 이미 언제나 계몽을 꾀했던 것이다! 다름 아니라 사정이 그러했기 때문에, 또 아도르노가 계몽을 사회경제적으로 예컨대 "자본주의적" 부르주아와 이들의 근세에 관련짓지 않았기 때문에, 또 "계몽의 의지"나 계몽의 필연성은 인간학적 상수이기 때문에, 아도르노의 암울한 결산은 그처럼 완전히 불운한 절망적 성격을 띠게 된다.

인류 역사의 "영점"은 "인간"과 "세계 사이에 분화의 경험이 존재하지 않는다는 의미에서 인간과 자연의 모호한 "통일상태", 혹은 낙원으로부터 추방되기 이전의 상태일 것이다. 이 추방은 인간화의 신화라고 해독할 수 있을 것이다. 이러한 인간화 속에는 자연의 비호와 직접적 세계통일로부터의 일차적 "소외"가 포함되어 있다. "원죄 이후", "낙원으로부터의 추방" 이후—이는 어떤 다른 현존재에 대한 지식이라는 인간의 조건에 대한 암호들이다—인간과 자연 사이에는 하나의 심연이 벌어진다. 그것은 경악과 불안과 공포 속에서 경험되는 긴장이기도 하다. 겔렌의 개념을 써먹자면, 인간은 자신의 자체보존을 의심스럽게 만드는 위협적 자연의 이 막강한 힘의 부담에서 면제되어야 한다. 이 기본적 부담면제는 "현실의 절대주의"[5]에서 해방되는 "계몽"의 과정에서 수행된다. 원론적으로 그렇게 시작할 경우 계몽의 성질은—이는 곧 모호한 것, 이해되지 않은 것, 위협적인 것 등을 조명 · 설명 · 지배하는 것이다—막강한 힘으로 경험된 자연에 맞서 모든 부담면제의 제스처들에 부여된다. 마술 · 신화 · 종교 · 형이상학 · 과학 등등은 이러한 인간학적 관점에서 보면 모두가 계몽적 거리 획득의 방식들이며, 그 동기는 자연의 "절대주의"에 대한 불안이다. 따라서 형식적으로 보면 불안은 동시에 위

5) Hans Blumenberg: Arbeit am Mythos. Frankfurt/M. 1979, S. 9.

협받는 인간과 자연의 차이에 대한 지각이다. 그리고 이를 넘어서 자체 보존의 목적을 위한 어떤 경계선 설정의 자극이기도 하다. 『계몽의 변증법』에는 다음과 같은 주장이 들어 있다.

"그리스 종교의 밝은 세계 속에는 종교적 원리의 모호한 미분화상태가 잔존한다. 그것은 이제까지 알려진 인류의 가장 오래된 단계들에서는 마나로서 존중되었던 것이다. 일차적으로 미분화상태에서 그것은 미지의 것, 낯선 것 모두다. 즉 경험의 영역을 넘어서는 것, 사물들에서 미리부터 알려진 사물의 현존 이상의 것이다. 이 경우 원시인이 초자연적인 것으로 경험하는 것은 결코 물질적 실체에 대립하는 정신적 실체가 아니라, 개별 요인에 대립하는 자연의 뒤얽혀 있는 상태다. 경악의 외침으로 낯선 것을 경험할 때, 그 외침은 그것의 이름이 된다. 그것은 이미 알려진 것에 비해 미지의 것이 지니는 초월성을 고정시키고 이로써 전율을 신성한 것으로 확정한다. 자연을 가상과 본질, 효과와 힘으로 이중화하는 작업은 신화만 아니라 과학도 가능하게 만드는데, 그것은 인간의 불안에서 유래한다. 이 불안의 표현은 설명으로 변한다. 심리주의가 주장하듯이 영혼이 자연 속에 옮겨지는 것은 아니다. 운동하는 정신 마나는 투사가 아니라, 미개인들의 나약한 정신 속에서 실제로 막강한 자연의 힘이 만들어내는 메아리다."(Ⅲ, 31)

자연 환경에 대한 이 계몽적 거리획득의 단계들은 어떤 고유의 역동에 따르는데, 그 법칙은 점차 자연으로부터 떨어져 나오는 데에 있다. 이는 동시에 자연 환경을 하나의 객체로 굴복시키는 것을 가능하게 만든다. 이러한 측면이 『계몽의 변증법』에서는 중심적이며, 독자적으로 고찰되어야 하는 문제다. 이 책의 구상에서 극단적 양극단은 한편으로 계몽의 최초 형식인 마술이며, 다른 한편으로 아도르노에게는 일단 계몽된 합리성의 마지막 형태인 실증주의다. 마술은 의문의 여지없이 자연에 대한 하나의 지식이며 자연을 대상으로 하는 하나의 실천이다. 그 속에는 자체로서 거리를 전제하는 관찰이 포함되어 있다. 마술적 조작들은 인간을 위해 자연적 순환들에 영향을 끼치려고 시도한다. 마술의 "이론"과 실천은 그 성과와 관련해 위험하고 불확실하지만 미메시스적으로 자연에 동화되며, 그 속에서는 아직 자연의 본보기가 지배하고 있다. 마술적 지식은 자연을 "반복하며", 설혹 아무 성과가 없을지라도 자연을 장악하기 위해 자연을 모방한다. 계몽의 이 첫째 방식은 아직 그것이 지양하고자 하는 속박 속에 거의 그대로 머물고 있다. 우리는 『계몽의 변증법』에서 다음 대목을 인용하면서, 아도르노에게는 과거 자연과 가깝고 온건했던 계몽의 형식들로 퇴행하는 어떤 것이 중요하지 않았다는 지적과 이 인용문을 관련짓기로 한다. 아도르노에 의하면 자연과 가까웠던 마술은 아직 주체 및 객체의 완전한 분화를 몰랐다.

"샤먼의 의식은 외부의 구름 · 비 · 뱀이나 환자 몸 속의 악령을 향했지 소재나 본보기를 향한 것이 아니었다. 마술을 수행한 것은 하나의 동일한 정신이 아니었다. 그 정신은 수많은 영령들과 유사해야 하는 예배의 가면들과 마찬가지로 바뀌었다. 마술은 상당한 허위다. 하지만 그 속에서는 아직 지배관계가 순수한 진리로 변형되고 그것에 내맡겨진 세계의 기초가 됨으로써 부정되지는 않는다. 마술사는 악령과 닮는다. 악령을 놀라게 하거나 달래기 위해 마술사는 무서운 모습이나 온화한 모습을 취한다. 비록 마술사의 업무가 그저 반복하는 일이기는 하지만 그는 아직 문명인처럼 자신을 보이지 않는 권력과 같은 존재라고 주장하지는 않았다. 그런데 이 문명인에게는 소박한 사냥터들이 통일된 우주로, 모든 약탈가능성의 요체로 축소된다."(Ⅲ, 25f.)

이어서 아도르노는 다음과 같이 주장한다. "마술의 세계는 그 흔적들이 언어형식들에서조차 사라진 구분들을 아직 포함하고 있었다. 존재자 사이의 다양한 친족관계들은 의미를 부여하는 주체와 무의미한 대상 사이의, 합리적 의미와 우연한 의미 담당자 사이의 한 가지 관계에 의해 축출된다. 마술 단계에서 꿈과 그림은 사물의 단순한 기호가 아니라 사물과 유사성을 통해 혹은 이름을 통해 결합되어 있는 것으로 간주되었다. 그 관계는 의도의 관계가 아니라 유사성의 관계다. 마술은 과학과 마찬가지로 어떤 목적들을 추구한다. 하지만 마술은 대상에 대한 점진적 거리를 통해서가 아니라 **미메시스**를 통해 그것을 추구한다."(Ⅲ, 26f.)

마술은 신화로 변형되는데, 신화는 이미 좀더 높은 단계의 추상을 수행한다. 즉 자연과 관련해 상상된 것이지만 그래도 확고한 동일시를 수행한다. 또 신화는 무엇보다 "성스러운" 것과 "세속적인" 것의 구분을 통해, 즉 위상학을 통해, 그리고 자연 경험들—계절 · 별자리 혹은 신체의 순환—에 의해 조종되면서, 개방적이고 놀라운 일이 많아 산만한 가운데 모든 것을 예상해야 할 시간의 지평을 미리 구조화하고 예상할 수 있는 것으로 환원하는 연대기 혹은 시간순환의 도식을 통해, 공간과 시간을 도식화한다. 신화의 메아리는 예컨대 고대 정치철학에서 주도적이었던 국가형식들의 순환이라는 이념이나, 혹은 그 "논리"에 비춰볼 때 어떤 새로운 시작을 기대한 퇴폐주의의 형상에서도 찾아볼 수 있다. 인식적이고 미메시스적이며, 반복들을 이미 추상하고, 확고한 도식들을 형성하는 이 신화의 구조를 신칸트주의자 에른스트 카시러는 1925년 인간 통각의 상징적 활동들 가운데 하나로서 세세히 분석했다. 카시러는 예컨대 신화의 상징적 구조 속의 자연적 본보기들이 지닌 기능에 대해 다음과 같이 주장했다.

"사람들은 (…) 신화적 세계관과 신화적 감정에 대해서는, 본래의 우주적 시간에 대한 직관이 형성되기 전에 어느 정도 **생물학적** 시간, 즉 리듬 있게 구분된 삶 자체의 상승과 쇠퇴가 존재한다는 점을 간파한다. 사실 우주적 시간 자체는 신화에 의해 처음 파악되듯이, 신화는 이 고유한 생물학적 형상화와 변형을 통해서말고 달리 경험되지 않는다. 왜냐하면 자연적 사건의 규칙성도, 별자리 순환과 계절 변화의 주기성도 신화에 대해서는 전적으로 삶의 과정으로서 나타나기 때문이다. 낮이 밤으로 바뀌고, 식물들의 세계가 무성했다가 시들고, 계절이 주기적으로 이어지는 현상 모두를 신화적 의식은 우선 인간의 삶에 투사하고 그 속에서 거울 속을 보듯이 그 현상들을 봄으로써 파악한다."[6]

비록 자연의 모든 우연성이 자연의 "진행법칙들"로 환원되는 가운데 이미 제거되고, 풍부한 구체적 현상의 다양성과 임의성이—그러나 그 메아리는 예컨대 신화 세계의 다신교로 아직 남아 있다—소멸한 것으로 나타나더라도, 신화들 속에 자연이 내포되어 있다는 점은 아직 명확히 인식할 수 있다. 자연적 잠재력의 이러한 환원들은 일신교들로, 형이상학으로, 마침내 "논리 실증주의"에서 좌초하는 과학적 합리성으로 넘어가는 과정에서 강화된다. 이 자리에서 이러한 과정의 각 단계는 개별적으로 중요하지 않지만, 이 과정은 자연배제의 "논리", 구체적으로 말하면 모든 미메시스와 그 잔재들의 배척 "논리"에 따른다. 인류가 자연에서 유래한다는 "기억"을 보존하고 있는 미메시스는 예술 속에서 동면한다. 예술은 종교 및 과학과 병행하여 신화들의 유산으로부터 생겨난다. 오디세우스와 그의 동료들이 사이렌과 이들의 도취적 노래에 부딪치게 되는 『오디세이』의 일화를 탁월하게 해석하는 가운데 아도르노는 점진적 계몽의 담보물인, 이 자연적 기원에 대한 행복한 인식이 억압되거나 아예 제거되는 현상을 밝혀냈다. 즉 노동의 금욕은 기원의 암시를 배척하는 대가를 치름으로써만 생각할 수 있는 것이다. 노 젓는 사람들은 귀를 막으며 멀리서 들려오는 소리를 듣지 않는다. 그들은 노만 젓는다. 주인인 오디세우스는 그것을 듣지만 묶여 있으며 배에다—이 노고와 계속적인 운동의 상징에—자신의 진로를 맡긴다.

"그를 돌이킬 수 없도록 실천과 묶어 놓은 끈은 동시에 사이렌들을 실천과 멀리 떼어놓는다. 그들의 유혹은 단순한 명상의 대상인 예술로 중화된다. 묶여 있는 자는 나중에 콘서트를 찾아간 청중들처럼 꼼짝하지 않고 귀를 기울이며 일종의 연주회에 참석해 있다. 그리고 밧줄을 풀어

6) Ernst Cassirer: Philosophie der symbolischen Formen. 2. Teil: Das mythische Denken. 6. Aufl. Darmstadt 1973, S. 135.

달라는 그의 열성적 외침은 이미 갈채소리처럼 울린다. 그리하여 예술 향유와 손노동이 선사시대로부터 떨어져 나오는 과정에서 서로 분리된다. 이 서사시는 이미 올바른 이론을 포함하고 있다. 문화재는 명령받은 노동과 정확히 상관관계를 지닌다. 그리고 양자는 자연에 대한 사회의 지배를 향한 불가피한 강압 속에 근거를 둔다."(Ⅲ, 51f.)

이러한 행로는 승리를 구가하는 자연과학과 산업의 결합에서 잠정적으로 끝나며, 이를 담론으로 반영하는 것이 실증주의다. 실증주의에서는 행복하게 해 주고 불안하게 만드는—이중적 의미에서 유혹하는!—타자로서의 자연이 제거된다. 산업 기술이 모든 자연을 거의 자의적 조작의 단순한 대상으로 무력화시켰듯이, 실증주의 강령의 빈약한 명제들에서는 모든 미메시스가 추방되었다. 그 속에서도 아도르노는 모든 계몽적 의지의 첫째 동기, 즉 불안을 해독한다.

"그는 모르는 것이 더 이상 없으면 공포에서 벗어났다고 생각한다. 이것이 무생물을 생물과 동일시하는 신화와 마찬가지로 생명체를 무생물과 하나로 만드는 탈신화화 혹은 계몽의 행로를 규정한다. 계몽은 극단화된 신화적 불안이다. 계몽의 궁극적 산물인 실증주의의 순수한 내재성은 마치 보편적인 것으로 된 듯한 터부 이외의 아무것도 아니다. 외부에는 전혀 아무것도 존재해서는 안 된다. 왜냐하면 외부에 대한 단순한 상상조차 불안의 본래적 원천이기 때문이다."(Ⅲ, 32)

동일시하고 계산하는 사유는 낯선 것을 모두 어떤 "보편과학"의 본보기에 굴복시킬 경우 전적으로 안심할 수 있다고 망상한다. 지난날에는 사유가 자연의 미메시스였다면, 이제는 자연이 계몽된 사유의 강요되고 기술적으로 정돈된 미메시스다. 그러나 이 "뒤집혀진" 미메시스 속에는 폭력이 담겨 있다. 자연에 대한 인간의 관계는 테러적 굴복의 관계다.

"사물들에 대한 계몽의 관계는 사람들에 대한 독재자의 관계와 같다. 독재자는 사람들을 조작할 수 있는 한에서만 그들을 안다. 과학자는 사물들을 만들 수 있는 한에서만 그것들을 안다. 이로써 사물들 자체가 그를 위한 존재로 변한다. 이러한 변신 속에서는 사물들의 본질이 그때그때 언제나 동일한 것, 즉 지배의 기저임이 드러난다. 이러한 동일성이 자연의 통일성을 구성한다."(Ⅲ, 25)

그러나 자연은 단순히 무력해진 대상으로서만 인간과 대립하는 것이 아니다. 인간 자신 속에서는 자연이 지배한다. 아도르노가 보기에 이미 사이렌의 노래에 대한 신화적 전설은 인간 내 자연의 축출이 진보하는 계몽의 대가라는 것을 의미했다. 외적 자연과 마찬가지로 내적 자연도 길들여지는 것이다. 아도르노가 보기에, "이드" 충동들의 억압으로부터 "초자아"에 복무하는 강압적이고 쾌락의 습관을 버린 금욕적 자아가 나온다는 정신분석 이론은 진보한 자연지배의 강압들이 경향상 "강박성 신경증을 지니는" 그 대리자들에게 요구하는 체념들을 적절히 설명해 주는 것이었다. 이들은 문화사업의 행사들이나 허용되는 일상적 일탈행위들 속에서, 물론 도취 상태에서 경험할 수 있듯이 자기포기를 대가로 자연에 귀의하는 행복의 미약한 대용품만을 얻을 뿐이다. 계몽이 인간의 생활법칙이라면 행복은 죽음을 의미하며, 돛대에 묶여 있는 오디세우스는 이 죽음을 초래하는 행복의 나약한 메아리를 듣도록 허락해 줄 유일한 방안인 자기 속박의 상징일 것이다.

그러나 과학과 산업기술의 현대적 결합에서 달성된 듯이 보이는 자연의 완벽한 지배는—이것이 진보하는 계몽의 "변증법"일 것이다—인간을 해방시키는 대신에 인간을 지난날 자연이 해낼 수 있었던 것보다 어쩌면 더욱 파고들기 어려운 새로운 지배관계에 내맡겨 놓았다. 왜냐하면 미메시스적 기원에 대한 모든 기억을 상실한 계몽된 생활형식들은 동시에 인간의 모든 자연성과 개성을 제거하고 비록 그들의 "제2의 자연"이지만 그들에게 유사신화적 폭력처럼 나타날 수밖에 없는 어떤 강압을 만들어내기 때문이다. 즉 계몽은 그 절정에서—현대에—신화로 돌아간다. 이와 관련해 『계몽의 변증법』은 다음과 같이 주장한다.

"자연을 파괴함으로써, 자연의 강압을 파괴하려는 모든 시도는 더욱 더 깊이 자연의 강압에 빠져들 뿐이다. 유럽 문명의 진로는 그렇게 진행되었다. 계몽의 도구인 추상은 운명의 개념을 제거하고도 그 대상들에 대해 운명처럼 작용한다. 즉 청산으로 작용한다. 평준화를 야기하는 추상의 지배는 자연 속의 모든 것을 반복 가능한 것으로 만들며, 산업을 위해 정리한다. 그러한 추상과 산업의 지배 아래 마침내 해방된 인간들 자신은 헤겔이 계몽의 결과라고 지칭한 '떼거리'가 되었다."(Ⅲ, 29)

다른 대목에서는 그와 비교할 수 있는 의도로 다음과 같이 주장한다. "한낮의 공황상태를 야기하는 경악 속에서 사람들은 갑자기 자연을 전체로서 지각했다. 그러한 경악은 오늘날 매순간 분출할 태세가 되어 있는 공황상태에 상응한다. 즉 사람들은 그들 자신이면서도 그들이 어찌할 수 없는 어떤 전체가 탈출구 없는 세계를 불태워 버리기를 기대한다."(Ⅲ, 46)

현대를 위협하며 짓누르는 이 새로운 "속박"을 제대로 이해하기 위해서는 잠시 뒤로 물러나야 한다. 모든 것을 통치하고 모든 "비동일자"를 잘라버리는 것은 "동일성원리"의 속박이다. 그러나 그 속에는 폭력이 새겨져 있다. 다양하고 상이한 모든 것 속에서, 간단히 말해 자연 속에서 단지 동일하게 머무는 것만을 지각하고 폭력적으로 고정시키는 동일성 원리는 상품교환에 기원을 둔다. 상품들의 교환은 사람들이 한 대상의 구체적 현상 및 실천적 사용을 추상하고 그 대상을 "가치"의 관점에서 다른 대상들과 비교할 수 있게 만든다는 것을 전제한다. 그러니까 양 열 마리를 말 한 마리와 교환하는 것이다. 아도르노가 상정하는 바에 따르면 이 단순한 과정에는 간과할 수 없는 의의를 지니는 한 가지 개념적 성과가 포함되었다. 교환하는 사람들은 사물들의 구체적이고 각각 일회적인 현상성을 간과하며, 볼 수 없는 추상적 현상 즉 그것들의 공통적 가치에 대해 양해한다. 그리고 이는 교환을 수행할 수 있게 해 준다. 동전의 금속가치는 화폐가치와 일단 일치하며, 이러한 동전의 주조와 나중에는 그 가치를 그저 대신할 뿐인 화폐의 발행, 그리고 궁극적으로는 훨씬 더 "추상적인" 현금 없는 전자식 지불 과정들에서는 구체적인 것, 비동일자, 혹은 계산불가능한 것 등을 도외시할 능력이 구현되는데, 그 결과들은 치명적이다. 아도르노가 상정하는 바에 의하면 그 결과들은 특히 자선시장 식의 목가적 교환관계들이 끝나고 국가적으로 통제되는 시장경제 및 고도로 추상적인 상품의 흐름과 지불의 메커니즘들이 등장한 이후에 경제분야를 훨씬 넘어서 정신상태와 행동을 규범화한다. 주체들은 "상품형식"을 띠며, 이에 대해 각각의 개별요인은 어떤 일반화된 규범을 위해 증발하고 만다는 것이다. 벤야민만 해도 아직 "대중적 인간"을 환영했지만, 아도르노에게 "대중적 인간"은 보편화된 등가교환의 불길한 결과로 나타난다.

"시장은 출생에 대해 묻지 않는다는 호의에 대해, 교환하는 자는 태어날 때부터 지니게 된 자신의 가능성들을 시장에서 살 수 있는 상품의 생산이 조형하도록 한다는 대가를 치른다. 사람들에게는 각자 고유하고 타인과 상이한 자아가 부여되지만 그럴수록 더욱 확실하게 동일한 자아가 되기 위해서다. 그러나 그러한 자아가 완전히 동화된 적은 없기 때문에, 계몽은 자유주의 시대를 넘어서 언제나 사회적 강압에 공감했다. 조작된 집단의 통일성은 각 개인의 부정을 본질로 한다. (…) 가축 떼라는 명칭은 의문의 여지없이 히틀러 소년단의 조직에도 등장하는데, 그것은 옛날의 야만으로 돌아가는 것이 아니라 억압적 평등의 승리이며, 정의로운 평등이 평등한 자들에 의해 불의로 발전하는 것이다."(Ⅲ, 29)

구체적 사물로서의 성질들 때문이 아니라 가격으로 표시된 교환가치 때문에 경제적 과정에 대해 중요성을 지니는 상품은 그 때문에 계몽된 사회를 점점 더 지배하는 동일성 원리의 상징물이 된다. 인간은 상품을 교환한 이래로, 따라서 유럽에서는 그리스의 역사가 시작된 이래로—그리스에서 동전은 기원전 6세기부터 주조되었다—교환의 현실적 추상을 점점 더 추상화되는 형이상학과 과학의 개념형성을 통해 반복하고 강화하는 의식상태에 빠져들었다. 부차적으로만 지적하겠는데, 알프레트 존-레텔은 그리스 철학의 출발이—현상으로 나타나는 자연의 다양성을 물·불, 나중에는 정신 혹은 이념이라고 불리는 하나의 공약수로 통분하려는 시도가—동시대에 통용되기 시작하는 상품교환과 분리할 수 없다는 테제를 제기했다. 존-레텔은 1961년의 「상품형식과 사유형식」이라는 강의에서 다음과 같이 말했다.

"주조된 동전은 가시화된 상품이다, 왜냐하면 여기서는 어떤 형태의 자연소재에든 그것이 사용을 위한 것이 아니라 교환을 위한 것이라는 점이 각인되어 있기 때문이다. 동전을 주조하는 권위는 (…) 무게와 품질을 보증하고 어떻게든 마모된 동전들을 온전한 가치가 있는 것으로 대신해 주겠다고 약속한다. 달리 말하면 여기서 등가물의 물질적 불변성이라는 가정이 시간상 무제한으로 인정되며, 사회적 가정으로서 이런 저런 금속의 경험적 물리적 특성들과 명백히 구분된다. (…) 동전을 주머니에 넣고 다니며 그 사용법을 이해하는 사람은 누구나 의식하든 하지 않든 특정한 개념적 추상들을 머리 속에 넣고 다녀야 한다. 왜냐하면 그는 이 동전들을 사실상 마치 그것이 파괴되지 않고 만들어진 것도 아닌 실체처럼, 시간이 아무런 힘도 발휘할 수 없는 실체처럼 취급하기 때문이다. 그렇게 취급될 수 있을 때에만 동전은 시장이 요구하는 것과 같은 동전인 것이다. 화폐소유자는 그것의 새로운 개념들에 대해 그저 불충분하게 고려할 수도 있고 자신의 화폐가 지니는 물리적 성격과 일반적으로 지각가능한 세계로부터 그것들이 벗어나 있다는 사실과 또 이를 가능하게 하는 원인을 전적으로 모를 수도 있다. 그것들에 대해 명확히 의식하게 되는 것, 그것의 명칭을 부여하고 그 내적 관계들과 모순들을 규정하고 감성세계에 대한 그것들의 대립상태 및 대립에도 불구한 양자의 결합상태를 파악하는 것, 이는 더 이상 상인의 기지 문제가 아니라 철학자들의 업무였다. 이들은 이오니아, 남부 이탈리아, 그리스에 기원전 6세기와 5세기에 등장하기 시작했고 그들의 활동은 폴리스에 화폐가 도입된 것과 다소간의 거리를 두면서 이루어졌다."[7]

비록 아도르노는 등가교환 곧 경제적 측면과 개념적 통합의 사유를—이는 "나무"라는 개념에 개별 나무들의 모든 우연적 세부사항들을 희생시킨다—30년대에 긴밀한 사상"교환"(!)관계를 지녔던 존-레텔처럼 그렇게 직접 인과관계로 묶어놓지 않는다. 하지만 그도 교환과 개념적 논증적 사유는 동일한 "합리성"을 드러내 보이는 것이라고 여긴다.

"시민사회는 등가물에 의해 지배된다. 시민사회는 동일하지 않은 것을 추상적 양으로 환원함으로써 그것을 비교할 수 있게 만든다. 계몽의 관점에서 보면 수로 동화되지 않는 것은 가상으로 변한다. 현대의 실증주의는 그러한 것을 문학 속으로 추방해 버린다."(Ⅲ, 23f.)

비판적 반론을 제기하자면, 우리가 보기에 아도르노의 사유 속에서는 무수히 비난받는 동일성의 강압이 거의 패러디처럼 반복된다. 왜냐하면 어디를 보든, 경제든, 철학이든, 사회현실이든, 혹은 인간의 심리상태든, 어디서나 아도르노는 삭제하고 제거하고 폭력을 가하고 지배하는 동일성원리의 효과들을 확인하기 때문이다. 역사적으로 상품경제와 더불어 등장하는 계급지배를 아도르노는 동일성원리에 그림자처럼 따르는 폭력이라고 실체화한다. 예컨대 아도르노가 주체의 운명에 대해 말하는 바를 읽기 바란다.

"자체보존의 과정이 (…) 점점 더 부르주아적 분업을 통해 이루어질수록 그것은 개인들의 자기포기를 강요한다. 그들은 몸과 마음을 기술적인 장치들에 따라 형성해야 하는 것이다. 계몽된 사유는 그러한 것도 또한 고려한다. 마침내 외견상 주관성 자체에 대한 마지막 기억인 인식의 선험적 주체도 제거되고 더욱 마찰 없는 자율적 질서의 메커니즘들이 그것을 대체한다. 주관성은 이른바 자의적 유희규칙들의 논리가 되어 사라졌고 그럴수록 더욱 아무 방해도 받지 않고 처분할 수 있게 되었다.

7) Alfred Sohn-Rethel: Warenform und Denkform. Frankfurt/M. 1971, S. 122 ff.

마침내 진짜 말 그대로의 사상누각인 사유 자체 앞에서도 멈추지 않는 실증주의는 개인적 행위와 사회적 규범 사이의 마지막 차단장치마저 제거했다. 주체가 의식으로부터 제거된 후 사물화된 과정은 신화적 사유의 다의성만 아니라 모든 의미 일반으로부터 자유롭다. 왜냐하면 이성 자체가 모든 것을 장악하는 경제장치의 단순한 보조수단으로 변했기 때문이다."(Ⅲ, 47)

『계몽의 변증법』에는 그러한 입장표명이 무수히 들어 있다. 그것들은 상품교환과 개념적 추상 초기부터의 유럽 역사 전체를 점차 유일하게 편재하는 폭력적 동일시의 법칙으로 수축시키는 경향을 띤다. 아도르노는 서구 혹은 현대의 전체 현상들의 다양성을 영원한 유일자인 상품·견해·인간 등의 보편적 교환원리에 복종하는 것으로 환원한다. 그러니까 『계몽의 변증법』과 후기 저술들에서 아도르노의 구상은 아래와 같은 은유적 구조를 지니며 이는 텍스트생산을 규제한다. 일단 "동일성 강압"이라는 패러다임이 제시될 경우 다음과 같이 그 패러다임을 채우는 대용물들이 나타난다.

	동일성 강압
경제적 변수	상품교환
사회적 변수	규범(화하는) 사회
심적 변수	강압적 성격
담론적 변수	개념적 추상들
미적 변수	상품으로서의 예술: 광고

체계적으로만 아니라 역사적으로도 아도르노는 언제나 동일한 원리가 작동하고 있다고 보았다. 즉 모든 것이 서로 다른 것 속에서, 예컨대 영혼은 화폐 속에서, 개념은 규범 속에서 반영되며, 모든 것은 서로를 설명해주는 것이다. 모든 세분화는 본질적으로 불필요하다. 왜냐하면 아무 성과도 없기 때문이다. 1957년의 어느 논문에 의하면 "인류의 숙

명이 굴러가는 법칙은 교환법칙이다".(VIII, 209) 마치 아도르노는 계몽에서 유래하여 자연을 잠식하는 등가적 사유의 보편적 숙명으로 하여금, 그런 사유의 법칙에 굴복하는 듯하고 이제는 "동일한 것"을 식별하는 자기 자신의 철학 담론 속에서, 승리를 구가하게 하거나 혹은 종결시키려고 한 듯해 보인다. 그에게도—기피 대상인 실증주의와 마찬가지로—세계는 언제나 동일한 것의 총괄개념이 되고 만다. 하르트무트 샤이블레는 이런 맥락에서 역사적 의식의 "확대효과"라는 말을 한다.[8] 즉 충분히 큰 규모나 먼 시각에서 보면 유럽의 역사는 한 가지 원리의 통일로서 구현될 수 있는 것이다. 아도르노가 즐겨 쓰는 "언제나 이미", "예로부터" 등의 수식어는 이 점을 증명해 준다. 부르크하르트 린트너는 "외상으로서의 지배"라는 제목의 논문에서 다음과 같이 말한다.

"현재의 상황을 지배하고 있는 (…) 속박은 일차적으로는 그렇게 보일 수밖에 없지만 결코 시민사회의 몰락기만을 특징짓고 있는 것이 아니다. 시민사회 자체가 원시시대부터 작용하고 있는 역사의 숙명으로서 재구성된다."[9]

우리의 테제는, 아도르노의 "역사철학"이 오히려 이 땅의 인간 운명을 양극단 사이에 설정하는 일종의 인간학이라는 것이다. 그 양극단은 "인간-자연"이 분화되지 않은 통일체인 자연내재성의 영점과, 아도르노가 "이성적" 동일성이라고도 칭한 비동일자의 동일성 혹은 동일성과 차이의 통일이라는 의미에서 자연과 합리성(분화능력)이 다시 화해되게 할 어떤 "구원"에 대한 희망이 그것이다. 그러나 인간이 현세적으로 몰락한 단계에서 이 구원의 희망을 대표하는 것은 단지 예술뿐이다. 따라서 우리는 그 종교적 기원을 명확히 드러내주고, 본래적 의미의 맑스주의와는 멀리 떨어져 있는 다음의 구성에 직면하게 된다.

8) Hartmut Scheible: Th. W. Adorno. Reinbeck b. Hamburg 1989, S. 115.
9) Burkhardt Lindner: Herrschaft als Trauma. Adornos Gesellschaftstheorie zwischen Marx und Benjamin, in: Text + Kritik. Sonderband 1977, S. 76.

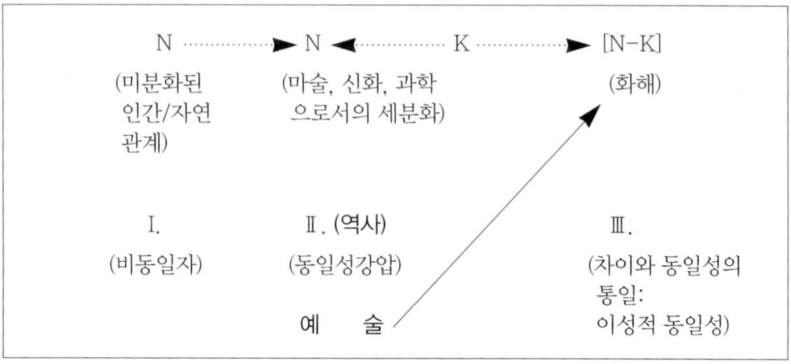

원점("낙원")과 귀결점("구원") 사이에 자리잡고 있는 역사는 속박에 굴복하고 있다. 그러나 우리는 이러한 도식 뒤에서 예컨대 프리드리히 쉴러의 사유를 통해 모범적으로 정리된 낭만주의의 규정을 다시 확인하게 된다. "미적 교육"의 구상과 목가의 이론을 『계몽의 변증법』의 "역사철학적" 구조와 비교하면 부인할 수 없을 만큼 큰 유사점이 드러난다. 쉴러는 인간학과 역사철학을 결합하면서 인간을 이중의 "법칙성"에 종속시켰다. 우선 자연에, 다음에는 이성에 종속시킨 것이다. 자연이 인간을 각각 특수한 인간으로서 개별화하고 그 차이들을 통해, 특히 동등하지 않게 분할된 그들의 힘을 통해 서로 대립시키는 데에 반해—따라서 "자연의 국가"는 강자들의 잔인한 지배와 "주먹의 권한"을 특징으로 한다—이성은 인간을 동등한 존재로 다루고 그들의 동일성을 산출해내며 그들을 보편적 법칙의 강압에 복종시킨다는 것이다. 여기서 알 수 있듯이 쉴러는 "자연적" 비동일성과 계몽이 산출해낸 "이성적" 동일성의 구분에서, 아도르노에게 비동일자와 동일시강압의 구분에서 관건인 바로 그 차이를 강조하고 있다. 1800년의 미학 규정이 포스트 아방가르드적 예술철학에서 다시 등장하는 것이다. 물론 아도르노에게는 "교환"이 주도적 패러다임이고, 쉴러에게는 "법칙" 혹은 규범이 그러한 패러다임이었다. 자연적 강압과 이성의 독재라는 이 일차적 대립의 파괴적 결과들을 쉴러는 프랑스 혁명의 진행과정에서 관찰할 수 있다고 믿었다. 그가 보기에 그러한 대립은 자연과 이성의 화해 내지 미래의 사회형식 속에서, 즉 사람들이—각각 상이한 개인들이—이성적 규범들의 필연성을 존중하듯이 사람들의 자연적 차이들을 존중하는 진정으로 자유로운 국가 속에서만 지양될 수 있었다. 따라서 자유로운 국가와 그 속의 자유로운 인간은 그들의 자연과 이성의 "입법들"을 자신 속에서 균형 있게 만들고 이로써 특수와 보편의 통일을 산출했을 것이다. 그리고 이러한 통일성을 각각의 상이한 것에 대해 동일성을 우월한 것으로 설정함으로써 동일성이 돌아오는 것이라고 오해해서는 안 된다. 쉴러는 이 사상을 다음과 같이 표현했다.

"물론 이성은 **통일성**을 요구하지만, 자연은 **다양성**을 요구한다. 그리고 인간은 그 두 입법부의 요구를 받는다. 이성의 법칙은 확고한 의식을 통해서, 자연의 법칙은 제거할 수 없는 감정을 통해서 인간에게 새겨진다. 따라서 윤리적 성격이 단지 자연적 성격을 희생하면서 자기주장을 할 수 있을 경우에는 언제나 아직 결함이 있는 교육을 증명할 것이다. 그리고 단지 다양성의 지양을 통해서만 통일성을 유발할 수 있는 국가체제는 아직도 매우 불완전한 것이다. 국가는 객관적이고 인류적인 성격만 아니라 개인들 속의 주관적이고 특유한 성격도 존중해야 하며, 보이지 않는 윤리의 영역을 확대함으로써 현상의 영역에서 주민들을 내쫓지는 말아야 한다. (…) 따라서 이성이 자연적 사회 속에 통일성을 끌어들일 경우 자연의 다양성을 손상해서는 안 된다. 자연이 사회의 도덕적 건설과정에서 그 다양성을 주장하려고 할 경우 이로써 도덕적 통일성이 중단되어서도 안 된다. 승리하는 형식은 **단조로움**과 **혼란**으로부터 똑같이 동떨어져 있다. 따라서 성격의 **총체성**은 궁핍의 국가를 자유의 국가와 교체할 능력이 있는 민중들에게서 찾아야 한다."(XX, 316ff.)

도식을 통해 표현하면 다음과 같다.

I.	Ⅱ.	Ⅲ.
자연	이성	자유
(개인들의 차이)	(법칙의 동일성)	(차이와 동일성의 통일)

이제 이념사적 유사성들의 암시에 주의해야 할 것이다. 이 경우 일치점은 결정적이다.[10] 그리고 이러한 일치는 상당 정도 좀더 진행된다. 위에서 설명했듯이 쉴러는 자유를 보장하는 "성격의 총체성"이 직접 정치적으로가 아니라 단지 미적 의사소통이라는 매체를 통해서만 달성될 수 있다고 믿었다. 왜냐하면 예술은 자체 내에 이성과 자연적 감각성을 내포하고 있으며, 따라서 동일성과 각자의 고유한 특수성에 담긴 인간적 권한에 대한 요구들을 화해시켰기 때문이다. 따라서 그는 유희를 자유롭지만 조화롭게 공존할 수 있는 인간들의 태도를 훈련시키게 될 미적 의사소통의 본보기로 간주했다. 유희에서 사람들은 규칙에 따르지만 그 규칙을 자유롭게 선택했기 때문이다. 물론 쉴러는 사고를 전개하는 과정에서 우선 정치적 자유를 만들어낼 수단이어야 했던 예술을 나중에는 자체 목적으로 다룬 듯하다. 그리하여 단순히 개별화하는 자연과 일반화할 뿐인 이성의 일면적 강압들로부터의 자유가 예술경험의 순간 속에서만 가능한 듯해 보였다. 쉴러가 목가에 대한 자신의 개념에서 염두에 둔 미래와 관련해 그의 저술에서는 일종의 우상금지령이 내려져 있다. 직접 체험한 자유의 긍정성은 시가라는 매체를 통한 재현가능성에서 벗어나는 것이다.

아도르노에게도 자연과 합리성의 대립이 일차적 차이를 형성한다. 그는 아주 간명하게, 계몽은 "통분될 수 없는 것을", 즉 규범에 상응하지 않는 모든 것을 "잘라낸다"고 주장한다.(Ⅲ, 20) 만일 아도르노를 단지

10) Vgl. Gerhard Kaiser: Benjamin. Adorno. Zwei Studien. Frankfurt/M. 1974, S. 79 ff.

비동일자의 옹호자로만 본다면 이는 그를 전혀 잘못 이해하는 것이라고 할 수 있다. 그의 철학은 결코 인간을 과거의 강압에 새로 복종시키고 이로써 다시 새로운 "계몽"을 유발할 뿐인 "자연으로의 회귀"를 옹호하지 않는다. 오히려 그는—전적으로 쉴러와 같은 취지로—비동일자에게 그 권한을 부여하면서도 동일성에 대한 이성적 요구에도 폭력을 가하지 않는 화해를 옹호한다. 의식이 중요하지만, 무엇보다도 일반화의 자유로운 행위를 통해 표현되는, 자연의 "절대주의"로부터의 해방이 주체들의 각 개별적 특수성 및 이들의 자연적 불균등과 화해하게 될 어떤 생활형식이 관건이다. 변증법적으로 말하면 동일성과 차이 양자를 강제성 없이 정당하게 대할 양자의 통일이 관건인 것이다. 우리는 이러한—아도르노를 쉴러 및 낭만주의적 규정에 접근시키는—테제를 통해, 하우케 브룬크호르스트가 하이데거 및 아도르노에 대한 강의에서 아도르노 해석의 주도적 차이인 "동일성"/"비동일성"의 도식에 반대하고 다른 해석을 제안할 때 논의에 끌어들인 관점들을 뒷받침한다.

"아도르노는 (…) 확고히 고수하는 **합리적 동일성**이라는 귀결점을 통해 미적 미메시스와 도구적 이성, 비동일자와 동일시하는 사유의 엄격한 이분법을 전적으로 상대화한다. 합리적 동일성이라는 말을 아도르노는 비동일자와 동일시하는 사유의 탈총체화하는 지양과 같은 것이라고 이해한다."[11]

그러나 쉴러와 꼭 마찬가지로 자연과 계몽적 합리성 위에는 일종의 우상금지령이 내려져 있다. 브룬크호르스트의 말에 따르면, 아도르노는 자신이 합리적 동일성 혹은 폭력에서 자유로운 합리성이라는 말로 구체적으로 무엇을 뜻하려고 했는지 결코 명시한 적이 없다.[12] 단지 "구원"의 상태에서만 긍정적인 모습을 드러내는 것은 일종의 부정적 유토피아인

---

11) Hauke Brunkhorst: Adorno, Heidegger und die Postmoderne, a. a. O., S. 310 f.
12) Ebd., S. 327.

아도르노 사유의 한 가지 귀결점으로 남아 있다. 이 유사종교적 구원의 모티프가 아도르노의 사유에 대해 실제로 중심적 의미를 지녔다는 점, 또 그가 "올바른" 사유는 "구원된" 사유라고 여긴다는 점은 『최소한의 도덕』(1951)의 마지막 단락에서 매우 절실하게 드러난다. 여기서 그는 이렇게 주장한다.

"끝으로, 절망 앞에서 유일하게 아직 책임을 져야 할 철학은 모든 사물들을 **구원의 관점**에서 나타나게 될 모습으로서 고찰하려는 시도일 것이다. 인식은 구원으로부터 세계를 비춰주는 빛말고 다른 빛을 지니지 않는다. 다른 것은 모두 사후구성으로 끝나며 한 토막의 기술에 머문다. 세계가 언젠가 **메시아의 빛** 속에서 빈약하고 왜곡된 모습을 띠게 될 때와 유사하게 변하고 낯설어지게 되고 그 균열과 틈새들이 드러나게 해줄 관점들이 산출되어야 할 것이다."(Ⅳ, 281)

그러나 이러한 사유는 구원이 이루어지지 않은 상태에서 얻을 수 없는 것이다. 그 때문에 시화의 잔재들로부터 과학과 엄격히 구분되면서 등장한 진정한 예술만이 그런 화해를 예견하게 해 준다. 그러한 예술 속에서는 마술의 미메시스적 유산과 동일시의 합리적 충동이 지배하고 있다. 이러한 충동이 없다면 "전체"라는 표상, 즉 각각의 특수한 요인들의 자유로운 연상은 존재하지 않을 것이다. 물론 그것은 아무 긴장도 없는 조화 속에 존재하는 것이 아니다. 마술적 미메시스를 "우민화"라고 배척하는 플라톤의 입장에 대한 지적과 예술을 철학의 "기관"이라고 높이 평가하는 쉴러의 입장—이러한 평가는 아도르노도 공유하는 것이며, 그가 낭만주의 미학에 접근한다는 점을 강조해주는 것이기도 하다—사이에 삽입된 『계몽의 변증법』의 제법 긴 구절을 인용하기로 한다.

"플라톤은 실증주의가 이데아론을 추방한 것과 동일한 제스처로 문학을 추방했다. 호메로스는 그 유명한 재주를 통해 공적 개혁도 사적 개혁도 구현하지 못했고, 어떤 전쟁에서 이기지도 못했고 무엇을 고안해내지도 못했다는 것이다. (…) 그의 경우 모방은 유대인들의 경우와 마찬가지로 저주받은 것이다. 이성과 종교에 의해 마술의 원리가 경계 대상이 되고 추방된다. 현존재에 체념적 거리를 두더라도, 예술로서도 그러한 원리는 불가결한 것으로 남아 있다. 그러한 것을 실행하는 자들은 이주민들, 혹은 정착민 사이에서 고향을 찾지 못하며 살아남는 유목민들이 된다. 자연은 이제 동일화를 통해 영향을 받는 것이 아니라 노동을 통해 지배되어야 한다. (…) 예술작품의 의미 속에는 (…) 원시인들의 마술 속에서 새롭고 두려운 사건이 변형되어 이루어진 것, 즉 특수한 것 속에서 전체가 나타나는 것이라는 점도 포함되어 있다. 예술작품 속에서는 사물을 정신적인 것 내지 마나의 표출로 나타나게 한 중복이 다시 한 번 구현된다. 그것이 예술작품의 아우라를 형성한다. 총체성의 표현으로서, 예술은 절대자의 품위를 요구한다. 철학은 때때로 개념적 인식에 대한 우월성을 예술에 인정함으로써 작동하게 되었다. 셸링에 따르면 지식이 인간을 난관에 빠뜨릴 때 예술이 시작된다. 그는 예술을 과학의 본보기라고 간주한다. 그리고 예술이 있는 곳에 과학이 비로소 뒤따르게 되리라고 본다. 형상과 기호의 구분은 그의 이론에 비춰보면 예술의 모든 개별적 묘사를 통해 완전히 지양된다. 예술에 대한 그런 신뢰에 부르주아 세계가 개방되어 있는 일은 드물었다."(Ⅲ, 35f.)

구원에 대한 동경

부잣집 아들인 아도르노는 어린 시절 종종 오덴발트에 있는 작은 마을 아모르바흐에서 방학을 보냈다. 사망하기 3년 전인 1966년 그는 유년기에 방학을 보낸 이곳에 대해 일련의 짧은 글을 썼다. 그것들은 "소미학"이라는 부제가 달린 에세이집 『주도이미지 부재』에 실려 있다. 이 소묘들에는 다음과 같은 대목이 있다.

"미국에 오면 모든 곳이 똑같아 보인다. 기술과 독점의 산물인 규격화는 불안을 자아낸다. 진보해 가는 합리성이 방법론을 통해 질적 차이들을 제거하듯이, 실제로도 삶에서 질적 차이들은 사라졌다고 여겨진다. 그러다 다시 유럽에 오게 되면 여기서도 어린 시절에는 서로 비교할 수 없어 보였던 장소들이 갑자기 비슷해진다. 다른 모든 것을 평준화하는 미국과의 대조 때문이거나, 아니면 한 때 어떤 양식을 이루던 것이 별 악의 없이 우리가 산업 탓이라고 여기는, 특히 문화산업 탓이라고 여기는 규범적 강제성을 이미 띠게 되었기 때문이다. 아모르바흐 · 밀텐베르크 · 베르트하임 등 또한 가옥들에서 나타나는 그 지역의 기본 형태 혹은 붉은 사암의 기본 색조를 통해서도 예외가 되지 못한다. 하지만 설혹 나중에는 유일한 곳이 아니었다는 점이 입증될지라도 교환할 수 없는 것의 경험, 혹은 행복의 경험을 얻을 수 있는 것은 단지 하나의 특정한 장소에서만 가능하다. 나에게 아모르바흐는 부당하면서도 정당하게 모든 소도시의 근원적 이미지로 남아 있으며, 다른 소도시들은 그 모조품일 뿐이다." (X, 304f.)

이 짧은 텍스트에서는 아도르노 사유의 중심 모티프들을 확인할 수 있다. 아도르노의 문필가적 장점은 의문의 여지없이 소묘, 잠언, 세밀한 단상 등의 짧은 형식에 있었다. 이는 대개 구체적 경험에서 출발하여 해석과 조명의 지평을 논증적으로 펼치기보다는 그것을 암시하며, 그 속에서 경험의 특수한 면을 그 해석의 추상 과정에 단순히 복종시키거나, "예증"으로서 이 과정과 비교하지는 않는다. 1940년대 망명객으로서 아도르노가 비교적 상세히 알게 된 "아메리카"는 이 텍스트에서 승리를 구가하는 동일성 강압의 요체로 나타난다. 일상생활과 도시의 건축 등에서는 모든 차이가 제거된 것처럼 보인다. 경험의 영원한 동일성은 보편적 실증주의의 상징물처럼 되었다. 이 실증주의는 가능한 타자와 현상세계의 성가신 요인을 합리적으로 통제되는 자체의 계획들 내부로부터 몰아냈다. 또 그것이 기술 산업적으로 연장된 영역에서는, 이미 오래 전부터 실재 자체를 동일성의 이상과 동일시하기 시작했다. 물론 우리는 아도르노 사유의 이러한 핵심들이 구분과 뉘앙스, 양가성과 차이 등에 대한 심한 무감각, 미국의 경험을 모든 자극에 맞서 응축시키고 상투어로 타락하게 만드는 둔감성에 기인한다는 점을 확인할 수밖에 없다.

모든 생활활동의 "규격화"와 도식화의 엘도라도이자 그릇된 계몽의 실현된 유토피아인 "아메리카"에 비해 유럽은 그 사랑스러운 후진성으로 인해 바로 고향의 특징들을 얻게 된다. 이 점은 아도르노가 아모르바흐에 대한 소묘에서 밝히듯이 유럽의 대도시들에도 적용된다.

"미성년 시절 혼자 한밤중에 작은 도시를 누비며 돌아다닐 때 나는 자연석 포장도로 위에서 나 자신의 발자국 소리가 메아리치는 것을 들었다. 이러한 소음을 나는 1949년 미국 망명에서 돌아와 2시경 밤의 파리를 볼테르 부두에서 내 호텔까지 걸었을 때 다시 느끼게 되었다. 아모르바흐와 파리의 차이는 파리와 뉴욕의 차이에 비하면 사소했다."(X, 304)

물론 아도르노는 지방에 대한, 예컨대 슈바르츠발트에 대한 하이데거의 찬가에서 볼 수 있는 퇴행의 행보를 경계했다. 현대의 도시성과 시골의 흠 없는 상태를 대비시키는 그 기원에 대한 사유와 아도르노는 완전히 동떨어져 있었다. 왜냐하면 "진보된" 관점, 즉 아메리카에서 보면 과거의 상태, 단순하고 "자연에 가까운" 상황의 외견상 목가적인 상태도 아메리카의 전사, 혹은 아메리카에 이르는 한 단계임이 드러나기 때문이다. 아메리카에 근거해서 보면 이미 독일의 작은 시골도시들이 지니는 현대 이전, 예컨대 중세적 특징들 속에도 모든 양식 뒤에 자리잡고 있는 어떤 규범적 강압의 파괴적 경향이 드러난다. 아도르노가 지적하는 바에 의하면 그러한 강압은 자연 자체에서, 예를 들면 토질의 구성 따위에서 유래한다. 즉 어디서나 사암을 건축에 활용하는 데에서 유래하는 것이다. 종착점인 아메리카에서 보면 인류가 지나온 어떤 구간도 "행복한" 것이 아니었다는 점이 드러난다. 마치 목적론적이며 재앙을 축적하는 듯한 역사의 과정은 각 단계에 어두운 색조를 입혔다. 이처럼 아모르바흐도 아메리카의 경험으로 교훈을 얻은 시선에 대해서는 결국 일종의 중복이자 어떤 규칙의 사례라면, 아도르노가 유일한 것, 진짜, 진정한 것의 경험을 허용해 주고 일종의 "아우라"를 지니는 "교환할 수 없는 것"이라고 정의한 행복의 가능성에서도 사정은 마찬가지다. 아모르바흐는 이러한 것이기도 하고 아니기도 하다. 아닌 이유는 계몽된 관찰자에게는 이 작은 도시가 동일한 장소의 계보로 돌아갔고 그래서 그 아우라를 잃었기 때문이다. 그러한 것인 이유는 비교할 수 없는 유일무이의 장소라는 그 소도시에 대한 유년기 경험의 기억이 사라지지 않기 때문이다. 세계를 바라보며 아직 거리를 두고 비교하고 동일시하지 않는 가운데 매료되어 있던 유년기의 시선은 달리는 더 이상 얻을 수 없는 행복의 경험에 대한 보증으로 나타난다. "용납이 될 경우" 잠시 동안 "계몽"의 지배관계로부터 벗어나 "동일성 강압"과 "등가성에 대한 사유"에 아직 영향을 받지 않는 유희세계의 "무인지대"에서 어떤 행복을 체험할 수 있는 것은 아이뿐이다. 혹은 좀더 나이가 든 감상적 관찰자의 관점에는 적어도 그렇게 보인다. 아도르노는 "유토피아"의 개념을 너무 긍정적인 것으로 보아 거의 사용하지 않았지만, 유년기 기억과 관련해서는 유토피아적인 것의 질에 대해, "계몽된" 세계의 정리된 현실을 초월하거나 벗어나는 차원으로서 강조하여 언급했다.

"오토르프스첼과 에른스트탈 사이로 바이에른과 바덴의 경계선이 지난다. 그것은 지방도로에 멋진 문장이 새겨진 말뚝으로 표시되어 있었다. (…) 양자 사이의 풍부한 **중간지대**. 그 공간이 두 주 어디에도 속하지 않고 **자유로우며**, 나 자신이 그 속에서 임의로 독자적 지배권을 세울 수 있다고 하는, 나 자신도 결코 믿지 않는 핑계를 대면서 나는 그곳에 즐겨 머물렀다. 그러한 것을 나는 심각하게 여기지는 않았지만, 그렇다고 나의 만족이 더 줄어든 것은 아니다. 사실상 그것은 분명히 찬란한 지방의 색채 때문이었을 텐데, 나는 동시에 그것의 제한적 성격에서 벗어나 있다고 느꼈다. **동의라도 한 것처럼** 나란히 펄럭이는 무수한 깃발들을 볼 때 (…) 전시회에서도 나는 유사한 것을 느꼈다. 인터내셔널의 느낌은 양친의 손님들인 피리노와 시드니 클립턴 홀 같은 사람들의 이름을 통해 집에서부터 나에게 친숙했다. 그러한 인터내셔널은 어떤 **통일국가**가 아니었다. 그것의 평화는 다양한 것의 **축제 같은 앙상블**을 통해 약속되었다. 그것은 깃발들이나 소박한 경계표지 말뚝처럼 다채로웠고, 내가 놀라며 발견했듯이 전혀 경관의 변화를 초래하지 않았다. 그러나 그것이 포괄한 땅과 내가 홀로 놀며 점령한 땅은 일종의 **무인지대**였다. 나중에 전쟁 중 이 말은 양쪽 전선 앞의 황폐화된 공간을 나타내기 위해 떠올랐다. 하지만 (…) 내가 당시 모를수록 더욱 더 잘 이해한 그것은 그리스어 **유토피아**의 충실한 번역이었다."(X, 305)

이 텍스트도 아도르노 철학의 요점들을 정리하고 있다. 평화의 능력과 다채로움이라는 자질을 지닌 "다양한 것의 축제 같은 앙상블"은 아도르노가 "해방된" 인류와 관련한 자신의 비전에 대해 발언한 가장 긍정적인 표현들이다. 그 가능성은 유년기적 시선 속에서 예견되고 있으며 그 기억 속에서 사실과는 맞서며 실재에 대한 이의로서 전수되고 있다는 것이다.

아도르노는 『부정적 변증법』에서 철학이란 간단히 논평되는 것이 아니라고 말했다. 그는 자신의 사유를 요약하고 심지어 테제 형식으로 정리하려는 소망에 언제나 반대했다. 이른바 "요약"이라는 관습은 오늘날 전공저술들에서 통용되고 있으며, 개별 문제에 관여할 필요 없이도 재빨리 방향을 잡을 수 있게 해준다. 아도르노는 그러한 관습을 야만적인 요구라고 느끼고, 모든 것을 효과적 활용의 원리에 복종시킨 정신상태의 치명적 결과라고 이해했을 것이다. 그러나 철학의 논평가능성에 대한 그의 금지판결을 너무 심각하게 받아들여서는 안 될 것이다. 확실히 칸트나 헤겔 철학의 기본 특징들은 요약논평할 수 있다. 물론 어떤 요약문도 아무리 고무적인 것일지라도 원문 자체의 독서 경험을 대신할 수 없다. 아도르노 철학과 관련해서는 요약논평의 문제가 실제로 더 첨예하게 제기된다. 왜냐하면 어떠한 요약논평도 예컨대 "중요한"/"중요하지 않은", 혹은 "중심적인"/"주변적인", "의미 있는"/"의미 없는" 등의 구분에 의해 분화되어야 하고, 다음에는 그 사유의 연관관계 자체에 부적합한 이질적 이론을 통해 서술해야 하는 발췌의 형식이기 때문이다. 또 어떤 이론의 불가피한 선별적 관찰인 요약논평은 일종의 동일시를 기도하고 그런 식으로 논평된 이론이 배척하는 "등가성 원리"의 공범자가 되기 때문이다. 예컨대 아도르노의 철학은 비동일자의 구제라고 말한다면, 이러한 공식은 "비동일자"를, 그 명백한 재현이 철학적 기획의 동일성을 보증하게 될, 기의의 위치에 옮겨놓게 된다. 이런 상황에서 원리상 두 가지 전략이 가능해 보인다. 한편으로는 석의를 통한 미메시스인데, 그 이상은 궁극적으로 아도르노를 인용하는 데에 있을 것이다. 다른 한편으로는 아도르노의 사유를 "외부로부터" 보고 그것의 구조를 규정하려고 노력하는 재구성인데, 이 경우 그것이 아도르노 사유의 내부 공간에서는 "부적합한" 것으로 거부될 수밖에 없다는 점에 흔들리지 않는 것이다. 그러한 재구성에 대해서는 몇 가지 또 다른 점들을 지적해야 할 것이다.

우리는 아도르노의 철학이 본질적으로 인간학적 논증을 펴고 있음을 살펴보았다. 『계몽의 변증법』을 "역사철학"으로, 즉 마술에서 실증주의 및 그에 상응하는 범지구적 기술의 현대적 합리성에 이르는 "점진적 계몽"의 단계들을 현시하는 것으로 읽을 수는 있다. 그렇더라도 여기서 "역사"가 궁극적으로는 보편적 인류의 상황과 동의어이며, 그래서 역사철학이 인간학으로 전도된다고 충분히 근거 있게 말할 수 있다는 점을 간과할 수는 없다. 나아가 우리는 이러한 인간학이 궁극적으로 종교적 관점에 의해 지배되고 있다고 추측하기까지 했다. 인간 조건으로서의 "계몽"에 대한 아도르노의 비판을 결정적인 점으로까지 끌고 갈 경우, 사회의 다양한 영역에서 "교환"·"규범"·"개념" 등으로 구체적 형태를 취하지만 언제나 동일한 강압으로 남아 있는 두려움의 대상, 즉 "동일시의 강압" 뒤에는 궁극적으로 인간적 세계관의 명백한 선택적 성격이 감추어져 있다는 점을 간파하게 된다. 인간은 세계 앞에 마치 아도르노 철학 앞의 독자처럼 서 있다. 그는 미메시스적으로 그것에 동화되고 그 속에서 방향을 잃거나, 아니면 구분을 가능하게 해주고 따라서 선별적으로 작동하는 관점을 설정함으로써 그 앞에서 자기주장을 할 수도 있다. 그럴 경우 "계몽"은 구조적으로 예컨대 저것이 아니라 이것으로서, "세속적인" 것이 아니라 "성스러운" 것으로, "인간적인" 것이 아니라 "신적인" 것으로, "문화"가 아니라 "자연"으로, "실재"가 아니라 "이상"으로 부각되는 어떤 차이로 작업하는 모든 세계 지향을 뜻한다. 인간적 행위, 공동생활, 인식의 관심사를 위해 "세계"는 구조화된다. 즉 도식으로 변형된다. 그러한 관심사는 세계의 복합상태를 환원시킨다는 희생을 대가로 이론적 실천적으로 성공적인 인류의 자기주장을 보증한다. 세계 자체는 그처럼 세분화를 지향하는 도식들을 "자연히"(!) 알지 못한다. 세계의 복합성과 상응하는 포괄적 복합성을 띠는 의식에는 세계 "전체"가 그 요소들의 다양성 속에서 강제성 없이 직접 현존할 수 있을 것이다. 그러나 이러한 의식을 사람들은 관습적으로 신에게 돌렸다. 의식과 세계가 그처럼 "신적으로" 공존하는 귀결점을 염두에 두면, 인간이 세계를 지향하는 능력은 물론 지극히 결함 있는 것으로 나타날 수밖에 없다. 인간이 겔렌이 말하는 "자극의 홍수"라는 의미에서 자체로서 과도한 요구를 제기하는 다양한 현상 앞에서 굴복하지 않으려면, 상대적으로 안정적인 선택의 메커니즘 혹은 세분화의 도식을 통한 "부담면제"가 필요하다. 이러한 것들은 어떤 것을 저것이 아니라 이것으로서 식별하여 처리하고 의사소통할 수 있게 만듦으로써 질서를 성취하는 것이다. 이러한 질서의 성취는 언어, 제식, 종교, 관습과 윤리, 신화적 혹은 과학적 이론, 궁극적으로는 손작업과 기술과 산업을 통해 제도화된다. 그처럼 방향설정을 가능하게 하는 선택들을 제도로써 지속 가능하게 만드는 작업은 이론과 기술적 생산과 정치적 행위에 앞서 제반 영역 속의 까다롭고 직접적 환경접촉에서 벗어난 문제해결의 전제조건을 만들어낸다. 문화적 혁신의 출현은 세계를 전체적으로 포기하지 않고 단지 고도의 선별적 관점에서 개조할 때에만 가능하다. 그러나 이러한 사태는 구조적으로, 세계에 대한 인간의 관계가 설혹 이론 속의 개념들이나 사회생활 속에서 일반화된 기대들("규범들"), 혹은 경제 속의 교환을 위한 추상들의 토대 위에서 효과적으로 작동할지라도, 신의 내부에 세계가 현존한다는 관점에서 본다면 그러한 관계에는 어떤 결함이 내재한다는 것을 의미한다. 무엇인가를 보려면 인간은 무수한 것을 보지 않아야 하며, 무엇인가를 무엇이라고 인식하려면 배제를 함축하는 동일시를 수행해야 한다. 사유와 존재의 동일성을 완수하겠다고 요구하는 절대 이념에 대한 헤겔의 철학을 아도르노는 신의 관점을 절취하는 것, 궁극적으로는 그르치는 것이라고 해석했다. 왜냐하면 그 속에서는 결국 개별적이고 특수한 것을 제대로 대하지 않는 동일성의 원리가 다시 승리하기 때문이라는 것이다. 헤겔 철학은 "전체"와 스스로를 혼동하는 관점으로서, 인류의 실패한 "자기구원" 시도로 나타날 수밖에 없다. 헤겔은 단지 사유의 지평으로서 파악할 수 있는 "전체"를 개념과 실재의 통일이라고 오해함으로써 동일성을 지향하면서 전체를 서술하지만, 그것의 선별적 성격은 명백하다. 사유 속에서 존재와 사유가 공존한다고 보는 헤겔의 까다로운 구상은 "초월성"/"내재성"의 차이를 배제하는 유사신적 "사유"와 동일할 것이다. 그러나 아도르노가 보기에 그러한 구상에서는 자기구원의 불가능성이 입증된다. 세계와 인간 사이의 복합성 격차라는 인간학적 사실과, 체험 및 행위를 위한 선별과 동일시와 일반화된 도식들의 이차적 제도화의 필요성에서 출발하는, 따라서 역사적 행위를 통해 제거할 수 없는, 역사적 결함들을 목표로 삼지 않고 인간이라는 "결핍의 존재"를 고려하는 이러한 원칙적 출발점을 염두에 둘 때에만, "그릇된 상태 속에는 올바른 삶이 없다", 혹은 "이 세계에 적응하지 않는 것만이 참이다"(VII, 93), 혹은 "인간은 아직 인간이 아니다"(VII, 207)라는 등 아도르노의 명제들이 지닌 영향력을 이해할 수 있다. 그런 명제들 뒤에는 "부정적 신학"이 감추어져 있다. 내재성에서는—인간 인식능력의 전파수단과 더불어—초월성을 대변하는 것을 생각할 수 없다. 단지 그러한 초월성만이 인류를 그들의 결함으로부터 구원하고 인류에게 "전체"를 보는 유사신적 관점을 부여할 수 있을 것이다. 그러면서 그 전체는 개념적 동일시나 규범적 연관관계 혹은 초월적 등가물의 성격을 띠지 않고 바로 "다양한 것의 축제 같은 앙상블"이 될 것이다. 이 경우 물론 문제가 되는 표현의 시험적 성격은 그도 의식했다. 왜냐하면 언어는 일반화를 수행하는데, 단지 이러한 일반화에 대립해야만 "구원"을 미리 보여주는 일이 가능할 것이기 때문이다. 언어 자체가 스스로를 부정하는 문학적 "침묵"의 제스처에 대한 아도르노의 편애는 그러한 데에서 유래한다.

따라서 이 세계 속의 인간의 지위는 어느 정도 역설적이다. 인간은 세계의 확실한 한 부분인 자신의 환경에 꼼짝없이 순응하고 그 이상에 대해서는 알지 못하며 어떤 초월적 의식도, 어떤 자체반성도 그러한 환경 속의 실체로서 알지 못하는 동물과 다르다. 또 인간은 복잡성을 환원시키는 도식들이라는 부담면제용 중간 단계 없이 세계 전체를 현존하는 것으로서 대하는 신과도 다르다. 인간은 한편으로—동물과 비교할 수 있게—단지 선택적으로만 세계에 접근할 수 있고, 따라서 전체를 결코 직접 처리할 수 없지만, 다른 한편으로 자체반성을 통해 세계에 대한 자신의 접근이 지니는 선별적 성격을 알고 그래서 적어도 부정적으로 혹은 소극적으로 "전체"에 대한 관념을 형성할 수 있다. 세계는 세계에 접근할 수 있게 해 주는 관점들의 총합 이상의 것이고 그것들과는 다른 것이다. "이 세계에 순응하지 않는"(Ⅶ, 93) 것만이, 따라서 인간이 긍정적으로 설명할 수 없는 것만이 "참"이라면, 아도르노가 진리의 개념을 어떤 명제들의 특성을 지칭하기 위해서가 아니라, 선별의 강압에 의해 왜곡되지 않은 세계의 특징으로서 적극 사용한다는 점이 명백하다.

인간의 조건을 스스로를 아는 선별적 성격이라는 역설로서 규정하는 점에서 아도르노는 프란츠 카프카와 지극히 가깝다. 카프카는 언젠가 이렇게 말했다. "실제로 단지 당파만이 판단할 수 있다. 그러나 당파는 당파로서 판단할 수 없다. 그에 따라 이 세상에는 어떠한 판단의 능력도 없고 단지 그것의 희미한 빛만이 존재할 뿐이다."[13]

이 말은 모든 판단이 입장에 묶여 있는 것으로서 "당파적인" 것이며, 즉 선별적인 것이며, 실제로 진리를 파악할 능력이 있는 것은 아니라는 점을 의미한다. 왜냐하면 카프카의 표현처럼 진리는 "나뉠 수 없기"[14] 때문이다. 진리는 완전히 존재하거나 전혀 존재하지 않는다. 그리고 인간의 실존이 "당파성"을 함의한다면 그것은 필연적으로 판단 속에서 진리를 그르친다. 그러나 인간은 이러한 실존적 오류를 알고 있고, 그것이 분리되어 나온 영역에 대한 선별의 차이를 반성할 수 있기 때문에, 판단 속의 제거할 수 없는 결함에 대한 인지에서 나타나는 올바른 판단의 "희미한 빛"을 얻을 수 있다. 헤겔적 사유 유형에서, —그보다 더 조야하게—실증주의의 뒷받침을 받는 합리성의 소멸 단계에서 볼 수 있는 초월성의 내재화에 맞서, 카프카와 아도르노는 초월성을 얻을 수 없음을 아는 "외부로부터의 사유"(푸코)를 표현한다. "모든 비유들은 (…) 원래 파악할 수 없는 것은 파악할 수 없다는 점을 말하려고 할 뿐이다." 카프카는 이 "외부로부터의 사유"를 자기 식의 프로메테우스 신화에서 인상 깊게 형상화했다. 신화는 시간의 관점에서 존재—진정한 전체—를 해석한다. 시간이라는 매체 속에서는 신화 자체가 활용되고 끝나게 되지만, 시간은 존재의 한 가지 방식일 뿐, 존재 자체가 아니다. 따라서 신화적 해석은 만족스러울 수 없다. 그 결말에는 신화의 해명 능력에 과도한 요구를 하는, 새로운 수수께끼가 자리잡고 있다.

"프로메테우스에 대해서는 네 가지 전설이 전해진다. 첫째 전설에 의

13) Franz Kafka: Hochzeitsvorbereitungen auf dem Land und andere Prosa uns dem Nachlaß. New York/ Frankfurt 1953, S. 86.

14) Ebd., S. 99.

하면, 그는 인간을 위해 신들을 배반했기 때문에 코카서스에 붙박혔고, 신들은 독수리를 보냈으며, 독수리는 항상 다시 자라나는 그의 간을 쪼아먹었다. 둘째 전설에 의하면, 프로메테우스는 쪼아대는 독수리 부리로 인한 고통 때문에 점점 더 깊이 바위에 박혔고 마침내 그는 바위와 하나가 되었다. 셋째 전설에 의하면, 수천 년 동안 그의 배신은 잊혀졌다. 신들도 잊었고, 독수리도 잊었고, 그 자신도 잊었다. 넷째 전설에 의하면, 이 근거 없게 된 것은 지루한 것이 되었다. 신들도 지루해졌고, 독수리도 지루해졌으며, 상처도 지루하게 아물었다. 해명할 수 없는 바위 산맥은 남게 되었다. 이 전설은 해명할 수 없는 것을 해명하려고 시도한다. 그것은 하나의 참된 기반에서 나오는 것이기 때문에, 다시 해명할 수 없는 것으로 끝날 수밖에 없다."[15]

이러한 인식에 따르면 "진리의 희미한 빛"은 단지 관점과 지평의 차이 혹은 모든 선별성의 결함에 대해 개방적이고, "구원"이 도래할 수 있는 유일한 곳인 "외부"를 감지하고 의식하는 사유 혹은 생활형식 속에서만 나타난다. 사물들을 그렇게 원칙적으로 볼 때, 아도르노의 경우 그토록 중요한 역할을 하고 있는 비판적 주관성이라는 심급은 결코 모든 사물들의 척도가 아니라는 점도 드러난다. 변증법적 반성은 단지 그릇된 자기구원의 모든 형식들, 이미 이루어진 특수와 보편, 주체와 객체 등의 화해라는 거짓된 가상을 파괴하고 이로써 진정한 화해의 사유가능성을 —이의 실현은 물론 "외부"로부터만 결정된다—자유로이 유지하는 과제만을 지닌다. 이데올로기비판은—대용품 세계 속에서 충족되었지만 거짓된 의식산업의 욕구들이라는 이미 이루어진 구원의 가상을 파괴하는 것으로서, 혹은 과거 사회주의 강압체제들 속의 보편과 개인의 억압적 종합을 파괴하는 것으로서—주로 부정적 타격방향을 지닌다. 즉 이

15) Franz Kafka: Prometheus, in: Sämtliche Erzählungen. Hrsg. v. P. Raabe. Frankfurt/M. 1969, S. 306.

데올로기비판은 결함의 감정, 이루어지지 않고 멀리 떨어져 있는 화해의 감정을 일깨우거나 유지해야 하며 인류의 모든 자기구원들에 각인되어 있는 "폭력"을 인식할 수 있게 해야 한다. 따라서 억압받는 자로 하여금 사회의 모든 영역에서 발언할 수 있도록 돕고자 하는 비판적 주체는 결코 자체목적이나 궁극적 목표가 아니다. 비판적 주체는 오히려 대리자이며, 인간에 대한 사회적 조정이 완벽히 작동하여 그러한 조정이 "행복"으로 체험되고 더 이상 "고난"으로 경험되지 않을 경우—이는 변태의 한 가지 극단이다—, 혹은 메시아의 도래에 대한 희망이 구현될 경우 비판적 주체도 사라질 것이다. 그러나 아도르노가 보기에 이 희망은 예술작품들이 그것을 알리기 때문에 살아 있다. 그것들의 아우라 속에는—신자들의 경우 성서나 신의 출현에서와 유사하게—어떤 구원된, 타자로서의 자연과 화해된 인류에 대한 약속이 현존한다. 그러한 구원이 비로소 인간을 점차 얽혀 들어가 있었던 인간 역사의 숙명으로부터 떼어내 놓는다. 벤야민은 「역사철학 테제」에서 이렇게 주장했다.

"주지하듯이 유대인들에게는 미래에 대해 연구하는 것이 금지되어 있다. 반대로 율법서와 기도문은 그들에게 기억을 가르친다. 기억은 예언자들에게서 이야기를 들은 자들이 빠져 있는 미래의 마술로부터 유대인들이 풀려나게 해주었다. 그러나 유대인들에게 미래는 동질적이고 공허한 시간이 되지 않았다. 왜냐하면 여기서는 매 순간이 메시아가 들어올 수 있는 작은 문이었기 때문이다."(2, 704)

그러나 메시아가 나타날 때까지 비판이론의 주요 과제는 세계의 구원에 대한 필요성을 현존하게 하고 예술을 본보기 삼아 화해의 가능성을 적어도 간접적으로는 알 수 있게 하는 것이다.

하지만 아도르노의 모든 사회비판과 이데올로기비판 뒤에 자리잡은 채 그것들의 원칙적 성격과 예리함을 형성하는, 구원의 필요성이라는 종교적 모티프는—모든 "실증적" 정치를 아도르노는 인류의 헛된 자기구원 시도로서 거부했을 것이다—궁극적으로 인간이 죽을 수 있으며 죽음은 확실하다는 사정과 관련된다. 왜냐하면 "계몽해야 한다"는 증후군을 통해 관철되는 모든 자체보존 행위들은 인간의 유한성에 근거를 두기 때문이다. 그러한 행위들은 사멸하면서 자신의 죽음을 아는 존재의 생명연장 형식들이다. 바로 죽음의 현실성 속에서는 지양할 수 없고 단지 "구원"을 통해서만 제거할 수 있는 인간조건의 숙명성이 결정되어 있다. 죽어 가는 인류는 "구원"을 요구한다. 아도르노 철학 배후의 이 모티프를 위르겐 하버마스는 1969년 9월 12일자 『차이트』지에 발표한 아도르노 추도문에서 지적했다.

"범주적으로 다른 과학과 기술이라는 개념은 보편적 화해의 이념과 마찬가지로 공허하다. 그 개념은 오히려 어떤 다른 것 속에 근거를 둔다. 즉 아무리 절실한 비판도 충족시킬 수 없는, 죽음 앞의 위안과 기대의 욕구에 근거를 두는 것이다. 이러한 고통은 신학이 없다면 위로가 되지 않는 것이다."[16]

아도르노 자신도 『부정적 변증법』에서 이렇게 말했다. "(유물론은) 가장 유물론적인 곳에서 신학과 일치한다. 유물론이 동경하는 바는 **육신의 부활**일 것이다."(VI, 207)

그러나 예술이 구원되지 않은 세계 속에 구원의 "빛"을 던진다면, 이는 예술에 "불멸성"의 계기가 내재하기 때문이다. 『미학이론』에서 아도르노는 다음과 같이 서술한다. "지속을 통해 예술은 죽음에 이의를 제기한다. 작품들의 단기적 영원성은 비가상적 영원성의 알레고리다. 예술은 죽음이 도달하지 못하는 것의 가상이다."(VII, 48) 죽음에 대한 이 이의를 통해 예술은 삶의 긍정이다. 다른 경우에는 모든 긍정적 예술과 문화의 가장 엄격한 비판자인 아도르노도 이런 맥락에서만은 긍정적으로 "긍정"에 대해 언급한다.

16) Jürgen Habermas: Th. W. Adorno wäre am 11. September 66 Jahre alt geworden, in: H. Schweppenhäuser (Hg.): Th. W. Adorno zum Gedächtnis. Frankfurt/M. 1971, S. 36.

"문화의 긍정적 성격에 대한 헤르베르트 마르쿠제의 비판이 합당하기는 하지만, 그것은 개별 산물들 속에 파고들 의무를 부과한다. 그렇지 않을 경우 그로부터 단순한 문화재들과 마찬가지로 조야한 반문화 동맹이 형성될 것이다. 광포한 문화비판은 근본적이지 않다. (…) 긍정은 기존상황을 광채로 에워싸지 않는다. 긍정은 현존하는 것에 공감하면서 모든 지배의 목적인 죽음에 저항한다. 죽음 자체가 희망이 되는 대가를 치르지 않는 한 긍정에 대해 회의할 수는 없을 것이다." (Ⅶ, 374)

이러한 명제들은 특히 처음 읽을 때면 쉽게 이해되지 않는다. 그러나 결정적인 사상이 드러난다. 예술과 문화를 일괄해서 "긍정적인" 것으로서 배척하는 것은 예술을 통해서만 드러나게 될 약속을 포기하게 될 것이다. 즉 죽음과 사멸, 유한성과 곤궁이 인간을 규정하는 넘어설 수 없는 궁극적 법칙은 아니라는 약속이 그것이다. 예술작품들이 발산하는 영원성의 가상인 죽음에 대한 이 항의에서는 동시에 극단적 사회부정의 계기가 나타난다. 왜냐하면 아도르노의 주장에 의하면 죽음이 모든 지배의 목표이기 때문이다. 아도르노는 이 대목에서 동일성 강압, 모든 실재적 추상과 개념적 추상, 규범화와 일반화 등을 궁극적으로 죽음의 욕망, 곧 모든 생명체와 모든 자연의 말살이라고 해석한다. 이런 해석에서는 『계몽의 변증법』의 핵심들이 다시 한 번 확연히 나타난다. 인간의 유한성 혹은 인간의 "결핍들"이 "계몽"의 첫째 동기라면, 이 자체보존 메커니즘 자체에도 한 가지 치명적 결과가 내재하는 것이다. 즉 도구들의 도움으로 인간은 자신의 생존을 보장하고자 했지만, 그 도구는 궁극적으로 자연의 위력을 무력화해야 할 터인데도 모든 자연보다도 더 가혹하게 "살아 있는" 존재로서의 인간의 실존 속에서 인간을 위협하는 것이다. 아도르노에 따르면, 예컨대 죽음이 낙원에 이르는 문이라는 의미에서 "죽음 자체가 희망일" 경우 그러한 상황을 직면할 수 있을 것이다. 총체적 계몽의 치명적 결과들만 아니라 유한성 속에 있는 그 기원도 초월하고 구원의 개연성은 아닐지라도 가능성을 유지하고 있는 지속적 삶의 나약한 가상이 예술에서 나타나지 않는다면, 위와 같은 믿음의 확실성이 결여되어 있는 사람은 죽음의 확실성으로 인해 절망에 빠질 것이며, 인간 실존의 난관은 출구가 없어 보일 것이다.

아도르노 철학의 이 종교적 차원을 이처럼 전면에 내세우고 정치적 사회적 차원을 완전히 그 뒤로 물러나게 할 경우, 우리는 종교적인 주도적 차이인 "내재성"/"초월성"의 구분을 이 철학의 최고 관련점으로 설정할 것을 옹호한다. 헤겔이 믿었던 것과 달리 내재성 속으로 초월성을 지양할 수는 없다면, (절실한 의미의) "진리"를 얻으려는, 내재적으로 가능한 모든 노력은 조각난 작품, 즉 단편에 머물 것이며, 이로써 아도르노와 카프카에게는 "비진리" 혹은 "허위"일 것이다. (절실한 의미의) 올바른 삶을 위해 내재적으로 가능한 모든 노력은 궁극적으로 쓸데없는 것이다. "거짓된 상황 속에는 어떤 올바른 삶도 없다!" "초월성의 내재화"를 이념사적으로는 "세속화"라고 부른다. 이 세속화를 통해 비로소 인류는 지상에서 예컨대 계몽과 정치로써 스스로를 구원할 수 있다고 생각할 수 있게 된다. 차이들을 강압성 없이 인정하고 양해하는 자유로운 인간들의 연합이라는 쉴러의 구상은 의문의 여지없이 세속화된 구원 이념의 지평 속에 위치한다. 그러한 기획들을 실제 삶에서 구현하려는 현대 인류의 노력들이 좌절한 듯해 보이는 정도에 따라 내재성과 초월성의 해묵은 종교적 차이가 새로이 신빙성을 얻게 된다. 이는 아도르노의 경우에도 사실이다. 이 점을 분명히 할 때에만 아도르노에게 현대의 양면성, 즉 진보와 퇴보에 대한 감각이 분명히 결여되었으며, 그가 단지 "초월성"과 "내재성"의 관계 속에서 "구원된"/"구원되지 않은" 상태만을 구분했다는 점을 이해할 수 있다. 현대사회가 개탄스러운 현상들과 아울러 자유확대의 가능성들을 형성했느냐 하는 질문들을 아도르노는 제기하지 않았을 것이다. 시선을 이끄는 종교적 주도차이 아래서는 단지 "이것이냐"/"저것이냐"만이 존재할 뿐이다. 구원 · 화해 · 행복 아니면 속박 · 지배 · 절망이 존재할 뿐이다. 그 중간의 것은—온갖 것을 경험한 이후 지상의 "행복"에 대한 약속을 삼가야 할 정치적 구상들을 위한 모든 전제들에 앞서—이런 관점으로 보면 존재하지 않는다. 하르트무트 샤이블레는 "전부냐 무냐" 하는 이 태도가 어린이의 무조건적 행복에 대한 요구를 고수하는 것이라고 매우 타당하게 지적한다.[17] 그러나 그러한 태도 뒤에는 종교적인 주도적 차이의 "논리"가 자리잡고 있으며, 그러한 관점에서는 어린이의 순진한 시선이—지배관계로 인한 경계선 폐쇄 사이의 "무인지대"속에서—"구원된" 세계를 바라보는 듯해 보인다. 폴 발레리에 대한 에세이에서 아도르노는 이 프랑스 시인의 태도를 자신의 성격묘사라고 할 수 있는 형태로 묘사했다.

"그의 작품 전체는 **전체적 행복**과 **전체적 진리**를 체념함으로써 부담을 면하려는 치명적 유혹에 맞선 하나의 저항이다. 차라리 **불가능한** 것으로 인해 파멸하는 편이 나으리라."(XI, 125)

한편 이러한 태도는 실천에 대한 포기나, 어떤 대가를 치르더라도 구원을 당장 강요하려고 하는 행동주의적 광신주의에서 그 정치적 귀결을 찾는 듯하다. 이에 맞서—그의 독자들 가운데 상당수가 한동안은 그러한 광신주의에 끌리는 것을 느꼈을 것이다—아도르노는 "학생운동"의 절정기에 그 중심지인 프랑크푸르트 암 마인에서 정치적으로 삼가는 비판적 사유의 행복을 옹호했다.

"이 시간에 좀더 고차적인 사회 형태는 구체적으로 보이지 않는다. 따라서 그것이 손에 잡힐 듯이 가깝다는 제스처를 취하는 것은 어떤 퇴행적 측면을 지닌다. (…) 그에 반해 비타협적으로 비판적으로 사유하면서 자신의 의식을 양도하지도 않고 행동을 위해 테러당하지도 않는 사람은 사실상 포기하지 않는 사람이다. (…) 사유하는 자의 눈에 떠오

17) Hartmut Scheible: Geschichte im Stillstand. Zur Ästhetik Th. W. Adornos, in: Text +Kritik, Sonderheft 1977, S. 117.

르는 행복은 인류의 행복이다. 보편적 억압의 경향은 사고 자체에 대립한다. 사고는 불행을 규정할 때조차, 그것을 말로 표현함으로써, 행복이다. 사고를 통해서만 행복은 보편적 불행 속에까지 파고든다."(X, 798f.)

그러나 비판적 사유가 "행복"에 관여하는 것은 그것이 초월성에 대해 개방되어 있고 그래서 내재성에서 벗어나기 때문이다. 이 점에서 그것은 예술과 유사하고 예술에 의해 뒷받침되기도 한다. 아도르노는 "인간과 사물을 비추는 빛" 가운데에는 "초월성이 반사되지 않는" 것이 없다고 서술했다.[18] 예술과 비판이론은 초월성의 내재성을 가능케 한다. 예술과 비판이론이 없다면 내재성에는 "외부"에 대한 의식이 없을 것이다. 따라서 예술과 비판이론은 프리드리히 슐레겔이 표현했듯이 "무한을 엿보는 것"이며, 메시아의 빛이 들어오는 작은 틈새다.

우리가 위에서 『계몽의 변증법』의 구상을 처음 살펴보면서 쉴러에게 근접시켜 놓았다면, 이제는 아도르노가—현대에 실망한 철학자로서—쉴러 구상의 세속화하는 특징들을 지양하고 그것들을 그 이전의 종교적 의미 속으로 다시 돌려보낸다는 점을 첨가해야 할 것이다. 이 점에서 그는 초기 낭만주의의 사상운동을 다시 한 번 따라간다. 이 초기 낭만주의 사상운동은 종교적인 주도적 차이를 부활시키고, 지상에서 가능한 모든 것을 단편 혹은 무한한 초월성의 "표현"이라고 이해했다. 그러나 아도르노에게는 차이의 긴장, 혹은 "차연"이 아니라 구원의 이념이 궁극적인 것이었다는 점에서, 그는 초기낭만주의 및 슐레겔과 구분된다. 하지만 이를 허용해 주는 것은 초월성이다. 혹은 초월성도 그럴 수 없을 것이다! 인간은 초월성을 어떻게 처분할 수 없는 것이다.

---

18) Zit. Jürgen Habermas, a. a. O. (Anm. 16), S. 36.

미학의 양상들

이하에서는 아도르노 미학에서 "문화산업", "자연미" 개념, "예술미", "예술과 사회" 등과 같은 측면들을 좀더 면밀히 검토하기로 한다.

(1) 『계몽의 변증법』에 포함된 "문화산업"은 언뜻 보기에 보수적 문화 비평의 변형인 것처럼 보일 수 있다. 왜냐하면 현대사회가 매체의 뒷받침을 받는 미적 의사소통 분야의 문화적 혁신과 관련해 이룩해낸 모든 것이―영화와 라디오, TV와 음반―비판적으로 심판받기 때문이다. 토스카니니가 베르디의 곡을 지휘하고 음반 취입을 했건, 채플린이 영화에서 히틀러를 패러디하건, 재즈밴드들이 연주하거나 화보에 실리건, 판결은 무자비하다. 어느 것이나 "대중기만" 혹은 조작인 것이다. 어떤 민속공연단도, 가정음악 보호협회도, 우리 가정의 케이블 설치에 반대하는 어떤 발기인들도 매체 문화를 엄격하게 무조건 배척하는 면에서는 『계몽의 변증법』 저자들을 능가하지 못할 것이다. 이 비판의 논조는 언제나 동일하다. 개인들의 모든 개성이 매체 문화 속에서는 사라지고 그것을 통해 파멸한다는 것이다. 오락산업은 타협적인 사이비 인격을 생산하며, 이러한 인격에서는 "비판적" 반성의 힘이 모두 사라졌다고 한다. 김나지움의 고급반에서 지난날 애호되던 논술 주제 가운데 하나인 "기술은 축복인가 저주인가?"와 같은 스타일로 1963년 아도르노는 「문화산업 개요」에서 다음과 같이 서술했다.

"문화산업은 자신이 사람들에게 암시하려고 하는 바로 그 질서 속에 세상이 있다는 즐거운 느낌을 일깨움으로써 대용만족을 사람들에게 마련해준다. 그런데 이러한 대용만족은 문화산업이 사람들에게 속임수로 보여주는 행복을 다시 속여서 앗아간다. 문화산업의 전체 효과는 반계몽의 효과다. 그 속에서 (…) 계몽은 (…) 대중기만, 곧 의식을 속박하는 수단이 된다. 문화산업은 자율적이고 자립적이며 의식적으로 판단하며 스스로 결정을 내리는 개인들의 형성을 방해한다. 하지만 그러한 개인

들이야말로 성숙한 사람들을 통해 유지되고 발전할 수 있는 민주사회의 전제조건일 것이다."(X, 345)

이처럼 무기력하기도하고 방어적이기도 한 형태로 표현된 명제들은 "서구의 가치들"을 옹호하겠다고 자처하는 자들의 호의적 걱정과 그저 다음과 같은 점에서만 구분된다. 즉 그것은 가정에서의 음악연주나 도자기 강습, 혹은 위협받는 개성의 구제를 위해 몸소 참여하는 수선 강습 등으로 돌아갈 것을 권장하지 않고, 개성과 사회의 "화해"에 대한—문화산업을 통해 야기된 개별과 보편의 "종합"은 그러한 화해의 캐리커처일 것이다—희망에 의지한다는 점에서 그렇다. 이로써 "대중기만으로서의 계몽"이라는 특기할 만한 부제가 달린 『계몽의 변증법』의 "문화산업" 단원 중심에 자리잡고 있는 테제가 이미 제기된 셈이다. 대중문화 속에서 이루어지는 주체와 사회의 "거짓된 화해"를 비판적으로 폭로하는 것은 이미 생명을 다한 교양적 태도들(CD 판의 퇼처 소년합창단 연주 대신 "성탄절 노래 부르기" 따위)을 시대착오적으로 다시 살려내려는 시도에 봉사하지 않는다. 오히려 그것은 "역사의 속박"에서 벗어난 어떤 "진정한" 화해, 구원된 현대 이후의 지평 속에 자리잡고 있다.

"문화산업"에 대한 아도르노의 공격을 유사하게 들리는 보수적 목소리들과 구분하는 것은 매우 중요하다. 하지만 아도르노가 단호하게, 심지어 교만하게, 과거의 미적 의사소통 매체들인 책 · 오케스트라 · 판화 등만을 인정했다는 점도 간과할 수 없다. 이와 마찬가지로 그는 작품에 몰입하고 집중하는 수용태도를 옹호했으며, 벤야민이 희망에 차 논의했던 "산만함"이라는 범주를 전적으로 배격했다. 1962년 출판된 『음악사회학 입문』에서 아도르노는 다양한 청취유형을 구분했다. 완전히 적합하게 구조적으로 듣고 악보를 외우거나 눈앞에 그리며 어떤 "아름다운 대목"에 유혹당하지 않는 "전문가들", 예컨대 국제적 음악상황을 상세히 앎으로써 자신의 음악적 작곡적 무지를 대화로 보상하는 "교양 소비자들", 차이코프스키 곡을 들으며 눈물을 흘리는 "정서적" 청중, 그리고 끝으로 단지 오락만을 원하는 모든 사람들 등이 그 유형들이다. 아도르노의 집중적 원한은 마지막 그룹을 겨냥했다. 그는 그들의 태도를 다음과 같이 규정했다.

"그 특유의 청취방식은 산만하고 분산된 방식이며, 갑자기 주의를 기울이거나 다시 알아보는 순간에 중단되기도 하는 방식이다. (…) 오락적인 청취자는 대중매체인 라디오 · 영화 · TV와의 관계 속에서만 적합하게 서술될 수 있을 것이다. 심리학적으로 그에게는 자아 쇠약증이 특유하다. (…) 작품에 대한 비판은 작품을 이해하려는 노력만큼이나 낯선 것이다. 그는 그를 자기반성으로 몰아가는 것에 대해서만 회의적이다. 그는 자신의 평가와 더불어 고객으로서 단결할 태세가 되어 있다. 또한 통속잡지에서 그를 향해 찡끗거리는 듯한 사회의 표면에 완강히 매달리기로 맹세하고 있다. 이런 유형의 정치적 양상을 개관하지는 않겠지만, 그런 유형은 그의 소비수준을 너무 명시적으로 침해하지 않는 그때그때의 지배관계와 음악적으로나 현실에서나 타협한다."(XIV, 195f.)

이런 명제들은 벤야민의 매체이론을 절대적으로 부인하는 것을 의미한다. "산만한" 청취자를 아도르노는 사회심리학적으로 자신의 탈주욕구에 유용한 한에서 어떤 지배관계에도 찬동하는 "타협주의자"라고 상정한다. 그럴 경우 새로운 매체의 자극을 받은 수용자 대중의 혁명적 지각에 대한 벤야민의 희망을 더할 나위 없이 확연하게 거부하는 것이다. "산만함"에 대한 아도르노의 비판은 해방적 잠재력을 발현한다는 의미의 새로운 매체와 변형된 지각과 세계에 대한 태도의 연합을 원칙적으로 의문시한다. 벤야민은 「기술복제 시대의 예술작품」에서 기술복제 가능성이 예술에 대한 대중의 관계를 바꿔놓는 것을 관찰할 수 있다고 여겼고, 다음과 같이 주장했다.

"예술작품의 기술복제 가능성은 예술에 대한 대중의 관계를 바꿔놓는다. 가장 후진적인 관계로부터, 예컨대 피카소에 대한 관계로부터, 가장 진보적인 관계로, 예컨대 채플린을 대할 때의 관계로 전도된다. 이 경우 진보적 반응의 특징은 그러한 관계 속에서 감상과 체험에서 느끼는 즐거움이 전문가적 평가자의 태도와 직접적이고 본질적으로 결합된다는 점이다."(2, 496f.)

이에 반해 미국의 오락산업 현실과 아울러 파시즘의 선전체계에 새로운 매체들이 효과적으로, 심지어 매력적으로 활용되는 현상에서 교훈을 얻은 아도르노는 그러한 기대들이 단지 순진한 환상들일 뿐이라고 볼 수 있었다. 그에게는 매체들의 해방적 기능에 대한 아방가르드적 희망이 실제 상황 앞에서 전적으로 부적절해 보였다. 매체 문화에서 예술의 자율성이 "청산"되는 현상을 아도르노는 그릇된 지양이라고 보았다. 즉 대중들의 해방이 아니라 속박이며 유례가 없는 수준의 조작이라고 보았다. 문화적 현실은 아방가르드 프로그램을 냉소적인 방식으로 구현했다. 자율적 예술 속에 암호처럼 보존되어 있는 잠재력의 지양 내지 행복에 대한 희망이 제대로 수행되기 전에는, 즉 초월성에 의해 허용되기 전에는—그리고 아도르노는 예술이 삶 속으로 그처럼 "참되게" 지양되는 것이 자신의 당대와는 멀리 떨어져 있는 일이라고 보았다—아방가르드 이전 혹은 이후의 "자율적" 예술만 남는다. 이러한 예술은 모든 인기에 대한 관계를 금욕적으로 거부한다. 그것은 등가성의 원리에 의해 마법에 걸린 세계에 맞서는 항의와 저항의 요체다.

이런 이유에서 아도르노는 아직 시장에 완전히 굴복하지 않은 현대 이전 문화의 유물들에 커다란 공감을 표했다. 그는 예컨대 파시즘 이전 독일의 상황에 대해 다음과 같이 서술했다.

"독일에서는 삶을 민주적으로 통제하지 못하게 된 현상이 역설적 영향을 초래했다. 수많은 것이 서방 국가들에서 자유로이 작동하는 시장 메커니즘으로부터 면제되었다. 독일의 교육제도는 대학들, 예술적으로 결정적인 극장들, 대규모 오케스트라, 박물관 등과 더불어 보호를 받았다. 그러한 제도들을 절대주의의 유물로서 떠맡게 된 정치 권력들, 국가와 자치단체들은 시장에서 천명된 지배관계들로부터의 독립성을 어느 정도 그것들을 위해 보존해 주었다. 제후들과 봉건영주들은 그러한 제도들에다 그와 같은 독립성을 19세기에 이르기까지도 궁극적으로는 방임해 두었던 것이다. 이는 뒷날의 예술이 공급과 수요의 판결에 맞서는 운동을 강화시켰고, 실제적인 보호를 훨씬 넘어서 예술의 저항을 증대시켰다."(Ⅲ, 154)

이러한 주장도 보호자가 있던 시대로 퇴행할 것을 암시하는 것은 아니다. 왜냐하면 아도르노는 자율적 예술과 결합되어 있는 잠재력을 언젠가 사회생활에 자유로이 끌어들인다는 아방가르드적 충동을 공유했기 때문이다. 그러나 이러한 "지양"이 역사적 인류의 처분능력을 벗어났으며, 단지 "문화산업"으로서 그 왜곡된 형태만을 초래했기 때문에, 아방가르드적 희망은 취소될 수밖에 없다는 것이다.

그러면 삶 속으로 예술을 "그릇되게 지양하기", 혹은 특수와 보편의 "그릇된 화해"라는 말로 아도르노는 정확히 무엇을 이해했을까? 개괄적으로 답하자면, 그것은 통합적이고 규범화된 사회라고 할 수 있다. 이 속에서는 아직 가장 은밀하고 "문명화되지 않은" 주체들의 소망조차 대중문화의 미리 제작된 기준들을 지향하며, 그것들의 도식에 의해 규정된다. 우선 아도르노는 라디오 · 잡지 · 영화 등의 매체들이 개인적인 것들을 모두 기성복처럼 만든다는 점을 확인할 수 있다고 믿었다. 이제는 특수한 것, 일탈들, 절실한 "주관적 요인" 등은 "기성품으로", 상투어로 이미 제작되어 존재할 뿐이다.

"재즈의 규범화된 즉흥연주로부터, 사람들이 알아볼 수 있도록 곱슬머리를 눈 위로 늘어뜨려야 하는 독창적 배우에 이르기까지, 사이비 개성이 지배한다. 개성적인 것은 우연한 것에 남김 없이 낙인을 찍어 그러한 것으로서 확정될 수 있도록 하는 보편의 능력에 환원된다. 그때그때 부각되는 개인의 거만한 과묵함이나 세련된 등장은 수 밀리미터의 미세한 부분들에 따라 구분되는 예일의 자물쇠들처럼 시리즈 형태로 산출된다. 자아의 특수성은 자연적인 것처럼 내보여지지만 사회적 조건을 지니는 독점재화다. 그것은 콧수염, 프랑스식 액센트, 방탕한 여인의 낮은 음성, 루비취 식의 세련된 현학적 코미디 따위로 환원된다.” (Ⅲ, 177f.)

문화산업이 도식적으로 생산하는 개성적인 것은 “보편”과 그릇되게 화해를 이루고 있다. 왜냐하면 그것은 “보편적 개별자”이며, 어떤 규칙의 사례이며, 한 유형의 예시로서, 그것의 특별한 뉘앙스도 계산의 결과이기 때문이다. 그러나 개별적인 것이 단지 상투어로만 아직도 존재한다면, 이는 아도르노가 보기에 상품형식이 — 등가물이 — 산업에 의해 제작된 작품들 자체의 가장 본질적인 면 속에 파고 들어간 것을 의미한다. 매체세계 속에서 유통되는 생산물들은 판매되기 때문에만 상품이 아니다. 자율적 예술도 판매되었다. 그것들은 무엇보다 실재적 추상이, 즉 모든 특수한 것 내지 비동일자를 도외시하는 일이 그것들의 가장 본질적인 구조를 규정하기 때문에 상품이다. 아도르노는 문화산업에서 유래하는 생산물들의 양식적 질을 고려하면서 이러한 테제를 해명한다. 예컨대 TV시리즈들을 생각할 수 있을 것이다. 진정한 예술의 양식을 아도르노는 보편적인 장르론적 혹은 상징론적 선결조건들과 작품을 통한 그 관습들의 특수하고 각각 특유한 실현 사이의 균형이라고 정의한다. 이러한 균형 속에서는 물론 다시 “화해”가 등장하지만, 그것은 진정한 예술에서 결코 아무 긴장 없이 이루어지는 것이 아니다. 모든 진정한 예술작품에서는 알아볼 수 있을 정도로 관습과 보편의 요구에 맞선 항의가 효력을 발휘한다는 것이다.

“모든 예술작품에서는 그것의 양식이 일종의 약속이다. 표현된 것이 양식을 통해 보편의 지배적 형식들, 음악적 회화적 구어적 언어 속에 들어가게 됨으로써, 올바른 보편의 이념과 화해를 이루어야 하는 것이다. (…) 예술작품으로 하여금 현실을 넘어서게 하는 예술작품 속의 계기는 (…) 양식과 분리될 수 없다. 하지만 그것은 이미 이루어진 조화, 형식과 내용, 내면과 외면, 개인과 사회의 수상한 통일을 본질로 하는 것이 아니라, 괴리가 나타나게 되는 특징들, 즉 동일성을 향한 열정적 노력의 필연적 좌절을 본질로 한다."(Ⅲ, 152)

하지만 그러한 규정이 예술의 질을 일반적으로 특징짓는 것은 아니며 현대예술에 대해서만 타당성을 요구할 수 있다는 점을 논외로 하더라도, 그 속에서는 아도르노가 예술에 "구원"의 상태를 긍정적으로 이미 이루어진 것으로서 형상화하는 과제를 부여하지 않았다는 점이 아주 분명히 드러난다. 간접적으로만, 또 긴장 없이 해소되지 않는 그 계기들의 부조화를 통해서만 작품은 그러한 부조화들이 더 이상 지배하지 않는 어떤 존재에 대한 사유가능성을 가리켜 보인다. 예컨대 시리즈물이 이뤄내는 매끄러운 양식적 종합을 아도르노는 동일성 강압의 지배 결과라고 폭로하며, 그 뒤에는 총체적 시장화가 자리잡고 있다고 본다.

"보편과 특수, 규칙과 대상의 특유한 요구의 화해가 이루어짐으로써만 양식은 내실을 얻게 되는데, 그러한 화해가 양극단 사이의 긴장에 더 이상 도달하지 않게 됨으로써 공허하게 된다. 서로 접하는 양극단은 희미한 동일성으로 넘어갔다."(Ⅲ, 151)

각각의 개별작품과 한 시리즈의 각 속편이 장르를 아무 단절 없이 대변한다면 그것은 바로 동일성의 욕망에 의해 정리된 보편의 본보기일 뿐이다. 유행가와 그 천편일률적 미사여구, 운율과 화음들의 "언어"에 이르기까지 아도르노는 언제나 "그릇된 지양"의 동일한 과정을 추적한다. 개별과 특수는 보편에 적응한다. 또한 매체언어에서는 아직 처리되고 규범화되지 않은 "자연"을 감지하는 과정인 모든 경험이 사라진다. 오히려 매체언어는 주체들이 세계의 종합을 의식 속에서 개인적으로도 수행해야 할 부담을 덜어주는 세계의 도식을 제공한다. 선험적 주관성과 이의 통각기능은 매체문화의 장치들에 위임되었다. 그러나 이로써 절실한 의미의 "주관성"을 이미 오래 전에 상실한 주체들 자신이 매체문화의 수용자로서 보편의 "사례들"로, 사회적으로 이미 제작되고 그들도 즐거이 받아들이는 "역할"의 규범화된 본보기로 형성된다. 왜냐하면 그들 자신 속에서는 "저항적인 것"의 심급인 모든 "자연"이 아무튼 가능한 한에서, 알아볼 수 없을 정도로 수축되었기 때문이다. 아도르노는 문화산업을 규범화된 주체들의 제작을 위한 기계라고 규정했다. 이들은 폭력이나 외적 강압으로 이제까지 가능했던 것보다 더 효과적으로 지배의 연관관계에 굴복한다. 문화산업의 이러한 통합작용을 고려하면서 — 그것의 "세계 모조" 속에서는 주체들이 스스로를 "다시 알아보고" "부담에서 면제된다" — 아도르노는 궁극적으로 매체에 의해 뒷받침되는 모든 대중문화의 본보기 혹은 좀더 정확히 말하면 귀결점을 광고에서 찾는다. 광고는 그것이 칭송하는 생산물들의 사용가치를 도식화하여 동일시의 최대치가 이루어질 수 있도록 추상을 꾀한다. 그것의 이상은 보편적 주목을 유발하는 것일 텐데, 이는 다시 "모방"으로 실현될 것이다. 매체에 의해 철저히 양식화된 세계가 궁극적으로 어디에나 존재하는 절대적 광고의 차원으로 수축될 경우 — 그리고 아도르노는 실제로 이 공포의 시나리오를 염두에 두었다 — 인간의 역사는 악몽과도 같이 실현된 것이다. 인간의 역사는 미메시스의 법칙 아래, 지배되지 않은 개별과 매개되지 않은 특수 혹은 "카오스"로서의 자연에 대한 모방으로 시작되었다면, 거리를 설정하는 계몽의 과정은 결국 광고의 "상품물신"에서 승리를 구가하는 동일자의 지배로 귀결된다. 그러나 광고의 미메시스는 자연의 미메시스보다 더 거리감이 없으며, 주관성을 사물화된 사회라는 "제2의 자연"에 묶어놓는다.

"어떤 젊은 처녀가 의무적인 데이트를 받아들여 실제로 만나는 방식, 전화에서나 극히 친밀한 상황 속의 억양, 대화중의 단어선택, 쇠퇴한 심층심리학의 질서개념들에 따라 분할된 전체 내면생활은 자신을 충동의 움직임들 속에까지 문화산업에 의해 제시된 모델에 상응하는, 성공에 적합한 장치로 만들려는 시도를 말해준다. 인간의 가장 내밀한 반응들은 인간들 자신에 대해 완전히 사물화되어 있기 때문에 그들에게 고유한 것이라는 이념은 단지 극단적 추상 속에서만 아직도 존속하고 있다.

인격은 그들에게 눈부시게 흰 치아, 어깨의 땀이나 감정들로부터의 자유 이상의 어떤 다른 것을 의미하기 어렵다. 이는 문화산업에서 이루어지는 광고의 승리이며, 동시에 간파되기도 한 문화상품들에 대한 소비자들의 강제적 미메시스다."(Ⅲ, 190f.)

이러한 암시적 표현이 근거 있는지에 대해서는 확실히 의견들이 다를 수 있다. 매체들을 그처럼 악마시하는 것은 과장된 것이라고 간주할 수 있을 것이다. 또 아도르노가 현대문화의 현상들을 광고의 원리에 환원하는 절대적인 태도 자체도 도처에서 "진단된" 동일시 강압의 한 가지 반영이며, 차이와 양가성을 파악할 아무 기관도 갖추지 못한 것이라고 볼 수 있을 것이다. 하지만 아도르노의 철학적 구상에 날카로움과 거의 단일체적 폐쇄성을 부여하는 것은 바로 이 세분화의지의 결핍이다. 인간의 구원되지 않은 실존은 자연의 미메시스와 광고의 모방이라는 극단 사이에서 진동한다. 사멸하는 인간의 자체보존을 향한 첫걸음은 동시에 종착점에 매체시대의 좀비가 자리잡고 있는 길로 향한 첫걸음이기도 하다. 이 "살아 있는 시체들"을 아도르노는 어디서나 찾아낸다고 생각했다. 예컨대 『미학이론』에는 다음과 같은 주장이 나온다.

"가장 아름다운 처녀의 얼굴도 영화배우와의 심한 유사성 때문에 추하게 된다. 실제로 그 얼굴은 결국 이 영화배우를 따라 미리 제조된다. (…) 총체적 매개의 시대에는 자연미도 자연미의 희화된 모습으로 변해간다."(Ⅶ, 106)

(2) 매체에 의해 규정되는 현대에는 "자연미"의 경험도 위태로워졌고, 일몰이 점점 더 그것을 모사하는 키취적 우편엽서와 같아지더라도, "아름다운 자연"의 가능성이 모든 미적 경험의 출발점을 이룬다는 점은 아도르노에게 의문의 여지가 없다. 그래서 그는 관념론 미학의 전통, 특히 헤겔에 맞서 자연미의 범주를 복권시키려고 노력한다. 관념론 미학은 모든 자연을 "정신"에 복종시켰고, 이로써 예술철학 분야에서 "계몽"의 법칙을 무자비하게 실행했다는 것이다.

"헤겔이 (…) 자연미의 결함이라고 제시하는 것, 확고한 개념에서 벗어나는 것은 미 자체의 실체다. 헤겔이 자연에서 예술로 넘어가는 과정에서는 (…) 그 유명한 '지양'의 다의성이 보이지 않는다. 자연미는 예술미 속에서 다시 인식되지 않는 가운데 소멸한다. 그것은 정신에 의해 철저히 지배되고 규정되지 않기 때문에 헤겔에게는 미 이전의 것이라고 간주된다."(VII, 118f.)

그러나 "자연미"에 대한 아도르노의 변론은 종속적 자연이라는 관념론적 구상을 간단히 뒤집어 놓지 않는다. 그것은 예컨대 인간의 간섭에서 아직 완전히 벗어나 있는 흠 없는 자연을 지지하지 않는다.

"기술과 자연이라는 통속적 안티테제가 얼마나 그릇된 것인지는 바로 인간의 보호로 부드러워지지 않고 어떠한 손길도 미치지 않은 자연, 알프스의 빙퇴석과 암괴언덕들이, 사회적으로 인정받은 자연에 대한 미적 욕구가 회피하는 산업쓰레기더미와 유사하다는 데에서 명백해진다. 무기물로 이루어진 세계가 얼마나 산업적인 것처럼 보일지는 언젠가 드러날 것이다."(VII, 106f.) 아도르노에게 자연은 단지 매개된 것으로서, 즉 "전유된 것"으로서만 "아름답다". 이 경우 그러한 전유의 방식은 강제적이지 않아 보여야 한다. 그 본보기는 예컨대 토스카나 같은 문화적 경관이다. 여기서는 자연과 인간의 역사가 "폭력 없이" 종합을 이룰 수 있었던 것으로 보인다.

"다른 경우에 예술작품들에서 종종 볼 수 있는 것처럼, 역사는 문화적 경관들에 그 표현으로서 새겨지고, 역사적 연속성은 그 형식으로서 새겨졌으며, 그것들을 역동적으로 통합한다."(VII, 101)

현대에는 문화적 경관이 점점 더 주변을 장악하는 기술적 자연파괴를 무기력하게 보상하는 기능을 얻게 되고, 따라서 알리바이 기능을 지니며, 인위적 치외법권 속에서 비호를 받게 되지만(VII, 107), "약탈"의 본보기를 지향하지 않게 될 자연과 인간 기술의 관계를 생각할 가능성을 나타내 준다.

그러나 자연미는 다른 관점에서도 "매개되어" 있다. 왜냐하면 자연미는 자연의 "절대주의"에 내맡겨 있지도 않고 "계몽"의 동일시 강압에 완전히 굴복하지도 않은 주체에 의해 지각될 필요가 있기 때문이다. 너무 가까이 가거나 너무 멀리 떨어지면 자연미를 그르치게 된다. 앞의 경우에는 자연적인 것을 단지 막강한 힘으로만 체험하기 때문이며, 뒤의 경우는 자연이 이미 오래 전에 사라졌기 때문이다. 따라서 자연미의 개념이 함의하는 매개는 삼중의 매개다. 경관으로서 자연과 인간 역사의 매개, 지각을 위한 "형상"으로서 객체와 주체의 매개, 지배되는 주체와 지배하는 주체의 매개가 그것이다. 마지막 경우는 자연미의 지각가능성이라는 역사철학적 입장과 관련되는 듯하다. 즉 지배되는 주체에게 자연은 아름다워 보이지 않고 전능하고 위협적인 것처럼 보인다. 지배하는 주체에게 아름다운 것은 더 이상 자연이 아니라 헤겔의 경우처럼 정신, 혹은 현상으로 나타나는 이념이다.

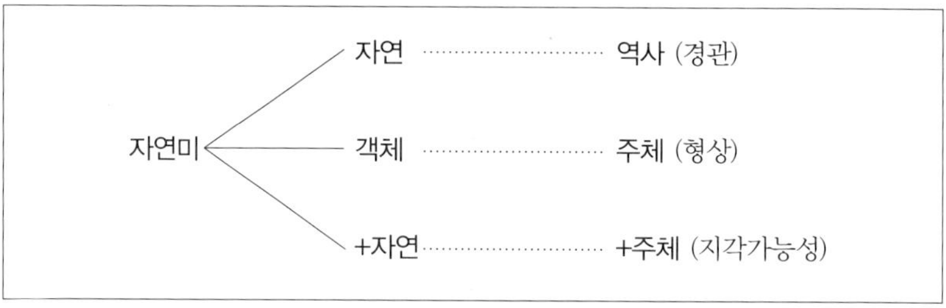

자연미의 경험은 인간의 역사에서 벗어나는 듯한 어떤 "중간" 영역에서 이 삼중의 매개를 경험하는 것이다. 그것은 아도르노가 보기에 쉽사리 어디서나 처분할 수 있는 경험이 결코 아니다. 예컨대 매력적 전망을 바라볼 때 임의로 그것을 감지할 수 있는 편리한 가능성은 없다.

"비록 자연미가 무의식적으로 주어지는 것은 아니지만, 자연을 집중해서 바라볼수록 자연의 아름다움을 감지하기는 더욱 어렵다. 유명한 조망지점 혹은 자연미의 명소를 의도적으로 찾는 것은 대개 헛수고다." (Ⅶ, 108)

그러나 자연미를 언제나 그 대용품의 도움으로, 모사 · 사진 · 그림 등의 형태로 언제나 소유하려는 욕망은 더욱 가망 없는 것이다. "자연미는 현상으로 나타나는 것으로서 그 자체가 형상이다. 그 모사는 일종의 동어반복인 것이다. 즉 그것은 현상으로 나타나는 것을 대상화함으로써 동시에 제거하는 것이다. 담자색의 황무지나 마테호른 그림을 키취라고 느끼는, 결코 유별나지 않은 반응은 그처럼 노골적인 주제들을 훨씬 넘어선다. 그런 반응에서는 자연미의 모사불가능성이 단적으로 지각된다."(Ⅶ, 105)

예컨대 여행안내서들이 권장하는 배타적 전망들의 규격화만 아니라 그것을 우편엽서나 휴가철 사진으로 "사물화하는 것"도 모든 자연미가 요구하는 매개를 다시 지양한다. 아도르노가 암시하는 바에 따르면, 자연미는 자의적으로 처분할 수도 없고 기술적으로 재생산하거나 조작할 수도 없다. 그것은 아무런 "전시가치"를 지니지 않는다. 오히려 자연미는 갑자기 나타나며, 마찬가지로 곧 사라지는 현상으로서 빛을 발한다. "음악에서처럼 자연에서 아름다운 것은 번개처럼 빛을 발하지만, 그것을 물건처럼 확고하게 만들려고 하면 당장 사라진다."(Ⅶ, 113)

따라서 주체를 놀라게 하며 엄습하는 아름다운 자연의 갑작스러운 현상은 많은 것을 말하면서 동시에 수수께끼 같다. 그것은 말로 적합하게 파악될 수 없지만 명증성을 지닌다. 따라서 사람들은 침묵을 통해서만 자신의 경험을 적합하게 증명한다.

"자연에 관하여 말하는 데에 대한 거부감은 자연에 대한 사랑이 살아남아 있는 경우에 가장 강력하다. 어떤 경관 속에서 '얼마나 아름다운가' 하는 말을 하는 것은 그것의 말없는 언어를 손상하고 그 아름다움을 감소시킨다. 현상으로 나타나는 미는 침묵을 원한다."(Ⅶ, 108) 자연미가 "말하려" 하는 바는 예술을 통해서만, 그리고 궁극적으로는 이에 대한 철학적 반성을 통해서만 해방된다. 이로부터 그것이 일종의 "무한을 엿보는 것"임이 드러난다. 번개처럼 펼쳐지는 자연미 속에서는 내재성의 초월성이 열리지만 곧 다시 닫히고 만다. 따라서 자연미에 내재하는 "진리"는 긍정적으로 말할 수 없다. 하이데거와 유사하게 아도르노는 아름다운 자연의 감지에서 진리가 번개처럼 빛났다가 사라지는 현상을 "노출적 은폐"라고 생각했다. "동일성 철학자 헤겔의 주장과 반대로 자연미는 진리에 접근해 있지만 가장 가까워지는 순간 은폐된다."(VII, 115)

그렇지만 아도르노는 자연미가 순간적으로 허용해 주는 초월성에 대한 통찰을 말로 포착하려는 유혹을 견디지 못했다. 이 수수께끼의 해독은 비록 모색의 과정을 보이며 모호하게 표현되기는 했지만 다시 그의 철학적 미학이 1800년의 규정에 매우 가깝다는 점을 드러내준다. "자연에서 아름다운 것은 지배적 원리에 대해서만 아니라 산만한 분리상태에 대해서도 어떤 타자다. 그것과 같은 것은 화해된 상태다."(VII, 115)

자연미에 대한 이 결론적 규정의 의도를 간파하기는 쉽다. 왜냐하면 악의적으로 말해서 동일한 것의 영원한 회귀가 문제이기 때문이다. "지배적 원리"는 모든 것을 자신에게 굴복시키는 "동일자"의 다른 말일 뿐이다. "산만한 분리상태"는 다른 곳에서 "비동일자", 다른 것, 혹은 단순한 자연의 "카오스"인 것을 표현만 약간 변형하여 서술한다. 양극단의 매개로서, 동일자와 비동일자의 강압 없는 통일로서, 자연 속의 미는 화해의 암호다. 그러나 그것은 초월성이 허락해 주는 기호일 뿐이며, 이미 이루어진 화해로서 내재성에 인정해줄 수 있는 것은 아니다.

"자연미는 사회적 내재성을 통해 매개되기는 했지만, 이 피안 세계의 알레고리로 남아 있다. 그러나 이 알레고리가 이미 이루어진 화해의 상태라고 날조될 경우, 그것은 화해되지 않은 상태를 은폐하고 이 속에도 아직 그러한 미가 가능하다는 식으로 정당화하기 위한 보조수단으로 격하된다."(VII, 108)

예술미에 대한 아도르노의 또 다른 규정들은 자연미에 대한 이 반성을 실질적으로 넘어서지 않는다. 이 반성을 염두에 두면서 우리는 극소수의 원리에 근거를 두는 아도르노 미학이론의 기본 출발점을 다시 한 번 도식화하고자 한다. 이로써 그것이 가능한 한 간명하게 드러나도록 하려는 것이다. 왜냐하면 아도르노가 자신의 사유를 "동일시하는 자들"의 간섭에서 벗어나도록 하기 위해 제시하는 확실히 인상적인 수사법으로도, 그의 논증적 토대는 극히 빈약한 극소수의 모티프들로 구성된다는 점을 감출 수는 없기 때문이다.

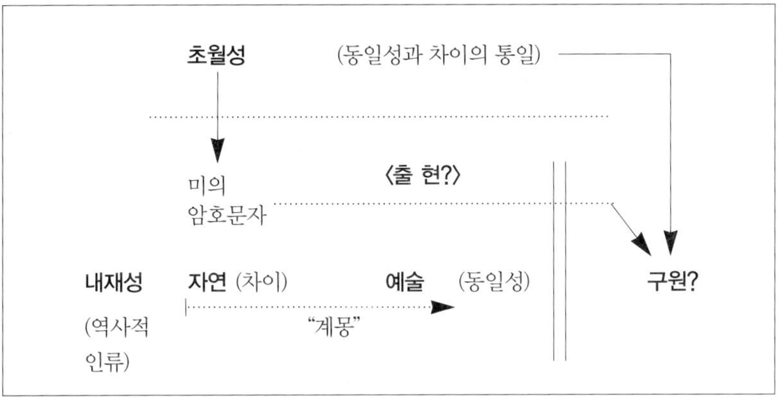

(3) 아도르노는 본래적 의미의 예술을 아름다운 자연의 모방이라고 정의한다.(Ⅶ, 113) 자연의 "아름다운" 개별 부분의 유사자연주의적 모방(복사)이 아니라—그러한 것은 그저 그것들의 특수성을 제거할 뿐일 것이다—자연미 일반의 미메시스, 즉 "화해된 상태"와 동일한 "타자"의 반복이라고 정의하는 것이다. 자연미의 미메시스로서 예술은 초월성의 현상이라는 자연미의 성질을 획득한다. 이 성질을 아도르노는 "신의 출현"이라고 칭하고 꽃불을 예로 그것을 설명한다.

"예술작품들은 중립화되고 이로써 질적으로 변화된 신의 출현이다. 고대의 신들이 그들의 예배장소에 잠시 나타나거나 적어도 옛날에 나타났었다면, 이러한 출현은 현상으로 나타나는 것의 육체적 성격을 대가로 예술작품들의 영원성이라는 법칙으로 변했다. 현상으로서의 예술작품에 가장 가까이 접근하는 것은 신의 출현 혹은 천국의 현상이다. 예술작품들은 인간을 넘어서고 그 의도나 사물의 세계로부터 멀어지듯이 그러한 것에 동의한다. (…) 예술작품들에 대해 원형적인 것은 그 일시성 때문에 또 허망한 오락이라는 이유로 거의 이론적으로 주목을 받지 못했던 꽃불 현상이다. 발레리만 적어도 그 근처에 접근하는 사고과정을 추구했을 뿐이다. 그것은 본래적 의미에서 신의 출현이다. 경험의 부담에서 벗어나 경험적으로 나타나는 것, (…) 하늘의 기호, 동시에 이와 하나가 된 경고, 번개처럼 빛나면서 사라지는 문자, 하지만 그 의미상 읽히지 않는 것이다."(Ⅶ, 125)

예술이라는 하늘의 수수께끼문자는 코드를 잃은 미지의 언어와 같다.(Ⅶ, 189) 그 의미를 감지하는 "문자학자"가 없다면, 그것은 기껏해야 산만하게 매력을 발산할 테지만 해독되지 않은 채로 남아 있을 것이다. "예술작품들이 침묵하는 특정한 해답은 단번에 새로운 직접성으로서 해석에 드러나지 않고 사상과 철학, 작품의 규율 등 온갖 매개들을 통해 비로소 드러난다."(Ⅶ, 189)

자연미의 미메시스인 예술에는 그 수수께끼를 풀기 위해 철학적 반성이 필요하다. 그러나 이 수수께끼에 대해 아도르노의 미학은 추상적으로 말하지 않는다. 그랬다면 이는 일종의 자체모순과도 같을 것이다. 오히려 그의 미학은 강화된 미메시스를 통해, 즉 그의 미학이 자체의 담론 속에 묶어두려고 하는 직관성과 반성의 유동상태 속에서, 예술의 진리가 나타나도록 하려고 시도한다. 예술의 감추어진 진리를 알아보도록 도와주는 그 진리에 대한 미메시스는 아도르노 식 글쓰기의 형식법칙에서 드러난다. 그의 스타일은 예를 통해 나중에 해명하게 될 추상적 개념의 동일성에 근거해서가 아니라, 마치 아무 강압 없이 통일성을 이루는 듯한 자율적 요소들의 "짜임관계"를 통해, 전체의 이념을 얻으려는 의도에 의해 지배된다. 반성된 사태와 본질상 역시 미메시스적인 그 서술 방식의 이런 연관관계를 꿰뚫어볼 때에만, 『미학이론』과 같은 책을 이해할 수 있을 것이다. 이 텍스트는 거의 4백 쪽이 되도록 예컨대 장이나 표제와 같은 형식의 외형적 구성을 보여주지 않는다. 이 이론의 "전체"는 예컨대 비트겐슈타인의 『논문』 같은 식으로 구성된 담론적 논증과정 전체가 아니라, 일종의 "짜임관계"—아도르노가 즐겨 사용한 이 표현은 사실 "하늘의 현상", 즉 별자리를 가리켜 보인다—즉 반성 계기들의 짜임관계다. 이 계기들은 서로 "지배관계"를 의미하게 될 어떤 포괄관계도 맺지 않으며, 모두가 서로 대등한 권한을 지니며 텍스트의 통일성을 이룬다. 물론 이 통일성은 개념으로 개괄되는 것이 아니라 반성을 통해서만 추후에 형성될 것이다. 이 형식법칙에 비춰보면, 각 문장이 격언처럼 되는 아도르노 식 글쓰기의 특이성도 밝혀진다. 또 문장의 한계 내에서조차 "짜임관계"의 원리를 반복하고, 개별 의미요소를 앞선 의미 전체에 저항 없이 복종하게 만드는 강압으로부터 면제해 주려는 노력을 감지하게 된다. 의미 메커니즘들을 아무 문제없이 받아들이는 것을 어렵게 만들고자 하는 역설적 표현의 성향은 그러한 데에 기인한다. 예컨대 "개념은 그것이 파악해야 할 것을 초월하는 경우에만 파악된다"(Ⅶ, 488)는 문장을 읽어보자. 아도르노의 담론 속에서 각 문장들은 단자들처럼 병존하고 있다. 예컨대 대명사로 대신하는 경우가 놀랄 만큼 결여되어 있다는 점도 눈에 띈다. 하지만 문장들은 한 "짜임관계"의 통일체로 결합된다. 각 문장은 "중심"에 똑같이 가깝다. 이는 바로 "텍스트 민주주의적" 형식원리다. 이 "중심"이라는 것 자체가 파악될 수 없기 때문이다. 클라이스트는 언젠가 기둥도 없는 아치가 왜 무너지지 않는지 물었다. 이에 대한 답은 "짜임관계"의 개념에 대해서도 적용될 수 있을 것이다. 아치가 유지되는 것은 "모든 석재가 한꺼번에 떨어지려고 하기 때문이다."[19]

이 "짜임관계" 개념과 이의 수사법적 변형은 매우 암시적이고 또 미적

19) Heinrich v. Kleist: Sämtliche Werke. Hrsg. v. H. Sembdner. Bd. 2. München 1965, S. 593.

으로 매력적일지라도 『미학이론』의 독자는 그것이 단지 표면적인 것일 뿐이며, 또한 거의 참기 어려울 정도로 반복되면서 변형되는 표현의 표면들에서 드러나는 그러한 구상의 중심사상이 얼마나 쉽게 식별될 수 있는지를 은폐하게 된다는 인상을 불가피하게 받는다. 철학적 반성에 대해 드러나는 예술의 "진리"를 특징짓는 것이 무엇이냐고 물으면, 물론 유창하게 쏟아져 나오는 수많은 답을 얻을 것이다. 그러나 이 답들은 그 핵심의 차원에서 언제나 이미 우리가 알고 있는 도식으로 돌아온다. 따라서 우리는 상세한 논의를 생략하고 본질적인 것을 다음과 같이 일괄하기로 한다.

자연	합리성
미메시스	구성
직관	반성
비동일자	동일자
"다수"	"일자"
형식화된 것	형식

예술은 이 대립들을 화해시키고 그러한 관계로부터 폭력을 몰아내도록 환기된다. 아도르노가 이 "화해"를 위해 제시하는 공식들은 우리에게 이미 오래 전부터 친숙한 것이다. "일자 속의 다수의 구제"(Ⅶ, 284), 혹은 예술작품의 "통일성"으로서의 "일자와 다수의 동일성"(Ⅶ, 278)이라는 것이 그러한 공식들이다. 아도르노가 구원받지 못한 인류는 "진리"에 긍정적으로 접근할 수 없다고 하는 종교적 사유모티프를 다시 주장하지 않는다면, 위의 공식은 단지 칸트나 쉴러의 사상을, "자연적 감성과 이성의 자유로운 유희"라는 그들의 사상을 달리 표현한 것에 머물 것이다. 따라서 가장 중요한 예술에서조차 어떤 결함이 지배하고 있으며, 화해는 결코 완전히 이루어지지 않는다. "완전한 작품은 없다"고 아도르노는 단정적으로 말한다.(Ⅶ, 283) 이는 이 세상에서는 자연과 합

리성의 실제적 매개가 가능하지 않기 때문이다. 따라서 어떤 예술작품에서나 어떤 틈이 벌어지며, 그것에 대한 고통스러운 지각만이 부정으로부터 아직 이루어지지 않은 화해의 절박성을 가리켜 보일 초월의 힘을 지닌다.

"문자 그대로의 마술로 퇴행하느냐 아니면 사물적 합리성에 미메시스적 충동을 양도하느냐 하는 예술의 진퇴양난이 예술의 운동법칙을 규정해 준다. 그것을 제거할 수는 없다. 각 예술작품이 이루는 과정의 깊이는 그러한 계기들의 화해불가능성에 의해 이루어진다. 그러한 화해불가능성도 화해의 형상으로서 예술의 이념에 첨가하여 생각해야 할 것이다. 어떤 예술작품도 진정한 의미로 성공할 수 없기 때문에만 예술의 힘은 자유로워진다. 이로써만 예술은 화해를 바라본다."(Ⅶ, 87)

실제로 화해되지 않은 상태에 비춰보면 "유기체"를 추구하는 모든 미학은 그릇된 긍정, 혹은 가짜 구원임이 입증된다. 아도르노는 늘 폭력과 결합되어 있다는 형식개념을 예로 그처럼 화해되지 않은 상태를 설명한다.

"형식은 전체를 통해 개별자로 하여금 말하게 만들고자 한다. (…) 언제나 그것은 형식화되는 것을 제한한다. 그렇지 않으면 형식의 개념은 형식화된 것과의 특유한 차이를 잃게 될 것이다. 이 점은 언제나 또한 선별하고 잘라내고 포기하기도 하는 형식화라는 예술적 작업을 통해 입증된다. 거부 없이는 형식도 없다. 예술작품들은 죄 많은 지배력으로부터 벗어나고 싶어하지만, 이 지배력은 그러한 형식을 통해 예술작품들 속으로 연장된다. 형식은 예술작품들의 비도덕성이다. (…) 예술은 생명체에 대한 죄에 빠져든다. (…) 생명체를 절단하고 생명체로 하여금 말하도록 돕기 위해 불구화하기 때문이다. 프로크루테스의 신화에서는 예술의 철학적 근원사가 이야기되고 있다."(Ⅶ, 217)

그러나 다른 한편으로 형식과 소재의 관계에 담긴 바로 이 "폭력성"은 유토피아적 대안을 가리켜 보이기도 한다. "형식의 이념에 담겨 있는 바와 같이, 형식과 형식화되는 것의 단절 없고 폭력 없는 통일이 이루어진다면 동일자와 비동일자의 동일성도 구현될 것이다."(Ⅶ, 219)

여기서도 쉴러와의 유사성이 지극히 분명하며, 예증이 더 이상 필요 없을 것이다. 아도르노를 쉴러의 사고와 구분해 주는 것은 한편으로 실제의 역사적 발전, 즉—더 이상 아름답지 않은—현대예술의 진화와, 다른 한편으로 진리를 완전히 현재화하는 예술의 능력과 관련한 근거 있는 회의를 통해서일 뿐이다. 예술은 더 이상 진리의 상징이 아니며, 축소된 진리의 모델이 아니다. 오히려 예술은 그 본질구성적 단절들과 결함들을 통해 예술에 대한 반성을 넘어 파악 불가능한 초월성을 가리킨다. 그리고 이러한 초월성으로부터 그 "진리"의 현시와 그 약속의 실현을 희망할 수 있을 것이다.(Ⅶ, 147) 아도르노가 1800년의 미학에 얼마나 많은 빚을 지고 있는지는 그가 폴 발레리에 대한 에세이(1953)에서 보여준 예술가의 성격규정을 통해서도 증명된다. 쉴러는 작가를 자신의 인격 속에서 세분화의 치명적 결과들을 제거한 "전인"이자 "보편적 성격"이라고 규정했다. 이는 아도르노의 다음 글에서 메아리처럼 울린다.

"예술작품을 담당하는 예술가는 그것을 산출하는 각 개인이 아니다. 그의 작업을 통해, 수동적 활동을 통해 그는 사회적 전체주체의 대리자가 된다. 그는 예술작품의 필연성에 복종함으로써 이 작품으로부터 자신의 개별화로 인한 우연성에만 기인할 수 있는 것을 모두 제거한다. 그러나 사회적 전체 주체 내지 전인적이고 분리되지 않은 인간을 대표할 때에는,—발레리의 미 이념은 바로 그런 인간에게 호소하며, 그의 반응방식과 능력들은 사회적 분업의 도식에 따라 서로 분열되고 소외되고 활용될 수 있는 기능들로 변하지는 않았다—또한 맹목적 개별화의 운명을 청산한 상태, 마침내 전체 주체가 사회적으로 구현되는 상태도 함께 생각하게 된다. 발레리의 구상이 야기한 결과들을 통해 그 본연의 위치로 돌아오는 예술은 예술 자체를 넘어서고 인간의 올바른 삶을 통해 구현될 것이다."(XI, 126, 118)

마지막 문장은 아도르노가 아방가르드의 계획을 고수하고 있지만, 그 실현을 구원받지 못한 인류에게 의뢰하는 것이 아니라 초월성에 내맡긴다는 또 다른 암시다.

(4) 아방가르드 기획의 이 유사종교적 변형을 통해 동시에 여기서 언급해야 할 마지막 양상으로, 즉 아도르노가 본 "예술과 사회"의 관계 문제로 넘어간다. 이 관계의 주요경향은 이제까지 말한 모든 것으로부터 적절히 드러난다. 역사적 인류가 점점 더 효력을 발휘하는 도구적 합리성의 속박 아래 위치하고 예술은 초월성의 출현이라면, 사회에 대한 예술의 관계도 극단적 긴장의 관계일 수 있을 뿐이라고 추측할 수 있다. 내재적으로 달성할 수 있는 "화해"의 이념에 어떤 식으로든 의무감을 지니는 모든 예술강령을 아도르노는 극히 엄격하게 거부했다. 이는 물론 문화산업의 모든 오락에도 적용되지만, 이른바 "올바른" 정치를 위해 일하는 모든 "참여" 예술에도 적용된다. 예컨대 리얼리즘 예술은 현실의 숙명을 해독하는 대신 현실을 긍정한다는 것이다. "리얼리즘 예술로 자리잡고 있는 것은 예술로 등장함으로써 그것이 아무 환상 없이 모사하겠다고 떠맡는 현실에 의미를 부여한다. 이는 현실에 비춰볼 때 미리부터 이데올로기적이다. 리얼리즘의 불가능성은 (…) 단지 미학 내적으로만 아니라 예술과 사회의 역사적 짜임관계로부터 추론될 수 있다."(Ⅶ, 477)

아도르노는 루카치의 "사회주의 리얼리즘" 구상만 아니라 브레히트의 연극도 — 그의 입장에서는 불가피하게 — 과도한 자기구원 시나리오라고 거부했다. 브레히트에 대해 아도르노는 물론 전체적으로 불편한 관계를 유지했다. 그에게서 아도르노는 실증주의적 특징을 확인했다. 그의 문학이 첫째로 담론적으로 정리된 계획을 따르며 궁극적으로는 역사진행의 낙관주의적 이론을 따른다는 점에서, 둘째로 그와 아울러 적어도 공산주의 체제 속에서 자유로운 인간들이 이루는 사회의 변증법적 발전이라는 그 "객관적" 운동법칙에 비춰볼 때, 실재하는 것을 긍정한다는 점에서, 이중의 의미로 실증주의적이라는 것이다. 아도르노는 당연히 이의를 제기했다. "내실을 자체에 근거해 지닌다고 믿는 예술작품은 합리주의로 인해 단적으로 순진하다. 이것이 역사적으로 간파할 수 있는 브레히트의 한계일 것이다."(Ⅶ, 48)

아도르노는 똑같이 무자비하게 예술 속의 "가벼운 것"과 "유쾌한 것"을 모두 실제의 끔찍한 상황을 미화하고 위로하는 공범들이라고 심판했다. 또한 "비극성"이라는 오랜 개념조차 그에게는 너무 긍정적인 것으로 보였다. 왜냐하면 그것이 죽음과 몰락에 실제로는 사라진 어떤 긍정적 의미를 인정해 주기 때문이라는 것이다. 아방가르드적 지양의 의미론을 거부하는 것도 이 그릇된 자기구원에 대한 비판의 맥락 속에 자리잡고 있다. "예술을 제거하려는 사람은 결정적 변화가 차단되어 있는 것은 아니라는 환상을 품는다. (…) 반쯤 야만적이면서 완전한 야만을 향해 움직여 가는 사회 속에서 예술을 제거하는 것은 이러한 야만의 사회적 파트너가 되는 것이다."(Ⅶ, 373)

그러나 "결정적 변화"가 "차단되어" 있고 인간이 도달할 수 없다면, 예술은 모든 공허한 긍정을 체념하고 사회적 기능을 포기하고 "자율성"의 입장에서 역사의 속박과 이의 그릇된 해결방식에 대해 부단히 이의를 제기하고 어떤 더 좋은 다른 세계의 가능성에 대한 암호가 되는 것이 더 나을 것이다. 아도르노는 예술의 "자율성"을, 불가능하다고 여겨지는 행복하고 무엇으로도 방해받지 않은 "미의 영역"이라는 의미에서 사회를 초월하는 상태라고 이해하지 않고—이는 단지 "키취"로서만 생각할 수 있을 것이다—"내부"와 "대항"의 변증법으로 이해했다. 즉 예술은 사회 속에서만 가능하지만 동시에 비판적으로 사회 너머를 가리키는 것이다. 아도르노가 예술의 이러한 위치를 사회의 "문턱에" 설정한 논거는 다시 그의 출발점의 기본사상을 이루는 매우 빈약한 토대에서 나오는 것이다. 예술은 사회적이다. 왜냐하면 예술은 자체 내에서 인간 사회의 본질구성적인 두 가지 운동원리를 표현하기 때문이다. 미메시스와 구성의 위치를 차지하는 자연과 합리성이 그것이다. 하지만 사회는 양극단의 긴장을 미메시스적 충동 혹은 자연을 보존하는 충동을 희생하면서 제거하는 데에 반해, 예술은 그러한 긴장을 생생하게 보존하고 있으며, 이 점에서 사회비판적이다. 그리고 예술은 이러한 긴장의 강압 없는 지양을 그 짜임관계의 지평 속에서 가능한 것으로 고수하는 점에서 종교적 의미로 "유토피아적"이다. 사회적 역사와 예술의 이러한 연루상태를 고려할 때에는 아도르노의 미학을 얼마든지 "반영미학"이라고 정의할 수 있을 것이다. 즉 예술에서는 인류사의 법칙인 진보적 계몽의 필연성이 반영되며, 이러한 법칙은 심지어 언젠가 예술이 더 이상 가능하지 않을 수도 있으리라는 우려를 아도르노에게 암시한다. 아방가르드적 계획이 신빙성 있고 자율적 예술의 잠재력이 "삶" 속에 옮겨졌기 때문이 아니라, 자연과 합리성의 실제적 괴리가 극적인 것이 되어 예술을 가능하게 하는 미메시스와 구성의 관계가 사라지게 될 수 있기 때문이다.

이러한 생각은 도식을 통해 명시할 수 있을 것이다. 아도르노의 기본 출발점에는 명시적으로 전개되지는 않았지만 "예술사"의 윤곽이 담겨 있다. 예술은 언제나 존재한 것이 아니며 또 언제나 존재해야 하는 것도 아니다. 오히려 예술은 자연과 합리성의 특정한 배율에 묶여 있다. 두 심급의 "비중"이 너무 불균등하면 예술은 의문시되는 것이다.

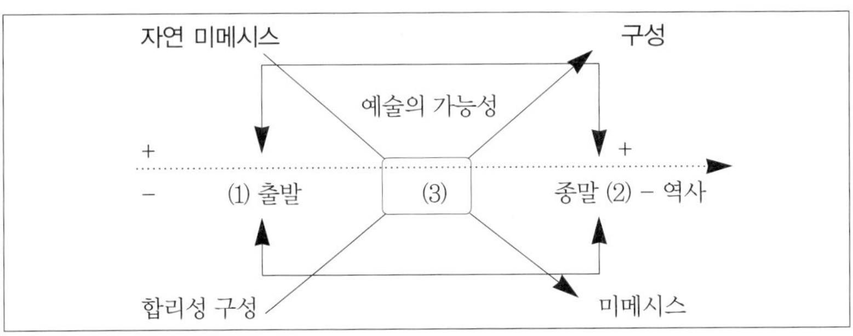

예술은 주도적인 미메시스적 자연관계 속에 인식할 수 있을 정도로 구성적 계기들이 파고들었을 때에야 비로소 존재할 수 있다(1). 아도르

노는 예술의 기원에 대한 이론들을 검토하고 가장 일찍이 나온 증거물들은 혼란스럽게도 "리얼리즘적"이면서 그와 마찬가지로 "추상적"이라는 결과에 도달한다.(VII, 486) 그러나 다른 한편으로 예술은 또한 합리적 구성이 아직 미메시스적 충동에 의해 중단되는 한에만 존재한다(2). 이런 관점에서 아도르노는 헤겔의 "예술의 종말 테제"를 다시 검토한다.

"정신화는 지배되지 않은 것에 대한 관계에서 이율배반적이다. 그것은 감성적 계기들을 여전히 제한하기 때문에 그것에는 정신이 불길하게도 특유의 존재로 되며, 이로써 그 내재적 경향상 예술에도 대립하는 작업을 한다. 예술의 위기는 예술작품들이 매력적인 가치들로서 팔려나가는 데에 반대하는 정신화를 통해 촉진된다. 정신화는 푸른 마차, 유랑배우와 악사, 사회적으로 추방당한 자들에 대립하는 힘이 된다. 그러나 예술이 과시의 특징들에서, 사회적으로는 예술의 해묵은 불성실성에서 벗어나야 한다는 강압은 매우 뿌리깊은 것이지만, 그러한 요소가 완전히 제거될 경우에 예술은 더 이상 존재하지 못한다. 하지만 그러한 요소를 위해 어떤 치외법권 영역을 설정할 수는 없다. 즉 승화 대상을 자체 내에 보존하지 않는 승화는 성공할 수 없는 것이다. 예술의 정신화가 그러한 것을 해낼 수 있느냐가 예술이 잔존하느냐 아니면 예술의 종말이라는 헤겔의 예언이 실현되고, 이제까지 이루어진 세계 속에 현존하는 것의 무반성적이고 혐오스러운 의미에서 리얼리즘적인 확인과 중복으로 귀결될 것인지를 결정한다. 이런 측면에서 예술의 구제는 확연히 정치적이지만, 자체로서 불확실하듯이 세계의 흐름에 의해 위협을 받기도 한다."(VII, 154)

겔렌은 양식적 경향으로서의 구성주의를 현대의 유일하게 적합한 주체 관련적 유사신칸트주의적 예술로서 아직 가능한 것이라고 간주했다. 아도르노는 그러한 구성주의 속에서 미메시스적 계기가 소멸하고 형식화된 것이 형식 속에 완전히 흡수되기 때문에 구성주의를 예술이 자체 말살로 향하는 한 단계라고 해석한다. 따라서 아도르노는 아방가르드주의자들 예컨대 벤야민에 맞서 자율적 예술의 구원과 예측을 유발하는 암시력을 고집했지만, 그 가능성의 조건이 실제로 사라지게 될 것도 우려했다.

"예술의 위기는 그 가능성의 동요로 상승하면서 예술의 의미와 (…) 그 표현 (…) 내지 미메시스적 계기라는 양극단을 다같이 자극한다. 양자는 서로 의존한다. 의미 없이는, 정신화의 매체 없이는 표현도 없다. 또한 미메시스적 계기 없이는, 오늘날 사멸하는 듯해 보이는 예술의 언어적 성격 없이는 의미도 없다."(VII, 413)

아도르노가 베케트에게서 파악했듯이, 예술은 침묵의 경계선에 접근한다. 물론 이 침묵은 아직 "웅변적인" 침묵과 같다. "부조리" 문학이 보여주는 의미의 제거는 한편으로 세계에 대한 "진리"를 말한다. 하지만 그것은 동시에 부정성 일반으로서 비로소 카프카의 경우처럼 발언되지 않은 채 머무는 가능한 의미의 지평 속에서 경험될 수 있다.

그러나 위의 도식에는 출발과 종말, 구석기시대와 현대라는 양극단만 아니라, 모든 예술의 두 가지 본질구성적 계기들이 상대적 "균형"을 이루는 중간지대도 있다(3). 아도르노는 미메시스와 구성의 무차별상태라는 의미에서 양자의 교차점을 물론 불가능한 것이라고 간주했다. 완전히 완성된 작품들은 존재하지 않는다는 것이다! 그런 한에서 상상적 교차점을 공허하게 놓아두어야 할 것이다. 그러나 그 근처에서는 "미"에 대한 우리의 표상에 가장 가까이 접근하고 "구원"과 가장 같아지는 예술이 생겨났다. 아도르노에게는 아마 모차르트가 그러한 교차점에 가장 가까이 있었을 것이다.

"모차르트가 달아나는 것, 원심력을 지니는 것, 형식화된 것과 형식 사이의 균형에 대한 근원적 본보기를 제시한다는 데에 대해 논란을 벌이기는 어렵다. 그러나 이 균형은 그의 음악이 지니는 테마적 동기적 세포들 혹은 그의 음악을 구성하는 단자들이, 비록 면밀한 차이를 구상하는 대조의 관점에서이기는 해도, 손의 박자가 그것들을 결합시켜놓는 경우에도 서로 분리되려고 하기 때문에만 그의 경우에는 그렇게 진정성을 띤다. 모차르트의 비폭력적 측면은 그가 균형 속에서도 세부들의 질적 양태를 위축시키지 않는다는 점에 기인한다. 또한 그것은 합당하게 그의 형식적 천재라고 부를 수 있는 것이 그에게 자명한 형식 처리상의 숙련이 아니라 이 형식들을 지배적 계기 없이 활용하고 그것들을 통해 산만한 것을 느슨하게 결합시키는 능력이라는 점에 기인한다. 그의 형식은 분리노력의 배율이지 이 노력의 편입이 아니다."(Ⅶ, 454)

예술의 존재: 하이데거

하이데거의 철학적 입장

마르틴 하이데거는 자신의 사유의 "선회"와 관련해 비로소 예술의 문제, 특히 문학의 문제에 상당히 주목하게 되었다. 하이데거는 "선회"라는 표현으로 1930년대 초이래 자신의 철학 운동을 특징지었지만, 그것은 이중적 의미를 지닌다. 한편으로 그것은 돌아가기 혹은 귀환이라는 의미에서 "전환"을 뜻할 수도 있다. 그러나 의문의 여지없이 하이데거는 뱀처럼 구불거리며 뒤로 걸어가는 것이 동시에 앞으로 나아가는 것처럼 나타나게 해 주기도 하는 산길의 이미지를 생각했다. 사람들은 "선회"를 유사선험적으로 세계 내 인간 "현존재"의 구조들에 대해 묻는—그러니까 "존재"를 주관성에 근거해 해석하는—실존적 존재론적 문제제기로부터, 존재의 "형이상학적" 고착을 의문시하고 극복한 "존재" 구상으로의 전환이라고 해석했다. 그러나 "존재"가 더 이상 주관성에 근거해 이해되지 않고 주관성이 존재의 "숙명"에 근거해 이해된다면, "선회"는 더 이상 주관성의—철학자 하이데거의—자의적 사유운동을 뜻하는 것이 아니라 사유의 진행 속에서 "드러나는" "존재" 자체의 사건이다. 하지만 "사유"는 이 "존재사건"에 대해 알게 되는 하나의 방식일 뿐이다. 하이데거에게 점점 더 본질적인 것이 되는 다른 방식은 예술과 문학의 방식이다. 물론 하이데거는 예술을 더 이상 형이상학의 사유연관관계 속에서, 즉 "미학적으로", 주관의 위치에 근거해 이해하지 않고, "존재"에 근거해 "진리사건"의 한 가지 방식으로서—이에 대해 주관은 스스로를 개방하거나 거부할 수 있지만 그것을 자신으로부터 산출해낼 수는 없다

—이해한다. 하이데거는 "미학"이라는 말을 예술의 형이상학이라고 이해한다. 하지만 형이상학이라는 말은 "존재"를 한 주체에 대한 한 존재자의 현존으로—그 주체의 객체로서—대상화하는 것이라고 이해한다. 그리고 이 형이상학적 사유운동의 극복과정에서 예술철학은 미학 이후의 성격을 띠게 된다.

하이데거의 철학적 입장을 확인하기 위해 우리는 우선 다소 뒤로 돌아가기로 한다. 관련지점은 니체가 될 것이다. 하이데거는 형이상학적 사유에 대한 니체의 관계가 양면적이었음을 밝힌다. 한편으로 니체는 유럽 철학의 형이상학 체계에 대한 위대한 비판자이자 "파괴자"였다. 그는 존재자를 나타내는 형이상학적 명칭들이 전체적으로—그것이 자연 · 로고스 · 이념 · 정신 · 신 · 물질 등 무엇이라고 불리든—존재론적 뒷받침이 없는 주관의 구성물임을 폭로했다. 이러한 전통 파괴는 최고의 존재규정들을 주관의 우연한 정립들로 무력화하는 허무주의의 토양을 마련해주었다. 그러나 니체는 이러한 형이상학 파괴를 주관 자신의 생산적 기획을 위해 주관을 해방시키는 것이라고 이해했다. "신들이 없는" 세계 속에서 자신의 "권력에의 의지"에 구성적 형태를 부여하는 것은 주관의 자유라는 것이다. 니체가 미래의 엘리트 문화를 위한 그리스의 본보기들에 근거해 천명하는 이 자아의 고양은 전통적 작품예술에 묶여 있는 창조력을 그러한 문화들의 삶 속으로 생산적으로 지양하게 될 것이다.

그런데 하이데거가 보기에 니체의 이러한 입장은 아무리 비판적인 제스처를 취하더라도 결코 형이상학의 전통을 극복하지 못했다. 그것은 오히려 그러한 전통을 극단화했고, 이로써 처음으로 이 전통이 그 본래적 특징을 드러내게 되었다. 왜냐하면 모든 형이상학적 존재의 명칭이 공허해진 후 니체가 고수한 것, 즉 적나라한 "(권력에의) 의지"는 이제 모든 형이상학의 감추어진 특징임이 입증되기 때문이다. 그것은 존재자를 어떤 주체를 위한 객체로 정리하는 것으로서 등장한다. 주관의 "의지"는 존재자를 있는 그대로 존재하게 두지 않고 어떤 대립의 위치, 즉 "대상"이 되게 강요한다. 그것은 철학적으로 인식되고 명명되고, 기술적으로 전유되고 착취되며, 마침내 미적으로 "아름다운" 혹은 "아름답지 않은" 것으로 느껴질 수 있게 되는 것이다. 니체가 모든 형이상학적 존재규정들을 구성물로서 배척한 후 "권력에의 의지"가 존재자의 기본적 현실임을 인식했을 때, 이로써 그는 뜻하지 않게 형이상학 전체의 "진리"를 드러내 주었지만, 형이상학의 규정으로부터 벗어나지는 못했다. 오히려 형이상학은 니체를 통해 비로소 완성되었다. 그를 통해 비로소 형이상학이 "존재자의 존재"를 구성한다는 점, 그것을 이것 혹은 저것으로서, 자연 혹은 정신으로서, 신 혹은 물질로서 "원한다"는 점이 명백해진다. 이처럼 존재자를 형이상학적으로 정돈하는 작업의 극단적 결과들은 예컨대 "진리" 혹은 "미"의 주관적 혹은 "상호" 주관적 구상이나, 존재자를 주관에 복무시키고 변형의 매체로 만든 전지구적 기술이다. "진리"를 주체들의 동의에 근거해 규정하든, "미"를 체험이나 감정의 차원에 근거해 규정하든, 세계에 대한 관계를 개입 행동의 양태에 근거해 규정하든, 언제나 주관의 "의지"는 주도적이고 결정적인 존재자로 표현된다. "아방가르드"의 기획은, 그것을 니체에 근거해 생각하든 맑스에 근거해 생각하든, 하이데거의 이런 관점에서는 존재자를 완전히 그 "의지"에 맞게 형식화하고 모든 "저항"을 파괴한 주관의 신격화로 나타난다.

하이데거가 이제 니체의 사유공간으로부터 벗어나고, 이로써 또한 그를 통해 종말에 도달한 형이상학으로부터 벗어나, 이 "바깥"에서 모든 형이상학적 사유의 특징을 주관의 "의지"로 경험할 수 있을 때, 형이상학에 대한 그 자신의 판정은 자체모순에 빠지지 않으려면 이 형이상학을 "진실로" 존재하는 그대로 "존재하게 방임"해야 하는 것이다. 그것은 다른 주관적 진리를 위해 간단히 버릴 수 있는 단순한 오류도 아니고, 또한 궁극적으로 스스로를 오해할 수도 있는 "자유로운" 주관의 자율적 사유의 입장도 아니다. 오히려 그것은 서구 형이상학의 형태로 왜곡되고 모호해진 "존재"의 사건인 것이다. 형이상학 형태의 이 "존재" 왜곡은 우선 "존재"가 존재자 전체, 자체와 동일한 존재자의 현존으로서 구상된다는 점에서 이루어진다. 이 경우 "가장 본질적인" 존재자로서 형이상학적으로 사유된 "존재"는 "이념"으로부터 "의지"에 이르기까지 여타의 모든 존재자의 원인 혹은 전제조건이다. 이제 하이데거는 "존재"를 어떤 동일한 존재자의 현존으로, 말하자면 "최고의" 혹은 "가장 기본적인" 존재자라고 생각하지 않는다. "존재"는—그것이 존재자의 "존재"이려면—그 자체가 존재자일 수는 없다. 그것은 오히려 모든 존재자에 대한 차이 속에서 작용해야 한다. 하이데거의 형이상학 이후 구상은 "존재"를 더 이상 동일시 가능한 심급, 관념의 객체로서 언어적으로 명명할 수 있는 심급이라고 파악하지 않는다. 오히려 존재자를 저것이 아니라 이것으로 "존재하게" 하는 "차이"라고 파악한다. "존재"는 존재자의 본질로서 그 기초가 되는 실체가 아니라, 오히려 차이의 "유희"(ID, 58)이며, x나 y로 구분된 것이 아니라 구분 자체다. 하지만 이 "구분"은—그 자체가 존재자는 아니며, 존재자에 근거해 보면 사실 일종의 무다—구분된 것을 있는 그대로 존재하게 한다. 하이데거는 「동일성과 차이」에서 다음과 같이 서술한다.

"존재자 자체를 전체적으로 사유하는 한, 형이상학은 **차이로서의** 차이에 주목하지 않고, 차이의 **차이적 측면**을 고려하여 존재자를 표상한다. 차이적 측면이 존재자 일반의 존재로서, 또 최고 존재자의 존재로서 나타난다. 형이상학의 존재신학적 형태는 존재를 근거로서, 존재자를 근거지워진 채 근거짓는 것으로서 구별하고 관련짓는 **차이의 지배로부터** 유래한다. 이러한 것을 감당해내는 것이 조정이다. 그것은 우리의 사유로 하여금, 형이상학의 주도적 용어인 존재와 존재자, 근거와 근거 지워진 것 등으로는 더 이상 충분히 말할 수 없는 영역으로 들어가도록 지시한다. 왜냐하면 이 말들이 지칭하는 것, 그것들에 의해 안내되는 사유방식이 표상하는 것은 **차이나는 것으로서 차이에서 유래하기** 때문이다. 그 유

래는 형이상학의 시야 속에서는 더 이상 사유되지 않는다."(ID, 62~64)

예컨대 원인과 효과, 본질과 현상을 구분하는 형이상학은 생각하지 않는 가운데 "존재"를 차이로서 전제한다. 그것은 경계를 표시하는 "선"을 주목하지 않고, 무엇보다 이러한 표시의 구분의 덕을 보고 그로부터 유래하는 실체들을 주목한다. 따라서 하이데거가 보기에 형이상학 이후의 사유는 차이를 x로서 식별하지 않고 존재하게 두는 차이의 사유다.(ID, 56) 하이데거가 보기에 이 차이의 사유가 안고 있는 난점들은 무엇보다 형이상학적으로 상상된 언어에 있다. 이는 이미 그 문법구조를 통해 동일시하며 작동한다. 즉 x는(!) y이다!

"난점은 언어에 있다. 우리 서구 언어들은 각각 다양한 방식으로 형이상학적 사유의 언어다. 서구 언어의 본질이 자체 내에서 단지 형이상학적일 뿐이며 그래서 결정적으로 존재-신학-논리를 통해 규정되어 있는지, 혹은 이 언어들이 다른 말의 가능성들, 즉 동시에 **말하며 말하지 않을** 가능성도 허용하는지는 미지수로 남을 수밖에 없다."(ID, 66)

"말하며 말하지 않기"라는 역설은 침묵과 동일시의 양자택일을 넘어서 말 혹은 텍스트에서 차이를 "존재하게-놓아둠"을 목표로 한다. 그러나 이로써 예술과 문학의 문제상황에 도달한 셈이다. 하이데거는 예술과 문학을 존재자의 존재가 차이로서 드러날 수 있는 뛰어난 매체들이라고 여겼다.

이제 하이데거의 논문 「예술작품의 근원」을 다루기로 한다. 방법론적으로 이 텍스트에 두 가지 상이한 방식으로 접근해 보기로 한다. 우선 이 난해한 텍스트를 가능한 한 내재적으로 조명하겠다. 따라서 하이데거의 사유운동을 따라잡으려고 하겠다. 그러나 그 다음에는 20세기의 미적 의사소통에 대한 하이데거의 글을 "외부로부터" 평가하는 비판적 재구성을 시도한다. 이 경우 우리는 그러한 "외부로부터의 시선"이 하이데거의 관점에서는 일종의 "오해"이며 과학들의 형이상학적 규정으로 돌아가는 것일 수밖에 없다는 점을 의식한다. 이에는 하이데거의 몇몇 문학이론 관련 논문들, 트라클과 게오르게에 대한 그의 해석들을 추가로 끌어들인다. 이를 통해 "해체"와 "논리실증주의" 사이에 위치하는 그의 텍스트관 및 언어관의 애매성이 밝혀질 것이다.

「예술작품의 근원」

「예술작품의 근원」은 하이데거가 1935년 프라이부르크에서 행한 강연에 근거하는 것이다. 우선 아주 전반적으로 이 논문에서 하이데거에게 무엇이 문제인지 묻는다면 다음과 같이 말할 수 있을 것이다. 하이데거는 예술의 본질을 규정하고자 하며, 예술의 본질을 "진리의 사건"으로서 조명하고자 한다. 이 두 가지 계획으로 인해 하이데거는 언뜻 보기에 20세기 미적 의사소통의 주요 경향들과 어떤 점에서는 대립하고 있지만, 다른 한편으로는 예술을 역시 "진리"의 장소로 파악한 아도르노의 입장과 접근한다. 예술 관련 미적 의사소통의 중심노선에 대한 하이데거의 대립입장은 쉽게 증명된다. 즉 예술의 본질에 대한 규정에는 충분히 명확하게 예술을 비예술과 구분할 수 있는 어떤 기준이 필요하다. 예컨대 "인접종"과 "종차"를 지적하는 고전적 정의 방식의 의미에서 그렇다. 그래서 예컨대 고전적으로는 예술을 인간 활동의 "산물" 혹은 결과이되 "목적으로부터 자유로운", 그 외적 기능을 지니지 않는 산물이라고 정의할 수 있을 것이다. 그러니까 아리스토텔레스의 방법에 근거해 보면 다음과 같다.

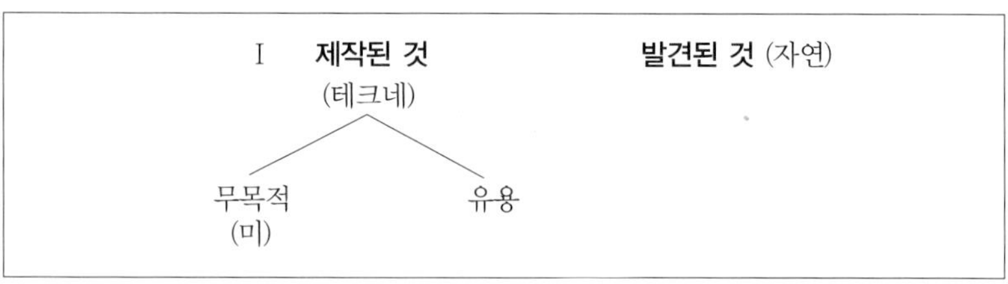

위와 같이 정의하면 물론 형식적으로는 올바른 규정을 내린 것이다. 하지만 의문의 여지없이 반론들이 제기될 것이다. 이러한 정의로 포괄될 수 있는 것보다 훨씬 더 많은 존재자가 예술이라고 칭해져왔다. "인접 종"의 선정도 강제성이 없으며—사람들은 제작되지 않고 "발견된" 사물들, "습득물"도 "예술"이라고 칭했다—"종차"도 특별히 신빙성 있게 작용하지 않는다. 기능적이며 목적과 결합된 예술도 언제나 존재해왔다. 예술을 "목적으로부터 자유로운" 것이라고 규정하는 것은 어느 정도 부조리해 보인다. 무기능적 인공물 · 행위들 · 담론들은 결국 유지될 수 없을 것이다. 예술에 대한 미적 의사소통은 전체적으로 예술 일반과 관련해 본질진술의 정식화를 포기하는 특징이 있는 일종의 상대주의를 통해 이 정의문제들을 고려했다. 즉 어느 시대에 대해서든 예술이 무엇이어야 할지 독자적으로 확정할 권한을 인정해주고 이 역사적 예술개념을 하나의 공통적 "예술" 개념으로 포괄하려고 들지 않는 역사적 상대주의를 택하거나, 좀더 엄격하게 단순한 제도적 분류를 옹호하여 박물관에 걸리거나 서 있는 것, 문학으로 출판되거나 극장과 콘서트홀에서 공연되는 것을 예술이라고 보기도 했다. 이러한 태도의 밑바탕에는, 객체차원에서는—적어도 아방가르드 경험 이래로—예술에 대한 어떤 동의를 가능하게 할 수 있는 기준을 찾을 수 없다는 확신이 깔려 있다. 그 때문에 "작품들"로부터 제도와 담론, 마침내는 의사소통으로 방향을 전환했다.

이런 경향에 하이데거는 대립한다. 그는 예술을 사실차원에 근거해, 그것에 대한 모든 잡담과 무관하게, 그 본질의 차원에서 철저히 사고할 수 있다고 자부한다. 따라서 그는 이미 종종 언급한 루만의 용어로 프로그램이론가다. 이는 불가피하게—또 우리가 하이데거의 반성들에 대해 상세히 검토하기 전부터—어떤 규범적 요구를 초래한다. 예술이 x라면, 그것은 y가 아니다. 따라서 하이데거는 예술과 비예술을 사태 자체에서 구분하는 것이 가능하다고 본다. 그가 논문 「예술작품의 근원」에서 다루는 작품들을 고려하면—본질적인 것들을 지적하자면, 고흐의 그림 한편, C. F. 마이어의 시 한편, 그리스의 신전 하나 등이다—이러한 선별은 이미 예술의 대안적 가능성이 지닌 극단적 성격에 일단 노출되지 않는 인습적 예술관을 암시한다. 더욱이 "외부에서" 보면 예컨대 그리스 신전이나 반 고흐의 그림을 예술이라는 하나의 동일한 개념으로 파악할 수 있는지 의심할 수도 있을 것이다. 그러나 그러한 걱정은 일단 뒤로 미뤄두기로 한다. 하이데거는 예술의 본질을 염두에 둘 때 미학적 상대주의에 대립한다. 하지만 그는 주관적 열성 때문이 아니라 문제를 진지하게 받아들이는 가운데 자신의 이해에 따라 그런 입장을 취한다. 즉 예술이 무엇인지 말하는 것은 주체 · 철학자 혹은 사회적 의사소통이 아니다. 이러한 것은 예술의 본질을 그저 그르칠 수 있을 뿐이다. 오히려 사정은 완전히 다른 것이다. 즉 예술은 예술을 자의적 규정들로 왜곡하지 않고 "존재하게-놓아두는" 자에게 예술이 그 본질상 실제로 무엇인지를 보여준다. 스스로를 드러내거나 감추는 것은 자의적으로 이것 혹은 저것을 "예술"이라고 칭하는 주관이 아니라 바로 예술이다. 미학적 구성주의의 결과로 비로소 견해와 가치평가의 구제 불가능한 자의성이 생겨났는데, 하이데거는 그러한 구성주의를 모두 배격하고 그것을 "의지"의 결과로서 제시함으로써 사태의 권위를 옹호하며, 사유하는 자로서 그는 그 사태의 호소에 복종한다.

물론 이러한 입장은 그 자체가 일종의 주관적 구성임을 감출 수 없는 즉물성 혹은 존재접근의 "도용"이라고 비판받을 수 있는 것도 자명하다. 우리는 하이데거 테제들의 신빙성이 문제가 될 때 다시 이러한 반론을 살펴보기로 한다. 하지만 우선은 단순히 하이데거의 규범적 예술이해가—그 내용에 대해 우리는 아직 한 마디도 하지 않았지만—주관성이 아니라 존재의 사건에 근거해 논의를 전개하려고 시도하는 그의 형이상학 이후 철학으로부터 직접 나온다는 점만을 확인하고자 한다.

그의 중심 계획에서 둘째 측면, 즉 예술을 "진리"의 사건으로서 명시하려는 측면 역시 하이데거를 아무튼 그 중심노선상 20세기의 미적 의사소통에 대립하는 입장으로 몰아간다. 예술과 진리의 관계에 대해서는 서구 전통에서 모순적인 견해들이 표명된 바 있다. 어떤 사람들은 예술이 거짓과 기만이라고 보았다. 이 경우 플라톤은 그것을 부정적으로, 니체는 긍정적으로 평가했다. 다른 사람들은 예컨대 아리스토텔레스와 셸링처럼 예술이 특별히 진리를 감당할 능력을 지닌다고 여겼다. 현대에는 진리와 예술을 구분하고 "참"과 "거짓"의 구분을 과학적 가설들에 국한하는 경향이 주도적이다. 그에 따라 진리의 기준은 궁극적으로 이른바 "연구공동체"의 동의에서 찾는다. 이는 예술 혹은 종교의 "진리"에 대해 단지 은유적인 방식으로만 말할 수 있다고 믿게 되는 결과를 초래했다. 왜냐하면 여기서는 "참"이라는 술어가 가능한 한 주관적으로 강제성을 띠는 경험을 지칭하지만 구속력을 지니고 "상호주관적으로" 따라잡을 수 있는 것으로 명시될 수는 없기 때문이라는 것이다.

그런데 예술에서 "진리"가 작동한다고 볼 경우 하이데거는 물론 과학을 위한 그 코드기능의 의미에서 그 개념을 사용하는 것이 아니다. 진리는 주관의 처분에 내맡겨져 있지 않다. 진리는 "드러난다". 그리고 진리는 단지 드러날 뿐이고, 또 그렇게 드러나는 한에서만 명제들 · 이론들 · 텍스트들이 참일 수 있다. 하이데거의 진리관에 대해서는 설명이 진행되는 과정에 다시 검토하기로 한다. 우선 여기서는 20세기에 어느 정도 유동적이었던 그의 예술이론의 위치를 오히려 형식적으로 암시하는 것이 문제였을 뿐이다.

이 특수한 위치는 "예술작품의 근원"이라는 논문 제목에 대한 반성에 근거해서도 설명될 것이다. 관습상 그것은 목적어적 소유격이라는 의미에서, 예술의 발생에 대한 역사적 혹은 인간학적 설명을 추론케 해줄 것이다. "예술작품의 근원"은 곧 예술작품이 어디서 유래하는가? 어떻게 그것은 가능한가? 하는 물음일 수 있다. 그러나 소유격은 이중적 의미를 지닌다. 그것은 또한 주어적 소유격으로도 이해될 수 있다. 그럴 경우 예술작품 자체가 예술에서 야기되는 어떤 것의 "근원" 혹은 출발일 것이다.

하이데거의 논문은 그 핵심들을 파악하기 위해서는 그 진행과정을 추적해야 하는 극히 심사숙고되고 실로 세련된 논증방식에 의해 이루어진다. 단순히 결과만을 이야기하는 것은 충분치 못할 것이다. 왜냐하면 하이데거는 결코 간단하게 자신의 출발점이 어떤 성격을 띠는 것인지 직접 말하지 않기 때문이다. 오히려 그는 전적으로 일반적인 견해 속에 완전히 파고들어 그것을 비판적으로 심사숙고하고, 다음에는 익숙한 생각의 비판적 검토로부터 새로운 사유로 들어가려고 시도한다. 예컨대 그는 당장 예술을 정의해야 할 때면 당면하게 되는 딜레마를 다룬다. 예술은 예컨대 과일과 같이 하나의 추상물이다. 사과 · 배 · 자두가 존재하듯이 과일이 존재하는 것은 아니다. 그러나 그런 과일들의 공통점을 고려하기 위해서는 "과일"의 관념이 필요하다. 하지만 이 관념도 단지 실제의 배 · 사과 · 자두들에서만 얻을 수 있는 것이다. 동일한 것이 "예술"과 "예술작품들"의 관계에도 적용된다.

"예술이 무엇인지는 작품에서 파악되어야 할 것이다. 작품이 무엇인지 우리는 단지 예술의 본질에 근거해서만 알 수 있다. 우리가 순환논법 속에서 움직이고 있음을 누구나 쉽사리 알아차릴 것이다. 상식이 요구하는 바에 의하면 이러한 순환은 논리에 대한 위반이므로 피해야 한다. 사람들은 무엇이 예술인지를 현존 작품들에 대한 비교 고찰을 통해 이 작품들로부터 파악할 수 있다고 생각한다. 그러나 우리가 먼저 예술이 무엇인지 알지 못한다면 그러한 고찰을 위해 예술작품들을 근거로 삼는지 어떻게 확신해야 할 것인가?"(HW, 2)

이러한 "순환논법"을 벗어날 수는 없다. 우리는 예술이 무엇인지 알 때에만 예술작품들을 존재자의 다양성으로부터 분리해낼 수 있다. 그러나 이러한 지식은 단지 작품들만이 전해줄 수 있다. 그런데 하이데거가 이러한 순환논법을 다루는 방식은 그의 사유에서 지극히 징후적이다.

순환적 상황은 증명되지 않은 우리의 예술관 일반이나 "작품들"을 "작품들"로 보는 우리의 직관적 지각이 완전히 오류에 빠진다는 전제 하에서만 진퇴양난의 성격을 띤다. 무엇이 "작품"이고 무엇이 "예술"인지 우리가 완전히 착각할 때에만 그 본질을 규정하려는 모든 노력이 가망 없고 헛될 것이다. 그러나 하이데거는 이 파멸적 가능성을 배제한다. 왜냐하면 그런 가능성은 실제로 오류에 빠질 수 있고 절대적 허위에 빠질 수 있는 사념과 사유의 주관성을 조건으로 할 때에만 타당할 것이기 때문이다. 그러나 사념과 사유가 궁극적으로 주관성이 아니라 "존재"가 수행하는 과정일 경우, 모든 선이해는 개별 사안에서 설혹 오류를 범할지라도 이 "존재사건"의 일부다. 이 경우 이 존재사건은 "진리"를 "은폐하지만" 동시에 오류를 범하는 선입견들의 "허위"에 대해 반성하고 이로써 적합한 이해에 도달할 가능성을 제공해 준다. 예술의 "진리"는—우선은 이 명제가 아주 역설적으로 들릴지 모르지만—예술에 대한 지식을 "모호하게 하기"에 있으며 그러한 "왜곡"에 근거해 해명될 수 있다. 따라서 하이데거는 새로운 정의로 시작하지 않고 작품들이 현존한다는 사실에 대한 일반적 사념들을 기준으로 삼는다.

"예술작품들은 누구에게나 알려져 있다. 우리는 건축작품과 그림작품이 공공장소들, 교회와 주거건물들에 설치되어 있는 것을 보게 된다. 미술관이나 전시회에는 다양한 시대와 민족들의 예술작품들이 자리잡고 있다. 우리가 작품들을 그 온전한 현실에 비추어 바라보고 우리 자신에게 아무것도 꾸며내지 않을 경우, 작품들도 그 밖의 사물들처럼 자연스럽게 현존한다는 점이 드러난다. 그림은 사냥총이나 모자처럼 벽에 걸려 있다. 하나의 그림, 예컨대 농부의 구두 한 켤레를 묘사하는 반 고흐의 그림은 한 전시장에서 다른 전시장으로 옮겨진다. 작품들은 루르지역의 석탄과 슈바르츠발트의 목재들처럼 운송된다. 횔덜린의 찬가는 원정중에 청소도구와 마찬가지로 배낭 속에 함께 꾸려진다. 베토벤의 사중주곡들은 지하실의 감자들처럼 창고에 들어 있다."(HW, 3)

작품의 이 확고한 성질을 하이데거는 대상 혹은 사물이라고 칭한다. 한 예술작품은 극히 고상한 체험을 가능하게 하는 온갖 가능한 것일 수 있지만 그것은 하나의 물질적 실존을 지니며, 그 밖의 또 무엇이든 간에 하나의 사물이다. 그것도 그 자체와 구분되는 어떤 것을 "의미하는" 하나의 사물이다. 하이데거는 작품을 상징적 혹은 알레고리적 지시기능을 지니는 사물로 규정할 때 일반적 선이해를 언급하고 있는 것이다. 그러나 예술작품이 하나의 "사물 + x"라면 우선 우리는 하나의 사물이라는 것이 무엇인지 알아야 할 것이다. 논문의 첫 단원이 그것에 대해 설명한다. 이 경우 일반적으로 모든 존재자가 "사물"이라고 칭해질 수 있다.

"길가의 돌은 하나의 사물이며 밭 위의 흙덩이도 사물이다. 항아리도 사물이며 길가의 우물도 사물이다. 그러나 항아리 속의 우유와 우물 속의 물은 어떠한가? 그것들도 사물들이다. 하늘의 구름과 들판의 엉겅퀴가, 또 가을 바람 속의 잎사귀와 숲 위의 매가 그 이름에 합당하게 사물이라고 불린다면 그렇다. 방금 열거한 것처럼 스스로를 드러내지 않는, 즉 현상으로 나타나지 않는 것에조차 사물이라는 명칭을 붙인다면, 위의 모든 것은 사실상 사물이라고 불러야 할 것이다. 스스로 나타나지 않는 사물, 즉 '물 자체'는 칸트에 의하면 예컨대 세계 전체다. 그러한 사물은 심지어 신 자체이기도 하다. 물 자체와 현상으로 나타나는 사물, 즉 아무튼 존재하는 모든 존재자는 철학언어로 사물이라고 한다. 비행기와 라디오는 물론 오늘날 가장 가까이 있는 사물들에 포함된다. 그러나 우리가 최후의 사물들을 생각할 경우에는 완전히 다른 것을 생각한다. 최후의 사물들, 그것은 죽음과 심판이다. 전체적으로 여기서 사물이라는 말은 단적으로 무가 아닌 모든 것이다."(HW, 5)

그러나 사물 개념을 이처럼 어디서나 사용하는 것은 어떤 세분화도 불가능하게 할 것이다. 모든 존재자가 사물적 성격을 지닌다면, 물론 작품도 하나의 사물이지만, 이것과 더 이상 구분되지 않을 것이다. 하지만 이제 하이데거는 다른 한편으로 인간 · 동물, 심지어 신을 간단히 "사물들"이라고 칭하기를 꺼리는 어법을 고려할 수 있을 것이다. 사실 인간이 만들어내는 것조차 사람들은 별로 "사물"이라고 칭하지 않는다.

"그리하여 우리는 모든 것이, (…) 최고의 사물과 최후의 사물들까지 하나의 사물인 가장 광범한 영역으로부터, 단순한 사물들의 좁은 영역으로 돌아온 것을 알게 된다. 여기서 '단순한' 이라는 것은 우선 사물일 뿐이고 그 이상은 아무것도 아닌 순수한 사물이라는 뜻이다. 또한 동시에 '단순한' 이라는 말은 이미 거의 경멸적인 의미에서 사물을 의미한다. 심지어 실용적 사물들까지 배제하는 단순한 사물들이 본래의 사물들로 간주된다."(HW, 6)

예컨대 돌이나 나무토막 등이 그러한 사물들일 것이다. 그러나 그것들의 사물적 성질을 좀더 정확히 구성하는 것은 무엇인가? 하이데거는 철학 전통을 고수하며 사물의 세 가지 정의들을 지적한다. 첫째 정의는 사물을 "특성들을 지니는 것"이라고 이해한다. 둘째 정의는 "감성적 지각 속의 질료의 통일"이라고 이해한다. 셋째의 가장 본질적인 정의는 "형식화된 소재"라고 이해한다. 하이데거는 사물의 세 가지 정의 모두를 거부한다. 우선 그것들이 너무 일반적으로 통용되며 그것을 통해서는 각각 모든 존재자가 이해될 수 있기 때문이다. 그러나 다른 한편 좀더 분명하게는, 그것들이 주관의 입장에서 사유된 것이기 때문이다. 사물은 "그 술어의 주어"이거나—이는 문법에서 되풀이되는 것이다—, 혹은 "표상의 객체"이거나, 끝으로 "어떤 활동의 결과"라야 할 것이다. 하이데거는 이러한 사물개념들을 사물들에 대한 "침략"이라고 칭한다.(HW, 9) 이어서 그는 형식/소재 개념을 독자적으로 끄집어낸다. 그것은 언뜻 보기에 예술작품의 본질을 특징짓기에 특별히 적합한 한 가지 가능성인 것 같다. 예술작품은 정확히 말해 형식화된 소재 아닌가?

"소재와 형식의 구분, 그것도 극히 다양한 형태의 구분은 모든 예술이론과 미학을 위한 개념도식 자체다. 그러나 이 논란의 여지가 없는 사실은 소재와 형식의 구분이 충분한 근거를 지닌다는 것을 증명해주지도 않고, 그것이 원래 예술과 예술작품의 영역에 속하는 것이라는 점을 증명해주지도 않는다. 게다가 이 개념쌍이 적용되는 영역도 이미 오래 전부터 미학의 영역을 훨씬 넘어서고 있다. 형식과 내용은 어디서나 쓰이는 개념이며 그 속에는 무엇이라도 집어넣을 수 있다. 심지어 형식을 합리적인 것에, 소재를 비합리적인 것에 배정하고, 합리적인 것을 논리적인 것으로, 비합리적인 것을 비논리적인 것으로 받아들이고, 더욱이 형식-소재라는 개념쌍과 주체-객체 관계까지 결합시킨다면, 그러한 표상은 어느 것도 저항할 수 없는 개념메커니즘을 사용할 수 있을 것이다." (HW, 11f.)

이제 하이데거는 본래 어떤 경험영역으로부터 "형식화된 소재"라는 사물관이 유래하는지 자문한다. 그것은 하나의 기능을 수행하는 실용적 대상들을 목적과 관련지어 산출하는 것이다. 하이데거는—그리스 용어는 예외로 하되—외래어를 가능한 한 피하기 때문에, 기능성이라는 말이 아니라 "쓸모"라는 말을 쓴다.

"쓸모라는 특징을 근거 삼아 이 존재자는 우리를 바라보고, 즉 우리를 향해 섬광을 발하고, 이로써 자리잡고 있으며, 이처럼 이 존재자가 존재하게 되는 것이다. 형식부여만 아니라 그와 함께 이미 주어진 소재선택, 그리고 소재와 형식의 짜임의 지배가 그러한 쓸모에 근거를 둔다. 그것에 종속되어 있는 존재자는 언제나 제조의 산물이다. 그러한 산물은 무엇인가를 위한 **도구**로서 제작된다. 그에 따라 존재자의 규정으로서의 소재와 형식은 도구의 본질에 자리잡고 있다. 이러한 명칭은 독자적으로 그 사용과 활용을 위해 산출된 것을 지칭한다. 소재와 형식은 결코 단순한 사물의 **사물성**에 대한 근원적 규정들이 아니다."(HW, 13)

하이데거는 작품이 무엇인지 알고자 했다. 그는 "상식"을 기준으로 삼았고, 작품을 "사물"로서 언급했다. 사물에 대한 반성에서 그것에 대한 서구형이상학적 규정에서는 목적과 결합된 제작의 견본, 혹은 어떤 특정 기능의 실현을 위한 소재의 형식화의 견본이 결정적이었다는 점이 드러났다. 이 견본을 하이데거는 다소 고풍스럽게 "도구"라고 칭한다. 전통적으로는 사물이 도구의 척도에 비춰서 해석되었다. 이로써 또한 그것은 작품이어야 하는 사물에도 적용되는 듯해 보인다. 그럴 경우 자연을 소재로, 주관의 형식의지의 기저로 만드는, 목적 지향적 "기술적" 제작이 존재자 전체에 대한 이해의 기준으로 삼아야 할 모델일 것이다. 그러나 하이데거는 전통적 형이상학의 이러한 "기술적" 세계관계와 존재이해를 거부한다. 그러한 것을 근거로 해서는 사물도 작품도 폭력 없이 접근할 수 없다. 나아가 그 경우 "도구"조차 정당하게 다루어지는 지도 의문이다. 중간 고찰에서 하이데거는 사물을 저절로 현존하는—"자생적"—지구 혹은 자연에 귀속시킨다. 그에 반해 "도구"는 인간에 의해 산출된 것이다. 작품도 그런 것이지만, 작품은 다시 "자족적" 실존으로 인해 사물과 유사해진다.

"도구, 예컨대 구두는 완성된 것으로서 단순한 사물과 마찬가지로 자체 내에 머문다. 하지만 그것은 화강암 덩어리처럼 자생적 성격을 지니지는 않는다. 다른 한편 도구는 인간의 손에 의해 산출된 것인 한에서 예술작품과 유사점을 지닌다. 하지만 예술작품은 자족적 현존을 통해 다시 자생적이고 아무것을 위해서도 강요되지 않는 단순한 사물과 동일하다."(HW, 13)

이러한 세분화를 하나의 도식으로 표현하고 이때 하이데거의 규정들을 이용한다면 주도개념들이 다음과 같이 정리된다고 할 수 있다.

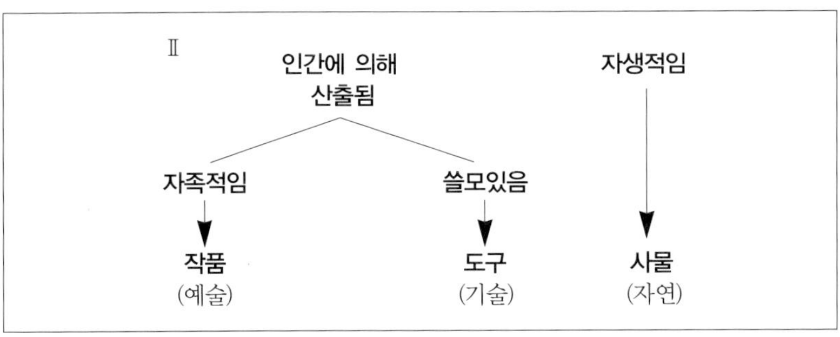

존재자의 본질적 영역들을 이렇게 나누는 것을 다소 거리를 두고 바라보면서 관습적 용어들을 이용하게 되면, 하이데거의 "사물" · "도구" · "작품"의 구분이 — 조심스럽게 말해서 — 자연 · 기술 · 예술의 흔한 세분화와 적어도 아주 가까이 접근하는 것을 보게 된다.(도식 1 참조.)

철학 전통 내의 사물개념들에 대한 비판적 검토는 전략적으로 하이데거에게 그처럼 주관에 근거해, 주관의 행위와 체험에 근거해 얻은 개념들이 존재자를 왜곡한다는 점을 명백히 드러내는 과제를 지니는 것이었다. 이에 맞서 그는 "존재하게-놓아두는" 사유를 옹호한다.

"그러나 이를 위해서는 한 가지가 필요하다. 즉 그러한 사유방식의 침해와 간섭을 멀리하면서 사물을 예컨대 그 사물적 존재로 자체에 근거하도록 놓아두는 것이 필요하다. 존재자를 그 자체인 존재자로 존재하게 놓아두는 것보다 더 쉬워 보이는 것이 무엇이겠는가? 아니면 우리는 이러한 과제와 더불어, 특히 — 존재자를 있는 그대로 존재하게 놓아두는 — 그러한 계획이 어떤 검증되지 않은 존재 개념을 위해 존재자에 등을 돌리는 무관심과 반대되는 것을 나타낼 때, 가장 어려운 문제에 직면하는가? 우리는 존재자를 향하고 존재자 자체에서 존재자의 존재를 생각해야 할 테지만, 이로써 동시에 존재자를 그 본질 속에서 자체에 근거하도록 놓아두어야 할 것이다."(HW, 16)

존재자를 "존재하게" 놓아두지만, 이로써 그것을 최초로 깨닫게 되는 이러한 사유는 이제까지의 모든 철학행위가 사물들의 "사물적 존재"를 제대로 포착하지 못했다는 사실을 이제 생산적인 것으로 만든다. 하이데거는 그의 사고에서 드물게 두드러진 표현으로 다음과 같이 말한다. 즉 사물의 바로 이 불투명성, 모든 해석부여에 대한 자기폐쇄가 그것에 합당한 인식의 한 가지 지표일 수 있다는 것이다.

"보잘것없는 사물이 가장 끈질기게 사유에서 벗어난다. 혹은 단순한 사물의 이러한 은신, 이처럼 자체 내에 머물며 아무것을 향해서도 달려

가지 않는 상태가 사물의 본질에 속해야 할까? 그렇다면 사물의 본질에 들어 있는 그 낯설고 폐쇄적인 요인은 사물을 생각하려고 시도하는 사유에 대해 친숙한 것이 되어야 하지 않을까? 사정이 그렇다면 우리는 사물의 사물성에 이르는 길을 강요해서는 안 될 것이다."(HW, 16)

하이데거는 자체의 본질을 의미심장하게 은폐하는 사물을 우선 자체에 근거하도록 놓아둔다. 그 대신에 그는 어느 정도 작품과 사물—예술과 자연—사이의 중간에 위치하는 "도구"를 검토한다. 하이데거는 그것을 온당하게 다루려면 철학적으로 미리부터 부담을 안고 있는 모든 개념들을 포기해야 한다고 생각한다. 그 대신 그는 "도구"를 직접 눈앞에 보여주려고 시도한다. 그는 "도구"의 예로서 한 켤레의 구두를, 그러나 예컨대 자신의 구두와 같은 실제 구두가 아니라 예술적으로 표현된 구두를 택한다. 그는 산만한 배경 앞에서 오래되고 낡은 한 켤레의 구두를 표현하는 반 고흐의 그림을 서술한다. 그 구두의 유래와 쓰이는 방식에 대해 그림에서는 이제 더 이상 알 수 없다. 이 "도구"로서의 구두에 대한 유명한 해석을 우선 상세히 인용하기로 하자.

"닳아버린 구두 속의 어두운 입구에서는 일하며 걸을 때의 노고가 드러난다. 거칠고도 순수한 구두의 무게 속에는 멀리 펼쳐진 고른 밭고랑을 서서히 걷는 끈기가 쌓여 있다. 그 밭고랑 위로는 거친 바람이 불고 있다. 가죽 위에는 흙의 습기와 풍족함이 자리잡고 있다. 밑창 아래로는 저물어 가는 저녁 들길의 고독이 미끄러져 간다. 그 구두 속에서는 지구의 말없는 외침이, 익어 가는 곡식의 조용한 선물이, 겨울 들판 황량한 휴경지 속의 설명 없는 체념이 울리고 있다. 빵의 보장에 대한 탄식 없는 걱정, 고난을 다시 견뎌냈다는 무언의 기쁨, 탄생의 도래 속의 전율, 죽음의 위협 속의 떨림 등이 이 도구를 관통하고 있다. 이 도구는 지구에 속하는 것이며, 농사짓는 아낙의 세계 속에서 보호를 받고 있다. 이렇게 보호받으며 소속됨으로써 도구 자체가 그 내부에 머무는 일이 일어나게 된다."(HW, 18f.)

이러한 해석은 언어상으로 키취에 가까울 것이다. 또한 사람들은—하이데거가 암시하듯이—그것이 어느 농사짓는 여인의 구두인지 아니면 노동자가 신고 공장으로 가던 구두인지도 결코 확인되지 않는다고 이의를 제기했다. 해석 자체는 「예술작품의 근원」의 결정적인 단어, 즉 "지구"와 "세계"를 포함하고 있다. 그것에 대한 규정은 논문의 둘째 단원에서 비로소 좀더 명확하게 드러난다. 이 자리에서는 단지 "지구"가 쉽사리 자연과 연관되며, 사물의 영역을 가리킨다는 점, 또 "세계"는 예컨대 농경-농민 문화와 같은 한 문화의 규정적 의미관련 전체를 뜻한다는 점만을 암시하기로 한다. 그리고 "도구"는 적어도 그 근원들에서는 자연과 문화의 밀접한 결합을 이루어낸다. "지구"와 "세계"는 생산된 사물들의 현실 속에서 농사짓는 여인과 만난다. 이 사물들은 단순히 기능적 규정들을 통해 설명할 수 있는 것 이상의 것들이다. 도구의 기능은 오히려 그 "신뢰성"의 한 결과다. 이를 통해 하이데거는 농민세계의 생활방식에서—지구의 남용이 아닌 사용에서—표현되는, 또 사람 사는 현실 혹은 반성에서 벗어난 시골 사람들의 "생활세계"를 구성하는 "도구" 속에서 드러나는, 역사적 진리를 생각한다.

"도구의 도구적 존재는 물론 그것의 쓸모를 본질로 한다. 그러나 쓸모 자체도 도구의 본질적 존재의 풍요를 본질로 한다. 우리는 그것을 **신뢰성**이라고 칭한다. 그 덕분에 농사짓는 아낙은 이 도구를 통과해 침묵하는 지구의 외침 속에 들어가며, 도구의 신뢰성 덕분에 그녀는 자신의 세계에 대해 확신한다. 세계와 지구는 그녀에게 (…) 단지 그렇게, 즉 도구 속에 존재할 뿐이다. 우리는 '단지' 라는 말을 하며 이때 오류를 범한다. 왜냐하면 도구의 신뢰성이 비로소 단순한 세계에 그 안전성을 부여하고 지구에 그 부단한 쇄도의 자유를 보장해주기 때문이다."(HW, 19)

쓸모가, 즉 단순한 기능성이 이러한—안전성과 맡길 수 있음을 의미하는—"신뢰성"으로부터 해방됨으로써 비로소 지구를 기술적으로 준비하는 일이 인간 생산의 기저가 될 수 있었으며, 동시에 형식/소재의 도식이—하이데거는 아도르노와 마찬가지로 이 도식에 지배 혹은 "의지"의 특징들이 새겨져 있다고 본다—산출의 주도 개념으로 올라섰다. 그로부터는 더 이상 "신뢰성"을 "도구"의 본질적 특징으로서, 또 "지구"와 "세계"의 연관 속에서 진리가 이루어지는 방법으로서 추론할 수 없다. "도구"는 세계를 지구 속에 감추며, 지구를 세계에 개방한다!? 이 수수께끼 같은 표현들은 하이데거의 진리관에 대해 논할 경우 좀더 명백해진다.

말하자면 하이데거는 우선 자신의 사유운동의 수확에 대해 자문하는 것이다. 작품을 찾아가는 과정에서 그는 사물로 방향을 택했다. 사물은 그에게 도구를 가리켜 주었다. 그러나 도구는 작품 속에서 나타났다. 도구의 본질이 "신뢰성"임을 인식할 수 있게 해준 것은 구체적인 한 켤레의 구두나 그 사진이 아니라 반 고흐의 그림이었다.

"도구의 도구임이 드러났다. 그러나 어떻게 드러났는가? 실제로 현존하는 어떤 구두에 대한 서술이나 설명을 통해서가 아니다. 구두의 제작과정에 대한 보고를 통해서도 아니다. 또 여기저기서 나타나는 구두의 사용에 대한 관찰을 통해서도 아니다. 단지 우리가 반 고흐의 그림 앞에 섬으로써만 발견된 것이다. **이 그림이 말한 것이다.** 작품 가까이에서 우리는 갑자기 우리가 흔히 있던 곳과 다른 곳에 있었다."(HW, 20)

그러나 작품이 도구의 특성을 드러내주는 정도에 따라 간접적으로는 자체에 대해서도 말한 셈이다. 그것은 존재자가 있는 그대로의 것으로 드러나는 하나의 방식인 것이다. 예술에서는 존재자의 "진리"가 나타나지만, 예술이 어떤 사물의—예컨대 이 구두의—근원상 혹은 이념을 모사하거나 모방함으로써 나타나는 것은 아니다. 하이데거가 보기에 모든 모방미학은 진리를 "재현"이라고 이해하는 형이상학적 사유에 빚지고 있는 것이다. 오히려 그러한 진리는 예술을 통해 존재자 일반이 비로소 있는 그대로의 것으로, 주관의 정립에 의해 왜곡되지 않은 채로 볼 수 있게 되기 때문에 나타난다.

"반 고흐의 그림은 도구, 그 한 켤레의 구두가 진실로 존재하는 상태를 열어 보이는 것이다. 이 존재자는 그 존재의 노출상태 속으로 나타난다. 존재자의 노출상태를 그리스인들은 알레테이아(ἀλήθεια)라고 칭했다. 우리는 진리를 말하면서 이 단어를 가지고 충분히 생각하지는 않는다. 작품에서 어떤 존재자가 존재하는 그대로, 또 어떻게 존재하는지가 드러나게 될 경우, 작품 속에서는 진리의 사건이 작용하고 있는 것이다."(HW, 20)

도구가 무엇인지는 단지 작품을 통해서만 드러나며, 도구의 진리는 단지 예술에 의해서만 드러난다. 다른 어디가 아니라 단지 작품에서만 "신뢰성"이 도구의 진리로 드러난다. 그것은 형식/소재의 기능적 관계와는 다른 것이며, 그 속에서는 도구가 그 "쓸모"를 보여준다. 이런 "진리"에 도달하는 임의의 다른 통로는 없다. 이 점이 하이데거에게는 지극히 중요하다. 그는 어떤 미리 존재하는 철학적 개념, 예컨대 자연의 품 속에 있는 농민적 생활세계라는 어쩌면 수상하거나 낭만주의적인 이념을 반 고흐의 예술을 통해 그저 예시하려고 한다는 인상을 피하려고 한다. 그는 자신이 작품에다 "진리"를 말한 것이 아니라, 작품이 그에게 "진리"를 말했다고 강력히 강조한다.

"이 예술작품은 구두가 실제로 어떤 것인지 알게 해 주었다. 우리의 묘사가 **주관적** 행위로서 모든 것을 그렇게 그려냈고 그 다음에 그렇게 의미를 부여했다고 생각하려 든다면 이는 최악의 착각일 것이다. 여기서 무엇인가가 의심스럽다면, 그것은 단지 우리가 작품 가까이에서 너무 적은 것을 경험했고 그 경험을 너무 조야하게 너무 직접적으로 말했다는 점뿐이다."(HW, 20)

방법상으로 이러한 이해는 물론 지극히 의심스러운 것이다. 하이데거가 제시하는 해석은 작품의 전체적 권위와 함께 나타난다. 그리고 그러한 해석을 비난하거나 예컨대 다른 해석 대안을 제시하는 모든 비평가에게는 작품에 귀를 기울이지 않고 자신의 주관을 제어하지 않았다고 비난할 수 있을 것이다. 우리가 복종해야 한다는 "작품의 권위"라는 이 방법론적 원칙은 하이데거 존재철학의 중심을 건드리는 것이므로 그에 대한 철저한 논의는 잠시 미뤄두기로 한다. 그러나 하이데거의 출발점이 상호주관적 양해를 지향하는 과학성의 모든 개념들과 절대적으로 관계를 끊는다는 것은 의문의 여지없이 타당하다. 해석자들의 동의가 아니라 작품에 대한 인접성, 작품에 귀를 기울이고 작품에 대해 자신을 완전히 개방한다는 확신이 해석의 진리요구를 야기한다. 이 점에서 의문의 여지없이 비의적 특징이 효력을 발휘하게 된다. 「진리의 본질에 대해」(1943)라는 논문에서 하이데거는 다음과 같이 말한다.

"존재의 사유라는 이 말에 대해 얼마나 많은 사람들이 귀를 기울이느냐는 중요하지 않다. 들을 수 있는 사람은 역사 속의 인간의 위치에 대해 결단을 내린다."(WW, 26)

따라서 해석은 해석자의 주관 가운데 아무것도 작동시키지 않고 단지 작품에서 나타나는 것만을 말한다. 그러나 작품이 그 "진리" 속에서 드러날 수 있으려면, 작품에 대한 근세의 왜곡이 무효화되어야 한다. 작품을 "존재하게 놓아두기"는 적나라한 수동성과 전혀 다른 것이다. 그것은 사유의 전환을 전제하며, 이를 근거로 비로소 작품은 그 존재의 자유를 경험한다. 하이데거는 벤야민의 "아우라" 이론을 상기시키는 방식으로 문화사업 제도들과 대리장치들 속에서 모든 전래적 예술의 권위가 소멸하고 있다고 지적한다.

"뮌헨 박물관의 「에기나 입상들」, 최상의 비평본으로 나온 『안티고네』 등은 그 자체의 본질적 공간에서 떨어져 나온 작품들이다. 그것들의 지위와 감명의 힘은 아직 상당하며, 그것들을 보존하는 것은 아직 좋은 일이며, 그것들에 대한 해석은 아직 확실할 수도 있으나, 박물관에 옮겨놓음으로써 그것들은 그것들의 세계로부터 떨어져 나왔다. 그러나 예컨대 페스툼의 사원을 그 원래의 위치에서 찾고 밤베르크 성당을 그 원래의 자리에서 방문함으로써 작품들을 그렇게 옮겨놓는 것을 지양하거나 피

하려고 노력하더라도, **현존하는 작품들의 세계는 붕괴되었다.**"(HW, 26)

물론 여기에도 비판적 의문들이 당연히 제기될 것이다. 고대 예술작품의 원래 의미세계는 우리에게 감추어져 있을 수밖에 없다는 것은 확실하겠지만, 현대가 예컨대 영화관 속의 영화처럼 그 "세계"에 완전히 상응하고 자체의 "본질적 공간들" 속에서 의사소통되는 예술의 가능성들을 형성했다는 점도 의문의 여지가 없는 것이다. 그러나 하이데거는 이 점을 성찰하지 않는다. 그에게는 우선적으로 근대적 문화사업이 전통적 작품들을 "대상들"로, 주체들을 위해 객체들이나 주체들의 심적 상태로 내놓는다는 점을 밝히는 것이 중요하다. 그러나 이로써 작품들은 형이상학적 규정 속에 끌려 들어가고 침묵하게 된다.

"모든 예술사업은 극단적으로 발전하고 작품 자체를 위해 모든 일을 수행할지라도 여전히 작품의 **대상적 존재**에 도달할 뿐이다. 하지만 이것은 작품들의 작품적 존재를 이루지 못한다."(HW, 26) 과학적 연구 혹은 주관의 정서적 상태의 대상일 때 작품은 시야에서 벗어난다. 그 대신 주체는 자기 자신과 구성 혹은 체험의 "의지"로 돌아가게 된다. 작품에서 이루어지는 "진리"는 작품의 조용한 호소에 순응하는 자만이 감지할 뿐이다. 하이데거는 이런 관점에서 둘째로 작품을 묘사하려고 한다. 그는 고대 그리스 신전의 현실성을 언어로 현재화하려고 시도한다. 신전의 본질이 파악될 수 있게 되는 것은 다시 "지구"와 "세계"의 관계 속에서다.

"신전은 거기에 서 있음으로써 하나의 세계를 열어주며, 동시에 이 세계를 다시 지구 위에 세워놓는다. 지구 자체는 그런 모습으로 비로소 고향의 지반으로서 나타난다."(HW, 28)

우리는 의문의 여지없이 난해하고 경우에 따라서는 모호하지만 중심적인 이 진술을 일정하게 해석하려고 모험해야 할 것이다. 하이데거는 우리의 "세계"라는 말을 한 민족의 그때그때의 역사적 본질적 의미지평이라고 이해한다. 사람들을 현재의 상태로 존재하게 하는 이 "의미"는 반성에 의해 결코 완전히 포착하거나 객관화할 수 없다. 그것은 의미의 지평 속에서만 수행될 수 있는 반성을 포괄한다.

"세계는 탄생과 죽음, 축복과 저주의 행로들이 우리로 하여금 존재에 들어서는 것을 떼어놓고 있는 한 우리가 그 아래에 위치해 있는 늘 비대상적인 어떤 것이다. 우리 역사의 본질적인 결정들이 이루어지고, 우리가 그것을 받아들이고 버리며, 오해하고 다시 묻는 곳, 그곳에서 세계는 세계의 역할을 한다."(HW, 30)

그런 방식으로 신전은 그리스 민족의 의미세계를 열어준다. 신전은 이 의미세계의 상징이나 표현이라서 경우에 따라 이 의미세계가 신전 없이도 드러나게 되는 것은 아니다. 오히려 신전이 비로소 신과 인간, 세계와 지구의 연관들을 형성하며, 믿는 사람은 신전과 교감하면서 그러한 연관들을 자신에게 정해진 운명으로 경험한다.

이처럼 작품이 한편으로 "세계"를 기본적 의미로 구성하듯이—다시 말하지만 작품은 그러한 의미를 모사하지 않는다. 모사는 재현 이전에 어떤 식의 것이든 그런 의미의 선-존재를 전제할 것이다. 그 의미는 작품으로부터 비로소 나타난다—다른 한편으로 작품은 이 "의미"의 근거를 "지구" 속에 마련한다. 따라서 세계의미는 정처 없이 떠다니는 것이 아니다. 오히려 그것은 자연적인 것의 안전한 상태 속에 머문다.

"이 작품이 스스로 돌아가는 곳, 그리고 이처럼 스스로 돌아가는 가운데 드러내는 것, 그것을 우리는 **지구**라고 불렀다. 지구는 드러나면서 감추는 것이다. 지구는 그 무엇도 하도록 강요받지 않는, 힘들지 않고 지치지 않는 것이다. 역사적 인간은 지구 위에, 그리고 지구 속에, 자신의 세계 내 거처를 마련한다. 그 작품은 하나의 세계를 **세워놓음**으로써 지구를 **회복**시킨다. 이 회복은 여기서 말의 엄격한 의미로 생각해야 한다. 작품은 지구 자체를 한 세계의 열린 상태 속에 옮겨놓고 유지한다. **작품은 지구를 하나의 지구가 되게 한다.**"(HW, 31f.)

"세계"와 "지구"의 관계는 "변증법적"이라고 칭해도 될 것이다. "지구"는 의미에 하나의 장소 내지 지위를 부여함으로써 의미를 묶어놓는다. "의미"가 경향상 보편성 혹은 총체성을 지향한다면, "지구"는 의미를 "감출" 때 의문의 여지없이 의미를 제한하며, 그 경계를 설정한다. 그러나 다른 한편 "세계"는 "지구로 하여금 지구가 되게 한다". 즉 "세계"의 관점에서만 지구는 있는 그대로 드러난다. 즉 "스스로를 폐쇄하는" 자연으로서 나타난다. 자연의 본질을 해명하려는 모든 과학적 기술적 시도들은 하이데거가 보기에 자연의 본질에 어떻게든 가까이 다가가지 못하고 자연을 파괴한다.

"돌은 무게를 지니면서 그 무게를 알려준다. 그러나 이 무게는 우리에게 짐으로 다가오지만 동시에 그 속에 파고드는 것을 모두 거부한다. 우리가 바위를 부숨으로써 그렇게 파고들려고 할 경우 바위는 그 조각난 것으로도 어떤 내부 내지 열린 상태를 보여주지 않는다. 곧 돌은 여전히 짐이 되고 부피가 나가는 그 부분들의 둔탁한 상태로 다시 돌아가 있다. 우리가 돌을 저울에 놓음으로써 이를 다른 방법으로 파악하려고 시도할 경우, 우리는 무게를 단지 중량계산에 끌어들일 뿐이다. 돌에 대한 이 규정은 아마 매우 정확하겠지만 숫자에 머물며, 우리에게서 돌의 무게를 앗아갈 것이다. (…) 땅은 그처럼 그 속에 파고드는 것을 모두 땅 자체에서 무산되게 한다. 땅은 단순히 계산만 하는 집요함을 일종의 파괴로 전화시킨다."(HW, 32)

그에 반해 "지구"를 "세계"의 관점에 옮겨놓는 작품은 지구의 본질이 바로 이처럼 그 본질을 "감추는 일"에서 드러난다는 점을 보여준다. 그것은 부정적인 것이 아니다. 오히려 자연의 특징은 인식하려고 자연에 파고드는 것을 거부하는 것이다. "지구", 구체적으로 말하자면 소재인 돌 · 색채 · 음 등과 작품의 교류는 자연적으로 주어진 이 상태들을 탕진하거나 도구화하는 것이 아니라 세계가 반사되는 가운데 그 본질 속에 존재하게 놓아두는 보살핌의 관계다.

"돌은 예컨대 도끼와 같은 도구를 제작할 때 사용되고 탕진된다. 돌은 쓸모 속에서 소멸한다. 소재는 도구의 도구적 존재로 저항 없이 소멸할수록 더 훌륭하고 적합하다. 그에 반해 신전-작품은 하나의 세계를 세움으로써 소재를 사라지게 하지 않고 오히려 나타나게 하며, 더욱이 작품세계의 개방상태 속에서 나타나게 한다. 바위는 무엇인가를 떠받치고 자리 잡기에 이르며 이로써 비로소 바위가 된다."(HW, 31)

"세계"와 "지구"의 관계는 작품에서 "변증법적"으로 된다. 왜냐하면 "지구"가 "세계"를 감추고 그리하여 품에 안기(한정하기) 때문이며, "세계"가 "지구"를 비추기 때문이다. 즉 숨고 달아나는 것이 그 본질상 감추는 자연으로 드러나기 때문이다. 작품의 두 측면이 이루는 이 "변증법"을 하이데거는 "갈등"이라고 칭한다. 작품은 "세계"와 "지구"의 갈등이다.

"세계는 지구 위에 자리잡고 있는 가운데 지구를 넘어서려고 한다. 세계는 스스로 열리는 것으로서 어떤 폐쇄된 것도 용납하지 않는다. 그러나 지구는 감추는 것으로서 그때그때 세계를 자체 내로 끌어들여 자체 내에 담아놓으려는 성향을 띤다."(HW, 34)

"지구"는 지구로서 완전한 닫힘 혹은 완전한 어둠일 것이다. "세계"는 세계로서 완전한 드러남 혹은 완전한 밝음일 것이다. 작품 · 신전 혹은 반 고흐의 그림은 닫힘과 드러남의 변증법이다. 그 통일은 작품적 사건의 역동적 통일이다. 하이데거의 중심 사상은 다음의 도표로 적절히 명시할 수 있을 것이다.

	세 계	지 구
세 계	총체적 투명성 유토피아	"자체-폐쇄적" 형식으로서 드러남/ "밝힘"
지 구	세계의미의 감춤 장소 의미/ "어둡게 하기"	총체적 감춤 불투명성

하이데거의 고찰들을 관습적인 방식으로 반복해 보기로 하자. 이 경

우 다음과 같이 조심스럽게 말할 수 있을 것이다. “지구”는 사람들이 보통 작품의 소재 혹은 물질적 기저라고 칭하는 것에 접근한다. “지구”와 관련해 작품은 소재의 형식화가—재료의 예술적 형상화가—이 소재에 합당하게 되도록 “갈등”을 수행한다. 형식은 소재가 사물로 “현존하는 것”일 것이다.

“물론 조각가가 돌을 사용할 경우, 그의 방식에 따라 벽돌공도 돌을 다루도록 하는 그런 방식으로 돌을 사용한다. 하지만 그는 돌을 소모하지는 않는다. 돌을 소모하는 것은 작품이 실패하는 경우에만 어느 정도 적용된다. 물론 화가도 물감을 사용하지만, 색채가 소모되도록 하지 않고 그로써 비로소 빛나도록 사용한다. 물론 시인도 말을 사용한다. 하지만 일상적인 이야기나 글쓰기가 말을 써먹는 방식이 아니라, 말이 진정으로 말이 되고 말로 남게 되는 방식으로 사용한다.”(HW, 33)

하이데거는 아도르노보다 더 강력하게 “형식”과 “형식화된 것”의 관계에서 모든 폭력을 제거한다. “형식화된 것”은 “형식”으로서 자체의 고유성을 자유로이 드러낸다.

그런데 반대로 “세계”를 염두에 두면 작품은 경향적으로 덧없는 의미의 장소를 정하고 묶어놓음으로써 “갈등”을 감당한다. “지구”의 손안에서 의미는 그때그때 구체적이고 역사적이다. “세계”와 “지구”의 관계가 “변증법적”인 것은 빛과 어둠, 투명성과 불투명성이 추상적으로 대립하기 때문이 아니라, 작품이 의미와 형식의 통일로서 “세계”와 “지구”라는 두 차원에서 매개되어 있기 때문이다. 은유적으로 말하면, 의미와 관련해 작품은 어두워지며, 형식과 관련해 작품은 밝아진다. 작품은 그처럼 “밝음”과 “어두움”의 차이이며, 그러한 차이로부터 비로소 그 두 가지는 나타난다. 작품은 어둠을 통해 밝음을, 또 밝음을 통해 어둠을 드러나게 하는 “구분의 장소”다. 가능한 의미의 음영을 통해 작품은 의미연관들을 역사적으로 구체적인 것이 되게 하며, 소재를 형식으로 밝힘으로써 은폐가 조명된다. 그리하여 마침내 형식은 의미를, 또 의미는 형식을 조명하며 떠맡는다.

"지구 자체가 지구로서 그 자체폐쇄의 해방된 격류 속에서 나타나려면 세계의 개방상태가 없어서는 안 된다. 한편 세계는 모든 본질적 숙명의 지배적 영역과 행로로서 어떤 결정적인 것 위에 세워지려면 지구에서 떨어져 떠다닐 수 없다."(HW, 35)

물론 이 "세계"와 "지구"의 변증법을 의미와 형식의 반대작용으로 해독할 경우, 여기서 궁극적으로 문제가 되는 것은 형식과 내용의 관계에 대한 친숙한 관념들을 다의적이고 우울하게 들리는 표현들 뒤에 감추는, 고상한 듯한 진부함이라고 이의를 제기할 수 있다. 그러나 하이데거의 경우 이 변증법에서는 최고의 간섭이 중요하다. 즉 이 변증법을 통해 예술의 진리사건이 설명되어야 하는 것이다. 왜냐하면 "세계"와 "지구"의 변증법은 노출과 은폐의 갈등으로서 진리의 과정 자체이기 때문이다.

하이데거는 다시 자신의 진리관을 진리에 대한 상식적 이해를 수용하는 과정에서 설명한다. 사람들은 "진리"라는 말을 흔히 한 명제와 사태의 일치라고 이해한다. "진리는 사물과 인식의 적합성이다." 그런데 하이데거는 이러한 진리관을 파괴한다. 한 명제가 하나의 사태에 상응하는 것이 진리의 기준이어야 한다면, 그것은 명제의 타당성에 대한 기준으로서 관건이 되는 사태가 나름으로 명백한 것이어야 한다는 것을 뜻하기도 한다.

"오늘날, 그리고 오래 전부터 진리는 인식과 사태의 일치를 의미한다. 하지만 인식행위와 인식을 형성하고 표현하는 명제가 사태에 적합할 수 있으려면, 그에 앞서 사태 자체가 명제에 대해 구속력을 지니는 것이 될 수 있으려면, 사태 자체가 그러한 것으로 드러나야 한다. (…) 이처럼 우리에게 통용되는 진리의 본질, 즉 표상의 타당성은 존재자의 **드러남**으로서의 진리에 의존한다."(HW, 37)

물론 이러한 주장은 일치론 이후의 모든 진리개념들에 들어맞는 것이 아니다. 하지만 하이데거는 이 진리개념들을 전체적으로 "좀더 존재로부터 버림받은" 주관주의들—혹은 상호주관주의들—이라고 배척했을 것이다. 전통적인 일치론적 진리론은 단지 명제와 사태의 관계만을 성찰하고 사태의 주어진 상태를 그 자체에 내맡겨 놓았다. 이에 반해 하이데거는 관습적 개념들의 의미에서 진정한 명제들을 비로소 사고할 수 있게 해 주는 존재자의 이 주어진 상태를 집중적으로 검토한다. 따라서 그에게 "진리"는 더 이상 주체와 객체라는 형이상학적 규정 속의 주장들의 옳음과 그름을 표시하기 위한 하나의 상관개념이 아니다. 오히려 "진리"는 그리스어 알레테이아를 그 자신이 번역한 의미로 존재자의 "노출상태"다. 존재자가 "노출되어" 있는 한에서만 우리는 존재자를 확신하고 그것에 대해 "올바르게" 말할 수 있다. 따라서 관습적 진리 개념은 그 전체의 신빙성을 가능하게 해주는 하나의 전제조건을 만들지만, 이 전제조건에 대해 반성하지는 않는다. "인식"은 존재자가 노출되어 있을 때에만 가능하다. 이렇게 말할 경우 그것은 노출되어 있는 것이 곧 존재자의 존재라고 말하는 것이다. "존재"는 존재자의 노출상태다. 그것은 존재자가 보이게 비춰주는 "탐조등"과도 같다.

"존재자를 넘어서, 그러나 존재자와 떨어지지는 않은 채 그에 근거해 어떤 다른 것이 일어난다. 존재자 전체의 한가운데에는 어떤 **열린 장소**가 자리잡고 있다. 일종의 **조명**이 이루어지는 것이다. 이것은 존재자 쪽에서 생각하면 존재자보다 더 존재적이다. 따라서 이 열려 있는 한가운데는 존재자에 의해 에워싸여 있는 것이 아니다. 오히려 이 빛을 발하는 중심부 자체가 우리가 거의 알지 못하는 무처럼 모든 존재자를 맴돈다." (HW, 38f.)

"존재"는 존재자를 빛 속에 놓아두고 그래서 우리는 그것을 인식한다. 하이데거는 이를 "무"와 비교한다. 왜냐하면 "존재" 그 자체는 존재자가 아니며 존재자의 "노출상태"일 뿐이기 때문이다. 하지만 그러면 "노출상태"라는 말은 정확히 무엇을 뜻하는가? 하이데거는 다음과 같이 은유적으로 말한다.

"존재자 한 가운데의 열린 장소, 조명은 결코 막이 항상 올라가 있고 그 위에서 존재자의 유희가 펼쳐지는 고정 무대가 아니다. 오히려 조명은 단지 (…) 은폐로서만 이루어진다."(HW, 40)

이는 곧 존재를 아무 문제없이 "노출상태"로 확인하는 것이 오류라는 것을 뜻할 것이다. "존재"는 존재자의 투명성의 동일성이 아니다. 오히려 그것은 "노출"과 "은폐"의 차이다. 하이데거가 말하는 "조명"은 존재자 전체를 남김 없이 노출된 상태로 옮겨놓는 탐조등이 아니다. 이는 인간에게 이루어질 수 없는 관점일 것이다. 오히려 그것은 그 밝음을 통해 어둠의 지평과 대조되는 빛이다. 조명에 대해서는 단지 "어둡게 하기"에 대한 대조 혹은 차이와 관련해서만 말할 수 있을 뿐이다. 그럴 경우 존재자의 "존재"는 방금 잠정적으로 혹은 부주의하게 정식화한 것처럼 존재자의 "노출상태" 자체도 아니고, 존재자의 은폐상태 자체도 아니며, 총체적 투명성도 아니고 총체적 불투명성도 아니다. 오히려 그것은 존재자가 은폐된 것이면서 동시에 노출된 것으로서 나타나게 하는 차이다. 하지만 이는 하이데거의 이러한 견해를 단순히 세계를 향하는 인간의 선별적 태도를 달리 표현한 것이라고 이해할 수는 없다는 것을 뜻한다. 물론 무엇인가를 보기 위해서는 다른 많은 것을 보지 않아야 한다. 그러나 하이데거에게는 아무것도 총체적 투명성 속에서 드러나지 않는다. 모든 존재자 속에서는 언제나 차이가 지배한다. 그것은 드러나면서 동시에 은폐된다. 따라서 존재자의 "존재"는 "노출상태"가 아니라, 존재자가 노출상태와 동시에 은폐상태로 나타나게 하는 차이이다.

"노출상태로서의 진리의 본질에는 (…) 은폐의 방식으로 이루어지는 이러한 거부도 포함된다. 진리는 그 본질상 비진리이기도 하다. 조명으로서의 노출상태에 은폐 방식으로 이루어지는 거부도 포함된다는 것을 어쩌면 낯설지 모를 정도로 예리하게 지적하기 위해 그렇게 말하기로 한다."(HW, 40)

이 역설적 표현은 존재자의 "존재" 혹은 진리를 차이로서 사유하려는 것이다. 그것에 의해 구분된 것, 즉 차이나는 것은 노출상태와 은폐상태다. 진리는 양쪽에 구분된 것으로 있는 것—투명성과 불투명성—이 아니며, 또한 무차별상태도 아니다. 투명성과 불투명성은 사실 일치하지 않는다. 오히려 존재자가 스스로를 드러내기도 하고 동시에 달아나기도 한다.

이것이 존재자의 "진리"이고 모든 말이 이를 지향해야 한다면, 위에서 작품에 대해 말한 바에 따르면 예술이 "세계"와 "지구"의 갈등 속에서 차이로서의 진리를 작동시킨다고 생각할 수 있다.

"열려 있는 것에는 세계와 지구가 속한다. 그러나 세계는 조명에 상응하는, 단순히 열려 있기만 한 것이 아니다. 또 지구는 은폐에 상응하는, 폐쇄되어 있는 것이 아니다. 오히려 세계는 모든 결정이 순응하는 본질적 지침들의 행로를 조명하는 것이다. 그러나 모든 결정은 어떤 극복되지 않은 것, 은폐된 것, 오류를 범하는 것에 근거를 두며, 그렇지 않다면 그것은 결정이 아닐 것이다. 지구는 단순히 폐쇄되어 있는 것이 아니라 스스로를 폐쇄하는 것으로서 등장하는 것이다. 세계와 지구는 자체로서 그 본질상 갈등적이고 갈등할 수 있는 것이다. 단지 이러한 것으로서만 그것들은 조명과 은폐의 갈등 속에 들어선다."(HW, 42)

이 경우 한 가지 오해를 경계해야 할 것이다. 마치 하이데거가 예술작품을, 이제 세계와 지구의 갈등에 근거해 "은폐적 해명"이라는 철학적 진리 설명을 좀더 쉽게 이해할 수 있도록 해주는 존재자의 "존재"로서의 진리에 대한 "상징"이라고 보았다고 여겨질 수도 있을 것이다. 하지만 작품은 다른 경우에도 활용할 수 있는 진리의 "진리"를 재현하는 것이 아니며, 철학적 진리론을 형상으로 보여주는 것도 아니다. 작품은 상징이 아니라 달리는 존재할 수 없는 진리의 구현이다! 그래서 하이데거가 보기에는 그리스의 신전에서 그리스 문화의 "진리"가 나타나며, 반 고흐의 그림에서는 도구와 농민적 농경적 삶의 본질이 나타난다. 작품이라는 "조명"은—작품과 병행해 또 다른 본질적 가능성들도 존재한다—예술의 가상이다.

"작품에 어우러져 들어간 가상이 미다. 미는 진리가 비진리처럼 존재하는 하나의 방식이다."(HW, 42)

이러한 주장은 "이념의 감성적 가상"이라는 헤겔의 예술미 규정을 상기시킨다. 그러나 그들이 각자 생각한 것의 차이는 중대한 것이다. 헤겔에게 예술미는 감성적 매체를 통해 절대적 이념의 현존 혹은 스스로 사유하는 존재의 현존을 대변한다. 하이데거의 형이상학 이후 사유에는 존재자 전체의 요체인 자체와 동일한 존재의 이 현존이 더 이상 없다. 예술의 가상은 이념의 현상이 아니라, 밝혀주면서 어둡게 하는 차이의 효과다. 이 차이나는 것이 어떤 근원적이거나 혹은 어떤 과정을 통해 도달할 수 있는 존재자의 동일성으로 응축될 수는 없을 것이다. 헤겔에게 예술의 가상은 존재의 현존하는 동일성을 재현하는 것이다. 하이데거에게는 차이가 작품으로서 "나타난다". 헤겔에게 모든 예술이 의존하는 자연의 감성적 매체는 자신을 아는 존재의 과정 속에서 넘어설 수 없는 한계다. 하이데거에게 예술이 자연과 결합된 상태, 예술의 소재적 성격, 사물적 성질 등은 "참인 것"의 넘어설 수 없는 요소다. 그것은 "존재"로서—설혹 최고의 것일지라도—존재자의 차이나는 것이 아니라 사유가 마음대로 처분할 수 없는 조명과 은폐의 차이다. 근세적 사유의 최종 단계에 "인간은 단지 자신이 보는 것만을 본다"는 구성주의적 명제가 자리 잡고 있다면 이에 대해 하이데거는 "인간은 '존재'가 그에게 보여주는 것만을 본다"고 답한다.

하이데거의 논문 「예술작품의 근원」은 심오한 텍스트다. 그것을 연구하는 자는 누구나 착각에 빠지지 않는 한 이런저런 대목에서 이해력의 한계에 도달하고 이에 대해 각각의 태도에 따라 화를 내거나 경탄하는 반응을 보이게 된다. 화를 내는 이유는 하이데거의 표현들이 명확하고 자체 내적으로 일관된 사고의 진행이라는 계율을 아무튼 때로는 명백히 도외시하기 때문이다. 경탄을 자아내고 깊은 인상을 주는 것은 이 경우 통용되고 있는 주제와 테제들을 넘어서 도발적이고 입장선택을 요구하는 사유가 작동하고 있는 것으로 보이기 때문이다. 하이데거가 "진리"를 폭로와 은폐의 일체화라고 규정할 때 논문의 독자는 그 "진리" 역시 일부는 "은폐된" 상태로 머물거나 동일시하는 포착에서 아무튼 부분적으로는 벗어난다는 인상을 얻게 된다. 이 "텍스트 전략"은 하이데거의 존재사유 영역에서는 아무리 일관된 것일지라도 비판적 논평을 유발한다. 그러나 하이데거의 의미론에 대한 그 논평은 필연적으로 그의 철학 "외부"로부터 이루어질 수밖에 없기 때문에 일단 뒤로 미뤄두고 그 대신 이제까지의 논증과정을 다시 한 번 개관하기로 하자.

하이데거는 예술작품이 무엇인지 규명하려고 한다. 예술작품, 예컨대 낡은 구두를 그린 반 고흐의 그림은 확실히 하나의 존재자다. 따라서 하이데거는 예술작품이 무엇인지 밝혀내려고 할 때 이 존재자의 "존재"에 대해 묻는다. 그의 논증과정은 교묘하다. 즉 그는 예술작품들을 "사물들"로서 거론할 때 "존재"에 대한 일반적 선이해를 고수한다. 혹은 적어도 고수하는 척한다. 하지만 이렇게 거론할 때 작품들은 침묵한다. 그것의 작품적 "존재"는 "사물"의 관념에 의해 뒤덮이거나 은폐된다. 하이데거는 "사물들"을 "대상들"로 파악할 때, 외견상 순진하게 관습적인 이해를 개관한다. 그러한 대상들은 서구 철학에서 "그 특성들의 매체", "감성적 지각 속의 질료들의 통일", 혹은—무엇보다도—"형식화된 소재들" 등으로 여겨졌다. 이제 하이데거는 이러한 사물 개념들이 작품의 작품적 "존재"를 왜곡할 뿐만 아니라 자연적 사물들의 선입견 없는 경험에도 합당하게 될 수 없다고 생각한다. 왜냐하면 그러한 개념들은 전체적으로 존재자를 기술적으로 전유하고 "형식화하기" 위해 객체로서 대하는 주관의 영역에서 나오기 때문이다. 따라서 전통적 사물 개념—특히 "형식화된 소재"라는 개념—은 합목적적 제작 내지 생산 행위의 맥락에서 나오며, 그 형이상학적 품위는 기독교 신앙의 맥락에서 세계는 존재자 전체의 요체로서 신의 피조물이라고 이해되었다는 사실에서 유래한다. 서구적 사유의 전통은 존재자를 점차 합목적적 제작의 척도, 즉 "도구"의 척도에 비추어 해석했다. "도구"는 우선 간단히 그 기능에 근거해—하이데거는 "쓸모"라는 말을 한다—이미 적절히 이해되는 실용적 대상에 대한 고풍스러운 표현으로 나타난다. 작품의 권위가 그에게 가르쳐주는 바에 의하면, 기능은—쓸모는—단지 도구의 본래적 "존재"가 형성하는 "신뢰성"의 결과일 뿐이다. 도구는 일단 사람들이 그것을 사용하는 일과 관련해 신뢰할 만하다. 도구는 자명한 듯이 그 기능을 수행한다. 하지만 반 고흐의 그림은 또 하나의 본질적 관점을 드러내준다. 즉 도구는 그것을 사용하는 자가 그것에 의존할 수 있기 때문에 "신뢰할 만한" 것이다. 도구는 일종의 "생활세계"를 마련하며, 이 속에서 그것을 사용하는 사람들은 안전해진다. 하이데거가 깨닫는 바에 의하면, 도구에 대한 경험의 맥락 속에서 세계 내 인간 현존재가 지니는 의미는 자연과 긴밀한 관계를 맺는다. 그리고 도구와 도구의 쓸모는 자연의 독자성을 존중한다. 도구의 이러한 신뢰성으로부터 기능이 해방되어 자연을 더 이상 있는 그대로 두지 않게 됨으로써 비로소 자연을 자연에 대한 임의의 간섭 대상으로 "설정한" 기술적 세계관계가 작동하기 시작했다. 그 때문에 기술적으로 "산출된" 사용대상들은 인간을 자연에 맞세우지 않고 자연 속에 설정한 근원적 도구의 한 가지 변형이다.

그러나 도구의 존재에 대한 이 진리를 하나의 작품이 해명해 주었으며, 그래서 하이데거는 도구적 존재의 깨달음에서 동시에 예술작품의 존재를 진리의 사건으로서 경험한다. 왜냐하면 "신뢰성"은 도구의 어떤 본보기에서, 예컨대 구체적 구두에서 간파되지도 않고, 또 도구를 원래 다루는 사람들이—예컨대 농경문화의 잔재들 속에서—반성적으로 접근할 수 있는 것도 아니며, 오히려 그들의 역사적 세계-내-존재를 감당하지만 마음대로 처분될 수 없는 전제조건이기 때문이다. 예컨대 그리스 신전이 고대 생활세계의 현실을 해명하듯이, 고흐의 작품만이 도구의 존재를 드러내준다. 달리 말하면 작품으로부터 도구에 조명이 가해지며, 반면에 작품을 "형식화된 소재"라고 보는 일반적 선이해는 작품을 왜곡하는 것이다. 같은 방식으로 작품은 또한 사물의 존재가 "폐쇄되는 자연"이기도 하다는 점을 밝혀준다. 그에 반해 형이상학적 전통 속의 관습적 사물 개념들은 작품의 존재를 어둡게 한다. 따라서 작품은 존재자를 일반적 관점에 대해 나타나는 것과 다르게 드러내주고, 세계에 대한 주입된 태도들을 흔들어놓으며, 이 점에서 아주 넓은 의미의 윤리적 의미를 지닌다.

그러나 예술작품은 어떤 의미에서 진리의 장소인가? 진리가 우선은 추상적인 형태로 독자적으로 존재하고 그 다음 추후에 예술작품으로서 형태를 취하게 된다는 것인가? 아니면 심지어 재현이론적 예술관들이 암시하는 것처럼 예술이 진리를 단지 모사하거나 예시할 뿐인가? 이미 살펴보았듯이 예컨대 아도르노의 경우에도 "진리"는 동일성과 차이의 강제성 없는 통일이었는데, 이는 구원된 인류에게 부여될 테지만 "속박" 아래서는 예술작품에서만 근사치의 형태로 얻을 수 있는 것이었다. 따라서 아도르노가 보기에 예술작품은 바라마지 않는 다양의 통일인 "진리"의 현존을 간접적으로 대변하는 것이었다. 그러나 하이데거의 관점에서 보면 아도르노의 미적 유토피아에서는 비록 중단된 쾌감 혹은 실망의 상태로이기는 해도 고전적 형이상학의 형태가 나타난다. 아도르노에게 진리는 존재자의 존재라고 원칙적으로 말할 수 있으며, 예술을 통해 적어도 간접적으로는 눈앞에 보여줄 수 있는 것이다. 아도르노의 구상이 도달하는 귀결점은 존재자 전체와 진리의 동일성으로 남아 있다. 작품은 자체의 부조화 속에서 이 진리와 존재자의 가능한 통일이 "아직 이루어지지 않았음"을 가리켜 보일 때에도 그러한 통일을 재현한다. 그러나 존재자 전체로서의 진리는 원칙적으로 작품과 무관하며, 구원된 인류에게 언젠가 진리가 귀속될 경우 예술은 불필요할 것이다. 하이데거는 진리와 예술의 관계를 정반대로 생각한다. 이는 무엇보다 진리가 작품에 의존하고 있다는 점, 작품이 없다면 진리도 없을 것이라는 점에서 드러난다. 물론 이는 하이데거가 진리사건의 다른 방식들을 인정하지 않고 「예술작품의 근원」에서 그것을 언급하지도 않았다는 뜻이 아니다. 그러나 그것들도 진리의 현존하는 동일성을 재현하는 것들이 결코 아니다.

우리는 이하에서 진리가 예술작품에 의존하고 있다는 이 중심 사상을 철저히 검토하고 그와 관련해 비판적인 논평을 정리해 보기로 한다.

"진리는 어디까지 그 본질의 밑바탕으로부터 작품에 이르는 특징을 지니는가?" 하이데거는 "진리와 예술"이라는 제목을 달고 있는 논문의 셋째 단원에서 위와 같이 묻는다. 이로써 하이데거는 더 이상 작품에 근거해 묻지 않고 진리에 근거해 작품에 대해 묻는다! 그러나 진리가 "존재"와 같은 의미를 지니는 것이라면, 하이데거는 궁극적으로 "존재"에 근거해 예술에 대해 묻는다. 적어도 이것이 미학을, 즉 주관에 근거해 예술에 대해 묻는 것을 극복하고자 하는 그의 요구다. 우리가 이미 말했듯이 하이데거는—아무튼 그의 가장 극단적인 표현들에서—"존재"를 차이로서, 즉 "조명"과 "은폐"의 차이로서 생각한다. 하이데거는 "갈등"에 대해 다음과 같이 말한다.

"진리는 존재자로서 드러나기도 하고 달아나기도 하는 모든 것이 들어서기도 하고 물러서기도 하는 어떤 개방적인 것을 각각 하나의 방식으로 쟁취하는 근원적 갈등이다. 이러한 갈등이 언제 어떻게 발발하고 이루어지든 간에 그것을 통해 갈등하는 것들, 즉 조명과 은폐는 서로 분리된다. 갈등공간의 열림은 그렇게 쟁취된다."(HW, 47)

차이로서의 "진리"는 존재자가 드러나고 달아나는 어떤 "사이"를 열어놓는 것이다. 도식화하여 말하면 이러한 생각의 윤곽은 다음과 같을 것이다. 이 경우 그러한 서술의 문제점은 물론 자명하다. 그것은 하나의 지표 이상의 것이 되어서는 안 될 것이다.

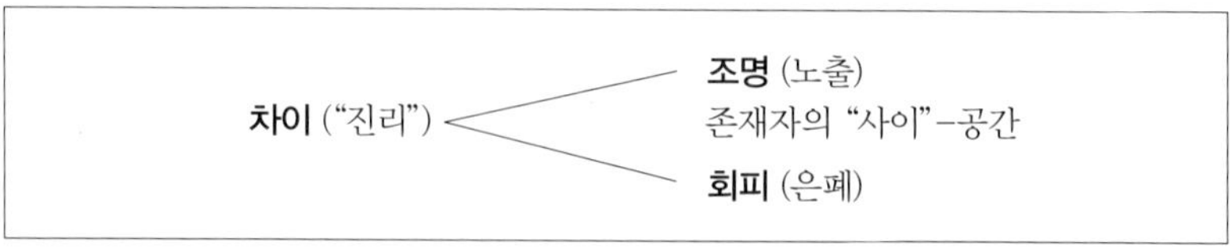

진리가 있는 그대로의 진리이기 위해서는—조명과 회피의 갈등—그 자체 내부에서 "노출"/"은폐"의 차이를 견뎌내야 한다. 즉 진리는 반성적인 것이다. 진리는 존재자의 진리가 존재자의 "은폐된 노출"이라는 것, 혹은 진리의 "조명", 진리의 노출된 진리라는 것만을 말하는 데에 그치지 않는다. 진리는 반성적인 것으로서 그 자체의 개념 속에 포함되어 있는 진리이며—그것이 폭로하고 은폐하는 존재자처럼—그 차이 속의 조명이자 회피이기도 하다. 왜냐하면 진리를 내용상 노출상태와 은폐상태의 통일로서 규정하고, "진리의 진리"라는 이 규정을 마치 순수한 "조명"처럼, 그러니까 다음과 같이 생각하는 것은 명백한 자체 모순일 것이기 때문이다.

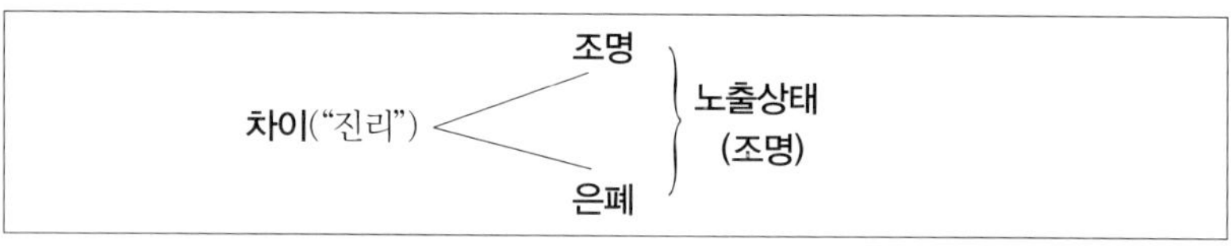

그럴 경우 진리는 조명과 은폐의 차이의 열림으로서 그 나름으로 완전히 투명할 것이며, 그 속에서는 모든 존재자가 드러나고 물러나게 될 것이다. 이—존재의 진리를 차이의 은폐상태로서 왜곡되지 않은 채 대면하게 된다는—지나친 관념을 하이데거는 자신의 사유에 기초하여 정당하게 거부한다. 왜냐하면 그것은 진리를 그 자체에 대한 대립상태로 몰아가기 때문이다. 즉 조명과 회피의 차이로서 진리는 단순히 차이의 조명이기만 할 수는 없고 이로써 더 이상 아무런 차이도 아니고 하나의 실체일 것이기 때문이다. 1946년에 나온 논문 「아낙시만드로스의 격언」에서 하이데거는 오해의 여지없이 이렇게 서술한다. "따라서 구분의 조명

은 (…) 구분이 구분으로 나타난다는 것을 의미할 수 없다."(HW, 360)

긍정적으로 이는 진리가 스스로를 조명하고 달아날 때에야 비로소 진리라는 것을 의미한다.

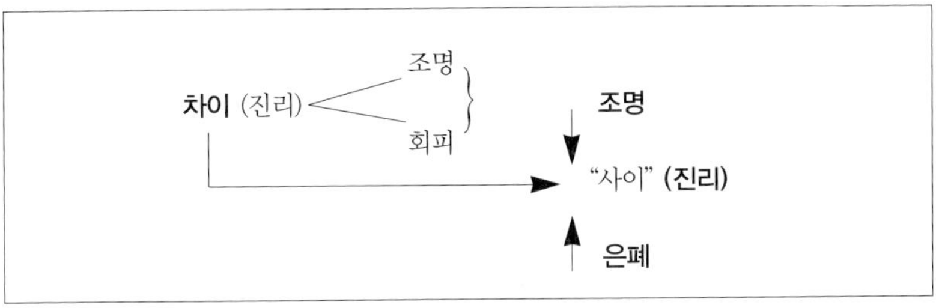

그렇다면 진리의 이 자체함의는 어떻게 생각할 수 있는가? 진리가 조명과 은폐의 "사이"에, 진리 자체에 의해 열린 "공간" 속에서 나타나는 하나의 "존재자"가 되는 것으로 생각할 수 있다. 그러나 그 자체에 의해 열린 "사이"에서 나타나는 존재자로서 진리는 하나의 작품, 예술작품이다. 이러한 설명에 따라 이 논문의 가장 난해한 대목 하나를 인용하기로 한다. 이 대목은 이제 좀더 이해하기 쉽게 되었을 것이다.

"스스로를 존재자 속에 설정하고 그로써 비로소 진리가 되는 것이 진리의 본질에 속하기 때문에, 진리의 본질에는 존재자의 한가운데에서 자체가 존재자가 될 진리의 확연한 가능성 가운데 하나인 **작품을 지향하는 성향**이 담겨 있다. 진리를 작품 속에 설정하는 것은 그 이전에는 아직 존재하지 않았고 나중에도 더 이상 형성되지 않게 될 존재자를 산출하는 것이다. 그러한 산출은 이 존재자를 개방상태 속에 설정하되, 이렇게 옮겨지는 것이 비로소 나타나게 되는 개방적인 것의 개방상태를 조명하는 형태로, 그 존재자를 설정한다. 그러한 산출이 독자적으로 존재자의 개방성인 진리를 초래할 때, 그렇게 산출된 것이 하나의 작품이다." (HW, 48f.)

진리는 노출과 은폐의 차이다. 그런 것으로서 진리는 "사이공간"을 열어놓으며, 이 속에서는 모든 존재자가 드러나고 물러선다. 진리 자체가 진리이고자 한다면 진리는 마찬가지로 이 — 진리에 의해 가능해진 — "사이공간" 속에 드러나고 은폐되는 존재자로서 들어서야 한다. 그러나 이 두드러진 존재자로서 진리는 그 차이의 "사이"에 들어서는데, 그러한 존재자가 세계와 지구의 갈등인 예술작품이다. 차이로서의 "존재"는 결코 왜곡되지 않은 채 나타나지 않는다. 차이는 사실 "무"인 것이다! 그것은 존재 개념들을 통해 실제로는 엄청나게 존재를 왜곡한 형이상학적 전통이 암시한 것처럼 왜곡되지 않은 채 나타나는 것이 아니라, 존재의 개방성 속에 위치하는 예술작품이라는 존재자 속에서 나타난다. 따라서 세계와 지구(의미와 형식)의 대립에 근거하는 작품의 규정을, 진리를 표현하기 위해 작품이 필요한 진리사건에 대한 이런 논의와 관련짓는 모험을 할 수도 있다. 그럴 경우 도식상으로 대개 아래와 같은 결과가 나온다.

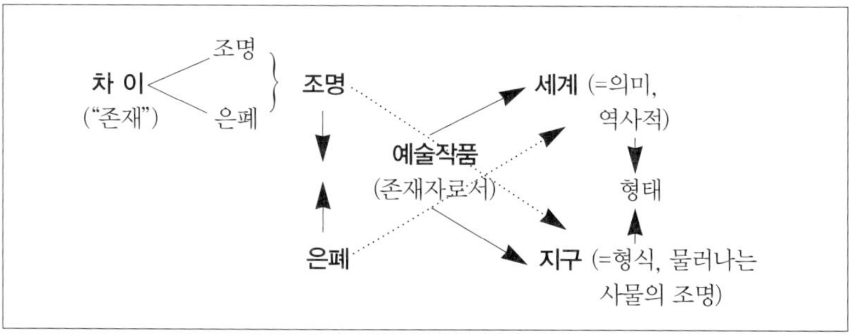

"존재"가 드러나기 위해서는 작품이 필요하다. 그래서 작품은 존재자의 존재를 감지하기 위한 특유의 가능성이다. 하이데거는 이러한 사상을 다음과 같이 논증한다. "형태" 혹은 의미와 형식의 통일인 작품은 자체에 근거를 두며 어느 것에도 복무하지 않으며 자체 지시적이다. 즉 그것은 어떤 다른 것을 위한 하나의 기능을 가리켜 보이지 않고 자체를 가리켜 보인다. 좀더 정확히 말하면 그것이 존재한다는 단순한 사태, 즉 그것의 "존재"를 가리켜 보인다.

"작품에서는 (…) 그것이 그러한 것으로서 존재한다는 것이 비범한 일이다. 작품이 창작되었다는 사건이 작품 속에서 단순히 여운을 남기고 있는 것은 아니다. 오히려 작품은 작품이 이 작품으로 존재한다는 사건적 측면을 전면에 내보이며 늘 자체의 주변에 드러내었다. 작품이 본질적으로 스스로를 개방할수록 그것이 존재하며 부재하지 않는다는 사실의 유일무이성은 더욱 빛나게 된다. 이처럼 개방적인 것 속으로 들어서는 일이 본질적일수록 작품은 더욱 낯설고 고독해진다. 작품의 산출 속에는 '그것이 존재한다는 사실'의 이러한 제시도 담겨 있다."(HW, 52)

작품은 존재자의 "존재"를 의문스럽고 생각할 만한 것으로 만든다. 행위와 연구와 감각에 대한 세계의 주어진 상태가 지니는 자명성은 일종의 자극을 받는다. 물론 작품의 호소하는 성질이 작품에 귀를 기울이고 작품을 있는 그대로 놓아두는 보호자들을 발견하는 만큼만, 또 그런 한에서만 그렇다. 이런 맥락에서 하이데거는 작품을 주관에 희생시키고 침묵하게 만드는 예술사업을 엄격하게 공격한다. 아마 "공격"이라는 말은 합당한 말이 아닐 것이다. 왜냐하면 예술을 사업으로 평준화할 경우 원래 주체들이 책임져야 하는 행위 혹은 변화를 이룩하기 위해 이들에게 비판적으로 지적할 수 있는 행위가 아니라, 박물관 문화의 사업활동에서는 스스로를 폐쇄하고 "회피하는" 존재 자체의 숙명이 문제이기 때문이다. 그러나 작품이 "보존되는" 한에서 그것은 모든 친숙한 관점들을 흔들어 놓으며, 존재자를—하이데거의 말을 옮기면—"엄청난" 것이 되게 한다. 그리고 하이데거가 보기에, 결코 투명하게 주관의 간섭에 임의로 열리는 것이 아니라—은폐를 바로 완전한 통찰의 환상으로서 제시하고 이로써 존재망각의 오류로 안내해갈 수 있는—완전한 초주관적 "법칙" 혹은 "존재"에 복종하는 한 세계의 이 "엄청남"은 "존재하게 놓아둘 수 있는" 신조를 고무한다. 그리고 이러한 신조는 마음대로 처분할 수 없는 존재의 "숙명"을 존중한다. 『존재와 시간』의 용어로 하이데거는 예술작품에 의해 고무되는 이 "태연함"의 신조에 대해 다음과 같이 서술한다.

"『존재와 시간』에서 생각한 결단상태는 어떤 주체의 단호한 행동이 아니라, 현존재가 존재자에 사로잡힌 상태에서 존재의 개방상태로 열리는 것이다. 하지만 실존의 상태에서 인간은 어떤 내면으로부터 어떤 외부로 나가지 않는다. 오히려 실존의 본질은 존재자의 조명에 담긴 본질적 대립 속의 아직 이루어지지 않은 들어섬이다. 앞에서 언급한 창작에서도, 지금 언급한 의지 속에서도, 스스로를 목적으로 정립하고 추구하는 어떤 주체의 성취나 행동에 대해 생각하지는 않는다. — 의지는 실존하는 자기초월의 냉정한 결단이며, 이러한 초월은 작품 속에 정립된 개방성으로서의 존재자의 개방성에 노출된다. 그리하여 법칙 속에 들어서 있는 상태가 이루어진다. 작품의 보존은 지식으로서 작품에서 이루어지는 진리의 엄청남 속에 냉정히 들어서 있는 상태다."(HW, 53f.)

관습적 "창조" 개념이 하나의 기획을 합목적적으로 — 기술적으로 — 작품화하는 어떤 주체를 전제한다면, 하이데거는 이에 맞서 작품 속 진리사건의 자체 지시적 과정을 제시한다. 따라서 형이상학적 입장에 대해서는 다음과 같은 도식이 적용된다.

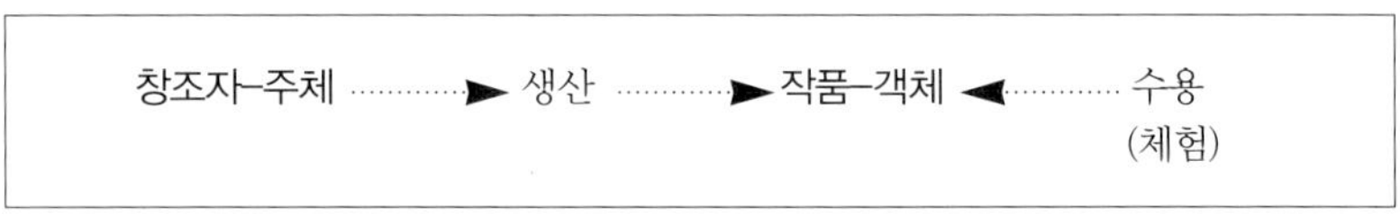

하이데거는 자체 지시적이고 완결된 원을 만들어낸다.

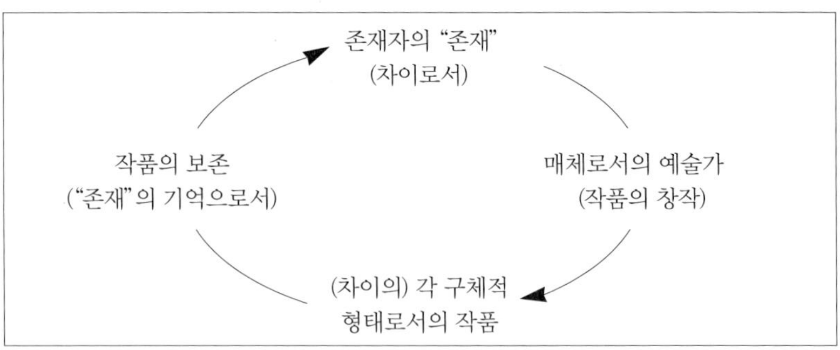

이러한 규정은 특수한 존재자 — 인간의 현존재 — 에 근거해, 예컨대 "천재미학"의 형태나, 예술 지각을 주체의 정서상태와 관련짓는 "체험"의 범주를 통해, 작품을 파악하려고 할 경우 파괴된다. 주체에 근거한 작품의 이러한 "왜곡"이 비로소 그것을 "사물"로서 — 주체를 위한 객체로서 — 파악하는 것을 가능하게 만들어 주었다. 그에 반해 "존재"와 작품존재에 근거해 보면 객체로서의 작품에 대한 물음이 해결된다.

"작품의 현실성은 작품존재의 본질에 근거해 기본특징들의 차원에서 규정되었다. 이제 우리는 출발 문제를 다시 검토할 수 있다. 즉 작품의 직접적 현실성을 보증하게 될 작품 속의 **사물적 특성**은 어떤 상태인가? 이제 우리는 작품 속의 사물성에 대해 더 이상 묻지 않게 되었다. 왜냐하면 우리가 그것에 대해 묻는 한, 곧 작품을 미리부터 결정적으로 현존하는 **대상**으로 받아들이기 때문이다. 이런 방식으로는 결코 작품에 근거해서가 아니라 우리를 근거로 묻게 된다. 우리를 근거로 할 경우 작품은 하나의 작품으로 존재하게 놓아두는 것이 아니라 오히려 우리 내면에 어떤 상태를 야기하게 될 대상으로서 표상하게 된다."(HW, 55)

그에 반해 작품의 "존재"에 근거해서만 사물에 대해 의미 있게 물을 수 있다. 즉 작품은 자체 내에서 사물들을 가리켜 보인다.

"사물들의 사물적 특성에 대한 해석을 위해 결정적이고 비중 있는 시선은 사물이 지구에 속한다는 점을 주목해야 한다. 하지만 그 아무것을 향해서도 강요되지 않은 채 감당해내고 스스로를 폐쇄하는 지구의 본질은 세계 속에 돌출해 들어갈 때에만, 세계와 지구 양자의 대립상태 속에서만 드러난다. 이러한 갈등은 작품의 형태 속에 고정되고 작품을 통해 드러난다. 도구와 관련해 타당한 사실, 즉 우리가 도구의 도구적 특성을 작품을 통해 경험한다는 사실은 사물의 사물적 특성에도 적용된다. 우리가 사물적 특성에 대해 결코 직접적으로 알지 못하고 알더라도 단지 불확정적으로만 알며, 따라서 작품을 필요로 한다는 점은, 작품의 작품존재가 진리의 사건이자 작품을 통한 존재자의 열림이라는 사실을 간접

적으로 보여준다."(HW, 56)

따라서 조명과 은폐의 "사이"에서 존재자가 드러나는데, 그 차이로서의 "존재"는 존재하기 위해 어떤 존재자인 작품을 필요로 한다. 작품은 자체의 "존재"를 가리켜 보이고 이로써 존재자와의 교류 속에서 친숙해진 세계에 대한 태도를 의심스러운 것으로 만든다. 이제 한편에 존재가 행복하게 독자적으로 실존하고, 다른 쪽에 존재자의 다양성이 어느 정도는 그처럼 미리 실존하는 존재의 증상 혹은 재현으로서 실존하는 것은 아니다. 존재는 존재자에 앞서고 존재자를 가능하게 하는 어떤 원인 혹은 어떤 신의 동일성이 아니다. 그렇게 보면 존재는 아예 존재하지 않는다! 그것은 존재자에 앞서지도 않고—논리적으로나 시간적으로나—존재자와 구분되는 것으로서 그것과 대립해 있는 것도 아니다. 그것은 오히려 이미 살펴본 바와 같이 존재자가 존재자로서 나타나게 하는 차이다. 작품은 물론 차이의 열림으로부터 나오는 하나의 실체다. 비록 오도하는 것일지라도 그것은 대상으로서 거론될 수 있다. 그러나 작품은 차이를—하이데거가 은유적으로 표현하듯이 갈등 혹은 "틈"으로서—존재하게 하는 실체이며, 이로써 그로부터는 차이의 형태로서 다른 존재자가 나름으로 등장하게 된다. 즉 도구는 그 본질상 "신뢰성"으로서, 사물은 지구의 자연적 자기폐쇄로서 등장한다. 존재자가 이처럼 차이로부터 나타나는 것은 언어를 그 본보기로 한다. 자체로 보면 의미 없는 기표들의 차이적 장으로서 언어는 그것이 매체로서 단지 전달할 뿐인, 미리 존재하는 어떤 의미도 지니지 않는다. 오히려 "의미"는 기표들의 차이적 유희로부터, 즉 기표가 기의의 자리로 옮겨지고 따라서 무엇인가를 의미함으로써 비로소 나타난다. 그러나 이 의미는 어떤 일차적인 것도, 독자적으로 존재하는 것도, 언어와 무관한 것도 아니다. 그것은 차이로서의 언어의 효과다. 하이데거가 예술을 그 언어성에 근거해 이해한다는 점을 파악하는 것은 지극히 중요하다. 더욱이 예술은 헤겔이 언어를 그에 앞서는 이념의 매체로서 파악했던 것처럼 도구적 의미의 언어가 아니다. 예술의 차이적 과정으로부터 존재자가 이것 혹은 저것으로서 비로소 나타나기 때문에 예술은 언어다.

"그것을 파악하기 위해서는 단지 올바른 언어 개념이 필요할 뿐이다. 일반적 관념에서는 언어가 전달의 일종이라고 간주된다. 언어는 담화와 협정과 일반적으로 양해에 쓰인다. 그러나 언어는 전달되어야 할 것의 소리나 문자를 통한 표현에 그치는 것도 아니고 일차로 그러한 것도 아니다. 언어는 명백한 것과 은폐된 것을 그렇게 의도된 것으로서 일단 단어와 문장들로 전파할 뿐 아니라, **제일 처음으로** 어떤 존재자로서의 존재자를 공개적인 영역에 들어서도록 한다. (…) 언어는 처음으로 존재자를 명명하며, 그러한 명명이 비로소 존재자를 단어와 현상으로 나타나게 한다. 이러한 명명은 존재자를 그 자체의 존재에 근거해 그 자체의 존재로 가도록 한다. 그러한 말은 일종의 빛을 비추는 것이며, 그 속에서는 존재자가 무엇으로서 드러나게 되는지 이야기된다."(HW, 59)

그 때문에 하이데거는 차이로부터 존재자가 나타나는 것을 "문학"이라고 부른다. 예술은 문학적이다. 왜냐하면 무로부터—언어적 요인들의 단순한 차이성을 그렇게 특징지을 수 있을 것이다—무엇인가가 저것이 아닌 이것으로서 등장하고, 의미 없는 것으로부터 의미가 생겨나기 때문이다. 하이데거가 그렇게 강조한 예술의 언어적 성격을 통해 비로소 "존재"와 존재자의 관계가—저 유명한 "존재론적 차이"가—실제로 신빙성 있게 된다. 존재자를 이 존재자로—예컨대 도구를 "신뢰할 만한" 것으로 확인하는 의미는 어떤 이념의 천국이나 그와 유사한 것 속에 언어 외적 현존을 지니는 것이 아니다. 그것은 하나의 기표가 다른 기표를 기의로서 지정하는 언어의 가능성 덕분에 생겨난다. 그러나 "도구"라는 기표의 의미인 "신뢰할 수 있는"이라는 기의는 우리가 그것의 의미를 물을 경우 다시 하나의 기표 자리로 미끄러져 들어간다. 이러한 과정은 원칙상 무한하다. 언어가 차이적 요소들의 장이기 때문에 의미는 그로부터 나온다. 사실 의미는 궁극적으로 차이의 순수한 효과다. 즉 저것이 아니고 이것이다! 언어는 두 가지 기표들을 서로 관련지음으로써 그 요소들의 차이적 유희 속에서 역시 가능할 다른 관계들을 억제한다. 그러나 언어의 차이적 성질은 그 속에서 가능한 의미의 동일성과 구분되지 않는다. 그래서 언어는 차이와 동일성이라는 두 차원으로 분리된다. 의미의 동일성은 단지 (다른 전체적 기표의 연관들에 대한) 차이로서만 존재한다. 바로 이러한 방식으로 존재자는 (차이로서의) "존재"로부터 나타난다. 이 경우 일종의 비교가 문제인 것은 결코 아니다! 존재자의 "존재"는 결코 언어와 유사하기만 한 것은 아니다. 그것은 언어로서 언어 속에서 구현된다. 후기 하이데거의 존재철학은 상당히 타당하게 언어철학이라고 이해할 수 있다. 1946년의 「휴머니즘 서한」에서는 "언어는 조명하며 은폐하는 존재 자체의 도래다"라는 말을 읽을 수 있다. 언어이론상으로 이는 모든 의미의 윤곽을 두 가지 기표의 관계로 — "x는 y다" — 그려내는 것이 또 다른 관계설정들("y는 z다") 등의 윤곽과 결합되어 있음을 뜻한다. 그리고 작품이 수행하는 새롭고 놀라우며 심지어 낯설게 하는 개방은 — 그 지평 속에서 존재자는 친숙한 것과 다르게 나타난다 — 이 언어철학적 관점에서 언어의 차이적 성질에 근거해 가능한 기표들의 변화된 관계형성, 존재자의 의미변화와 같아진다.

"존재자의 조명 및 은폐로서의 진리는 **문학화됨**으로써 일어난다. 모든 예술은 한 존재자로서의 존재자의 진리가 도래하도록 하는 것으로서 **본질적으로 문학**이다. (…) 우리를 향해 던져지는 존재자의 노출상태가 작품 속에 정립되는 기획 덕분에 작품을 통해 모든 친숙한 것과 이제까지 존재해온 것이 비존재자가 된다. (…) 이 경우 작품이 어떤 식으로도 인과적 영향관계를 통해 이제까지의 존재자에 영향을 주지 않는다는 점이 기이하다. 작품의 영향은 어떤 작용 속에 있지 않다. 그것은 작품으로부터 생겨나는 존재자의 노출상태의 변화에, 달리 말하면 존재의 변화에 있다."(HW, 58)

언어의 사건으로서, 문학으로서, 예술은 그와 같은 것을 가능케 하는 차이의 지평 속에서 존재자에 새로운 의미를 부여한다. 이 경우 이러한 표현은 오해의 소지가 있을 것이다. 왜냐하면 변화된 의미가 존재자로 하여금 새로이 "현존하도록" 하기 때문이다. "사물"이라는 기표는 "형식화된 소재"로서 자리잡고 있었으며, 작품은 그것이 "스스로를 폐쇄하면서 동시에 감추는 자연"으로서 나타나게 한다. 그러나 이제 하이데거의 사유에서는 한 가지 애매성이 등장한다. 왜냐하면 "존재"가—언어처럼—차이로서 사유되고, 이로부터 원칙상 존재자의 임의의 방식들이 유래할 수 있다면, 왜 전체적으로 달리도 가능하고 존재자를 언제나 달리 나타나게 할 저런 기표관계들이 아니고 이런 기표관계들이 구현되느냐 하는 물음이 당연히 제기되기 때문이다. 차이는 차이로서 확실히 이런 동일성이냐 아니면 저 동일성이냐를 선택할 수 없다. 하이데거는 우선 떠오르듯이, 언어가 그 구조 덕분에 주체에게 가능하도록 해주는 그러한 의미혁신을 수행하는 것은 말하는 주체 곧 예술가의 개성이라는 생각을 거부한다.

"문학은 (…) 임의의 것을 멋대로 고안하는 것이 아니며 비현실적인 것 속으로 단순히 표상과 상상을 펼치는 것이 아니다. 문학이 노출상태에서 조명하는 기획으로서 펼쳐놓는 것, 그리고 형태의 틈 속에 던져 넣는 것은 그것이 생겨나게 하는 열린 것이다. 더욱이 이제 그 열린 것은 존재자의 한가운데에서 존재자를 빛나게 하고 소리나게 한다. 작품의 본질과 존재자의 진리사건에 대한 작품의 관계를 본질적으로 파악하는 관점에서는 문학의 본질이, 또 동시에 기획의 본질이 상상과 상상력에 근거해 충분히 사유될 수 있는지 의심스러워진다."(HW, 58f.)

그러나 언어를 통해 존재자를 익숙하지 않은 방식으로 보여주는 것이 주관이 아니라면, 그것은 누구일까? 그것은 "존재" 자체다! 하지만 이 점을 확인함으로써 존재 개념은 특이한 양가성을 띠게 된다. 왜냐하면 "존재"는 차이로서 무엇이 그 상태로 존재하기 위한 전제이지만, 나아가 그것이 무엇이 존재하고 무엇이 존재하지 않는지를 확정하는 어떤 "메타주체"의 자리에 들어서는 것이기 때문이다. 역사적으로 존재는 유사 주체로서 예술이라는 존재자의 형태로 존재자의 의미변천을 수행한다. 하이데거의 추측에 의하면, 예술로서의 "존재"는 존재자의 이 근본적 의미변천을 서구에서 세 차례 이룩했다. 우선 존재자가 알레테이아—"노출상태"—로서 사고된 그리스에서, 다음에는 그것이 "신의 창조"로서 나타난 중세에, 마지막으로 그것을 "대상"으로, 한 주체를 위한 객체로 이해한 근세에 그러한 변천을 이룩했다.

"언제나 존재자의 개방성은 형태로, 존재자 자체로 진리가 확정됨으로써 성립되어야 했다. 언제나 존재자의 노출상태가 이루어졌다. 노출상태는 작품 속으로 정립되며, 이러한 정립은 예술이 수행한다."(HW, 63) 존재자의 의미의 이 세 가지 서구적 방식을 전체적으로 우선 차이의 유희 속에서 이루어지는 가치중립적 의미효과들이라고 간주할 수 있을 것이다. 하이데거는 그것들을 전체적으로 진리사건의 방식들이라고 칭한다. 근세의 경우처럼 존재자의 "존재"가 "객체"의 위치로 옮겨지는 경우에도 그렇게 칭한다. 이 경우 물론 진리 개념을 상기해야 할 것이다. 왜냐하면 진리는 바로 "존재"가, 하나의 특수한 존재자에 의해—예컨대 주관과 주관의 의지에 의해—왜곡되므로, 스스로를 감추는 데에 있을 수 있기 때문이다. 그러나 이로써 가치의 강세를 알아차릴 수 있게 된다. 하이데거는 비록 궁극적으로 의지가 아니라 "존재"만이 그것에 대한 옹호를 완수할 것인지를 결정할 수 있음을 알지만, 주관성을 체념하고 존재자 전체를 향해 스스로를 개방하는 형이상학 이후의 사유를 옹호한다. 그러나 이러한 옹호는 시대전환에 대한 희망의 맥락, 혹은 그에게 우선 국가사회주의 정치가 알려주고 다음에는—실망 이후—예술, 특히 횔덜린의 문학이 말해주는 것처럼 보이는 셋째 단절의 맥락 속에 자리잡고 있다. 그의 논문은 다음과 같은 말로 끝난다.

"우리는 예술의 본질에 대해 묻는다. 무엇 때문에 그렇게 묻는가? 예술이 우리의 역사적 현존재 속에서 어떤 하나의 근원인지 아닌지를 좀

더 엄밀히 물을 수 있기 위해서다. (…) 우리가 우리의 현존재 속에서 역사적으로 근원에 자리잡고 있는가? 우리는 근원의 본질에 대해 아는가? 즉 존중하는가? 아니면 우리는 예술에 대한 우리의 반응에서 여전히 과거에 육성된 지식들만을 근거로 삼는가? 이러한 양자택일과 그것에 대한 결정을 위해서는 틀림없는 징표가 있다. 독일인이라면 시인 횔덜린의 작품을 감당해내야 할텐데, 그는 그것을 다음과 같이 말함으로써 명시했다. '근원에 가까이 자리하는 것은/ 그곳을 떠나기 힘들도다' "(HW, 64)

이처럼 섬세한 방식으로 논문 전체는 그 제목의 중심어인 "근원"에 합류한다. 그리고 이 근원의 "현존"에서 인간은 "거처"를 찾지만, 인간은 또한 그로부터 멀어질 수도 있다. 이 경우 미래는 근원의 도래일 것이다.

하이데거 문학이론의 애매성

우리가 하이데거의 「예술작품의 근원」을 검토한 것은 그의 본질적 진술들을 내재적으로 조명하기 위해서였다. 이제 우리는 그 결과들과 그의 사상적 전제들에 대해 좀더 거리를 두고 입장을 취하기로 한다. 하이데거의 논문은 궁극적으로는 형이상학에 의해 규정된 관습적 예술 이해를 극복하고 "존재"의 관점에서 예술에 대해 완전히 달라진 통찰을 얻고자 하는 수준 높은 요구에 의해 규정된다. 이러한 요구 자체에 감명 받지 않고 냉정하게 하이데거가 미적 의사소통에 도입한 테마들과 관점들에 대해 물을 경우, 물론 그의 반성들이 지니는 독창성을 밝히려 노력해야 할 것이다. 이 경우 발터 슐츠에게 충분히 동의할 수 있을 것이다. 그는 1985년 다음과 같이 단언했다.

"하이데거는 (…) 전통에 대한 가능한 공감들을 깎아 내리려고 (…) 한다. 그는 전통적 입장에서는 언제나 예술이 체험으로 된다는 것이 중요하다는 점을 강조함으로써, 부단히 전통적 입장에 반대한다. 하이데거의 절대적 우월성은 단지 그의 관점과 그의 언어에 강하게 동화되어, 그가 엄밀히 말해 이미 알려진 사태들을 서술하고 있다는 점을 보지 않을 경우에만 유지될 수 있다는 의심을 피하기 어렵다. 물론 그의 서술은 지극히 절실한 방식으로 이루어지고 있다."[1)]

그러한 주장은 논문이 다루는 예술에 관한 서술들을 다시 한 번 추상적으로 혹은 개괄적으로 요약하면 신빙성을 얻게 된다.

(1) 하이데거는 "자율성"을 통해 예술을 규정한다. 그는 "자체 내에 머물기"라는 말을 한다. 이로 인해 예술은 기능을 수행하는 손일 및 기술과 구분된다. 이러한 규정 및 "산출된"/"주어진"이라는 차이에 따른 예술과 자연의 구분을 통해 하이데거는 18세기의 미학 담론 전통에 들어간다. 자연 · 기술 · 예술의 세분화에서 하이데거의 표현들이 다소 비범하다는 점을 일단 논외로 하면 비범한 것은 아무것도 없다. 예술의 "자율성"에 대한 강조는 담론사적으로 전적으로 1920년대 아방가르드주의에 대한 반응이라고 이해할 수 있다.

(2) 이 점은 예술작품을 "형태"라고 보는 하이데거의 규정에 좀더 타당하게 적용된다. "형태"로서 작품은 의미와 형식의 통일인데, 이는 나름으로 "세계"와 "지구"를 매개해 놓은 것이기도 하다. "형태" 개념을 사용하는 것은 우연이 아니다. 1920년대와 1930년대 문학예술과학에서 이 개념의 이력은 작품 개념을 아방가르드적으로 의문시하는 데에 맞서 고전적 작품개념을 복권시킬 의무를 지니는 것이었다고 추측할 수 있다. 하이데거가 우연히 혹은 아무 동기 없이 작품의 긴장에 찬 통일에 대한 중심적 규정으로서 "형태"라는 말을 하지는 않았을 것이다.

(3) 하이데거는 예술의 자율성과 작품적 성격을 강조함으로써 전적으

1) Walter Schulz: Metaphysik des Schwebens. Untersuchungen zur Geschichte der sthetik. Pfullingen 1985, S. 58 f.

로 관습의 지평 속에 위치한다. 그러나 다른 한편 그는 결코 놀랍거나 새롭지는 않아도 진취적인 입장을 대변한다. 우선 자율성 원칙을 극단화하는 입장인 예술의 자체지시성에 대한 강조를 지적할 수 있을 것이다. 즉 작품은 일차적으로 자체와 관계하며, 자체가 존재한다는 점을 "보여주며", 그 "존재"를 표현한다는 입장이 그것이다.

(4) 작품이 자체지시적이라면, 이는 하이데거에게 작품을 재현으로 이해해서는 안 된다는 것을 의미한다. 작품은 다른 곳에 이미 독자적으로 실존하는 그 무엇도 대변하지 않는다. 즉 그것은 "실재"도, "이념들"도, 또한 그 저자의 주관성도 대변하지 않는다. 오히려 작품은 단지 그것 자체일 뿐이다. 사실 그것은 예술 없이도 이미 진리로서 존재하고 표현될 수 있는 어떤 진리를 나타내는 것도 아니다. 오히려 예술에서 나타나는 진리는 예술 자체다. 단지 진리가 예술이기 때문에 예술은 진리다. 하이데거가 써먹는 소유격의 "유희"라는 의미에서 예술의 진리는 진리의 예술이라고 말할 수 있을 것이다. 진리와 예술의 차이는 실제적 차이가 아니다. 그것은 단지 조야하게 그 관계의 동어반복적 성격을 은폐할 뿐이다. 하지만 이는 하이데거가 예술을 엄밀히 말해 그 자체에 근거해서만 규정될 수 있게 하는, 미적 의사소통의 완전한 세분화의 지평 속에서 반성하고 있다는 것을 뜻한다. 예술이 나타나게 하는 "존재"는 18세기에 그랬듯이 "자연"이나 "주관"이 아니다. 그 "존재"는 예술의 존재이며 그 밖의 아무것도 아니다.

(5) 하지만 하이데거에게 이 자체지시적 예술은 비록 "자율적" 예술로서 어떤 기능과도 동화되지 않지만 궁극적으로 한 가지 업적을 수행한다. 예술의 영역 밖에도 영향을 끼칠 수 있는 이 업적은 세계관의 "낯설게 하기"에 본질을 둔다. 예술에서 한 존재자의 "존재"가—조명과 은폐의 갈등이라는 의미에서—테마로 됨으로써, 존재자의 요체인 세계는 그 친숙성과 자명한 소여성을 잃는다. 주체의 모든 행동능력을 넘어서고 방임과 태연함의 신조를 초래하는 세계의 심원함과 "엄청남"이 드러

난다. 그러나 하이데거 예술철학 속의 이러한 핵심요소들도—특히 언어들의 차이로서 드러나는 세계에 대한 일상적 태도와 시적 태도의 차이에 대한 강조—물론 하이데거의 독창적 착상은 아니며 늦어도 "러시아 형식주의" 예술론 이래로는 유럽에서 공통적인 미적 의사소통의 한 가지 화두다.

예술과 관련한 하이데거의 반성 결과들을 좀더 엄격하게 요약하여 개관하자면, 하이데거의 의미론은 세분화된 미적 의사소통의 의미론과 공통점을 지니는 상태에 머문다고 말할 수 있을 것이다. 그는 예술체계의 자체반성을 단지 그 자체에 고유한 요소들에 근거해서만 재생산될 수 있는 "자체 생산적" 체계로서 사상적으로 매우 엄격하게 따라잡는다. (1) 예술의 존재는 존재의 예술이다. (2) 그는 이 반성적 예술체계의 업적을 체득된 의미자료들의 "우연화"라고 특징짓는다. (3) 그는 "탈세분화하는" 아방가르드의 "도발들"에, 세분화된 미적 의사소통의 틀 속에서 "형태"를 통해 강조되는 전통적 작품개념으로 반응한다.

이 경우 예술에 대한 전체적 반성은 "의식"에서 "언어"로의 획기적 패러다임전환의 지평 속에 위치한다. 예술은 "기표들의 차이적 장에서 나오는 문학"이다. 물론 이처럼 독창적으로 정식화되고 일관성 있는 것이지만 전혀 놀랍지 않은 그의 입장은 그것을 감당하는 "존재"의 철학을 고려할 때 비로소 그 예리함과 확정성을 얻게 된다. 이미 되풀이하여 지적했듯이 하이데거는 이 "존재"의 철학을 형이상학의 극복이라고 이해했고, 또 주관의 관점에서 이루어지는 존재자에 대한 사유와의 단절이라고 이해했다. 그러면 주관 철학과의 이 단절은 정확히 무엇을 함의하는가? "존재"는 무엇인가? 하고 아무튼 물을 수 있을 것이다. 하이데거의 답은 전체적으로 볼 때 애매하다. 그러한 "단절"을 형이상학 규정 내의 전환이라고 이해할 가능성이 있다. 그럴 경우 존재와 주관은 단지 자리만을 바꾼 셈일 것이다. 하버마스는 하이데거를 그렇게 해석했다. 또한 "단절"을 실제의 기초변경으로, 즉 존재와 주관을 넘어서 사유하려고 하는 완전히 다른 철학적 문제틀의 도입이라고 이해할 가능성도 있다. 이런 식으로 데리다는 하이데거를 계승했다. 이제 이 두 가지 고찰방식을 거론하면서 그것이 하이데거의 구체적 문학해석과 관련한 예술의 이해에 초래할 결과들에 대해 논하기로 한다.

전환으로서의 "단절"

하버마스는 1985년 『현대의 철학적 담론』에서 다음과 같이 말했다. "하이데거는 주체철학적 사고모형의 단순한 전환을 선전함으로써 주체철학의 문제제기들에 사로잡혀 있다."[2] 우리는 이러한 주장을 "존재론적 차이"와 관련해 설명하기로 한다. 존재론적 차이는 존재자와 존재를 구분한다. 주관은 존재자다. 이에 근거해 형이상학은 존재를 존재자 전체의 요체로서 확정했다. 따라서 다음과 같은 도표가 나온다.

존재자(주관성) ······························► (존재자의) **존재**

존재자(주관)와 존재를 분화된 실체들로 사고하는 "존재론적 차이"에 대한 이 독서방식의 본보기들로는, 예컨대 존재로 하여금 그것과 화해된 존재로서의 주체를 관통하며 지나게 하는(셸링 · 헤겔 · 맑스) 모든 주체/객체 관계들과 특히 현대 구성주의에 이르기까지 온갖 부류의 칸트주의를 지적할 수 있다. 이런 입장에서 "예술"은 주체와 객체의 실현된 혹은 바라는 통일, 차이나는 것의 "화해", 무차별상태 등의 본보기다. 그러나 존재자의 존재를—절대자 혹은 무한의 개념으로—주관으로부터 결국 떼어내고 그것을 파악할 수 없는 것으로 내놓는 "낭만주의적"

2) Jürgen Habermas: Der philosophische Diskurs der Moderne. Frankfurt/M. 1985, S. 190.

구상들도 존재의 부정적 현존을 주관 및 주관의 "결함"에 근거해 사고한다. 주관적 인식과 상상의 내재성에는 절대자 전체의 초월성이 거부되어 있으며, 더욱이 주관성은 유한하지만 절대자는 무한하기 때문이다. 달리 말하면 존재와 존재의 회피가 아니라 주관과 그 결핍으로 인해 총체적 인식의 이념, 존재자 전체의 완전한 투명성의 이념은 하나의 환상으로 남아 있다. 따라서 주관과 존재의 차이에 대한 규정에는 세 가지 본질적 변형이 있다고 말할 수 있을 것이다.

존재론적 차이	특징	예술관
무차별상태	주체/객체	(통일의) 상징
차이(주관의 결함)	내재성/초월성	(도달할 수 없는 절대자의) 단편
차이의 탈락 (존재-주체)	정립으로서의 "존재"	구성(자체지시적)

그러면 하버마스가 정식화한 "주체철학적 사고모델"의 전환은 무엇을 의미하는가? 그것은 단지 존재를 주관의 존재자가 아니라 역으로 주관을—그리고 다른 모든 존재자를—존재에 근거해 이해해야 한다는 것을 의미할 수 있을 뿐이다. 이를 도식으로 나타내면 다음과 같다.

존재 ··················► 존재자 (주관성)

문제를 그와 같이 제기할 경우 간접적으로 우리는 존재론적 차이의 지위에 대해 결정을 내린 셈이다. 그럴 경우 존재는 차이를 통해 모든 존재자와 구분되는 하나의 차이나는 존재이며, 차이가 아니다. 그리고 이러한 존재가 존재자, 특히 인간의 숙명을 이끌 것이며, 인간의 역사는 그 존재에 의해 "맡겨진" 것일 테고, 그 속에 사로잡혀 있는 주관성을 "결정할" 것이다. 하이데거가 인간의 역사성을 이런 식으로 "존재의 역

사"로서 파악했다는 것은 분명하다. 존재는 스스로를 "열고" 스스로를 "감춘다". 존재는 빛을 비추지만 또한 오도하기도 한다. 그래서 하이데거는 한 동안 1933년 국가사회주의의 승리에서 존재의 새로운 "조명"을 볼 수 있다고 믿었다. 「예술작품의 근원」에서 그는 "국가를 건설하는 행위"(HW, 48)는 "진리가 자리 잡는 방식"이라고 아주 분명하게 말했다. 하지만 얼마 후 1933년의 조명은 그 반대, 즉 오류를 수반하는 은폐와 왜곡임이 폭로되었다. 그러나 하이데거는 이러한 오류를 결코 예컨대 정당화나 사과를 요하는 주관적 좌절이라고 해석하지 않고, 일관되게 주체들을 통해 혹은 주체를 넘어서 숙명적으로 수행된 존재의 "숙명"이라고 해석했다.[3)]

하이데거가 존재를 실제로 존재자와 존재자의 숙명을 이끌고 규정하는 심급으로 규정한다는 점을 우리는 이미 예술의 언어성에 대한 논의에서 확인했다. 그 요점을 다시 한 번 반복하기로 하자. 차이로서의 언어는 의미의 전제다. 의미는 기표의 차이성이 드러나는 것이다. 그러나 그것이 존재를 명명할 때—즉 조명하고 은폐할 때—어떤 의미가 표현되고 어떤 변화를 겪느냐를 결정하는 것은 언어의 차이성이 아니다. 그것은 단지 모든 가능한 의미들의 한 가지 잠재력일 뿐이다. 하이데거는 여기서 작동하게 되는 것은 말하는 사람들의 주관성—혹은 상호주관성—이라는 손쉬운 답변을 거부한다. 그 대신 여기서 말하는 것, 주체들에게 진리를 말하는 것도 또 다시 존재다. 존재는 차이의 무로부터 존재자를 산출하거나 일어나게 하는 심급이다. 그러나 이로써 이 존재자 즉 주관성이 어떤 식으로든 대상화될 수 없는 가운데 존재자의 숙명을 이끌어가는 주체로서 이 존재를 생각하는 경향은 남아 있으며, 하버마스는 이 점을 염두에 두었다. 매우 신중한 논평에서 빈프리트 프란첸은 1976

3) Vgl. Ernst Nolte: Heidegger. Politik und Geschichte im Leben und Denken. Berlin/Frankfurt 1992.

년 다음과 같이 서술했다.

"존재의 개념은 후기 하이데거의 경우 인간이 마음대로 할 수 있는 것에서 벗어나 있고 그 대신 인간을 좌우하는 차원을 나타낸다. 왜냐하면 무엇이 일어나든 그것은 존재에 의해 맡겨진 것이고 일어난 것이기 때문이다. 인간에게는 존재의 지시들을 받아들이고 그것의 처분에 부응하는 일만이 남아 있다. (…) 물론 이런 의미에서 존재는 자신의 목동인 인간에게 의존하고 있다. (…) 하지만 존재는 숙명으로서 모든 사건의 최고 심급으로 남아 있다. 그것은 어느 정도 메타역사적 주체, 모든 역사 이전의, 모든 역사를 넘어서는 주체다."[4]

이제 이 대 주체는 예술이라는 매체를 통해 "소" 주체들에게 말을 하며, 소 주체들은 대 주체가 그들을 개방하기 때문에 대 주체를 향해 스스로를 개방한다. 이로부터 예술의 해석을 위해 극히 중요한 이론적 방법적 결론들이 나온다. 우리는 우선 우리의 테제를 다음과 같이 정식화한다. 존재를 존재자와 대립시키고 그것을 유사주체로서—물론 스스로를 '진행되어 가는' 것으로서 대상화에서 벗어나고 따라서 이야기될 수 없는 주체로서—실체화하는 존재론적 차이의 관습적 취급은 하이데거의 장담과 반대로 형이상학적 사유의 맥락 속에 머문다. 이러한 사태는 예술이론에서, 또 구체적으로는 하이데거의 실제 해석에서 재현주의로서 다시 나타난다. 우리는 이러한 테제를 아래에서 논증하려고 하며, 이때 반 고흐 해석의 확실히 기이한 방법론적 지위를 다시 한 번 살펴보기로 한다. 우선은 1953년에 나온 논문 「시 속의 언어」에 실린 하이데거의 트라클 해석을 돌이켜보기로 한다. 이 경우 하이데거가 트라클을 얼마나 온당하게 대했느냐 하는 문제가 아니라 단지 그의 해석이 지니는 이론적 방법론적 구조만이 관건이다.

문학의 해석이 원칙상 어떻게 사유되는지 물을 경우, 두 가지 경쟁적

---

4) Winfried Franzen: Martin Heidegger. Stuttgart 1976, S. 62.

인 모델들과 마주치게 된다. 하나는—이를 우리는 경험주의적 모델이라고 칭한다—"사태"의 우선성에서 출발하며, 해석은 그 사태에 적응해야 한다고 본다. 해석이 문학에 상응해야 하는 것이다. 다른 모델은—우리는 그것을 구성주의적 모델이라고 칭한다—어떤 실재적인 것인 "사태"는 전혀 존재하지 않는다고 상정한다. 이러한 생각에 따르면 과학들은 언제나 구성물인 "이론적 객체들"을 가지고 조작한다. 프랑스의 인식론자 가스통 바슐라르의 말에 따르면, "아무것도 주어져 있는 것은 없다. 모든 것이 구성된 것이다." 경험주의와 구성주의 사이를 매개하려는 시도나 또는 양자의 중간단계도 있을 수 있다. 그러나 여기서는 그러한 것이 문제가 아니다. 원리상 두 가지 적대적 모델이 대립하고 있다. 한 모델의 신봉자가 다른 쪽의 신봉자들을 "망상가"라고 지칭하고 반대로 후자는 그 비판자들을 "순진하다"고 간주할 때 종종 나타나는 흥분한 어조를 통해서도 그 점을 알 수 있다.

그러면 하이데거는 이러한 이론 논쟁 속에 어떤 식으로 편입되는가? 언뜻 보기에 사람들은 그를 "경험주의자"로 간주할 것 같다. 그는 아무튼 반 고흐 그림의 올바른 해석을 결정했다는 "사태의 권위"를 강력히 옹호하는 것이다. 그러나 그림이든 시든 개별 예술작품은 경험적으로 주어진 것으로서 의심의 여지없이 하나의 존재자이며, 이는 존재에 의해 야기된 것이고 존재에 근거해 적합하게 이해될 수 있다. 따라서 하이데거는 어떤 문예학자처럼 "경험주의적으로" 혹은 "존재적으로" 이 각각의 구체적 존재자의 고유성에 대해 묻지 않고, "존재론적으로"—초경험적으로—혹은 "형이상학적으로" 그 존재에 대해 묻는다. 트라클 논문에서 하이데거는 존재론적 차이의 의미에서, "존재자"로서의 한 작가의 구체적 시들과 존재로서 그것들을 가능하게 하는 (단수의!) "시"를 구분한다. 그 시는 실제로 쓰여진 모든 구체적 시들을 가능하게 하는 지평이기 때문에 이제부터 우리는 이를 메타시라고 칭할 것이다. 이 메타시 그 자체는 "이야기될" 수 없다. 그것은 "말로 발설할 수 없다". 그러나 의문의 여지없이 경험적인 시들은 이 메타시를 "대변한다".

"위대한 시인은 누구나 단 하나의 시에 근거해 시를 쓴다. 그 위대성은 그가 이 유일한 것에 얼마나 자신을 내맡겨서, 시를 만드는 그의 말이 그 속에서 순수하게 머물도록 할 수 있느냐에 근거해 평가된다. 한 시인의 그러한 시는 이야기되지 않은 채 남아 있다. 개별적인 시들 어느 것도, 그 합도 모든 것을 말하지는 않는다. 그렇기는 하지만 각각의 시는 그 유일한 시 전체에 근거해 말하고 언제나 이것을 말한다."(Usp, 37f.)

따라서 개별 시의 존재자는 그 속에 자리잡고 있는 메타시의 존재를 염두에 두고 해석된다. 존재자와 존재, 경험적 시와 메타시 사이에서는 존재론적 차이를 "중재하는" 해석학적 순환논법이 지배하고 있다.

"그 유일한 시는 말하지 않은 상태로 머물기 때문에 우리는 그것의 장소를 단지 개별 시들의 이야기된 것으로부터 그 장소를 가리키려고 시도하는 방식으로만 상론할 수 있다. 하지만 이를 위해서는 각각의 개별 시에는 이미 한 가지 설명이 필요하다. 우리는 올바른 설명은 이미 상론을 전제한다는 점을 쉽게 알 수 있다. 유일 시의 위치에 근거해서만 개별 시들은 빛을 발하고 소리를 낸다. 역으로 유일 시에 대한 상론에는 이미 개별 시들에 대한 일차적 설명을 잠정적으로 통과하는 것이 필요하다. 한 시인과 유일 시의 사유를 통한 대화는 모두 상론과 설명의 이 상호관계 속에 머문다."(Usp, 38)

이제까지 이야기한 바를 도식화하면 다음과 같다.

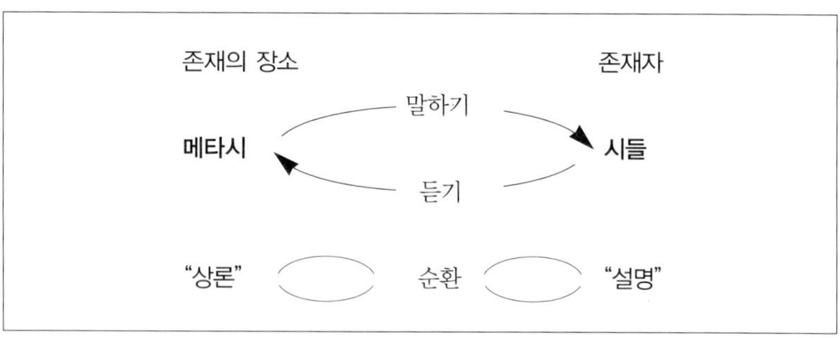

이러한 구상을 하이데거의 제자 베다 알레만은 전통적 해석학의 "무궁무진함이라는 화두"를 "해체함"으로써 논증하려고 시도했다. 해석자가 한 작품의 해석은 결코 남김 없이 혹은 결정적으로 완수할 수 없음을 확인할 경우, 이는 바로 메타시가—그 존재하는 시들과 달리—결코 객관화될 수 없고 언어적으로 포착될 수 없기 때문에 타당하다는 것이다. 이 메타시는 그때그때 역사적인 존재로서 그 자체의 방식으로 조명과 은폐의 대립 속에서 진리사건을 수행하며, 그리하여 완전하고 포괄적인 해석에 대한 요구는 그 메타시로 인해 좌절할 수밖에 없다.

하이데거의 트라클 논문이나 예컨대 그의 횔덜린 해석을 읽은 사람은 하이데거가 얼마나 비관습적으로 이 작가들의 텍스트들을 다루는지 확인할 것이다. 독문학 예비과정에서라면 그의 논문들은 문헌학적 세심성이 없다고 퇴짜맞았을 것이다. 왜냐하면 하이데거가 외견상 문맥들을 고려하지 않은 채 무작위로 인용하기 때문이다. 그는 억측이나 치환을 거리낌 없이 기도한다. 문헌학자의 물신인 텍스트의 형태는 그의 관심을 별로 끌지 못한다. 왜냐하면 그에게는 문예학의 대상인 시들이 문제가 아니라 단지 그 속에 현존하고 있고 나아가 그 시들을 현존하게 하는 시만이 문제이기 때문이다. 시들은 메타시의 진리를 재현하는데, 하이데거는 메타시를 존재사건의 장소로 논하고자 하며—그래서 "상론"이다—이로써 그것에 부응하고 사유 속에서 따를 수 있기를 원한다.

그러면 트라클과 관련해 하이데거는 구체적으로 어떤 식으로 일을 진행하는가? 그의 방법을 다음과 같이 서술하면 이는 그것을 다소 도식화하는 셈이다. 하이데거는 시의 자료에서 일련의 핵심어들 내지 반복되는 은유들의 목록을 만든다. 예컨대 "여명"·"죽음"·"부패"·"저녁"·"낯선 자"·"청색" 등이 그것이다. 그는 이 핵심어들을 추상하여 "서쪽나라의 한적함"이라고 해석한다. 이 때 그는 이 공식들의 의미론적 다중가치를—"한적한": 은폐된/죽은, "서쪽나라": 유럽/저녁의 경관—주목하고 그것을 마음에 담아 둔다. 단순화시켜 말하자면 "서쪽나라의 한적함"은 메타시의 의미론적 핵심이다. 즉 존재의 역사적 장소의 내용이다. 이는 곧 그리스에서 시작된 의미의 서양은 현대에 "은폐되어" 있으며, 심지어 어쩌면 사라졌고 몰락했을 수도 있음을 뜻할 것이다. 물론 "저녁"과 "성스러운 밤"이 동트는 새날로 이어지듯이 "은폐"로부터 새로운 현존상태로 들어서게 되는 것도 배제할 수 없다. 그래서 "미래"는 있었던 것의 도래, 반복이 될 것이다. 시의—메타시의—은유적 언어가 지니는 다의성은 그처럼 "스스로를 폐쇄하는 노출"로서의 진리에 순응한다.

"이 시의 언어는 이행과정으로부터 말을 한다. 이 이행과정의 작은 길은 쇠퇴하는 것의 몰락을 거쳐서 동트는 성스러운 창공으로의 침잠으로 진행된다. 그 시의 언어는 예배의 밤 어두운 늪지를 건너 지나는 과정으로부터 말을 한다. 이 언어는 부패의 저녁에서 고요하고 아직 존재하지 않았던 출발의 새벽으로 들어서는 한적한 귀향의 노래를 부른다. (…) 이 시의 언어가 한적함의 중간과정으로부터 말하기 때문에, 그것은 언제나 동시에 이별에서 버리는 것으로부터, 그리고 이별이 어우러져 가는 곳으로부터 말한다. 그 시의 언어는 본질적으로 다의적이며, 그 고유한 방식으로 다의적이다. 우리는 어떤 일의적 사념의 둔탁한 감각만으로 시의 말을 접할 경우 그로부터 아무것도 듣지 못한다."(Usp, 74) 따라서 "부응"으로서의 해석이라는 하이데거의 구상은 다음과 같은 구조를 지닌다.

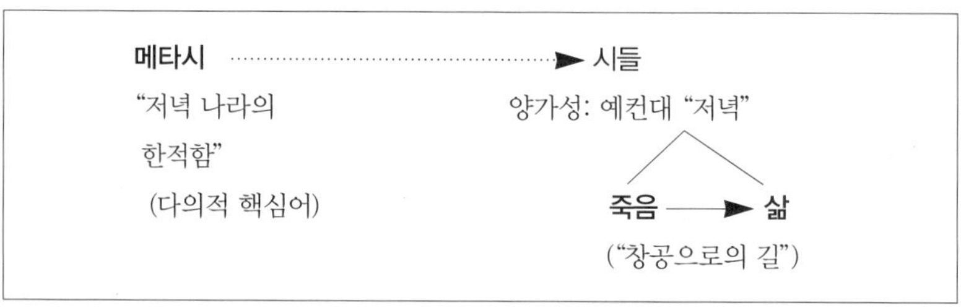

우리는 적어도 희망에 차 있다고 할 수 있는 이 해석을 통해 하이데거

가 트라클에 부응하는지, 또 "가장 암울한 절망의" 시인인 트라클을 "아직 은폐된 저녁 나라"의 시인이라고, 즉 "그리스적 새벽"의 가능한 도래를 노래하는 시인이라고 칭할 수 있는지 묻지 않는다. 우리에게는 단지 해석의 방법론적 지위가 문제다. 그래서 우리는 이미 언급한 "경험주의"와 "구성주의"의 갈등을 다시 한 번 검토하기로 한다. 인식해야 할 사태가 어떤 경험적 현상 혹은 존재자가 아니라는 점에서 하이데거는 구성주의와 일치한다. 그러나 이—"객체"라는 말을 쓰지 않는다면—"비경험적" 소여상태가 그의 눈에는 주관의 구성물이 아니라 존재 역사의 한 장소에서 존재의 "주어짐"이라는 점에서 구성주의와 구분된다.

하이데거는 사태가 실제로 주어진 상태라고 보고 그것에 합당하려는 절실성의 측면에서 경험주의와 일치한다. 하지만 그는 이 주어진 존재를 "존재적으로"가 아니라 "존재론적으로" 이해하기 때문에 경험주의와 구분된다. "경험주의적" 문예학자들과의 논쟁에서 하이데거는 견해차가 있는 경우에 이렇게 말할 수 있을 것이다. "자네들은 시에 귀를 기울이는 점에서 정말 훌륭하지만, 이 시의 존재를 개별적인 것, 구체적인 것에 사로잡혀 있다고 왜곡하는 점에서 틀렸다네!" "구성주의자들"과의 토론에서 하이데거는 이렇게 말할 것이다. "시가 그 경험적 실존과 동일하다고 보는 오해를 자네들이 극복한다면 그것은 물론 타당하다네. 하지만 시를 어떤 이론적 예비결정의 척도에 따르는 구성물로서 이해해도 된다고 믿는다면 자네들은 오류를 범하는 것이며 자네들의 과학적 선입견에 사로잡혀 있는 것일세." 두 적수들에게—이는 방법론적으로 결정적인 것이다—하이데거는 그들의 "진리" 척도들을 가지고 그의 해석방식에 대해 판단할 수 있는 권한을 부정한다. 구성의 일관성이나 신빙성도, "상호주관적" 동의라는 척도가 조직화된 연구의 맥락 속에 위치한다는 점도 하이데거에게는 받아들여질 수 없거나 어떤 중요성을 지니지 못한다. 그가 보기에는 시 속에서, 시를 통해서 (메타주체로서의) 존재가 말을 하며, 이 역사적 진리사건에 해석이 부응한다. 존재에 합당해지는 것은 바로 이 해석이며 다른 것은 아니라는 점을 따라잡을 수 있게 그 근거를 제시하라는 모든 요구를 하이데거는 무리한 요구라고 느꼈을 것이다. 존재는 스스로를 보여준다. 그리고 존재를 감지하지 못하는 사람은 논증을 통해서도 간단히 확신시킬 수 없다. 하이데거의 진리 개념, 곧 알레테이아의 중심 문제는 분명히 여기에 있다. 참인 명제들이 가능하고 주장과 사태의 일치가 확인되거나 확인될 수 있기 위해서는 존재자가 "드러나야" 한다는 점을 인정하더라도 바로 이 구분이 아무튼 정확히 타당할 수 있으려면 한 가지 다른 기준이 더 필요하다. 우리가 받는 인상으로는, 하이데거가 자신의 사유에 근거 없이 존재의 진리를 합당하게 대하는 능력을 인정해주고, 그래서 경험주의자가 괴테의 『파우스트』에 대해 언급하듯이 메타시에 대해 언급할 수 있는 것 같다. 그러나 메타시는 구조주의적 의미론도 수행할 수 있을 하나의 구성이다. 하이데거는 자신의 구성물인 메타시를 존재의 사건으로 승격시킨다. "소" 주체인 하이데거는 겸허하게 "대" 주체의 말을 듣는다. 그리고 그의 말을 믿지 않는 사람은 운이 없었던 것이다. 재현이론을 통해 존재론적 차이의 날카로운 맛을 없애는 것은, 존재자에 대한 존재의 선차성이라는 형이상학적 규정을 부활시키는 것이며, 완전히 덫칠된 독단론을 초래한다. 아주 엄격하게 정식화하자면, 하이데거는 "존재사건"이라는 상상물에 자신의 상상을 굴복시킨다. 이 존재사건의 권위는 모든 비판을 존재를 망각한 주관주의자들의 근거 없는 불평과 항의로서 침묵시키고 싶어 한다.

지반 변경으로서의 "단절"

따라서 하이데거의 경우 의문의 여지없이 주체철학적 패러다임의 아직 유사형이상학적인 전환이 존재한다. 그러한 전환에서는 존재가 메타

주체로서 강조되며, 존재론적 차이가 관습적으로 차이나는 것의 구분으로 파악된다. 하지만 그렇더라도 존재와 주관성의 모델을—어떤 방향에서 생각하든—넘어서는 지반변경의 흔적들을 추적하는 다른 하이데거 텍스트 독해가 가능하다. (형이상학처럼) 차이의 차이적 측면이 아니라 차이로서의 차이를 생각하는 것이 중요하다는 하이데거의 요청을 다시 한 번 상기하기로 하자.(ID, 62f.) 그러나 "존재"가 존재자에 대한 차이를 통해 구분되지 않고 이 차이 자체가 "있는" 것이라면, 차이는—형이상학에서처럼—존재자와 존재 사이가 아니라 존재자와 무를 구분한다! "존재"는 무에 대한 존재자의 차이이다. 이 존재론적 차이의 극단적 형이상학 이후의 구상은 하이데거에 의한 그것의 언어철학적 정식화에서 가장 알아보기 쉽게 나타난다. 그것은 또한 슈테판 게오르게의 시에 대한 그의 해석에서도 분명해진다. 그 시의 제목은 "말"이며, 다음과 같은 것이다.

"먼 곳의 기적 혹은 꿈을
나는 내 나라의 변방에서 가져왔다

그리고 잿빛 운명의 여신이 자신의 샘에서
그 이름을 찾을 때까지 기다렸다

그 다음 나는 그것을 힘차게 움켜쥘 수 있었다
이제 그것은 경계를 통과해 꽃피고 빛난다

한때 나는 멋진 여행 뒤
풍요롭고 부드러운 보물을 지니고 도착했다

여신은 오랜 시간 나를 찾아 알려 주었다
'여기서는 아무것도 그처럼 낮은 바닥에서 자지 않는다'

그러자 그것은 내 손에서 달아났고
나의 나라는 그 보물을 다시 얻지 못했다 …

그리하여 나는 슬프게 체념을 배웠다
말이 빈곤한 곳에는 어떤 사물도 없다고."[5]

위의 7연으로 된 2행시는 세 부분으로 된 구조를 보여준다. 처음 세 연은 반복되는 사건을 명명한다. 그 다음 세 연은 특수하고 기이한 사건에 해당된다. 마지막 연은 일종의 통찰 혹은 교훈을 표현한다. 즉 "말이 빈곤한 곳에는 어떤 사물도 없다!"는 것이다. 평범한 독문학 해석은 예컨대 다음과 같다. 즉 언어 이전의 상상들(기적, 꿈)이 예술로 넘어가는 과정에서 언어의 심층부로부터 나와 명명된다. 이러한 명명이 비로소 그것들에 명확한 현실성과 확연한 예술적 성격을 부여한다. 그 다음 시의 둘째 부분은 명확히 매혹적인 상상에 대해 아무 말도 아무 이름도 찾아낼 수 없는 경험에 대해 말한다. 그 때문에 은밀히 매력을 발하던 그것은 예술의 형태와 현실성을 얻을 수 있기 전에 사라진다. 그것과는 언어를 통한 명명 바깥에서는 어떤 현실성도 포착될 수 없다는 필수적 인식이 상응한다. 명확한 말에만, 말을 통해서만 현실성은 존재한다. 사람들은 강령적인 이 시를 일반적으로 현실성을 시어의 현실성으로 여기는 "유미주의" 시학의 영역에 집어넣는다. 시의 언어는 실재하는 것을 재현하지 않고 오히려 그것을 비로소 산출한다. 말이 결여되어 있는 곳에는 또한 현실도 없다. 하이데거는 이 시에 대해 무엇을 말하는가? 그는 처음 세 연을 이렇게 해석한다. 즉 존재자를 "조명하고" 현존하는 것으로 볼 수 있게 만드는 것은 언어 — 말 — 라는 것이다. 넷째 연에서 언급되는 "보물"을 하이데거는 — 이 점이 하이데거 해석에서 요점이다 — 언어 자체라고

5) Stefan George: Das neue Reich. Gesamtausgabe. Bd. 9. S. 134.

해석하지만, 이는 존재자로서의 어떤 언어로도 조명될 수 없는 것이다.

"시인의 나라가 결코 얻지 못하는 보물은 언어의 본질을 나타내는 말이다. 갑자기 인식된 말의 지배와 지속, 그 본질적 요인은 자체의 말에 들어서고자 한다. 하지만 말의 본질을 나타내는 말은 허용되지 않는다. (…) '풍요롭고 부드러운 보물' 은 말의 감추어진 (동사적) 본질이다. 그것은 말하면서 보이지 않고 이미 아무 말도 하지 않은 상태에서 사물로서의 사물을 우리에게 제공한다."(Usp, 237)

언어는 모든 "의미"의, 존재자를 있는 그대로 밝히는 모든 조명의 조건으로서 스스로를 존재자로서 조명할 수 없다. 언어로부터 모든 의미가 나타나기 때문에 언어 자체는 아무것도 의미하지 않는다. "말이 궁핍한 곳에는", 말이, 언어 자체가 문제이기 때문에, "사물"도 없다. 언어는 말에 앞서는 것이기 때문에 말로 표현할 수 없다. 그러나 하이데거는 언어와 의미하는 말의 관계를 "존재"와 존재자의 관계로서 생각한다.

"그렇게 생각한 말의 지배, 혹은 이야기를 나타내는 가장 오래된 말은 로고스다. 그것은 무엇을 보여주는 존재자를 자체의 '존재함' 속에서 나타나게 하는 말이다. 그러나 동일한 말 로고스는 이야기를 나타내는 말이면서 동시에 존재를 나타내는 말이기도 하다. 즉 현존하는 것의 현존을 나타내는 말이다. 이야기와 존재, 말과 사물은 은폐되고 거의 사유되지 않고 고안해낼 수 없는 방식으로 서로에 속한다."(Usp, 237)

우리는 이제 한 가지 결론을 내릴 수 있게 되었다. 차이로서 소쉬르가 정식화했듯이 그 요소들의 차이성으로서의 언어는 모든 의미의 동일성의 "근원"이며, "존재"는 존재자의 근원이고 이로써 존재하는 것이며 무가 아니다. 그러나 차이 자체에는 의미가 없다. "존재"는 존재자가 아니다. 이 점에서 언어 혹은 "존재"를 주관성의 자체반성 모델에 따라 어떤 동일성의 투명성으로 이끌어가려고 하는 시도는 모두 무산된다. 반성의 행위와 테마가 결코 일치될 수 없고 어떤 시간적 균열로 인해 분열되어 있기 때문에 이미 모든 자체반성이 필연적인 맹점을 지닌다면, 차이는 한 주체의 척도에 비추어 차이를 이해하거나 확인할 모든 가능성에서 벗어난다. 사실 차이를 "차이"라고 명명하는 것조차 일관성을 지니지 못한다. "존재"는 차이로서 실로 엄밀히 말해 어떤 "이름"도 알지 못한다. 존재에는 말이 결여되어 있다. 우리는 구분이 구분으로 나타나지 않는다는 하이데거의 문장을 이미 인용했다.(HW, 360) 그래서 데리다는 나중에 "차연"이라는 인공어를 만들었다. 하지만 그 자신도 다음과 같이 말했다.

"우리에게 '차연'은 하나의 형이상학적 이름으로 남으며, 그것이 우리의 언어에서 얻는 모든 이름은 여전히 이름으로서 형이상학적이다. 특히 그것이 현존하는 것에 대한 현존의 구분이라는 '차연'의 규정을 말할 때, 또한 존재자에 대한 존재의 구분이라는 그 규정을 지칭할 때에도 형이상학적이다. (…) 존재보다 더 '오래된' 그러한 차연은 우리 언어로 어떤 이름도 없다. 하지만 우리는 우리의 언어가 그 이름을 아직 찾아내거나 받아들이지 못했기 때문이거나 그 이름을 우리 언어의 제한된 체계 외부의 어떤 다른 언어에서 찾아야 하기 때문에 단지 잠정적으로만 명명할 수 없는 것은 아니라는 점을 '이미 안다'. 왜냐하면 그것을 나타내는 이름은 없기 때문이다. 심지어 '차연'의 이름도 없다. 차연은 이름이 아니며, 순수한 명사적 단위가 아니라 부단히 차이나는 연쇄적 대체들로 해소되는 것이다. (…) '그것을 나타내는 이름은 없다'는 명제를 말 그대로 읽기 바란다. 이 명명할 수 없는 것은 어떤 이름도 접근할 수 없는, 말로 표현할 수 없는 실체, 예컨대 신 따위가 아니다. 이 명명할 수 없는 것은 명사적 효과들이 야기하는 유희이며, 이름 혹은 연쇄적인 이름들의 대체들이라고 칭해지는 비교적 통일성 있거나 원자적인 구조들이다. 그 속에서 예컨대 '차연'이라는 명사적 효과 자체가 유발되고 다시 새겨지며, 맹목적 가담 혹은 맹목적 탈퇴로서 여전히 그 유희의 일부이며 체계의 기능이다."[6)]

---

6) Jacques Derrida: Randgänge der Philosophie. Frankfurt/ Berlin/ Wien 1976, S. 35 f.

차이가 의미의 파악 불가능한 근원이기 때문에 의미를 벗어난다면, 이는 곧 "존재"에 대해 아무 말도 할 수 없다는 뜻인가? 게오르게의 시는 하이데거에게 "보물"은 비록 다시 사라지지만 나타난다는 점을 가리켜준다. 차이의 "존재"는 그것의 효과들 속에서만 나타난다. 그러나 이 효과들은 탁월한 방식으로 시적 언어를 구조화한다. 의미는 유동하고 있더라도 시어 속에서는 차이의 흔적이 드러난다. 시의 말은 다른 이야기의 경우보다 덜 분명하게 어떤 다른 말을 의미한다. 그러한 시의 말에서는 차이가 함께 나타나는 듯하다. 그래서 하이데거의 게오르게 독서는 "기표의 유희"와 상호텍스트적 지시의 다양성에 주목하는 "해체적" 해석기술의 방향을 가리킨다. 반면에 그의 트라클 해석은 역사적 의미의 짜임새들의 선존재가 텍스트들 속에서 재현되었다고 보는 "논리중심적" 이해의 이상을 뒷받침한다. 하이데거의 존재 개념은 그처럼 애매했다. 그러나 아마 첫눈에 인정할 수 있는 것보다는 바로 이러한 양가성이 더 일관성을 지닐 것이다. 왜냐하면 진리는 조명이자 동시에 회피이기 때문이다. 존재를 차이로서 감추고 있는 의미의 형이상학적 현존만이 비로소 노출의 유희 일반을 흥미롭게 해준다. 형이상학이 차이의 "존재"를 왜곡하기 때문에만 해체는 그 흔적들을 찾을 수 있다. 차이가 조명되려면, 형이상학, 논리중심주의, 뜻과 의미의 현존 등의 그림자는 제거할 수 없다. 음영이 없는 진리의 "현란한 빛" 속에서는 눈이 멀어 "아무것도" 더 이상 볼 수 없을 것이다.

결론: 미적 의사소통 이론의 문제들

미학사가 암시하는 결론에 비춰보면, 예술은 대개 실현할 수 없는 업무들에 예술을 이용하기 위해 다양한 방식으로 계획된 미적 의사소통의 현실이라고 할 수 있다. 그런 계획들은 철학의 관점에서 정리된 한에서 엄밀히 말해 예술에 대한 이질적 서술을 시도하는 것이다. 물론 이러한 서술도 미적 의사소통 내부에서 반향을 일으키긴 했다. 예술은 어떤 철학적 계획을 재코드화할 수 있을 경우, 또 그런 한에서, 그러한 계획을 채용할 수 있다. "완전한 것을 서술할 때 어떻게 지루함을 피할까?"라고 프리드리히 폰 하르덴베르크는 물었다.[1] 그리고 이로써 미적 의사소통 내에서는 어떤 철학적 계획도 자체로서는 중요하지 않고 예술적 표현만이 중요하며, 지루함을 피하려면 이 표현이 흥미로워야 한다는 점을 지적했다.

예술은 체계적으로 세분화된 의사소통으로서, 그 속에서 유통되고 있는 계획들의 도움으로는 의미 있게 서술되지 않는다. 현대의 예술적 의사소통에는 매우 이질적인 계획수립들이 포함되어 있으며, 그래서 그 가운데 하나로 예술을 정의하면 올바른 예술이해를 둘러싸고 극히 불합리한 갈등들이 유발될 수밖에 없을 것이다. 첫머리에서 인용한 클라우스 보르게스트의 에세이가 그 점을 인상적으로 지적했다. 따라서 하이데거나 아도르노의 예술철학으로부터는 이들이 아무리 심오하게 논증을 할지라도 예술의 사회적 현실성을 충분히 해명하리라고 기대할 수

1) Freidrich v. Hardenberg: Das Werk. Hrsg. v. P. Kluckhohn/ R. Samuel. Bd. III, S. 435.

없다. 그들을 기준으로 삼을 경우 곧 오늘날의 미적 의사소통 가운데 많은 부분을 "비예술적"이라고 거부할 수밖에 없을 것이다. 이론의 그러한 무기력상태를 피하기 위해서는 다수의 계획수립 속에서 예술체계의 통일성을 지각하도록 해주는 추상이 이루어져야 한다. 즉 미적 의사소통의 계획들과 코드를 엄격히 구분하는 것이 중요하다. 왜냐하면 예술은 계획을 통해서가 아니라 이원적으로 코드화된 의사소통 매체를 통해 정의되기 때문이다. 이러한 매체는 다원적이고 상이한 계획들의 부담을 감당할 수 있으려면 안정적으로 세분화되어야만 한다. 코드와 계획의 이러한 차원적 위계와 관련해 체계이론적 연구의 시의성 있는 가설들을 받아들여[2] 몇 가지 생각을 제시하기로 한다.

의사소통매체의 코드화

이원적으로 코드화되고 상징적으로 일반화된 의사소통매체들은 영역 특유의 속성들을 통해 개연성 없는 의미선택의 수용 문제를 푼다.[3] 난해하다고 여겨지는 사고과정들이 상징적으로 일반화된 의사소통매체인 "진리"의 관점에서 학문체계에 할당되고 여기서 "허위" 혹은 "참"이라고 지칭될 수 있을 경우, 우리는 그런 사고과정들에 관여할 태세가 된다. 의사소통매체의 코드화는 그 적용분야에서 언어화될 수 있고 체계적 의사소통의 유지 가능성을 보증하는 모든 것을 이중화한다. 부정할

---

2) Vgl. N. Luhmann/ S. J. Schmidt: Grundriß der empirischen Literaturwissenschaft. Braunschweig 1980; ders.: Die Selbstorganisation des Sozialsystems Literatur im 18. Jahrhundert. Frankfurt/M. 1989; ders.(Hrsg.): Literaturwissenschaft und Systemtheorie. Oplanden 1993.

3) Vgl. N. Luhmann: Einführende Bemerkungen zu einer Theorie symbolisch generalisierter Kommunikationsmedien. In: N. L.: Soziologische Aufklärung. Bd. 2. Opladen 1975, S. 170 ff.

수 없는 "진리"와 상응하는 동의만이 존재한다면 과학적 진화는 불가능할 것이다. 나아가 코드가치들의 불균등성은 동기부여의 원천으로도 기능한다. 즉 진리에 대한 추측은 어떤 가설을 상정하고 전개하도록 만들지만 물론 그것의 오류에 대한 논박을 막아주지는 않는다. 또 흔히 과학적 오류들이 진리들보다 더 생산적이다. 결정적인 것은, 의사소통 매체의 코드화가 그 적용분야에서 의사소통들을 단지 두 가지 상대적 가치들만을 고려하며 작동할 수 있도록, 그러니까 과학체계 속의 명제들은 "정당한", "아름다운", 혹은 "보수적인" 것이 아니라, "참"이거나 "허위"일 수 있도록 배려한다는 점이다. 전자와 같이 판단할 경우 우리는 사회의 다른 의사소통체계 속에 위치하며 과학적 가설들을 도덕적, 미적, 혹은 정치적 구분들의 도움으로 서술하는 것이다. 이는 물론 가능하고 정당하지만 사회의 과학적 의사소통에는 아무 것도 기여하지 않는다.

이제 우리는 상징적으로 일반화된 예술체계의 의사소통매체에 대해 묻고 "작품"을 예술의 의사소통매체로 고찰할 것을 제안한다.[4] 어떤 의사소통의 비개연성은 그것이 "작품"의 형태를 취하고 이로써 예술체계에 귀속될 경우 받아들여지거나 부정되거나 혹은 능가될 수도 있다. 현대 박물관은 그 전시품들이 "작품"이 아니라면 때때로 우리를 당혹스럽게 만드는 예를 얼마든지 제공한다. 예컨대 이미 한 번 인용했듯이 어떤 전시회 관람을 계기로 귄터 쿠네르트가 논평한 바는 징후적이다.

"작품 자체를 살펴볼 경우 우리는 전혀 이해할 수 없는 어떤 것을 직면한다. (…) '예술 주의!' 라는 경고판 없이 (…) 우리는 그것을 예술로 지각하지 못할 것이다. (…) (종종 물불 안 가리고 도울 태세가 되어 있는) 내 아내가 다름슈타트 박물관의 어느 방에 들어섰을 때, 이 방에는 마치 방금 배달된 짐을 풀어놓은 듯이 빈 종이상자들이 널려 있었고, 아내는 여기서 결코 재활용품이 취급되고 있는 것은 아니라는 사실을 알

4) Vgl. Bemerkungen von N. Luhmann jn: Ist Kunst codierbar, a. a. O., S. 246 und S. 249.

게 되기 전에 이미 청소를 하기 시작했다."[5]

이러한 예에서는 상징적으로 일반화된 미적 의사소통 매체인 "작품"을 인공물의 경험적 존재와 혼동해서는 안 된다는 점도 명백해진다. 이 "작품"은 어떤 작품도 아니다. 그러나 각각의 작품은 작품으로 지각되는 한에서만 의사소통 차원에서 고찰된다. 그래서 괴테의 소설 『젊은 베르테르의 번민』은 종종 "작품"으로서보다 정신사적 문헌으로서 반향을 불러일으켰으며, 반면에 주지하듯이 어떤 축구팀의 진형은 "작품"으로 찬탄의 대상이 되기도 했다.[6] 작품은 단지 "작품"으로서만 작품이다. 즉 상징적으로 일반화된 미적 의사소통 매체의 초점 속에서만 작품인 것이다.

그러나 "작품"의 통일성은 매체와 형식의 동일성이 아니라 매체와 형식의 차이의 통일성이라고 이해해야 한다.[7] 작품은 매체와 형식을 그 속에서 구분하는 차이가 파악될 때에만 "작품"으로 보인다. "작품"은 선별과 지평의 통일이며, 형식이 한정하는 지평을 함께 보지 않는 사람은 작품을 보지 않는다. 잘못 틀어 놓은 라디오의 소음과 무조음으로 된 곡을 — 예컨대 구체음악을 — 구분하지 못하는 자는 그것을 작품으로 듣지 못한다. 브레히트의 연극이 매체로서 함의하는 문학적 관습들을 알지 못하는 사람은 그것을 작품으로 읽지 않는다. 매체와 형식의 차이로서, 즉 선별들의 앙상블로서 "작품"은 상징적으로 일반화된 미적 의사소통 매체로 기능한다. 그럴 경우 작품의 코드화에 대한 물음이 제기된다. 루만은 미적 의사소통을 코드화하는 것은 "미"/"추"의 대립이라고 제안한다.[8] 이러한 제안은 우선 신빙성 있어 보인다. 왜냐하면 18세기에 성공적으로 완수된 바와 같이, 예술이 과거 유럽의 기술 및 인식들로부터 분

5) Günther Kunert: Die Musen haben abgedankt. In: Die Zeit (vom 2. 12. 1988).
6) Peter Handke: Die Innenwelt der Außenwelt der Innenwelt. Frankfurt/M. 1969, S. 59.
7) Vgl. N. Luhmann: Das Medium der Kunst, a. a. O.
8) Vgl. N. Luhmann: Ist Kunst codierbar?, a. a. O., S. 247.

화되어 나오는 현상과 "미"라는 관찰가치 그리고 마찬가지로 이에 대한 부정의 분화는 병행하는 것이기 때문이다. 또 이러한 분화를 통해 그러한 가치가 전통적 사유에서 그것을 규정했던 속박들 및 혼합상태로부터 점점 더 분명하게 탈피하기 때문이다. "진" · "선" · "미"의 통일은 해체된다. "미"는 과학적 인식의 "진" 및 도덕의 "선"에 맞서 모습을 드러낸다. 그에 상응하여 악의 "미" 혹은 진리의 "추"도 점점 받아들여질 가능성을 지니며 나타난다. 왜냐하면 과거 유럽에서 주도적인 코드 가치들의 혼동으로부터 유래하는 판정들, 즉 도덕이나 인식과 무관한 "미"를 허용할 수 없었던 판정들은 시효가 끝나기 때문이다.[9] "미"는 "진" 및 "선"과 구분되는 것과 마찬가지로 코드가치로서 분화되는 과정에서 기술적 "유용성" 및 경제적 "가치"와도 구분된다. 일련의 사유조류는 적극적으로 바로 그 "무용성"을 통해 "미"를 정의한다. 르네상스에도 이미 가치 있는 재료와 "아름다운" 형식의 구분과 아울러 "최소 소재의 미"에 대한 미학이 시작된다. 유용한 것은 경제적으로 가치 있는 것과 마찬가지로 "추할" 수도 있다.[10]

"미"와 "추"의 구분을 예술체계의 코드로 보자는 제안의 배경에는 "미"가 하나의 특유한—과학적, 기술적, 도덕적 혹은 경제적 보완들과 더 이상 혼동되지 않는—관찰가치로 분화되는 현상이 자리잡고 있다. 18세기에 철학 분과로 등장하는 미학은 이 주도적 차이를 통해 새로운 예술을 관찰함과 동시에—루만이 보기에—예술의 자체반성을 수행했다. 미학에서, 또 "아름다운" 작품 혹은 "추한" 작품의 구분에서 예술 자체가 관찰되고 반성되며, 그래서 그 주도적 차이를 예술적 의사소통의 코드로 적용하는 것은 당연하다. 기술적으로 보면 이러한 제안은 얼마

---

9) 코드의 세분화를 칼 슈미트는 이미 1932년에 상당히 명확하게 규명했다. C. Schmitt.: Der Begriff des Politischen. Berlin. 3. Aufl. 1991, S. 28. 이러한 코드 세분화의 문학사적 차원은 닐스 베버가 「체계로서의 문학. 문학적 의사소통의 분화에 대해」에서 해명한 바 있다.(Opladen 1992).
10) Vgl. Leone Battista Albert: Opere vulgari III. Bari 1973, S. 88.

든지 수용할 만한 것이다. 예술체계에서 나타나는 모든 것은 이중으로 나타날 수 있다. 즉 "아름답게" 혹은 "추하게" 나타날 수 있는 것이다. 가치들의 불균형은 한편으로 명백하며 "아름다운" 작품은 수용을 유발한다. 그러나 다른 한편으로 그것은 매우 유동적이어서 "비미"도—"숭고"나 "괴기"의 이름 아래—성과를 거두며 "미"는 지속적 위기에 빠진다.

루만의 이러한 제안에 맞서 우리는 이 글의 범위에서 이미 몇 차례 의구심을 표했다. 무엇보다 우리에게는 철학 분과인 미학에서 예술의 자체반성을 목격해야 한다는 것이 신빙성 없어 보인다. 오히려 분명한 것은 철학이 미학의 도움을 얻어 예술에 대한 서술을 기도하는데, 그 명제들이 "참"/"허위"라는 코드에 따르는 한에서 과학의 체계와 관련을 맺고 있다는 점이다. 예술이 세분화된 사회적 체계로서 그 환경 속에 등장하는 정도에 따라 다른 체계들도 특유의 관찰 양식들을 정립했다. 예컨대 법은 18세기에 생겨나는 "저작권"의 형태로 "관습적" 인공물과 "독창적" 인공물을 구분하여 소유권에 대한 요구의 근거를 마련했다. 그러나 예술에 대한 코드화된 서술들이—마찬가지로 코드화된—예술의 자체서술과 구분된다는 것은 매우 중요하다. 물론 예술이 관찰된 관찰로서 스스로를 관찰하며 이런 상황에서 이런저런 태도를 취할 수 있다는 것은 이 경우 사태에 아무 영향도 주지 못한다. 철학적 예술관찰의 코드가치로서 "미"는 19세기의 중요한 미학적 구상들에서 "자유"의 기대로서, "정신과 자연의 통일"에 대한 상징으로서, 혹은 "이념의 감성적 가상" 등으로서 거창하게 해석되기도 했다. "미"라는 코드가치의 이 열광적 의미론화를 우리는 과거 유럽의 코드 혼란들이 반복되는 것이라고, 즉 철학으로 인해 "미"가 끌려 들어간 진퇴양난이라고 이해해도 될 것이다. 니체는 관습적 규정을 반어적으로 전도시키는 과정에서 "미"를 "허위"라고 이해하고 "진"과 "선"은 "추"에 귀속시킴으로써 "미"를 그러한 진퇴양난에서 끌어냈다. "아마 진리는 자신의 근거들을 내보이지 않을 근거들을 지니고 있는 여자일까? 어쩌면 그 이름은 그리스어로 말하면 바우보일까?”(Ⅱ, 15) 예술의 관점에서 보면 환경적 사건들인 이러한 철학적 중복코드화가 “미”/“추”의 구분을 미적 의사소통의 코드로서 부적절해 보이게 할 경우, 다른 대안들을 찾는 것도 자유일 것이다.

지그프리트 J. 슈미트는 이런 관점에서 “문학적”/“비문학적”, 즉 “예술”/“비예술”이라는 주도적 구분을 끌어들였다.[11] 이러한 구분은 물론 지극히 의미심장하다. 사람들이 그것에 대해 “예술-작품”으로서 문제시되는 모든 것을 x로서, 또 x가 아닌 것으로서 이중화할 수 있어야 한다고 요구하는 한, 그것은 물론 미적 의사소통의 코드화를 수행하지 못한다. 왜냐하면 슈미트의 구분은 체계와 환경의 차이를 반복할 뿐이며, 환경은 보통 체계 속에 나타나지 않기 때문이다. 그럴 경우 단지 “예술”은 “예술”이며, “비예술”은 “비예술”이라고 말할 수 있을 뿐인데, 이는 옳기도 하지만 의사소통에서 생산적이지 못하다. 왜냐하면 체계에 의견차이와 대안들, 그리고 이로써 진화를 가능하게 만들 부정의 가능성이 모두 결여되기 때문이다. “비예술적”이라는 가치는 환경을 의미하며, 체계의 사태 자체가 특유의 차이를 통해 서술될 가능성을 허용하지 않는다. 슈미트는 이러한 딜레마에 직면해 이른바 “예술은 예술이다”라는 동어반복을 해소하고 미적 의사소통을 다시 특유한 것으로 만들 이른바 “관례들”을 지적한다. 이러한 관례들에 대해서는 “계획수립”이라는 말로 다시 검토하기로 한다.

“예술”/“비예술”의 구분이 단지 체계와 환경을 분화할 뿐이기 때문에 코드화의 기술적인 문제를 풀지 못한다면, 또 “미”/“추”의 분리가 철학의 관점에서 이루어지는 이질적 서술이라면, 상징적으로 일반화된 예술체계의 의사소통매체인 “작품”의 코드화에 대한 물음이 새로 제기된다. 우리는 그것을 일단 “흥미로운”/“흥미롭지 않은”의 구분으로 시도해볼

11) S. J. Schmidt: Die Selbstorganisation, a. a. O., S. 427.

것을 제안한다.

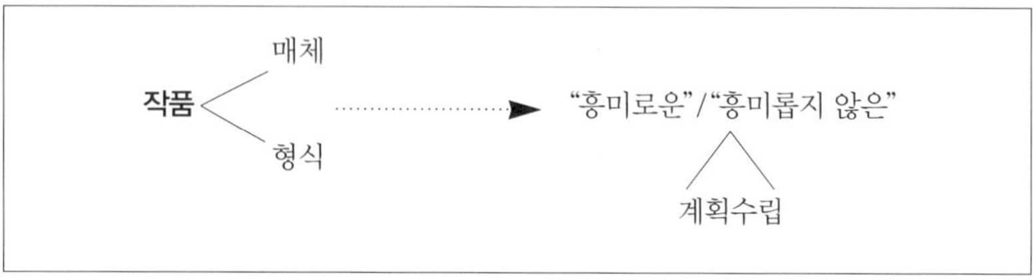

이러한 제안은 우선 특정한 개념사적 신빙성을 지닌다. 현대예술의 작품들이 "아름답지" 않고 "흥미롭다"는 것은 프리드리히 슐레겔이 「과거와 현대의 싸움」이라는 논문에서 지적한 것이다.[12] 그러나 무엇보다 그러한 제안은 이중화의 결정적인 기술적 과제를 완수한다. 미적 의사소통의 테마인 것은 모두가 이중의 것일 수 있다. 작품에 본질구성적인 선별들은 "흥미롭거나" 혹은 "지루하며", 수용이나 거부를 유발한다. 코드가치들의 불균형도 마찬가지로 시야에 들어온다. "흥미로운 것"은 익숙한 것으로서 추구되거나 선호되며, 그때그때의 선택을 위한 노력들을 떠맡기 위한 동기로 간주될 수 있다. 다른 한편 "지루함"의 계보도 있다. 흥미로운 것의 "흥분"을 멀리하는 슈티프터나 한트케와 같은 이름이 그것을 대변할 것이다. 따라서 "지루함"은 예술의 환경을 나타내는 것이 아니라 엄밀히 미적 의사소통의 두 가지 가치 가운데 하나를 나타낸다. 예술체계가 "미"/"추"의 분리를 그 철학적 환경으로부터 자체서술 및 자체계획수립에 활용했던 한에서 명백한 코드변경을 추측해도 될 것이다. 미적 의사소통 내부에서 "미"나 "추"는 "흥미롭거나" 혹은 "흥미롭지 않은 것이다".

그러나 "흥미로운"/"흥미롭지 않은"의 구분에서 예술체계의 코드를 확인하자는 제안에 어떤 반론들을 제기할 수 있을까? 일상적 의사소통

12) Vgl. Bd. 1, S. 156 ff.

에서 그러한 구분이 중요하다는 사실, 그러니까 사람들이 많은 것을 흥미롭다 혹은 지루하다고 칭한다는 사실은 반론으로서 중요하지 않다. 그런 반론은 예컨대 "참"/"허위"의 차이에도 해당될 것이며, 의사소통체계 내에서 상징적으로 일반화된 매체들과 결합됨으로써 비로소 그러한 구분들이 코드로 된다는 점을 간과하는 것이다. 그것이 예컨대 스포츠체계의 경우에 정확히 해당된다고 이의를 제기할 수도 있을 것이다. 사람들은 "지루한" 축구경기 혹은 "흥미로운" 테니스시합이라는 말을 한다는 것이다. 물론 이 경우 "시합"은 스포츠체계에서 "흥미롭거나" 혹은 "흥미롭지 않은" 것이 아니라 승리나 패배로 끝나며, 따라서 "성공"/"실패"의 코드에 따른다. 그러므로 어떤 승리를 "지루하다"거나 패배를 "흥미롭다"고 칭하는 사람은 스포츠 체계의 참가자로서 의사소통하지 않고 하나의 "시합"을 "작품"으로서 지각한다. 어떤 팬과 "축구의 탐미자" 사이의 토론은 관점의 차이를 극명하게 보여준다. 양자는 그때그때 타인을 이해하려면 어떤 적합한 척도를 관심상 거리가 있는 것에 적용해야 한다. 한편 "시합들"도 작품이 될 수 있다는 사실은 체계이론이 의사소통과 어떤 사물도 구분하지 않는다는 점을 다시 한 번 보여준다.

계획들

의사소통들을 체계에 특유하게 정리하는 코드들의 기술적 능력은 계획과 관련한 그것의 절제에서 나오는 결과다. 그래서 "참"/"허위"의 구분은 "참"이라는 가치를 통해 내용적으로 의미하는 바, 즉 명제와 현실의 일치, 동의의 결과, 존재자의 존재를 조명하는 은폐 등 그것이 무엇이든 그것에 대해 아무것도 말해주지 않는다. 다만 코드는 그 가치들의 계획적 확정을 피하며 또 순수한 차이상태일 뿐이기 때문에, 상이한 의사소통들의 다양성에 형태를 부여할 수 있다. 과학체계의 코드 속에 이미 계획의 요소들이 들어갈 경우 무의미한 갈등들이 초래될 것이다. 왜냐하면 다양한 진리이론들이 과학체계에서 서로를 배척해야 할 것이기 때문이다. 계획의 차이들 차원에서 체계 귀속성 혹은 체계 세분화의 문제는 결정되지 않는다. 그렇지 않을 경우 진리이론들이 존재하는 만큼의 과학체계들도 존재할 것이다. 계획들은 오히려 코드들을 의미론화하고 체계와 관련한 사건들의 처리를 목표로 삼음으로써 코드들을 특수화한다.

코드와 계획의 이 차원 차이와 관련해서는 S. J. 슈미트의 이른바 미적 의사소통 "관례들"이라는 개념을 검토할 수 있을 것이다. 그는 이 개념을 통해 "예술은 예술이며 비예술이 아니다"라는 동어반복을 해결하고자 한다. 슈미트가 지적하는 "미학적 관례"에 따르면, "문학체계 내에서 문학 텍스트들과 관련해 행위하는 자는, 자신의 언어적 인식적 행위들을 일차로 참/거짓 혹은 유용/무용 따위의 범주들에 따라 조정하지 않고, 자신이 주관적으로 문학에서 중요하다고 여기는 평가들이나 노력들에 종속시킨다."[13]

그러나 이러한 설명에서 "미학적 관례"는 출발점의 동어반복을 넘어서지 못한다. 즉 문학체계에서는 비시적 척도들이 아니라 "시적" 척도들이 타당해야 한다는 것이다! 이러한 관례는 코드화의 등가물도 아니고 계획에 대한 설명도 아니며 그 자리에 등장하는 체계/환경의 차이를 다시 개괄하는 것이다.

둘째 관례를 슈미트는 "다중가치의 관례"라고 칭한다. 그에 따르면 "문학체계 속의 행위자는 문학적인 것이라고 평가된 텍스트들을 자신의 욕구 · 능력 · 동기 · 의도 등을 위해 최적의 상태로 다룰 자유를 지닌다."[14]

13) S. J. Schmidt: Die Selbstorganisation, a. a. O., S. 430.
14) Ebd., S. 431.

이러한 관례는 체계관련성을 바꾸고 예술이 심적 체계들을 위해 수행한 바에 대해 묻는다. 그것은 누구나 자신의 심적 성향에 상응할 수도 있는 방식으로 예술작품들을 이해하기 때문에 대단한 것일 수도 있다. 슈미트가 보기에 사회 체계들은 궁극적으로 개인적 상호행위들이다.[15] 그래서 그는 이 "다중가치 관례"를 미적 의사소통과 관련해 결정적인 것이라고 간주할 수 있다. 하지만 그것은 엄밀히 말해, 우리가 사회적 의사소통체계들의 환경에 포함시키는 (개인들의) 의식에 대해 가능한 예술의 의미를 서술할 뿐이다.

미적 의사소통 코드의 계획수립을 서술할 다른 가능성들도 있을까? 우리는 "작품"에서, 즉 매체와 형식의 차이에서 시작해, 어떤 매체가 흥미로운(내지 흥미롭지 않은!) 형식획득을 위해 계획적으로 사용되었는지 물을 수 있다. 이러한 물음의 관점은 한 가지 미적 의사소통 역사의 윤곽을 보여줄 수 있을 것이다. 이차적 코드화에 대한 철학적 미학이 반향을 얻게 되는 배경, 즉 세분화된 예술의 자체계획수립 역사가 그것이다. 우선 예술체계는 성공적 세분화의 맥락 속에서 체계/환경의 구분 자체를 매체로서 선택했다. 작품들은 예술과 환경의 차이를 어떤 극적 적대관계의 의미에서 주제화하는 한에서 "흥미로운" 것이었다. 예컨대 그것은 "예술가"와 "시민"의 대립으로 의미론화될 수 있었다. 이때 예술은 때때로 "반사회"로서 오해되곤 했다. 또 아니면 그러한 차이를 신화생산적으로 탈세분화하려고 든 미학적 재총체화의 기획들이라는 의미에서도 그럴 수 있었다.

둘째 계획은 "작품들"이 예술체계의 환경을 고집하는 한, 즉 환경으로부터 이루어지는 환경의 "현실재구성들"을 형식들을 위한 매체로서 이용할 경우 흥미롭다고 여긴다. 이 경우 관심은 일단 그러한 "현실재구성

15) 상호행위하는 개인들이 "자체생산적(autopoietisch) 체계들"이라고 서술되기는 한다.(ebd. S. 38). Vgl. N. Luhmann: Das Kunstwerk und die Selbstreprodution der Kunst. In Delfin 3 (1984), S. 53 (Anm. 9).

들” 자체를 지향할 수 있으며, 이때 예술은 특수한 선별전략들을 통해 그러한 “현실들”을 단지 복사하게 될 위험을 예방해야 한다. 한편 관심은 자체로 볼 때 자의적이거나 혹은 무의미할 수도 있는 환경사태를 다름 아니라 기록하듯이 흉내내는 것을 예술에 허용하는 듯해 보이는 미적 방법을 지향할 수도 있다. 따라서 작품들은 우선 “현실들”을 매체적으로 제시하기 때문에, 또 다른 경우에는 “현실들”을 재현하기 때문에 흥미롭다.

셋째 계획은 예술체계 자체를 매체로서 활용하는 작품들을 흥미롭다고 봄으로써 구분된다. 이 경우 예술에 어떤 “미적 현실구성”을—하나의 “예술세계”를—매체로서 제공하는 계획들이 순전히 자체 지시적으로 작동하는 계획들과 구분된다. 왜냐하면 그것들은 각각의 최종 상태에 이른 예술적 방법을, 즉 형식들을, 형식을 위한 매체의 위치에 옮겨 놓고, 이로써 미적 의사소통을 현저히 촉진하기 때문이다.[16)]

계획의 마지막 대안은 출발점으로 돌아가는 것이다. 즉 체계/환경의 차이를 다시 한 번 매체로 활용하는 것이다. 그러나 이제는 이 차이를 “예술적으로”만 아니라 “실제로” 탈세분화하려는, 즉 매체와 형식의 구분을—따라서 “작품”을—지양하려는 확고한 의도로 그것을 활용한다. 이는 형식을 매체 속에서 사라지게—예컨대 “예술가”를 소음의 원천으로서 그의 환경의 소란한 배경에 들어서게—하려는 변형에서 생각할 수 있다. 또 아니면 매체를 형식으로, 예컨대 스스로를 “작품”이라고 여기는 사회 전체의 형태로 제시하는 변형에서 생각할 수도 있다. 물론 이러한 계획은 관찰자가 그것을 어떤 매체 앞에 투사한 다음 그것을 “아방가르드적” 작품이라고 지각하고 그것에 매료되거나 그것을 지루하다고 여기는 것을 방해하지 않는다. 예술체계의 원칙적 계획대안들은 예술의 자체 계획수립이었던 아방가르드로 확연히 소진된다. 예술은 “새로운”

16) Vgl. N. Luhmann: Das Kunstwerk, a. a. O.

계획들의 형태로 "포스트주의"의 시대를 유지시키는 반복방식을 통해 그런 상황에 반응해 왔다.[17] 계획대안들의 탈락이 어떤 손해는 아니다. 왜냐하면 미적 의미형성의 원칙적 가능성과의 친숙성이, 곧 진정한 놀라움의 탈락이 비로소 수용자의 판단을 섬세하게 만들기 때문이다. 그리스인들은 비극작가들이 극장에서 보여주는 신화를 알고 있었고, 그래서 그들은—니체에 따르면—뉘앙스들에 대한 감성을 지닌 판단의 세련성을 기를 수 있었다.

기능에 대한 물음

현대의 의사소통체계들은 독자적으로 관리되는 기능의 충족을 목표로 하며, 따라서 중단되거나 변경될 수도 있는 사회의 위탁에 따르지 않고 자체의 기능을 그 진행과정의 조작적 폐쇄성이라는 의미에서 "자율적으로" 수행한다. 이 폐쇄성은 극단적 성취의 기대들에 반응하도록—또는 못하도록—허용하는 "환경에 대한 개방성"의 기초이기도 하다. 이로부터 기능들은 단지 그것들을 관할하는 체계들에 의해서말고 달리는 어디서도 이용될 수 없다는 점이 드러난다. 체계의 세분화는 바로 그것을 의미한다. 종교는 과학을 대신할 수 없고, 경제는 법을 대신할 수 없다.

현대사회에서 예술은 어떤 기능을 수행하는가? 어떤 하나의 기능이 예술의 존립을 대가로 발견되어야 할 것인데, 그것은 결국 낭만주의 미학이 부각시키고 과도한 기대의 부담을 안고 있었던 "무기능성"이라는 역설적 기능이라고 할 수 있다. 루만은 예술의 기능을 "세계의 우연을

17) "포스트주의"라는 용어와 관련해 다음 자료를 볼 것. H. R. Jauß: Der literarische Prozeß des Modernismus. In: R. Herzog/ R. Kosellek (Hrsg.): Epochenschwellen und Epochenbewußtsein. München 1987(Poetik und Hermeneutik XII), S. 244.

산출하는 데에서" 찾는다.[18] 예술작품은 필연과 우연의 역설적 통일로서 연출된다. 그것은 또한 그 자체와 완전히 다른 것일 수도 있을 것이다. 하지만 또한 그 자체에 대한 모든 대안들을 배제하는 듯해 보이고 이를 확신시킨다. 작품은 이런 방식으로 '외견상 그러하고-달리는-가능하지-않은 상태'에 대해서도 우연을 증명하며, 바로 이것이 예술의 기능이라는 것이다. 물론 루만도 현대에는 우연의 경험이 규칙화되었다는 인식을 부정할 수 없었다. 모든 의사소통 체계들은 그 본질구성적 선별성으로 인해 그것이 제공하는 의미들에 대한 대안들을 부단히 생산하며, 그래서 앞에서 제시한 예술의 기능은 위태로워 보인다. 즉 예술은 어디서나 이용되는 것이다. 그럴 경우 예술에는 아직 "극단적 우연"의 의사소통이라는 출구가 남아 있다. 예술은 점점 더 기이한 의미 선택들을 지원한다. 이 경우 예술이 쇠퇴하고 반향도 극적으로 결여될 위험이 따르며, 그럴 때면 단순한 것들이 다시 시작될 수도 있다. 이런 인상은 물론 그 나름으로 극히 선별적인, 즉 배타적으로 "전위적인" 성과들에 관심을 모으고 사회에서 유행하고 있는 예술적 의사소통의 현실을 무시하는, 현대예술 관찰에 근거한다. 그러나 좀더 본질적인 것은 기능상의 함축성이 결여되어 있다는 점이다. 즉 모든 것이 지금과 다를 수 있다는 점을 우리가 이미 알 경우—극히 설득력 있는 해결들을 포함해서—, 예술은 바로 그러한 것을 표현한다고 하더라도 필요 없을 것이다.

S. J. 슈미트는 그에 비해 좀더 확고한 기능들을 지적했다. 우선 그는 "인식적-반성적", "도덕적-사회적", "쾌락주의적-개인적" 기능들을 구분했다.[19] 그러나 이러한 제안도 문제들을 내포하고 있다. 여기서는 배타적으로 의사소통상의 세분화를 목표로 하는 이론과 "사태들"을 구분하는 입장의 괴리가 잘 드러난다. 왜냐하면 예술은 의문의 여지없이 자

18) N. Luhman: Das Kunstwerk, a. a. O., S. 625.

19) Vgl. Grundriß, a. a. O.

체에 대한 다양한 의사소통들을 허용하기 때문이다. "인식적-반성적" 기능과 "정치적-도덕적" 기능은 개인들의 의식 속에서도 반향을 발견한다. 의사소통들을 세분화하는 입장에서는, 예술을 계기로 혹은 예술의 관점에서 "인식적으로" 혹은 "정치적으로" 입장을 취하고 있는 기고문들을 철학적/과학적 내지 정치적/도덕적 의사소통에 할당하고 "개인적" 반응들을 심리 체계들의 의식/무의식에 포함시키는 데에 아무 어려움도 없다. 반면에 명백히 슈미트는 이 모두가 "예술"에 대해 언급하므로 미적 의사소통이라고 간주한다. 그러나 예술은 특유하게 코드화된, 사회 속에서 달리는 이용될 수 없는 하나의 기능을 목표로 전문화된 의사소통 관례로서만 존재한다. "혁신"을 훈련하고 "규범들"을 반성하기 위해[20] 현대사회에 예술이 필요하지는 않다.

최근에 슈미트는 기능의 문제를 다음과 같이 설명했다. "전체 사회를 위한 기능은 (…) 생활세계를 의사소통적으로 다루고 생활세계 및 문화의 연속체를 창출하는 과정에서, 사회적 세분화를 통해 야기된 모든 주체들의 소외를 지양하는 데에 있다."[21]

기능 문제를 이렇게 해결하는 데에는 어떤 당혹스러운 면이 있다. 왜냐하면 그것은 특유의 "낭만주의적" 예술계획, 즉 세분화된 사회의 신화생산적 탈세분화를 반복하고, 그것을 예술과 문학의 보편적 기능으로 이해하기 때문이다. 낭만주의 계획의 내재적 자체모순—세분화를 지양하기 위해 세분화를 요구하는 점—을 논외로 하더라도 그처럼 배타적이고 전제조건이 많은 계획을 일반적 기능의 위치에 가져다 놓는 것은 가망 없어 보인다. 기능은 모든 계획에 의해 보호받을 수 있도록 선택되어야 한다. 그렇지 않을 경우 계획이 존재하는 숫자만큼의 기능들도 존재할 것이다. 그리고 계획들이 전체적으로 현대사회를 사회적으로나 담

20) Ebd., S. 180 ff.

21) S. J. Schmidt: Die Selbstorganisation, a. a. O., S. 422 f.; vgl. S. 418.

론적으로 탈세분화하거나 "소외"를 지양하는 목표를 세우지는 않았다.

"예술"을 계기로 가능한 의사소통들의 다중적 문맥을 결론적으로 명확히 하기 위해 그것을 일목요연하게 요약하기로 한다.

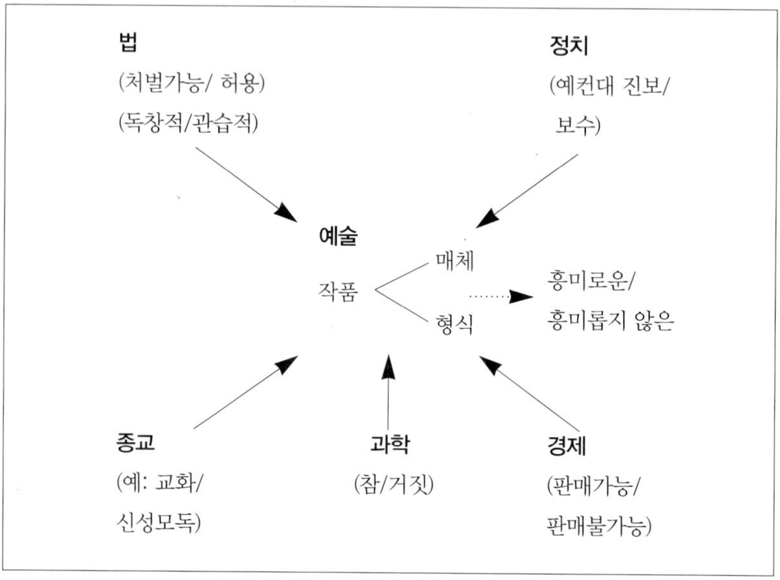

예술의 기능에 대한 루만과 슈미트의 제안들이 설득력 없다면, 이 경우에도 새로 논의를 시작할 수 있을 것이다. 이 때 우선 기능 규정의 전통을 다시 검토하는 것이 의미 있을 것이다. 이런 맥락에서 호라티우스의 "유용성과 재미"는 오랜 기간 최고의 권위를 유지했다. 이 때 "시인은 유용하거나 즐거움을 준다. / 또는 동시에 즐겁거나 삶에 유용한 것을 말한다"[22] 라는 공식은 아주 분명하게 세 가지 형태의 기능을 고려했다. 유용성(교화), 오락, 그리고 끝으로 브레히트도 염두에 두었을 양자의 결합인 교화적 오락, 혹은 오락적 교화가 그것이다. 이제 결정적인 것은 세분화가 기능분화도 함의한다는 점이다. "유용성" 내지 "적합한

22) Horaz: Ars poetica (Vers 333 f.).

삶"이 — 이는 심리치료(카타르시스)와 지식의 전달 혹은 교화를 의미할 수 있었다 — 예술 및 문학과 분리되고 다른 곳, 예컨대 과학과 종교에서 적합한 수사학적 전략들에 따라 보호받는다. 예술에는 "즐거움"이 남는다. 이러한 기능분화 과정은 문학과 관련해 물론 출발단계이기는 하지만 이미 로마 황제시대의 문화적 조건들 속에서 수행된다. 예컨대 퀸틸리아누스는 시가를 엄격히 철학 · 역사학 · 수사학과 구분했고, "즐거움"과 관련지었다. 문학예술은 전적으로 오락을 위한 것이며, "쾌락"만을 만들어 주어야 하며, 인식론적 도덕적 기준을 걱정하지 않고 흥분을 야기하는 이야기를 고안해냄으로써 그러한 기능을 충족시킨다는 것이다. "그것은 거짓일 뿐만 아니라 믿기 어려운 것이기도 하다."[23] 거창한 격정의 매혹적 힘도 『숭고론』의 익명 저자에게는 모든 문학외적 울타리들 너머에 존재하는 것이었다.

이처럼 초기에 등장한 미적 의사소통의 세분화는 중세와 근세 초 "실용성"에 새로이 특권을 부여하는 도덕적 혹은 종교적 교화의 처방이 다시 효력을 얻게 되었다는 의미에서 다시 수정된다. 이제 결정적으로 성과를 거두는 예술의 세분화에 대한 반성을 "자율성"의 개념으로 수행했다는 점이 18세기 독일 미학의 특유성에 포함된다. 이 개념은 막대한 영향력을 발휘하기도 했지만 문제적이기도 했다. 왜냐하면 "자율성"은 이제 모든 기능의 탈락을 의미하는 듯해 보였기 때문이다. 예컨대 칼 필립 모리츠를 지적할 수 있는데, 그는 예술을 기술과의 구분을 통해 규정하고자 했다. 모든 기술은 하나의 극단적 기능을 — 예컨대 칼은 고기를 써는 기능을 — 지니는 데에 반해 예술은 "자체 내적으로 완성되며", 다른 어떤 기능도 수행하지 않는다는 것이다. 예술은 어떤 목적을 위한 수단이 아니라 자체목적이며 그래서 "자율적"인 데에 반해, 모든 수단은 "타율적"이지만 그것에 외적인 어떤 목적이 그것의 법칙을 미리 부여한다

23) Quintilian: intstituio oratoria X. Hrsg. v. F. Loretto. Stuttgart 1974, S. 24.

는 것이다.[24] 이러한 반성형식으로부터는 기껏해야 이미 언급한 "무기능의 기능"만이 추론되었지만, 이는 기능적 금욕주의를 이차로 기능화하고 그처럼 시대에 전형적인 열성으로 부담을 야기했다. 그처럼—예술 특유의 것이라기보다 철학적인—계획에 시선이 왜곡되지 않을 경우, 예술이 여가시간의 동시적 세분화의 맥락 속에서[25] 배타적으로 "오락"을 목표로 한다는 점이 드러난다. "예술과 문학은 무엇보다 즐겁게 하기를 원한다"고 니체는 『서광』에서 말했다.(I, 1222) 이 경우 걱정스러워하는 모든 반론에 미리 대비하자면, 수용자가 고도로 세분화됨으로써 그에 상응하는 다양한 예술적 오락의 전략들이 요구되며, 이러한 전략들은 그에 상응하는 미시적 계획들을 통해 표현되었다는 점을 미리부터 고려해야 할 것이다. 어떤 사람에게는 이것이 즐겁고, 다른 사람에게는 저것이 즐거우며, 어떤 사람들에게는 모든 작품들 가운데 가장 개연성 없는 것을 통해 극단적 우연이 구현되는 것이 즐거움을 주고, 다른 사람들에게는 사회비판적 리얼리즘이, 또 다른 사람에게는 연애소설이 즐거움을 준다. 현대의 미적 의사소통 현실에는 "흥미로운 작품들을 통한 오락"이라는 기능적 가설이 어떤 계획에 고정되어 어떤 전문성들에—이를 통해서는 예컨대 전위적인 정신의 소유자들, 휴머니스트들, 혹은 사회비평가들에게 감명을 줄 수도 있을 테지만—국한되는 경우보다 명백히 더 합당하다. 작품들은 "작품들"로서 비로소 작품들이라는 사실을 우리는 이미 지적했다. 그래서 예술만 아니라 수많은 다른 것들도, 예컨대, 스포츠도 즐거움을 준다는 반론은 가능하지만 효력이 없게 된다. 문제는 의사소통들의 차이이지 존재의 목록이 아니다. 물론 모든 것이 미

24) Vgl. K. P. Moritz: Versuch einer Vereinigung aller schönen Künste und Wissenschaften unter dem Begriff des in sich selbst Vollendeten. In: Schriften zur Poetik und Ästhetik. Hrsg. v. H. J. Schrimpf. Tübingen 1962, S. 3. ff.

25) Vgl. Erich Schön: Der Verlust der Sinnlichkeit oder die Verwandlung des Lesers. Stuttgart 1987.

적 의사소통의 계기나 주제로서 다같이 적합하지는 않으며, 적합하게 준비되고 영역에 특유하게 재단된 인공물이 돌이나 나뭇가지나 사막 혹은 포장재료보다 흔히 "작품들"로서 문제시된다는 점을 부인해서는 안 될 것이다. 하지만 예술사는 꼭 그래야 하는 것은 아니라는 점과, 온갖 임의의 것들도 반향을 얻는다는 점을 가르쳐준다. 현대의 미적 의사소통이 가능한 것은 그 기고문들이 코드를 함축하기 때문이다. 이러한 함축성이 존재할 경우 계획들의 갈등이 그 극적 성격 전체를 드러내며 시작된다. 이러한 갈등에서는 각자가 당파다. 실제로 그렇다. 코드 자체는 지루하다. 그러나 코드와 계획(자체의 계획도 포함해)의 차이를 존중하는 것은 의사소통으로 하여금 흥미로운 만큼의 반어를 만들어내도록 도울 수도 있을 것이다.

참고문헌

니체의 저술들은 달리 설명한 바가 없는 한 3권으로 된 칼 슐레히타의 판본을 썼다. 맑스와 엥겔스는 MEW에서 인용했다. 브레히트는 20권으로 된 전집에서, 벤야민은 벤야민 전집에서, 프로이트는 연구판본에서, 아도르노는 아도르노 전집에서 인용했다. 각 권의 수자 뒤에 쪽수를 붙였다. 하이데거의 저술들은 다음의 약자를 붙여 인용했다. 숲속의 길: HW, 동일성과 차이: ID, 언어에 이르는 길: USp, 진리의 본질에 대해: WW.

주요문헌

Albert, K.: Philosophie der modernen Kunst. Meisenheim a.G. 1968.

Allemann, B.: Hölderlin und Heidegger. 2. Aufl. 1956.

Apitzsch, U.: Gesellschaftstheorie und Ästhetik bei Georg Lukács. Stuttgart 1977.

Behler, E.: Derrida - Nietzsche. Nietzsche - Derrida. München 1988.

Bense, M.: Aesthetica. Einführung in die neue Ästhetik. Baden-Baden 1965

Bittner, R./Pfaff, P. (Hg.): Das ästhetische Urteil. Köln 1977.

Böhringer, H./Gründer, K. (Hg.): Ästhetik und Soziologie um die Jahrhundertwende. Frankfurt/M. 1976.

Bohrer, K.H. : Nach der Natur. Über Politik und Ästhetik. München 1988.

Borgeest C. : Das Kunsturteil. Wiederaufnahme eines Verfahrens. Frankfurt/M. 1979.

Bolz, N.W./Faber, R. (Hg.): Walter Benjamin : Profane Erleuchtung und rettende Kritik. 2. Aufl. Würzburg 1985.

Bräutigam, B.: Reflexion des Schönen - Schöne Reflexion. Bonn 1975.

Brunkhorst, H.: Adorno, Heidegger und die Postmoderne. In: M. Heidegger: Innen- und Außenansichten. Frankfurt/M. 1989, 313ff.

Bubner R.: Kann Theorie ästhetisch Werden? In: Neue Rundschau 1978, 573ff.
Buch, H.C. (Hg.): Parteilichkeit der Literatur oder Parteiliteratur? Reinbek b. Hamburg 1972.
Bürger, P.: Theorie der Avantgarde. Frankfurt/M. 1974.
Deleuze, G.: Nietzsche und die Philosophie München 1976.
Faden, G.: Der Schein der Kunst. Zu Heideggers Kritik der Ästhetik. Würzburg 1984.
Figal, G.: Th. w. Adorno. Das Naturschöne als spekulative Gedankenfigur. Zur Interpretation der „Ästhetischen Theorie" im Kontext philosohpischer Ästhetik. Bonn 1977.
Fink, E.: Nietzsches Philosophie. Stuttgart 1960.
Früchtl, J.: Mimesis. Konstellation eines Zentralbegriffs bei Adorno. Würzurg 1986.
Früchtl, J. : Kategorien der literarischen Ästhetik. In: *Brackert, H./Stückrath, J.*(Hg.): Literaturwissenschaft. Reinbek b. Hamburg 1992, 296ff.
Gadamer, H.G.: Wissenschaftliche Malerei? In: Philosophische Rundschau 10(1962), 21ff.
Gadamer, H.G.: Wahrheit und Methode. Gründzuge einer philosophischen Hermeneutik. 2. Aufl. Tubingen 1965.
Gerhardt, V.: Von der ästhetischen Metaphysik zur Physiologie der Kunst. In: Nietzsche - Studien 13 (1984), 374ff.
Gerhardt, V.: Pathos und Distanz. Studien zur Philosophie F. Nietzsches. Stuttgart 1988.
Giannarás, A.: Ästhetik heute. München 1974.
Gmünder, U.: Ästhetik - Wunsch - Alltäglichkeit. Das Alltagsästhetische als Fluchtpunkt der Ästhetik Herbert Marcuses. München 1984.
Gruber, W.: Vom Wesen des Kunstwerks nach Martin Heidegger. Graz 1956.
Henrich, D./Iser, W. (Hg.): Theorien der Kunst. Frankfurt/M. 1982.
Herrmann, F.-W. v.: Heideggers Philosophie der Kunst. Frankfurt/M. 1980.
Hultberg, H.: Die Kunstauffassung Nietzsches. Bergen/Oslo 1964.
Jauß, H.R. (Hg.): Die nicht mehr schönen Künste. Grenzphänomene des Ästhetischen(Poetik und Hermeneutik 3). München 1968.
Jauß, H.R.: Ästhetische Erfahrung und literarische Hermeneutik. Frankfurt/M. 1982.
Kaiser, G.: Benjamin. Adorno. Zwei Studien. Frankfurt/M. 1974.
Knoell, D.R.: Ästhetik zwischen Kritischer Theorie und Positivismus. Hildesheim 1986.

Koppe, F. (Hg.): Perspektiven der Kunstphilosophie. Frankfurt/M. 1991.

Lifschitz, M.: Karl Marx und die Äshetik. 2. Aufl. Dresden 1967.

Lindner, B.: Brecht/Benjamin/Adorno - Über Veränderungen der Kunstproduktion im wis-senschaftlich-technischen Zeitalter. In: Text + Kritik Sonderband: Brecht I. München 1972, 14ff.

Lindner, B./Lüdke, W.M. (Hg.): Materialien zur ästhetischen Theorie T.W. Adornos - Kon - struktion der Moderne. Frankfurt/M. 1980.

Luhmann N.: lst Kunst codierbar? In: Soziolog. Aufklärung 3. Opladen 1981, 245ff.

Luhmann, N.: Das Kunstwerk und die Selbstreproduktion der Kunst. In: *Gumbrecht, H.U./Pfeiffer, K.L.* (Hg.): Stil. Frankfurt/M. 1986, 620ff.

Luhmann, N.: Das Medium der Kunst. In: Delfin 7 (1986), 6ff.

Luhmann, N.: Weltkunst. In: Unbeobachtbare Welt. Über Kunst und Architektur. Bielefeld 1990, 7ff.

Menke-Eggers, C.: Die Souveränität der Kunst. Ästhetische Erfahrung nach Adorno und Derrida. Frankfurt/M. 1988.

Paetzold, H.: Neomarxistische Ästhetik. 2 Teile. Düsseldorf 1974.

Pasternack, G.: Georg Lukács. Späte Ästhetik und Literaturtheorie. Königstein/Ts. 1985.

Perpeet, W.: Heideggers Kunstlehre. In: *Pöggeler, O.* (Hg.): Heidegger. Königstein/Ts. 1984, 217ff.

Pfotenhauer, H.: Die Kunst als Physiologie. Nietzsches ästhetische Theorie und literarische Produktion. Stuttgart 1985.

Remmert, G.: Leiberleben als Urprung der Kunst. Zur Asthetik F. Nietzsches. Munchen 1978.

Reuber, R.: Ästhetische Lebensformen bei Nietzsche. München 1988.

Schlüpmann, H.: F. Nietzsches ästhetische Opposition. Stuttgart 1977.

Schmidt, J.: Die Geschichte des Geniegedankens 1750 - 1945. 2 Bde. Darmstadt 1985.

Schrader, G.: Expressive Sachlichkeit. Anmerkungen zur Kunstphilosophie und Essayistik T.W. Adornos. Königstein/Ts. 1984.

Schulz, W.: Ort und Funktion der Kunst in Nietzsches Philosophie. In: Nietzsche-Studien 12 (1983), 1ff.

Schulz, W.: Metaphysik des Schwebens. Untersuchungen zur Geschichte der Ästhetik. Pfullingen 1985.

Seel, M.: Die Kunst der Entzweiung. Zum Begriff der ästhetischen Rationalität. Frankfurt/M. 1985.

Spector, J.J.: Freud und die Ästhetik. München 1973.

Starobinski, J.: Psychoanalyse und Literatur. Frankfurt/M. 1973.
Steiner, G.: Martin Heidegger. Eine Einführung. München 1989.
Steiner, G.: Von realer Gegenwart. München 1990.
Strube, W.: Sprachanalytische Ästhetik. München 1981.
Sünner, R.: Ästhetische Szientismuskritik. Zum Verhältnis von Kunst und Wissenschaft bei Nietzsch und Adorno. Frankfurt/M. 1986.
Urban, B. (Hg.): Psychoanalyse und Literaturwissenschaft. Tübingen 1973.
Vogel, M.: Apollinisch und Dionysisch. Geschichte eines genialen lrrtums. Regensburg 1966.
Wawrzyn, L.: Walter Benjamins Kunsttheorie. Darmastadt/Neuwied 1973.
Wellmer, A.: Wahrheit, Schein, Versöhnung. Adornos ästhetische Rettung der Modernität. In: Adorno-Konferenz 1983. Frankfurt/M. 1983, 138ff.
Welsch, W.: Ästhetisches Denken. Stuttgart 1990.
Werber, N.: Literatur als System. Zur Ausdifferenzierung literarischer Kommunikation. Opladen 1992.
Werckmeister, O.K.: Ende der Ästhetik. Frankfurt/M. 1971.
Werckmeister, O.K.: Ideologie und Kunst bei Marx. Frankfurt/M. 1974.
Wohlfahrt, G.: Der Augenblick. Zeit und ästhetische Erfahrung bei Kant, Hegel, Nietzsche und Heidegger. Freiburg/München 1982.
Wolff, R. (Hg.): Psychoanalytische Literaturkritik. München 1975.
Zench, M.: Kunst als begriffslose Erkenntnis. Zum Kunstbegriff der ästhetischen Theorie T.W. Adornos. München 1977.
Zimmermann, N.: Der ästhetische Augenblick. T.W. Adornos Theorie der Zeitstruktur von Kunst und ästhetischer Erfahrung. Frankfurt/M. u.a. 1989.

역자후기

플룸페의 가장 큰 장기는 주요 미학 이론가들의 방대한 사상을 일목요연하게 정리하되, 논의를 단순한 교과서 수준으로 끌어내리는 것이 아니라, 살아 있는 쟁점들을 나름의 문제의식에 근거해 선명하게 부각시켜 놓는 데에 있다. 이러한 솜씨는 [현대의 미적 커뮤니케이션] 1권만 아니라 2권에서도 유감없이 발휘된다. 서양 미학사를 개관하면서 칸트부터 헤겔까지의 관념론 미학에 집중하는 1권과 달리, 2권에서는 니체, 프로이트, 맑스주의, 겔렌, 아도르노, 하이데거 등 현대의 미학논의에 결정적 영향을 끼친 이론가들이 주연으로 등장한다. 그래서 2권은 좀 더 흥미롭다.

플룸페 논의를 관통하는 키워드는 책 제목이 명시하는 바와 같이 커뮤니케이션이다. 그는 예술에 대한 분석의 중점을 작품이 아니라 의사소통에 둠으로써 무리하게 예술의 본질을 규범적으로 확정하지 않고 선입견 없이 실제의 미적 의사소통 현실에 개입할 수 있다고 본다. 그러나 예술이라는 복잡한 현상을 선입견 없이 다루겠다는 욕심부터가 이데올로기일 수밖에 없다. 플룸페의 이데올로기적 편향은 특히 2권에서 잘 드러난다.

1권에서 이미 그는 예술을 체계적으로 분화된 의사소통으로서 파악하여 예술을 여타의 체계들과 엄격히 구분한다. 물론 예술은 과학이나 도덕 혹은 정치 등을 대신할 수 없다. 그러나 예술이 여타 영역들과 맺는 본질적 관계를 부정하고 예술만의 체계를 깔끔하게 구축하려는 것은 현실적이지 못하다. 이러한 분리주의는 예술에서 풍부한 역사적 현실적 내용을 배제하여 예술의 정치적 가능성을 최소화하고, 예술을 공허한 자체지시 차원으로 쪼그라뜨리는 결과를 초래한다.

2권에서 플룸페는 좀 더 직접적으로 자신의 정치적 입장을 밝히고 있다. 루카치를 비롯한 동구 맑스주의 미학 전통과 관련해 그는 동구사회주의권에 대한 정치적 승자의 위치에서 냉소적 입장을 취한다. 반면에 자본의 온갖 야만적 모순들에 대한 해명 없이 자본주의체제의 다원성과 휴머니즘을 이데올로기적으로 긍정한다. 맑스주의 미학 가운데에는 브레히트와 벤야민의 매체이론만 그 현재적 중요성을 인정받는다. 알튀세르의 이데올로기 이론은 자본주의가 승리하고 있는 오늘날의 시대정신에 어울리지 않는 것으로서 정리되며, 아도르노의 섬세한 유물변증법적 미학 역시 쉴러 미학의 현대판 변형으로 폄하된다. 반면에 니체는 포스트모더니즘의 선구자로서 최대한 존중받으며, 겔렌은 역사-이후라는 개념을 통해 포스트모던 시대에 새삼 주목받아야 할 이론가로 부각된다. 하이데거는 비판받는 대목에서조차 매우 조심스러운 논조로 다루어진다.

이러한 이데올로기적 편향 때문에 [미적 커뮤니케이션]에서 배울 바가 별로 없다는 이야기는 아니다. 단지 플룸페의 논의를 거리감 없이 따라다녀서는 곤란하며, 모든 이론서들을 대할 때 그러하듯이 한 문장 한 문장을 경의와 함께 의심의 눈으로 살펴야 한다는 뜻이다. [미적 커뮤니케이션]은 다양한 생산적 논의의 기초자료가 되고도 남을 것이다.

번역을 맡겨준 경성대 출판부에 감사하는 마음과 함께 너무 오랜 시간 기다리게 해 송구한 마음을 금할 수 없다. 플룸페 이론의 핵심과 정면 대결하는 제대로 된 해설논문을 쓸 작정이었으나 이는 다음 기회로 미룰 수밖에 없어 아쉬움이 남는다. 플품페 이론에 대한 비판적 논의나, 오역에 대한 독자 여러분의 애정 어린 가르침을 기대하고 싶다.

홍 승 용

찾아보기

옮긴이

홍승용은 서울대학교 대학원에서 독문학 석사 및 박사과정을 수료했으며, 현재 대구대학교에서 독문학과 미학을 강의하고 있다. 주요 논문으로 「루카치 리얼리즘론의 핵심개념」, 「민중적 리얼리즘」, 「저항의 아름다움」 등이 있고, 역서로 아도르노의 『미학이론』, 『부정변증법』, 루카치의 『미학서설』, 『미학논평』 등이 있다.

경성대문화총서 13

현대의 미적 커뮤니케이션 2

지 은 이 | 게어하르트 플룸페
옮 긴 이 | 홍승용
펴 낸 이 | 나중식

초판 1쇄 인쇄 | 2008년 6월 20일
초판 1쇄 발행 | 2008년 6월 30일

출판등록 | 1985년 1월 28일 제카7-44호
펴 낸 곳 | 경성대학교 출판부
주 소 | 부산광역시 남구 대연동 110-1
전 화 | (051) 620-4355, 4356
팩 스 | (051) 623-7803
홈페이지 | www.ks.ac.kr/~press

잘못된 책은 구입하신 서점에서 바꾸어 드립니다.

ISBN 978-89-7314-172-2 94100
978-89-7314-135-7 (세트)